须有清风属后来

吉林大学法学院史稿

1948—1998

须有清风属后来

吉林大学法学院史稿 1948—1998

姜朋 著

法律出版社
LAW PRESS · CHINA

图书在版编目(CIP)数据

须有清风属后来：吉林大学法学院史稿：1948－1998／姜朋著. －－北京：法律出版社，2018
ISBN 978－7－5197－2508－2

Ⅰ. ①须… Ⅱ. ①姜… Ⅲ. ①吉林大学法学院－校史－1948－1998 Ⅳ. ①G649.283.41

中国版本图书馆CIP数据核字(2018)第170013号

须有清风属后来:吉林大学法学院史稿(1948－1998)
XUYOU QINGFENG SHUHOULAI:JILIN DAXUE FAXUEYUAN SHIGAO(1948－1998)

作　　者 姜　朋
责任编辑 丁小宣　徐　蕊
编辑统筹 法律教育出版分社
装帧设计 凌点工作室
责任印制 沙　磊
出　　版 法律出版社/北京市丰台区莲花池西里7号(100073)
网　　址 www.lawpress.com.cn
发　　行 中国法律图书有限公司/北京市丰台区莲花池西里7号(100073)
经　　销 新华书店
印　　刷 三河市兴达印务有限公司
版　　次 2018年8月第1版
印　　次 2018年8月第1次印刷
字　　数 400千
开　　本 787毫米×1092毫米　1/16
印　　张 22.5
定　　价 88.00元
书　　号 ISBN 978－7－5197－2508－2
投稿邮箱 info@lawpress.com.cn
维权邮箱 jbwq@lawpress.com.cn
咨询电话 010－63939796
销售客服 400－660－6393
销售电话 010－63939792/81/82(北京)　021－62071639/1636(上海)
029－85330678(西安)　023－67453036(重庆)　0755－83072995(深圳)
(如有缺页或倒装,中国法律图书有限公司负责退换)

大学存在于它企图思考的世界之中。

——德里达(Jacques Derrida,1930－2004)*

---

* 杜小真、张宁主编:《德里达中国演讲集》,中央编译出版社2003年版,第134页。

导 言

一、立意[1]

这是一本写母校(院)历史的书。按照《现代汉语词典》的解释,所谓母校是指"本人曾经在那里毕业或学习过的学校"。[2]这与其对"故乡"一词的解释手法同构:"出生或长期居住过的地方"。[3]

在小说《故乡》中,鲁迅的笔调远没有《社戏》那样轻松。阴晦、苍黄的背景下,尽是掩饰不住的萧索与悲凉。在文末,仍在为追寻茫远的愿望而走路的主人公表达了自己不那么确信的冀望:对打破离人自我与故园乡亲之间隔膜的期许,对后来者能够超越己辈或辛苦辗转,或辛苦麻木,或辛苦恣睢的生活状态,从而过上"为我们所未经生活过的""新的生活"的企盼。故乡若如此,母校当亦然。然而,要想真切地记述某种情状,还需要依赖更为客观的材料,比如凭借收集的实物证据和详细的考订才行。只是,史实固然客观,掇取却并非易事。

历史是个多解的概念。在现代汉语中,该词可以有四种解读:"自然界和人类社会的发展过程,也指某种事物的发展过程和个人的经历","过去的事实","(对)过去事实的记载","历史学科"。[4]这意味着,"历史"一词在不同的语境下,可以分别指代历史进程(过程)、历史事实(史实)、反映历史事实的资料文献和以前三者为对象或基础而展开的历史学(史学)。

对于史学,笔者实在是个门外汉,不仅基础训练不足,学力更是不逮。之所以勉励写就此书,主要是受"随意的好奇心"(idle curiosity)的驱使,希图探究"曾经学习生活过的处所到底是怎样的"之类的问题,而渐次完成的。不过这样说时，还是有些大言不惭。毕竟，按照汤因比的观点，好奇心对于历史研究是非常重要的因素：

> 没有好奇心的激励，没有人能成为历史学家；但光有好奇心还不够，好奇心如果没有得到引导，不过是漫无目的地追求全知全能。所有伟大的历史学家总是把好奇心引向解答自身时代的某个具有现实意义的问题。概括来说，这种问题就是"甲事物是如何从乙事物演变而来的"？[5]

在进程论的语境下，历史处于变动未定的状态，从而与关注既定史实的进路存在差异。当然，若所述时段与时下存在距离，所述内容皆为过去时（即所谓往事），进程论语境下的历史又会表现出动（大的历史进程）中有静（特定历史时点）的特征。而在特定进程中，由于存在着社会、组织、个人等区分，其各自的发展历程或经历可能呈现出同异互见的状态。

法国历史学家布罗代尔在分析菲利普二世时代的地中海世界时，就是根据其对历史的分层来安排著述结构的：

> 第一部分论述一种几乎静止的历史——人同他周围环境的关系史。这是一种缓慢流逝、缓慢演变、经常出现反复和不断重新开始的周期性历史。[6]
>
> 在这种静止的历史之上，显现出一种有别于它的、节奏缓慢的历史。人们或许会乐意称之为社会史，亦即群体和集团史，如果这个词语没有脱离其完整的含义。[7]
>
> 最后是第三部分，即传统历史的部分，换言之，它不是人类规模的历史，而是个人规模的历史，是保尔·拉孔布和弗朗索瓦·西米昂撰写的事件史。[8]
>
> 把历史事实按照三种具有连续性的记载来写，或者说按照三种不同的"楼梯平台"来写。我更愿意说是按照三种不同的时间计量单位来写，这样写的目的在于抓住过去所有不同的、彼此之间有最大差别的节奏；在于提出它们的共存、互扰、矛盾以及多种深广丰富的内容。在我的意愿中，历史应该是一首能够用多种声部唱出的、听得见的歌曲。[9]

布罗代尔也注意到，历史作为和声具有一个明显的缺点，"它的各个声部常常互相遮掩覆盖。在所有这些声部中，没有一种能够永远使自己作为独唱被人承认、接受并把伴奏拒之千里之外"[10]。因此，他坚持要进行区分，以期"我们终于能够把历史分解为几层平面。或者也可以说，我们终于能够在历史的时间中区别出地理时间、社会时间和个人时间，或者不如说，我们终于能够把人分解为一系列人物"[11]。此间，他关注的重点在于具体的生命，而非高度抽象化、数学化了的某种函数："历史学家的'结构主义'……它不是把人引向表现为函数的关系的数学抽象，而是引向生命的根源，引向生命所具有的最具体的、最日常的、最坚不可摧的、最不具名的和最人道的事物。"[12]

本书的写作或与布罗代尔的史观存在某些暗合之处。吉林大学法学院是个依然存在并不断发展的教育机构，笔者只是选取了其历史进程中靠近前面的一段（即1948—1998这50年）加以记述。其间涉及的该机构的名称、使命、结构、处所、人员等经历了许多变动，从而会呈现出种种演化、迁移的样貌。只是由于涉及的时段只有半个世纪，相较于布罗代尔强调的长时段的历史观而言，还是太过短暂。密集的史料、细节，容易造成散碎和局促的感觉。

事实上，吉林大学法学院作为名义传主，更像是一个充斥着交互作用的、具有普遍协同性的共同体，包容了教师、学生、校友、内部的次级组织，牵涉到之上的大学、教育主管当局，之外的同类教育机构，因而相关叙事不可避免地要提及这些共同体成员甚至是从其视角出发。其中的原因不难理解：

> 共同体是建立在时间上离散的（temporally discrete）判断之上的，就好比一个整体拥有许多部分，而这些部分可以因此理解为是相互决定的："由于其中的任何一部分均无法为其他部分所包容，它们被视为是相互协调而不是相互支配的，进而言之，它们之间的关系，和线性系列不同，因为它们不是单向度的决定，相反，就像集合一样，这是一种相辅相成的关系：假如可以决定某一域中的一个分子，其余的所有分子均可被排除在外，反之亦然"。[13]

不仅如此，书中追寻事物（组织）发展过程的叙事进路，越到后来，越因笔者曾经在那里学习生活过的缘故，而与个人成长经历有明显的叠加。这些成长经历对个体而言，不仅在当时产生了型塑的作用，甚至一直会影响至今或更为久远的将来。由于可以有大量一手资料以资利用，于是索性将自己所在的年级当作一组学生培养的个案加以研究，从而在探究有关机构的发展过程之外，另外提示了一个个体（同类群体的，甚或一代人的）成长经历的视角或叙事路径，作为基于组织发展过程的宏大叙事的微观补充。

不过，面对这种由于引入个人规模的历史而触发的历史的动态的一面时，尤其不应忘却布罗代尔的告诫：

> 这是表面的骚动，是潮汐在其强有力的运动中激起的波涛，是一种短促迅速和动荡的历史。这种历史本质上是极端敏感的，最轻微的脚步也会使它所有的测量仪器警觉起来。这是所有历史中最动人心弦、最富有人情味、也最危险的历史。对这种现在仍在燃烧着激情，对这种当时的人在他们和我们同样短暂的生命中亲自感受过、描述过和经历过的历史中，我们应持怀疑的态度！[14]

因此，在记述作为亲历者所经历的若干特定事件时，笔者力图进行客观而超脱的回顾，以求警惕并尽力克服自己观察的片面性。对于自己并非亲历者的事件，更是力求借助可信的史料加以支撑。当然，由于视界的局限，也许注定只能是挂一漏万。为人们所乐道的，英国学者兼冒险家沃尔特·雷利（Walter Raleigh，约 1552 – 1618.10.29）被囚禁在伦敦塔期间感悟到历史叙事因人而异，难以客观真实的故事，或可作为辅证。

史实的客观和统一性与作为史实载体的史料必有散逸之间的矛盾（史料的最高境界也不过是可以无限趋近史实的本初状态，却始终无法达至），也为史学提供了有趣的研究视角和空间。在史学层面，既定的学说有时会因新史料的出现而被修正或颠覆。一如布罗代尔在《地中海与菲利普二世时代的地中海世界》第一版序言中写到的："我预先知道，本书的结论将被检验，被推敲，并被其他结论所替代。这正是我希望的事。历史学就这样前进，而且应当这样前进。"[15]

本书名曰"史稿"便充分体现了笔者的"心虚"。唯愿通过粗浅的努力，搜集整理一些或显见或偶遇的材料，汇聚起来以免散逸，提示不同来源的资料之间的差异和矛盾，而于后来编写正式院史乃至当代中国法律教育史者有些许抛砖引玉的功用。当然，由于一些曾经过手的资料未能很好保全而无法利用，许多本该早作的访谈又因自己的怠惰而终成遗憾，[16]从而唯恐于谋求"资料翔实"这唯一的目标都有些勉强。

二、校史分期与本书结构

王健教授在《论中国的法律教育》中提到，1952—1953 年院校调整时，“在原东北行政学院司法系的基础上，改设东北人民大学法律系（现吉林大学法学院）”。[17] 方流芳教授《中国法学教育观察》一文引用的一个表格[18]称，东北人民大学法律系（吉林大学法律系的前身）于 1950 年吸纳了东北行政学院。上述表述与事实都有出入。

吉林大学及其前身的历史可以划分为哈尔滨、沈阳、长春三个时期 10 个阶段。

	时　期	阶　段
1	哈尔滨时期 （1946 年 9 月 – 1948 年 11 月）	（1）东北行政学院 （哈尔滨，1946 年 9 月 – 1948 年 5 月）
		（2）东北科学院 （哈尔滨，1948 年 5 月 – 1948 年 11 月）[19]
2	沈阳时期 （1948 年 11 月 – 1950 年 9 月）	（3）东北科学院 （沈阳，1948 年 11 月）
		（4）东北行政学院 （沈阳，1948 年 12 月 – 1950 年 3 月）
		（5）东北人民大学 （沈阳，1950 年 3 月 – 1950 年 9 月）
3	长春时期 （1950 年 9 月以后）	（6）东北人民大学 （长春 I 期，1950 年 9 月 – 1958 年 8 月）
		（7）吉林大学 （长春 I 期，1958 年 8 月 – 1966 年秋）
		（8）东北人民大学 （长春 II 期，1966 年秋 – 1970 年 12 月）
		（9）吉林大学（长春 II 期，1970 年 12 月 – 2000 年 6 月），其又可以 1977 年恢复高考为界，分为前后两个子集
		（10）新吉林大学（长春 III 期，2000 年 6 月 12 日新吉林大学组建以降）[20]

与本书相关的内容主要集中在第 3 – 9 阶段。当然，为了叙事的方便，有时也会及于之前的第 1、2 阶段和之后的第 10 阶段。

本书的具体结构如下：第一章集中追溯、记述东北人民大学法律系的历史，也会介绍此前东北行政学院司法系的情况。第二章回顾东北人民大学于 1958 年更名为吉林大学至“文革”结束这一时期其法律系的情况。第三章聚焦于 1977 年恢复高考至 1988 年改建为法学院这段时间法律系的情况。第四章则试图勾勒和讨论吉林大学法学院建院后第一个十年间的情况。

内容方面，本书希望秉持“教育机构需以教书育人为本职，以人才培养为核心目标”的宗旨，始终将叙事、积聚史实的重点放在师资队伍、学科建设和人才培养等方面，涉及师资来源、科研布局、课程设置与开发、院系内部教学机构设置、课程及培养方案情况，招生、课堂教学、毕业去向等方面，也会兼及学生的课外生活、校友发展、学院的学术影响力，以及部分学人的个人经历。

方法上，总的来说，是希望通过爬梳史料，并对其加以辨识、考证，为尽可能多地还原（尽管求全在事实上已不可能）一些历史情境做些基础性的工作。也希望这种从微观视角出发的叙事，在客观上能够提供一个反映现代中国法律教育样貌的个案。

注　释

〔1〕 是蔡宏伟兄“逼迫”笔者写下这一段的。

〔2〕 中国社会科学院语言文研究所词典编纂室编:《现代汉语词典》(第六版)，商务印书馆2012年版，第924页，“母校”条。

〔3〕 中国社会科学院语言文研究所词典编纂室编:《现代汉语词典》(第六版)，商务印书馆2012年版，第470页，“故乡”条。

〔4〕 中国社会科学院语言文研究所词典编纂室编:《现代汉语词典》(第六版)，商务印书馆2012年版，第797页，“历史”条。

〔5〕 [英]阿诺德·汤因比:《历史研究》(下卷)，[英]D. C. 萨默维尔编，王皖强译，世纪出版集团上海人民出版社2010年版，第936页。

〔6〕 [法]费尔南·布罗代尔:《地中海与菲利普二世时代的地中海世界》(第一卷)，唐家龙、曾培耿等译，吴模信校，商务印书馆2013年版，第一版序言，第8页。

〔7〕 [法]费尔南·布罗代尔:《地中海与菲利普二世时代的地中海世界》(第一卷)，唐家龙、曾培耿等译，吴模信校，商务印书馆2013年版，第一版序言，第9页。

〔8〕 [法]费尔南·布罗代尔:《地中海与菲利普二世时代的地中海世界》(第一卷)，唐家龙、曾培耿等译，吴模信校，商务印书馆2013年版，第一版序言，第9页。

〔9〕 [法]费尔南·布罗代尔:《地中海与菲利普二世时代的地中海世界》(第二卷)，吴模信译，商务印书馆2013年版，第975页。

〔10〕 [法]费尔南·布罗代尔:《地中海与菲利普二世时代的地中海世界》(第二卷)，吴模信译，商务印书馆2013年版，第975页。

〔11〕 [法]费尔南·布罗代尔:《地中海与菲利普二世时代的地中海世界》(第一卷)，唐家龙、曾培耿等译，吴模信校，商务印书馆2013年版，第一版序言，第10页。

〔12〕 [法]费尔南·布罗代尔:《地中海与菲利普二世时代的地中海世界》(第二卷)，吴模信译，商务印书馆2013年版，第984－985页。

〔13〕 引号内的文字引自康德《纯粹理性批判》。[美]马歇尔·萨林斯:《历史之岛·历史的隐喻与神话的现实——桑威奇群岛王国早期历史中的结构》，刘永华译，赵丙祥校，上海人民出版社2003年版，第233页。

〔14〕 [法]费尔南·布罗代尔:《地中海与菲利普二世时代的地中海世界》(第一卷)，唐家龙、曾培耿等译，吴模信校，商务印书馆2013年版，第一版序言，第9页。

〔15〕 [法]费尔南·布罗代尔:《地中海与菲利普二世时代的地中海世界》(第一卷)，唐家龙、曾培耿等译，吴模信校，商务印书馆2013年版，第一版序言，第5－6页。

〔16〕 令人激动的是，何勤华教授和他领导的团队完成了多卷本《中国法学家访谈录》，堪称现代中国法律教育口述史之大成!

〔17〕 王健:《论中国的法律教育》，载《比较法研究》1994年第2期。

〔18〕 方流芳:《中国法学教育观察》,载《比较法研究》1996 年第 2 期;贺卫方编:《中国法律教育之路》,中国政法大学出版社 1997 年版,第 20 页。

〔19〕 1994 年 10 月,吉林大学南校区逸夫图书馆藏书剔旧时,笔者曾见过一本 1946 年出版、丁玲主编的《英雄传》,上有"哈尔滨大学"和"东北人民大学"的印章。吉林大学档案馆网站展示了若干"东北行政学院行政教育系第一班毕业论文"照片。

〔20〕 教育部《关于吉林大学、吉林工业大学、白求恩医科大学、长春科技大学、长春邮电大学合并组建新的吉林大学的决定》(2000 年 6 月 5 日),载《吉林大学学报》2000 年第 39 期(复第 545 期),第 1 版。

目　录

第一章
东北人民大学法律系历史述略
(1948 年 11 月—1958 年 8 月)*

第一节
从东北行政学院司法系到东北人民大学法律系

一、在哈尔滨(1946 年 9/10 月—1948 年 11 月)

(一)东北行政学院(哈尔滨)

抗战胜利后,东北局势变化迅猛。随着人民军队的节节胜利、接管城市的数量日渐增多,加强和健全各级民主政权建设,遂成为当务之急。

1946 年 8 月 7 日,东北各省代表联席会议在哈尔滨第一中学礼堂开幕。彭真、周保中、冯仲云等出席会议。会议代表 185 人。15 日闭幕。12 日,会议通过了《东北各省市(特别市)行政联合办事处组织大纲》,决定建立东北各省市(特别市)行政联合办事处作为最高行政机构,统一行政领导。[1] 办事处设行政委员 27 人,由东北各省代表联席会议选举产生,任期 1 年,必要时可延长。[2] 行政委员组成行政委员会,行使职权。行政委员会设主席 1 人,副主席 2 人,由委员中互选产生。[3] 行政委员会下设民政、财政、教育、建设、交通、民族 6 个委员会,以及最

---

* 本章曾以《东北人民大学法律系早期历史述略(1950 - 1953)》为题,发表于《法制与社会发展》2007 年第 3 期,先后荣获 2009 年度清华大学高等教育学会优秀论文三等奖和 2017 年第五届"中国法学教育研究成果奖"三等奖(教育部高等学校法学学科教学指导委员会、全国法律硕士专业学位教育指导委员会、中国法学会法学教育研究会、北京市曾宪义法学教育与法律文化基金会主办),后有大幅扩展和修改。

高法院东北分院、东北公安总处和办公厅。还可以根据实际工作需要设立各种专管机关。[4]行政委员会下另设秘书长1人，各委员会设政府主任委员各1人及委员若干人，法院设正、副院长各1人，公安总处设正、副处长各1人，办公厅设正、副主任各1人。[5]秘书长、办公厅主任、各委员会委员及主任委员、法院院长及公安总处处长人选，由行政委员会遴选聘任。[6]

林枫当选为东北行政委员会主席，张学思、高崇民为副主席，栗又文为秘书长。该委员会办公处所位于哈尔滨南岗果戈里大街与银行街交汇处。1948年12月，迁至沈阳。1949年8月27日，东北人民代表会议在沈阳召开，正式成立了东北人民政府。1952年11月，中央人民政府委员会作出《关于改变大行政区人民政府（军政委员会）机构与任务的决定》，要求"大行政区人民政府或军政委员会一律改为行政委员会。大区行政委员会是代表中央人民政府在各地区进行领导与监督地方政府的机关"[7]。据此，东北人民政府于1953年1月又改组为东北行政委员会。截至1954年，根据中央人民政府《关于改变大区一级行政机构合并若干省市建制的决定》（1954年8月15日），东北行政委员会被撤销。

1946年10月16日，东北行政委员会《关于司法行政及组织问题指示》提出：

一、以省及特别市为单位，设立高等法院（如无适当干部可由省主席兼任院长）。由各省政府统一领导，各高等法院在业务及政策上受最高法院东北分院之指导，应克服司法独立的观点。

二、各市县依据城市人口之多寡及事务之繁简，酌设地方法院，由东北行政委员会以命令公布之。各地方法院由各地政府统一领导，在业务及政策上受高等法院之指导。

三、依据公安组织条例，各级法院之检查员，均由公安机关之首长或其他负责人员充任之。

四、废止敌伪法律，一切以民主政策及特别法令为根据，不束缚于旧法律观点，处理案件，一切以保护人民利益为原则。

五、加速颁布目前急需援用之法令，如治安条例、婚姻法、债权法等。

六、决定设立后方模范监狱，凡各地判决徒刑一年以上之人犯，均移送后方监狱，使之从事生产，以便改造其思想行动。各省得依据具体情况设立监狱。

七、凡伪满时代之律师，一概取消其出庭资格，但其中进步分子，经训练考试及格者，得重新登记执行律师职务。

八、为加强司法工作，成立司法干部训练所，附设于行政学院内。

九、哈尔滨高等法院，受东北政委会直接领导，管辖松江省、哈尔滨特别市第二审司法案件。[8]

3天后，即1946年10月19日制定并实施的《东北各级司法机关暂行组织条例》规定，东北的法院分地方法院、高等法院、最高法院东北分院（简称最高分院）三级。[9]其中，人口在10万人以上的市或30万人以上的县，设地方法院。不设地方法院的县，设县司法科。[10]各省设高等法院。[11]最高法院东北分院设于东北行政委员会所在地。[12]案件采取三级三审制，最高分院的审理以书面进行。[13]

1948年3月23日，东北行政委员会《关于成立高等法院并健全司法机关的指示》指出：

查我基本解放区土地改革业已基本完成，司法工作急需建立与加强，以便进一步地建立新民主主义的民主社会秩序，保障解放区人民的各种应得权利。因此，各省尚未成立高等法院者应尽速成立；各县应普遍成立司法科，并宜根据城市人口多寡，事务繁简，酌设地方法院。[14]

图 1-1　林枫(1906.9.30-1977.9.29),原名郑永孝,黑龙江望奎人。1924 年,考入天津南开中学,改名郑柏樵。1927 年 3 月,经范文澜介绍加入中国共产党。1929 年夏,考取北平大学工学院,改名郑凌风。1930 年,恢复了党组织关系,任工学院党支部书记。解放战争时期,历任中共中央东北局组织部部长、副书记,东北行政委员会主席,东北人民政府副主席,1949 年后曾任全国人大常委会副委员长、中共中央高级党校校长。参见《辞海·历史分册·中国现代史》,上海辞书出版社 1984 年版,第 237 页,"林枫"条;《林枫:东北行政学院(吉林大学前身)第一任院长》,载吉林大学新闻网:http://news.jlu.edu.cn/read.php? type=14&newsid=3683,2007 年 2 月 28 日最后访问;罗箭:《走近林枫》,载《南方周末》2013 年 9 月 19 日,E23 版。

图片来源:左:载 http://www.gov.cn/gjjg/2008-11/21/content_1155776.htm,2014 年 11 月 26 日最后访问。中:1945 年参加中共七大时的林枫,吴印咸摄。参见罗箭:《走近林枫》,载《南方周末》2013 年 9 月 19 日 E23 版。右:摄于 1964 年。载 http://www.jinsui.org/lishi/jsw/2015/0623/1230.html,2016 年 11 月 22 日最后访问。

图 1-2　高崇民(1891.11.4-1971.7.29),名恩洪,字健国,号崇民。祖籍山东登州府蓬莱县,生于奉天省古黄龙府(辽宁省开原县)。1909 年,考入奉天省立甲种学堂(农林学堂),1911 年,加入同盟会辽东支部。1914 年毕业后,获开原县公费留学资助,赴日本东京明治大学政治经济系学习。翌年被推为代表回国参加倒袁运动。1922 年 7 月,担任东三省民治俱进会总干事,后任黑龙江分会会长、奉天总会会长。1925 年,担任东三省特别区市政管理局督学兼教育科长。1926 年,任东省三特别区教育会会长,创办《教育月刊》。1928 年 1 月,出任《工商日报》报社社长。11 月后,被聘为张学良的秘书(实为顾问)。"西安事变"时,被张、杨任命为政治参议机构设计委员会的主任委员,并参与起草了张、杨联署的关于停止内战、抗日救国的八项主张。1941 年,被软禁在重庆,期间仍坚持开展救亡活动。1946 年 7 月 16 日,在哈尔滨第一届临时参议会上,被推举为名誉主席团成员。8 月 7 日,在哈尔滨第一中学礼堂召开的东北各省代表联席会议上,被推举为东北行政委员会副主席,兼该委员会所属民政委员会主任委员及安东省主席。1947 年 11 月,加入中国共产党,党龄从 1946 年 7 月起算,但之后长期以党外人士名义活动。1948 年 8 月至 1954 年 8 月,先后任东北人民政府副主席,兼东北人民政府司法部部长、最高人民法院东北分院院长。参见王艳阳:《高崇民》,载中共黑龙江省委党史研究室编:《中国黑龙江党史人物传》(第四卷),黑龙江人民出版社 2006 年版,第 243-264 页。《高崇民同志简介》,载《高崇民诗文选集》编委会编:《高崇民诗文选集》,沈阳出版社 1991 年版。

1948年5月27日，东北行政委员会《关于建设司法工作的几项具体指示》提出：

一、各省尚未成立高等法院者务希于最近期间成立。各县司法科必须予以充实。人口稠密之城市得斟酌设地方法院。各级司法机关的建立，至迟应于本年八月底完成，并开始公告受理人民诉讼。凡已成立之司法机关均应于成立后一个月内呈报本会司法委员会备案。

二、对于司法干部之配备，以各地自行调节为原则，不可依赖上级。各级政府负责同志必须注意解决司法干部问题。县司法科至少应有能掌握政策之老干部一、二人，其来源可抽调区级干部，或将原公安部门掌管司法审讯之干部转至法院工作。地方法院及高等法院的干部，应由各省市政府依据具体情况适当配备之。

三、一切案件皆应根据我民主政府政策及特别法令处理，如有不能解决之问题，可呈请司法委员会解释。对于民事纠纷应本实事求是之精神，站稳革命立场，耐心地说服教育，做得入情入理，使当事人心服口服，不是官僚主义地专靠法律条文办事。各级司法界一个成立完备之同时，应宣布当事人如不服原审判决者，得于一定期限向上级法院上诉。

四、旧司法工作人员(包括伪满时任职及新收复的蒋管区)的采用，除一部分技术人员外，所有推事、检察官、书记官长等一概不准采用。留用之技术人员亦应查明出身历史及过去之工作作风。

五、我新建立的各级司法机构，暂不准律师出庭，这样可以使我们的司法工作更能接近群众。为了便利当事人诉讼起见，法院可采取以下办法：(1)设立缮状处，免费或低价代人民缮写诉状。(2)准许人民以言词控诉，由法院人员笔录之，不必拘泥状纸形式。(3)监狱设缮状员，专为监犯免费写状。

六、设立监狱，干部也要自己解决……

七、对未来司法干部之培养，最好各省开办司法干部训练班，抽调或招收一批具有相当文化程度的纯洁青年，给以政策及法令上必要的教育，或由各省(市)县抽调干部送司法委员会训练。

……[15]

1948年9月6日，东北行政委员会《关于各级司法机构改为人民法院的通令》要求：

兹经东北政委会常委会决定，将过去之各级司法机构均改称为人民法院，推事改称为审判员，其系统为：(一)最高法院东北分院改称为东北高级人民法院；(二)各省高等法院改称为省(特别市)人民法院；(三)各地方法院及县司法科改称为市(县)人民法院。[16]

表1-1　东北民主政权设立的部分法院情况

法院名称	所在城市	所在城市归于人民政权时间	法院设立时间	备注
延吉地方法院	延吉市	1946年年初	1946年6月1日	延边行政督察专员公署奉吉林省政府指示，将延边人民审判委员会和延吉市人民审判委员会撤销后成立之

续表

法院名称	所在城市	所在城市归于人民政权时间	法院设立时间	备注
齐齐哈尔市法院	齐齐哈尔市	1946 年 4 月 24 日	1946 年 4 月	1948 年 12 月改为齐齐哈尔市人民法院
哈尔滨地方法院	哈尔滨市	1946 年 4 月 28 日	1946 年 8 月 23 日	1948 年 1 月改为哈尔滨特别市法院,1949 年 3 月改为哈尔滨市人民法院
黑龙江省高等法院			1946 年 11 月	后改称黑龙江省人民法院。1949 年 5 月与嫩江省人民法院合并成立新的黑龙江省人民法院
牡丹江地方法院	牡丹江市		1947 年	根据东北行政委员会指令成立,1948 年 8 月改称牡丹江市人民法院
嫩江省高等法院	齐齐哈尔市		1947 年 6 月	
合江省高等法院	佳木斯市		1947 年 10 月	后改称合江省人民法院。1949 年 5 月 11 日与松江省人民法院合并成立新的松江省人民法院
佳木斯市地方法院	佳木斯市		1948 年 4 月	经合江省政府批准设立,1949 年 9 月改称佳木斯市人民法院
松江省高等法院	哈尔滨市	1946 年 4 月 28 日	1948 年 1 月 1 日	1947 年 12 月 3 日东北行政委员会批准设立松江省高等法院
吉林省高等法院	吉林市	1948 年 3 月	1948 年 6 月 17 日	1949 年 9 月 6 日改称吉林省人民法院;1953 年随省会迁至长春市;1955 年 1 月 11 日改称吉林省高级人民法院
吉林市地方法院	吉林市	1948 年 3 月	1948 年 6 月 18 日	
辽宁省高等法院	沈阳市		1945 年 11 月	只任命了院长、秘书主任,未及建立机构即撤离
	通化地区		1946 年 11 月至 1948 年 9 月	以通化行政公署司法科为基础组建
辽宁省人民法院	瓦房店		1948 年 10 月	系由 1948 年 9 月迁到瓦房店的辽宁省高等法院与辽南行政公司司法科(1947 年 12 月辽南行政公署成立辽南高等法院,1948 年 2 月改为司法科)合并而成。1949 年 5 月 1 日,又与筹备中的安东省人民法院合并,在丹东办公
沈阳市人民法院	沈阳市	1948 年 11 月	1948 年 11 月 20 日	1955 年 3 月 1 日改称沈阳市中级人民法院

续表

法院名称	所在城市	所在城市归于人民政权时间	法院设立时间	备注
辽北省人民法院	四平市		1948 年 11 月	12 月 28 日开庭办公。1949 年 5 月大部调到锦州,并入新的辽西省人民法院
辽西省人民法院	锦州市		1948 年 12 月	

资料来源:黑龙江省地方志编纂委员会编:《黑龙江史志·政权志》,黑龙江人民出版社 2003 年版;吉林省地方志编纂委员会编:《吉林省志·司法公安志·审判》,吉林人民出版社 2004 年版;辽宁省地方志编纂委员会办公室主编:《辽宁省志·审判志》,辽宁民族出版社 2003 年版。

很明显,新的人民民主政权建设迫切需要大量的包括行政、司法、经济管理等领域的专业人才。设立专门的教育机构,开展大规模培养工作,就显得尤为重要。

1946 年 9 月,中共中央东北局批准设立东北行政学院。同年 10 月 5 日,东北行政学院在哈尔滨成立,[17]由东北行政委员会直接领导。东北行政委员会主席林枫兼任院长,东北行政委员会民政委员会副主任魏震五兼任院务主任。[18]

图 1-3 魏震五(1913-1980),原名魏启新,吉林省辽源县人,东北大学肄业,1933 年加入中国共产主义青年团,1937 年转入中国共产党。历任中共阳城县委民运部部长,平顺县县长,太岳二专署专员,辽北省建设厅厅长,东北行政委员会办公厅主任、农林局局长,东北人民政府农业部副部长,东北国营农场管理局局长,国家农业部部长助理、副部长、顾问等职。1980 年 1 月 5 日病逝于广州。在北平东北大学读书时,魏震五曾因积极参加"一二·九"运动被捕。他曾作为东北大学的代表成为"北平学生救国联合会"第一、二届代表。参见《一二九运动回忆录》(第一集),人民出版社 1982 年版,第 81 页。

由东北行政委员会《关于司法行政及组织问题指示》(1946 年 10 月 16 日)第 8 条"成立司法干部训练所,附设于行政学院内"的规定可知,东北行政学院在设立之初即被赋予了开展司法培训的使命。但东北行政委员会《关于成立建设司法工作的几项具体指示》(1948 年 5 月 27 日)第 7 条"对未来司法干部之培养,最好各省开办司法干部训练班"等语则表明,人员缺口仍然巨大。事实上,1946 年 12 月 12 日,东北行政学院师生即乘火车北迁到佳木斯,后在依兰县参加反奸清算斗争。1947 年 5 月返回哈尔滨。同年 9 月,东北行政学院招收了第二批学员,于 10 月开学。次年年初,师生组成工作队在哈尔滨郊区参加土改。[19]

(二)公立哈尔滨大学

1946 年秋,东北行政委员会副主席高崇民、委员陈先舟[20]代表东北行政委员会参加私立哈尔滨大学师生大会,宣布接收该校,[21]并将其改为公立。私立哈尔滨大学是 1946 年年初在伪满王道书院哈尔滨分院、光复后改为"哈尔滨国学院"的基础上成立的。[22]

图 1－4　车向忱(1898－1971.1.8)。

图片来源:http://www.mj.org.cn/mzzz/content/2015－09/18/content_198148.htm,2016 年 11 月 21 日最后访问。

车向忱,原名车庆和,又名杨秀东,1898 年生于辽宁法库县东顾房身村,9 岁入村中私塾读书,12 岁入其父办的"时势小学堂",17 岁入法库中学。1918 年到北京大学高考补习班学习,之后考入中国大学法科,后对哲学、教育发生兴趣,乃入哲学系学习。1925 年毕业后到沈阳,在辽宁省立第三高中当教员,并在东北大学附属第一中学和第一高中兼课,同时积极投身平民教育运动。"九·一八"事变后,积极参与抗日救国会的活动。1932 年 8 月至 1933 年 9 月,在哈尔滨开办大同疗养院(道外区十六道街南头一座二层楼房,即今妇产医院所在地),暗中支持抗日人士。1934 年,在西安开办东北竞存小学,收容东北流亡子弟。1936 年 10 月,参与创建东北民众救亡会,当选为主席。1937 年 1 月,秘密组织发起了西北教育界抗日救国同盟,具体负责教盟的宣传工作。1946 年经延安赴东北,6 月出任嫩江省人民政府副主席,9 月由齐齐哈尔到哈尔滨任东北教育委员会主任委员,并兼任哈尔滨大学校长。1948 年加入中国共产党。东北解放后,曾任东北人民政府教育部长。1954 年年末,当选为中国人民政治协商会议第二届委员会常务委员。

1948 年 11 月到 1950 年年初,车向忱被安排居住在沈阳市和平区南三马路 16 号,一座日式风格的二层小楼里。该建筑建于 1923 年,曾是日本"南满铁路株式会社"职员住宅。沈阳师范学院的前身为始建于 1951 年的东北教育学院,1953 年更名。车向忱于 1953 年 6－9 月兼任东北教育学院院长,1953 年 9 月至 1957 年 12 月兼任沈阳师范学院院长,他还曾经兼任沈阳体育学院院长。1954 年年车向忱在哈尔滨当选第一届全国人民代表大会代表,并于 1954 年 9 月 25 日在全国人大一届一次会议上发言。他还是第二、三届全国人大代表,并曾任辽宁省人民政府副主席、中国民主促进会中央副主席。1978 年 11 月 5 日,中共辽宁省委召开大会,彻底推翻所谓"东北帮"叛党投敌反革命集团大假案,为陈先舟、车向忱等 90 名党政军领导干部和知名爱国人士平反。参见中共黑龙江省委党史研究室编:《中共黑龙江党史人物传》(第四卷),黑龙江人民出版社 2006 年版,第 271－294 页;《辞海·历史分册·中国现代史》,上海辞书出版社 1984 年版,第 217 页,"车向忱"条。

《古城遗珍之车向忱旧居,东北"杏坛"犹有余香》,载搜狐旅游网:http://www.sohu.com/a/165604233_349299,2018 年 5 月 18 日最后访问。《中华人民共和国第一届全国人民代表大会第一次会议文件》,人民出版社 1955 年版,第 168、182 页。

周振想、邵景春主编:《新中国法制建设 40 年要览(1949－1988)》,群众出版社 1990 年版,第 414 页。

据何礼[23]回忆,1946 年 9 月后,他和时任东北行政委员会教育委员会主任的车向忱受命接收位于哈尔滨沙曼屯[24]的私立哈尔滨大学。接收时哈尔滨大学的房子很破,有的窗子还是用纸糊的。后来林枫决定把原计划用作东北行政委员会办公楼的一幢原哈尔滨医科大学[25]的漂亮楼房给了哈尔滨大学,学校遂迁到南岗东大直街校舍。[26]"这里条件完备,环境优美。教学楼内有大礼堂和许多大教室,楼后面有教工宿舍和学生宿舍;校园内树木成林,还夹有丁香树。入夏,丁香花开,香气袭人。"[27]

车向忱、何礼分别担任正、副校长。东北局青委书记蒋南翔、东北人民银行行长丁冬放兼任系主任,并给学生上课。学校专兼职的教员大多来自延安等老解放区,也有部分当地高级知识分子,包括张仃[28]、萧军[29]、白朗[30]、华君武[31]、沙英、塞克、李则兰[32]、晋驼[33]、白桦、李鹰航[34]、王一丁、李六如、[35]陈远晖、李江、吴莲溪等。当时解放区来的干部实行供给制,而留任的教授每人可得月薪 5000 元东北币。[36]

1946 年 10 月 20 日,哈尔滨大学开学。旧哈尔滨大学原有文、法、理三个学院,接收后改为文学艺术、社会科学、自然科学 3 个学院。文学艺术学院下设文学系、俄文系、音乐戏剧系和美术系;社会科学院下设政治系、经济系和教育系;自然科学院下设电器机械系(为恢复小丰满发电需要而设)、理工系、化学系以及医学系,共计 11 个系。

图1-5　哈尔滨大学校徽。
图片来源：（中国收藏热线）旧货商城网站，http://www.7788.com/pr/detail_571_23108591_0.html，2015年11月15日最后访问。

受战争影响，学校不得不准备"长期打算，随时撤走"。但教育目标仍然非常明确。当时公布的哈尔滨大学的校训是"为人民服务""知识分子与工农结合"。办学宗旨是"遵照东北行政委员会《施政纲领》中的新民主主义文化方针，培养为建设新东北所需的各部门人才"[37]。哈大的课程包括综合学习（重点是世界观和人生观改造，注重理论联系实际）、近代史（重点讲"九·一八"和"七七"事变）、自然辩证法（重点讲进化论和阶级论）、中国政党史（重点讲国共两党的问题）、文学课（联系土改，讲《诗经》中的《硕鼠》《七月》《伐檀》等篇）。全校举行了"蒋介石卖国不卖国"的两周大辩论和唯物论与唯心论哲学理论的大辩论。为了帮助学生明确政治方向，在课堂学习之外，学校还采取了听大报告（如请国民党起义和被俘将领现身说法）、参观、实习、社会工作（如遣送日侨、户口清查、写壁报、在街头扭秧歌、在农家院表演活报剧）等多种形式。学校还组织学生参加战地服务，慰问伤病员、劳军。1946年冬、1947年夏和1947年冬，先后三次下乡参加土改，发动农民参军（同学也有参军的）。[38]

在不到两年时间里，哈大被改造成了东北解放区第一所新型的正规化大学。学生很快从200余人发展到588人。学生中的骨干有李木庚、朱日耀、蔡运时等。[39]

（三）东北科学院（哈尔滨）

1948年5月，根据中共中央东北局和东北行政委员会的决定，东北行政学院与哈尔滨大学合并，改称东北科学院。院长仍由东北行政委员会主席林枫兼任，车向忱任常务副院长，东北行政委员会民政部长王一夫[40]兼任副院长。学院下设理工、农林、医学、教育、行政、公安（在职干部培训）等系。[41]公安系系主任为肖磊。[42]不过，1948年4月21日林枫和车向忱、王一夫联署的《东北科学院招生简章》中"系别"一项只提到"暂设下列各部门：1. 农林系，2. 理工系，3. 医学系，4. 教育系，5. 自然科学研究所"，各系招生名额分别为300名、300名、200名、200名，学制暂定一年，自然科学研究所名额、期限均不定。[43]1948年6月，东北局宣传部在给中宣部的请示中提到，"在哈有东北科学院，以招揽并培养科学技术人才为目的。林枫、车向忱、王一夫任正副院长，直属政委会"[44]。

1948年7月6日，东北科学院举行开学典礼。据当年6月赴哈尔滨东北科学院行政系报到的李枝万学长回忆，这一时期，东北科学院设行政、教育、理工、农林、戏剧、公安6系。其中的戏剧系似应为文工团。李放教授则回忆是"文艺系"。[45]开学典礼上，"各系列队按划定区域在大礼堂入座，会场布置简朴、庄严，悬挂着马、恩、列、斯、毛主席和朱总司令画像，一条横幅八个字是'团结、紧张、严肃、活泼'，（典礼）在《没有共产党就没有新中国》的歌声中隆重开幕"。首先由王一夫副院长致开幕词，院长林枫、常务副院长车向忱、东北行政委员会副主席高崇民先后讲话。[46]林枫在讲话中提到：

> 这个学校的学生大部分是从各地方招来的，其中有哈大、[东北]行政学院一部分同学。过去哈大在车老[向忱]领导下办的是有成绩的。后来和行政学院合并改一个名字叫科学院……过去哈大在那时需要那样的学校，现在我们需要更多的干部。过去哈大是有成绩的，它是接收一个私立学校，在车老领导下，在全部工作人员和同学努力之下，很有成绩，很有进步。我们解放区需要更多的干部，过去的行政学院太小，所以和哈大合并了，成立科学院。[47]
>
> 我们这一期除了行政系、教育系外，其他系（理工、医学等）主要着重吸收原来有技术的人。所以不是从头训练。我们不管大的小的技术人员，收拢起来，给以帮助，送到工作岗位上去。当然我们限于学校的各种可能，教室、学习设施、干部，还不能将投考的学生全部收拢下来，我们只

能选择几百名,这就是我们办科学院的直接原因。一个是基本原因,基本原因是从长期建设着眼;直接原因是要给原来知识分子找一个工作出路。[48]

我说这一期收了一些(除教育、行政、公安系外)大小有技术的人员到学校来……[49]

据李枝万学长介绍,当时的院部位于哈尔滨市南岗区大直街,是三层楼,除办公室外,有图书馆、大礼堂。后者既供学员上大课、听报告,又放映电影。行政系和院部同在一个院内,也是三层楼,一楼为食堂、洗澡间,二楼是男学员宿舍,三楼是女学员宿舍,楼南面是操场(含篮球场地)。学员用木板搭床铺,每个寝室住8个人。晚间通过笛声统一安排就寝。[50]

又据李放教授回忆:

当时的教育系没有像行政系那样[受]重视。教育系的宿舍是在当时的辽阳街(毛子坟附近),房子很简陋,一个房间有六个人的,也有八个人的,是用木板搭的通铺。女生在楼上,男生在楼下。规定男生不得上女生那层楼。每天上课都是到校部大礼堂。要走很远。[51]

东北科学院院址位于东大直街中段北侧,西临今天的鞍山街,北抵邮政街。其主楼(今已无存)南临东大直街。该建筑落成于1930年7月10日,1934年7月被辟为"哈尔滨市立精神病院",该院是由铁路医院精神病收容所和特别市第二医院合并而成的。[52]1948年8月,中共中央东北局、东北行政委员会决定在哈尔滨筹建东北农学院时,筹建工作在哈尔滨市南岗区东大直街原东北科学院院址展开。[53]迟至20世纪90年代初,该址为哈尔滨医科大学卫生系。

据校史序列第三期校友汤士安前辈回忆,他就读于东北行政学院行政系时,时逢东北行政学院与哈大合并为东北科学院,开学时有500人合影,仅行政系就有100名学生入学,但其1949年毕业时,只有88人毕业。[54]据李枝万学长回忆,行政系共110名学生,划分为若干个学习小组。[55]系主任郭蕻生[56]是延安来的老干部,系干事是王光文。当时没有专职教师和教科书,授课采取外请领导干部作报告、学生记笔记、开讨论会和生活检讨会(每周五午后)的形式。

那时没有教师,没有教科书,没有教室,采取几百人上大课,听专家和政府负责人作报告的方式。例如,院长林枫、副院长王一夫来院作解放战争形势的报告;东北行政委员会办公室主任张庆泰主讲农业生产问题;农业部长魏震五作农业生产有关政策的报告;东北抗联将领冯仲云作抗日联军英雄事迹报告;工商部长王兴让主讲工商业政策;作家丁玲讲的青年问题和知识分子改造世界观问题。学员边听报告边记笔记,回来后大家相互核对笔记,这就是唯一教材。

学习工商业政策,阅读任弼时同志"论工商业政策"及几篇职工运动文献。学院为使我们获得更加丰富感性的知识,加深对政策的理解,组织学员去道里参观工业展览馆,参观南岗老巴夺烟草公司,对解放后工人阶级地位、组织性、纪律性、劳动态度和奉献留下了深刻的烙印。参观后写了一篇《老巴夺烟厂》观后感,刊登在哈尔滨市《生活报》第二版;又如在讲民主与专员座谈,[57]同在押犯人了解情况,丰富感性知识,加深对执行政策的理解。

讨论会是学习的主要环节,以求真务实态度,敞开思想,达到理解消化、巩固学习目的。讨论会很热烈,常常观点不一,各持己见,争论不休。[58]

这也印证了林枫在东北科学院开学典礼上的讲话中提到的:"在这一期,特别在开头这一段,主要是学习政治,或者更具体地讲学习各种政策。学习什么政策?土地政策、工商业等各种政策,总的来说是我们民主政府实行的各种政策。"[59]开学后3个月,系里进行总结。鉴定会的步骤是个人总结、小组评议、组织审定,按系里规定的二级六等(上上、上中、上下、中上、中中、中下)自报公议。[60]

图1－6　哈尔滨医科大学校址。

图片来源:载搜狐网站:http://mt. sohu. com/20160102/n433293351. shtml,2016 年 1 月 4 日最后访问。

图1－7　东北行政学院第三届(科学院)开学典礼(1948年7月6日)。

图片来源:百度百科:http://baike. baidu. com/picture/5287724/5317899/0/e61190ef76c6a7effddbc b7dfefaaf51f2de66ef. html? fr = lemma&ct = single,2015 年 9 月 4 日最后访问。另,亦感谢蔡宏伟兄帮忙自吉林大学法学院院史馆展板翻拍。比照下图可知,该建筑在 1976 年时为哈尔滨医科大学卫生系。

图1－8　哈尔滨医科大学卫生系食品卫生师资进修班结业留念(1976 年 9 月)。

图片来源:中国收藏热线网站:http://www. 997788. com/pr/detail_auction. asp? d = 191&id = 9230688,2015 年 9 月 4 日最后访问。

二、在沈阳(1948 年 11 月 - 1950 年 9 月)

(一)迁往沈阳

1948 年 11 月初沈阳解放后,中共中央东北局和东北行政委员会从哈尔滨迁往沈阳,东北科学院也随之迁沈。[61]据李枝万学长回忆:

> [1948 年]11 月 4 日,我们接到南下赴沈阳的命令。学员的身份对外称东北行政委员会干部大队。同学们高兴极了,在那寒风凛冽的初冬,我们穿上新发的棉衣裤,披着军大衣,带着狗皮帽子,整装待发。由于长春铁路段尚未修复,我们绕道经吉林、梅河口到沈阳,在梅河口停车数日,住宿在一家浴池。听说有一段路在抢修,直到 11 月 17 日才抵达沈阳北站,分乘几辆卡车入住北陵东北大学先修班。开饭了,食堂有不少啤酒,管理员让大家随便喝,举杯开怀,分享着胜利的喜悦。[62]

据有关史料推断,此时的落脚点为原东北大学[63]旧址。成立于 1923 年的东北大学最初即坐落在北陵附近的北运河畔。[64]那里现在是辽宁省政府、省军区以及沈阳市体育学院的一部分。据林礼昭前辈回忆,东北科学院迁到沈阳后落脚在太原街。[65]太原街距离沈阳火车站不远。而黑龙江省社会科学院历史研究所的李随安先生通过沈阳市长热线联系到沈阳市档案局,得到的回复称:东北科学院迁到沈阳时的地址为和平区南昌街。南昌街与太原街彼此平行且相距不远。

《东北沦陷区殖民教育史》一书记述说,东北大学开办之初,

> 辟沈阳高等师范学校为临时院址,聘请北京大学理学士吴家象为总务长,留美文学硕士汪兆璠、留德工学博士赵厚达、留德工学博士杨毓桢、留美学生姬振铎等人分别为文法科学长、理工科学长以及实习工厂厂长和附属中学主任。当年 9 月开始招生办学,计分文法理工四科,学制六年,前预科二年,后本科四年,办学经费由辽、黑两省分担,其中黑龙江省分担 1/10,其余由辽宁省财政拨款。东大正式开校后,开始营造东大新校址,选择北陵迤东长 20 余里、宽 10 余里的开阔地带,耗资巨额,先后营建了理工大楼、实验室、学生宿舍、大礼堂及规模宏伟的实习工厂,厂内敷有铁路,可同京奉、沈海两线接轨。1925 年,理工科师生迁入新址,称北校,旧址称南校。1928 年春,东大改分科制为学院制,即把文法理工四科改为文法理工四个学院,分别聘任周天放、臧启芳、孙国封、高惜冰为各学院院长。[66]

由此看来,1948 年 11 月东北科学院迁沈时,曾进驻原东北大学北校(新址)和南校(旧址)。

图 1-9　东北行政学院在沈阳时的院址。

图片来源:吉林大学法学院院史馆。

感谢王立国老师惠示。

（二）更名与设立司法系

迁址后，针对新区学生思想混乱的情况，东北科学院“仍采取以改造思想为主，结合进行业务教育的方针，同时开始做长远打算，为正规化积极创造条件”，且复名为东北行政学院[67]，林枫任院长，王一夫任副院长。1951 年，王一夫在回顾东北人民大学五年来的教育工作时提到，更名后，东北行政学院分设行政、教育和法律三系。[68]而《辞海》上则说 1948 年年底东北科学院迁沈阳，复名东北行政学院，设法律、行政、财政、银行、会计、教育、工厂管理等系。[69]对东北行政学院设立之初院系设置情况，前者的说法更为可信，而后者则是后来的情形。但二者关于“法律系”的说法都不尽准确，应为“司法系”。

图 1－10 东北行政学院司法系第一届学员合影（1948 年于沈阳）。图片来源：吉林大学法学院院史馆。

迁沈之初，东北行政学院除了设有 3 个系以外，还有一个师范部。1994 年 10 月，吉林大学图书馆剔旧时，笔者得到一本王希坚著的《翻身民歌》（民国卅六年十二月再版，东北书店发行，系“通俗文艺丛书”之一）。封面上加盖有蓝色的椭圆形右起“辽宁省立沈阳师范专科学校教务处图书馆”印章。其上叠盖有红色圆形右起“东北行政学院师范部图书室”印章。经查，辽宁省立沈阳师范专科学校是抗战胜利后辽宁省政府开办的两所公立院校之一（另一所为国立葫芦岛商船专科学校）。[70]2015 年秋，黑龙江省社会科学院历史研究所的李随安先生从沈阳市档案局得到的回复称：东北科学院迁到沈阳市后，接收了原沈阳师范专科学校。[71]由此可知，复名后的东北行政学院在沈阳师范专科学校基础上建立了师范部。

1948 年 11 月，沈阳解放后，东北科学院迁往沈阳时，图书馆的 6000 多册图书被运到沈阳。1950 年 9 月学校迁至长春时，藏书为 7 万多册。当时，图书馆和校部机关合用解放大路北侧、日伪时期的满炭株式会社大楼。图书馆馆长为庞景仁。[72]

东北行政学院司法系首任系主任是老干部江剑秋。[73]据李放教授回忆：

> 当时（司法）系里只有一位系主任，下面有八名干事，我是八名干事之一。学校让法律系［应为司法系］突击招收了一百多名学生，主要是高中毕业生和国民党时期的一些政府职员，这些人

分成两班,解放前就是学生的分在二班,有过工作经历或者年纪偏高的在一班,我当时是二班的教育干事。教育干事是主管学习的,领着大家去听报告,听完了报告组织大家讨论,写成总结交到系主任那里。八个干事中有四个是教育干事,三个是组织干事,还有一个是生活干事。后来觉得一个男生干事管理不是很方便,就又调来了一个女生活干事,这样就成了"九大干事",除了主任,系里就是我们九个人负责,当时,没有一个教师。[74]

"九大干事"中,组织干事为王明月[75]、边立有[76]、刘鸿儒[77],教育干事为林礼昭[78]、李殿勋[79]、李放、张景盛,生活干事为焦俊杰和吕枫(女),分别负责组织、教学和生活方面的管理工作。[80]1949年秋,江剑秋因病住院,东北行政学院人事科长林德(女)代理司法系主任。1950年8月,甘雨沛从东北人民政府民政部调来,任系主任。[81]

(三)司法系的招生情况

司法系成立后随即面向东北解放区开始招生。1948年12月第一届100多名学员入学(按校史序列为四期学员),学制二年,[82]至1950年毕业,除中途离校者外,"大部分被分配到东北人民政府司法部和沈阳、长春两市的政法部门"。[83]

吉林大学六十周年校庆网站提供的东北行政学院司法系《1948年入学学生名录》开列了该级339名学生。[84]其中张光博、马治和[85]、徐枫[86]等留校任教。此外,名单中还有当时就读于本校研究生班的何鹏。但与何鹏研究生同级的王惠岩则未见。[87]可见该学员人数并不准确。而1951年6月出版的《东北人大生活》[88]第12期刊登的《法律系同学业务实习收获笔谈》一文中提及的法律系二班学习小组负责人都出现在前述网站名录中。[89]由该文可知,其时1948级二班共有52名同学,他们迟至1950年10月尚未离校。

1949年秋,司法系又招收了第二届学员约100人,编为三班和四班,学制改为三年。据李放教授回忆,张光博是司法系第二届三班学员,因是在新中国成立前入学,故享受离休待遇。而四班学员于长润是新中国成立后入学,故享受退休待遇。[90]由此可以推知,司法系第二届三、四班学员入学时间分别在1949年9月和10月以后。

(四)司法系的教学情况

鉴于当时招收的学员多是沈阳解放后失学失业的知识青年,学校对1948级学员首先进行了为期四个月的政治思想改造教育,请东北人民政府负责人(如林枫、东北教育部部长董纯材)和社会知名人士(阎宝航[91]、华君武等)来校就形势与任务、国共两党的斗争、中国革命的前途、中苏中美等国际关系以及如何树立新的人生观作专题报告。此外,司法系还请系主任江剑秋系统讲授了社会发展史[92],当时的授课形式是学生听报告,之后再组织讨论,联系实际谈体会。李放教授回忆说:"听报告时,我们教育干事就领着学生,排上大队走进大厅,在大厅里面分各个系坐好,听好了报告再组织讨论。当时的学习形式就是这样的。听报告的目的是进行思想改造,听完了回来谈体会的时候要联系实际,提高认识。"[93]张晋藩教授在回忆中也谈到了当时东北行政学院采用的听报告、上大课的教学模式:

> 1948 年 9 月以后，我们时常一揭开被子便可以看到传单，介绍我们到解放区华北大学去，再如“解放区的天是蓝蓝的天”的歌曲也可以常常听到。
>
> 辽沈战役后，我和两个同学准备回东北解放区，当时天气凉了，我们穿着棉袍从朝阳门奔通县，然后坐军车赴唐山，经过山海关乘火车到沈阳。第一次到解放区觉得非常新鲜，无论是儿童团查路条，还是食宿上的接待，以及军车的无偿运送，都是前所未有的经历，油然而生亲切之感。
>
> 到了沈阳以后，介绍我到东北行政学院学习。由于我在大学喜欢的是文学，对行政、经济感觉格格不入，所以一听说是东北行政学院，就不想去。但我还是到那儿看了看，一看那种学习方式，大课报告、小组讨论，非常不适应，于是就等着北平解放再回北平读书。[94]

司法系 1948 级第二学期的课程分为文化理论课和司法业务课两部分。前者包括龚依群教务长的《新民主主义论》、滕净东[95]教授的《中国近代史》、腾飞[96]教授的《中国通史》、王藻教授的《世界史》、侯锡恩教授的《世界地理》、田盛春讲师的《大学语文》等。后者受制于师资，起初仍然以大报告形式进行，如请东北司法部长王怀安[97]作司法政策报告，铁秋[98]、鲍延干[99]作刑事政策报告，马起作民事政策报告。该系后来还开设了《司法概论》等业务专题讲座。[100]

1949 年 8 月 1 日，中共中央东北局、东北行政委员会发布《关于整顿高等教育的决定》，提出“必须采取精干与正规的方针，整顿现有高等学校，确定标准，甄别学生确定名额，增聘教授，逐渐充实设备，添置图书仪器，建立统一的正规教育制度，使之由训练班的形式转变为正规高等学校，必须力加整顿，提高质量，以求名副其实，担负起培养具有革命思想与掌握现代专门科学技术知识的高级专门人才的任务，以适应新民主主义的经济建设与文化建设的需要”。为此，决定设立 9 所高等学校。其中，“培养与训练行政干部的高等行政学校一所，即：东北行政学院”[101]。1949 年 8 月 6 日《东北日报》刊登的《适应大规模经济文化建设，东北整顿高等教育》一文提到，“关于专科以上学校的学制，东北政委会特规定工、农、医及自然科学四年毕业，社会科学及文艺学院三年至四年毕业，专修科二年毕业”[102]。东北行政学院随即于 1949 年下学期按照“精干与正规的方针”，“培养具有革命思想与掌握现代专门科学技术知识的高级专门人才”的要求，进行整顿，改变和增设了必要的组织机构，对学生进行甄别测验、重新编级。

> 按照学院的性质和任务规定，决定取消师范部，该部政治、史地科学生分别转入相关系学习；音乐、图画、体育、国文、博物、数学和理工科学生学习内容与学院性质不符，一律介绍工作或转入其他院系学习。行政、教育、司法 3 系学生也进行了一次较为严格的甄别考试，不适应在本院学习的也分别介绍了工作。经过调整和整顿，全院学生减少了 426 人。[103]

与之不同，在另一处，《吉林大学校史》提到，（沈阳）东北行政学院教育系是接管原沈阳师范专科学校后改设的，1949 年秋被取消。[104]

“历史复杂、政治思想落后或道德品质较差，不适合将来从事政法工作的学员”被陆续调离，安排其他的工作，个别学员还被遣回原籍。因此，司法系一、二班人数有所减少。[105]同时，配备专职教员，改大班报告为分班讲授为主，修正了教学计划，并将学习期限延长为三年。[106]在读的研究生[107]也被派作助教，辅导学生。据李放教授回忆，1950 年年初，

> 由于学校教师缺乏,本科生多以听大报告来学几门政治理论课。为了协助教师教学,研究生班的学员也多下到各系去做辅导工作。(王)惠岩当时被派到司法系(即后来更名的法律系)担任马列主义课(即联共党史)的辅导工作。我当时在司法系做教育干事,是负责学生的学习管理的,因此上课时带学生到大礼堂听讲……[108]

此外,还安排了小组座谈、组织学员到司法业务部门参观、实习。如司法系二班、三班就参加了沈阳市的户口普查工作。[109]按照王一夫后来的说法,经过此番整顿,东北行政学院开始了由短训练班向正规大学的转变。[110]

1950年3月31日,东北人民政府发布《关于目前高等教育工作的决定》,提出:"东北行政学院改为东北人民大学,在今年上半年进行筹备,准备条件,下学期正式开学,按照中国人民大学之方针办理,着重于工农干部之培养"[111],"东北行政学院改为东北人民大学后,除现有各系逐渐增设工厂管理、财政、银行、会计、合作等系。其学制课程教材采用中国人民大学的规定。另须负责在职干部轮训。"[112]在领导体制上,东北人大实行双重领导,"即(东北人民政府)文化教育委员会负责统一各高等学校方针政策、计划、制度等方面的领导","经常的业务教育经费管理,日常行政"则由东北人民政府教育部领导。[113]司法系也同时定名为法律系。[114]

在领导体制上,1949年中央人民政府成立以前,东北行政学院(及其前身)一直由东北行政委员会及后来的东北人民政府领导。这种局面延续到20世纪50年代初。1950年7月,政务院《关于高等学校领导关系的决定》虽然提出"全国高等学校以由中央人民政府教育部统一领导为原则",但"华北区内高等学校,除已交由省政府领导者外,由中央教育部直接领导。其他各大行政区内高等学校,暂由中央教育部委托各大行政区教育部直接领导"[115]。

三、迁往长春(1950年9月)

因朝鲜战争爆发,东北人大从1950年9月4日起由沈阳迁往长春,[116]9月16日最后一批学生到达。法律系起初被安置在现在的吉林大学新民校区基础楼背面的伪满时期的参议府暂住,不久又迁到现在吉林大学前卫校区北区数学楼,俗称法律系红楼。[117]当时自由活动时间,常有同学在法律系楼前的马路上玩球,还曾出现过妨碍交通的情况。[118]

抗美援朝期间,法律系学员参加了担架队、看护队、输血队,为前线加工炒面。法律系学员李放、杨树仁在全校以抗美援朝为主题的演讲比赛中分别获第一、第三名。[119]

从1951年3月开始,东北人大增设贸易系、合作系、经济系,并将财政系和银行系合并为财政信贷系,会计系改为会计统计系,俄文专修科改为俄文系。1952年经过院系调整,东北人民大学成为综合性大学。

图1-11　东北人民大学校部大楼及校牌。

图片来源:中国收藏热线网:http://pic13. 997788. com/pic _ search _ r/00/01/50/95/se1509518. jpg,2015年8月31日最后访问。此楼原系伪满时期"满洲炭矿株式会社"大楼,于1938年6月29日动工,1939年12月22日竣工。该楼系钢筋混凝土框架结构,长120余米,高近25米,占地近1.5万平方米,地上四层,地下一层,局部五层,内设一部电梯,开窗较小。东北人民大学迁至长春后,校部机关、总务后勤办公室,中文、历史、俄文、图书馆等系均在楼内办公。理化楼、文科楼建成后,主要用作图书馆。

图1-12　法律系红楼。

图片来源:吉林大学法学院院史馆。

第二节

师资情况

一、师资队伍建设

1948 年,东北行政学院增设司法系时,江剑秋任首任系主任。1949 年秋,江剑秋因病住院,东北行政学院人事科长林德(女)代理司法系主任。1950 年 8 月,甘雨沛调任系主任。1952 年全国高等学校院系调整后,法律系建立了党支部和团总支。[120]边立有任党支部书记,徐枫任团总支书记兼系秘书。马列主义教研室主任杜若君教授调任法律系系主任,他当时还兼任校工会的副主席。[121]法律系制下设教研室、干事室、办公室、资料室等。1954 年,最高人民法院东北分院[122]民庭庭长马起调任东北人大法律系第一系主任,全面负责系务,侧重于政治思想管理,但不授课。杜若君担任第二系主任,侧重于教学与科研工作的管理。徐枫任党总支书记。林礼昭任系秘书,协助两位系主任从事教学管理工作。[123]

为解决师资问题,1950 年更名后,东北人民大学法律系先后分两批选派干事和学员到中国人民大学法律系研究生班学习。其中第一批干事林礼昭、学员李放两人,于 1951 年春季入学,插入中国人民大学法律系 1950 级研究生班就读。李放学习的是马列主义国家关于国家与法权理论专业。当时中国人民大学的研究生学制为二年,二人于 1952 年 6 月毕业。[124]其后,又申请延长学习一年。在此期间,林礼昭参与了中国民法的教学活动;李放则选修了王铁崖教授开设的国际法课程。1951 年夏又选送了第二批。其毕业后,全部 12 人由林礼昭带领,于 1953 年 7 月返回东北人大法律系。此外,东北人大法律系还将何鹏、安民、刘庆林、[125]徐枫(后改做政治工作)、朱天华(后调至总务部门)等几位选留的干事改作教师。[126]据李放教授回忆:

1951 年的时候,学校(东北人民大学)法学方面的学生已经达到二百人左右,师资不足了。怎么办呢?学校就开始办研究生班,另外也向中国人民大学送去了一批读研究生,我就是这批人之一,我比徐尚清要早去半年……

到人民大学时很有意思。因为我们晚去了半年,人民大学已经开班了,我们学校就和人民大学商量,看能不能送几个人去培养成教师,但人民大学入学是有标准的,它要考试,达不到标准的就退回来。

到那边时给了一个礼拜的考试准备时间,还好我有些优势,因为我在做教育干事期间听的课比较扎实,这样考试就顺利通过了。通过了还不行啊,我们研究生的课程还拉[落]下了半年呢,这半年的课还得补上。补完后又考了一把,也通过了。我们这一批中也有被退回来的。到1952年7月的时候就毕业了,我是人民大学的第一届研究生,毕业后我又申请在人民大学留了一年,这一年里我选修了民法、中法史、外法史。[关于这段表述,李放教授后来修订为:我们后来选送的那一批中也有被退回来的……这一年里我选修了民法、国际法,并有时还旁听中法史、外法史——笔者注]外法史是苏联专家讲的……

1953年(7月)我们就回学校了,和徐尚清他们一共是12个人,这样系里的师资力量有了很大的改变,所有的课程都开出来了,面貌一新。[127]

图1-13 法律系主任杜若君在科学报告会上报告"过渡时期的政权问题"。图片来源:东北人民大学校刊编辑部编辑、赵祺摄影:《东北人民大学画集——庆祝校庆八周年》,东北画报社1954年版,第14页。

图1-14 法律系主任杜若君教授向全系学生传达全国政法教育会议精神。图片来源:东北人民大学校刊编辑部编辑、赵祺摄影:《东北人民大学画集——庆祝校庆八周年》,东北画报社1954年版,第42页。

这12名教师是:于常润(刑法学)、马治和(刑诉法)、王侃(国际关系史)、王子琳(资产阶级国家法)、石宝山(民诉法)、李放(法学基础理论)、李芳志(劳动法)、林礼昭(民法学)、吴奇(国际法)、张光博(中国宪法)、韩玉林(中国法制史)、徐尚清(西方法制史)。[128]其中,林礼昭为领队。12人中,林礼昭以院聘副教授离休;李放、张光博以教授从法学院离休;王侃、石宝山、马治和、徐尚清、李芳志以副教授离休;韩玉琳、于长润以副教授退休。[129]

当时,中国人民大学法律系研究生的学制为2年。据张晋藩教授回忆,其于1950年9月被分配到中国人民大学读研究生,学的是国家与法权历史,不分中外专业。当时都是苏联专家授课,主要讲授外国法制史和苏维埃国家与法权历史。1951年春天,中国人民大学法律系成立国家与法权历史教研室,聘请了民国时期的民法学家李祖荫和党内的历史学家李达。第一批法制史研究生共4名:胡大展和关子健研究外国法制史,张晋藩和孙炳珠研究中国法制史,孙后来改教宪法。读研究生期间他们即参加教学。1952年毕业后,张晋藩留校任教。[130]算起来,正好读了2年研究生。[131]

笔者在中国人民大学法学院网站"校友名录"检索时,在1950级(1950-1952)研究生名单中见到了李放,在1951级(1951-1953)研究生名单中见到了韩玉林、李芳志、石宝山、徐尚清、王子林(琳)和张光博的名字,[132]从而证实了上述东北人大法律系12名教师是分两批入读中国人民大学(法律)研究生班的。有关张光博教授的文献亦提示其于 1951 年入读中国人民大学法律系第二期国家法研究生班。孙国华教授就回忆说:“我认识光博是在上世纪 50 年代初期——1951 年,那时我是中国人民大学法律系的第一期研究生,攻读国家与法的理论,他是第二期研究生,攻读国家法,和他同期攻读国家法的还有许崇德、何华辉等人……”[133]许崇德、何华辉两位先生是 1951 年分别从复旦大学法律系和北京大学法律系毕业后考入中国人民大学法律系的。[134]此外,该网站“校友名录”还显示,中国人民大学法律系研究生从 1954 级开始改为三年学制。而人大法律系第一届本科生亦于 1954 年 7 月毕业。[135]

关于在中国人民大学向苏联专家学习的情况,李放教授提到:

苏联专家很严格,他给你布置任务,要看多少书,到时间他会检查,主要是抽查的形式,他会问你哪个问题在第几页。答不上来他会质问你,你到底看没看啊,看了怎么答不上来或答得不好啊……

苏联专家上课时有两个翻译……两个翻译都坐在苏联专家的身边,一个翻译累了,另一个继续翻。当时的课很长,一节课两个小时,一个上午上四个小时的课,讲一遍翻译一遍,所以上四个小时的课学的是两个小时的内容。[136]

徐尚清老师提供了更多的细节:

政治理论课由苏联专家讲的,一个叫奥高尼扬,讲马列主义基础的;政治经济学的叫佳木西金,是个老头;中国革命史是中国人自己讲的,是很有名气的叫胡华的老师,人民大学最早版的《中国革命史》就是他编的。还有一个教俄语的老师,叫高洛娃,是个女老师。法史专业课有两门,一是苏联国家法与法权通史,由瓦力哈米托夫讲授,他是喀山大学的;另一门是中国国家与法权通史,是郝正宇老师讲的,林榕年老师也讲国家与法权通史,但他是听苏联专家的课,然后再给本科生讲的。

我们当时有两批[法史专业]研究生,第一批中有张晋藩、胡大展等,我和华政的王召棠是第二批的,我们第二批一共有六个人,但是专业课上两批人是一起听课的。俄语相当于现在的公共课,不管什么专业的,都在一起开课。苏联专家是用俄语讲课的,我们那时也学俄语,但是还达不到听专业课的要求,所以他们讲课是要配翻译的,讲一段翻一段,就像“答记者问”一样。中间有休息的时间,如果不懂,可以提问。[137]

吉大哲学系教授高清海回忆其在中国人民大学学习期间(1950－1952)的情况时也谈到:

当时是在中国人民大学,指导我们学习的导师都是直接从苏联聘请来的“专家”。老师是苏联人,不用说,教材自然也是苏联带来的,包括教学培养的全套方式,都是“苏制”或“苏式”的。两年的学习,要求得很严格。被称作“习明纳尔”[即 seminar——笔者注]的讨论,不准许发挥个人见解,只要牢记讲课内容,我们必须在互相补充中直到讲课内容复述完满,“专家”才会满意地点头;5 分制抽签口试的考试办法,关口更是严厉,考签题目之大,往往要把整本书的内容或提纲背诵出来……[138]

这些回忆或许可以作为窥视当时中国人民大学法律系苏联专家授课情况的一个窗口。有中国人民大学法律系研究生班的亲历者曾报告了与苏联专家接触其实不多的事实。[139]1955 年 9 月 8 日,董必武对苏联法学专家谈话时，更精准地概括了当时中国人民大学法律系的教学情况："人民大学法律系的教学，主要是依靠苏联法学专家的帮助，学校的教研室事实上就是苏联法学专家在向教员们进行教育，学习成绩好的已开始进行教课了。"[140]

东北人大法律系早期师资中相当一部分是由中国人民大学法律系培养的，如林礼昭、李放、张光博、徐尚清等12人，以及周之源、郭学贡等。也有一些是由该校自行培养的，如王惠岩等。[141]当然，另有部分教师在民国时期的大学接受过教育，如马起（兼有老干部身份）、高树异、何鹏等。还有几位教师有过留学经历，如留英的杜若君，留法的马志振，留日的甘雨沛、杜岫石、陈国柱，以及留美的宓超群等。

图1-15 江剑秋

图1-16 马 起

图1-17 杜若君

图1-18 甘雨沛

图1-19 张光博

图片来源：吉林大学法学院院史馆。

（一）在解放前的大学接受教育的部分教师

1. 马起

马起（1904-1972.4.4），汉族，吉林省双辽县人。1930年毕业于北平朝阳大学法律科。[142]1936年参加革命工作，9月加入中国共产党，1938年到冀南抗日根据地，任太行行政区司法科长、处长。1941年任晋冀鲁豫边区高等法院[143]刑庭庭长。1945年到东北。1945年10月12日，中国共产党领导下的人民政权辽宁省政府在沈阳市成立。11月上旬，辽宁省政府任命马起为辽宁省高等法院院长，王敏秋为秘书主任。但未及建立省法院机构，其人员即随部队及党政机关于11月下旬主动撤离沈阳市，进入通化地区。[144]1946年，马起任合江省军区军法处长。[145]1946年8月23日和1948年1月1日，哈尔滨特别市高等法院、松江省高等法院分别成立，马起同时兼任两院院长。[146]1949年5月11日，松江省人民法院与合江省人民法院（1947年10月成立，始称合江省高等法院）合并成立新的松江省人民法院，驻哈尔滨，马起任院长，董仙桥任副院长。1949年12月8日，东北人民政府决定，撤销马起松江省人民法院院长职务，由李晓白代理院长。[147]

1948年3月10日，松江省高等法院重印了1943年5月15日出版的马起编著的《司法基本常识》。从其中收录的徐平1942年12月1日所作《校完以后》可知，该书初版于抗日战争时期的敌后抗日根据地。

> 在我校完马起同志这本《司法基本常识》之后,我深深感到,这本书的出版,对于我们目前司法工作进一步的提高,民主作风进一步的扩大有其重要的,巨大意义。
>
> 抗日民主政权的司法,较之历史上任何一个时期,是最民主的。因为司法机关援用的法律,是人民自己创制的,司法长官,是人民选举的,每个司法人员都是受人民监督而为人民服务的,司法上的每一举措,都是为了广大人民之利益的,凡此一切,便构成了抗日民主政权中民主司法的主要内容。但是,在另一方面,我们应当承认,在形式上作风上的民主,我们还没有做到尽善尽美的程度。
>
> 作风上民主的不够,一方面是思想上的问题(民主观念欠缺)[,]另一方面也是智识上的问题。许多同志不晓得程序上的一切理论与方法?因此不免有民主不够地方。马起同志这本[148]《司法基本常识》,正是针对着这一点,一本简明的程序法的教程,他吸收了旧程序法中的优点,扬弃他的缺点,配合以敌后战争的环境,以科学的观点系统的从理论到实际(侦查,审判,量刑,拟判,执行),贯串了整个案件进行的程序。指出各个阶段司法上应持的态度。这对司法工作民主作风的扩大,有其重要意义。
>
> 同时,这本书不能仅仅当做一本教程来看待他,每个司法工作者,在读其中每一章节时,应当连[联]系自己的工作,反省一下:"我过去不是这样认识的?"或者"我过去是不是这样做法的?"应当同时把他当做一本司法干部的整风参考资料。
>
> 最后,我想这样提议:这本书不仅每个司法干部需要好好的阅读,准备尽量的在实际工作中施用。同时,一些与司法工作有关的行政工作者,公安工作者,也应当看一下的。
>
> 徐　平
>
> 一九四二年十二月一日

与封面书名不同,该书目录页显示的书名为《司法基本常识教程》,全书共 8 章,正文 67 页。章节目录如下:

第一章　序论——诉讼的主体

第二章　法院的管辖

　第一节　事务管辖

　第二节　土地管辖

　第三节　牵连管辖

　第四节　多数管辖

　第五节　指定管辖

　第六节　移转管辖

　第七节　管辖错误

第三章　犯罪论

　第一节　对犯罪的新认识

　第二节　犯罪要什么条件

　第三节　犯罪的原因

第四章　论侦查

　第一节　侦查的本质

　第二节　侦查的程序

　第三节　侦查的事由和侦查的终结

　第四节　侦查实施所用的方法方式

　第五节　勘验

　第六节　证人

第五章　审判

　第一节　审判的真谛

　第二节　审判的准备

　第三节　审判的程序

第四节　采证的原则
第五节　关于调查证物和证人的程序
第六节　言词辩论
第六章　量刑及刑之加减
第一节　量刑的意义
第二节　量刑的标准
第三节　数罪并罚
第四节　刑之减免
第五节　刑之加重和减轻
第七章　拟判
第一节　拟判的本质
第二节　判决应当怎样做?
第八章　执行的原则

1950 年马起任东北行政委员会司法训练班主任;1951 年任最高人民法院东北分院民庭庭长;1954 年 9 月调入东北人民大学法律系,任校党委委员、校委会常委、法律系第一系主任兼民法教研室主任,三级教授。[149]"文革"中,他被诬陷为"三反分子""反动学术权威",遭到非法关押、毒打和抄家。1970 年被迫到辽宁省新宾县插队落户,1972 年 4 月 4 日去世。[150]

关于马起教授的音容,他的学生、同事多有回忆。1951 年入学的刘文华[151]教授提到,他毕业论文写的辩护制度,答辩时,"我一面比划一面说,上面这些老师有的点头,有的笑了,行了,有门了! 后来我们马主任也憋不住笑了,行了,还是'优'!"[152]李放教授提到,1957 年反"右"时,自己被划为"右"倾,想不通,就找马起谈:"马起是经历过 1942 年整风的。他告诫我说,不服气也不要出声,这时正是运动的高潮,你有什么办法,他们就还会给你加码,这种过'左'思潮你一个人是抵挡不住的,你等着,以后会给你平反的。"[153]

2. 何鹏

何鹏(1924.7.11 – 2016.4.22),生于辽宁省沈阳市,1948 年年底毕业于国立东北大学法律系,1949 年起在东北行政学院司法系学习,曾任干事,1949 年 8 月进入该校研究生班学习。1951 年毕业后,长期在法律系任教。1985 年晋升为教授,并担任刑法学专业的博士生导师。[154]著有《外国刑法学》(上册,1984;下册,1985;与甘雨沛教授合著)、《外国刑事法选论》(1988)、《中外罪犯改造制度比较研究》(1993,与杨世光合编)等。[155]1999 年被中国法学会评为"从事法学研究 50 周年的老法学家"[156]。

3. 高树异

高树异,早年毕业于中央大学外交系。[157]1953 年为东北人大法律教研室教学小组的负责人之一。1960 年 9 月任吉林大学法律系委会委员。1984 年 4 月至 1986 年任法律系主任。主编有:《国际法》(吉林大学出版社 1985 年版)、[158]《国际经济法总论》(吉林大学出版社 1989 年版)。

(二)有留学经历的教师

1. 杜若君

杜若君(1913 – 1987.10.16),[159]山东禹城人,民盟成员。成长在一个偏僻的乡村,家庭成分为中农。此前家中几代都没有人识字。[160]1927 年 9 月至 1930 年 4 月就读于山东曲阜师范[一说曲阜二师]。其间曾组织禹城反日会,任主席。1930 年 4 月被迫离校,6 月被捕入狱。出狱后先后任教于济南虹桥小学、省立高中、青州女校、烟台中学等。在教授国文的同时,开始关注和研究国际政治问题。曾赴英国剑桥大学学习。[161]抗日战争爆发后，先后在济南、重庆、上海、武汉等地，同沈钧儒、邹韬奋、金仲华等一道，通过著述、演讲、讲学等形式参加抗日救亡运动。著有《现代国际政治》[162]《大战前夜之欧洲现实》[163]《今日的英国》[164]《德国要作战吗?》[165]《欧局与远东》。[166]1941 年至 1946 年任重庆朝阳大学(巴县兴隆场)和齐鲁大学教授。[167]1945 年至 1948 年，担任新建四方面军司令、山东省主席的高级顾问，同时为进步报刊撰文。1949 年 9 月，执教于东北行政学院。1950 年，任东北人民大学马列教研室主任。1950 年 11 月 22 日，民盟吉长支部(吉林省暨长春市)临时工作委员会筹委会成立，杜若君为筹备委员之一。1951 年 4 月 23 日，经民盟中常委第 14 次会议决定，杜若君为吉长支部临工委委员、副主任委员。[168]1951 年 4 月 13 日在东北人大第 4 次校委会会议上，以马列主义教研室主任的身份作"习明纳尔"的报告。[169]1951 年 8 月 21 日，在长春市各界人民代表会议协商委员会第二届委员会第一次会议上当选为副主席。[170]1952 年，任东北人大法律系主任。1952 年 12 月民盟东北人民大学区分部成立时，任民盟吉长支部副主任委员。[171]1953 年 6 月 15、16 日，杜若君分别给全校(包括附设工农中学)人员及家属代表作了《认真学习选举法，积极参加普选运动》的报告。[172]6 月 29 日，杜若君以法律系主任的身份在《东北人大》上发表《认真学习苏联社会主义建设的理论和经验，为争取逐步实现国家工业化而斗争——纪念"七一"三十二周年》的文章。[173]1953 年 12 月 15 日，在研究部召开的全校科学研究工作座谈会上，杜若君报告了制订教师长期进修计划的问题。[174]1954 年，担任法律系第二系主任。1964 年到历史系任教。[175]身后，杜若君教授将藏书捐给了吉林大学法律系资料室。

图 1－20　杜若君教授作关于学习宪法草案的报告。

图片来源：东北人民大学校刊编辑部编辑、赵祺摄影：《东北人民大学画集——庆祝校庆八周年》，东北画报社 1954 年版，第 42 页。

2. 马志振

马志振(Ma Chih－Chen/Cheng，1899－1971)，又名焕新，焕生，浙江嵊县(普义)人，北京师范大学毕业，曾任中学教员及法政讲习所教员，国立中央大学法律系助教。[176]曾留学英国伦敦大学，后赴法国，1941 年获得巴黎大学法学博士学位，博士论文题为《与中日战争有关的国际公约及争议》(Controverses et conventions internationals au regard de la guerre sino－japonaise)。[177]1945 年 8 月回国，任司法行政部专员、秘书、参与审判日本战犯。[178]作为中国民主同盟盟员,曾参与筹建了民盟吉长(吉林省暨长春市)支部临时工作委员会(1951 年 7 月 14 日正式成立)。[179]1950 年到东北人民大学法律系任教,讲授国际法。[180]1952 年任法律系国际法教研组负责人。[181]1957 年 8 月与吴奇合编的法律系四年级用《国际法教学大纲》由东北人民大学教材出版科印刷。[182]马志振后来被调往图书馆工作,1969 年到农村插队落户,[183]1971 年病逝。[184]

3. 甘雨沛

甘雨沛(1907.4.5 - 1998.11.4),生于辽宁省建昌县,20 世纪 30 年代就读于东北大学文学院和北京大学政治系期间,先后加入"反帝大同盟"和中国共产党,后因党组织遭到破坏,被迫流亡日本,就读于日本明治大学和东京帝国大学,1943 年回国。1945 年至 1947 年担任中苏友好协会长春总会委员长兼光明日报社社长。1947 年被聘为沈阳东北大学法商学院教授,同年 7 月被当局逮捕入狱。1949 年至 1950 年任东北人民政府民政部科长。1950 年调任东北行政学院司法系主任。[185]1951 年 4 月 13 日,甘雨沛在东北人大第 4 次校委会会议上作了教学辅导的专题报告。[186]1964 年 8 月起任教于北京大学法律系。[187]

4. 杜岫石

杜岫石(1923.6.9 - 2002.9.19),女,甘雨沛教授夫人。生于吉林省长春市,1939 年赴日本留学,1942 年 12 月毕业于日本明治大学法科。1949 年在东北人民政府研究局工作,1950 年至 1953 年在东北人民大学法律系任教,讲授过刑法等课程。后在东北人民大学哲学系任教。1955 年 8 月 15 日,东北人民大学研究部教材出版科出版了其编写的《逻辑学讲义(草稿)》(封面署名东北人民大学哲学教研室,由东北人民大学教材出版科铅印室印刷,共印 280 本,书号 402)。在《东北人民大学人文科学学报》1957 年第 4 期(总第 10 期)上发表了《从形式逻辑的研究对象上看它和辩证逻辑的关系》(第 21 - 39 页)。后任教于北京大学哲学系,1988 年离休。[188]

5. 陈国柱

陈国柱(1914.10 - 1997.6),1934 年 9 月至 1937 年 7 月就读于伪满司法部法学校。1938 年 8 月至 1940 年 3 月任伪满"新京地方法院"审判官,[189]同时在伪满新京法政大学兼课,后赴日本京都大学法学部大学院留学,师从石田文次郎教授专攻民法。1942 年 3 月回到长春,任教于"新京法政大学",1943 年 3 月起任教授,1944 年 7 月任伪满"新京高等法院"推事。

陈国柱 1934 年 9 月入读的是"司法部法学校"第一期甲班(三年制)。在 1937 年 7 月至 1938 年 8 月的一年里,其作为"学习法官"在地方法院实习,并通过了"高等官合格考试"。1938 年 8 月起出任的应是伪满"新京"地方法院后补审判官。鉴于伪"新京法政大学"成立于 1939 年以后,故陈国柱不会在 1938 年即在该校兼职授课。况且作为兼职讲授者,教衔不应是副教授,而只能是讲师。《吉林省志·司法公安志(司法行政)》中提到的该校刑法、商法、英语课的教师皆是如此。[190]故陈国柱担任"副教授"应是 1942 年 3 月学成之后的事。而 1940 年 3 月至 1942 年 3 月在日本京都大学二年学习,究竟是读专科、还是无学位的进修,尚待考证。

抗战胜利后,国民政府接管长春期间,陈国柱受聘为国立长春大学法学院副教授。1948 年 8 月投奔解放区,参加革命。据《东北日报》1948 年 8 月 25 日报道,长春大学师生已大部投奔东北解放区。东北大学负责人称:"连日抵达东北大学之长大教职学员等已达 1005 名(内有家属 176 名),其中包括工学院代理院长王孟、法学院代理院长贾执中,以及土木工程、化学、兽医等系系主任、教授多人,现东大已妥予安置。"[191]由此看来,出奔解放区,似是当时长春大学(包括法学院在内)师生的群体性选择。

陈国柱起初在吉林市东北大学任副教授,1949年1月起在东北人民政府司法部工作,后兼任最高人民法院东北分院的审判员。1951年1月晋升为东北人民政府司法部司法行政科科长。1952年司法改革运动中,司法系统清除"旧法"人员,[192]被清退后到沈阳四中任语文教员。1955年8月到东北人大法律系任教,[193]当时被确定为内部监控使用,只给讲师职务。他先后开设过《中国民法》《资产阶级民法》《现代汉语语法》三门课。1964年10月,法律系开始清理"旧法"人员,其转入吉林大学经济系研究室从事翻译工作。"文革"期间被下放到吉林省长岭县腰坨公社插队落户,后抽调回吉林大学日本研究所,1981年年底回到法律系。陈国栋教授指导了1981级至1984级共四届民法学硕士研究生。其开设的《外国民法》《英美契约法》《比较法概论》等课程,在国内法学界是比较早的。[194]

6. 宓超群

宓超群,1919年2月12日出生于上海。慈溪观海卫镇宓家埭人,幼时在鸣鹤场敬乐小学读书,后到宁波、杭州读完中学,考入南京国立中央大学政治学系。毕业后留校任助教。1947年留学美国,在爱达荷大学研究院攻读国际政治,两年后获硕士学位。回国后在北京华北人民革命大学学习一年,1950年分配到东北行政学院任教。1951年4月,在第一次镇压反革命运动中,被判刑7年,因一再上诉,又被加刑一年半。1958年夏刑满出狱,留在劳改农场劳动就业。1976年后,他与留法博士赵希献联名上书申诉冤情,终于获得彻底平反,回到吉林大学法律系复职。1981年参加九三学社,1984年起任第六、七届长春市九三学社市委会委员和长春市第六、七届政协委员。1987年晋升为副教授,并参与筹备吉林大学政治学系,后任该系国际政治教研室主任。1988年晋升教授。[195]

(三)由东北人民大学或中国人民大学培养的师资

1. 林礼昭

1948年12月,东北行政学院建系时,林礼昭任教育干事。1951年和李放一起被首批选送到中国人民大学法律系,插班进入1950级研究生班学习。1952年7月毕业后,又申请延长学习一年。据林礼昭前辈回忆:"1951年-1953年我在中国人民大学,前两年学习,后一年任教,教授中国民法。"[196]1953年7月,第二批选送到中国人民大学法律系研究生班学习的东北人民大学法律系教帅毕业后,由林礼昭带队返校。林礼昭曾任东北人民大学法律系民法教研组负责人。1954年任法律系秘书,协助两位系主任从事教学管理工作。1989年以院聘副教授离休。[197]

2. 李放

李放,1929年11月14日生,满族,原籍吉林省永吉县,后迁居蛟河县。抗战胜利时,正在读中学四年级的李放参加革命,最初在中国共产党领导的蛟河县政府办地方小报《新蛟河周刊》,后来进入蛟河通讯社。1948年,考入东北科学院教育系。辽沈战役末期,因家庭成分较好又是团员,被临时借调随军去接管沈阳。后来申请重回学校,被分配去组建司法系,担任教育干事。再后来,申请去学习,被插班到了司法系二班,从干事变成了学员。"当时班级的划分和出身跟家庭成分有关系",何鹏在一班,[198]李放和康树华同在二班。[199]1951年,李放和林礼昭被第一批选送到北京中国人民大学法律系读研究生(插入 1950 级研究生班,1952 年课程结束后他们又申请延长了一年),1953 年归校后长期执教于法律系。[200] 1960 年任法律系系务委员会委员。1964 年,任法律系民法教研室主任。[201] 后来,又先后担任法律系政治理论教研室主任、国际法教研室主任,法律系初建法学研究所时任所长。1986 年晋升教授。后离休。他还是南开大学兼职研究员、大连海运学院兼职教授。2017 年入选"影响中国法治建设进程的百位法学家"。[202]

3. 王惠岩

王惠岩(1928.4.23－2007.10.14),回族,农历戊辰年三月初四日出生于辽宁省法库县。1948 年考入东北行政学院行政系学习,次年被选拔进入东北人民大学研究生班政治学组,1951 年毕业后留校任马列主义教研室教员,讲授《马克思主义基本原理》和《联共(布)党史》。1952 年调到法律系,任国家与法权理论教研组组长,讲授《国家与法权理论》《国家与法权基础》《国家法》等课程,1955 年晋升为讲师,1956 年加入中国共产党,被学校确定为重点教师,并担任校务委员会委员,1957 年被错划为"右派",[203] 后被调到校图书馆工作,1978 年年底彻底平反,重回法律系,1979 年晋升副教授,1981 年任吉林大学政治学研究室主任,1983 年创立吉林大学政治学系并任系主任,1985 年晋升为教授,1986 年担任政治学博士研究生指导导师。[204]

4. 张光博

张光博(1929.5－2007.12.29),生于吉林省怀德县,1943 年小学毕业后,接受了不到三年的中学教育。后考入东北行政学院学习法律。[205] 1951 年,被选送到中国人民大学法律系研究生班学习,是该系第二期研究生,主攻国家法(宪法)。1953 年研究生毕业后,回到东北人民大学法律系任教。1954 年曾在宪法起草委员会秘书组工作。1988 年 5 月 21 日,国家教委正式批复吉林大学《关于建立吉林大学法学院请批报告》,同意建立吉林大学法学院。同年 9 月 24 日,吉林大学法学院成立大会举行,张光博出任首任院长(至 1991 年 12 月),1992 年退休。之后受聘担任过东北大学法律系主任、教授,大连海事大学经法学院常务副董事长、贵州省社会科学院研究员等职。[206] 张光博教授著有:《宪法论》(吉林人民出版社 1984 年版)、《法论》(吉林大学出版社 1986 年版)、《权利义务要论》(吉林大学出版社 1989 年版)、《比较宪法纲要》(辽宁大学出版社 1990 年版)、《民主与法制论集》(辽宁人民出版社 1990 年版)、《宪法的实施和保障》(与王秋玲合著,吉林大学出版社 1993 年版)、《法理学(教程)》(吉林人民出版社 1997 年版)、《马克思主义法理学》(清华大学出版社 2002 年版)、《坚持马克思主义法律观》(吉林人民出版社 2005 年版)、《坚持马克思主义权利义务观》(吉林人民出版社 2006 年版)、《坚持马克思主义国家观》(吉林人民出版社 2007 年版)。译有佐藤功著《比较政治制度》(与刘庆林合译,法律出版社 1984 年版)、早川武夫等著《外国法》(合译,吉林人民出版社 1984 年版)。主编有《简明政治学词典》(吉林人民出版社 1985 年版)、《社会学词典》(人民出版社 1986 年版)、《行政学词典》(吉林人民出版社 1987 年版)、《宪法学词典》(吉林人民出版社 1988 年版)、《简明经济法词典》(吉林人民出版社 1990 年版)、《简明中国法学大词典》(吉林人民出版社 1991 年版)、《日本国经济法规汇编》(上下卷,吉林人民出版社 1992 年版)、《中国法学家大论战》(当代中国出版社 1998 年版)等。[207]

据 1980 年入读吉林大学法律系本科的韩大元[208] 教授后来回忆:1982 年宪法颁布后,

记得当时吉林大学宣传栏几乎贴满了宣传宪法的文本和图片。宪法学者张光博教授讲课非常生动,他谈到日本为什么能发展？就是因为有一部《和平宪法》,别看仅仅是个小册子,宪法的力量是无穷的,因为它承载着人权,自由,平等,和平。宪法颁布之后,张光博教授一条一条地给我们讲解,点燃了我们学习宪法的激情。[209]

4. 韩玉林

韩玉林,1928 年 10 月生。1951 年被选送到中国人民大学法律系研究生班学习,1953 年毕业后回东北人民大学法律系任教,主攻中国法制史,后以副教授退休。与赵国斌合作有《略论中华法系特点及其形成和消亡的途径》。[210]曾担任张晋藩教授任总主编的 10 卷本《中国法制通史》(*History of China's Legal System*)第六卷(元代)主编(法律出版社 1999 年版)。

5. 李芳志

李芳志于 1951 年被选送到中国人民大学法律系研究生班学习,主攻劳动法,1953 年毕业后回东北人民大学法律系任教,后以副教授离休。

6. 马治和

马治和,1929 年生,1951 年被东北人民大学法律系选送到中国人民大学法律系研究生班学习,主攻刑事诉讼法,1953 年 7 月毕业后回东北人民大学法律系任教。1985 年以副教授离休。

7. 石宝山

石宝山于 1951 年被选送到中国人民大学法律系研究生班学习,主攻民事诉讼法,1953 年 7 月毕业后回东北人民大学法律系任教。1987 年以副教授离休。其与郭学贤合编有《民事诉讼法》教科书。[211]

8. 王侃

王侃(1925.1.8－2016.8.10),生于辽宁省昌图县。1948 年考入东北行政学院教育系,1951 年被选送到中国人民大学法律系研究生班学习,主攻国际关系史。1953 年毕业后回到东北人民大学法律系,从事中国法制史的教学与研究工作,1989 年以副教授离休。[212]

10. 王子琳

王子琳于 1951 年被选送到中国人民大学法律系研究生班学习,1953 年 7 月毕业后回到东北人民大学法律系任教。1960 年 9 月,吉林大学决定,系一级开始实行党总支领导下的系委会负责制,王子琳任法律系委员会委员。[213]据 1982 年入读吉林大学法律系本科的钱弘道教授回忆:"法理学老师王子琳,满头银发,一股正气,太像我中学时想象中的教授了。他每堂课都显得精神饱满,嗓门大,语言铿锵有力。这是法学第一课,至今历历在目。"[214]1988 年 11 月,王子琳调往吉林省行政干部管理学院,任教授。[215]

11. 吴奇

吴奇于 1951 年被选送到中国人民大学法律系研究生班学习,主攻国际法。1953 年 7 月毕业。同年 8 月起在东北人民大学法律系国际法教研室任教。1985 年 4 月调入大连海运学院(现大连海事大学)法律系,任教授、系主任。[216]

12. 徐尚清

徐尚清,1929 年 9 月 3 日生,1948 年 11 月考入东北行政学院教育系,1951 年毕业后被选送到中国人民大学法律系攻读国家与法权历史专业研究生。1953 年毕业后回到东北人民大学法律系任教,主攻外国法制史。1991 年以副教授离休。

13. 于长润

于长润于 1949 年秋进入东北行政学院司法系四班学习,1951 年被选送到中国人民大学法律系研究生班学习,主攻刑法学,1953 年 7 月毕业后回到东北人民大学法律系任教。据他教过的 1982 级本科生钱弘道回忆:"讲刑法的于长润老师个子小,驼背。每次看他有点趔趄地走上文科楼 501 教室讲台,让我感动不已。"[217]于老师后以副教授退休。

14. 周之源

周之源,汉族,1930 年 1 月生,河北省临榆县人,1949 年 9 月考入"中国政法大学"第三部,1950 年 3 月,随该部并入中国人民大学法律系。[218]1951 年 7 月留校,任法律系民法教研室任助教,并进入民法研究生班(第二期),1953 年 7 月毕业,继续任教。1954 年 1 月被调到东北人民大学法律系,1956 年 7 月加入中国共产党。1990 年 1 月以副教授退休。主编有《经济法学》(吉林大学出版社 1985 年版)。[219]

15. 郭学贡

郭学贡,1925 年生,山东莱州人。曾入读朝阳学院,1949 年 3 月朝阳学院被接管后,参加政治学习队,后进入谢觉哉任校长的"中国政法大学"学习。1950 年 3 月随该校并入中国人民大学法律系。1954 年,到东北人民大学法律系任教。后以副教授退休。[220]据 1981 年入读吉大法律系本科的张旭教授回忆:

> 当时教我们民事诉讼法的郭学贡老师,眼睛高度近视又有严重的老花眼。老先生为了既确保讲义的内容得到完整的表达,又能关注同学们的反应、保持和同学们的互动,每次上课都要带两副眼镜,而且要根据需要不停地调换。那份投入和敬业的样子,至今仍定格在我的记忆中。[221]

此外,该系还长期配备有专职的党务工作者。但从整体上看,法律系的师资力量仍有待加强。

二、教研室

早在 1950 年,法律教研室就是全校 13 个教研室之一。其中,马列主义、政治经济学、中国革命史、历史、经济地理、国文、俄文为全校共修课教研室。财政信贷、工厂管理、会计、统计、合作、法律为各系专业课教研室。[222]

1951 年秋季学期起,共修课教研室由校部(教育长负责)直接领导,专业课教研室由各系主任领导。[223]

1952 年左右,法律系另设 4 个教研组并选派了教研组负责人:国家与法权理论教研组,负责人王惠岩;国际法教研组,负责人马志振;刑法教研组,负责人甘雨沛;民法教研组,负责人林礼昭。[224] 非常明显,4 个教研组的设计是对中国人民大学法律系相关做法的模仿。[225]

图 1 - 21　法律系教师林礼昭按总路线精神修改讲稿。

图片来源:东北人民大学校刊编辑部编辑、赵祺摄影:《东北人民大学画集——庆祝校庆八周年》,东北画报社 1954 年版,第 10 页。

据 1953 年 3 月 5 日东北人民大学研究处编辑出版的《东北人大》第 26 期节选的《法律教研室室历》,1953 年 3 - 4 月间,该室的教员有刘庆林(主要讲授司法制度,另参加民法、刑法的试讲)、高树异、王惠岩(讲授国家与法权理论,并负责主持历史唯物论的学习)、何鹏、杜岫石(女,主要讲授刑法)、徐枫(时任法律系秘书兼团总支书记)、刘世荇(女)等。[226]

1953 年 7 月 30 日出版的《东北人大》第 32 期刊载的《东北人民大学法律系国家与法权理论及历史教学研究组一九五三至五四年度第一学期工作历》显示,该教学研究组在该学期的中心任务是,根据法律系的工作要求,"研究苏联有关教材、做好'国家与法权理论'、'国家与法权基础'、'国家与法权历史'、'苏联国家法'四门课程的教学工作及各科教材的编写工作"[227]。此外,该组开设有《中国法权史》课程。其成员包括王惠岩、李放、张光博、徐尚清、韩玉林等。比照两表所列活动、人员等信息可知,法律教研室是法律系之下的次级机构,其下设有教学研究组(教学研究小组)。

吉林大学法学院发展简史称,1953 年 10 月之后,法律系系务会决定将原设的教研组全部扩建为教研室。[228]不过,1953 年 12 月 27 日王惠岩在《东北人大》第 38 期上发表《略谈总复习》一文时,所署的单位是"法律系教研室"。[229]而同期一些资料上仍能看到教研组的字样。比如,1954 年 2 月 8 日东北人民大学教材出版科出版的《中华人民共和国刑法参考资料汇编》第一辑的署名是"东北人民大学刑法教研组"。[230]又如,1954 年 10 月出版的东北人民大学法律系简介提到:

> 除政治理论课程和一般科学课程,由校内其他有关教研组负责进行教学外,全系二十几门专业课程的教师分别组成为国家与法权理论、民法、刑法、国际法四个教研组。各教研组是教师教学及科学研究的集体,在教研组的领导之下,各科教师经常的进行研究改进教学内容与教学方法,并有计划有组织的进行教师提高和科学研究工作。[231]

表 1－2　东北人民大学《法律教研室室历》(1953)

法律教研室室历

［原］编者按：法律教研室室历是全学期的，因限于篇幅，只将其中一部（三周至八周）发表于后。

三月份（自三月二日至三月二十九日共四周）

中心工作：一、研究改进讲授工作的办法，总结改进讲授工作的经验
二、开展贯彻婚姻法的学习

一、第二次教研室会议——布置
二、第三次教研室会议——总结
三、教学小组进行讨论
四、教研室主任重点检查

	主要工作	月日	星期	应办事项	负责人
第三周（三月二日至三月八日）	一、开展贯彻婚姻法学习 二、第一次课代表会议——着重汇集对讲课方法的意见 三、向教师介绍学生学习及思想情况 四、历史唯物论第五题学习开始 五、教学小组座谈科学研究（业务学习）问题	3.2	1	司法制度试讲——苏维埃法院组织与活动中的基本原则 国家与法权理论试讲第八章 国家与法权理论讲授第七章 民法讲授第廿章八—十节 历史唯物论第五题学习开始[a]	刘庆林 高树异 王惠岩 王惠岩 何　鹏 王惠岩
		3.3	2	公布第二次教研室会议议程 开始重点检查讲授工作 刑法讲授第十一题——故意罪的发展阶段 团的组织生活日 教学小组座谈科学研究问题	主　任 主　任 杜岫石 刘庆林 高树异
		3.4	3	中国国家法讲授第二章 司法制度讲授苏维埃法院审判权的本质及任务 马列主义夜大学学习	安　民 刘庆林 安　民
		3.5	4	教学研究小组研究改进讲授方法问题 第一次课代表会 国家与法权理论课堂讨论 民法作业习题——契约之债	刘庆林 高树异 主　任 王惠岩 何　鹏
		3.6	5	向教师介绍学生学习及思想情况 党的组织生活日 民法讲授第廿一章一——三节 准备第二次教研室会议	徐　枫 何　鹏 主　任
		3.7	6	检查本周计划执行情况 爱国卫生日——清扫教研室 教师座谈开展贯彻婚姻法学习问题 中国国家法讲授第三章 司法制度讲授苏维埃法院审判权的本质及任务	主　任 全　体 安　民 安　民 刘庆林
		3.8	7	三八节女教师参加纪念活动	刘世荇 杜岫石

续表

	主要工作	月日	星期	应办事项	负责人
第四周(三月九日至三月十五日)	一、第二次教研室会议——检查三周教学工作 布置研究改进讲授方法及总结改进讲授方法经验的工作 二、重点检查讲授工作, 三、继续进行贯彻婚姻法的学习 四、历史唯物论讨论会 五、提出资料工作计划	3.9	1	教学研究小组研究改进讲授工作并检查三周教学工作准备教研室会议意见 国家与法权理论讲授第八章 民法讲授第廿一章一—三节[原文如此,恐有误] 检查民法讲授工作	刘庆林 高树异 王惠岩 何　鹏 主　任
		3.10	2	第二次教研室会议 工会组织生活日——学习婚姻法 刑法作业实习——故意罪的发展阶段	主　任 安　民 杜岫石
		3.11	3	中国国家法讲授第三章 司法制度讲授苏维埃法院组织与活动的基本原则 马列主义夜大学学习 检查司法制度讲授工作	安　民 刘庆林 安　民 主　任
		3.12	4	教学研究小组讨论如何检查及总结改进讲授工作 国家与法权理论讲授第八章 民法作业实习——多数人之债 提出资料工作计划	刘庆林 高树异 王惠岩 何　鹏 王冠五 马治和
		3.13	5	历史唯物论讨论会 民法讲授第廿三章一—六节[原文如此]	王惠岩 何　鹏
		3.14	6	检查本周计划执行情况 中国国家法课堂讨论 司法制度讲授苏维埃法院组织与活动的基本原则 爱国卫生运动日——清扫教研室	主　任 安　民 刘庆林 全　体
		3.15	7		
第五周(三月十六日至三月廿二日)	一、配合学校重点检查教学工作检查本室教学工作 二、历史唯物论第六题学习开始 三、教学研究小组总结改进讲授工作的经验 四、召集二年级课代表会议汇集改进讲授工作的意见 五、教学小组检查科学研究计划执行情形	3.16	1	民法试讲——债不履行的后果 中国国家法试讲——第二篇第一章 历史唯物论第六题学习开始 检查国家与法权理论讲授工作 国家与法权理论讲授第九章 民法讲授第二十三章七—十节	刘庆林 何　鹏 高树异 安　民 王惠岩 主　任 王惠岩 何　鹏
		3.17	2	刑法讲授第十二题——共犯 检查刑法讲授工作 团的组织生活日 教学小组检查科学研究计划执行情形	杜岫石 主　任 刘庆林 高树异
		3.18	3	中国国家法讲授第四章 司法制度讲授苏维埃法院的组织体系 检查中国国家法讲授工作 马列主义夜大学学习	安　民 刘庆林 主　任 安　民

续表

	主要工作	月日	星期	应办事项	负责人
第五周(三月十六日至三月廿二日)	一、配合学校重点检查教学工作检查本室教学工作 二、历史唯物论第六题学习开始 三、教学研究小组总结改进讲授工作的经验 四、召集二年级课代表会议汇集改进讲授工作的意见 五、教学小组检查科学研究计划执行情形	3.19	3	教学研究小组研究改进讲授工作的经验 召集二年级课代表会议 工会小组讨论马列主义基础第八章 国家与法权理论课堂讨论 民法作业实习——债的当事人变更	刘庆林 高树异 主　任 安　民 王惠岩 何　鹏
		3.20	5	民法讲授第廿三章十一—十二节 党的组织生活日 布置科学讨论会的准备工作(苏共十九次大会后的法律科学教学问题)	何　鹏 主　任
		3.21	6	检查本周计划执行情况 公布第三次教研室会议议程 中国国家法讲授第二篇第一章 司法制度课堂讨论 爱国卫生日——清扫教研室	主　任 主　任 安　民 刘庆林 全　体
		3.22	7		
第六周(三月廿三日至三月廿九日)	一、第三次教研室会议——总结改进讲授工作的经验 二、布置四月份工作 三、修订室历 四、举行师生座谈会	3.23	1	司法制度试讲——苏维埃检察机关的侦查和一般监督工作 国家与法权理论试讲第十章 国家与法权理论讲授第九章 民法讲授第廿三章十三—十四节 全体教师开始准备科学讨论会的资料	刘庆林 高树异 王惠岩 王惠岩 何　鹏 王冠五
		3.24	2	举行师生座谈会 刑法讲授第十二题——共犯 工会组织生活日——时事学习	徐　枫 杜岫石 安　民
		3.25	3	修订室历 中国国家法讲授第二篇第一章 司法制度讲授对资本主义国家检察制度的批判 马列主义夜大学学习 准备第三次教研室会议	主　任 安　民 刘庆林 安　民 主　任
		3.26	4	教学研究小组召开会议整理改进讲授工作的总结准备教研室会议意见 国家与法权理论课堂讨论 民法作业实习——债的履行	刘庆林 高树异 王惠岩 何　鹏
		3.27	5	第三次教研室会议 民法讲授第廿三章十五—十六节	主　任 何　鹏
		3.28	6	教师座谈修订室历并研究四月份工作计划 中国国家法课堂讨论 司法制度讲授苏维埃检察制度的建立 爱国卫生运动日——清扫教研室	主　任 安　民 刘庆林 全　体
		3.29	7		

四月份(自三月三十日至四月二十六日共四周)

中心工作:一、研究提高教学中的政治思想性
1. 召集课代表会议汇集对教学中贯彻政治思想性的意见
2. 第四次教研室会议——布置
3. 重点检查
4. 教学小组研究讨论
5. 第五次教研室会议——总结
6. 举行科学讨论会——讨论苏共十九次大会后的法律科学教学问题

二、总结两个月教学工作
1. 第二次系委会会议
2. 向校长提出两个月工作报告

	主要工作	月日	星期	应办事项	负责人
第七周(三月卅日至四月五日)	一、第三次课代表会议——汇集教学中贯彻政治思想性的情况 二、向教师介绍学生学习及思想情况并布置研究加强教学中的政治思想性的工作 三、历史唯物论讨论会 四、公布第四次教研室会议议程 五、举行科学讨论会——讨论苏共十九次大会后的法律科学教学问题 六、资料组与教学小组举行联席会议研究资料工作(参加人王冠五、刘庆林、高树异、马治和)	3.30	1	民刑法小组研究科学讨论会的有关问题 中国国家法试讲第二篇第三章 国家与法权理论讲授第十章 民法讲授第廿四章一—三节	刘庆林 高树异 安　民 王惠岩 何　鹏
		3.31	2	第三次课代表会议 刑法作业实习——共犯 团的组织生活日 准备科学讨论会 资料组与教学小组举行联席会议研究资料工作	主　任 杜岫石 主　任 王冠五
		4.1	3	中国国家法讲授第二篇第二章 司法制度讲授苏维埃检察机关的组织机构 公布第四次教研室会议议程 马列主义夜大学学习	安　民 刘庆林 主　任 安　民
		4.2	4	教学小组讨论有关科学讨论会的问题 国家与法权理论讲授第十章 民法讲授第廿四章四—五节 向教师介绍学生学习及思想情况布置加强教学中政治思想性的工作	刘庆林 高树异 王惠岩 何　鹏 主　任
		4.3	5	第一次科学讨论会 民法——作业实习(债的不履行) 党的组织生活日	全　体 何　鹏
		4.4	6	继续举行第一次科学讨论会并附带讨论历史唯物论 中国国家法讲授第三章 司法制度——课堂讨论 爱国卫生日——清扫教研室	王惠岩 刘庆林 高树异 安　民 刘庆林 全　体
		4.5	7		

续表

	主要工作	月日	星期	应办事项	负责人
第八周（四月六日至四月十二日）	一、第四次教研室会议——检查两月教学工作，并布置研究加强教学中的政治思想性的问题。 二、重点检查教学中贯彻政治思想性的情况 三、历史唯物论第七题学习开始 四、总结第一次科学讨论会的工作 五、教学小组研究加强教学中政治思想性的问题	4.6	1	民刑法小组研究讨论加强教学中政治思想性的问题 国家与法权理论试讲第十二章 国家与法权理论讲授第十章 民法讲授第二十五章一—八节 历史唯物论第七题学习开始准备第四次教研室会议	刘庆林 高树异 王惠岩 王惠岩 何　鹏 王惠岩 主　任
		4.7	2	第四次教研室会议 工会组织生活日 刑法讲授第十二题——共犯	主　任 安　民 杜岫石
		4.8	3	中国国家法讲授第三章 司法制度讲授苏联司法行政机关 马列主义夜大学学习 检查中国国家法教学中贯彻政治思想性的情况 总结第一次科学讨论会的工作	安　民 刘庆林 安　民 主　任 主　任
		4.9	4	法权与国家法小组讨论加强教学中政治思想性的问题 国家与法权理论课堂讨论 民法作业实习——债的担保 刑法试讲——刑罚的概念和任务	高树异 王惠岩 何　鹏 刘庆林 杜岫石
		4.10	5	民法讲授第廿六章一—四节 检查民法教学中贯彻政治思想性的情况 党的组织生活日 总结两月工作	何　鹏 主　任 主　任
		4.11	6	检查两周计划执行情况 公布第二次系委会会议议程 中国国家法课堂讨论 司法制度讲授苏维埃司法行政机关的组织机构 爱国卫生日——清扫教研室	主　任 系主任 安　民 刘庆林 全　体
		4.12	7		

资料来源：东北人民大学研究处编：《东北人大》第26期（1953年3月5日）。

a. 历史唯物主义论学习开始于1952年12月4日，计划完成11个单元（专题）。参见王惠岩、高树异：《法律教研室的历史唯物主义论学习》，载《东北人大》第27期（1953年3月25日）。

表 1-3　东北人民大学法律系国家与法权理论及历史教学研究组 1953-1954 学年度第一学期工作历

本组学期中心工作：根据系的工作要求，本组学期中心工作是研究苏联有关教材、做好“国家与法权理论”“国家与法权基础”“国家与法权历史”“苏联国家法”四门课程的教学工作及各科教材编写工作。制订并执行培养和提高师资的计划，及时总结经验，为今后开展教研组工作奠定基础。

学月	本室学月工作重点	周次	月日	教学及科学研究工作计划				政治理论学习计划	党、民主党派、社团活动及会议	计划执行情况	临任时务	备考
				周工作重点	计划事项	完成日期	执行人					
第一学月	建立组的工作制度、检查各课教学情况、研究改进讲授方法。	第一周	九，一五—九，二十	组织教师上课，建立组的工作制度	①第一次教研组会，布置学期工作，讨论建立工作制度（一小时半） ②讲课：国家与法权基础开始上课讲前言；第一部分第一题 国家与法权历史开始上课讲前言；第一讲第一题 苏联国家法开始上课讲国家法的对象，渊源和体系 ③预讲：苏联国家法预讲二章一节苏维埃宪法 国家与法权通论预讲古东方国家与法权 ④编写教材：国家与法权基础提出第三部分第一题讲稿	9.19 9.16；19 9.16；19 9.17 9.18 9.18 9.19	王惠岩 李放 徐尚清 张光博 张光博 徐尚清 李放	①参加夜大学教师，制定个人学习计划 ②自修理论的教师，制定理论学习计划 （学习马克思主义语言学问题，及苏联社会主义经济问题）	团的生活日（一小时半）		机动时间三小时，如无临时任务，教师进行教材编写工作	

续表

学月	本室学月工作重点	周次	月日	教学及科学研究工作计划				政治理论学习计划	党、民主党派、社团活动及会议	计划执行情况	临任时务	备考
				周工作重点	计划事项	完成日期	执行人					
		第二周	九，二一——九，二七	检查各课教学及编写教材工作，制订理论学习计划	①检查各科教学情况，组织教师进行观摩教学 ②检查教材编写工作，研究如何结合科学研究提高教材编写工作 ③参加第一次教研组长联席会议 ④讲课：苏联国家法讲第二章第一节；二、三节 国家与法权基础讲第一部份第二题；第三题 国家与法权历史讲第一讲二题；三题 ⑤预讲：国家与法权基础预讲：国家与法权的产生及其阶级本质 国家与法权历史预讲：古罗马国家与法权 ⑥编写教材：国家与法权基础提出第三部分第二题讲稿 国家与法权历史提出第二讲第五题讲稿 中国法权史提出第一二三讲教学大纲	9.21－26 9.26 9.22 9.21；24 9.23；26 9.23；26 9.21 9.24 9.26 9.26 9.26	王惠岩 王惠岩 王惠岩 张光博 李放 徐尚清 李放 徐尚清 李放 徐尚清 韩玉林	①参加夜大学教师听课 ②自修理论教师，阅读“马克思主义语言学问题”及有关文件	工会生活日（一小时）		机动时间二小时，如无临时任务，教师进行教材编写工作	

续表

学月	本室学月工作重点	周次	月日	教学及科学研究工作计划				政治理论学习计划	党、民主党派、社团活动及会议	计划执行情况	临任时务	备考
				周工作重点	计划事项	完成日期	执行人					
		第三周	九，二八—十，四	研究改进讲授方法、修订教材编写计划	①向学生搜集对各科教学意见	9.28	李徐张	①校庆纪念，夜大学听课 ②自修理论教师，阅读“马克思主义语言学问题”的有关文件	团的生活日（一小时）			本周国庆纪念及校庆纪念放假三日，未规定机动时间
					②第二次教研组会研究改进讲授方法及修订编写教材计划（二小时）	9.29	王惠岩					
					③国庆及校庆纪念	9.28	张光博					
					④讲课：苏联国家法讲第二章四、五节 国家与法权历史讲第一讲，第三题	9.30	徐尚清					
					⑤课堂讨论：国家与法权基础讨论：国家的产生、本质与职能	9.30	李放					
					⑥预讲：苏联国家法：斯大林宪法	9.28	张光博					
					⑦编写教材：国家与法权历史提出第二讲六题和第三讲概论的讲稿	10.4	徐尚清					
					国家与法权基础提出第三部分第三题讲稿	10.4	李放					
					中国法权史提出前言和第一讲讲稿	10.4	韩玉林					
					苏联国家法提出教学图表	10.4	张光博					

续表

学月	本室学月工作重点	周次	月日	教学及科学研究工作计划				政治理论学习计划	党、民主党派、社团活动及会议	计划执行情况	临任时务	备考
				周工作重点	计划事项	完成日期	执行人					
		第四周	十，五—十，十一	各课教师总结教学工作的初步经验	①组织各课教师了解学生学习情况，研究与指导学生学习方法，并检查各科教学方法改进情况 ②检查各科教学进度及个人工作进度表执行情况 ③各科教师提出教学方法初步经验总结 ④参加第二次组长联席会议 ⑤讲课：苏联国家法讲第二章第五节、第三章一节 国家与法权基础讲第二部分第一、二题 国家与法权历史讲第一讲；第三题 ⑥预讲：国家与法权基础 苏联宪法及其历史发展 苏联国家法：苏联是工农社会主义国家 ⑦编写教材：国家与法权理论提出第一章讲稿 国家与法权历史提出第一题美国 国家与法权基础提出第三部分第四题讲稿 中国法权史提出前言和第二讲稿	10.5－10 10.10 10.10 10.6 10.5；8 10.7；10 10.7；10 10.5 10.8 10.10 10.10 10.10 10.10 10.10	王惠岩 王惠岩 李张徐 王惠岩 张光博 李放 徐尚清 李放 张光博 王惠岩 徐尚清 李放 徐尚清 韩玉林	①参加夜大学教师听课。 ②自修理论的教师，阅读“马克思主义语言学问题”的有关文件	工会生活日（二小时）		机动时间二小时如无临时任务自修理论	

（下略）[原文如此]

资料来源：《东北人民大学法律系国家与法权理论及历史教学研究组一九五三至五四年度第一学期工作历》，载《东北人大》第32期（1953年7月30日）。

根据中央政府教育部以及学校的要求,教研组实行集体备课制度。中央人民政府教育部《关于实施高等学校课程改革的决定》(1950 年 7 月 28 日政务院第 43 次会议批准,1950 年 8 月 2 日公布)要求:

> 提高师资的质量和培养新的师资是实施课程改革的关键,因此全国高等学校的教师应努力加强自己的政治学习、业务学习及研究工作,应就各项主要课程,组织教学研究指导组,由教师实行互助,改进教学的内容与方法;应有计划有步骤地加强高等学校内研究部或研究所的研究工作,并以此作为培养我们国家的高等学校师资的主要场所;应大大加强对助教及研究生的指导和关心,鼓励其积极学习和研究的精神,培养他们成为新中国高等学校的良好教师。[232]

1952 年秋,东北人民大学教务部门也提出,要进一步加强教师的集体备课与试讲制度。[233]当时法律系的做法是,教员开课需要事先编写教学大纲和教材,在教研室(组)内试讲,而后才能正式讲授。此外,系里还安排青年教师进修外语,请陈国柱老师给其选讲古典文章,组织听哲学系刘丹岩、高清海教授的辩证唯物主义和历史唯物主义课程。[234]从同一时期东北人大马列主义教研室的情况可知,每讲一个单元之前,教研室主任都会指定一名教员在教研室进行试讲。然后,由全室教员进行讨论,提出补充意见,然后由室主任作总结,指出这一单元的关键问题、每一个问题所应占用的讲授时间以及一单元的教学目的、讲授时所应达到的讲授目标等。[235]1954 年开始,学校要求任课教师须先编写教学大纲,然后由教研室组织教师编写教材,历时一年有余。[236]

此外,教师还要定期参加课代表会议,听取学生对讲授方法等的意见和建议,开会讨论如何改进讲授方法、如何在教学中贯彻政治思想性等话题。据李放教授介绍,当时从每门课程的学生中选取一名课代表,其任务是收集学生们对教师讲课的意见和建议。[237]同时,教师需要参加诸多政治学习,包括党、团、工会生活日。根据学校党委会、团委会、教育工会《关于党、团、工会的活动日的规定》,党的组织生活两周一次,在星期五。学生支部可在午后时间,工作人员支部在业务时间。团的组织生活两周一次,时间在每月第一、三周星期二。学生支部在午后时间,工作人员支部在业务时间。工会组织生活两周一次,时间在每月第二、四周星期二,均在业余时间。[238]每个星期六还会安排"爱国卫生运动日"劳动,清扫教研室。

从《法律教研室室历》来看,各活动日主要以学习婚姻法、总路线等时事政治为主。此外,教研室还举行科学讨论会(讨论苏共十九次大会后的法律科学教学问题),[239]以及历史唯物论的专题学习和讨论等。1952 年 12 月 4 日开始,法律教研室开始历史唯物论学习,计划完成 11 个单元(专题)。开始前,请吕振羽校长作了一次启发报告。1953 年 3 月初正进行第五专题的学习。3 月 15 日起学习第六专题,4 月 6 日开始学习第七专题。[240]教师每周三还要参加马列主义夜大学的学习或者自修马克思主义语言学理论及苏联社会主义经济问题——学校人事处曾规定,"对教师及行政干部的政治理论教育,主要是通过马克思列宁主义夜大学进行"[241]。

三、马克思列宁主义夜大学

夜大学的全称为东北人民大学附设马克思列宁主义夜大学,创设于 1951 年 9 月。经查,中国人民大学早在 1950 年 9 月 3 日就开设了马列主义夜大学和夜校,共招收夜大学学员 600 多人,夜校学员 700 多人。夜大学为 2 年毕业,夜校为 1 年毕业,主要进行马列主义、毛泽东思想基本原理的培训学习。[242]

图1-22 东北人民大学附设马克思列宁主义夜大学开学典礼。

图片来源:东北人民大学校刊编辑部编辑、赵祺摄影:《东北人民大学画集——庆祝校庆八周年》,东北画报社1954年版,第45页。

在夜大学创立之前,东北人民大学曾试办过“列宁、斯大林传略”干部学习班,采用学年制及定期上课制度,以讲授为主,讨论为辅的方式,作为创立夜大学的试点,为期半年。夜大学于1952年1月正式结束了第一学期。后因开展“三反”、“五反”及“思想改造”运动,停课一学期。1952年10月起开始的第二学期里,夜大学有学员733名(本校教师129名,行政干部118名,其他高等学校教师367名,各机关部队干部119名)。“学员的成份很广泛:教师中从教授到助教、干部中从专科学校校长、市府局长、部队政委到一般干部。”课程有“马克思列宁主义基础”及“政治经济学”两门。每门课程学习期间规定为一年半,学员每人只选一门课程,3年学完两门课程。课程每周一次,每次3小时。“马列主义基础”以《联共(布)党史简明教程》为中心,结合毛泽东著作进行讲授;“政治经济学”以苏联奥斯特罗维强诺夫的《政治经济学讲授提纲》为基础进行讲授。两门课程同时还有指定参考书。“马列主义基础”根据学员政治文化情况,指定三级参考书:(1)基本(最低限度)读物,有《联共(布)党史简明教程》[243]《斯大林传略》[244]《列宁生平事业简史》;(2)中级读物,即介绍各经典作家著作的论文集(本校编印);(3)高级读物(有阅读能力者的参考资料),即马克思、恩格斯、列宁、斯大林、毛泽东的经典著作。学校设立夜大学校务委员会,设正副校长各一人,1953年初时由东北人民大学正副校长兼任,并设教务主任一人,教务员一人(1953年初时皆为兼职)。“马列主义基础”教员为东北人民大学教务长兼马列主义基础教研室主任龚依群;“政治经济学”教员为经济系主任兼政治经济学教研室主任白拓方。[245]

1953年春季学期,在夜大学学习“马列主义基础”的学员有607名(本校419名),学习“政治经济学”的386名(本校61名)。在7月27至31日这一周,夜大学开始停课。[246]考试实行的是写论文的方式,期末出题开学交卷。[247]暑假从8月1日开始,到9月22日结束,为期53天。

1953年9月23日-1954年7月学年,夜大学开始讲授“中国革命史”(即中共党史)课程(之后的一年讲授“辩证唯物主义与历史唯物主义”)。[248]其1504名学员中,有928名来自校外的24个单位。这学期,夜大学改由校党委宣传部直接领导。[249]

根据中央的要求,从这一学期开始,授课时间在保持每周3小时不变的前提下,其中讲授2小时,复习1小时,于每讲完一个单元之后停课复习1周至2周。11月,又根据长春市委《关于高等学校及中等技术学校教师理论学习的几项规定》改为隔周上课一次。[250]1953年11月底,由于全校开始进行国家总路线的学习,从第11教学周(11月底)开始到学期末,夜大学、机关夜校政治班、党课等学习一律停止。[251]

第三节
人才培养情况
(1950 年—1958 年)

一、1950—1951 学年

(一)1950 年秋季学期

东北人民政府《关于目前高等教育工作的决定》(1950 年 3 月 31 日)提出:

高等学校学习的科目可分为四种:1)共同必修课程:政治课、国文、俄文、体育;2)基础课程;3)专业课程;4)选修课程(主要是为了将来工作的需要——如师范大学学历史的应以地理为选科,因为中学历史教员常兼教地理——其次为了成绩优秀的学生深造而设)。政治课内容与时间按华北高等教育委员会的规定;国文每周 3 小时一年修完;俄文每周 3 至 4 小时,四年修完,但各校可根据具体情况,集中在前二年内修完,要求达到阅读俄文书籍的目的;体育每周 2 小时,全部学程均有。基础与专业课程科目与时间之分配,各校可根据实际需要提出初步计划,由文教委员会协同有关各部邀集专家统一制定,颁发各高等学校负责实施。[252]

高等学校,每年学习时间,应不少于 40 周;每周 6 个学习日;每日规定的学习时间,最多不超过 10 小时(包括上课实验及固定自习时间),其余为自动作业自由活动及休息时间。[253]

二三年级开始学习的专业课程的内容应富于弹性,以便使教学人员从科学和技术方面最近的成就中选择一些新的材料补充进去。[254]

……今年暑期招生,决定统一办理,统一分配……[255]

其后,中央人民政府教育部《关于实施高等教育课程改革的决定》(1950 年 7 月 28 日政务院第 43 次政务会议批准,1950 年 8 月 2 日公布)提出,高等学校应"根据中国人民政治协商会议共同纲领关于文化教育政策的规定,以理论与实际一致的教育方法,培养具有高度文化水平、掌握现代科学与技术的成就并全心全意为人民服务的高级建设人才"[256]。"高等学校各系应分别规定修业年限,以三年至五年为原则;

每学期的实际授课时间以满十七周为原则,学生每周实际的学习时间(包括自习及实验)以四十四小时为标准,最多不得超过五十小时。课外活动时间,每周以不超过六小时为原则。"[257]同日公布的政务院《高等学校暂行规程》对大学生毕业作出了更为细致的规定:

> 第14条 大学及专门学院学生须于最后一学年确定专题经系主任核准,由教学研究指导组主任或其他指定的教师指导,撰写毕业论文或专题报告。在特殊情形下毕业论文得以他种工作成绩代替之。
>
> 第15条 大学及专门学院考试分为入学考试、平时考试、学期考试及毕业考试。
>
> 第16条 大学及专门学院学生依照规定课程修业期满,成绩及格者,由学校报请中央教育部核准发给毕业证书。[258]

到长春后的第一个学期(1950年秋季学期),东北人民大学法律系除了继续开设文化理论课外,还增设了司法业务课。系主任甘雨沛主讲政策法令,杜岫石主讲苏联刑法;外请马起主讲民法和家庭婚姻法,高景仰主讲司法统计学,中国人民解放军第一军医大学日本教授讲授法医学基本知识。[259]

作为教学环节的一部分,法律系自1950年10月起安排学生到长春市法院民、刑庭进行业务实习。法律系二班的52名同学分成4组,[260]每周实习二次,每组再分成4个审判小组,分头到民庭、刑庭,到一定时间再交换。法院审判小组将事前准备好的一定案例交给同学审理,经小组审核后即成定案。经过实习,学生共审理刑事案件约90余件,民事案件约120余件。其中的刑事案件包括窃盗、敲诈、烟毒、政治土匪、暴行,以及通奸、强奸、虐待子女、危害公共财产、故买赃物、伤害、妨害名誉、惯窃、妨害婚姻自由等。民事案件大多数为离婚案件,少数为解除婚约及房屋迁址、财产纠纷。审理的方式包括"观摩审判""集体审判""回押合议审判""二人审判"等多种。[261]尽管以今天的眼光来审视,让未取得相关从业资格的学生直接审理案件,未免有淆乱司法的嫌疑,但这种让学生通过实际操作现场亲历学习的设计,如同目下的诊所教育一样(甚至更为强烈),是一种追求在真实的法律情境下思考的实践教育,不应轻易否定。

(二)1951年春季学期

1951年春季学期始于2月中旬。2月12日,学生开始注册。2月19日,法律系等5个系的新班学生报到。[262]6月21日,停课复习。6月25-27日,进行期末考试。[263]这学期由于开了很多门新课,法律系师资严重缺乏。而"从业务机关聘请的兼课教师皆因本身工作繁忙,有讲课时间,而无辅导时间"。因此,法律系发展出了"个别辅导与重点辅导""集体辅导""提问式的辅导""留复习题与约定辅导""讲授前辅导"等多种辅导方式。[264]

1951年暑期,法律系三班全体同学到长春市法院实习,参与审判、笔录、调查证据、整理档案等工作。一个月里办理刑事案件54件,民事案件36件;取笔录740次,调查证据85次,民事执行13起。高庠华、李恩普下班后还帮助整理急待解决的案件材料。傅洪才、高万龄(带病)、许佩山走一百多里路到乡村调查。[265]1951年12月12日,长春市法院的李副院长应邀到法律系作报告,介绍司法改革和加强人民民主专政的必要性。[266]

1951年6月,中央人民政府高等教育部颁布的《法学院、法律系课程草案》进一步明确了法律系的任务是"为巩固人民民主专政,适应国家建设的需要以及社会发展之前景,以《共同纲领》为基础,以毛泽东思想为指导,培养了解当前政策法令及新法学,为人民服务的法律工作干部"[267]。同年 10 月,政务院提出,"高等学校应在全面的普通的文化知识教育的基础上给学生以高级的专门教育,为国家培养具有高级专门知识的建设人才"。"大学和专门学院修业年限以三年至五年为原则(师范学院修业年限为四年),招收高级中学及同等学校毕业生或具有同等学力者。入学年龄不作统一规定。"[268]此前,政务院《高等学校暂行规程》曾将大学生入学年龄的下限定为年满十七岁:"凡年满十七岁、身体健康、在高级中学或同等学校毕业或有同等学力,经入学考试合格者,不分性别、民族、宗教信仰,均得入学。"[269]

二、1951 - 1952 学年

1951 年暑假后,法律系首次开始招收四年制本科生。[270]

吉林大学合校 6 周年暨建校 60 周年庆典网站提供了 1951 年至 1953 年入学的法律系学生名录,但没有 1950 年的数据。该名录显示,1951 年至 1953 年各年入学学生数分别为 70、114、60。[271]另有资料显示,1953 年 7 月法律系参加期终考试的只有一、二年级共 4 个班的学生,[272]而直到 1953 年 9 月 15 日开始的新学期,学生才增加到了三个年级。[273]

霍宪丹著《中国法学教育的发展与转型》一书收录的《1953 年至 1976 年全国政法院系法律本科生招生毕业在校学生统计表》显示,东北人民大学法律系 1953 年招生 52 人,在校 245 人;1954 年招生 149 人,在校生 368 人;1955 年招生 100 人,毕业 52 人,在校生 416 人。由此可知,(1)该表中的在校生数包含了当年的招生数,而减去了当年的毕业生数;(2)1953 年暑期之前的在校生数为 193 人;(3)对于 1954 年在校生数并不等于当年招生数与上年在校生数之和的现象,合理的解释是有学生中途离校。(4)将该表中的招生数与自 1955 年起出现的毕业生数相对照,可以发现,虽然不是所有招收的学员都能如期毕业,但共性的规律是 1953 年入学的学生 1957 年毕业,1954 年入学的 1958 年毕业,依次类推。据此可知,1955 和 1956 的毕业生数 52 和 113 对应着 1951 年和 1952 年的招生数,[274]也就是说,第一届(即 1955 届)四年制本科生是 1951 年入学的。

此外,有证据表明,后来法律系接收了从其他系转来的学生。刘楠来研究员就是一例。刘楠来,1933 年 5 月 17 日生于江苏省丹阳市,1951 年 9 月考入东北人民大学。其最初填报的是教育行政系,但被行政系录取,第二年随院系调整成为法律系学生。[275]

表 1 - 4　1953 - 1978 年吉林大学(含东北人民大学)法律系本科招生毕业在校学生统计表

年　份	招生数	毕业生数	在校生数
1948	(339)[a]		
1951	(70)		
1952	(114)		
1953	52(60)	-	245
1954	149(126)[b]	-	368
1955	100(107)	52	416
1956	99(63)	113	400
1957	65(130)	51	409

续表

年　份	招生数	毕业生数	在校生数
1958	52	126	337
1959	59(66)	96	292
1960	40(35)	96	231
1961	25	59	168
1962	25(25)	51	132
1963	37(35)	-	175
1964	42(42)	55	157
1965	41(41)	35	168
1966	-	-	168
1967	-	25	143
1968	-	59	82
1969	-	-	82
1970	-	82	-
1972(1973)	36(36)	-	36
1974	71(67)	-	107
1975	40(40)	-	147
1976	50(49)	36	161
总计	983	936	-
1977	(59)[c]		
1978	102[d](108)		

资料来源:本表系笔者根据《1953 年至 1976 年全国政法院系法律本科生招生毕业在校学生统计表》(霍宪丹:《中国法学教育的发展与转型》,法律出版社 2004 年版,第 311 - 314 页;霍宪丹:《不解之缘:二十年法学教育之见证》,法律出版社 2003 年版)摘录的。

a. 括号内的数字(含 1948 年)系笔者在吉林大学合校 6 周年暨建校 60 周年庆典网站上查到的。其大多与上述统计表中的招生人数有所出入,只有 1962、1964、1965、1975、1973 年二者相同。霍著将 1972 年误作为 1973。

b. 关于 1954 年入学人数,《风雨无阻桃李路,拓志未来续风流——吉林大学法学院发展简史(1948 - 2008)》中,称当年招收 200 名学生,其中大部分为调干生,分别编为甲、乙、丙、丁、戊 5 个班。在校本科学生总数超过 400 人,为全校第二大系(第 8 页)。

c. 1977 年全国普通高等院校法律本科共招生 729 人。其中,吉林大学与北京大学、湖北财经学院、郑州大学共招生 223 人,西南招生 364 人。北大 82 人。

d. 该数字出自霍宪丹:《中国法学教育的发展与转型》,法律出版社 2004 年版,第 8 页。而吉林大学 60 年校庆网站给出的 1978 级法律系学生人数为 108 人,载 http://jlu60. jlu. edu. cn/xytd/tcml_xx. jsp? id = 6233,2006 年 9 月 30 日最后访问。

表 1-5 东北人民大学法律系本科生培养情况(1951-1957 年)

年 级	人 数	性别比(男:女)
1951 级	70	48:22
1952 级	114	104:10
1953 级	60	50:10
1954 级	127	101:26
1955 级	107	98:9
1956 级	105	85:20
1957 级	71	63:8
总计	654	549:105

资料来源:本表系笔者根据吉林大学法学院《本科(毕业)生名录(1948-2003)》整理而成。

1951 年 9 月 12 日下午,东北人民大学秋季学期开学典礼举行,本科与文化班新生约 700 余人参加了典礼。而老生则已于 3 日开始上课。[276]

1952 年春季学期主要在开展思想改造运动中度过。[277]东北人民大学从 1952 年 4 月上旬开始运动的准备工作。5 月 15 日,校学习委员会通过《在"三反"运动中进行教师思想改造计划》,提出在 5 月 15 日至 7 月 15 日期间进行思想改造运动。

在长春市的统一领导下,东北人民大学成立了学习委员会负责领导本校的整个运动。为便于进行检讨,各系室被合并为 5 个分学委会。[278]5 月 17 日,吕振羽校长对全体师生作思想改造的动员报告。[279]5 月 18 日到 6 月 9 日,教师结合讨论学校报告学习文件,初步进行自我检讨与对别人提出意见;同时学生也讨论学校报告,并揭发和批判教师的资产阶级思想去帮助教师;学校根据运动发展情况随时组织报告。6 月,学校又成立了"各分学委会教师思想检查会主席团",负责"在分学委领导下,掌握教师思想检查会会场,集中群众意见,议决与宣布对教师检讨的决定"。其成员包括分学委会负责人、分学委办公室主任、学生代表等。其名单由学校学委会决定。[280]6 月 10 日到 7 月 10 日,教师进行思想检讨。7 月 10 日到 15 日教师进行思想鉴定,学校对运动作出基本总结。[281]

> 截至本月十五日[1952 年 7 月 15 日]止,在参加教师思想改造的一百四十名教师中,已有一百三十七名在教师思想检查会上做了检讨(有的教师已作了第二次或第三次的检讨),其中因检讨全面深刻或比较全面深刻而被群众通过或基本通过者有一百零六名(占参加思想改造学习教师总数的百分之七十五点七);因检讨不全面深刻或而未被群众通过者有三十一名(占百分之二十二点二);外有三名因工作忙尚未进行检讨(占百分之二点一)。[282]

时任法律系主任的杜若君教授在 6 月 22 日作题为《正视自己的错误思想,坚决克服个人主义》的检讨。[283]随后他表示:"六月二十二日是我最可纪念的日子,在这天,在党的帮助下我放下了几十年的思想包袱,我感到轻松愉快。"[284]

学生的思想检查从 1952 年 7 月 15 日开始,为期 5 天,具体时间由各分学委会研究决定。[285]从 7 月 27 日起,思想改造运动转入忠诚老实交代历史问题阶段。28 日,学委会发出关于号召忠诚老实交代历史问题的决定。28、29 两日学习报告和文件,进行小组漫谈,自 30 日起正式开始交代问题。截至 8 月 1 日,3 天里共有 559 人交代了各种大小不同性质的问题 1063 件,其中交代“一般历史问题”者 961 件,交代“反动政治关系问题”者 102 件。[286]

三、1952 – 1953 学年

(一)1952 年秋季学期

1952 年秋季到 1955 年 6 月这段时间,很多经历了院系调整的高校,开始把注意力集中到通过学习苏联,提升自己的教学、科研水平上来。[287]也是在 1952 年秋季学期,东北人民大学成为一所综合性大学,其具体任务被界定为“培养研究人才和高等中等学校的师资”。具体到法律系,任务有三:

> (1)培养马列主义法律科学的研究人才,培养为人民服务的政治法律干部;目前并以后者为主;(2)进行法律科学的研究工作协助政府有关部门和机关研究有关政法工作上所提出的理论问题;(3)普及法律知识,在革命群众中进行有关法律知识的宣传,并对旧的法律观点进行批判。[288]

1952 级乙班学生李颂明在 1953 年 6 月 29 日出版的《东北人大》上撰文回顾他一年来的学习情况时,提到他是在上一年的这个时候从南方离开部队来校的。[289]但高格教授在回忆文章中却说,他是在 1952 年 10 月考入东北人民大学法律系的。[290]实际情况是,受学校性质任务改变、建系、订教学计划等问题影响,东北人民大学 1952 年秋季学期开学典礼迟至 11 月 20 日才举行。这一学期,根据政务院规定,学校教务部门调整了教学时间,实行苏联的“八一五零制”,但每节课的时间仍沿用过去的 50 分钟。[291]

图 1 – 23　东北人民大学法律系 1956 届毕业生合影。图片来源:吉林大学法学院院史馆。

早在 1951 年东北人民大学已经参照苏联经验,规定了新的考试制度,但因开展“三反”、思想改造等运动,未能实施,仍沿用百分制。1952 年秋季学期,教务部门重新修订了学生成绩考核办法,准备于 1953 年春季学期开始试行。秋季学期期终考试只作局部改变,采用分期考试的方法(每三天考一门)。[292]

(二)1953 年春季学期

1953 年的寒假到 2 月 17 日结束。17 日学校举行春季学期开学典礼。16 – 18 日进行补考。18 日教师提出教学计划进度表。2 月 23 日至 3 月 1 日评定全校学生的人民奖学金。[293] 从校历第三周(3 月 2 日周一)开始上课。

这年春季,法律系根据学校关于全面开展向苏联学习的要求,采用苏联教材,按苏联模式办学。但因专业师资不足,有些课程未能开设。当时法律系设有一个"法律"专业,下设国家法、刑法、民法 3 个教学方向,学习期限为 4 年。[294]

1953 年春季学期法律教研室开设的课程有:国家与法权理论(王惠岩,星期一、四)、民法(何鹏,星期一、五,星期四作业习题)、刑法(杜岫石,星期二)、中国国家法(安民,星期三)、司法制度(刘庆林,星期三)。授课形式包括教师讲授、课堂讨论等。从内容上看,是对 1952 年秋季学期课程的接续。《法律教研室室历》还显示,同时安排了教师试讲:国家与法权理论(高树异、王惠岩负责)、中国国家法(高树异、安民负责)、司法制度(刘庆林、高树异负责)、民法(刘庆林、何鹏负责)、刑法(刘庆林、杜岫石负责)。表 1-6 辑自《法律教研室室历》,从中可以看出各科在 3、4 月间的进度情况。有资料显示,有时各门课有扎堆儿进行课堂讨论的现象,从而使学生无法进行充分准备。比如,第五周,法律系一年乙班就有 4 门课进行课堂讨论,共 7 节,占每周授课时数的 29%。[295] 由此也可以推算出当时一年级学生每周的课业负担约为 24 课时。

为了解决新教学时间造成的早饭和午饭时间距离较长,午前六节集中上课学生过于疲劳紧张等问题,从 1953 年春季学期开始,每节课由 50 分钟改为 45 分钟。[296]

表 1-6　1952-1953 学年度春季学期法律系专业课进度表(3、4 月份)

国家与法权理论	民法	中国国家法	刑法	司法制度
3.2 第七章 3.5 课堂讨论 3.9 第八章 3.12 同前 3.16 第九章 3.19 课堂讨论 3.23 第九章 3.26 课堂讨论 3.30 第十章 4.2 同前 4.6 同前 4.9 课堂讨论	3.2 § 20.8-10 3.5 作业习题(契约之债) 3.6 § 21.1-3 3.9 § 21.1-3[原文如此] 3.12 作业实习(多数人之债) 3.13 § 23.1-6 3.16 § 23.7-10 3.19 作业实习(债的当事人变更) 3.20 § 23.11-12 3.23 § 23.13-14 3.26 作业实习(债的履行) 3.27 § 23.15-16 3.30 § 24.1-3 4.2 § 24.4-5 4.3 作业实习(债的不履行) 4.6 § 25.1-8 4.9 作业实习(债的担保) 4.10 § 26.1-4	3.4 第二章 3.7 第三章 3.11 第三章 3.14 课堂讨论 3.18 第四章 3.21 第二篇第一章 3.25 第二篇第一章 3.28 课堂讨论 4.1 第二篇第二章 4.4 第三章 4.8 第三章 4.11 课堂讨论	3.3 第十一题故意罪的发展阶段 3.10 作业实习(故意罪的发展阶段) 3.17 第十二题共犯 3.24 同上 3.31 刑法作业实习(共犯) 4.7 第十二题(共犯)	3.4 苏维埃法院审判权的本质及任务 3.7 同上 3.11 苏维埃法院组织与活动的基本原则 3.14 同上 3.18 苏维埃法院的组织体系 3.22 课堂讨论 3.25 对资本主义国家检察制度的批判 3.28 苏维埃检察制度的建立 4.1 苏维埃检察机关的组织机构 4.4 课堂讨论 4.8 苏联司法行政机关 4.11 苏维埃司法行政机关的组织机构

资料来源:《东北人大》第 32 期(1953 年 7 月 30 日),第 17 页。

1951 年 4 月 2 日苏联司法部学校管理司批准的《苏维埃民法教学大纲(法律学校用)》(苏联司法部全苏法律科学研究院编,法学博士柯·阿·葛拉维执笔,依·伯·诺维茨基教授校阅)第三篇债权法第十五题债的一般学说中,第四点为债的当事人,债的多数当事人,按份的债与连带的债。第五点为债的当事人的变更,请求权的转让(债权的转让),债务的移转。第六点为契约义务的概念,单务契约与双务契约,有偿契约与无偿契约,为第三人利益而缔结的契约,社会主义组织与企业间的契约关系的计划性;苏维埃贸易组织中的契约的作用。第九点为债的履行,适当的履行,实际履行的原则,双务契约的履行。第十点为债的履行时间、期限,因债权人请求而应履行的债,债的延期履行与分期履行。第十一点为债的履行地点,履行方法。第十二点为不履行债的后果,债的不履行的概念;债的不履行的责任、责任的条件,过错是债的责任根据,债务人的行为与债权人的损害间必须具有因果关系,债务人违反债务的物质责任,损害和它的种类;因不履行债务而免除债务人责任的情况,债权人的过错,不能履行的概念,偶然事故与不可抗力,社会主义企业间所订契约中禁止列入免除责任的一般条款;社会主义企业免除履行契约义务的条件与程序;债务人的迟延,债权人的迟延,对他人过错所负的责任。第十三点为债的消灭、履行,结算,双方协议,债务的更新,债权人与债务人合并为一人,债权人或债务人死亡,主管权力机关的处分,不能履行。第十四点为保障契约债的方法,违约金,违约金的种类,评价性违约金与罚款性违约金,社会主义组织间所订契约中违约金的特殊性质,违约金和损害,法院减少违约金的职权,质权,质权人与出质人的权利与义务,流通与加工中的物的质权,定金,定金与损害,定金与预付款的区别,保证,债权人、主要债务人及保证人的权利与义务。[297]

1953 年春季学期课程于 7 月 11 日全部结束,13 - 28 日为复习和期终考试阶段。[298]法律系一年级(甲)的考试安排是:7 月 17 日逻辑学(笔试),21 日政治经济学,25 日马列主义基础,29 日国家与法权理论(笔试)。一年级(乙)的考试安排是:7 月 17 日逻辑学(笔试),21 日马列主义基础,25 日政治经济学,29 日国家与法权理论(笔试)。二年级(甲)的考试日程是:7 月 17 日逻辑学(笔试),20 日刑法,24 日民法,28 日政治经济学。二年级(乙)的考试安排是:7 月 17 日逻辑学(笔试),20 日刑法,24 日民法,29 日政治经济学。此外,7 月 13、14 日为考查时间(俄文课于 13 日上午第 5、6 两节进行,其他课程由各系自行规定并通知教师)。笔试时间为上午第 5、6 两节。其余考试为口试,时间为上午 7:30 - 12:00,下午 3:00 - 5:30。考场为各本班教室。体育课的考查提前于第 20、21 教学周(6 月 29 - 7 月 11 日)的体育教学时间内进行。[299]7 月 29 - 31 日,学生作鉴定。暑假从 8 月 1 日开始到 8 月 31 日止。[300]

图 1 - 24　法律系教师指导同学做课堂讨论发言提纲。

图片来源:东北人民大学校刊编辑部编辑、赵祺摄影:《东北人民大学画集——庆祝校庆八周年》,东北画报社 1954 年版,第 19 页。

可以看出,在第一学年下学期,当时法律系本科生“法律业务课”中的笔试课程只有作为导言的“国家与法权理论”[301]一门;在第二学年下学期,笔试课程也只有民法和刑法两门专业课。前述中国国家法和司法制度课程考试采取的是口试形式。而且在同一学期,两个年级的学生共同学习了逻辑学和政治经济学课程,尽管二个年级的讲授内容和进度是否同一还不得而知。

关于俄文的学习,据当时二年级甲班的何恩涛介绍,他入学时没学过俄语,故是从字母 A 开始学起的。在一年半的时间里,学习过三本俄文书,但都是学了几课就换课本,各教材的内容也不相同,所学词汇只有 420 个左右。学生不能用俄语会话,也看不懂俄文书籍。二年级下学期,该班实行了俄文专业学习,学习有关法律业务的俄文,要求学生可以看懂俄文法律书籍。所学教材是有关“国家与法权理论”和“苏联国家法”两科的,半年里学习了 530 多个词汇,同时在俄文文法的学习上,学会了语法中的重要部分:动词的体和时、自动形动词、被动形动词、副动词、数词、假定式、联系动词、带“Cя”的动词等,并且学习了简单句句法,能够分析句子的构成,指出句子的成分。该学期,讲文法学习和课文的是一名教师,其在讲课文时通过业务课的内容来帮助领会刚讲的文法,故能将二者密切结合起来。此外,教师还让学生进行翻译,之后由研究生帮助校对。[302]

早在 1949 年,东北行政学院就已经开设研究生班。后来成为法律系教学中坚的王惠岩、何鹏都是 1951 年从东北人民大学研究生班毕业的。1952 年成为文理兼备的综合性大学后,开始招收三年制研究生。但当年法律系似未招收研究生。1953 年 7 月 30 日《东北人大》第 32 期显示,该校研究生班有马列主义基础、哲学、政治经济学、中国革命史等专业 24 名研究生经过二年学习毕业(第 21 页),未提及法律系。24 人中,属于本校的研究生 13 人,另有 11 人系东北工学院、东北会计专科学校、东北合作专科学校寄学的。[303]

四、1953 – 1954 学年秋季学期

1953 年秋季学期的开学典礼于 9 月 23 日举行,二年级以上学生早在 9 月 15 日即已开始上课,新生则要到 26 日才正式上课。[304]从这一年起,有工农学生进入法律系学习。[305]法律系国家与法权理论及历史教学研究组开设的课程包括:国家与法权基础(李放)、国家与法权历史(徐尚清)、苏联国家法(张光博)。各课程第一个月的进度见表 1 – 7。

表 1 – 7　1953 – 1954 学年秋季学期法律系国家与法权理论及历史教学研究组开设课程进度表(第一学月)

国家与法权基础(李放)	国家与法权历史(徐尚清)	苏联国家法(张光博)
前言;第一部分第一题。 9 月 16、19 日	前言;第一讲第一题。 9 月 16、19 日	国家法的对象,渊源和体系。 9 月 17 日
第一部分第二题;第三题。 9 月 23、26 日	第一讲第二题;第三题。 9 月 23、26 日	第二章第一节;第二、三节。 9 月 21、24 日
课堂讨论:国家的产生、本质与职能。 9 月 28 日	第一讲,第三题。 9 月 30 日	第二章四、五节。 9 月 30 日
第二部分第一、二题。 10 月 7、10 日	第一讲;第三题。 10 月 7、10 日	第二章第五节、第三章一节。 10 月 5、8 日

资料来源:《东北人大》第 35 期(1953 年 10 月 30 日),第 38 页。

多年以后，张光博教授在《比较宪法纲要》一书的导论中回顾说：

在建国之初，全面学习苏联法学的时候，曾简单地认为，宪法有两种不同的类型。据说根据数学公式，非同名数不能相比，所以对比较宪法一直持否定态度。按照当时苏联的办法，曾经把世界各国宪法分类进行讲授和研究，即资产阶级国家法、苏联国家法、人民民主国家法和中国国家法。国家法，在当时指的就是宪法。[306]

在后记中，他继续写道：

法学专业的宪法课程，自50年代开始，曾分别讲授中华人民共和国宪法和外国宪法。在一个时期内，外国宪法还分资本主义国家宪法和社会主义国家宪法，甚至对社会主义国家宪法还进一步划分为苏联宪法和东欧各人民民主国家宪法。[307]

这些话可以作为当时法律系教学情况的一个脚注。

本学期法律系期末考试课程为：一年级：中国革命史；二年级：马列主义基础、政治经济学、司法制度；三年级：民法、刑法、国际关系史、辩证唯物论与历史唯物论。考查课程为：二年级：俄文、国家与法权通史、民法；三年级：刑事诉讼法。另外，二年级的体育课按《学生体育成绩考核办法》的规定进行成绩考查。[308]

五、1954－1955学年秋季学期

1954年4、5月间举行的全国政法教育会议提出，全国政法院系在最近二三年内应采取短期轮训在职干部为主，并切实注意培养专科以上学校学生的办法，一方面提供在职干部，一方面培养专门人才，以适应目前的需要和将来的发展要求。[309]根据会议决定，东北人民大学法律系将四年制本科的培养目标概括为："主要的是培养忠于社会主义建设事业、热爱祖国、体格健全、具有坚定的工人阶级立场和社会主义政法观点、掌握先进政法科学、熟悉专门政法业务的工作干部和法律学家"，并据以修订了自己的教学计划。[310]1954年秋，东北人民大学8个系12个专业的教学计划修订后，27门课程减少了教学时数，7门课程改为选修课，2门课程合并，增加6门课程。[311]

根据教学计划，法律系在四年内，共开设二十九门课程(专门化课程在外)。其中政治理论课程有：马克思列宁主义基础、政治经济学、中国革命史、辩证唯物主义和历史唯物主义四门；一般科学课程(即基础课程)有俄文、逻辑、会计核算与司法检查会计、体育四门；专业课程有国家与法权理论、国家与法权通史、苏维埃国家与法权史、中国国家与法权史、苏联国家法、中华人民共和国国家法、人民民主国家法、资产阶级国家法、中国与苏维埃行政法、中国与苏联财政法、中国与苏维埃法院组织法、苏维埃刑法、中国刑法、中国与苏维埃刑事诉讼、犯罪对策、苏维埃民法、中国民法、中国与苏维埃民事诉讼、中国与苏维埃劳动法、土地法与集体农庄法、国际公法二十一门。[312]

为了加强教学效果，主要课程的教学除讲授外，一般都有课堂讨论，以巩固、加深和扩展学生在讲授中获得的知识，培养他们自学的习惯和独立钻研的能力，并使他们善于把理论应用于实际。为了加强学生的专业学习，还准备有重点的选择一些课程实行学年作业。[313]

据李放教授回忆,1953 年他从中国人民大学法律系学成回校时:

杜(若君)老师担当法律系主任,(王)惠岩和我们又在一个教研室,当时是法理学、法制史学任课教师在一起,杜老师兼任教研室主任,惠岩任教研组组长……那时法理学[当时的称谓应是“国家与法权理论”——笔者注]还没有开课,因为全国几个院系都无此课设置。所幸的是杜老师三十年代研究过政治,他根据列宁《论国家》一书给学生讲了几次,惠岩给他作助手。第二年,即1954 年法律系扩大招生,一次就招了二百多名学生,领导决定惠岩和我两个人分班上课,但由于惠岩提出进修,所以任务就都落到我头上,但我并不是孤军奋战,惠岩抽空还帮助我备课……由于杜若君老师是民主人士,社会活动较多,无暇顾及教研室工作,惠岩同志便被提升为教研室主任……我们两人有一个共同志向,即一定让我们的《国家与法权(基础)》这门课成为法律系的精品课……[314]

图 1-25　法律系助教李放进行试讲的情形。

图片来源:东北人民大学校刊编辑部编辑、赵祺摄影:《东北人民大学画集——庆祝校庆八周年》,东北画报社 1954 年版,第 7 页。

据此可知,杜若君教授于 1953 年秋季学期率先讲授国家与法权理论课程,王惠岩担任助手,并开始就该课进行过试讲。[315]后因王惠岩进修,1954 年秋季学期的《国家与法权基础》课由李放担纲主讲。

吉林大学法学院发展简史称,1954 年起,学生定期到政法部门进行生产实习被纳入教学计划。毕业班学生在专业课教师的带领下进行一至两个月的实习。[316]而前引 1954 年东北人民大学法律系简介则提到:

在教学计划中还规定在第六和第八两学期到法院或其他政法机关去做两次实习,以巩固与丰富学生所学的理论知识,并培养他们把所学的专业知识应用到实际工作中去的能力。今年夏季,三年级学生曾到沈阳市人民法院进行第一次实习,收获是很大的。[317]

由此可知,1954 年夏,法律系 1951 级本科生集体到沈阳市人民法院实习。按照当时的培养方案,法律系学生在三年级和四年级各有一次实习的机会(不只是毕业班)。1951 年入学的刘文华教授回忆说:

我的实习经历主要是在东北长春的一所区法院,实习的主要项目是辩护制度,实质上就是给犯罪嫌疑人辩护。后来法院抽调审判员专门研究辩护制度,我有幸参加,共同研究,也参与辩护了几个大案子。其中一个案件是“101 工厂”工人盗窃工资的案件……检察机关起诉了工人及其配偶。在随后的开庭阶段,旁听的人数多达上千人,场面宏大。此时,我的辩护律师老师居然让我上台给被告人辩护并为其写辩护词……另外一个案件是关于一名采购员贪污公款的。通过这两个案件的实践,我积累了丰富的办案素材和经验。于是在写毕业论文的时候我就以我国辩护制度作为文章的切入点……在答辩的那天,台上坐了九位教授、副教授的人物。[318]

图 1－26　法律系讨论生产实习计划。
图片来源：东北人民大学校刊编辑部编辑、赵祺摄影：《东北人民大学画集——庆祝校庆八周年》，东北画报社 1954 年版，第 10 页。

图 1－27　法律系学生在沈阳市人民法院进行生产实习。
图片来源：东北人民大学校刊编辑部编辑、赵祺摄影：《东北人民大学画集——庆祝校庆八周年》，东北画报社 1954 年版，第 21 页。

六、1956－1957 学年

1956 年 8 月，东北人民大学教材印刷科印刷了林礼昭编写的《中国民法讲义》（含《中国民法教学大纲》），供法律系三年级（即 1954 级）学生使用。《中国民法教学大纲》显示，第一讲为"中国民法的对象及其本质"。该讲指定的参考资料包括：《中华人民共和国宪法》序言、第一章、第三章，刘少奇《中华人民共和国宪法的报告》第二部分、第三部分，周恩来在全国政协第二届全国委员会第二次全体会议上的政治报告载（《人民日报》1956 年 1 月 31 日）。[319]

1956－1957 年第二学期使用的《中国民法讲义》第二册主要涉及所有权、债权概述、合同概述、合同分则，也包含了发明权和婚姻、继承的内容。由此也可以窥见当时法律系中国民法课程之一斑。该册《讲义》具体章节为：

第十二章　所有权的概述
第十三章　中华人民共和国国家所有权
第十四章　合作社所有权
第十六章　资本家生产资料所有权
第十七章　公民生活资料所有权
第十八章　债的概述
第十九章　合同（契约）的概述
第二十章　买卖合同
第二十一章　供应合同
第二十二章　基本建设报工合同
第二十三章　房屋租赁契约（包括一国有房屋租赁契约、二私有房屋租赁和对资本主义性质私有房的｛经租｝）
第二十四章　运送合同

第二十五章　接待契约
第二十六章　保险
第二十七章　中华人民共和国的发明权法
第二十八章　婚姻家庭法的概述
第二十九章　婚姻关系的发生
第三十章　夫妻间血亲间的关系
第三十一章　婚姻关系的消灭及其后果
第三十二章　继承法[320]

由此可知,与法律系 1951 级和 1952 级本科生在大学二年级第一、第二学期和三年级第一学期学习民法课程不同,1954 级本科生的《中国民法》课程集中于三年级,即 1956 年秋季学期主要学习民法总论,1957 年春季学期学习民法分论[含所有权、债的概论、合同(契约)概述及分则、发明权、婚姻、继承]。

1957 年 4 - 7 月,东北人民大学在省市委领导下开展反“右派”斗争。运动分为两个阶段。第一阶段是在 1957 年 6 月 10 日以前,教师自 4 月 27 日[321]起用大约一个半月、学生自 5 月 29 日起用约半个月的时间进行“大鸣大放”。[322]第二阶段是从 6 月 10 日至 7 月 10 日的一个月,主要是反击“右派”的大辩论。[323]7 月 13 日,在全校教职员学生大会上,匡亚明校长作了初步总结报告。[324]

吉林大学法学院简史称,由于法律系教师人数锐减,有些课程不得不由讲授其他课程的教师几个人采用分段接力的方式勉强完成。[325]

1957 年 7 月 15 日,也就是距离 7 月 13 日全校教职员学生大会两天后,东北人民大学召开了“建校以来首届科学讨论会”。吉林大学法学院院史展图片说明称“法律系教师以新科研成果参加了这次会议”。其中的信科研成果至少应包括法律系系主任马起教授提交给研讨会的《论损害赔偿责任构成的一般条件》一文。[326]讨论会持续到 7 月 20 日。[327]

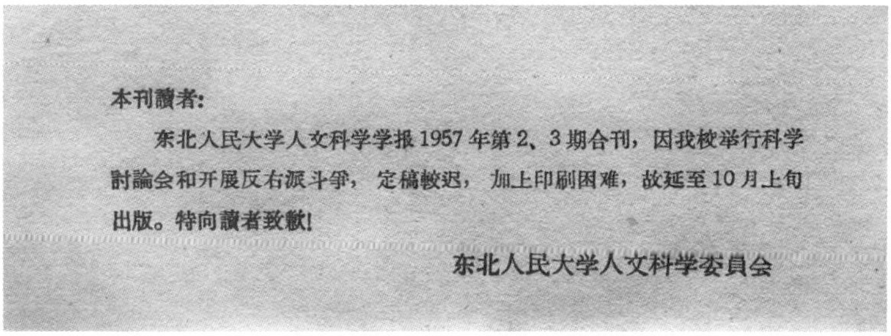
本刊讀者:
東北人民大学人文科学学报 1957 年第 2、3 期合刊,因我校举行科学討論会和开展反右派斗爭,定稿較迟,加上印刷困难,故延至 10 月上旬出版。特向讀者致歉!
东北人民大学人文科学委員会

图 1 - 28　《东北人民大学人文科学学报》1957 年第 2、3 期合刊启事

图 1 - 29　1957 年 7 月,马起(左立)在东北人民大学首届科学讨论会上发言。
图片来源:吉林大学法学院院史馆。

图1-30 1957年7月,东北人民大学首届科学讨论会法学分会会场。
图片来源:吉林大学法学院院史馆。

七、1957-1958学年

1957年12月,全国高校开始开设社会主义教育课程。起先,中共中央宣传部向中央递交了关于设立社会主义教育课程的报告,而后中共中央对该报告作出批示。接着,高等教育部、教育部要求在全国高等学校各年级中普遍开设"社会主义教育"课程,全体学生和研究生必须无例外地参加学习。按照中宣部的规定,学习的内容以毛泽东《关于正确处理人民内部矛盾的问题》为中心教材,同时阅读一些必要的马克思列宁主义经典著作、党的文件和其他文件(中宣部编写了"社会主义教育课程的阅读文件")。课程的考核不采取以往的考记忆的办法,"可于学期或学年年终进行学习总结,并结合学生平时的思想、行动表现实事求是地进行"。学习的时间暂定为一年,每周时间为8小时(课内时间不少于4小时),"必要时得利用时事政策学习和党团活动的时间,社会科学系科可适当增加时间。毕业班、实习班及其他有特殊情况的班级,可集中在一个时期内学完。各校可根据自己的具体情况在请示省(市)委、自治区党委后缩减最低限度的阅读文件,或延长到2年学完。各班级在学习社会主义教育课程期间,原应开的4门政治课一律停开,但作为专业课的政治理论课,例如经济系、政治教育系和部门经济专业的政治经济学仍照开。[328]

1957年年底,高等教育部提出,各高等学校要大力精简机构编制,受人员精简影响,这一时期东北人民大学法律系的师资变得紧张。

> 坚持贯彻中央关于组织和动员大批干部,特别是青年知识分子参加体力劳动的指示,各校应有计划地组织全校教职员分批分期地参加必要的体力劳动的锻炼。对多余人员,根据不同的情况,按退休、退职,参加基层工作,或参加劳动生产等办法妥善处理。
>
> 对教师的精简,考虑到目前各高等学校教学力量分布不平衡的情况和储备部分后备力量进行培养的必要,因此,除了由于政治思想问题或学术水平太低不宜担任教学工作的,或者是由于年老病弱不能胜任教学和科学研究工作的,应加以处理外,凡是适宜任教学工作的应保留下来,在当地各校间以及在全国范围内,以有余补不足,适当调剂,或是分别参加劳动锻炼。
>
> 至于行政和勤工人员,则应尽最大可能进行精简。
>
> 除了定期下放参加体力劳动进行锻炼外,1957年实际精简的(不再由学校发工资)人数,不应少于原定精简指标。
>
> 1958年的编制,应该在1957年的基础上进一步紧缩,除了必要的教学人员、政治工作人员和炊事员外,其他人员一律不再增加,各校实际精简的人数一般不得少于1957年。[329]

八、学生课外活动

除了进行课堂学习,学生还组织了自己的研究小组。如《东北人大》第 29 期在刊登史文清《现阶段苏维埃国家的职能》一文时,即提示作者是 1952 年入学的法律系一年乙级"国家与法权理论"科学研究小组成员。[330]不过,由于学生组织过多,机构人员交叠,相应的会议非常多,以致影响到了正常的课业学习。为此,法律系于 1953 年春取消了各班的班会。[331]学校亦于 3 月 31 日专门发布《关于解决学生兼职与会议过多问题的决定》。[332]但问题并未得到彻底解决。1953 年 3 月 26 日,校爱国卫生运动委员会发出挖蛹号召。全校人员分别按系、班、科、室组织挖蛹队。据校医务所 4 月 10 日统计,全校人员共挖 711.6 公斤蝇蛹。[333]

图 1－31　法律系同学的科学小组。

图片来源:东北人民大学校刊编辑部编辑、赵祺摄影:《东北人民大学画集——庆祝校庆八周年》,东北画报社 1954 年版,第 20 页。

体育运动是学生课外活动的重头戏。早在 1951 年,迁到长春之初,法律系学生就利用课余时间与法院工作人员举行过篮球比赛。[334] 1953 年 5 月 3 日,东北人民大学召开第一届校运动会。法律系只得了 3 分。为此,时任法律系秘书的徐枫还特意在《东北人大》上撰文《贯彻第一届体育检阅大会精神,进一步展开经常性体育运动》。[335] 1955 年 10 月 2、3 日,东北人民大学举行了第三届田径体操运动大会。马起、杜若君均在大会主席团名单上。根据《东北人民大学举行了第三届田径体操运动大会秩序册》,法律系学生组运动员有 63 名:

男:242(运动员号码,下同)李士林(1954 级)、243 王慧(1955 级)、244 朴永春(1953 级)、245 王永[利](1953 级)……248 张锡秀(1952 级)、249 林培礼(1955 级)、[336] 250 崔东镇(1952 级)、251 金……254 刘恒礼(1955 级)、[337] 255 李相龙(1954 级)、256 欧阳滋(1954 级)、[338] 257 善文……260 李显才(1953 级)、261 戴维玉(1955 级)、[339] 262 马奎、263 何[显明](1953 级)……266 戟景阳(1954 级)、267 占[吕[340]]心廉(1954 级)、268 尹仁吉(1952 级)、269 吴……272 王成德、273 刘殿平(1954 级)、247 王明礼(1954 级)、275 高……278 綦玉文(1955 级)、279 杜忠昌、280 马正义(1953 级)、281 刘……284 华云峰(1953 级)、285 刘超学(1955 级)、286 程永亮(1954 级)、287 王……

女:290 冯绮文(1954 级)、291 邓淑卿、292 温华光(1952 级)、293 石……296 陈纯铮(1952 级)、297 林珍年(1952 级)、298 杨兆勤(1954 级)、290 续[明](1952 级)……302 高立、303 吴玛琍(1954 级)、304 潘年熙[341]

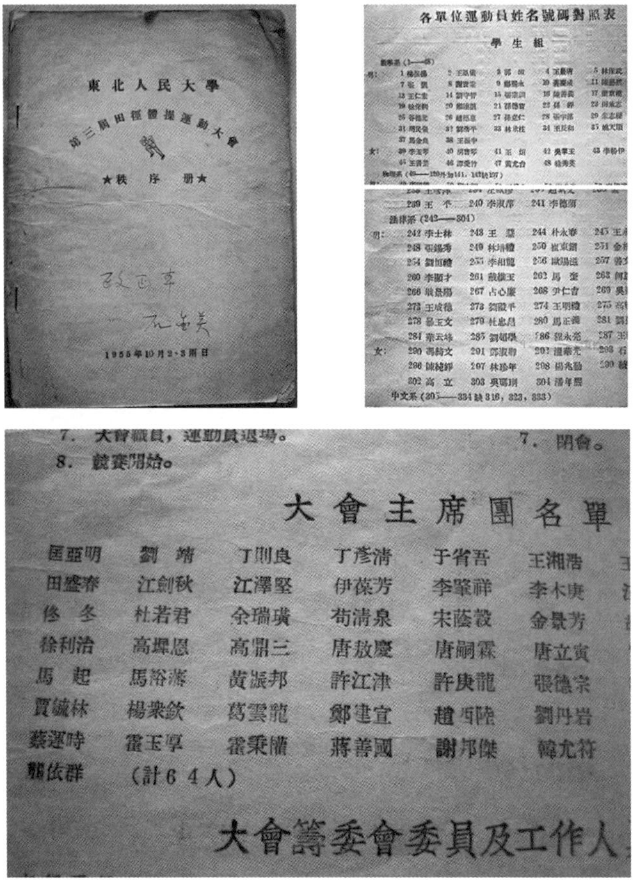

图1-32 《东北人民大学第三届田径体操运动大会秩序册》书影。

图片来源：载 http://book.kongfz.com/7862/80551642/,2011 年 12 月 27 日最后访问。

活动过多、学生负担过重是一个全国普遍性的问题。1956 年，高等教育部部长杨秀峰即在全国人大会议上指出：

> 高等学校学生应该参加一定的课外活动和社会活动，才能丰富生活，扩大见闻，并有助于增进健康。但过多且乱，不顾学生学习和休息，不管条件，强求一律，就不仅要影响教学秩序，造成紧张忙乱，更要影响健康。例如推行劳卫制锻炼、开展体育活动，对于增加学生健康是有益的，必要的，也确实收到了增进健康的效果；但是我们执行时如果缺乏准备，不配合医务监督等必要的条件，不分情况，一律要求，乃至占用过多时间，就会妨碍学习，影响健康。又如参加义务劳动对于培养学生劳动观点是有好处的，但次数过多，或去处过远，影响学生正常休息，也就会影响正常学习。有的还要学生包干扫盲与捕鼠、捉雀，就更增加学生负担。再如发展学生科学小组，本来是培养学生研究兴趣，锻炼学生研究能力的，但是如果不顾学生条件，普遍开花，就会使得有些学生花费许多时间，把基础理论课的学习都耽误了来搞力所不及的研究工作。有些学校党、团的传达报告又多了起来。“班三角”(班长、班主席、团支部负责人)特别忙，管的事情范围过广，有的连评助学金管伙食都要他们来做，“班三角”之下就不得不设许多干事，有些班级设置干事 20 多个。这许多活动和工作挤在一起，就必然又会产生会议过多，尤其是学生中担任工作的“学生干部”，时间精力不够支配。

由于我们不少高等学校领导者习惯于搞运动作风,同时广大的青年又不免热情激荡,求成过急,于是在国家社会主义建设高潮鼓舞下,就又发展了用搞运动的方式来推动工作的作风。不少学校并且不适当地强调了集体活动,造成群众压力,使每个学生不得不在各科学习中,在各种课外活动以至各种文化娱乐活动中,争先恐后,争取集体荣誉,因而也就实质上开展了班级之间在学习上以及在一切活动中的竞赛。学生学习本是一种艰苦的、循序渐近的脑力劳动,学校的责任在于不断改进教学制度、内容和方法来逐步提高教学效果,而不能靠搞运动、搞竞赛的方式来推进教学工作,企图速成。对不同程度、不同爱好的学生,在学习和政治思想教育中以至在社会活动中提出一般化的平均主义的要求,并使每个学生在集体压力下勉强跟随,紧张忙迫,这种作法显然又是有害的。[342]

大力改变学校搞运动的作风,克服学生学习和生活过分紧张状况,改变学生机械刻板的生活,使学生能有较充裕的自由支配的时间,消化、巩固所学的知识、技能,并合理地发挥自己的爱好和特长,锻炼和培养学生独立工作能力,这是当前提高培养干部质量的一个关键问题,必须立即着手加以解决。过去对于培养学生独立思考能力的工作注意不够,高等教育部在领导上是有责任的。[343]

第四节

教师的研究情况

(1953 年—1958 年)

一、教材与教学资料

据杨振山教授介绍,到 1950 年年底,我国先后翻译出版苏联法学教材和法学专著共 165 种。[344] 1952 年 9 月 24 日《人民日报》社论指出:“苏联各种专业的教学计划和教材,基本上对我们是适用的。它是真正科学的和密切联系实际的。至于与中国实际结合的问题,则可在今后教学实践中逐渐求得解决。”[345]

有资料显示,1951 年上半年,东北人民大学法律系使用的教材中 75% 都是苏联教材,远高于全校平均水平(30%),而且业务课全部是苏联教材。[346] 1953 年前后,东北人民大学的教材是由学校教材出版科油印的。由于缮写人员少,有时会动员学生帮助刻蜡纸。1953 年寒假期间，有 18 名学生参加了研究处油印教材的工作，3 天写了约 30 万字。[347] 1953 年春，教材出版科特别表扬了法律系的王秀华、尹天佑同学帮助完成教材刻写任务。[348]

从 1953 年开始，东北人民大学法律系陆续编译了数十种法学教科书、法律政策汇编、参考资料，涉及法学理论（国家与法权理论）、法律史（国家与法权史）、宪法（国家法）、民法（物权、债权、国际私法）、劳动法、刑法、刑事诉讼法、法院组织法、国际法等多个学科领域。这些教学资料的编译大多是以教学科研组（教研组）或教研室为单位进行的。此外，法律系资料室也编辑了《司法改革参考资料》[349]《新法学论文目录索引》[350] 等文献。

在 1954 年召开的全国政法工作会议上，高教部明文规定："中国人民大学应将所编译的苏联法学教材进行校阅，推荐各校使用。"[351] 同年的东北人民大学法律系简介也提到：

> （东北人大法律）系里的教材都是采用中国人民大学法律系和外交系有关科目所用的教材，教师一般也都能根据马克思列宁主义的理论，阐明国家与法权问题，为了使苏联先进经验与中国具体情况相结合，有些中国部分的课程，都是以苏联有关的科学理论及方法为指导，根据中国的现实材料，编写教学大纲和讲稿。[352]

《东北人民大学画集——庆祝校庆八周年》上刊载的一幅老照片则部分地呈现了当时（1954 年）该校采用的苏联教材中译本的情况。[353] 图 1－45 中至少包括了 4 种法律教材：左一列上数第二本封面可见"民法"字样；左一列上数第四本和左三列上数第二本为《苏维埃刑事诉讼法》；左二列上数第三本为《马列主义关于国家与法权理论》；左二列上数第四本为《苏联刑事法总论》，该书系苏联法学丛书之一种，由孟沙金（В. Д. Меньшагин）等撰，彭仲文译，上海大东书局 1950 年版，分上下两册。

1953 年至 1957 年间，东北人民大学法律系编印的部分教学讲义和参考资料可见表 1－8。

表 1－8　东北人民大学法律系编印的部分资料（1953－1957 年）

序号	名称	编写机构	时间	版式	其他
1	马列主义关于国家与法权理论（第四、五题）	东北人民大学	1953	平装，竖版，92 页	
2	马列主义关于国家与法权理论（第二册）	苏联科学院编，东北人民大学印	1953	平装，竖版，大 32 开	
3	马列主义关于国家与法权理论参考资料（第一辑）	东北人民大学国家与法权理论及历史教研室	1954	平装，竖版，大 32 开，153 页	
4	马列主义关于国家与法权理论参考资料（国家法参考资料）[a]	谢米里亨教授主编，东北人民大学印		平装，竖版，32 开，39 页	
5	国家与法权历史参考资料（第一辑）	东北人民大学国家与法权理论及历史教研室	1954	平装，竖版，大 32 开，113 页	
6	中国国家与法权历史参考资料	东北人民大学	1954	平装，竖版，大 32 开	
7	各国国籍法汇集	东北人民大学法律系国家法教研室	1956	平装，大 32 开，128 页	

续表

序号	名称	编写机构	时间	版式	其他
8	苏联宪法名词解释	东北人民大学法律系宪法教研室	1957	32 开	原系张哲藏书
9	国际私法参考资料(第一辑)	东北人民大学法律系民法教研室	1954	平装,竖版,大 32 开,印数 200 本	
10	国际私法参考资料(第二辑)	东北人民大学法律系民法教研室	1954	平装,横版,大 32 开	
11	中国民法政策法令汇编(第一辑)	东北人民大学法律系民法教学研究组		平装,大 32 开,204 页	
12	中国民法政策法令汇编(第二辑)	东北人民大学法律系民法教学研究组		平装,大 32 开,66 页	
13	中华人民共和国民法政策法令汇编(第三辑)	东北人民大学法律系民法教研室	1955	286 页	
14	苏维埃民法参考资料(第一辑)	东北人民大学法律系民法教研室	1956	大 32 开,250 页	
15	中国民法参考资料	东北人民大学法律系民法教研室	1956	40 页	
16	民法资料·关于债篇问题参考资料(第一辑)	东北人民大学法律系民法教研室	1956	铅字油印,118 页	打字陶冶国,一校吴鸿信、张雨,二校赵经三、刘如
17	中国民法讲义(中国民法教学大纲)	林礼昭编,东北人民大学教材出版科印	1956	印数 150 份	法律系三年级用
18	中国民法讲义第二册		1957	16 开,191 页	一校关莹,二校刘茹 1956－1957 年第二学期
19	苏维埃民法参考资料(第一辑)		1956	250 页,印数 600 册	
20	物权债权案例汇编	东北人民大学法律系民法教研室	1956	油印,平装,16 开	内部资料,注意保存
21	中华人民共和国劳动法参考资料(第一、二辑)	东北人民大学法律系民法教研室	1954	平装,大 32 开	
22	中华人民共和国劳动法参考资料(第三、四辑)	东北人民大学法律系民法教研室	1956	平装,大 32 开	
23	中华人民共和国劳动法讲义		1956	270 页	
24	中华人民共和国劳动法讲义		1957	铅字油印本,16 开	东北人民大学教材
25	苏维埃刑法总则讲义	东北人民大学	1956	400 页	

续表

序号	名称	编写机构	时间	版式	其他
26	苏维埃刑法总则	东北人民大学刑法教研室	1956	平装，大 32 开，13.5 万字	张中庸编，只供内部学习参考
27	苏俄刑事诉讼法典	东北人民大学刑法教研室		平装，大 32 开，97 页	
28	中华人民共和国刑法参考资料丛编（第一辑）	东北人民大学刑法教研组	1954		
29	中华人民共和国刑法参考资料丛编（第二辑）	东北人民大学刑法教研组	1954	32 开，77 页	
30	中华人民共和国刑法参考资料丛编（第三辑）	东北人民大学刑法教研组	1954	32 开，26 页	
31	中华人民共和国刑法参考资料汇编（第四辑上、下册）	东北人民大学刑法教研室	1956	32 开	上册 200 页
32	刑法案例汇集（1）	东北人民大学刑法教研室		铅字油印本	
33	中华人民共和国刑法	东北人民大学刑法教研室	1957	32 开，236 页	只供内部学习参考
34	中华人民共和国刑事诉讼资料汇编（第一、二辑）	东北人民大学	1954	铅印，平装，大 32 开	
35	中华人民共和国法院组织、诉讼程序参考资料（第一辑）	东北人民大学民法、刑法教研组	1954	平装，大 32 开，288 页，印数 400 本	
36	中华人民共和国法院组织、诉讼程序参考资料（第二辑上、下册）	东北人民大学民法、刑法教研室	1956	平装，大 32 开	上册 224 页，印数 400 本
37	苏维埃民刑诉讼程序[a]	东北人民大学		平装	程序法参考资料第一辑
38	司法改革参考资料	东北人民大学法律系资料室	1955	铅印本，平装，大 32 开	东北人民大学研究部教材出版科出版
39	中华人民共和国法院组织诉讼程序参考资料	东北人民大学民法、刑法教研室	1956	平装，32 开。铅印。印数 400 册	东北人民大学教务处教材出版科出版
40	新法学论文目录索引	李成宰，东北人民大学法律系资料室	1957	油印本，16 开，128 页	
41	国际法讲义	吴奇、马志振编 东北人民大学教材出版科出版	1957	平装，横版，270 页，印数 150 份	法律系四年级用
42	国际法参考资料（第五章）	东北人民大学法律系国际法教研组	1954	平装，竖版，大 32 开，65 页	
43	国际法参考资料（第十一章）	东北人民大学法律系国际法教研室	1954	平装，32 开，298 页	主要之战争法规与惯例条约汇编

本表系笔者根据孔夫子旧书网上资料整理而成。资料截止到 2016 年 11 月 23 日。

通过这些出版物,可以了解当时立法以及法学教学的一些情况。比如,《中国民法政策法令汇编》系"民法学习参考资料"的一种。其第二辑收录了11篇文献,计有:

《为着社会主义工业化的远大目标而奋斗》
《关于苏联政府商谈苏联对我国经济建设援助的报告》
《农村工作的基本任务和方针政策》(邓子恢,1953年7月2日)
《在中华全国工商业联合会会员代表大会上李维汉报告国家总路线和国家资本主义等问题》
《东北行政委员会关于私人借贷问题之规定的指示》(1948年7月13日)
《债务的三种分类和处理原则》
《东北人民政府司法部令——关于处理房屋之押金、转兑等具体办法》(1950年4月27日)
《中央人民政府政务院关于贯彻婚姻法的指示》(1953年2月1日)
《中国共产党中央委员会关于贯彻婚姻法运动月工作的补充指示》(1953年2月18日)
《中央贯彻婚姻法运动委员会贯彻婚姻法宣传提纲》
《在中华全国工商业联合会会员代表大会上的讲话》(李维汉)[354]

《中国民法参考资料》(1956年编印,正文40页)收录有《捷克斯洛伐克人民共和国民法典(总则部分)》《波兰人民共和国民法典(总则部分)》和《蒙古人民共和国民法典(总则部分)》。[355]

《民法资料·关于债篇问题参考资料》(第一辑)实际翻印的是全国人大常委会办公厅研究室搜集的内部资料。其《前言》提到:"这本内部资料,是全国人民代表大会常务委员会办公厅研究室搜集的,除供我系教师参考或经有关教师指定可以借阅外,不得外传与对外交换。"该书共设有9个专题,分别为:

一、债的发生部分(第一次稿)
二、债的履行部分(第一次稿)
三、债的转让、担保、消灭部分(第一次稿)
四、债篇通则参考资料(债的发生部分)
五、债篇通则参考资料(债的履行部分)
六、债篇通则参考资料(担保部分)
七、债篇通则参考资料(债的利息部分)
八、债篇通则参考资料(连带的债、债的转让和债的消灭)
九、债的通则讨论题[356]

1956年7月20日至8月2日,高等教育部和司法部联合在北京政法学院召开了法律专业教学大纲草稿审定会议。全国10个政法院、系的70多位代表出席,此外还有不少教师和业务部门的专家参与讨论。会议讨论审议了《国家与法的理论》《中华人民共和国宪法》《中华人民共和国民法》《中华人民共和国刑法》《中华人民共和国刑事诉讼法》5门课程的教学大纲,并交由法律出版社出版。[357]东北人民大学法律系教师张光博参与了宪法教学大纲的讨论。[358]李放参加了国家与法的理论教学大纲的讨论,最后由中国人民大学法律系的孙国华和李放两人执笔完成。[359]

东北人民大学法律系资料室整理的《内部资料目录(1956)》(铅字打印稿,页面横置)提示了东北人民大学法律系所藏内部资料的分类及其来源情况。分类方面,编号 1 - 1000,总类;1001 - 2000,民法;2001 - 2650,民事诉讼;2651 - 3000,劳动法;3001 - 3500,刑法;3501 - 4000,刑事诉讼;4001 - 4500,中华人民共和国人民法院与人民检察院组织法;4501 - 4800,财政法;4801 - 5000,国家法;5001 - 5400,国际法;5401 - 5700,国家与法权;5701 - 5900,国家法的通/历史;5901 - 6000,行政法;6001 - 6200,犯罪对策学,法医学;6201 - 6300,土地法与合作社法;6301 - ,其他。[360]其中 1001 - 100200 为民法总则部分。从中可以看到相关资料主要来自于中国人民大学(法律系)、全国人大常委会、北京政法学院等单位。从中也可以得见后来东北人民大学法律系各教研室编辑自己的教学资料时的资料来源。

表 1 - 9　东北人民大学法律系资料室(藏)内部资料目录(1956)·民法

(一)民法总则部分 1001 - 100200

编号	名称	来源	时间
1001	中国民商法汇编(第一集)	中国人民大学	
1002	中华人民共和国民法资料汇编(第一册)	北京政法学院	1956 年
1003	中华人民共和国民法资料汇编(第一、二册)	中国人民大学	1954 年
1004	中国民法参考资料(第二辑)	中国人民大学	1953 年
1005	民法参考资料汇编(1 - 7 辑)	中国人民大学	1955 年 4 月
1006	各国民法分解资料汇编(1 - 4 辑)	全国人代常委会*	1955 年 5 月
1007	蒙古人民共和国民法典(1952 年 6 月 27 日大人民呼拉尔主席团命令批准)	全国人代常委会	1956 年 4 月
1008	关于波兰人民共和国民法总则的报告摘要 1956.4	全国人代常委会	1956 年 4 月
1009	波兰人民共和国民法总则	全国人代常委会	1956 年 4 月
10010	中华人民共和国民法总编草稿	全国人代常委会	1955 年
10011	民法总则草稿讨论意见　只 3 号	全国人代常委会	1955 年
10012	民法总则草稿讨论意见	全国人代常委会	1955 年

资料来源:中国收藏热线网站:http://www.997788.com/pr/detail_313_30953829.html,2017 年 7 月 24 日最后访问。

* 原文如此。即全国人民代表大会常务委员会。

二、论文与专著

(一)论文发表情况

1950 年中后期,东北人民大学法律系教师在国内为数不多的几份学术刊物上发表了不少学术论文。1954 年 5 月,中国政治法律学会主办的《政法研究》(双月刊)创刊。从 1955 年开始,有东北人民大学法律系的教师在该杂志上发表论文。1955 年 7 月,东北人民大学人文科学委员会开始编辑《东北人民大学人文科学学报》(季刊)。[361]1956 年华东政法学院主办的《法学》(月刊)创刊。东北人民大学法律系教师从 1957 年起开始在其上发表论文。

1955 年 9 月 8 日,董必武对苏联法学专家谈话时指出:

> 办《政法研究》月刊的二人都是兼职,实际一人在工作,每期约有六十至八十篇投稿,但没有专门编辑机构进行审编。审核是投稿人所在机关的党组织负责,并向中央宣传部负责刊物的同志订了个口头合同,每期看三篇主要稿件,在有问题处画记号,不要求修改。每期拟编辑计划时,中央宣传部有人参加。[362]

由此可知,当时在期刊发表论文并不容易,更非私事。[363] 表 1-10 开列了 1956 年至 1958 年东北人大法律系部分教师在上述期刊发表的论文。

表 1-10 东北人民大学法律系部分教师的论文发表情况

东北人民大学人文科学学报(季刊)	1956 年第 1 期(总第 3 期)	马起	《关于民事继承权问题初步研究》,第 159-181 页
	1956 年第 2 期(总第 4 期)	杜若君	《关于我国社会主义过渡的形式问题》
		马起著述、银河(陈国柱)整理	《中华人民共和国婚姻法概论(上)》,第 239-259 页
	1956 年第 3 期(总第 5 期)	马起著述、银河整理	《中华人民共和国婚姻法概论(下)》,第 137-174 页
	1956 年第 4 期(总第 6 期)	马起	《婚姻和家庭在历史上的演变》
	1957 年第 1 期(总第 7 期)	马起	《试论离婚政策的界限》,第 173-193 页
	1957 年第 2、3 期合订(总第 8、9 期)	马起	《论损害赔偿责任构成的一般条件》,第 159-192 页
		甘雨沛	《关于中华人民共和国刑法的假释问题》,第 193-220 页
	1958 年第 1 期(总第 11 期)	张光博、王子琳	《对资产阶级国家的"两院制"、"两党制"和所谓"平等""自由"的批判》,第 81-89 页
政法研究(双月刊)	1955 年第 5 期	刘庆林	《苏维埃刑事诉讼中的预审制度》,第 44-46 页
	1956 年第 3 期	马 起	《论婚姻制度与婚姻法》,第 19-23 页
		刘庆林	《怎样对待刑事案件的被告人》,第 47-50 页
	1956 年第 5 期	乔伟、何秀芳	《犯罪与违警的初步研究》,第 31-33 页
		马起	《答李善亭同志》,第 56 页
法学(月刊)	1957 年第 1 期	刘庆林	《对一个"窃盗"案例的分析》,第 20-23 页[a]
	1957 年第 2 期	张光博	《关于"公民在法律上一律平等"的意义》,第 60 页[b]
	1957 年第 5 期	刘庆林	《试论被告人自白的证据价值》[c]
	1957 年第 5 期	张光博	《对"中华人民共和国宪法教学大纲"的几点意见》,第 60 页[d]
	1958 年第 5 期	张光博(署名光博)	《法律必须服从党的政策》[e]
新建设	1954 年第 7 期	张光博	《欧洲各人民民主国家宪法中的社会结构和公民的基本权利义务》[f]

a. 见何勤华主编:《法学的历史》(第一卷)(1956年-1957年),法律出版社2012年版,第393-398页。作者单位被标注为不详。
b. 见何勤华主编:《法学的历史》(第一卷)(1956年-1957年),法律出版社2012年版,第587-593页。作者单位被标注为吉林大学,有误,应为东北人民大学。
c. 中国知网收录的"《法学》1957年1-6期分类目录"将该文标为"4(期)41页"。而何勤华主编《法学的历史》(第一卷)显示该文刊发于第5期。参见何勤华主编:《法学的历史》(第一卷)(1956年-1957年),法律出版社2012年版,第934-940页。只是作者单位被标为华东政法学院。
d. 见何勤华主编:《法学的历史》(第一卷)(1956年-1957年),法律出版社2012年版,第966-970页。
e. 见王立民主编:《法学的历史》(第二卷)(1958年),法律出版社2012年版,第519-523页。
f. 见中国宪法学研究会编:《当代中国宪法学家》,法律出版社2015年版,第323页。

此外,笔者还发现了若干篇由东北人民大学人文科学委员会油印的法律系师生的论文,时间都是在1957年。计有:刘兴权《略谈法学中的因果关系问题》,[364]刘庆林、何恩涛《对刑事被告人有无举证责任问题的初步讨论》,[365]何鹏、林礼昭《论目前城市私营房产进行社会主义改造的几个问题》。[366]

(二)论文引证情况

通过对论文引证资料的分析,可以进一步窥知当时法律系教师的研究方法、阅读范围,以及当时的法学研究资料情况。

1. 马起《关于民事继承权问题初步研究》

该文发表于《东北人民大学人文科学学报》1956年第1期,采用夹注的方式。引用的资料包括:恩格斯《家庭、私有制和国家的起源》(人民出版社1954年版)、C. H. 布拉都西主编的《苏维埃民法》(下册)(中国人民大学1955年版)、马克思在第一国际总委员会关于继承权的报告。引用的立法资料包括:《中华人民共和国宪法》(1954)、《婚姻法》(1950)、《苏俄民法》(共12处,但未标注版别)、1943年9月8日《苏联最高苏维埃主席团"关于收养"的命令》、《最高人民法院华东分院有关亲属继承批复》(1951年1月18日)、《最高人民法院华东分院批复苏南人民法院》(1951年4月17日东法编字第172号)、《最高人民法院给华东分院的函》、[367]最高人民法院西南分院给云南省人民法院丽江分院的批复》、《最高人民法院西北分院答〈西安群众日报〉读者问》等。此外,还引用了民国时期的立法及判例作为批判对象,如三年上字五号判例、四年上字第五六七号判例、四年上字第四四〇号判例、廿一年院字第七八〇号判例。

2. 杜若君《关于我国社会主义过渡的形式问题》

该文作于1956年4月1日,发表于《东北人民大学人文科学学报》1956年第2期。文中引用了列宁、斯大林、毛泽东的文章和语录,《联共(布)党史简明教程》、《简明哲学辞典》、《学习译丛》1952年第1号刊登的A. 索伯略夫《论人民民主》、国家统计局《关于1954年度国民经济发展和国家计划执行结果的公报》、李先念《关于1954年国家决算和1955年国家预算的报告》。

3. 马起著述、银河整理的《中华人民共和国婚姻法概论》

银河系陈国柱笔名。[368]该文作于1955年12月,分上下两部分发表于《东北人民大学人文科学学报》1956年第2期和第3期。上篇引用的资料包括:《马克思给安能柯夫的信》(1846年12月28日)、《马克思关于历史唯物论的信》(人民出版社版)、《马克思恩格斯文选》(第一卷)(苏联外国文书籍出版局版)、马克思恩格斯《共产党宣言》、斯大林《马克思主义与语言学》(人民出版社版)、列宁的语录、

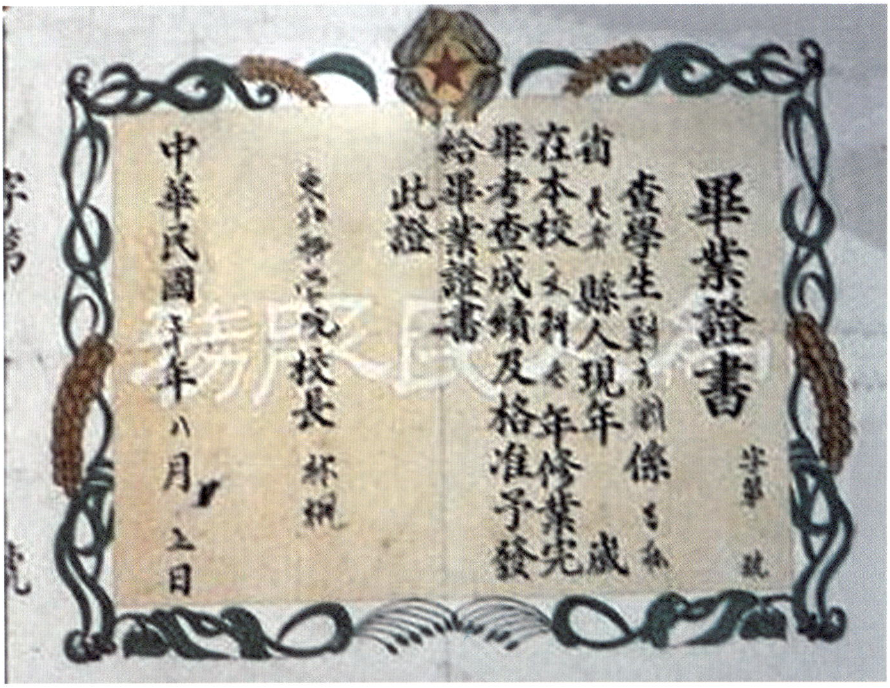

图 1-33　东北科学院毕业证书。

图片来源：（中国收藏热线）旧货商城网站：http://www.7788.com/pr/detail_auction_636_8101701_0.html，2018 年 5 月 18 日最后访问。

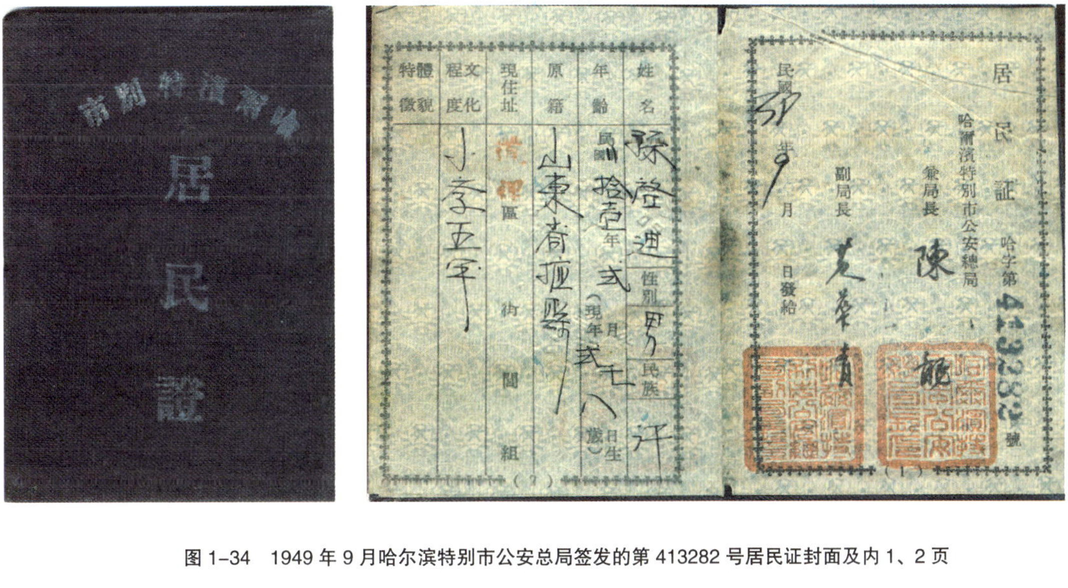

图 1-34　1949 年 9 月哈尔滨特别市公安总局签发的第 413282 号居民证封面及内 1、2 页

图 1–35　东北行政学院图书馆原藏图书及藏书章。

杨汝梅:《新式银行簿记及实务》，中华书局民国十年九月发行，民国廿八年（1939）九月十五版，繁体左开竖排，正文457页。该书系“中国计政学会丛书”之一。

杨汝梅编:《银行会计及实务》，中华书局民国三十六年十月初版，繁体右开横排，正文244页。

曹振昭:《银行会计》，中华书局民国民国三十六年二月四版，系银行学会丛书之一，繁体横开，布脊纸面硬壳精装，664页。[三书封面上均盖有“东北行政学院图书馆”的圆形红色印章，且除封三上贴有“东北人民大学图书馆”字样的插借书卡纸袋外，并无东北人民大学藏书印章，均系吉林大学图书馆1994年10月剔旧。《新式银行簿记及实务》书脊贴有“E932.72 / z（后改Y）12”的粘签。版权页印有01933的编号，其前一页另有一蓝边方框内分三行，铅笔记有“361.4 / 469 2 / 01933”。《银行会计及实务》书底编号“149.0.1 / 24”，书脊编号“E932.71 / Y12”。

中国会计史上，曾有两位名叫“杨汝梅”的会计学家，其一为湖北人，字予戒。他在中国计政学会成立大会上谈到关于“计政”广狭两义的理解、提出“杨汝梅新式商业簿记”，曾致函青岛市长推介改良中式簿记，并代北京军需学校约请徐氏赴京演讲，曾任民国政府岁计局长。上述两书均系湖北杨汝梅先生所著。另一位杨汝梅先生为河北人，字众先。毕业于上海复旦大学后赴美留学，在密歇根大学攻读，获得博士学位，于1927年由美国 Ronald Press Company 出版 *Good Will and other Intangables* 一书。该书成为他的成名之作，蜚声于欧美会计学界。杨汝梅先生还是我国最早列入世界名人录的会计学者。该书问世后，受到潘序伦先生的重视，后由施仁夫先生译成中文，于1926年列入当时潘序伦主编的《立信会计丛书》出版，并定名为《无形资产论》。杨汝梅先生回国后曾任盐务总局稽核、“四联总处”（中央银行、中国银行、交通银行、农业银行四家银行的联合总管理处）处长等职。两位杨先生应是都知道对方的存在，故发表文章时常会在名字之后标上其字，予戒或众先，以示区别。河北杨汝梅先生常常干脆以字行，直接以其字“杨众先”发表文章。]俞檠著《论美国主义》，生活·读书·新知联合发行所发行，该书系“新中国青年文库”之一，封面加盖有“东北行政学院图书馆”圆形红色印章。[苏]米丁主编:《逻辑学研究提纲》，曹葆华、谢宁译，解放社1949年10月初版，繁体左开竖排，正文12页。该书除封面上加盖有“东北行政学院图书馆”印章外，书上并未见任何东北人民大学印章，封三上亦贴有一“东北人民大学图书馆”字样的插借书卡纸袋。该书书底贴有手写“01054 / 36.0.10 / 12”和“B610.34 / M33 / 50”的粘签。[苏]斯切潘诺夫主编:《联共[布]历史研究提纲》，曹葆华译，解放社1949年11月版，繁体左开竖排，正文49页。封面加盖有“东北人民大学图书馆”圆形红色印章，封三上贴有一“东北人民大学图书馆”字样的插借书卡纸袋。书脊贴有手写“F132.03 / S31”的粘签。

图 1-36　东北行政学院原藏图书及印章细部。

图片均为实物扫描。图中的图书分别为王希坚著《翻身民歌》东北书店发行，1947 年 12 月佳木斯再版，定价 180 元，封面加盖有“东北行政学院师范部图书室”红色印章，其下是“辽宁省立沈阳师范专科学校教务处图书馆”蓝色印章。《东北大鼓》，东北书店印行，约 1948 年，32 开本，封面亦可见“辽宁省立沈阳师范专科学校教务处图书馆”蓝色印章及吉林大学图书馆“作废”（简体）方形红色印章，但该书上并无东北行政学院的任何戳记。（东北书店是中共中央东北局机关报《东北日报》的发行部，1945 年 11 月 16 日成立于沈阳。1946 年 5 月 24 日，东北书店迁入哈尔滨市。同年 8 月，在佳木斯市建立“东北书店”总店，进行书刊的印刷、出版工作。9 月起，在哈尔滨市地段街成立门市部销售图书，并建立阅览室供读者阅读。1947 年 7 月，“东北书店”总店迁回哈尔滨，至 1949 年 1 月迁回沈阳市。同年 7 月，根据中共中央东北局要求，“东北书店”改称“东北新华书店”。参见吴雨桐：《纪念“东北书店”建立 70 周年展览在省图开展》，载《黑龙江晨报》2015 年 11 月 24 日。）

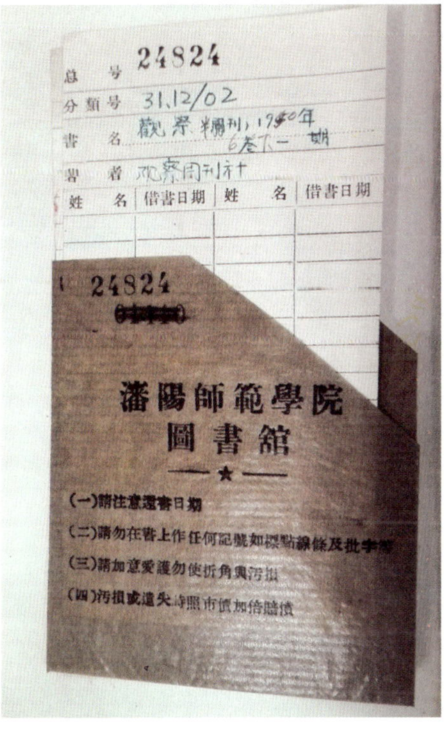

图 1-37　沈阳师范学院图书馆藏书借书凭条插袋

图 1–38　东北行政学院印“司法业务参考资料”三种（1950 年）。

图片来源：《废除伪法统建设新法制》，载孔夫子旧书网：http://book.kongfz.com/item_pic_15291_262215528/，2016 年 9 月 28 日最后访问；《审判工作的思想方法问题》，载孔夫子旧书网 http://book.kongfz.com/item_pic_19317_488290386/，2016 年 9 月 28 日最后访问；《监狱问题》，载孔夫子旧书网 http://book.kongfz.com/24004/560153443/?ref=search，2016 年 9 月 28 日最后访问。

图 1–39　东北人民大学图书馆馆原藏政法类图书六种。

《英美亲属法要则》由吴大业编译，盛振为校订，大众法学出版社 1951 年元月刊，三民图书公司发行，系新比较法学研究丛书的一种。书前有吴大业 1950 年 8 月于“上海东吴大学法律学研究所”所作“例言”。

杨刚：《美国札记》，世界知识出版社 1951 年版。该书封面及内页加盖有“东北人民大学图书馆”圆形红色印章。世界知识出版社于 1952 年并入人民出版社。

《中华人民共和国宪法》，人民出版社 1954 年 9 月第 1 版，同月辽宁人民出版社重印。有趣的是，版权页标注该书是“一九五四年九月沈阳第一次印刷”，但印刷厂则为“长春新华印刷厂印刷”。该书封面加盖有“东北人民大学教材室”字样蓝色长方形印章，内首页盖有“东北人民大学图书馆藏书”字样椭圆形红色印章，第 8 页还加盖有“东北人民大学图书馆藏”圆形钢印。

《中华人民共和国兵役法讲话》，中央人民广播电台军事组编，中国青年出版社 1955 年 9 月北京第 1 版，10 月北京第 2 次印刷。

《（苏联大百科全书选译）国际法·国际私法》，法律出版社 1955 年版。《朝鲜人民民主主义共和国最高人民会议第十次会议文件》，新朝鲜社 1956 年版。该书内页加盖有“东北人民大学图书馆藏书”椭圆形红色印章。

图 1–40　杜若君（左）与王惠岩合影。

图片来源：吉林大学行政学院编：《王惠岩纪念文集》，人民出版社 2013 年版，图版三。

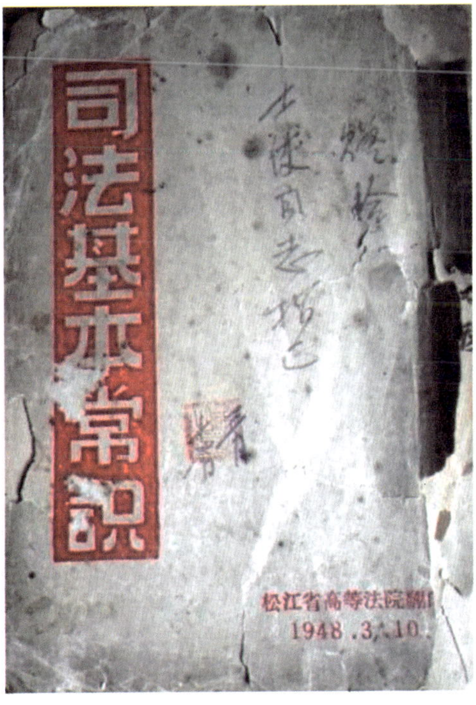

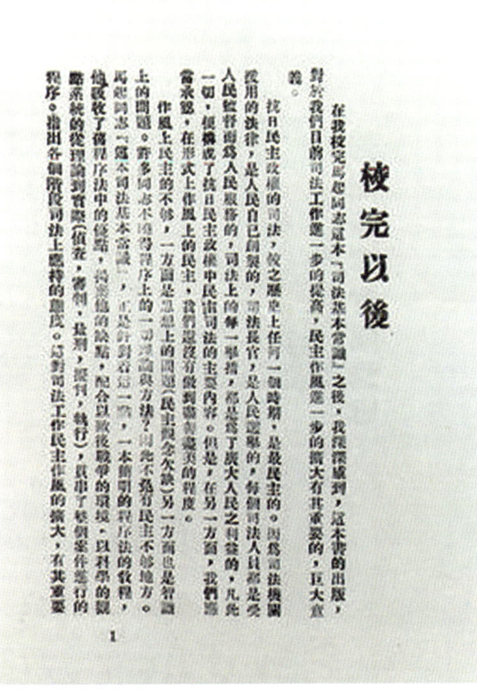

校完以後

在我校完馬起同志這本「司法基本常識」之後，我深深感到，這本書的出版，對於我們目前司法工作進一步的提高，民主作風進一步的擴大有其重要的，巨大意義。

抗日民主政權的司法，較之歷史上任何一個時期，是最民主的。因為司法機關援用的法律，是人民自己創製的，司法長官，是人民選舉的，每個司法人員都是受人民監督而為人民服務的，司法上的每一舉措，都是為了廣大人民之利益的，凡此一切，便構成了抗日民主政權中民主司法的主要內容。但是，在另一方面，我們還應承認，在形式上作風上的民主，我們還沒有做到盡善盡美的程度。

作風上民主的不够，一方面是思想上的問題（民主觀念欠缺）另一方面也是智識上的問題。許多同志不懂得程序上的一切理論與方法，因此不免有民主不够地方。馬起同志「這本司法基本常識」，正是針對着這一點，一本簡明的程序法的教程，他吸收了舊程序法中的優點，揚棄他的缺點，配合以敵後戰爭的環境，以科學的觀點系統的從理論到實際（偵查，審判，裁判，提刊，執行），貫串了整個案件進行的程序。指出各個階段司法上應持的態度。這對司法工作民主作風的擴大，有其重要

1

图 1–41　马起著《司法基本常识》书影（松江省高等法院 1948 年 3 月 10 日翻印）。

图片来源：封面，孔夫子旧书网：http://book.kongfz.com/3687/695141262/，2018 年 3 月 12 日最后访问；徐平：《校完以后》，孔夫子旧书网：http://book.kongfz.com/162177/447154974/，2018 年 3 月 12 日最后访问。

图 1–42　杜若君著作四种。

图中图书分别为：

杜若君著：《现代国际政治》，中华书局 1935 年 1 月印行。图片来源：孔夫子旧书网：http://book.kongfz.com/item_pic_25679_549936975/。2017 年 4 月 13 日最后访问。

杜若君著：《今日的英国》，上海黑白丛书社 1937 年 6 月印行，系黑白丛书之十三。图片来源：孔夫子旧书网：http://book.kongfz.com/item_pic_1899_454635535/，2017 年 4 月 13 日最后访问。

杜若君著：《欧局与远东》，生活书店 1939 年印行。图片来源：孔夫子旧书网：http://book.kongfz.com/item_pic_7862_64429268/，2017 年 4 月 13 日最后访问。

杜若君：《马列主义基础教程（提纲）》，东北人民大学马列主义教研室 1951 年 7 月印。印数 260 册。图片来源：孔夫子旧书网：http://book.kongfz.com/item_pic_19317_219263054/，2017 年 4 月 13 日最后访问。

图 1-43　东北人民大学学生校徽及毕业纪念章。

校徽图片来源：中国收藏热线网站：http://pic5.997788.com/pic_search/00/25/03/64/se25036461.jpg，2015 年 8 月 31 日最后访问。纪念章图片来源：（中国收藏热线）旧货商城网站：http://www.7788.com/pr/detail_auction_143_6009959_0.html，2016 年 9 月 27 日最后访问。

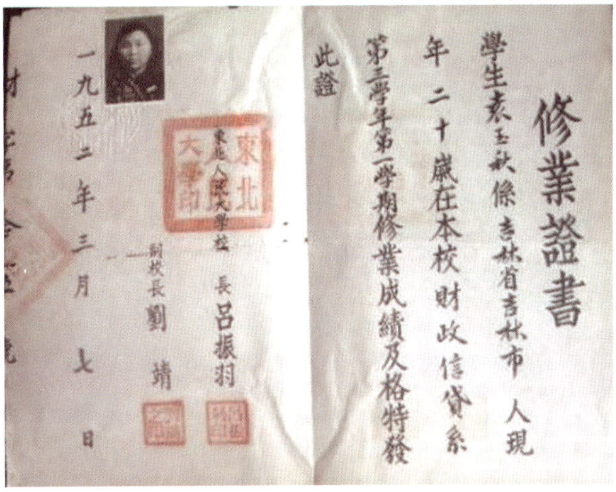
修業證書
學生袁玉秋係吉林省吉林市人現年二十歲在本校財政信貸系第三學年第一學期修業成績及格特發此證
東北人民大學校　長　呂振羽
副校長　劉　靖
一九五二年三月七日

图 1-44　东北人民大学修业证书样式

（系东北人大财政信贷系袁玉秋第三学年第一学期的，签发日为 1952 年 3 月 7 日）

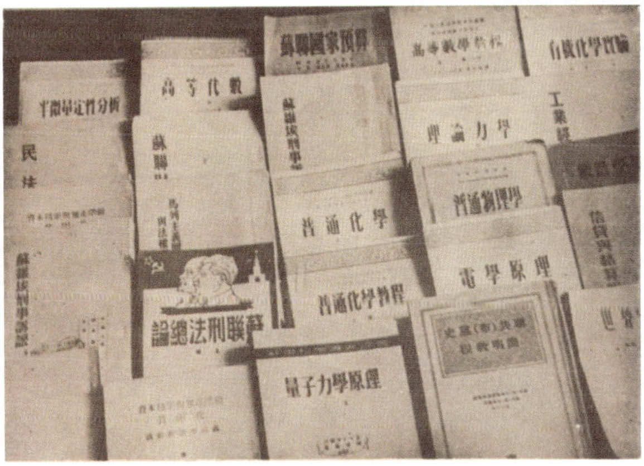

图 1-45　东北人民大学采用的苏联教材。

图片来源：东北人民大学校刊编辑部编辑、赵淇摄影：《东北人民大学画集——庆祝校庆八周年》，东北画报社 1954 年版，第 7 页。左图左一列上二可见“民法”；左一列上三、左三列上二为《苏维埃刑事诉讼法》；左二列上三为《马列主义关于国家理论与法权》；左二列上四为《苏联刑法总论》，该书系苏联法学丛书之一种，由孟沙金（В.Д.Меньшагин）等撰，彭仲文译，上海大东书局 1950 年版，分上下两册，书影可参见下图左、中。图片来源：孔夫子旧书网：http://book.kongfz.com/2201/48503904/?ref=search，2016 年 9 月 3 日最后访问。

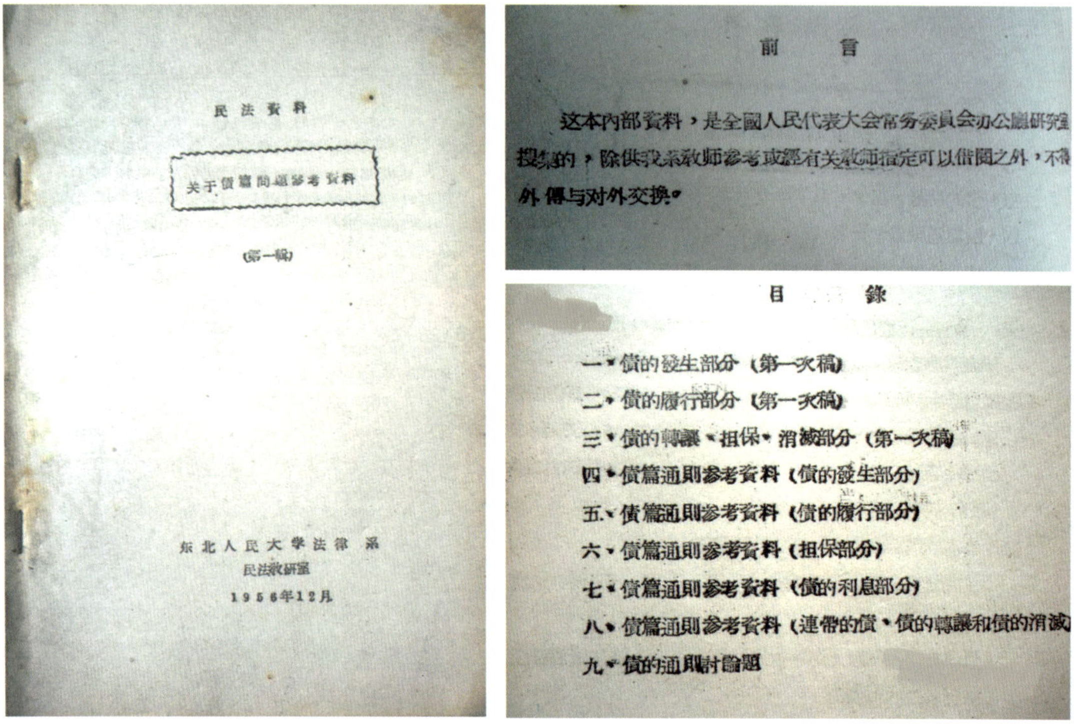
民法資料

关于債篇問題參考資料

(第一輯)

东北人民大学法律系
民法教研室
1956年12月

前　言

这本内部資料，是全國人民代表大会常务委員会办公廳研究室搜集的，除供我系教师參考或經有关教師指定可以借閱之外，不得外傳与对外交換。

目　錄

一、債的發生部分（第一次稿）
二、債的履行部分（第一次稿）
三、債的轉讓、担保、消滅部分（第一次稿）
四、債篇通則參考資料（債的發生部分）
五、債篇通則參考資料（債的履行部分）
六、債篇通則參考資料（担保部分）
七、債篇通則參考資料（債的利息部分）
八、債篇通則參考資料（連帶的債、債的轉讓和債的消滅
九、債的通則討論題

图 1–46　《民法资料·关于债篇问题参考资料》（第一辑）目录及前言。

图片来源：孔夫子旧书网：http://book.kongfz.com/item_pic_30842_273348172/，2016 年 11 月 23 日最后访问。

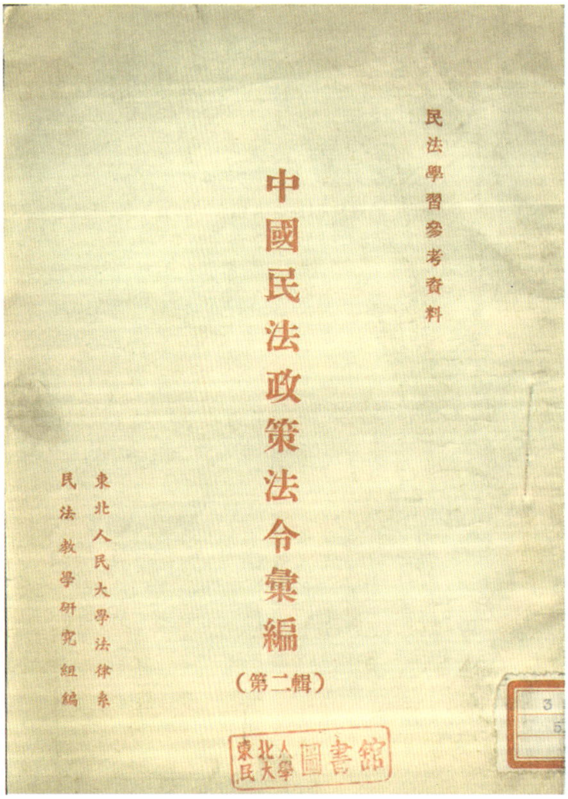
民法學習參考資料

中國民法政策法令彙編

(第二輯)

東北人民大學法律系
民法教學研究組編

图 1–47　东北人民大学法律系民法教学研究组编《中国民法政策法令汇编》（第二辑）（平装，大 32 开，66 页）。

实物扫描。另见孔夫子旧书网：http://book.kongfz.com/item_pic_19317_146407513/，2015 年 9 月 9 日最后访问。

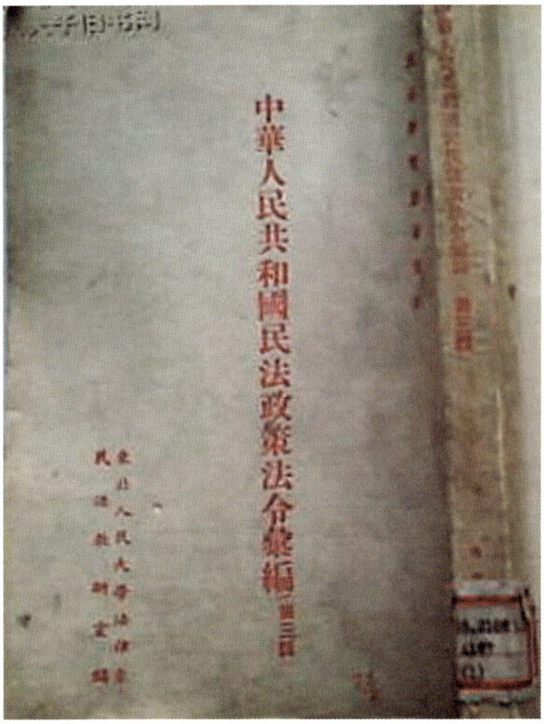

图 1-48　东北人民大学法律系民法教研室编《中华人民共和国民法政策法令汇编》（第三辑）。

图片来源：孔夫子旧书网：http://book.kongfz.com/19317/142931955/，2012 年 8 月 28 日最后访问。

图 1-49　东北人民大学法律系民法教研室编《中国民法参考资料》（1956 年。平装，大 32 开，44 页）。

图片来源：孔夫子旧书网：http://book.kongfz.com/19317/142916680/，2012 年 8 月 28 日最后访问。

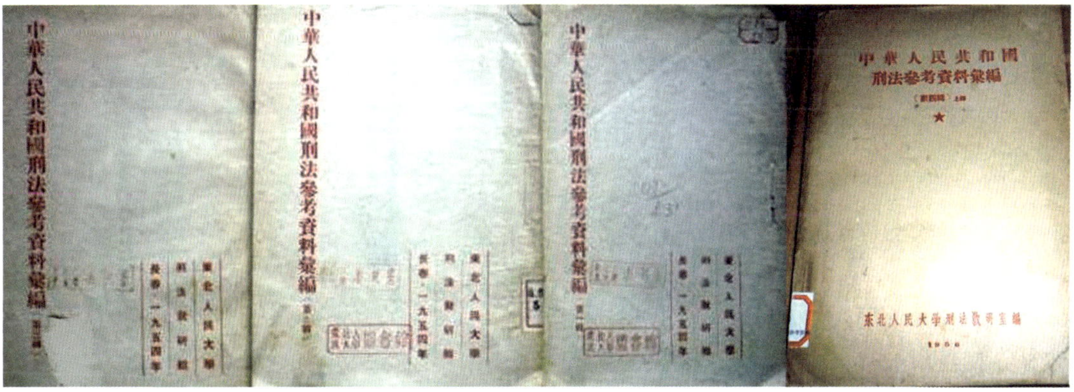

图 1-50　东北人民大学刑法教研组编《中华人民共和国刑法参考资料汇编》。

图片来源：第一、二、三辑（1954 年），孔夫子旧书网：http://book.kongfz.com/item_pic_1338_142191532/，2012 年 8 月 28 日最后访问；第四辑（1956 年），孔夫子旧书网：http://book.kongfz.com/item_pic_24004_560765187/，2016 年 11 月 30 日最后访问。

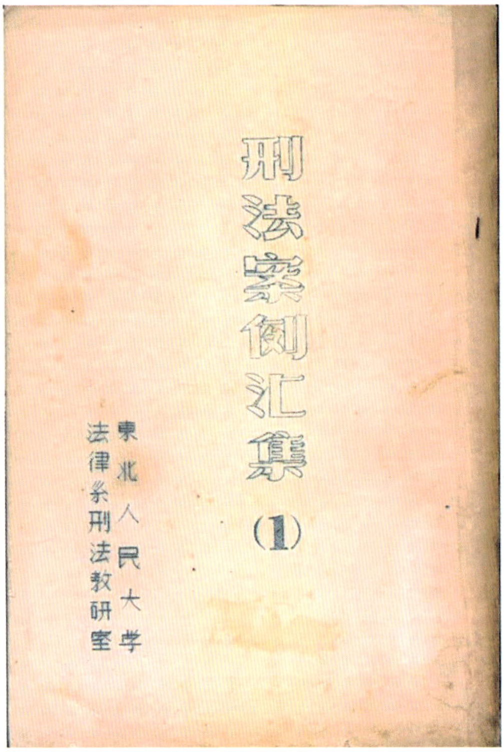

图 1-51　东北人民大学刑法教研室编《刑法案例汇集（1）》（铅字油印本）。

图片来源：孔夫子旧书网：http://book.kongfz.com/5763/86410525/，2011 年 11 月 23 日最后访问。

图 1-53　东北人民大学民法、刑法教研室编《中华人民共和国法院组织诉讼程序参考资料》（第二辑上册）。

图书由东北人民大学教务处教材出版科，1956 年 2 月 10 日印刷。印数 400 册。图片来源：孔夫子旧书网，http://book.kongfz.com/30842/263686594/，2018 年 5 月 20 日最后访问。

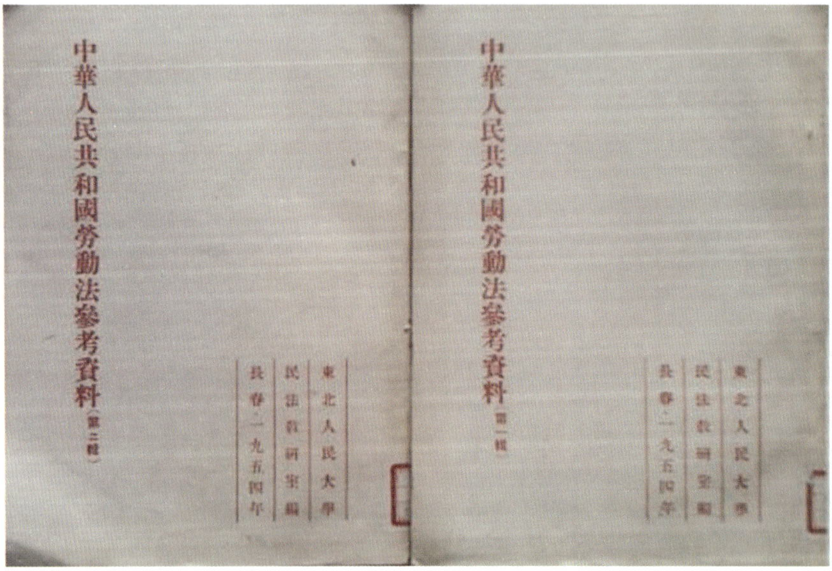

图 1-52　东北人民大学民法教研室编《中华人民共和国劳动法参考资料》（第一、二辑，1954 年）。

图片来源：孔夫子旧书网：http://book.kongfz.com/19317/142916961/，2012 年 8 月 28 日最后访问。

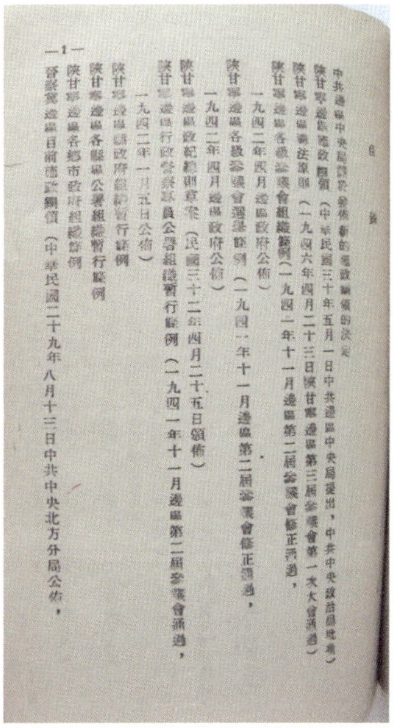

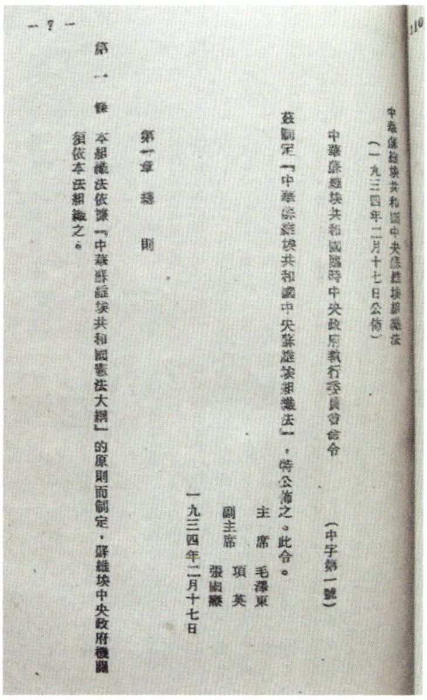

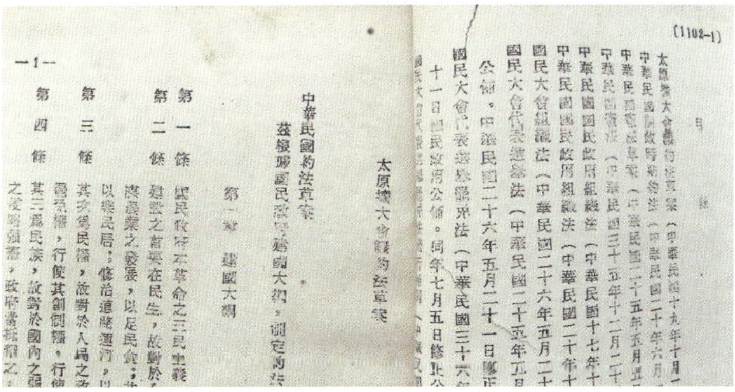

图 1-54　东北人民大学《中国国家与法权历史参考资料》（书影）。

图片来源：孔夫子旧书网：http://book.kongfz.com/item_pic_32313_163555893/，2015 年 8 月 31 日最后访问。

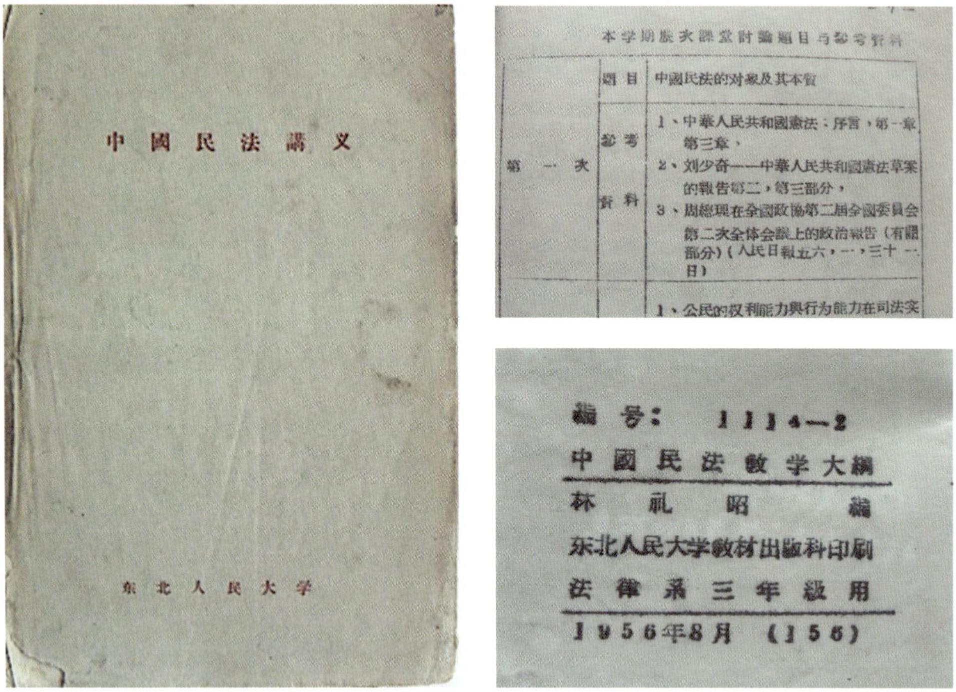

图 1–55　东北人民大学《中国民法讲义》。

版权页显示该书为林礼昭编《中国民法教学大纲》，东北人民大学教材出版科1956年8月印刷，法律系三年级用。150 份。图片来源：孔夫子旧书网：http://book.kongfz.com/item_pic_32313_163555886/，2016 年 11 月 30 日最后访问。

图 1–56　东北人民大学《苏维埃刑法总则讲义》（1956 年印，400 页）。

图片来源：孔夫子旧书网：http://book.kongfz.com/item_pic_32313_163555902/，2015 年 8 月 31 日最后访问。

图 1–57　东北人民大学《中华人民共和国劳动法讲义》（1956 年印，270 页）。

图片来源：孔夫子旧书网：http://book.kongfz.com/item_pic_32313_163555898/，2015 年 8 月 31 日最后访问。

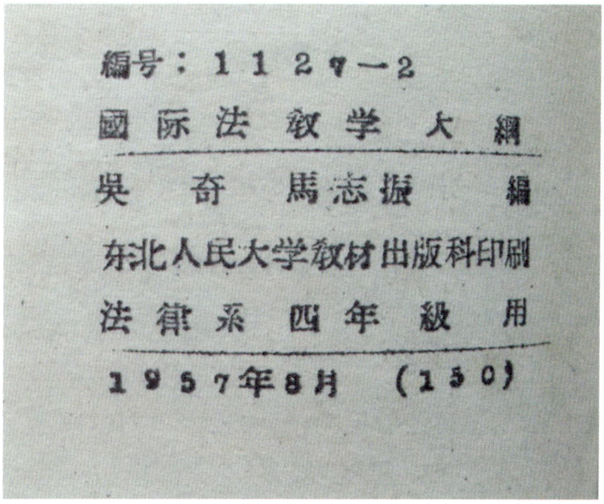

图 1–58　东北人民大学《国际法讲义》（270 页）。

版权页显示该书后附吴奇、马志振编：《国际法教学大纲》，东北人民大学教材出版科 1957 年 8 月印刷，法律系四年级用。150 份。图片来源：孔夫子旧书网：http://book.kongfz.com/item_pic_32313_163555904/，2015 年 8 月 31 日最后访问。

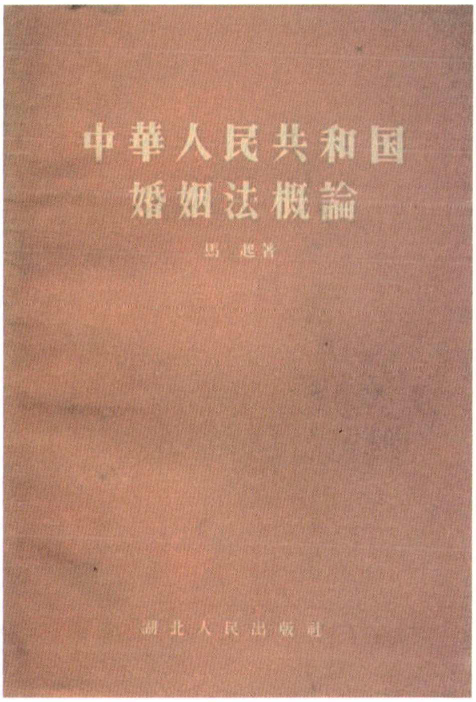

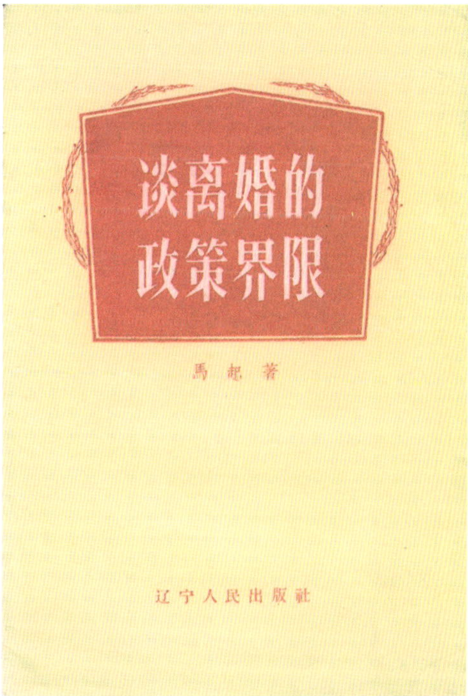

图 1–59　马起著作两种

毛泽东《湖南农民运动考察报告》、陈绍禹《关于中华人民共和国婚姻法起草经过和起草理由的报告》、《婚姻法》(1950)、中央人民政府最高人民法院、司法部《关于婚姻案件中聘金或聘礼的处理原则的指示》(1951年10月8日,法编字第九五七七号),以及民国时期的七年上字六二三号、六年上字八五二号、七年上字四八号判例,以及《民国民法》第九七七条、第一九四一条。

下篇引用的资料包括:《宪法》(1954),《婚姻法》(1950)[369],1951年11月16日中央内务部复东北人民政府民政部内社字第三〇〇号文件,1952年6月11日中央内务部、司法部函复西南民政部、司法部文件([52]司行字第二八一号),1953年4月21日最高人民法院西南分院院编(52)字第162号批复,1953年6月3日中央司法部《关于堂兄弟姊妹结婚问题的批复》(司善字第九——七二八号),1954年1月25日内社军(54)字第六号(内容涉及军婚),1955年6月1日内务部公布的《婚姻登记办法》,最高人民法院、内务部、司法部、中国人民解放军总政治部《关于处理革命军人两年以上与家庭无通讯关系的离婚问题联合通知》([55]婚联知字第一号),1949年9月16日苏联最高法院全体会议第12-8-y号决议(似为间接引用),《苏俄婚姻家庭及监护法》,[370]《法国民法》第295条,《保加利亚人与家庭法》第36、56、63条,《苏联大百科全书·婚姻》(人民出版社1953年版,选译本),列宁语录,陈绍禹《关于中华人民共和国婚姻法起草经过和起草理由的报告》,C. H. 布拉都西《苏维埃民法》(下册)(中国人民大学版),汉惠帝令,晋武帝令,《北齐书·后主本纪》,明洪武令,清通礼,《中华民国民法》等。还提及了中央法制委员会《关于婚姻法所规定之革命军人范围的解答》。

4. 马起《试论离婚政策的界限》

该文发表于《东北人民大学人文科学学报》1957年第1期。文中引用了最高人民法院统计的一审婚姻案件收案情况、恩格斯《家庭、私有制和国家的起源》(三联版)、斯维尔德洛夫《苏联婚姻与家庭的立法原则》(人民出版社版)、C. H. 布拉都西《苏维埃民法》(下册),1949年9月16日苏联最高法院全体会议第12-8-y号决议。

5. 马起《论损害赔偿责任构成的一般条件》

该文于1955年7月10日完稿,曾提交给1957年7月15日至20日召开的东北人民大学首届科学讨论会,1957年10月发表于《东北人民大学人文科学学报》1957年第2、3期合刊(总第8、9期)。[371]其中引用了《宪法》(1954)、《苏俄民法典》、《苏联海商法》第63条、《捷克民法典》、《法国民法典》、《瑞士债法》、《中华民国民法》第195条但都没有提供版本信息,还引用了《苏维埃民法》(上册)(中国人民大学1954年版)、《苏维埃民法》(第一分册、第三分册)(北京政法学院1955年油印本)、约菲《损害赔偿的债》(法律出版社)、苏联民法学者萨尔卡罗特斯基的观点、恩格斯《自然辩证法》(人民出版社1955年版)、恩格斯《费尔巴哈和德国古典哲学终结》(人民出版社)[372]、列宁《哲学笔记》。

6. 甘雨沛《关于中华人民共和国刑法的假释问题》

该文发表于《东北人民大学人文科学学报》1957年第2、3期合刊。文中援引了《中华人民共和国劳动改造条例》、苏联1918年11月25日的训令。[373]

(三)专著

这一时期,法律系教师公开出版的专著不多。笔者检索到的有两本马起关于婚姻法的著作。

《中华人民共和国婚姻法概论》由湖北人民出版社于 1957 年 1 月出版,初版印数 15000 册。该书署名"马起著",32 开,枣红色封面,正文共 88 页,分为 9 章:《婚姻制度与婚姻法的物质基础》《婚姻法的使命及其基本原则》《婚姻法律关系的性质与民事法律关系的区别》《婚姻的概念》《婚约》《婚姻成立的条件和程序及婚姻无效》《夫妻间的关系及父母子女间的关系》《离婚及离婚的效果》《收养》。同名论文曾连载于《东北人民大学人文科学学报》1956 年第 2、3 期上,该文署名"马起著述、银河整理"。由此可知,该文(书)应是马起和陈国柱合著的作品。

《谈离婚的政策界限》由辽宁人民出版社于 1957 年 10 月出版,至 1958 年 8 月已印刷 4 次,累计印量达 64,065 本。全书正文共 30 页,分成《结婚自由与离婚自由的辩证关系》《正确地处理离婚问题就是保卫婚姻制度的发展和巩固》《分清婚姻矛盾的性质是解决离婚问题的关键》《克服主观主义,深入研究问题》《如何划定离婚的政策界限》5 个部分。马起曾在《东北人民大学人文科学学报》1957 年第 1 期上发表过一篇题目近似的论文《试论离婚政策的界限》。

第五节

小　结

20 世纪 50 年代初期,脱胎于东北行政学院司法系的东北人民大学法律系正经历着从干部培训班——《辞海》称东北行政学院"是一所'抗大'式学校"[374]——向综合性大学法律系转型的过程。1954 年 10 月 28 日出版的第 3 期《政法研究》在介绍东北人民大学法律系时亦对这一转型进行了很好的概括:

> 一九五〇年,为了提高所培养的干部的质量,东北人民大学法律系和全校其他系科一样,确定了全面学习苏联先进经验,结合中国具体情况,稳步进行教学改革的方针,改进和提高教学工作。一九五二年全国院系调整后,学校改为综合性大学,法律系也根据综合大学的总的任务,确定了专业设置、教学方针和学制;同时根据国家建设的需要,参照中国人民大学法律系和苏联高等法律学校的教学计划,制订了专业教学计划;并根据理论与实际相结合,学习苏联先进经验与中国实际情况相结合的方针,进一步改进和提高教学工作。[375]

此间，无论教师个人的教育背景如何，都毫无例外地被纳入到确保政治正确和学习苏联[376]的轨道中。[377]

政治化的表现为教师要接受大量的政治学习，如利用党团和工会活动日学习时事政治，专辟时间学习历史唯物论、参加夜大学的系统学习或自学等，还要完成“加强教学中的政治思想性的工作”[378]。学生也需要学习大量的政治课程。在法律系 1953 – 1954 学年度第一学年的课表中包括了政治经济学和马列主义基础等政治理论课。法律业务课只有一门，即作为导言的国家与法权理论。第二学年仍要学习政治经济学，专业课只有民法、刑法和逻辑学。法律系民法教研组负责人林礼昭在 1954 年年初的一篇总结文章中提到：“我国过渡时期总路线在全国范围内更加明确以后，中国民法课才开始不久。”[379]可知法律系开设民法课程不会早于 1953 年。而《法律教研室室历》（1953）[380]显示，民法课程涉及契约之债、多数人之债、债的当事人变更、债的履行、债不履行、债的担保等内容，[381]仍带有传统大陆法系民法的体系色彩，不难想见，是经过苏化处理的。

端木正教授曾指出：“从 1949 年起，进入了另外的时期。这个时期是我们一边倒学习苏联的学期……我是觉得我们学苏联也没学好，我们很多学生是间接学的，是苏联专家的再传弟子。真正到苏联去，按照苏联学生的水平，达到苏联法学博士的地步，这样的人很少。”[382]其说的虽然是国际法学的情况，但也未尝不是当时国内法学界整体的写照。

中国人民大学是为“接受苏联先进的建设经验，并聘请苏联教授，有计划、有步骤地培养新国家的各种建设干部”[383]而设立的。其法律系的一个重要职能就是为全国高校法律系培养师资和从事法学研究。方流芳教授曾描述说：

> [中国]人民大学法律系是新中国法律教育的发源地。人民大学法律系分设“国家与法权理论”、“国家法”、“刑法”、“民法”四个教研室。在教研室内，苏联专家、翻译、中国教师组成若干小组，苏联专家通过翻译向中国教师传授苏联法学，中国教师当场记录，课后与翻译一起整理课堂笔记，第二天或稍晚的时候再按笔记向学生演讲。“人民大学法律系的教学，主要是依靠苏联法学专家的帮助，学校的教研室事实上就是苏联专家在向教员们进行教育，学习成绩好的已开始进行教课了。”“人民大学要培养政法教师，并要摸出政法教育的东西来。”人民大学法律系的一个重要职能是为全国高校法律系培养师资和从事法学研究的专家。一方面，苏联专家为人民大学法律系举办师资培训班；另一方面，从人民大学法律系两年制研究生班毕业的学生被分配到其他学校的法律系任教。苏联专家的讲义、苏联的法学教材在人民大学经过翻译、整理、改写成为各大学统一使用的法律教科书。[384]

对东北人民大学法律系而言，“苏化”的具体做法包括送教师到中国人民大学法律系学习，从而间接地学习苏联，建立教研组（室）制度，翻译苏联的法学教材，模仿其教学内容和教学方法。20 世纪 50 年代初期，东北人民大学法律系教师还投入大量时间准备《国家与法权理论》（1953 年下半年之后又细分为《国家与法权基础》《国家与法权历史》《国家与法权通论》），以及《苏联国家法》《司法制度》等课程，介绍的主要都是苏联的情况，与中国有关的课程似乎只有《中国国家法》和《中国法权史》。[385]

学习苏联的做法在 1954 年以后继续得到延续。以民法为例，在课程设置上，不仅有《中国民法》，还有独立的《苏联民法》课程。法律系民法教研组负责人林礼昭在 1954 年年初的一篇总结文章中就提到,“我国过渡时期总路线在全国范围内更加明确以后,中国民法课才开始不久”[386]。

当时采用了大量的苏联法律教材,有些是国内兄弟院校翻译出版的,有些则是东北人民大学法律系自行组织力量编译的。苏联的民事立法和民法教材构成了法律系教师教学和研究重要的参考资料。此外,其他欧亚社会主义国家(人民民主国家)的民法也是学习参考的对象。

经过了这样的过程,苏联的法学认知遂渗入到法学教育的多个环节。[387]这一时期《东北人大》上刊登了许多译自苏联的大学学生管理、教学、考试制度的文献以及主张学习苏联的文章(见下表)。此外,《东北人大》上还刊登有学习中国人民大学的资料,如贾毓麟《略谈成绩考查与五级分制》、[388]张天来《中国人民大学的考试工作》,[389]也相当于是在间接地学习苏联。

表 1-11 《东北人大》上刊登的有关学习苏联的文章

编号	作者	译者	题目	出处
1	教务处		东北人民大学二年来采用苏联教材的收获	第 23 期(1952 年 11 月 15 日),第 1-5 页
2	马列主义基础教研室		对苏联先进教学方法“课堂讨论”的几点体会	第 23 期,第 5-8 页
3	王湘浩		学习苏联先进科学为祖国建设服务	第 23 期,第 9-10 页
4	余瑞璜		我准备如何学习苏联	第 23 期,第 10-11 页
5	李树权		感谢苏联的帮助,学习苏联的先进经验	第 23 期,第 11-12 页
6	董孝		向苏联青年学习	第 23 期,第 12 页
7	龚依群		更全面更深入地学习苏联,进一步提高教学质量*	第 27 期(1953 年 3 月 25 日),第 1-9 页
8	H. 捷林斯基	俞 琴	掌握知识——给青年的一封信	第 28 期(1953 年 4 月 25 日),第 14-15 页
9	高德洛别尔	夏常治	政治经济学学生科学小组	第 29 期(1953 年 5 月 29 日),第 22-25 页
10	杜若君		认真学习苏联社会主义建设的理论和经验,为争取逐步实现国家工业化而斗争——纪念“七一”三十二周年	第 30 期(1953 年 6 月 29 日),第 3 页
11	包德列夫		关于科学研究工作	第 30 期,第 21-23 页
12	高尔舍宁	夏常治	争取制定切实可行的教学计划	第 32 期(1953 年 7 月 30 日),第 1-2 页
13	齐哈米诺夫		科学工作可以帮助教学工作的提高	第 32 期,第 8-10 页
14	本刊		进一步学习苏联先进经验,加强团结,切实贯彻全国综合大学会议的精神	第 35 期(1953 年 10 月 30 日),第 20 页
15	柯烈敏其耶夫	夏常治	教会学生记听课笔记	第 35 期,第 27-28 页
16	伊·斯·加尔金	尹 曲	约·维·斯大林的著作《苏联社会主义经济问题》对现代史问题研究的意义	第 36 期(1953 年 11 月 23 日),第 11-14 页;第 37 期(1953 年 12 月 5 日),第 24-30 页

续表

编号	作者	译者	题目	出处
17	O. A.康士坦丁诺夫	秦越群	斯大林的著作《苏联社会主义经济问题》对经济地理学的意义	第38期(1953年12月27日),第21-25页
18	毕里金斯卡娅		论记忆与复习	第38期,第27-30页,原载上海俄专学校《实践》
19	世界史教研室丁则良		加强向苏联学习,提高教学质量	第40期(1954年2月27日出版),第1-5页
20	弗·斯·尼克拉也夫		国立莫斯科罗蒙诺所夫大学法律系培养研究生的经验	第46期(1954年6月13日),第6-10页
21	化学系		向苏联学习的体会	第47期(1954年6月28日),第7-9页
22	阿拉嚇维坚	金毅夫	财政制度在苏联国民收入分配中的作用	第47期,第9-18页

* 该文被东北人民大学教务部门列为1953年秋季学期业务学习的七份文件之一。参见张英伟:《教学研究进行业务学习的情况和初步经验》,载《东北人大》第39期(1954年1月20日)。

图1-60 教务长龚依群向全校政治理论课教师传达中国人民大学的教学经验。

图片来源:东北人民大学校刊编辑部编辑、赵祺摄影:《东北人民大学画集——庆祝校庆八周年》,东北画报社1954年版,第12页。

在论文发表方面,《东北人民大学人文科学学报》(季刊)堪称东北人民大学法律系教师的主阵地,同时其论文也刊发在《政法研究》(双月刊)、《法学》(月刊)、《新建设》等国内学术刊物上。在相关论文基础上,马起等教师还出版了专著(单行本)。从内容上看,论文涉及民法、刑法、刑事诉讼法、宪法(国家法)、法学理论(国家与法权理论)等多个法学学科,较为真实地反映了当时法律系教师的学术旨趣和研究能力。从引证情况来看,不仅有苏联立法,苏联学者的著述,马列经典著作、苏联国家领导人著作及讲话,还有本国立法、最高人民法院的批复、意见,中国古代史籍中的记载,甚至民国时期的司法文件。它们共同构成了这一时期东北人民大学法律系教师的知识来源。

联系到前述对中国资料的引证,以及该系编辑刊印的相当数量的中国法律、政策汇编,不难看出这一时期东北人民大学法律系教师在学习苏联、欧亚人民民主国家,批判西方法制的同时,关注并尽量贴近中国立法实践,尝试运用中国法制材料、分析解决中国法律问题的努力。

注 释

〔1〕《东北各省市(特别市)行政联合办事处组织大纲》(1946年8月12日)第1、2条。该大纲的修改权属于东北各省

代表联席会议,解释权属于行政委员会(第 16 条)。大纲原文参见韩延龙、常兆儒编:《中国新民主主义革命时期根据地法制文献选编》(第二卷),中国社会科学出版社 1981 年版,第 457 - 460 页。

〔2〕《东北各省市(特别市)行政联合办事处组织大纲》(1946 年 8 月 12 日)第 9、11、14 条。

〔3〕《东北各省市(特别市)行政联合办事处组织大纲》(1946 年 8 月 12 日)第 9 条。

〔4〕《东北各省市(特别市)行政联合办事处组织大纲》(1946 年 8 月 12 日)第 10 条第 1 款。

〔5〕《东北各省市(特别市)行政联合办事处组织大纲》(1946 年 8 月 12 日)第 10 条第 2 款。

〔6〕《东北各省市(特别市)行政联合办事处组织大纲》(1946 年 8 月 12 日)第 12 条。

〔7〕中央人民政府委员会《关于改变大行政区人民政府(军政委员会)机构与任务的决定》(1952 年 11 月 15 日中央人民政府委员会第 19 次会议通过,1952 年 11 月 16 日中央人民政府公布)。其要求"这一改组工作至迟应在一九五二年年底完成"。参见中央人民政府法制委员会编:《中央人民政府法令汇编(1952)》,人民出版社 1954 年版,第 38 页。

〔8〕东北行政委员会《关于司法行政及组织问题指示》(1946 年10 月16 日)第1 条。参见韩延龙、常兆儒编:《中国新民主主义革命时期根据地法制文献选编》(第三卷),中国社会科学出版社 1981 年版,第 594 - 595 页。

〔9〕《东北各级司法机关暂行组织条例》(1946 年 10 月 19 日)第 4 条。1948 年 1 月 1 日,《东北解放区人民法庭条例》又规定:"经过区农民大会于代表大会之选举与经过上一级政府之委任,得设立人民法庭,审判与处分一切违抗或破坏土地改革的案件。"(第 2 条)"村区两级人民法庭,受村区农民大会与代表大会及其选出的农会委员会直接领导,并受上一级之政府领导(如村人民法庭受区政府之领导,区人民法庭受县政府领导)。"(第 3 条)"各地区各级人民法庭于该地区土地改革全部完成后,即行撤销。"(第 14 条)该条例适用于 1947 年 5 月 1 日以前原属解放区之地区。(第 16 条)"人民法庭判处死刑之人犯应依其犯罪性质,分别经过省、县政府批准执行。"(第 10 条丙项)后来,在 1952 年的"三反"运动中也设立过"人民法庭"。1952 年 3 月 28 日,政务院第 130 次政务会议通过、3 月 30 日颁布的《政务院关于"三反"运动中成立人民法庭的规定》提出:"一、为了严肃、谨慎和适时地处理'三反'运动中贪污分子的处刑、免刑以及其他应景审判程序处理的案件,凡专区以上机关中、团以上部队中得成立人民法庭,在各该级人民法院和各该级军法机关领导下进行审判工作。各级各单位人民法庭,得按实际需要和具体情况,并经过各该级人民政府或军事领导机关的批准,由一个机关单独设立或数个机关联合设立之。""二、各单位人民法庭均应设审判委员会,由审判长一人、副审判长一人或二人、审判员若干人组成之,并得设其他工作人员帮助工作。审判长、副审判长一般应由机关首长或副首长担任,审判员应吸收'三反'运动中的群众积极分子以及机关中各民主党派、无党派民主人士参加。其人选由成立人民法庭的各有关单位提出名单报请各该级人民政府或军事领导机关批准后,在群众中正式宣布之。""三、各单位人民法庭有传讯、逮捕、拘押、释放并判处机关管制、劳役改造、有期徒刑、无期徒刑、死刑,以及宣告追缴赃款赃物、没收财产、剥夺政治权利、缓行、免刑、无罪之权。""九、各单位人民法庭于'三反'运动结束后和审判任务完毕后,由各该级人民政府和军事领导机关以命令撤销之。"此前,《政务院关于"五反"运动中成立人民法庭的规定》于 1952 年 3 月 21 日由政务院第 129 次政务会议通过,3 月 24 日颁布。其要求"凡'五反'运动中工商户违法案件较多之市,得在市人民政府领导下设立市人民法庭进行审判,并得以一个区或几个区为单位,设立分庭。""'五反'运动中工商户违法案件较少之市、县,此项案件可由市、县人民法院审判之,不另成立人民法庭。但在进行审判时,应吸收人民团体的代表,特别是工人、店员和守法工商户、基本守法工商户的代表陪审。"中央人民政府法制委员会编:《中央人民政府法令汇编》(1952),人民出版社 1954 年版,第 18 页;中央人民政府法制委员会编:《中央人民政府法令汇编》(1952),人民出版社 1954 年版,第 20、21 页;参见韩延龙、常兆儒编:《中国新民主主义革命时期根据地法制文献选编》(第三卷),中国社会科学出版社 1981 年版,第 595 页;韩延龙、常兆儒编:《中国新民主主义革命时期根据地法制文献选编》(第三卷),中国社会科学出版社 1981 年版,第 607、609 页。

〔10〕《东北各级司法机关暂行组织条例》(1946 年 10 月 19 日)第 5 条。参见韩延龙、常兆儒编:《中国新民主主义革命时期根据地法制文献选编》(第三卷),中国社会科学出版社 1981 年版,第 595－596 页。

〔11〕《东北各级司法机关暂行组织条例》(1946 年 10 月 19 日)第 12 条。参见韩延龙、常兆儒编:《中国新民主主义革命时期根据地法制文献选编》(第三卷),中国社会科学出版社 1981 年版,第 597 页。

〔12〕《东北各级司法机关暂行组织条例》(1946 年 10 月 19 日)第 16 条。参见韩延龙、常兆儒编:《中国新民主主义革命时期根据地法制文献选编》(第三卷),中国社会科学出版社 1981 年版,第 597 页。

〔13〕《东北各级司法机关暂行组织条例》(1946 年 10 月 19 日)第 7 条。参见韩延龙、常兆儒编:《中国新民主主义革命时期根据地法制文献选编》(第三卷),中国社会科学出版社 1981 年版,第 596 页。

〔14〕东北行政委员会《关于成立高等法院并健全司法机关的指示》(1948 年 3 月 23 日)。参见韩延龙、常兆儒编:《中国新民主主义革命时期根据地法制文献选编》(第三卷),中国社会科学出版社 1981 年版,第 610 页。

〔15〕东北行政委员会《关于建设司法工作的几项具体指示》(1948 年 5 月 27 日)。参见韩延龙、常兆儒编:《中国新民主主义革命时期根据地法制文献选编》(第三卷),中国社会科学出版社 1981 年版,第 610－612 页。

〔16〕东北行政委员会《关于各级司法机构改为人民法院的通令》(1948 年 9 月 6 日)。1948 年 10 月 24 日,哈尔滨特别市政府常委会通过了《哈尔滨特别市民事刑事诉讼暂行条例(草案)》,并呈请东北行政委员会核示。后因未及批准故未对外宣布,只内部部分施行(第 10 条关于诉讼代理人、辩护人或辅佐人的规定即未实行)。《哈尔滨特别市人民法院司法工作资料汇编》收录的《哈尔滨特别市人民法院法庭规则》(1948)前的按语提到:"初期为'便民'、'不拘形式',致审判秩序不良,现除基本群众间诉争多采用'座谈'式外,均用法庭,并定此规则。"

〔17〕1946 年 4 月 23 日,苏军撤回本国。4 月 28 日,东北民主联军第 359 旅及北安、松江军区部队进驻哈尔滨。参见《中国人民解放军第四野战军战史》编委会编:《中国人民解放军第四野战军战史》,解放军出版社 1998 年版,第 88 页。

〔18〕由于批准设立和实际成立有时间差,因此后来在吉林大学建校的时间(校庆)问题上存在两种说法,一是以 9 月为准。网上的资料即显示,东北行政学院的成立时间为 1946 年 9 月 24 日。1996 年 9 月 22 日该校举行了建校 50 周年庆典,此举可以视为对该校设立于 1946 年的肯认。更早的证据还有东北人民大学校刊编辑部编辑、赵祺摄影、东北画报社印刷的《东北人民大学画集——庆祝校庆八周年》,其出版于 1954 年 9 月 25 日。另一种观点以《辞海》为代表,认为吉林大学始建于 1946 年 10 月。参见于庚蒲主编:《吉林大学研究生院》(庆祝吉林大学建校 50 周年宣传材料),卓一设计有限公司 1996 年 7 月印制,第 4 页;《辞海·教育、心理分册》,上海辞书出版社 1980 年版,第 40 页,"吉林大学"条。

〔19〕《吉林大学校史》编委会编:《吉林大学校史(1946－2006)》,吉林大学出版社 2006 年版,第 4 页。

〔20〕1946 年年末,陈先舟和孟贵民负责筹建东北邮电管理总局火柴厂、灯泡厂、肥皂厂、豆腐厂和铅笔厂。1949 年 9 月 21 日,陈先舟出席了在沈阳东北财经委员会会议室举行的全国科代筹委会东北分会常委会第一次会议。参见梁志民:《忆东北邮电管理总局在哈尔滨时期》,载《哈尔滨邮刊》1984 年第 2 期。原载《太阳岛邮讯》总第 12 期。武衡:《东北区科学技术发展史资料(解放战争和建国初期)》(第一卷综合卷),中国学术出版社 1984 年版,第 295 页。

〔21〕参见中共黑龙江省委党史研究室编:《中共黑龙江党史人物传》(第四卷),黑龙江人民出版社 2006 年版,第 291 页。

〔22〕伪满时期,曾有一所伪"国立大学哈尔滨学院"。

〔23〕何礼(1912－1986.7.5),原名何维登,原籍四川郫县,生于云南。1932 年 7 月,在南京中学高中毕业,赴上海报考大学,以优秀成绩考取北平私立辅仁大学。在辅仁学习一年,于 1934 年夏转入清华大学理学院心理学系。1936 年 6 月初加入中国共产党。同年 10 月,清华大学全体学生大会选举王永兴(黄刊)、黄绍湘(女)、何礼代表清华学

生救国会参加在燕京大学礼堂召开的“北平学联第一届成立大会”。根据地下党组织的指示,何礼的竞选提案是“师生合作,共御外侮”。何礼同时也是 1936 年 10 月至 1937 年 7 月召开的“北平学生救国联合会”第一、二届代表。1937 年“卢沟桥事变”后,何礼等一批平津学生先后到达南京,以“平津流亡学生”为名组织起来。1937 年 11 月,南京沦陷后,何礼到武汉,在中共中央长江局领导下,同蒋南翔、杨学诚、于光远、韦君宜等人一起参加当地的救亡工作。何礼后来赴延安,在中央青委工作。日本投降后,何礼前往东北,曾任哈尔滨大学副校长等职。1949 年奉调到北京工作,担任共青团中央学生部部长和少年部部长。同年 5 月,被推选为全国青年联合会常委。1953 年到清华大学工作。4 月 21 日,当选为清华大学工会第五届委员会主席,至 1954 年 9 月 6 日卸任。此间,他还兼任政治辅导处主任、附设工农速成中学校长。后来,何礼曾任教育部高教二司司长、教育部政策研究室主任、中共华北局文教办公室副主任等职。从 1963 年起,任吉林大学副校长,“文革”后任顾问。1986 年 7 月 5 日病逝于长春。清华大学工会志编委会编:《清华大学工会志(1950 - 2000)》,清华大学出版社 2007 年版,第 328、329 页;参见何礼:《我对“一二九”运动的回顾》,载《一二九运动回忆录》(第一集),人民出版社 1982 年版,第 70 页;《何礼》,载清华大学图书馆清华文库网站:http://thulegacy. lib. tsinghua. edu. cn:4237/lib/htm/figure. htm,2018 年 5 月 18 日最后访问。

〔24〕 1918 年 7 月,中东铁路管理局决定让其员工在懒汉屯“自建路助”67 所土房,解决住房问题。俄语中黏土、土坯的发音为“沙曼”,故从音将此地称为“沙曼屯”(Саманный городок)。懒汉屯头道街即今天的南岗区一匡街。该街位于滨绥线南侧,与之平行。1930 年哈尔滨城市平面图显示,沙曼屯位于大直街以南、滨绥线西南、马家沟河北岸。亦即今天的和兴路、学府路一带。李笑述:《哈尔滨历史编年(1896 - 1949)》,哈尔滨市人民政府地方志编纂办公室 1986 年版,第 74 页。转引自石方、刘爽、高凌:《哈尔滨俄侨史》,黑龙江人民出版社 2003 年版,第 436 页。阮仪三编著:《旧城新录》,同济大学出版社 1988 年版,第 129 页。战树权、王成军、王景富等编著:《冰城哈尔滨》,上海教育出版社 1985 年版,第 124 页。

〔25〕 1926 年 9 月,哈尔滨医学专门学校创办于道外区大水晶街,是当时哈尔滨三所大学之一。1928 年 11 月,该校被东省特别区教育局接管,并由道外迁至东省特别市立医院(今儿童医院处)。1937 年 6 月 28 日上午,哈尔滨医学专门学校举行第六届学生毕业典礼。十几辆日本宪兵队的摩托车将医专围住,正在参加毕业典礼的中共党员、应届毕业生全赓儒被捕。1938 年,该校改为哈尔滨医科大学,迁至南岗大直街。1946 年 5 月,中共东北局决定成立的东北大学(即今东北师范大学前身)从长春撤到哈尔滨。28 日,除留下部分师生在哈接收哈尔滨医科大学外,继续北撤。张福山:《哈医专学生的反日斗争》,载中共黑龙江省委党史研究室编:《黑龙江抗日烽火》,吉林大学出版社 1995 年版,第 301 页;《东北师范大学校史》编辑委员会编:《东北师范大学校史(1946 - 1986)》,东北师范大学出版社 1986 年版,第 10 页。

图注 1 - 1　1946 年东北大学新生在哈尔滨市的东大办事处门前集合准备前往佳木斯

〔26〕 参见何礼:《知音 · 挚友 · 向导》,载张庆泰主编:《忆林枫》,辽宁人民出版社 1987 年版,第 182 - 185 页。哈尔滨南岗大直街建于 1898 年(光绪二十四年),横贯南岗区,东起文化公园(后改称哈尔滨游乐园),西至和兴路。1927 年改铺小方石路。1963 年改建为柏油路,1981 年打通至学府路,全长 7633 米。1954 年下半年,中国国际旅行社哈尔滨分社正式成立时的地址是南岗区大直街 124 号,其地址在今天红博广场黑龙江省博物馆对面,东大直街西端。

〔27〕 中共黑龙江省委党史研究室编:《中共黑龙江党史人物传》(第四卷),黑龙江人民出版社 2006 年版,第 291 页。哈尔滨大学学生宿舍曾发生过火灾。一说是 1946 年 10 月 16 日特务放火烧了哈大的部分学生宿舍。一说是在 1947 年春季一天的深夜。参见中共黑龙江省委党史研究室编:《中共黑龙江党史人物传》(第四卷),黑龙江人民出版社 2006 年版,第 293 页。

〔28〕 张仃(1917. 7. 7 - 2010. 2. 21),原名冠生,号它山,辽宁黑山人。1931 年“九 · 一八”事变后,张仃作为东北流亡学

生流落到北平。1932 年起就读于私立北平美术专科学校国画系。该校校长为作家张恨水,刘半农是校董。齐白石、肖俊贤、秦仲文等北平艺专的老师在那里开课。学习期间,张仃接触到了西方现代主义绘画。1938 年,张仃随国民政府延安绥蒙指导长官公署参赞石华岩中将来到延安,并希望留下,为此还给毛泽东写了信。后被安排在鲁迅艺术学院工作。1938 年,张仃率抗日艺术队到达陕北榆林。在鲁艺任教一年四个月之后,张仃离开延安到重庆投奔张光宇。皖南事变后,张光宇去了香港,张仃选择回到延安,被安排到延安文艺抗敌协会工作,任陕甘宁边区美术家协会主席。其间,他开创了"作家俱乐部"(新中国作协或文联的前身)。1945 年后,张仃任华北大学三部美术系平津学生班班主任和东北画报社总编辑。北平解放后,张仃作为核心五人团成员接收了北平艺专,对其改组并成立了中央美术学院。1950 年,张仃任中央美术学院实用美术系主任、教授。后来他又参与筹建中央工艺美术学院,1957 年调任中央工艺美术学院第一副院长,1981 年任中央工艺美术学院院长。中央工艺美术学院并入清华大学后,已经离休的张仃复出,招收了绘画实践类的第一个博士生。张仃曾设计了全国政协会徽、第一届全国政协会议纪念邮票,以及国徽,负责和参与了开国大典、全国人民代表大会的美术设计工作,怀仁堂、勤政殿的设计改造,负责设计了动画片《哪吒闹海》,创作了首都机场(今一号航站楼)巨幅壁画《哪吒闹海》、第一轮生肖邮票中的 1981 年鸡年生肖邮票等。他的焦墨国画代表作品有《巨木赞》《蜀江碧》等。参见田达治:《他带领的团队战胜了梁思成和林徽因,成为新中国国徽的设计者之一》,载"国家人文历史"微信公众号,2017 年 10 月 1 日发布。

〔29〕 萧军(1907.7.3 - 1988.6.22),原名刘鸿霖,生于辽宁省义县沈家台镇下碾盘沟村(即现凌海市大碾乡),笔名三郎、田军、萧军。曾在东北陆军讲武堂学习。1946 年 9 月 23 日,萧军重返哈尔滨,先后担任东北大学鲁迅艺术文学院院长、鲁迅文化出版社社长、《文化报》主编等职务。不久,在《文化报》与《生活报》论争事件中,中共中央东北局作出"关于萧军问题的决定",萧军被排斥出文艺界。据此可知,萧军给哈大讲课的时间不长。鲁迅出版社(又称鲁迅书店)是萧军等于 1946 年 12 月在哈尔滨创办的,位于今道里区尚志大街 5 号,即尚志大街与电车街拐角处,今哈尔滨儿童电影院(当时称兆麟电影院)西侧。该社出版过萧红的《生死场》、萧军的《八月的乡村》《人羊》等。《萧军》,载百度百科:https://baike.baidu.com/item/萧军/1340175?fr = aladdin,2018 年 5 月 18 日最后访问。郑文发:《"哈尔滨特别市电影院联合会"的探究始末,兼忆访原"影联"副主席兼秘书长姚见》,载"大话哈尔滨"微信公众号,2017 年 10 月 21 日发布。

〔30〕 白朗是罗烽的夫人。1933 年 7 月,伪满政府机关报《大同报》主编陈华到哈尔滨找到萧军,约请其为该报副刊组稿。陈华是萧军在沈阳"宪兵教练处"当兵时认识的。悄吟(萧红)为副刊起名《夜哨》。金剑啸为画了刊头。副刊于 1933 年 8 月 13 日开始刊出,约半年后被勒令停刊。白朗也在副刊上发表过作品。之后,《国际协报》缺一名副刊编辑,白朗应聘接任,《文艺》周刊于 1934 年 1 月 18 日创刊,白朗任主编,1934 年底停刊。苗地:《金剑啸与文艺副刊》,载中共黑龙江省委党史研究室编:《黑龙江抗日烽火》,吉林大学出版社 1995 年版,第 132、133 页。

〔31〕 华君武(1915.4.24 - 2010.6.13),原名华潮,祖籍江苏无锡,生于浙江杭州,早年就读于杭州浙江省立第一中学,1938 年前往延安,入陕北公学学习,后任鲁迅艺术学院研究员和教员。1940 年 4 月加入中国共产党。1945 年调往《东北日报》,先当文字记者,后转司时事漫画,1949 年后调任《人民日报》美术组组长,后改任文艺部主任。1953 年起兼任中国美协秘书长。1979 年出任中国美协副主席。第一、二、三届全国人大代表,中共八大代表,第五、六、七届全国政协委员。参见黄艾禾:《华君武》,载《财经(双周刊)》2010 年第 13 期(总第 266 期);《各界人士追思华君武》,载《经济日报》2010 年 6 月 29 日,第 4 版。

〔32〕 哈尔滨大学改为公立后,李则兰担任文学艺术学院院长兼文学系主任。参见《吉林大学校史》编委会编:《吉林大学校史(1946 - 2006)》,吉林大学出版社 2006 年版,第 5 页。

〔33〕 晋驼于哈尔滨大学改为公立后任秘书处主任。东北科学院成立后,任秘书处副主任。参见《吉林大学校史》编委会编:《吉林大学校史(1946 - 2006)》,吉林大学出版社 2006 年版,第 5、7 页。

〔34〕 哈尔滨大学改为公立后,李鹰航任文学艺术学院戏剧音乐系主任。东北科学院成立后,李鹰航任文工团团长。参

见《吉林大学校史》编委会编:《吉林大学校史(1946－2006)》,吉林大学出版社2006年版,第5、6页。

〔35〕 李六如曾任东北行政委员会财委副主任、财经学校校长、东北人民政府司法部长。1949年后,任中央人民政府最高检察院副检察长。1955年不再担任最高人民检察院副检察长兼党组书记。参见《李六如》,载百度百科:https://baike.baidu.com/item/李六如/7675409?fr=aladdin,2018年5月18日最后访问。

〔36〕 参见中共黑龙江省委党史研究室编:《中共黑龙江党史人物传》(第四卷),黑龙江人民出版社2006年版,第292页。

〔37〕 戚贵元:《在战火中诞生》,载吉林大学校报编辑部编辑《吉林大学》1996年9月21日(第440期,五十周年校庆特刊),第3版。

〔38〕 参见戚贵元:《在战火中诞生》,载吉林大学校报编辑部编辑《吉林大学》1996年9月21日(第440期,五十周年校庆特刊),第3版;何礼:《知音·挚友·向导》,载张庆泰主编:《忆林枫》,辽宁人民出版社1987年版,第182－185页。

〔39〕 李木庚后曾担任吉林大学常务副校长,朱日耀后曾任吉林大学副校长。参见戚贵元:《在战火中诞生》,载吉林大学校报编辑部编辑《吉林大学》1996年9月21日(第440期,五十周年校庆特刊),第3版。

〔40〕 王一夫于1950年3月至1951年10月任东北人民大学校长。1954年12月,经中国政治法律学会理事会主席、副主席批定,组成新的编辑委员会,王一夫任主任委员。参见《本刊组成新的编辑委员会》,载《政法研究》1955年第1期。

〔41〕 东北科学院农林系于1949年1月与原东北大学农学院、原哈尔滨市第一技术专科学校农学科一起并入了东北农学院。

〔42〕 参见《吉林大学校史》编委会编:《吉林大学校史(1946－2006)》,吉林大学出版社2006年版,第6页。

〔43〕 参见武衡主编:《东北区科学技术发展史资料(解放战争和建国初期)》(第一卷综合卷),中国学术出版社1984年版,第282、283页。康树华教授回忆说,"1948年我考入共产党领导下的东北社会科学院教育系,入学后不仅,组织上便将我编入部队,当年便随军南下。南下沈阳那天,正值沈阳解放。我便跟着从延安来的几位老革命,正式接收了旧沈阳的法院、监狱,并把伪执法人员集中在一起进行轮训和思想改造。当时的主要目的是选一些思想好的留下来继续工作。思想不好的、业务不好的,每人给一百块现大洋遣散掉。"其中的"东北社会科学院教育系"应为"东北科学院教育系"。这一点亦得到李放教授的确认。何勤华主编:《中国法学家访谈录》(第二卷),北京大学出版社2010年版,第351页。

〔44〕 中共东北局宣传部《关于新收复城市大学办学方针及人员配备的请示》(1948年6月21日)第3条。

〔45〕 据李放教授在本书初稿上的亲笔批注。

〔46〕 参见李枝万:《东北科学院——革命启迪摇篮》,载吉林大学校友会网站:http://alumni.jlu.edu.cn/monograph/200503/2005_98.htm,2005年10月1日最后访问。1953年,李枝万在《东北人大》上撰文批评一些教研室在教材复印工作中的缺点。2008年,李枝万在搜狐网的博客"举国欢腾迎奥运——中国奥运人物"上刊发诗作若干。简介中提到,其时年81岁,系吉林大学离休干部。参见李枝万:《有些教研室在教材复印联系工作中有缺点》,载《东北人大》第32期(1953年7月30日),第24~25页。载搜狐博客:http://jdlzw2929.blog.sohu.com/82592464.html,2014年5月27日最后访问。可以推知其生于1927年,毕业后留校工作,后离休。

〔47〕 参见武衡主编:《东北区科学技术发展史资料(解放战争和建国初期)》(第一卷综合卷),中国学术出版社1984年版,第231页。

〔48〕 参见武衡主编:《东北区科学技术发展史资料(解放战争和建国初期)》(第一卷综合卷),中国学术出版社1984年版,第224页。

〔49〕 武衡主编:《东北区科学技术发展史资料(解放战争和建国初期)》(第一卷综合卷),中国学术出版社1984年版,第

225 页。

〔50〕 参见李枝万：《东北科学院——革命启迪摇篮》，载吉林大学校友会网站：http://alumni.jlu.edu.cn/monograph/200503/2005_98.htm，2005 年 10 月 1 日最后访问。林礼昭前辈在 2009 年 1 月 29 日给笔者的复信（口述、家人代笔）中指出，东北科学院在哈尔滨是在大直街，并没有其他校区。

〔51〕 据李放教授在本书初稿上的亲笔批注。

〔52〕 参见贾文玉：《贾连元的“精神”事业》，载《新晚报》2010 年 6 月 13 日，第 30 版。

〔53〕 东北农学院后于 1949 年 1 月迁至马家沟国课街。朝鲜战争爆发后，又迁往王兆屯文政街南侧。载东北农业大学网站：http://www.neau.cn/xiaoshiguan/zhengrong/zhengrong.html，2007 年 5 月 20 日最后访问。

〔54〕 参见汤士安：《春华秋实、源远流长——参加吉林大学五十周年校庆日记》（1996 年 9 月 22 日：参观新校区），载吉林大学校友会网站：http://alumni.jlu.edu.cn/monograph/200503/2005_100.htm，2005 年 9 月 30 日最后访问。汤士安，1949 年毕业于东北科学院行政系[确切地说法应是入学时为东北科学院，毕业时为东北行政学院]（按校史序列为三期学员，同期同系学员还有林礼昭、李殿勋等），先后在东北行政委员会民政部、抚顺市政府工作，历任科长、主任等职。期间曾主编抚顺《教育旬刊》。1979 年任辽宁省大伙房水库管理局工会主席，1985 年任东北城市规划信息中心领导成员，《东北城市规划》（后改为《城市规划建设》），杂志常务副总编、责任总编，后任《东北城市规划建设丛书》主编、《城市散文家》丛书主编。1948 年开始文学创作，著有短篇小说集《桂荣和小凤》（1955）、《智取大通镇》、《工地上的故事》；中篇小说《劳动的喜悦》（1957）；散文集《枫叶红》、《锦绣关东》、《向往多彩人生》、《悠悠岁月情》；游记《朝鲜散记》；长篇历史通俗小说《努尔哈赤大战萨尔雅》（1985）、《努尔哈赤攻占辽沈》、《努尔哈赤建都记》、《努尔哈赤驰骋辽西》等（2002 年年初，四书经全面修改补充后，取名《后金演义》，于 2003 年年末分上下两册出版，全书 105 万字）。此外，还主编有《东北城市规划史》（130 万字，1995），主编北斗散文丛书 15 卷。见李东伦：《汤士安：“大手笔”的勤奋老人》，载李东伦的新浪博客：http://www.lidonglun.cn/article.asp? id = 1，2018 年 5 月 18 日最后访问；《汤士安简介》，载抚顺七千年网站：http://www.fs7000.com/news/dangren/201203/884.html，2018 年 5 月 28 日最后访问。

〔55〕 李枝万学长回忆称分为 8 个小组，其中第 8 小组学员有孙振东、霍万祥、孔令顺、张伯昌、周志超、郭洪贵、张洪滨、陆连明、阎桂娴（女）、蔡圣洁（女）、邱淳华（女）、李枝万共 12 人。林礼昭前辈在 2009 年 1 月 29 日给笔者的复信中则坚持认为当时分为 11 个学习小组。

〔56〕 1947 年，郭蕻生曾作为土改工作队领队到哈尔滨市顾乡区靠山屯（今南岗区王岗镇靠山村）参加土改。其间，由翻身农民李学思口述，郭蕻生和工作队队员柏杰代笔，给毛泽东写了封信。郭蕻生于 1948 年 6 月离开靠山屯。1954 年调到北京中央组织部，后在教育部工作直至退休。参见秦力超、唐小清：《翻身农民给毛主席写感谢信背后的故事》，载《黑龙江日报》2008 年 4 月 28 日。

〔57〕 原文如此，怀疑应为“在讲民主与法制时与（司法）专员座谈”。

〔58〕 参见李枝万：《东北科学院——革命启迪摇篮》，载吉林大学校友会网站：http://alumni.jlu.edu.cn/monograph/200503/2005_98.htm，2005 年 10 月 1 日最后访问。

〔59〕 武衡主编：《东北区科学技术发展史资料（解放战争和建国初期）》（第一卷综合卷），中国学术出版社 1984 年版，第 224 页。

〔60〕 参见李枝万：《东北科学院——革命启迪摇篮》，载吉林大学校友会网站：http://alumni.jlu.edu.cn/monograph/200503/2005_98.htm，2005 年 10 月 1 日最后访问。这种教育模式在后来的华北人民革命大学也可以看到。

〔61〕 陈云带着军管会坐专列从哈尔滨出发用了 5 天时间，于 1948 年 11 月 2 日黄昏进入沈阳。参见朱文轶：《进城：1949》，广西师范大学出版社 2010 年版，第 14、18 页。有关接管沈阳的情况可参见李锐：《跟随陈云接管沈阳记事》，载《传记文学》1995 年第 8 期。

〔62〕 李枝万:《东北科学院——革命启迪摇篮》,载吉林大学校友会网站:http://alumni. jlu. edu. cn/monograph/200503/2005_98. htm,2005 年 9 月 30 日最后访问。“军管会在 1949 年规定,对于后方来沈阳的干部实行供给制,这实际上是老解放区供给办法的继续。”参见朱文轶:《进城:1949》,广西师范大学出版社 2010 年版,第 28 页。

〔63〕 历史上有两所东北大学。一所 1923 年 4 月设于沈阳,原沈阳高等师范学校和原文学专门学校分别改办为其理工科与文法科(首任校长为王永江,张学良为第三任校长)。“九·一八”事变后,东北大学经历了 18 年的流亡,辗转北平、开封、西安,最终落脚在三台。1946 年返回沈阳。1948 年 6 月再迁北平。1949 年 8 月 1 日,中共中央东北局、东北行政委员会《关于整顿高等教育的决定》提出,设立沈阳工学院、哈尔滨工业大学、大连大学工学院等三所“培养高级工业人才的高等工业学校”。1950 年 9 月,沈阳工学院、抚顺煤矿学院(原抚顺矿山专科学校)大部、鞍山工专、沈阳兵中专等合并成立了东北工学院,落脚于沈阳南湖。1993 年复名为东北大学。参见武衡主编:《东北区科学技术发展史资料(解放战争和建国初期)》(第一卷综合卷),中国学术出版社 1984 年版,第 244 页;参见袁宝华:《组织科技力量,为生产服务》,载武衡主编:《东北区科学技术发展史资料(解放战争和建国初期)》(第一卷综合卷),中国学术出版社 1984 年版,第 363 页;王新三:《我的回忆——东北科技工作点滴》(王瑛整理),载武衡主编:《东北区科学技术发展史资料(解放战争和建国初期)》(第一卷综合卷),中国学术出版社 1984 年版,第 372 页;参见毕玉才、杨明:《“自强不息,知行合一”——在“救国”“强国”中一路走来的东北大学》,载《光明日报》2014 年 6 月 27 日,第 6 版。

另一所东北大学是中国共产党 1946 年创立的,由张学良的胞弟张学思任首任校长。创建初期,辗转于丹东、通化、吉林、佳木斯等地。1946 年 8 月,张如心率延安大学和华北联合大学部分干部、教师抵达佳木斯,与之汇合。1948 年 7 月,东大迁往吉林市,并吸纳了 1946 年建立的吉林大学(周保中任校长)。1949 年年初,中共东北局大学委员会、东北行政委员会教育部《对于在平东北各校学生处理办法的规定》将沈阳的东北大学、长春的长春大学、吉林的长白师范大学及东大先修班、长大先修班部分专修科学生和历史研究生分配给东大,该校遂成为当时东北地区最大的综合性大学。长白师范学院的前身是 1929 年 5 月创办于吉林市的吉林法专,当时设文法、理工两个学院及一个专门部。文法学院设教育系、法律系;理工学院设物理系。两院均设预科。专门部辖法律专科。东北沦陷后停办。1934 年日伪时期,在其址设高等师范学校,1938 年改为“吉林师道高等学校”,1942 年更名为“吉林师道大学”,设本科和预科。1946 年,周保中任校长的吉林大学撤出吉林市后,其址上成立了长白师范学院,1948 年 3 月部分师生迁往沈阳,继而去北平,至 1949 年北平解放后才返回长春,编入东北大学。

1948 年夏,东大与吉大合并后也接收了一批原长白师范学院的教员。

1949 年 8 月 1 日,中共中央东北局、东北行政委员会《关于整顿高等教育的决定》提出设立“培养中学师资的高等师范学校一所,即:东北大学”。根据 1950 年 3 月 31 日《东北人民政府关于目前高等教育工作的决定》,“东北大学改名为东北师范大学,停办地质系,增设教育系,除本科外添设专修班及短训班,并负责在职中学教员之轮训。东大的教学计划与课程应完全按照培养中学师资的需要加以改进。”

1958 年 10 月,东北师范大学下放吉林省,更名为吉林师范大学,1978 年重归教育部领导,1980 年恢复东北师范大学原校名。

参见张如心:《东北师范大学团结改造高级知识分子的工作是如何进行的》,载武衡主编:《东北区科学技术发展史资料(解放战争和建国初期)》(第一卷综合卷),中国学术出版社 1984 年版,第 83 页;

参见《东北师范大学校史》编辑委员会编:《东北师范大学校史(1946 - 1986)》,东北师范大学出版社 1986 年版,第 52 页;东北师范大学网站:http://www. nenu. edu. cn/257/list. htm,2018 年 5 月 18 日最后访问。

参见武衡主编:《东北区科学技术发展史资料(解放战争和建国初期)》(第一卷综合卷),中国学术出版社 1984 年版,第 244 页;

参见武衡主编:《东北区科学技术发展史资料(解放战争和建国初期)》(第一卷综合卷),中国学术出版社 1984 年

版,第252页;

《大事记》,载东北师范大学网站:http://www.nenu.edu.cn/dsj/list.htm,2018年5月18日最后访问。

〔64〕 抗战胜利后,柏杨赴东北,"到了天津,转北宁铁路到沈阳,住进位于沈阳市北郊的东北大学。和三台的东北大学相比,沈阳的东北大学雄伟壮丽得像一个独立王国,仅工学院,就拥有一个修理火车头的庞大工厂,如果要绕东北大学一圈,步行的话,恐怕要六七个小时"。参见柏杨口述、周碧瑟执笔:《柏杨回忆录》,中国友谊出版公司1997年版,第115页。

〔65〕 2009年1月29日,林礼昭前辈给笔者的复信(口述,由其女林菲老师代笔)。

〔66〕 王希亮:《东北沦陷区殖民教育史》,黑龙江人民出版社2008年版,第9页。

〔67〕 参见王一夫:《东北人民大学五年来的教育工作》,载《东北人大生活》第14期(1951年10月3日)。

〔68〕 参见王一夫:《东北人民大学五年来的教育工作》,载《东北人大生活》第14期(1951年10月3日)。

〔69〕 参见《辞海·教育、心理分册》,上海辞书出版社1980年版,第40页,"吉林大学"条。

〔70〕 载辽宁省人民政府网站:http://www.ln.gov.cn/zjln/szfz/szjl/dsiz/200709/t20070926_134672.html,2007年9月26日最后访问。笔者曾在孔夫子旧书网上见过出售的《辽宁省立沈阳师范专科学校(1946.10-1948.11.2)校友纪念册》。

〔71〕 感谢李随安先生惠告。

〔72〕 参见王亚玲:《唐敖庆与图书馆》,载《吉林大学报》2007年1月19日。

〔73〕 1946年10月东北大学在佳木斯组建时,江剑秋任自然科学院二届一班副班主任,班主任是王季愚。1948年东北行政学院司法系建系时,江剑秋出任首任系主任,1954年11月至1955年5月任东北人民大学代党委书记。1955年5月28日至6月5日,东北人民大学举行第一次党员代表大会。匡亚明任第一书记,江任副书记。1978年江剑秋返回原籍河南省,曾在河南省高教局任职。参见《东北师范大学校史》编辑委员会编:《东北师范大学校史(1946-1986)》,东北师范大学出版社1986年版,第16页;吉林大学法学院简史编写组编:《风雨无阻桃李路,拓志未来续风流——吉林大学法学院发展简史(1948-2008)》,吉林大学法学院2008年,第70页。

〔74〕 此据李放教授回忆。在另一处,李放老师回忆道:"我们一共八个人,系主任是老干部江剑秋,他领导我们研究招生等等问题;我在里面是最小的,有些抄抄写写的事都让我做,他们给我起了个外号叫'秀才';有三个人是组织干事,他们主要搞政工,清查学生历史、家庭等等;有四个人是教育干事,领学生学习,一个人分两个班。那时候第一次招生一个系一共一百多人,一个班30多人。"参见何勤华主编:《中国法学家访谈录》(第一卷),北京大学出版社2010年版,第150页。武嘉、张伟采访。《拜访86高龄李放教授:老故事,从1948年建系讲起》,载http://qoofan.com/read/WGDXDKqWG9.html,2016年11月20日最后访问。

〔75〕 王明月,男,东北行政学院行政系毕业生,后曾任中共长春市委统战部长。参见吉林大学法学院简史编写组编:《风雨无阻桃李路,拓志未来续风流——吉林大学法学院发展简史(1948-2008)》,吉林大学法学院2008年,第70页。

〔76〕 边立有,1948年建系时任组织干事,后任学校学生处长。长春邮电学院成立后,调任该院党委书记。参见吉林大学法学院简史编写组编:《风雨无阻桃李路,拓志未来续风流——吉林大学法学院发展简史(1948-2008)》,吉林大学法学院2008年,第70页。

〔77〕 刘鸿儒在司法系只工作了约两年(1948-1950)。刘鸿儒,男,1930年生,吉林榆树人。12岁时从黑龙江北安高小毕业后被迫辍学。为求生计,到日本兵工厂的"劳工营"做焊接工。"1945年日本人投降后,我又继续进入北安高中学习。后来因为参加土改革命,这段高中的课程我又没有能够全部念完。三年后,我来到哈尔滨参加工作,进入东北行政学院,在法律系[结合后面提到的东北行政学院和哈尔滨大学合并一事可以推知,刘鸿儒到东北行政学院工作的时间应不晚于1948年5月,而当时的东北行政学院尚未设立法律系。据李放教授回忆,应是行政系——

笔者注]做教学辅导和行政管理工作。”1948 年,刘鸿儒加入中国共产党。1950 年,被选派到中国人民大学做研究生,跟苏联专家学习银行专业,同时也做助教工作。1953 年毕业后,回到东北人民大学担任经济系副主任,讲授金融方面课程。1954 年考取留苏研究生的资格,经俄语培训后,1955 年到莫斯科大学经济系作研究生,学习《资本论》。一年后跟随论文指导老师、苏联第一货币银行专家阿特拉斯教授转入莫斯科财政学院,研究货币银行学。1959 年获副博士学位。回国后历任中国人民银行处长、局长,中国农业银行副行长(1979 - 1980),中国人民银行副行长(1980 - 1989),国家经济体制改革委员会副主任(1990 - 1992),中国证监会首任主席(1992 - 1995)。参见《刘鸿儒:我一生的重大转折,是啃下了〈资本论〉》,载网易财经网:http://money. 163. com/05/1209/15/24HQRVMQ00251LJD. html,2018 年 5 月 18 日最后访问;《中国证券监督管理委员会首任主席刘鸿儒个人简介》,载新浪财经网:http://finance. sina. com. cn/roll/20031215/1556562093. shtml,2018 年 5 月 18 日最后访问;《刘鸿儒先生简历》,载搜狐财经网:http://business. sohu. com/20050123/n224066687. shtml,2015 年 1 月 31 日最后访问。

〔78〕 有资料说,林礼昭前辈 1949 年毕业于东北行政院行政系。对此,2009 年 1 月 29 日林老在给笔者的复信(口述,其女林菲老师代笔)中提到,“自司法系 1948 年 12 月招生建系起我一直任教育干事,并不是三期学员”。

〔79〕 李殿勋,东北行政学院行政系学员(吉大三期),曾是汤士安的学习小组长,1949 年毕业后留校。1957 年 1 月,在《东北人民大学人文科学学报》1951 年第 1 期(总第 7 期)上发表《建立科学共产主义的体系问题》(第 61 - 79 页),该文作于 1956 年 11 月 20 日。吉林大学法律系简史称其后来调到马列主义教研室工作,曾任学校宣传部长、校办主任,1992 年调任中国政法大学党委副书记。另查,1954 年,李殿勋和苑茜参加了中共中央东北局宣传部组织的为期月余的党在过渡时期的总路线学习,于 1954 年 2 月 18 日返校。苑茜似供职于政治经济学教研室。其曾在《东北人大》上发表《政治经济学的教学步骤及教学经验——政治经济学教研室教学检查工作的几点收获》载[《东北人大》第 16 期(1951 年 12 月 29 日)]、《论把集体农庄所有制提高到全民所有制的水平——学习“苏联社会主义经济问题”笔记》[载《东北人大》第 32 期(1953 年 7 月 30 日)]。参见汤士安:《春华秋实、源远流长——参加吉林大学五十周年校庆日记》,载吉林大学校友会网:http://alumni. jlu. edu. cn/monograph/200501/2005_44. htm,2005 年 9 月 30 日最后访问。参见《东北人大》第 40 期(1954 年 2 月 27 日)

〔80〕 张景盛后调入辽宁省民政厅工作。焦俊杰后调到黑龙江省工作。吕枫(女),后到历史系学习,毕业后分配到长春市财贸学院(现长春税务学院)工作。

〔81〕 参见吉林大学法学院简史编写组编:《风雨无阻桃李路,拓志未来续风流——吉林大学法学院发展简史(1948 - 2008)》,吉林大学法学院 2008 年,第 2、84 页。

〔82〕 参见吉林大学法学院简史编写组编:《风雨无阻桃李路,拓志未来续风流——吉林大学法学院发展简史(1948 - 2008)》,吉林大学法学院 2008 年,第 1 页。

〔83〕 吉林大学法学院简史编写组编:《风雨无阻桃李路,拓志未来续风流——吉林大学法学院发展简史(1948 - 2008)》,吉林大学法学院 2008 年,第 4 页。

〔84〕 参见吉林大学 60 周年校庆网站:http://jlu60. jlu. edu. cn/xytd/tcml_xx. jsp? id = 6141,2009 年 9 月 30 日最后访问。

〔85〕 参见《风雨无阻桃李路,拓志未来续风流——吉林大学法学院发展简史(1948 - 2008)》中将“马治和”写作“马致和”(第 80 页)。

〔86〕 徐枫,1948 年进入司法系学习。1950 年留校,1952 年任法律系团总支书记兼系秘书。1962 年调到外文系工作(曾任系总支书记、日本研究所所长),张嘉志任法律系党总支书记。参见吉林大学 60 周年校庆网站:http://jlu60. jlu. edu. cn/xytd/tcml_xx. jsp? id = 6141,2009 年 9 月 30 日最后访问;《(吉林大学法学院)领导简介》,载吉林大学法学院网站:http://law. jlu. edu. cn/? mod = info&act = view&id = 11861,2018 年 5 月 18 日最后访问。

〔87〕 参见吉林大学 60 周年校庆网站:http://jlu60. jlu. edu. cn/xytd/tcml_xx. jsp? id = 6141,2009 年 9 月 30 日最后

访问。

〔88〕《东北人大生活》的前身是创刊于1950年12月5日的《教学通讯》(报纸型),共出版9期。1951年5月1日,从第10期起更名为《东北人大生活》,并改为月刊,由东北人民大学校刊编辑委员会编辑,至1951年10月3日出至第14期。后又更名为《东北人大》。1952年7月20日《东北人大》第12期出版。当时由东北人民大学研究处编辑,但1952年6月6日第18期、1952年6月25日第19期、1952年7月22日第20期、1952年8月6日第21期则由东北人民大学学委会编辑。学委会即学习委员会,是"三反"运动中设立的领导机构。之后1952年11月15日的第23期("中苏友好月"专刊)由东北人民大学校刊编委会编辑。从第31期(1953年7月15日)开始,《东北人大》改为半月刊,每月15、30日出刊。之后因暑假的关系,停刊三期。但实际上并未得到严格执行。比如,第35期出版于10月30日,第36期出版于11月23日,第37期出版于12月5日,第38期出版于12月27日,第39期出版于1954年1月20日;第40期出版于1954年2月27日。另有资料显示,第33、34期为合刊,出版于1953年10月3日。而且至迟从第35期开始,《东北人大》的编辑者由东北人民大学研究处更名为东北人民大学研究部。参见《大家动手,办好我们的校刊——纪念创刊三周年》,载《东北人大》第37期(1953年12月5日)参见校刊编辑部:《启示》,载《东北人大》第32期(1953年7月30日),第20页。参见刘茂林、叶桂生:《吕振羽评传》,社会科学文献出版社1990年版,第242页。

〔89〕参见《法律系同学业务实习收获笔谈》,载《东北人大生活》第12期(1951年6月13日刊出)。

〔90〕此据2018年2月9日李放教授的访谈录音整理。

〔91〕阎宝航(1895－1968),辽宁海城人。1925年,时任中华基督教青年会总干事。1930年,时任辽宁省拒毒联合会会长。1933年夏至1936年冬,马占山寓居天津期间,东北爱国人士杜重远、阎宝航、栗又文等与之交往甚密。1946年,"国共和谈"期间,阎宝航策划了"上海人民团体和平请愿"运动,随后发生了震惊中外的"下关惨案"。1949年4月,中共中央东北局、东北行政委员会决定重划东北行政区,将辽北和辽西省合并为新的辽西省。5月31日,辽西省人民政府组成,阎宝航任主席。参见李雪莹:《车向忱》,载中共黑龙江省委党史研究室编:《中国黑龙江党史人物传》(第四卷),黑龙江人民出版社2006年版,第274、276页。金彭育:《东北将领马占山及其旧居》,载郭长久、孙华起、杨族耀主编:《五大道的故事》,百花文艺出版社1999年版,第15页。阎宝航于1937年加入中国共产党,长期从事地下工作和统战工作。《董必武法学文集》,法律出版社2001年版,第24页,注释5。陈枚、蒋杰令、栗树林:《杨易辰》,载中共黑龙江省委党史研究室编:《中共黑龙江党史人物传》(第四卷),黑龙江人民出版社2006年版,第20页。

〔92〕载吉林大学法学院简史编写组编:《风雨无阻桃李路,拓志未来续风流——吉林大学法学院发展简史(1948－2008)》,吉林大学法学院2008年,第1页。据李放教授回忆,还请教务长龚依群讲过中共党史。参见何勤华主编:《中国法学家访谈录》(第一卷),北京大学出版社2010年版,第150页。

〔93〕此据李放教授回忆。参见何勤华主编:《中国法学家访谈录》(第一卷),北京大学出版社2010年版,第150页。

〔94〕张晋藩口述,陈夏红记录:《我的生活之路》,载《法制日报》2006年11月8日。林礼昭前辈在2009年1月29日给笔者的复信中也提到,在沈阳期间,司法系没有专职教师。教学主要靠东北人民政府的各部长来讲,讲课内容主要是政府的各项政策。

〔95〕滕净东,原名滕宗汉,北京师范大学史地系毕业,中共地下党员。1946年应聘四川万州二中高中部历史、地理教师,兼高一班级任老师。解放后曾任东北人民大学历史系教授,1954年后调任北京师范学院历史系教授、主任。吉林大学法学院发展简史中作"藤净东"。载 http://xq.cqwzez.com/detail/2009－5－6/2009561658236162.htm,2014年3月5日最后访问。

〔96〕腾飞(1917—1988.9.18),男,汉族,原名王道元,定陶县城西马集镇白菜王庄村人。1938年3月参加工作,10月加入中国共产党。在陕北抗日军政大学训练部、瓦窑堡三团工作,后入华北联合大学学习4年。毕业后在河北省平

西县涞水高小任教,后任涿县抗日联合会宣传部长。抗日战争胜利后,在晋察冀军区司令部联络处任英文翻译,后在河北宣化二中任教。1947 年 5 月,任齐齐哈尔二中副校长兼教导处主任。1949 年 2 月,调东北行政学院从事中共党史及中国近代史的教学和研究工作,历任师范部主任、历史系副主任等职。1958 年 3 月,东北人民大学社会主义教育委员会资料室编印有《腾非的反党言行及对其批判材料简辑》,大 32 开,46 页。(载孔夫子旧书网:http://book.kongfz.com/1555/94963953/,2012 年 9 月 12 日最后访问。)参见《腾飞(原东北行政学院教授)》,载百度百科:https://baike.baidu.com/item/腾飞/10761139#viewPageContent,2018 年 5 月 18 日最后访问。

〔97〕 1940 年泽东青年干部学校成立时,王怀安是学生会主席。参见王仲方:《在窑洞之城生活的人们》,载任文主编:《延安时期的日常生活》,陕西师范大学出版总社有限公司 2014 年版,第 12 页。

〔98〕 1948 年 9 月中旬,辽宁省高等法院随省政府由通化迁至瓦房店,与辽南行政公署司法科合并,于 10 月 8 日成立辽宁省人民法院。辽宁省政府副主席杜者蘅兼院长,铁秋任副院长。1949 年 4 月 21 日,东北行政委员会决定重新划分东北行政区域,将辽宁、安东两省合并成立辽东省,同年 5 月 1 日,辽宁省人民法院与筹备中的安东省人民法院合并,组建了辽东省人民法院,于 5 月 4 日正式办公,院址在今丹东市振兴区江沿路 16 号。铁秋任院长。8 月,铁秋调离,由康健接任。辽宁省地方志编纂委员会办公室主编:《辽宁省志·审判志》,辽宁民族出版社 2003 年版,第 47、54 页。

〔99〕 1948 年 11 月 28 日,辽北省人民法院在四平设立,12 月 28 日开庭办公。院长起初由辽北省民政厅副厅长黎明兼任,后由于文清任院长、鲍延干任副院长。当时辽北省人民法院和四平市人民法院合署办公。1954 年 12 月,鲍延干任吉林省人民法院院长,至 1957 年 12 月卸任吉林省高级人民法院院长;1955 年 5 月至 1957 年 7 月,任吉林省高级人民法院党组副书记,时任党组书记为肖丹峰。1957 年 7 月至 10 月,任省高院党组书记。参见辽宁省地方志编纂委员会办公室主编:《辽宁省志·审判志》,辽宁民族出版社 2003 年版,第 49 页;参见吉林省地方志编纂委员会编纂:《吉林省志·司法公安志·审判》(总卷十二),吉林人民出版社 2004 年版,第 25、26 页。

〔100〕 参见吉林大学法学院简史编写组编:《风雨无阻桃李路,拓志未来续风流——吉林大学法学院发展简史(1948 - 2008)》,吉林大学法学院 2008 年,第 1、2 页。

〔101〕 原载 1949 年 8 月 10 日《东北日报》。转引自武衡主编:《东北区科学技术发展史资料(解放战争和建国初期)》(第一卷综合卷),中国学术出版社 1984 年版,第 244 页。

〔102〕 武衡主编:《东北区科学技术发展史资料(解放战争和建国初期)》(第一卷综合卷),中国学术出版社 1984 年版,第 255 页。

〔103〕 《吉林大学校史》编委会编:《吉林大学校史(1946 - 2006)》,吉林大学出版社 2006 年版,第 8 页。

〔104〕 参见《吉林大学校史》编委会编:《吉林大学校史(1946 - 2006)》,吉林大学出版社 2006 年版,第 7、8 页。

〔105〕 参见吉林大学法学院简史编写组编:《风雨无阻桃李路,拓志未来续风流——吉林大学法学院发展简史(1948 - 2008)》,吉林大学法学院 2008 年,第 2 页。1949 年 10 月 11 日,华北人民政府高等教育委员会颁布《各大学、专科学校、文法学院各系课程暂行规定》,规定"废除反动课程(国民党党义、六法全书等),添设马列主义课程,逐步地改造其他课程"为各院系课程的实施原则;规定辩证唯物论与历史唯物论(包括社会发展简史)、新民主主义论(包括近代中国革命史)为各大学、专科学校各院系共同必修课,政治经济学为文法学院的共同必修课;规定法律学系的课程有:马列主义法律理论、新民主主义的各项政策法令、名著选读、新民法原理、新刑法原理、宪法原理、国际公法、国际私法、商事法原理、犯罪学、刑事政策、苏联法律研究。1950 年 4 月,政务院发布《各大行政区高等学校管理暂行办法》。参见周振想、邵景春主编:《新中国法制建设 40 年要览(1949 - 1988)》,群众出版社 1990 年版,第 3 - 4、18 页。

〔106〕 参见《本科 115 名同学毕业》,载《东北人大生活》第 12 期(1951 年 6 月 13 日)。1948 年 12 月进入东北行政学院学习的学员共有 290 余名,后有 180 名中途出校工作,故只有 115 名于 1951 年毕业。

〔107〕 1949 年秋季学期，为培养本校教师，东北行政学院从各系学生中选出成绩较好的 50 多人留校工作，编成研究班，分政治、经济、历史 3 个组，在教师指导下进行深入系统的学习。参见《吉林大学校史》编委会编：《吉林大学校史（1946－2006）》，吉林大学出版社 2006 年版，第 8 页。

〔108〕 李放：《缅怀老友惠岩同志》，载吉林大学行政学院编：《王惠岩纪念文集》，人民出版社 2013 年版，第 95－96 页。

〔109〕 吉林大学法学院简史编写组编：《风雨无阻桃李路，拓志未来续风流——吉林大学法学院发展简史（1948－2008）》，吉林大学法学院 2008 年，第 3 页。1949 年 12 月 1 日的新华社社论《正义的裁判》提到，"继美侨瓦尔德行凶案之后，东北的美间谍案，也已由沈阳市人民法院审结判决，罪犯佐佐木等分别被处徒刑，指挥和掩护间谍活动的美前驻沈阳领事馆的全体外籍人员被驱逐出中国国境。这是正义的裁判，它宣告了中华人民共和国法律的尊严，主权的不可侵犯，和人民的不可侮辱"。（参见《新华社社论集（一九四七——一九五〇）》，新华通讯社编印，1960 年 7 月，第 226 页。）该判决是 1949 年 11 月 26 日作出的。（参见周振想、邵景春主编：《新中国法制建设 40 年要览（1949－1988）》，群众出版社 1990 年版，第 7 页。）显然，这里的"法律"是泛指的，抽象的。不知此案是否引起当时司法系师生校友的关注。

1948 年 11 月中国人民解放军占领沈阳后不久，时任美国驻沈阳总领事的瓦尔德（Augus I Ward，一译华德）因拒绝交出电台以及涉嫌间谍活动，于 1949 年 11 月受到审判并被驱逐出境。

图注 1－2　1948 年美国驻沈阳总领事瓦尔德（Augus I Ward）。图片来源：《1949 年新中国驱逐美国外交官》，载网易军事网：http://war.163.com/photoview/4T8E0001/78452.html#p = ABV9LRAG4T8E0001，2014 年 11 月 26 日最后访问。

〔110〕 王一夫：《东北人民大学五年来的教育工作》，载《东北人大生活》第 14 期（1951 年 10 月 3 日）。

〔111〕 《关于目前高等教育工作的决定》第 3 条第 3 项。参见武衡主编：《东北区科学技术发展史资料（解放战争和建国初期）》（第一卷综合卷），中国学术出版社 1984 年版，第 251 页。

〔112〕 《关于目前高等教育苛作的决定》第 5 条 1。武衡主编：《东北区科学技术发展史资料（解放战争和建国初期）》（第一卷综合卷），中国学术出版社 1984 年版，第 252 页。

〔113〕 《关于目前高等教育工作的决定》第 6 条。参见武衡主编：《东北区科学技术发展史资料（解放战争和建国初期）》（第一卷综合卷），中国学术出版社 1984 年版，第 253 页。该决定第 2 条第 1 项还提出，作为必修课的俄文每周 3－4 小时，4 年修完，但各校可根据具体情况，集中在前 2 年内修完，要求达到阅读俄文书籍的目的。参见武衡主编：《东北区科学技术发展史资料（解放战争和建国初期）》（第一卷综合卷），中国学术出版社 1984 年版，第 248 页。

〔114〕 参见吉林大学法学院简史编写组编：《风雨无阻桃李路，拓志未来续风流——吉林大学法学院发展简史（1948－2008）》，吉林大学法学院 2008 年，第 3 页。

〔115〕 政务院《关于高等学校领导关系的决定》（1950 年 7 月 28 日政务院第 43 次政务会议通过，1950 年 8 月 2 日公布）。参见中央人民政府法制委员会编：《中央人民政府法令汇编（1949－1950 年）》，法律出版社 1982 年第 2 版，第 775、776 页。

〔116〕 长春当时是中央直辖市。1954 年 6 月 19 日，中央人民政府委员会第 32 次会议通过《关于撤销大区一级行政机构和合并若干省、市建制的决定》将 11 个中央直辖市改为省辖市。长春市并入吉林省的建制。参见北京大学法律系宪法教研室、资料室编：《（北京大学教学参考资料）宪法资料选编》（第一辑），北京大学出版社 1982 年版，第 144 页。

〔117〕 参见吉林大学法学院简史编写组编：《风雨无阻桃李路，拓志未来续风流——吉林大学法学院发展简史（1948－

2008)》,吉林大学法学院 2008 年,第 3 页。

〔118〕 参见《同学积极热心提出建议有关方面分别答复处理》(王侃、张泽波的建议),载《东北人大生活》第 10 期(1951 年 5 月 1 日)。

〔119〕 参见吉林大学法学院简史编写组编:《风雨无阻桃李路,拓志未来续风流——吉林大学法学院发展简史(1948 - 2008)》,吉林大学法学院 2008 年,第 4 页。另见李放教授在本书初稿上的批注。

〔120〕 参见吉林大学法学院简史编写组编:《风雨无阻桃李路,拓志未来续风流——吉林大学法学院发展简史(1948 - 2008)》,吉林大学法学院 2008 年,第 6 页。

〔121〕 参见《我校工会举行工作经验交流座谈会》,载《东北人大》第 31 期(1953 年 7 月 15 日)。

〔122〕 1954 年 6 月 19 日,中央人民政府委员会第 32 次会议通过了《关于撤销大区一级行政机构和合并若干省、市建制的决定》。当天下午,政务院政法委员会召开党组干事会第 47 次会议,会议讨论决定大区一级行政机构撤销后,各大区政法部门的存在、撤销和交接问题。会议初步决定:最高人民检察署各大区分署一律撤销。最高人民法院华北分院即交最高人民法院本部接管。其他大区分院继续存在,党内委托所在省委领导。今后各大区分院专管审判业务,实行审判与司法行政分立的原则。最高人民法院于 6 月 28 日向中央报送了《关于撤销各大区分院与加强最高人民法院的意见》。7 月 16 日,政务院政法委员会党组干事会向中共中央报送了《关于撤销大区各政法部门和加强中央各政法部门的意见》。最高人民法院大区法院被陆续撤销。参见何帆:《最高人民法院大区分院往事》,载东方法眼网:http://www.dffyw.com/sifashijian/jj/201501/37894.html,2018 年 3 月 6 日最后访问。

〔123〕 参见吉林大学法学院简史编写组编:《风雨无阻桃李路,拓志未来续风流——吉林大学法学院发展简史(1948 - 2008)》,吉林大学法学院 2008 年,第 8 页。

〔124〕 此据李放 1952 年 6 月于中国人民大学研究生毕业时的《毕业证书》(人研字第 00120 号)。该毕业证书显示:

毕业证书

人研字第 00120 号

李放同志于 1951 年 3 月入中国人民大学马列主义关于国家与法权理论教研室学习,至 195 2 年 6 月修完各 * * 课程其专业为马列主义关于国家和法权理论 各课考试及格,特此证明

校长　【印】【印】【印】

北京 195 * *

参见何勤华主编:《中国法学家访谈录》(第一卷),北京大学出版社 2010 年版,第 149 页。

〔125〕 刘庆林,1958 年前任刑法教研室讲师,后下放到白城地区某中学任教。1978 年后在吉林大学日本研究所工作。曾和张光博合译了日本学者佐藤功著《比较政治制度》(刘庆林、张光博译,法律出版社 1984 版)。参见吉林大学法学院简史编写组编:《风雨无阻桃李路,拓志未来续风流——吉林大学法学院发展简史(1948 - 2008)》,吉林大学法学院 2008 年,第 71 页。

〔126〕 吉林大学法学院简史编写组编:《风雨无阻桃李路,拓志未来续风流——吉林大学法学院发展简史(1948 - 2008)》,吉林大学法学院 2008 年,第 3 页。

〔127〕 何勤华主编:《中国法学家访谈录》(第一卷),北京大学出版社 2010 年版,第 151 - 152 页。

〔128〕 参见吉林大学法学院简史编写组编:《风雨无阻桃李路,拓志未来续风流——吉林大学法学院发展简史(1948 - 2008)》,吉林大学法学院 2008 年,第 7 页。其将"吴奇"作"吴琦"。

〔129〕 参见《吉大法学院机构及教职员名单》(1994 年)。另参见吉林大学编写组编:《风雨无阻桃李路,拓志未来续风流——吉林大学法学院发展简史(1948 - 2008)》,吉林大学法学院 2008 年,第 72 - 83 页。吴奇于 1985 年 4 月到

大连海运学院(现大连海事大学)任教授;王子琳于1988年11月调任吉林省行政干部管理学院教授。

〔130〕 参见仪浩、张晋藩:《法史研究过去,面对现在和将来》,载陈夏红主编:《思想的交锋——法大学术访谈录》(第一辑),中国政法大学出版社2007年版,第81页。

〔131〕 不过,当时中国人民大学的学制执行得并不总是非常严格。林榕年教授回忆说,他看到中国政法大学的招生简章,毅然报考,1950年"三月份从中国政法大学三部的学生变成中国人民大学法律系的本科生;五月份按照苏联的模式成立教研室,我又调到教研室成为研究生;同年底,又被调为教师"。参见何勤华主编:《中国法学家访谈录》(第二卷),北京大学出版社2010年版,第229页。

〔132〕 中国人民大学法学院网站:http://law. ruc. edu. cn/xyml/ShowArticle. asp? ArticleID = 26694; http://law. ruc. edu. cn/xyml/ShowArticle. asp? ArticleID = 26751,2012年9月24日最后访问。

〔133〕 孙国华:《沉痛悼念张光博教授》,载《高校理论战线》2008年第2期。

〔134〕 参见《许崇德》,载百度百科:http://baike. baidu. com/view/2171988. htm,2011年12月27日最后访问;《何华辉》,载百度百科:http://baike. baidu. com/view/2142319. htm,2011年12月27日最后访问;张光博:《怀念何华辉教授》(2006年11月12日),http://wkjd. gdcc. edu. cn/ViewInfo. asp? id = 1165,2011年12月27日最后访问。

〔135〕 参见1954年7月4日中国人民大学《法律系全体学工人员欢送第一届毕业生留影纪念》。载中国人民大学法学院网站:http://law. ruc. edu. cn/Photo/ShowPhoto. asp? PhotoID = 24,2012年7月13日最后访问。中国人民大学研究生班在初期学制执行并不严格。以赵中孚教授为例,他原是朝阳学院法律系1947级学生,1949年先后在华北人民政府司法部主办的学习队和谢觉哉任校长的中国政法大学三部学习,1950年3月转入中国人民大学法律系本科,9月调入民法教研室读研究生,11月底即留校任教。参见何勤华主编:《中国法学家访谈录》(第二卷),北京大学出版社2010年版,第260、264页。

〔136〕 何勤华主编:《中国法学家访谈录》(第一卷),北京大学出版社2010年,第152页。

〔137〕 何勤华主编:《中国法学家访谈录》(第二卷),北京大学出版社2010年,第286页。

〔138〕 高清海:《探寻人的精神家园——我走过的哲学历程》,载《高清海哲学文存》(第六卷哲学在走向未来),吉林人民出版社1997年版,第375页。高清海于1948年考取东北行政学院教育系,1949年进入研究生班历史组学习,随后又被保送到中国人民大学马列主义基础研究室做研究生。1952年毕业后于7月回到东北人民大学哲学教研室担任逻辑和哲学的教学工作。参见高清海:《自传》,载《高清海哲学文存》(第六卷哲学在走向未来),吉林人民出版社1997年版,第355、356页。

〔139〕 比如,据徐尚清老师回忆:"苏联专家上课和我们在一起,下课就走了,不在一起。开会时有时在一起,我们也在一起搞搞活动……他们一般岁数都挺大的,上课的时候也是尽心尽力,很投入。苏联专家一般都住在北京饭店。"参见何勤华主编:《中国法学家访谈录》(第二卷),北京大学出版社2010年版,第286页。

〔140〕 董必武:《目前中国的法律工作概况》,载《董必武法学文集》,法律出版社2001年版,第304 - 305页。其中还提到:"北京大学法律系是在去年才成立的。北京还有一个政法学院,教学办法是一面教学,一面上大课训练干部……北京大学法律系还是从干校调了个系主任去,才开办起来。"

〔141〕 据悉,1950年东北人民大学选择了50名政治文化水平较高的学生编入本校研究生班学习,以后又选派了70余名到中国人民大学各教研室学习。到1951年时,已有24人被提为教员或助教。参见王一夫:《东北人民大学五年来的教育工作》,载《东北人大生活》第14期(1951年10月3日)。

〔142〕 有资料称,"自朝阳学院获准立案至停办计21年间,毕业学生有专门部法律科6班,政治经济部7班,大学部法律系21班,政治经济系各13班,司法组3班,司法会计专修科3班,书记官专修科及监狱官专修科各2班"。据此及前述马起毕业于"朝阳大学法律科"而非法律系,可知其在朝阳学院就读的并非本科。据1932年毕业于朝阳学院法律系本科的杨玉珍回忆,"当时朝大分预科和本科。预科毕业后(发给预科毕业证书),成绩及格即升入本

科。本科设法律系和政经系"。而同级的田子进回忆:"学校分大学部和专科部,设法律系和政治经济系。大学部预科二年,专科部预科一年,预科又各设英语班和日语班。大学本科四年,专科本科(原文如此)三年毕业。"参见薛君度、熊先觉、徐葵主编:《法学摇篮朝阳大学》(增订版),东方出版社 2001 年版,第 19、20、56、87、90 页。

〔143〕 晋冀鲁豫边区高等法院是抗战时期晋冀鲁豫边区的最高审判机构,也负责掌管该边区的司法行政工作。1941 年 7 月 7 日,晋冀鲁豫边区临时参议会召开,会议选出晋冀鲁豫边区政府组成人员,杨秀峰为主席,薄一波、戎伍胜为副主席,浦化人为边区高等法院院长。同年 9 月 1 日,晋冀鲁豫边区高等法院在山西左权县会里村正式成立,下设司法行政处、检察处、民事法庭、刑事法庭、书记室、看守所等,是晋冀鲁豫边区民主政权的一个重要组成部分。1943 年 1 月迁往北原。2 月,边区高等法院进行精简,取消了民事法庭、刑事法庭、检察处和看守所,合并成为审检处、行政处和教育处三个部门,并将某些职权交由专署、县两级司法机关行使。1945 年春迁驻弹音村,同年 12 月迁往武安午汲。载百度百科:https://baike.baidu.com/item/晋冀鲁豫边区高等法院/9336574?fr=aladdin,2018 年 2 月 12 日最后访问。

图注 1-3　晋冀鲁豫边区高等法院旧址。郭士辉摄。王珊珊:《一路走来,从未止步》,载《人民法院报》2016 年 6 月 22 日第 4 版。

〔144〕 参见辽宁省地方志编纂文员会办公室主编:《辽宁省志·审判志》,辽宁民族出版社 2003 年版,第 47 页。

〔145〕 参见何勤华主编:《中国法学家访谈录》(第二卷),北京大学出版社 2010 年,第 84 页。

〔146〕 参见黑龙江省地方志编纂委员会编:《黑龙江省志·司法行政志》,黑龙江人民出版社 1998 年版,第 23 页。但《黑龙江省志·政权志》则称,马起自 1947 年 12 月 3 日任松江省高等法院院长,至中华人民共和国成立时仍任是职。查,1947 年 12 月 3 日为东北行政委员会批准松江省政府设立高等法院之日。参见黑龙江省地方志编纂委员会编:《黑龙江省志·政权志》,黑龙江人民出版社 2003 年版,第 175、172 页。

〔147〕 参见黑龙江省地方志编纂委员会编:《黑龙江省志·政权志》,黑龙江人民出版社 2003 年版,第 665 页。

〔148〕 "这本"二字原在引号内。

〔149〕 另,《风雨无阻桃李路,拓志未来续风流——吉林大学法学院发展简史(1948-2008)》所称马起给东北科学院(沈阳)授课时的职务为"最高人民法院东北分院民庭庭长"(第 2 页),并不准确,因那已是 1951 年后的职务了。

〔150〕 参见吉林大学法学院简史编写组编:《风雨无阻桃李路,拓志未来续风流——吉林大学法学院发展简史(1948-2008)》,吉林大学法学院 2008 年,第 84 页。

〔151〕 刘文华,1932 年 6 月 13 日生于河南林州,中国人民大学法学院教授。1951 年至 1955 年在东北人民大学法律系学习,1955 年至 1957 年在中国人民大学法律系民法教研室研究生班学习。研究生毕业后在企业工作,1979 年重返中国人民大学法律系任教。曾兼任北京培黎大学校长。参见《当代中国法学名家》编辑委员会编:《当代中国法学名家》(第二卷),人民法院出版社 2005 年版,第 1077 页。

〔152〕 何勤华主编:《中国法学家访谈录》(第二卷),北京大学出版社 2010 年版,第 37 页。陶业峰、恽艳茹采访。

〔153〕 何勤华主编:《中国法学家访谈录》(第一卷),北京大学出版社 2010 年版,第 154 页。张伟、武嘉采访。

〔154〕 参见《当代中国法学名家》编辑委员会编:《当代中国法学名家》(第一卷),人民法院出版社 2005 年版,第 585 页。

〔155〕 参见吉林大学法学院网站:http://law.jlu.edu.cn/?mod=info&act=view&id=9019,2014 年 12 月 5 日最后访问;《法制与社会发展》2000 年第 2 期,封底。

〔156〕 吉林大学何鹏教授治丧委员会:《讣告》,载吉林大学法学院网站:http://law.jlu.edu.cn/?mod=info&act=view&id=12088,2016 年 4 月 24 日最后访问;李洪明:《在何鹏教授追思会上的讲话》(2016 年 4 月 25 日),载吉林大学法学院网站:http://law.jlu.edu.cn/?mod=info&act=view&id=12117,2018 年 5 月 19 日最后访问;《一生献赤诚精学术 九天无遗憾育桃李——何鹏先生遗体告别仪式侧记》,载吉林大学法学院网站:http://law.jlu.

edu. cn/? mod = info&act = view&id = 12119,2018 年 5 月 19 日最后访问。

〔157〕 此据车丕照教授回忆。参见何勤华主编:《中国法学家访谈录》(第六卷),北京大学出版社 2013 年版,第 46 页。

〔158〕 另在吉林大学图书馆检索到,参见高树异主编:《国际法》,吉林大学出版社 1985 年版。共 326 页。

〔159〕 另有资料称杜若君生于 1912 年 5 月 2 日,卒于 1987 年 10 月 18 日,曾用名杜若、岳军、岳钧。13 岁加入中国共青团。载 http://www. chinajilin. com. cn/2004jlrb/doc/2005 - 08 - 23/1127. htm。

〔160〕 杜若君:《正视积极的思想,坚决克服个人主义》,载《东北人大》第 12 期(1952 年 7 月 20 日),第 5 页。

〔161〕 张钧陶、黄飞声、傅祯:《抗战时期迁川的朝阳学院》,载薛君度、熊先觉、徐葵主编:《法学摇篮朝阳大学》(增订版),东方出版社 2001 年版,第 104 页。

〔162〕 杜若君:《现代国际政治》(原名《今日之世界政治》),中华书局 1935 年版,1936 年再版。32 开,全书 246 页。

〔163〕 杜若君:《大战前夜之欧洲现实》,中华书局 1935 年版。

〔164〕 杜若君:《今日的英国》,上海黑白丛书社 1937 年版。全书 93 页,共分 4 节:腐溃中的英国、政党与政治、外交与国防、英国与远东。

〔165〕 杜若君:《德国要作战吗?》,载邹韬奋主编:《抗战》第十八号(1938 年 9 月 2 日出版)。

〔166〕 杜若君:《欧局与远东》,生活书店 1939 年版。全书 442 页。

〔167〕 吉林大学法学院简史编写组编:《风雨无阻桃李路,拓志未来续风流——吉林大学法学院发展简史(1948 - 2008)》,吉林大学法学院 2008 年,第 85 页。

〔168〕 《中国民主同盟长春市委员会》,载百度百科:https://baike. baidu. com/item/中国民主同盟长春市委员会/9342828? fr = aladdin,2018 年 5 月 19 日最后访问。

〔169〕 载《东北人大生活》第 10 期(1951 年 5 月 1 日)。

〔170〕 《政协简介》,载中国人民政治协商会议长春市委员会网站:http://www. cczx. gov. cn/zzjg/zxgk/,2018 年 5 月 19 日最后访问。

〔171〕 参见丁则良:《我校成立民盟区分部》,载《东北人大》第 24 期(1952 年 12 月 24 日)。丁则良,1953 年 3 月为东北人民大学历史系副教授。丁则良:《为争取更大、更多的胜利而奋斗!》,载《东北人大》第 26 期(1953 年 3 月 5 日)。

〔172〕 参见李春远:《积极准备普选工作,全校学习普选文件》,载《东北人大》第 30 期(1953 年 6 月 29 日)。

〔173〕 载《东北人大》第 30 期(1953 年 6 月 29 日)。

〔174〕 载《东北人大》第 38 期(1953 年 12 月 27 日)。

〔175〕 参见《曾在吉林大学法学院(法律系)任教的教师》,载吉林大学法学院网站:http://law. jlu. edu. cn/? mod = info&act = view&id = 9785,2014 年 12 月 5 日最后访问。

〔176〕 参见《国立中央大学一览——教职员录》,第 37 页。转引自王伟:《中国近代留洋法学博士考(1905 - 1950)》,上海人民出版社 2011 年版,第 270 页。

〔177〕 载 http://catalogue. bnf. ofr/ark:/12148/cb324040698/PUBLIC. 转引自王伟:《中国近代留洋法学博士考(1905 - 1950)》,上海人民出版社 2011 年版,第 270、298 页。

〔178〕 参见《嵊县志》,浙江人民出版社 1989 年版,第 608 页。罗继祖:《蜉寄留痕》,上海古籍出版社 1999 年版,第 263 页。转引自王伟:《中国近代留洋法学博士考(1905 - 1950)》,上海人民出版社 2011 年版,第 270 页。

〔179〕 参见《长春市民盟组织简介》,载中国民主同盟长春市委员会网站:http://minmeng. changchun. jl. cn/mmgk/2015 - 12 - 10/290. html,2018 年 5 月 19 日最后访问。

〔180〕 参见吉林大学法学院简史编写组编:《风雨无阻桃李路,拓志未来续风流——吉林大学法学院发展简史(1948 - 2008)》,吉林大学法学院 2008 年,第 70 页。

〔181〕 参见吉林大学法学院简史编写组编:《风雨无阻桃李路,拓志未来续风流——吉林大学法学院发展简史(1948 - 2008)》,吉林大学法学院 2008 年,第 6 页。

〔182〕 载孔夫子旧书网:http://tan. kongfz. com/2313/55904/,2011 年 11 月 23 日最后访问。

〔183〕 参见吉林大学法学院简史编写组编:《风雨无阻桃李路,拓志未来续风流——吉林大学法学院发展简史(1948 - 2008)》,吉林大学法学院 2008 年,第 70 页;王伟:《中国近代留洋法学博士考(1905 - 1950)》,上海人民出版社 2011 年版,第 398 页。

〔184〕 参见王伟:《中国近代留洋法学博士考(1905 - 1950)》,上海人民出版社 2011 年版,第 270 页。

〔185〕 载吉林大学网:http://law. jlu. edu. cn/? mod = info&act = view&id = 11861,2018 年 1 月 30 日最后访问。

〔186〕 参见《东北人大生活》第 10 期(1951 年 5 月 1 日)。

〔187〕 参见《沉痛悼念甘雨沛教授》,载 http://www. 69law. com/Article/LAW_art/130244. htm;吉林大学法学院简史编写组编:《风雨无阻桃李路,拓志未来续风流——吉林大学法学院发展简史(1948 - 2008)》,吉林大学法学院 2008 年,第 84 页。

〔188〕 杜岫石教授长期从事教学工作,讲授过刑法、形式逻辑、辩证逻辑、法律逻辑等。主编有《形式逻辑教程》(1987)和《形式逻辑与数理逻辑的比较研究》(1987)。曾任吉林省哲学学会常务理事、吉林省逻辑学会副理事长、中国逻辑学会理事、中国辩证逻辑研究会理事、全国形式逻辑研究会常务理事、中国逻辑与语言研究会学术委员会委员。曾兼任中国逻辑与语言函授大学教授、中央电视大学形式逻辑课主讲教师。杜岫石教授关心社会、关心整个教育事业,在怀柔捐助了一座希望小学。载 http://www. crtvu. edu. cn/topicpage/zhujiang/college38/th1014. htm。

〔189〕 1936 年 1 月 4 日颁布的伪满"法院组织法"规定法院分四级:"区法院""地方法院""高等法院""最高法院"。该法自 1936 年 7 月 1 日起实施。参见吉林省地方志编纂委员会编纂:《吉林省志 · 司法公安志(审判)》,吉林人民出版社 2004 年版,第 18 页。

〔190〕 参见吉林省地方志编纂委员会编纂:《吉林省志 · 司法公安志(司法行政)》,吉林人民出版社 2000 年版,第 338 - 339 页。

〔191〕 参见武衡主编:《东北区科学技术发展史资料(解放战争和建国初期)》(第一卷综合卷),中国学术出版社 1984 年版,第 107 页。

〔192〕 1952 年"九月初,东北人民政府司法部召开了省、市院长会议,确定了经过内部检查、批判和外部发动群众的方针,以达到纯化队伍、肃清旧法观点作风的目的。经过两个来月的运动,各省、市法院都已纯化了组织、划清了新旧司法界限观点。仅据沈阳、辽东、吉林、松江、热河、辽西不完全的统计,已查镇反、婚姻、公私等案件 14549 件,发现有问题者 1654 件,多系违反政策的错误,发动群众共六十九万六千四百多人(包括干部及当事人),他们都受到了司法改革的教育,一共提出意见 1029 件,这些意见主要属于政策及作风方面的。目前大部分县法院也已进行了批判,部分县并完成了组织上的整顿。""大部分法院都能亲自下去问案,不是在家里坐堂问案了,而是与群众密切地联系来处理案件,并且发扬与创造了许多走群众路线的审判方式,如沈阳、哈尔滨的集体调审,旅大、抚顺采用人民法庭的经验……"参见高崇民:《在东北人民政府委员会第四次扩大会上的发言》(1953 年 1 月),载《高崇民诗文选集》编委会编:《高崇民诗文选集》,沈阳出版社 1991 年版,第 233、234 页。

〔193〕 参见崔建远:《先生之风,山高水长》,载崔建远主编:《民法九人行》(第三辑),法律出版社 2006 年版,第 1、2 页。

〔194〕 参见崔建远:《先生之风,山高水长》,载崔建远主编:《民法九人行》(第三辑),法律出版社 2006 年版,第 1、2 页。1983 年,陈国柱教授承担了国家社科"六五"规划项目"中国合同制度研究"。传世作品有:《民法学》(主编,吉林大学出版社 1984 年版);论文《关于完善经济合同解除制度的思考》(与崔建远合作,载《企业 · 证券 · 合同》,人民法院出版社 1992 年版);《日本民法典》(译,吉林大学出版社 1995 年版);《意大利民法典》(译,中国人民大学

2010 年版）。据崔建远教授回忆，他第一次闻知物权行为概念及其理论，就是 1982 年在导师陈国柱老师讲授《外国民法》的课堂上。参见崔建远：《物权行为与中国民法》（上），载中国法学网：http://www.iolaw.org.cn/showNews.aspx? id=6074，2018 年 5 月 19 日最后访问。

〔195〕 载 https://www.baidu.com/link? url=CvLvYy4IkzQQdCBL2zj5lMR-Xc7XzCh49JyyPD3plDYZrj4h4WPuuxXArMQmEka3QyensS76XYXIS2tigm6RaafekEgfvVe1nGH_niKu4IwozNTzvfiQ_XqYF9T2mkvX&wd=&eqid=e6b1f4930006a265000000035acf48d0。2018 年 4 月 12 日最后访问。

〔196〕 2009 年 1 月 29 日，林礼昭前辈给笔者的复信（口述，由其女林菲老师代笔）。

〔197〕 林老晚年双目失明，2008 年曾将公文包遗落在 315 路公共汽车上。参见王一涵、林艺卓：《情系夕阳，做老干部的贴心人——记我校离退休工作处老干部车队》，载《吉林大学报》2010 年 12 月 31 日（第 386 期，总第 396 期），第 2 版。

〔198〕 参见《拜访 86 高龄李放教授：老故事，从 1948 年建系讲起》，载 http://qoofan.com/read/WGDXDKqWG9.html，2016 年 11 月 20 日最后访问。

〔199〕 据李放教授在本书初稿上的批注。

〔200〕 1957 年，李放被错划为“右倾”，受到开除党籍处分，并被禁止讲课，但因为要帮接替他授课的三位教师写讲义，而没有被送去劳动改造。并于 1960 年获准给长春市公检法干部训练班讲课。一年多后，才重回法律系讲授法学理论。参见李放：《缅怀老友惠岩同志》，载吉林大学行政学院编：《王惠岩纪念文集》，人民出版社 2013 年版，第 97 页；何勤华主编：《中国法学家访谈录》（第一卷），北京大学出版社 2010 年版，第 155 页。

〔201〕 载 http://www.world-vip.com/web/L/L11-245.htm。

〔202〕 李放教授曾主持全国法学“七五”期间重点研究课题《当代日本法研究》。载《全国法学“七五”期间重点课题简介（续二）》，载中国法律年鉴编辑部编：《中国法律年鉴（1989 年）》，法律出版社 1990 年版，第 1139 页。

〔203〕 1957 年，王惠岩被错划为“右派”，受到开除党籍、取消职称、送往校办农场劳动改造的处分。王老夫人脱弱女士回忆说：“回想当时，他主要提出了三条意见：(1)收发室党员工友不应该大呼小叫地直呼教授名字，特别是党外老教授的名字，而且他们有信件来时应当给送到楼上去。收发室在一层，老教授办公室在二层。结果他被安上了一条罪状，叫‘攻击党员校友’。(2)给法律系主任马起教授提了点儿建议，希望马起主任能给毕业生讲课。当时学校的教授少，法律系仅此一位。惠岩与马起是同乡，两人无话不谈。马主任表示自己是从法院来的，讲课是外行。惠岩说，你不要以外行自居，哪怕给学生作个报告也行。这一条的罪状是‘攻击老干部’，说老干部‘外行不能领导内行’。马起主任后来才知道这一情况，说‘简直无中生有’，但此时右派的结论已成定局。(3)建议人事科干部对人应当热情接待。惠岩不止一次地看到过新来的教师到人事科报到时，人事干事不仅不站起来接待，说话还不客气，甚至不礼貌。这一条的罪状是‘攻击人事干部’。”劳动改造结束后，王惠岩被安排在图书馆作借阅出纳员。1960 年被摘掉“右派”帽子，次年调回法律系，讲授《中国政治与法律制度史》。参见脱弱：《相濡以沫的良师益友》，载吉林大学行政学院编：《王惠岩纪念文集》，人民出版社 2013 年版，第 3-4 页。李放：《缅怀老友惠岩同志》，载吉林大学行政学院编：《王惠岩纪念文集》，人民出版社 2013 年版，第 99 页。张文显：《弘的气度，光辉的典范（序）》，《王惠岩文集》（第一卷政治学理论），中国大百科全书出版社、党建读物出版社 2007 年版，第 1、2 页。

〔204〕 参见脱弱：《相濡以沫的良师益友》，载吉林大学行政学院编：《王惠岩纪念文集》，人民出版社 2013 年版，第 2、4 页；张文显：《为社会主义民主法治呐喊和沉思》，载吉林大学行政学院编《王惠岩纪念文集》，人民出版社 2013 年版，第 18 页。

〔205〕 吉林大学 60 年校庆网站提供的 1948 年东北行政学院司法系、法律系入学名录中有张光博的名字。载吉林大学 60 年校庆网站：http://jlu60.jlu.edu.cn/xytd/tcml_xx.jsp? id=6141，2006 年 9 月 30 日最后访问。

〔206〕 王群瑛、安中业:《张光博教授学术思想简述》,载《高校理论战线》2006 年第 12 期;《当代中国法学名家》编辑委员会编:《当代中国法学名家》(第四卷),人民法院出版社 2005 年版,第 2356 页。

〔207〕 参见《当代中国法学名家》编辑委员会编:《当代中国法学名家》(第四卷),人民法院出版社 2005 年版,第 2369 页。

〔208〕 韩大元,1960 年 10 月生于吉林省,朝鲜族。吉林大学法律系 1980 级本科。1984 年毕业后考取中国人民大学法律系。1987 年毕业,获法学硕士学位,并在中国人民大学法律学任教,主攻宪法学,历任助教、讲师、副教授、教授。1991 年至 1994 年在中国人民大学法学院攻读博士学位。1991 年起,先后到日本京都大学法学部、美国哈佛大学法学院、法国马塞大学欧亚法研究所等访学。1999 年被评为全国十大杰出中青年法学家。曾任中国人民大学法学院院长,兼任中国法学会常务理事、中国宪法学研究会会长、中国法学教育研究会常务副会长、中国检察学研究会副会长、海峡两岸法学交流促进会副理事长等职。参见《当代中国法学名家》编辑委员会编:《当代中国法学名家》(第一卷),人民法院出版社 2005 年版,第 518 页。百度百科:https://baike. baidu. com/item/韩大元/3274427? fr = aladdin,2018 年 5 月 23 日最后访问。

〔209〕 载 http://www. legaldaily. com. cn/bm/content/2010 - 05/12/content_2137825. htm? node = 20737。2014 年 5 月 9 日最后访问。

〔210〕 载《吉林大学社会科学学报》1983 年第 4 期。

〔211〕 参见石宝山、郭学贡编:《民事诉讼法》,吉林大学出版社 1985 年版。

〔212〕 参见《讣告》,载吉林大学法学院网站:http://law. jlu. edu. cn/? mod = info&act = view&id = 12489,2016 年 8 月 13 日最后访问。

〔213〕《吉林大学学报》(哲学社会科学版)1974 年第 1 期上刊登了王子琳"批林批孔"的署名文章《林彪为什么多次攻击秦始皇》(第 31 页以下)。

〔214〕 参见何勤华主编:《中国法学家访谈录》(第九卷),北京大学出版社 2014 年版,第 128 页。

〔215〕 参见《吉大法学院机构及教职员名单》(1994 年)。另见吉林大学法学院简史编写组编:《风雨无阻桃李路,拓志未来续风流——吉林大学法学院发展简史(1948 - 2008)》,吉林大学法学院 2008 年,第 72 - 83 页。

〔216〕 参见吉林大学法学院简史编写组编:《风雨无阻桃李路,拓志未来续风流——吉林大学法学院发展简史(1948 - 2008)》,吉林大学法学院 2008 年,第 72 页;《曾在吉林大学法学院(法律系)任教的教师》,载吉林大学法学院网站:http://law. jlu. edu. cn/? mod = info&act = view&id = 9785,2014 年 12 月 3 日最后访问。

〔217〕 参见何勤华主编:《中国法学家访谈录》(第九卷),北京大学出版社 2014 年版,第 128 页。刘颖、谢舟、杜军强采访。

〔218〕 载中国人民大学法学院网站:http://law. ruc. edu. cn/xyml/ShowArticle. asp? ArticleID = 26646。

〔219〕 载吉林大学法学院网站:http://law. jlu. edu. cn/? mod = info&act = view&id = 9030,2014 年 12 月 5 日最后访问。

〔220〕 载吉林大学法学院网站:http://law. jlu. edu. cn/? mod = info&act = view&id = 9026,2014 年 12 月 5 日最后访问。其中提到:郭学贡于 1955 年参加全国人大常委会组织的民法起草工作。1956 年全国第一次试行律师辩护制度,吉林省为贯彻执行此制度,特邀其为首任律师作出庭辩护示范。1960 年哲学系哲学研究生进修班毕业,先后于哲学系哲学教研室、党委直属马列主义教研室任哲学教学工作,兼任工会主席。1978 年起继续在法律系从事民事诉讼法的教学工作。

〔221〕 参见张旭:《恰同学少年风华正茂》,载吉林大学法学院"法苑芳华"微信公众号,老故事第三季(一),2017 年 9 月 21 日发布。张旭,女,1962 年生,辽宁黑山县人。1981 年 9 月起在吉林大学法律系学习,先后获得法学学士、法学硕士学位。1988 年留校任教,历任助教、讲师(1990 年)、副教授(1996 年)、教授。后在职攻读博士研究生,师从何鹏教授,1993 年 10 月毕业,获法学博士学位。1995 年 11 月至 1996 年 11 月,在比利时安特卫普大学进行博

士后研究。2000 年、2002 年和 2008 年先后三次作为高级访问学者赴德国进行国际刑法和比较刑法研究。2004 年 12 月至 2012 年 12 月担任吉林大学法学院副院长。兼任中国刑法学研究会副会长、吉林省刑法学研究会会长。主要著作有:《减免刑事责任理论比较研究》(长春出版社 1994 年版)、《国际刑法论要》(吉林大学出版社 2000 年版)、《犯罪学要论》(法律出版社 2003 年版)、《犯罪学基本理论研究》(高等教育出版社 2010 年版)。

〔222〕 参见王一夫:《东北人民大学五年来的教育工作》,载《东北人大生活》第 14 期(1951 年 10 月 3 日);《在第二次校委会会议上甘雨沛主任关于教学辅导工作的报告》,载《东北人大生活》第 11 期(1951 年 5 月 13 日)。

〔223〕 参见《教研室工作简报 · 各教研室的领导关系有所改变》,载《东北人大生活》第 14 期。

〔224〕 参见吉林大学法学院简史编写组编:《风雨无阻桃李路,拓志未来续风流——吉林大学法学院发展简史(1948 - 2008)》,吉林大学法学院 2008 年,第 6 页。唯其误有二,一是将“马志振”误作“马治振”,二是将“国际法教研组”误作“国家法教研组”。

〔225〕 参见方流芳:《中国法学教育观察》,载《比较法研究》1996 年第 2 期。

〔226〕 载《东北人大》第 26 期(1953 年 3 月 5 日),第 25 页。吉林大学 60 周年校庆网站提供的 1953 年入学的东北人民大学外文系学生名录(共 86 位)中有刘世荇的名字。参见吉林大学 60 周年校庆网站:http://jlu60. jlu. edu. cn/xytd/tcml_xx. jsp? id = 6541,2006 年 9 月 30 日最后访问。

〔227〕 参见《东北人民大学法律系国家与法权理论及历史教学研究组一九五三至五四年度第一学期工作历》,载《东北人大》第 32 期(1953 年 7 月 30 日)。据李放教授在本书初稿上的批注,其编写了国家与法权理论教材,上下两册,张光博负责编写宪法学教材,徐尚清负责编写外国法制史教材,韩玉林负责编写中国法制史教材,王惠岩因被安排参加编写 12 年规划而未参加教材编写。

〔228〕 参见吉林大学法学院简史编写组编:《风雨无阻桃李路,拓志未来续风流——吉林大学法学院发展简史(1948 - 2008)》,吉林大学法学院 2008 年,第 6 页。

〔229〕 参见王惠岩:《略谈总复习》,载《东北人大》第 38 期(1953 年 12 月 27 日)。《东北人大》第 30 期上刊发的一篇文章中提到,1953 年 6 月 20 日,法律教研室有 4 位教师给家属进行了普选讲话。参见李春远:《积极准备普选工作,全校学习普选文件》,载《东北人大》第 30 期(1953 年 6 月 29 日)。

〔230〕 该辑共 44 页。第二辑共 77 页。

〔231〕 《政法院校介绍——东北人民大学法律系》,载《政法研究》1954 年第 3 期。

〔232〕 参见中央人民政府法制委员会编:《中央人民政府法令汇编(1949 - 1950 年)》(第二版),法律出版社 1982 年,第 778、779 页。

〔233〕 参见《教务工作年度计划(一九五二年九月— 一九五三年八月)》,载《东北人大》第 24 期(1952 年 12 月 24 日)。

〔234〕 参见吉林大学法学院简史编写组编:《风雨无阻桃李路,拓志未来续风流——吉林大学法学院发展简史(1948 - 2008)》,吉林大学法学院 2008 年,第 9 页。

〔235〕 参见《马列主义教研室建立试讲制》,载《东北人大生活》第 14 期(1951 年 10 月 3 日)。此外,该教研室每两周还要举行一次教学总结会,检查教学工作中及教学上的优缺点。

〔236〕 参见吉林大学法学院简史编写组编:《风雨无阻桃李路,拓志未来续风流——吉林大学法学院发展简史(1948 - 2008)》,吉林大学法学院 2008 年,第 9 页。

〔237〕 此据李放教授在本书初稿上的批注。

〔238〕 载《东北人大》第 26 期(1953 年 3 月 5 日)。

〔239〕 1954 年 1 月 24 日,东北人民大学派马列主义基础、哲学、政治经济学、法律、地理等教研室的 6 名教员去北京参加中国人民大学举行的第四次科学讨论会。他们分别听了关于国家过渡时期总路线以及经济建设和政权建设等问题的科学报告。载《东北人大》第 40 期(1954 年 2 月 27 日)。

〔240〕 参见王惠岩、高树异:《法律教研室的历史唯物论学习》,载《东北人大》第 27 期(1953 年 3 月 25 日)。

〔241〕 《人事处年度工作计划(自一九五二年下学期至一九五三年上学期末)》(1952 年 12 月 5 日订,6 日校长批准),载《东北人大》第 24 期(1952 年 12 月 24 日)。

〔242〕 参见李文海:《序——我国社会主义高等教育事业的开拓者》,载黄达主编:《吴玉章与中国人民大学》,山西教育出版社 1996 年版,第 3 页。

〔243〕 参见联共(布)中央特设委员会编、联共(布)中央审订(1938):《联共(布)党史简明教程》,苏联外国文书籍出版局印行,莫斯科 1950 年中文版;[苏]斯切潘诺夫主编:《联共[布]历史研究提纲》,曹葆华译,解放社 1949 年版。

〔244〕 参见[苏]亚历山大洛夫、加拉克梯昂诺夫、克鲁什可夫、米丁、莫察洛夫、颇斯彼洛夫:《斯大林传略》,唯真译,莫斯科外国文书籍出版局 1949 年印行。另有 1951 年版本。

〔245〕 以上参见马克思列宁主义夜大学教务室:《本校附设马克思列宁主义夜大学六个月工作的简要总结》,载《东北人大》第 25 期(1953 年 1 月 15 日)。

〔246〕 参见《东北人民大学一九五二年度第二学期校历》,载《东北人大》第 26 期(1953 年 3 月 5 日)。

〔247〕 参见《马列主义夜大学最近两个月来的学习情况和问题》,载《东北人大》第 37 期(1953 年 12 月 5 日)。

〔248〕 参见《夜大学结束了本学年课程下学期讲授"中国革命史"》,载《东北人大》第 32 期(1953 年 7 月 30 日)。

〔249〕 参见《马列主义夜大学最近两个月来的学习情况和问题》,载《东北人大》第 37 期。

〔250〕 参见《马列主义夜大学最近两个月来的学习情况和问题》,载《东北人大》第 37 期。1953 年 8 月 1 日起,长春市改为中央直辖市,由东北行政委员会(东北人民政府)代管。中共长春市委由中共吉林省委领导改为中共中央东北局领导。1954 年 6 月 19 日,长春市重新划归吉林省。8 月,长春市委划归中共吉林省委领导。参见中共长春市委党史研究室编:《长春资本主义工商业的社会主义改造》(1992 年),第 522、523 页。

〔251〕 参见《全校人员积极学习总路线》,载《东北人大》第 37 期(1953 年 12 月 5 日)。法律系二乙班学生温光华在《东北人大》第 39 期(1954 年 1 月 20 日)上发表《为实现社会主义准备好自己》(第 6 - 7 页)。

〔252〕 武衡主编:《东北区科学技术发展史资料(解放战争和建国初期)》(第一卷综合卷),中国学术出版社 1984 年版,第 248 页。

〔253〕 武衡主编:《东北区科学技术发展史资料(解放战争和建国初期)》(第一卷综合卷),中国学术出版社 1984 年版,第 248 页。

〔254〕 武衡主编:《东北区科学技术发展史资料(解放战争和建国初期)》(第一卷综合卷),中国学术出版社 1984 年版,第 247 - 248 页。

〔255〕 《关于目前高等教育工作的决定》第 5 条第 7 项 2。参见武衡主编:《东北区科学技术发展史资料(解放战争和建国初期)》(第一卷综合卷),中国学术出版社 1984 年版,第 252 页。

〔256〕 中央人民政府教育部《关于实施高等学校课程改革的决定》(1950 年 7 月 28 日政务院第 43 次政务会议批准,1950 年 8 月 2 日公布)。参见中央人民政府法制委员会编:《中央人民政府法令汇编(1949 - 1950 年)》(第二版),法律出版社 1982 年,第 777 页。

〔257〕 中央人民政府法制委员会编:《中央人民政府法令汇编(1949 - 1950 年)》(第二版),法律出版社 1982 年,第 778 页。政务院第 43 次会议还通过了《关于高等学校领导关系问题的决定》,批准了《高等学校暂行规程》《专科学校暂行规程》《私立高等学校暂行办法》。参见周振想、邵景春主编:《新中国法制建设 40 年要览(1949 - 1988)》,群众出版社 1990 年版,第 24 页。

〔258〕 政务院《高等学校暂行规程》(1950 年 7 月 28 日政务院第 43 次会议批准,1950 年 8 月 14 日教育部公布)第 14 - 16 条。1951 年 8 月 10 日政务院第 97 次政务会议通过,10 月 1 日公布《关于改革学制的决定》。其中规定:"大学及专门学院修业年限以三年至五年为原则(师范学院修业年限为四年),招收高级中学及同等学校毕业生或具

有同等学力者。入学年龄不作统一规定。”参见中央人民政府法制委员会编:《中央人民政府法令汇编(1951)》,人民出版社 1953 年版,第 479 页。

〔259〕 参见吉林大学法学院简史编写组编:《风雨无阻桃李路,拓志未来续风流——吉林大学法学院发展简史(1948 - 2008)》,吉林大学法学院 2008 年,第 3 页。据李放教授回忆,还请过李光灿教授来作报告。参见何勤华主编:《中国法学家访谈录》(第一卷),北京大学出版社 2010 年版,第 150 页。

〔260〕 这四个组分别是黄延洲、叶秀琴、郭镇环实习小组(能独立审判),刘成邦、路葆尊小组,石宝山、刘日熹、高宗仁小组,孙启英、吴衡铎小组。参见《法律系同学业务实习收获笔谈》,载《东北人大生活》第 12 期(1951 年 6 月 13 日)。

〔261〕 参见法律教研室:《法律系业务实习情况》,载《东北人大生活》第 11 期(1951 年 5 月 13 日)。

〔262〕 载《东北人大生活》第 10 期(1951 年 5 月 1 日)。

〔263〕 朱天华供稿。载《东北人大生活》第 12 期(1951 年 6 月 13 日)。

〔264〕 《在第二次校委会会议上甘雨沛主任关于教学辅导工作的报告》,载《东北人大生活》第 11 期(1951 年 5 月 13 日)。

〔265〕 参见朱天华:《法律系同学假期实习情况》,载《东北人大生活》第 13 期(1951 年 9 月 5 日)。

〔266〕 何恩涛供稿。载《东北人大》第 24 期(1952 年 12 月 24 日)。

〔267〕 引自杨振山:《中国法学教育沿革之研究》,载《政法论坛》2000 年第 4 期。

〔268〕 政务院《关于改革学制的决定》(1951 年 8 月 10 日政务院第 97 次政务会议通过,1951 年 10 月 1 日公布)。

〔269〕 政务院《高等学校暂行规程》(1950 年 7 月 28 日政务院第 43 次会议批准,1950 年 8 月 14 日教育部公布)第 10 条。参见中央人民政府法制委员会编:《中央人民政府法令汇编(1949 - 1950 年)》(第二版),法律出版社 1982 年,第 781 页。

〔270〕 参见吉林大学法学院简史编写组:《风雨无阻桃李路,拓志未来续风流——吉林大学法学院发展简史(1948 - 2008)》,吉林大学法学院 2008 年,第 4 页。

〔271〕 载吉林大学 60 年校庆网站:http://jlu60. jlu. edu. cn/xytd/tcml_xx. jsp? id = 6103;http://jlu60. jlu. edu. cn/xytd/tcmlsearch. jsp? page = 2&knowledge = null&grade = 1952;http://jlu60. jlu. edu. cn/xytd/tcml_xx. jsp? id = 6110,2006 年 9 月 30 日最后访问。其中 1953 年入学学生数虽与正文中所述统计表 52 人有所出入,但当年该系在校生总数 244 人则与该表相差不大。

〔272〕 东北人民大学教务处:《一九五二年度第二学期期末各系考试、考查日程表》,载《东北人大》第 30 期(1953 年 6 月 29 日)。以上考试课程未标注“笔试”字样的为口试。

〔273〕 参见东北人民大学教务处:《通知》,载《东北人大》第 36 期(1953 年 11 月 23 日)。

〔274〕 该统计表给出的 1956 年 113 人的毕业数与吉林大学 60 年校庆网站提供的 1952 年入学 114 人的数字基本相符。问题是统计表中 1955 年的毕业生数(55)要小于网站提供的 1951 年的入学数(70),尚不知道如何解释。

〔275〕 1955 年 7 月从东北人民大学法律系毕业后,刘楠来被选拔赴苏联留学,经过 1 年的俄语培训,于 1956 年 11 月初进入莫斯科大学法律系,师从 N. H. 加兰萨教授攻读国家和法的历史研究生课程,1961 年 3 月通过答辩,获得法学副博士学位,旋即回国,被分派至中国科学院哲学社会科学学部法学研究所法制史组工作。1979 年至 1981 年,被派至罗马尼亚布加勒斯特大学法律系进修。2002 年从中国社会科学院国际法研究中心退休。关于赴苏联留学,刘楠来研究员后来回忆说:“1954 年我被学校选中准备去苏联留学,经过一系列的考试、考察之后我幸运地被录取了。1955 年大学毕业之后,在北京俄语学院留苏预备班学习一年的俄文。”“1960 年底,我顺利地通过了论文答辩,获得了苏联法学副博士学位”。参见《当代中国法学名家》编辑委员会编:《当代中国法学名家》(第二卷),人民法院出版社 2005 年版,第 1064、1065 页。何勤华主编:《中国法学家访谈录》(第二卷),北京大学出版

社 2010 年版,第 83 页。

〔276〕 载《东北人大生活》第 14 期(1951 年 10 月 3 日)。而同一时期,华东地区的公立高校文科大部分学生则用 3 个月时间参加当地的土改运动。华东教育部要求"为加强教学与实际联系,特决定各公立高等学校文、法学院各系、组一九五一年度二、三、四年级学生于始业后,一律参加土改工作三个月,于今年十二月底返校,本学期应修课程则于明年一月开始至四月底为止,补修完毕,一九五一学年度第二学期于五月初开始,至八月底结业,上列文法学院各系级教师除因年老体弱或其他事故不能参加,经学校行政审查批准留校者外,原则上亦应与学生一道参加土改工作"。参见《秘书室关于文法师三院参加土改的布告》(1951 年 9 月 28 日),载南京大学校庆办公室校史资料编辑组、南京大学学报编辑部编辑:《南京大学校史资料选辑》,1982 年 4 月内部发行。

〔277〕 1951 年 6 月,马寅初就任北京大学校长后,请周恩来为北大教职员作一次报告。中央对此非常重视,教育部成立了京津高校教师学习委员会,有 20 所大学成立了学习分会。1951 年 9 月 29 日,周恩来在京津高校教师学习会上向 3000 多名高校教师作了题为《关于知识分子的改造问题》的报告。11 月 13 日,中共中央发出《关于在学校中进行思想改造和组织清理工作的指示》。1952 年 1 月,人民政协全国委员会常务委员会作出《关于开展各界人士思想改造的学习运动的决定的通知》,知识分子改造运动遂推广到全国知识界,至 1952 年秋,运动基本结束。参见旷晨、潘良编著:《我们的五十年代》,中国友谊出版公司 2005 年版,第 27、28 页。

〔278〕 参见《东北人民大学在"三反"运动中进行教师思想改造计划》(1952 年 5 月 15 日学委会通过),载《东北人大》第 18 期(1952 年 6 月 6 日)。

〔279〕 参见《本校教师思想改造运动正式展开吕校长对全校人员作动员报告》,载《东北人大》第 18 期(1952 年 6 月 6 日)。

〔280〕 参见东北人民大学学委会:《关于成立"各分学委教师思想检查会主席团"的决定》(1952 年 6 月 10 日),载《东北人大》第 19 期(1952 年 6 月 25 日)。

〔281〕 参见《东北人民大学在"三反"运动中进行教师思想改造计划》(1952 年 5 月 15 日学委会通过),载《东北人大》第 18 期(1952 年 6 月 6 日)。学习的文件包括:斯大林《与英国作家威尔斯的谈话》;周恩来《在人民政协全国委员会常务会议的报告摘要》;高岗《克服资产阶级思想对党的侵蚀,反对党内右倾思想》;陈伯达《纪念斯大林同志的伟大著作〈中国革命问题〉的二十五周年》。

〔282〕 参见《我校教师思想检查已进入深入阶段:一百零六名教师的检讨已被群众通过;检讨未被通过的教师,亟须端正态度,认真检查》,载《东北人大》第 20 期(1952 年 7 月 22 日)。

〔283〕 参见杜若君:《正视自己的错误思想,坚决克服个人主义》,载《东北人大》第 20 期(1952 年 7 月 22 日)。

〔284〕 参见《我校教师思想检查已进入深入阶段:一百零六名教师的检讨已被群众通过;检讨未被通过的教师,亟须端正态度,认真检查》,载《东北人大》第 20 期(1952 年 7 月 22 日)。

〔285〕 《东北人民大学学委会学生思想检查计划》(1952 年 7 月 13 日订),载《东北人大》第 20 期(1952 年 7 月 22 日)。

〔286〕 参见《在教师思想检查胜利的基础上我校忠诚老实运动顺利开展》,载《东北人大》第 21 期(1952 年 8 月 6 日)。

〔287〕 北大中文系白化文教授的回忆印证了这一点:"从 1952 年秋季至 1955 年春季,运动不多不大,反而提出'向科学进军'等口号。""1952 年秋季至 1953 年夏季,我读二年级。全国全校学习苏联,教学改革。"参见白化文:《负笈北京大学》,江西教育出版社 2008 年版,第 73、74 页。

〔288〕 参见吕振羽:《全校团结一致,迎接新的任务——吕振羽校长在一九五二年十一月二十日开学典礼大会上的报告》,载《东北人大》第 24 期(1952 年 12 月 24 日)。

〔289〕 参见李颂明:《在学习战线上的一年——向党报告我的学习情况》,载《东北人大》第 30 期(1953 年 6 月 29 日)。李颂明当时是法律系一年乙级的学生。

〔290〕 参见高格:《我的刑法学术思想》,载《法制与社会发展》2001 年第 5 期。高格(1933.10 - 2001.8.5),云南省宾川

县平川人。1952 年 10 月考入东北人民大学法律系，1956 年毕业后留校任教。1993 年被增补为博士生导师。代表作有：《刑法教程》（吉林大学出版社 1984 年版，1987 年 1 月修订版）、《比较刑法学》（编著，长春出版社 1991 年版）。

〔291〕 参见吕振羽：《一九五二学年度第一学期工作总结和第二学期的开端——吕振羽校长在一九五三年二月十七日开学典礼上的报告》，载《东北人大》第 26 期（1953 年 3 月 5 日）。

〔292〕 参见《教务工作年度计划（一九五二年九月 - 一九五三年八月）》，载《东北人大》第 24 期（1952 年 12 月 24 日）；吕振羽：《一九五二学年度第一学期工作总结和第二学期的开端》（吕振羽校长在一九五三年二月十七日开学典礼上的报告），载《东北人大》第 26 期（1953 年 3 月 5 日）。

〔293〕 参见《团委会、学生会寒假工作计划（二月一日 - 二月十七日）》，载《东北人大》第 25 期（1953 年 1 月 15 日）。

〔294〕 参见吉林大学法学院简史编写组编：《风雨无阻桃李路，拓志未来续风流——吉林大学法学院发展简史（1948 - 2008）》，吉林大学法学院 2008 年，第 7 页。

〔295〕 参见曲天民：《“课堂讨论”的改进》，载《东北人大》第 28 期（1953 年 4 月 25 日）。

〔296〕 参见吕振羽：《一九五二学年度第一学期工作总结和第二学期的开端》（吕振羽校长在一九五三年二月十七日开学典礼上的报告），载《东北人大》第 26 期（1953 年 3 月 5 日）。

〔297〕 《苏联法律学校专业课程教学大纲》，中央人民政府政务院政治法律委员会干部训练组 1954 年 9 月编印，第 204、205 页。

〔298〕 参见《东北人民大学一九五二年度第二学期校历》，载《东北人大》第 26 期（1953 年 3 月 5 日）。

〔299〕 参见东北人民大学教务处：《一九五二年度第二学期期末各系考试、考查日程表》，载《东北人大》第 30 期（1953 年 6 月 29 日）。以上考试课程未标注“笔试”字样的为口试。

〔300〕 参见《东北人民大学一九五二学年度第二学期校历》，载《东北人大》第 26 期（1953 年 3 月 5 日）。

〔301〕 另可参见李颂明：《在学习战线上的一年——向党报告我的学习情况》，载《东北人大》第 30 期（1953 年 6 月 29 日）。

〔302〕 参见何恩涛：《我的俄文专业学习》，载《东北人大》第 32 期（1953 年 7 月 30 日）。

〔303〕 载《东北人大》第 32 期（1953 年 7 月 30 日）。

〔304〕 载《东北人大》第 35 期（1953 年 10 月 30 日）。

〔305〕 《政法院校介绍——东北人民大学法律系》，载《政法研究》1954 年第 3 期。

〔306〕 张光博：《比较宪法纲要》，辽宁大学出版社 1990 年版，第 1 页。

〔307〕 张光博：《比较宪法纲要》，辽宁大学出版社 1990 年版，第 480 页。

〔308〕 参见东北人民大学教务处：《通知》，载《东北人大》第 36 期（1953 年 11 月 23 日）。1956 年东北人民大学法律系开设的马列课程每学年授课总时数为 476 课时。包括：马列主义基础 102 课时，中国革命史 136 课时，政治经济学 136 课时，辩证唯物主义与历史唯物主义 102 课时。参见吉林省地方志编纂委员会编：《吉林省志 · 教育志》，吉林人民出版社 1992 年版，第 325 页。

〔309〕 参见《全国政法院系在前进中》，载《政法研究》1954 年第 3 期。当时培养政法干部和法律专门人才的院系有政法学院和综合大学法律系科（中央和大区政法干部学校、省市训练班除外）。其中，政法学院四所：北京政法学院、华东政法学院、中南政法学院和西南政法学院。会议要求：“各政法学院在最近几年内，应担负长期培养专门人才和短期培训在职干部的双重任务。政法学院本科主要是培养法院、检察署、民政部门及其他国家机关的政法工作干部，学制定位四年。”综合大学设有法律系的有：中国人民大学、东北人民大学、武汉大学，加上 1954 年暑假增设的北京大学、复旦大学和西北大学，共六所。会议强调“中国人民大学法律系继续招收研究生，为各政法院校培养师资和一部分法律科学研究人员。在第一个五年计划时期内，全国政法院系计划招生一万名。今年

全国高等学校招生计划中,政法招生二千名,占招生总数的百分之二点二一”。

〔310〕 参见《政法院校介绍——东北人民大学法律系》,载《政法研究》1954 年第 3 期。

〔311〕 参见吉林省地方志编纂委员会编:《吉林省志·教育志》,吉林人民出版社 1992 年版,第 311 页。

〔312〕 《政法院校介绍——东北人民大学法律系》,载《政法研究》1954 年第 3 期。

〔313〕 《政法院校介绍——东北人民大学法律系》,载《政法研究》1954 年第 3 期。

〔314〕 李放:《缅怀老友惠岩同志》,载吉林大学行政学院编:《王惠岩纪念文集》,人民出版社 2013 年版,第 96 - 97 页。

〔315〕 参见《东北人民大学法律系国家与法权理论及历史教学研究组一九五三至五四年度第一学期工作历》,载《东北人大》第 32 期(1953 年 7 月 30 日)。

〔316〕 参见吉林大学法学院简史编写组编:《风雨无阻桃李路,拓志未来续风流——吉林大学法学院发展简史(1948 - 2008)》,吉林大学法学院 2008 年,第 10 页。

〔317〕 朱:《政法院校介绍——东北人民大学法律系》,载《政法研究》1954 年第 3 期。

〔318〕 何勤华主编:《中国法学家访谈录》(第二卷),北京大学出版社 2010 年版,第 36、37 页。

〔319〕 载孔夫子旧书网:http://book.kongfz.com/item_pic_32313_163555886/,2016 年 11 月 30 日最后访问。

〔320〕 载孔夫子旧书网:http://book.kongfz.com/item_pic_30842_263686874/,2016 年 11 月 23 日最后访问。

〔321〕 1957 年 4 月 27 日,中共中央发出《关于整风运动的指示》,决定在党内进行一次以正确处理人民内部矛盾为主题,以反对官僚主义、宗派主义和主观主义为内容的整风运动。

〔322〕 据统计,其间全校教职员开了各种鸣放会 132 次,全校教职员共计 1043 人在会议上发言 2264 人次。全校学生开了 89 次鸣放会,全校学生共计 2870 人,发言者为 2173 人次。

〔323〕 其间,全校教职员开了各种反右派辩论会 77 次,发言者 933 人次。全校学生开各种反“右派”辩论会 81 次,发言者 2337 人次。

〔324〕 参见匡亚明:《反击右派,坚持整风》,载《东北人民大学人文科学学报》1957 年第 2、3 期合刊。报告中提到:“自 5 月 29 日学生右派分子贴出第一张大字报,至 7 月 8 日统计,全校学生所出的包括右派的和反击右派的各种大字报约二千余张;板报、墙报等等二千余次;漫画约 500 余分(份)。全校性的‘大学生论坛’(铅印和油印)出刊 27 期,‘东北人大’校刊 12 期。整风办公室还配合运动编了‘整风学习简报’‘整风参考’‘讨论材料’‘鸣放资料汇编’等许多材料。”“这次鸣放中组织的辩论会和演讲会收效很大,以后仍应经常举行”,“定期组织参观工农业生产和参加适当的体力劳动”,“不管什么专业都要学习马克思主义和毛主席著作。学习的方式主要是自学。夜大学的方式要研究改进”,为加强政治思想工作,“今后的月会要坚持”,“通过月会,加强时事政策教育”,“在今后一年内,主要是在全校人员中结合反右派斗争进行社会主义思想教育(另有计划)”。报告称:“为了把我们的学校办成一个名副其实的劳动人民的社会主义大学,我们所有的教师都要成为劳动人民的社会主义的教师”,“进一步进行思想改造。这一点对全校教师和工作人员来讲,更为重要”。“教育者必须受教育,只有这样,才能教育学生、为人师表。”报告还提到,将在下学期召开学校的党代会,着重讨论反右派斗争和改进学校工作的问题。

〔325〕 参见吉林大学法学院简史编写组编:《风雨无阻桃李路,拓志未来续风流——吉林大学法学院发展简史(1948 - 2008)》,吉林大学法学院 2008 年,第 14 页。徐尚清老师也提到,当时“要求法律系强化性质,要按照党校的性质办,当时就把好多老师,主要是出身不好的都清除出队伍了”。参见何勤华主编:《中国法学家访谈录》(第二卷),北京大学出版社 2010 年版,第 287 页。

〔326〕 参见《吉林大学校史》编委会编:《吉林大学校史(1946 - 2006)》,吉林大学出版社 2006 年版,第 22 页。

〔327〕 1957 年 10 月出版的《东北人民大学人文科学学报》1957 年第 2、3 期合刊(总第 8、9 期)的夹页中的致歉声明称:“本刊读者:东北人民大学人文科学学报 1957 年第 2、3 期合刊,因我校举行科学讨论会和开展反右派斗争,定稿较迟,加上印刷困难,故延至 10 月上旬出版。特向读者致歉!”该声明落款为“东北人民大学人文科学委员会”。

〔328〕 高等教育部、教育部《关于在全国高等学校各年级中普遍开设社会主义教育课程的指示》(1957年12月10日)。参见国务院法制局、中华人民共和国法规汇编编辑委员会编:《中华人民共和国法规汇编(1957年7月-12月)》,法律出版社1958年版,第514-516页。1957年11月,学习杂志编辑部编辑了《社会主义教育课程的阅读文件汇编》。其中第一编是"最低限度的阅读文件"(含"社会主义教育课程的中心教材",即毛泽东《关于正确处理人民内部矛盾的问题》),该编由人民出版社于1958年3月初版,共1129页。第二编为"最高限度的阅读文件"。

〔329〕 高等教育部《关于切实贯彻勤俭建国、勤俭办学方针的指示》(1957年12月31日),参见国务院法制局、中华人民共和国法规汇编编辑委员会编:《中华人民共和国法规汇编(1957年7月-12月)》,法律出版社1958年版,第520、521页。指示中还提到,"1956年有些学校未经批准又盲目增加一些人员,以致全国高等学校(不包括高师)共超编7,723人。一般的情况是行政人员和临时雇工过多,有的学校补充教学辅助人员也过多(据北京、湖北两地部分学校反映,目前可精简下放的行政职工将达25%-30%左右)。"

〔330〕 史文清:《现阶段苏维埃国家的职能》,载《东北人大》第29期(1953年5月29日)。史文清,1952年进入东北人大法律系学习。毕业后留校任教。主要教学研究领域为法学理论。后调入复旦大学法律系,任教授。参见吉林大学法学院简史编写组编:《风雨无阻桃李路,拓志未来续风流——吉林大学法学院发展简史(1948-2008)》,吉林大学法学院2008年,第73页。

〔331〕 参见《法律系取消班会的几点体会》,载《东北人大》第28期(1953年4月25日)。

〔332〕 参见秘书室、党委办公室:《通报》,载《东北人大》第29期(1953年5月29日)。

〔333〕 参见李志超:《我校挖蛹七一一·六公斤,超额完成挖蛹任务》,载《东北人大》第28期(1953年4月25日)。

〔334〕 载《东北人大生活》第10期(1951年5月1日)。

〔335〕 载《东北人大》第29期(1953年5月29日)。

〔336〕 吉林大学60年校庆同学网站作"林丕礼"。

〔337〕 吉林大学60年校庆同学网站作"刘怀礼"。

〔338〕 吉林大学60年校庆同学网站作"欧阳兹"。

〔339〕 吉林大学60年校庆同学网站作"戴维域"。

〔340〕 吉林大学60年校庆同学网站作"吕心廉"。李放教授亦指出应为"吕心廉"。

〔341〕 铅印本,封面上有钢笔写的"改正本 石金美"字样。载孔夫子旧书网:http://book.kongfz.com/7862/80551642/,2011年12月27日最后访问。学生年级系笔者加注。

〔342〕 杨秀峰:《当前高等教育工作的几个主要问题》,载《中华人民共和国第一届全国人民代表大会第三次会议文件》,人民出版社1956年版,第208-209页。

〔343〕 杨秀峰:《当前高等教育工作的几个主要问题》,载《中华人民共和国第一届全国人民代表大会第三次会议文件》,人民出版社1956年版,第210页。

〔344〕 参见杨振山:《中国法学教育沿革之研究》,载《政法论坛》2000年第4期。

〔345〕 《中央人民政府高等教育部推荐高等学校教材试用本的说明》。转引自A. K. РУДАЕВ编著:《画法几何习题》,李敏译,于文道校,龙门联合书局1953年版,第1页。

〔346〕 参见王一夫:《东北人民大学五年来的教育工作》,载《东北人大生活》第14期(1951年10月3日)。

〔347〕 参见《同学们愉快度过寒假》,载《东北人大》第26期(1953年3月5日)。

〔348〕 参见赵作舟:《同学们帮助完成教材刻写任务》,载《东北人大》第26期(1953年3月5日)。王、尹均出现在吉林大学60年校庆网站提供的1952年东北人民大学法律系入学名录内。载吉林大学60年校庆网站:http://jlu60.jlu.edu.cn/xytd/tcmlsearch.jsp?page=2&knowledge=null&grade=1952,2006年9月30日最后访问。

〔349〕 东北人民大学研究部教材出版科1955年印刷,144页。载孔夫子旧书网:http://book.kongfz.com/2179/2084138/,2011年11月23日最后访问。

〔350〕 载孔夫子旧书网:http://book.kongfz.com/item_pic_6199_268203792/,2016年11月23日最后访问。该书前面的《说明》提到:"一、为供我系教学与科学研究,了解新法学现状起见,特编本索引。二、本索引是以东北人民大学图书馆期刊库藏书(自1949年10月—1956年底全国四十余种主要报刊)上所刊登的新法学论文题目编辑而成的。三、本索引是按专业分类和文章发表的时间顺序编排的。编者李成宰56年除夕。"

〔351〕 参见方流芳:《中国法学教育观察》,载《比较法研究》1996年第2期。1954年9月,中央人民政府政务院政治法律委员会干部培训组编辑出版了《苏联法律学校法律专业课程教学大纲》。该大纲系苏联专家苏达里可夫和鲁涅夫推荐的,包括了苏联法律学校(二年制、中等法律专科学校)适用的14种法律专业课程教学大纲,由北京政法学院译出初稿,分别由法制委员会编译室、中央政法干部管理学校翻译组、中国人民大学法律系翻译室、该书(中文版)编译组、政务院政治法律委员会干部培训组校阅。

〔352〕 《政法院校介绍——东北人民大学法律系》,载《政法研究》1954年第3期。

〔353〕 参见东北人民大学校刊编辑部编辑、赵祺摄影:《东北人民大学画集——庆祝校庆八周年》,东北画报社1954年版,第7页。

〔354〕 鉴于书中收录了1953年7月2日邓子恢所作《农村工作的基本任务和方针政策》一文,故第二辑编辑出版(至少是编定)的时间应在1953年7月之后。笔者所见第二辑封面盖有"东北人民大学图书馆"长条印章,目录页加盖有"中国科学院机械电机研究所藏书"圆章。封三贴有"中国科学院机械电机研究所图书馆"登记袋。

〔355〕 笔者所见版本正文第一页加盖有"中国科学院机械研究所藏书""中国科学院光学精密机械仪器研究所(1958.5.15)藏书"圆形印章。

〔356〕 载孔夫子旧书网:http://book.kongfz.com/item_pic_30842_273348172/,2016年11月23日最后访问。

〔357〕 参见吴传颐:《参加审定民法教学大纲的一些感想》,载《政法研究》1956年第5期;谭东晨:《法律科学贯彻"百家争鸣"的一个开端——略记法律专业教学大纲审定会议的情况》,载《政法研究》1956年第5期。1957年8月1-24日,司法部和高教部联合召开的全国政法院校刑法教学座谈会在北京举行。会议讨论了关于政策和法律的关系、我国刑法的任务和我国基本刑事政策等问题。1957年中央政法干部学校编著的《中华人民共和国民法基本问题》出版。据说这是1949年以后中国大陆第一部民法学教材。1961年1月19-20日,中国政法学会研究部和中国科学院法学研究所(1958年10月1日成立,3日召开成立会)联合召开"国家和法的理论"编写提纲讨论会。会议就中国人民大学法律系"马克思列宁主义国家与法权理论教科书"写作提纲、北京大学法律系"国家与法的理论"教科书大纲、北京政法学院"国家与法的理论"教学大纲和中国科学院法学研究所"国家和法的理论"提纲,进行了讨论。参见周振想、邵景春主编:《新中国法制建设40年要览(1949-1988)》,群众出版社1990年版,第205、276-277页。

〔358〕 参见张光博:《对〈中华人民共和国宪法教学大纲〉的几点意见》,载《法学》1957年第5期。

〔359〕 据李放教授在本书初稿上的批注。

〔360〕 载中国收藏热线网站:http://www.997788.com/pr/detail_313_30953829.html,2017年7月24日最后访问。

〔361〕 吉林省期刊登记号第〇〇九号,定价7角(报纸本)。道林纸本为1元1角。《东北人民大学自然科学学报》于1955年11月22日出版。

〔362〕 董必武:《目前中国的法律工作概况》,载《董必武法学文集》,法律出版社2001年版,第305页。

〔363〕 当时还出现过作者因在文章中表达的观点"政治不正确"而被迫检讨的情况。例见吴磊:《对〈关于我国刑事诉讼中辩护人诉讼地位的研究〉一文的检查》,载《政法研究》1958年第2期。文中提到:"这些错误的性质不仅是学术理论上的争论问题,而且是带有根本性质的政治立场问题。"

〔364〕 载孔夫子旧书网:http://book. kongfz. com/25131/308293922/,2016 年 11 月 23 日最后访问。

〔365〕 载孔夫子旧书网:http://book. kongfz. com/25131/308556636/,2016 年 11 月 23 日最后访问。

〔366〕 载孔夫子旧书网:http://book. kongfz. com/24401/263435960/,2016 年 11 月 23 日最后访问。

〔367〕 时间不详,内容为:"在中央尚未制订有关于失踪宣告死亡的法令以前,法院在处理个别案件时,如认为有必要,即可根据各个失踪人的具体情况而为推定死亡的宣告。至于推定死亡的程序,须先经调查,并以登报通告办法为公示催告,催告期间由法院酌定,至少不得短于两个月。如催告期满仍无反映,而依靠调查情形课推定其死亡,即应为宣告死亡之判决。如依具体情况并能推定失踪人死亡日期者,得于宣告推定死亡之判决内推定其死亡之日期,否则即应以判决宣告之日推定为失踪人死亡之日,自各该日起即可开始继承,但此项推定宣告死亡的范围,并不包括人民解放军与人民志愿军的人员。"参见马起:《关于民事继承权问题初步研究》,载《东北人民大学人文科学学报》1956 年第 1 期。

〔368〕 参见崔建远:《先生之风,山高水长》,载崔建远主编:《民法九人行》(第三辑),法律出版社 2006 年版,第 3 页。

〔369〕 涉及的条文包括第 4、5、7、9、11 - 14、16、17、20、22、23 条。

〔370〕 1978 年 10 月中国社会科学出版社出版了马骧译、王家福校的《苏俄婚姻和家庭法典》(内部发行)。该书是据苏联法律书籍出版社 1957 年出版的俄文单行本译出的。

〔371〕 该期所刊第一篇文章为匡亚明的《反击右派,坚持整风》(第 1 - 14 页)。

〔372〕 今译为《路德维希・费尔巴哈和德国古典哲学的终结》。

〔373〕 1958 年 1 月,中央政法小组成立。同年 6 月,中共中央发出《关于成立财经、政法、外事、科学、文教小组的通知》。中央政法小组在《关于人民公社化后政法工作一些问题向主席、中央的报告》中提出"刑法、民法、诉讼法根据我国实际情况看,已经没有必要制定了"。参见白歌整理:《治大国若建小组》,载《(彭博)商业周刊(中文版)》2014 年第 7 期(总第 307 期),第 34 页。

〔374〕 《辞海・教育、心理分册》,上海辞书出版社 1980 年版,第 40 页,"吉林大学"条。中国人民抗日军事政治大学的学习内容有马克思列宁主义基础知识、抗日民族统一战线、民运工作、游击战、中国历史等。特别注重思想政治教育。这一点从东北科学院的办学方针上也可以看出。参见《辞海・教育、心理分册》,上海辞书出版社 1980 年版,第 37 页,"抗日军政大学"条。

〔375〕 朱:《政法院校介绍——东北人民大学法律系》,载《政法研究》1954 年第 3 期。

〔376〕 然而,苏联法学教材并不符合中国社会实际,东北人民大学法律系几届毕业生从工作岗位反馈回的信息表明学生在校所学课程内容与工作需要差距太大。经过系领导层反复研究,马起提出了关于建立中国法学新体系的问题。参见吉林大学法学院简史编写组:《风雨无阻桃李路,拓志未来续风流——吉林大学法学院发展简史(1948 - 2008)》,吉林大学法学院 2008 年,第 11 页。

〔377〕 而时下要求又有所不同,如冯象教授指出的:"做老师的,不要求他好好教书育人,成天'评估'他的论文发表、申请课题、学科基地、排行榜名次什么的……于是把压力转嫁到老师们身上,玩起了核心期刊、英文发表、影响因子的游戏。打着'世界一流'的幌子,其实是官僚制度的流弊。"陈岱孙老说他一辈子只做了一件事就是教书。原来理解其不过是种谦逊的说法。现在想来,在"非升即走"的氛围里,那着实是个高标,做到不易。冯象:《法学如何重新出发》,载《文化纵横》2014 年 12 月号。

〔378〕 俄国十月革命后不久,列宁促使在 1919 年的布尔什维克党第八次会议上通过一项决议,免除了对科学家的意识形态纯洁性的要求:"工业和经济发展的问题需要立刻广泛地发挥我们从资本主义那里得来的科学和技术专家们的作用,尽管他们难免沾染些资产阶级的思想和作风。"1951 年 12 月,东北师范大学向东北人民政府教育部提交的工作报告以及时任东北师范大学校长的张如心在东北区高等学校思想政治教育会议上的讲话中提到:"不改造教师思想,要改革旧教育建设新教育是绝对不可能的。""旧高级知识分子习惯于他们过去那一套个人第一

与自由主义的生活作风和工作方式,要把他们组织在教研组内,加强学习,经常定期开会研讨教学内容与方法,并开展批评与自我批评"。"我校几年来的经验证明:高级知识分子不经过思想改造是不成的。"这或可印证当时甚至之后相当长时间里的整体氛围与思路。[美]基普·S. 索恩:《黑洞与时间弯曲》,李泳译,湖南科学技术出版社 2010 年版,第 158 页;武衡主编:《东北区科学技术发展史资料(解放战争和建国初期)》(第一卷综合卷),中国学术出版社 1984 年版,第 86、95 页。

〔379〕 林礼昭:《我怎样在教学工作中贯彻国家过渡时期的总路线》,载《东北人大》第 40 期(1954 年 2 月 27 日)。

〔380〕 《法律教研室室历》,载《东北人大》第 26 期(1953 年 3 月 5 日)。

〔381〕 《法律教研室室历》,载《东北人大》第 26 期(1953 年 3 月 5 日)。

〔382〕 端木正:《国际法发展史的几个问题》,载王振民主编:《鸿迹:纪念法学家端木正教授》,清华大学出版社 2011 年版,第 104 页。

〔383〕 政务院《关于成立中国人民大学的决定》(1949 年 12 月 16 日第 11 次政务会议通过)。参见中央人民政府法制委员会编:《中央人民政府法令汇编(1949 - 1950 年)》(第二版),法律出版社 1982 年,第 755 页。该校大学本科设法律系等八系,学习期限 2 - 4 年,另有法律等 9 个专修班,学习期限暂订 6 个月。该校自 1950 年 2 月开学,本科第一期共招收 1400 人,专修班第一期招收 3000 人(含夜校 1000 人),分批在 1950 年内招满。招生采取由政府有关各部门及各地区按条件保送或由学校规定其他办法招收,无论保送与招收均须经考试合格方得入学。该校校部设研究部,各系设教学研究组,组织中国教员与苏联教员,经常调查研究各有关业务部门的实际工作情况,收集有关材料以充实教材。其教材主要采用苏联各大学及各专科学校的最新课本。教育部《关于中国人民大学实施计划的决定》(1949 年 12 月 16 日)。参见中央人民政府法制委员会编:《中央人民政府法令汇编(1949 - 1950 年)》(第 2 版),法律出版社 1982 年版,第 757 页。

〔384〕 方流芳:《中国法学教育观察》,载《比较法研究》1996 年第 2 期。

〔385〕 1951 年法律系学生在谈到到长春市法院实习的体会时也提到充分感到苏联法律的优越性。

〔386〕 林礼昭:《我怎样在教学工作中贯彻国家过渡时期的总路线》,载《东北人大》第 40 期(1954 年 2 月 27 日)。

〔387〕 1953 年 4 月 23 日,中共中央根据毛泽东关于向苏联学习的指示,发出了"关于一九五三年——一九五四年干部理论教育的指示",规定全党干部理论学习的高级组和中级组都要学习《联共(布)党史[简明教程]》第九章到第十二章和列宁、斯大林论社会主义经济建设的一部分著作,要求全党主要干部都能有系统地了解苏联显示国家工业化、农业合作化和完成社会主义建设的基本规律,以便在我国经济建设过程中根据我国具体条件正确地利用苏联的经验。参见杜若君:《认真学习苏联社会主义建设的理论和经验,为争取逐步实现国家工业化而斗争——纪念"七一"三十二周年》,载《东北人大》第 30 期(1953 年 6 月 29 日)。

〔388〕 参见贾毓麟:《略谈成绩考查与五级分制》,载《东北人大》第 16 期(1951 年 12 月 29 日)。

〔389〕 参见张天来:《中国人民大学的考试工作》,载《东北人大》第 30 期。

第二章
吉林大学法律系前期历史概述
(1958年8月—1976年)

第一节
东北人民大学更名为吉林大学及后来的反复

1953年5月29日,政务院第180次政务会议通过了《政务院关于修订高等学校领导关系的决定》(1953年10月11日公布),规定中央高等教育部对军事学校以外的全国高等学校实施统一的领导。其中,综合性大学由中央高等教育部直接管理;对于直接管理领导暂时有困难的高校,高等教育部得委托学校所在地的大区行政委员会或者省、市人民政府或自治区人民政府负责管理。

1958年8月4日,中共中央、国务院发布《关于教育事业管理权力下放问题的规定》,提出:"今后对教育事业的领导,必须改变过去条条为主的管理体制,根据中央集权和地方分权相结合的原则,加强地方对教育事业的领导管理……今后教育部和中央各主管部门……应该办好直接管理的学校。"[1]据此,东北人民大学的领导权被下放给吉林省。8月11日,经中共吉林省委和吉林省人民委员会决定,东北人民大学正式更名为吉林大学。[2]

1966年下半年后,吉林大学一度更名为"东北人民大学"。《东北人民大学两条路线斗争大事记(初稿)》(1967年10月征求意见稿、1968年1月初稿)提到:"1967年元旦,将原吉林大学更名为东北人民大学。"[3]此外,笔者在孔夫子旧书网查到一份"文革"初期吉林大学外文系“毛泽东思想战斗小组”印制的三联传单。传单首页通篇为红色油墨印刷,题为《紧急倡议——把〈吉林大学〉改为〈东北人民大学〉》,其照片模糊,但隐约可见文末所署日期为“九月十五日”。[4]由此可知,吉林大学更名为东北人民大学的时间不会早于1966年9月。1970年12月19日,吉林省革命委员会决定将东北人民大学仍改为吉林大学。

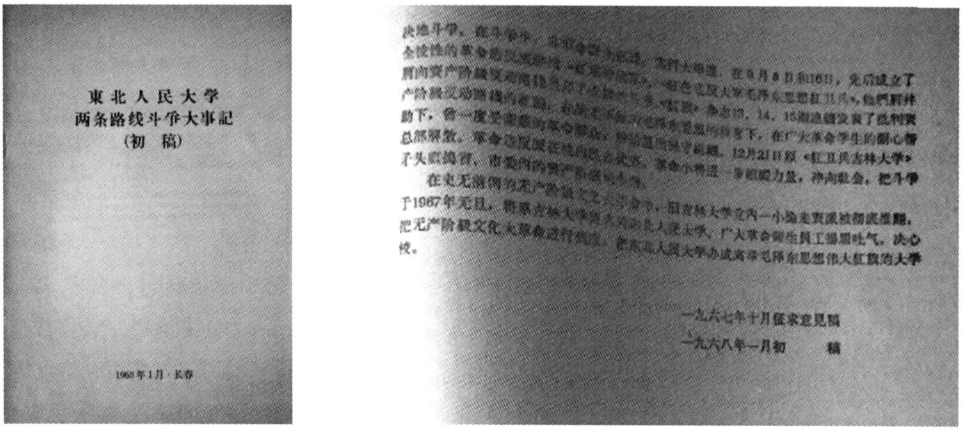

图2-1　《东北人民大学两条路线斗争大事记(初稿)》书影。

图片来源:孔夫子旧书网:http://book.kongfz.com/item_pic_14152_557795699/,2016年11月22日最后访问。

图2-2　吉林大学图书馆藏两种法律图书书影及“吉林大学图书馆藏书”印。

图片来源:《一九四九年八月十二日日内瓦公约》,人民日报出版社1957年版。《苏俄民事诉讼法法典》,郑华译,法律出版社1955年版。

图2-3　吉林大学老校徽(铜质)

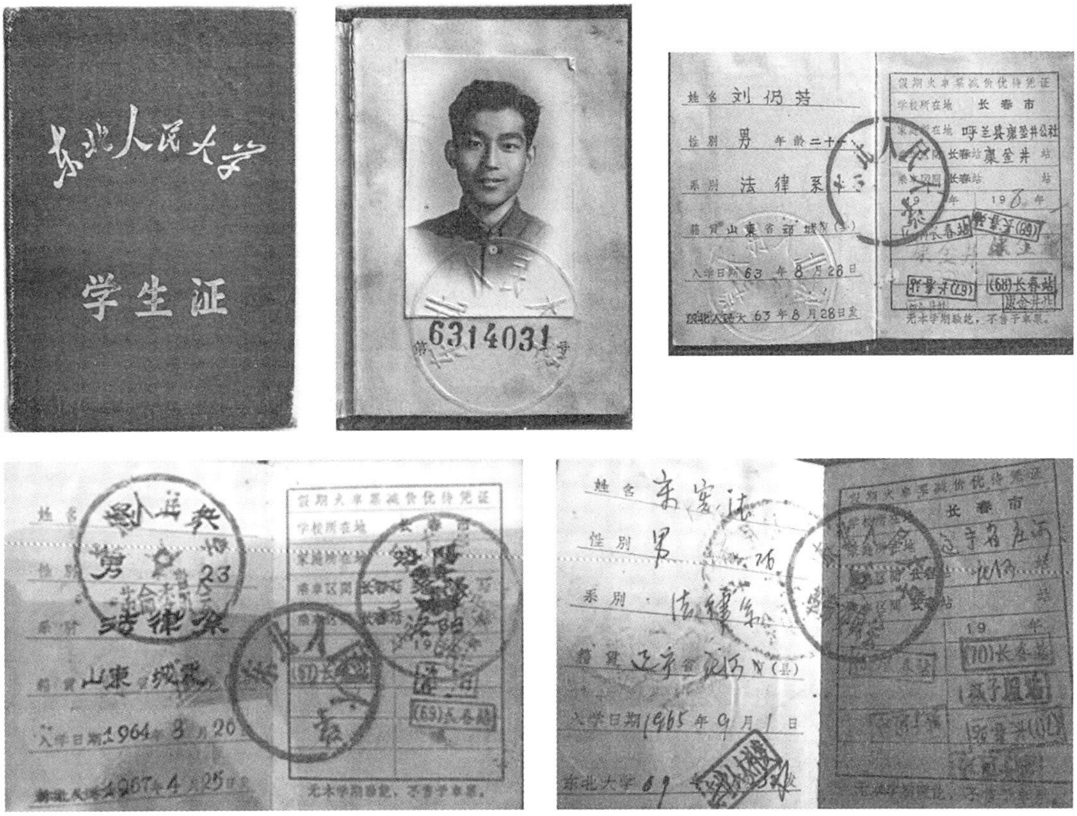

图 2－4　吉林大学(原东北人民大学)法律系学生证一组。

上左，东北人民大学学生证封面。上中，法律系 1963 级本科生刘仍芳的学生证照片页。上右，刘仍芳的学生证内页。

图片来源：载(中国收藏热线)旧货商城网站：http：//www. 7788. com/pr/detail_584_33325389. html，2016 年 9 月 27 日最后访问。虽然该证注明是 1963 年 8 月 28 日发，但从其上第二个“学期验讫”是 1968 年以及铁路部门加盖的准予减价优待乘车的戳记中只有“67”、“68”字样可知，该证应是 1967 年补办的。由此便可以解释 1963 级本科生的学生证封面上仍印有“东北人民大学”字样，且使用的钢印和印章也是东北人民大学的疑问了。下左，法律系 1964 级本科生刘一兵的学生证内页。图片来源：感谢刘尊印学长惠示。该页显示，其入学是在 1964 年 8 月 20 日，该证系 1967 年 4 月 25 日补发，其上有“东北人民大学”公章及钢印，以及 67、68 年铁路部门加盖的准予减价优待乘车的戳记，另盖有“东北人民大学革命委员会”公章印文两个，由于该委员会成立于 1968 年，故可推知两枚革委会公章系后来补盖。下右，法律系 1965 级法律系本科生宋宪德的学生证内页。图片来源：载《追随前辈的足迹，探访悠悠数十载的风雨求存和家国情怀(二)》，http：//www. sinohydrore. com/user/gh_1ef50d9cbd1b/402355378_1_e93da162e35281ab918cd2ea0922044f. html，2016 年 3 月 27 日最后访问。其表明该级本科生于 1965 年 9 月 1 日入学，该证系 1969 年 7 月 23 日东北人民大学革命委员会补发。因左下方的校名被印做了“东北大学”，故又盖有“东北人大补发”字样的戳记。而前两证上的“东北大学”字样直接被加盖的“东北人民大学”字样覆盖。

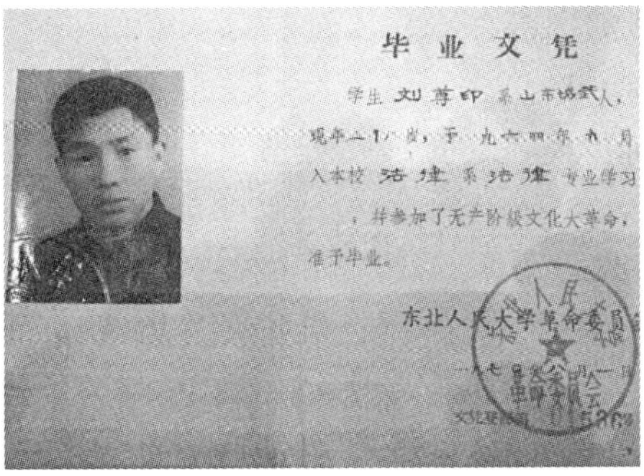

图 2－5　东北人民大学法律系毕业文凭(1970 年 8 月 1 日)。

图片来源：吉林大学法律系 1964 级刘尊印学长提供。

第二节

“文革”前的吉林大学法律系

(1958 年 8 月—1966 年 5 月)

一、师资情况

1960 年 9 月,根据学校的决定,吉林大学法律系实行党总支领导下的系委会负责制。徐枫继续担任党总支书记,系委会由马起、杜若君、王子琳、李放、何鹏、张光博、高树异等组成。[5]一些被摘掉“右派”帽子的教师陆续回到法律系。如王惠岩于 1961 年重返法律系。[6]

1961 年 7 月 22 日,匡亚明[7]校长对吉林大学校务委员会扩大会议关于教育革命和教学改革中存在的缺点和错误的小组讨论作总结。他指出:

> 所有部门都是为搞好教学服务的。当前就看如何减轻教师、学生的负担,使他们能更好地教、更好地学;特别是看行政部门如何减轻教师负担,少填一些表格,让他们省下时间来看书备课。保证教师有六分之五的时间用在教学上,减轻一切负担,这方面做得是不够的。[8]

为了提高教师的整体能力,1961 年秋,根据学校党委贯彻教育部《直属高等学校暂行工作条例(草案)》(1961 年 9 月,即高教六十条)的决定,法律系将每周五定为学术活动日,各教研室集中对教学中遇到的问题进行交流。[9]

1962 年 5 月,吉林大学党委做出《关于重点培养提高教师工作的决定》。据此学校先后分两批确定培养提高骨干教师 78 名,规定的培养目标是在十年左右时间内,骨干教师达到当时国内学术造诣较深的教授水平。为使重点培养的教师能集中精力钻研业务,切实保证有六分之五的时间用于教学、科研和进修等业务工作,学校减轻他们在参加社会活动和劳动方面过重的负担。[10]王惠岩正是在这时重新被确定为法律系的重点教师。[11]这些举措显然是落实中共中央 1956 年提出的知识分子政策的表现。

1956 年 2 月 24 日,中共中央政治局会议通过了《中共中央关于知识分子问题的指示》,指出:

> 许多知识分子由于参加的会议过多,行政事务过多,有少数人还由于兼职过多、社会活动过多,因而工作负担很重,工作效率不高。各个有关部门必须有合理的、严格的规定,减少会议次数,缩短会议时间,精简行政手续,调整兼职和社会活动,保证知识分子每周至少有六分之五的工作日即 40 小时直接用于业务。对于必须兼任行政职务的专家,也必须分别情况,加以适当的处理,使他们仍有必要的时间进行专门的业务。

1956 年 6 月 20 日,高等教育部长杨秀峰在第一届全国人大第三次会议上所作《当前高等教育工作的几个主要问题》的发言中也提到:

> 高等教育部和各高等学校应该大力贯彻中共中央和国务院关于知识分子问题的指示,改善教师们的生活条件和工作条件,坚决保证他们每周有六分之五用于业务工作的时间。对于科学研究有显著成就的教师,减免他们的行政工作,配备助手,必要时减少他们的教学任务;对教研组应该增加必要的教学辅助人员(我部正在大力解决中);这都是使教师们能够多抽出时间来改进教学工作,开展科学研究和进修提高的重要条件。[12]

此前的 1956 年 4 月,在东北人民大学第一书记匡亚明主持下,东北人民大学党委作出了改善知识分子工作条件和生活条件的决定,其中规定了一系列具体措施:调整家属宿舍、系主任宿舍安装电话,为教授配备助手,减轻他们的行政事务工作;设立粮食供应站,为教师送粮到家;校医院设特诊室,教授、副教授看病、取药优先;财务室实行为副教授以上教师送工资到家制度。[13]然而,随着政治形势的急剧变化,这些措施执行时间都不长。

1960 年至 1966 年间,吉大法律系主任马起致力于法学教育的改革,强调法学教育与研究必须面向中国实际,彻底克服苏联教材的影响,明确提出建立具有中国特色的"法学新体系"的主张。[14]1962 年,马起教授还利用自己的个人影响,与吉林省法院商定,选派法律系教师到法院参与审判或调研,李放和高格因此分别去了省法院的"民庭研究室"和"刑庭研究室"。[15]这项工作大约持续了 2 年,最终因执行半工半读而停止。[16]

这一时期,法律系教师的代表性著述有:马起著《中国革命与婚姻家庭》、[17]张光博编写的《中华人民共和国宪法讲义》。[18]此外,张光博、王子琳在《吉林大学学报》(社会科学版)1958 年第 4 期发表《驳南共纲领中关于现代资产阶级国家是超级国家的谬论》;王子琳、王嵩山[19]在《政法研究》1962 年第 3 期发表《〈国家和法的理论〉究竟应该讲些什么?》(第 44 – 46 页);高树异在《政法研究》1963 年第 4 期发表《为垄断资产阶级服务的现代"新自然法"学说》(第 36 – 42 页)。

然而,随着政治气氛日趋紧张,"清理旧法人员"的话题再次被拾起。1964 年 8 月,国务院内务办公室副秘书长甘重斗[20]等到吉林省检查政法系统工作,其间提出要把法律系办成党校式的学校,指示法律系必须进一步清理教师队伍。[21]

图2-6　马起《中国革命与婚姻家庭》书影

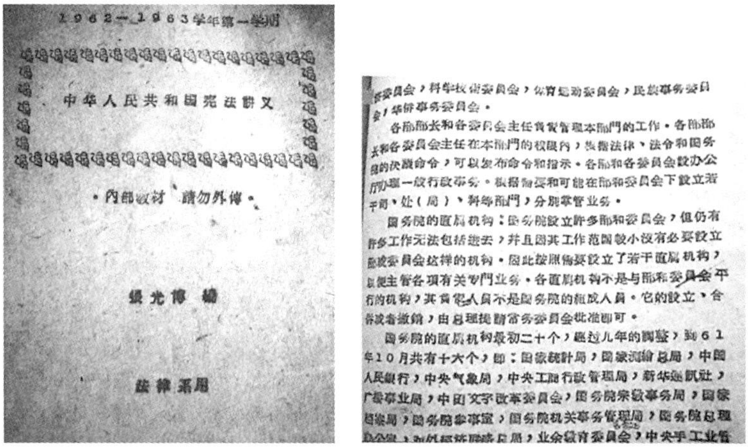

图2-7　张光博编《中华人民共和国宪法讲义》书影。
草纸，铅字版蓝色油墨油印。图片来源：孔夫子旧书网：http://book. kongfz. com/7862/91964432/，2011年11月23日最后访问。

国务院内务办公室是经中共中央批准于1963年4月17日设立的，其负责统一管理国务院的公安部、内务部、民族事务委员会和宗教事务局4个单位的政策性问题和重要业务，党内受中共中央政法小组领导。[22]甘重斗此行也专门听取了吉大法律系的汇报。马起主任做了总体的汇报，各教研室主任做专项汇报。李放根据马起主任的建议，以“民法大有可为”为主题进行了汇报。该观点后来在北京召开的民法草案讨论会上遭到批评。[23]王忠代表吉大法律系前往参会。该草案讨论会应系1962至1964年第二次民法起草工作的一部分。全国人大常委会法制委员会于1962年开启第二次民法起草工作，至1964年7月完成的草案非常单薄。[24]

图2-8　王忠(1929-2001)，辽宁黑山人，满族。1954年考入东北人民大学法律系，1958年毕业留校任教。1991年3月离休。王忠教授参加了1962至1964年全国人大常委会法制委员会主持的民法起草工作，并于1964年底参加了全国人大三届一次会议秘书处事务组的工作。20世纪70年代初，在法律系还要不要办的问题上，王忠老师坚决主张法律系不能取消，立场坚定，从未动摇，曾在吉林省内进行九次调查，撰写并上交了调查报告，为吉林大学法律系建制的保留以及政法教育在当时的历史条件下得以继续开办做出了重要贡献。此外，他还积极参与政法干部短训班等的授课工作。1979年后，王忠老师先后参加了全国人大常委会组织的民法、《民法通则》的起草工作。王忠教授长期致力于民法、经济法的教学和研究工作，1991年3月离休前一直担任法律系担任民法教研室主任。

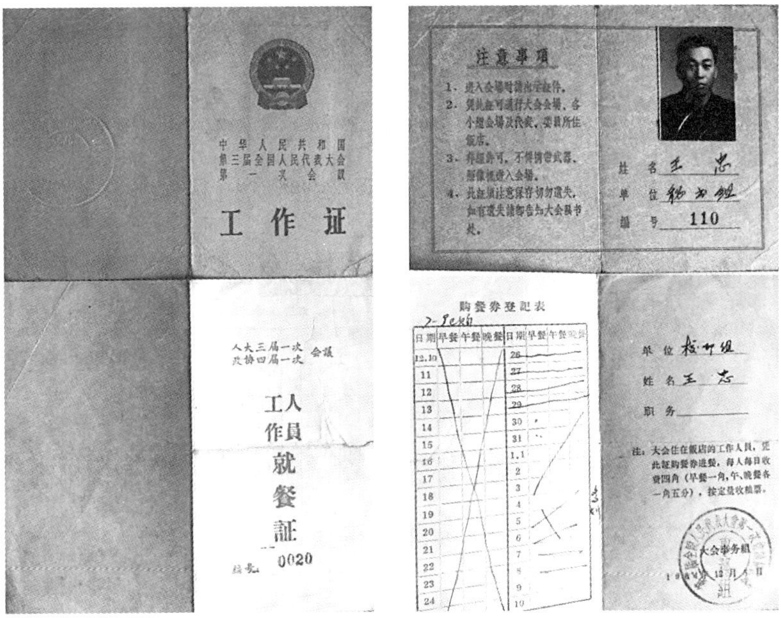

图 2－9　王忠老师参加第三届全国人民代表大会第一次会议会务工作时的证件。

图片来源:王忠教授之女王建玲老师惠示并允准使用。上,《中华人民共和国第三届全国人民代表大会第一次会议工作证》封面、内页。从中可知王忠隶属于“秘书组”。下,《人大三届一次会议、政协四届一次会议工作人员就餐证》封面、内页。内页加盖有“第三届全国人民代表大会第一次会议秘书处事务组”公章,可知王忠属于“校印组”。签发时间为 1964 年 12 月 5 日。其标注的文字称:“大会住在饭店的工作人员,凭此证购餐券进餐,每人每日收费四角(早餐一角,午、晚餐各一角五分),按定量收粮票。”

1964 年 10 月,民法教师陈国柱被调往经济系研究室从事翻译工作。[25] 王惠岩也于 1965 年再度离开法律系。[26]

二、学生情况

根据《1953 年至 1976 年全国政法院系法律本科生招生毕业在校学生统计表》,1958 至 1965 年,吉大法律系历年招生人数分别为:52 人、59 人、40 人、25 人、25 人、37 人、42 人、41 人。[27] 吉大 60 年校庆网站提供的学生人数(怀疑有的年份包含了研究生,缺 1958 和 1961 年)与之有所出入,各年分别为:[ ]、66 人、35 人、[ ]、25 人、35 人、42 人、41 人。可以肯定,1958 年改为吉林大学后,法律系每年只招收一个班级的本科生,招生人数相较 1954 到 1957 年已大幅减少。[28]

表 2－1　吉林大学法律系本科生培养情况(1958－1965 年)

年　级	人　数	性别比(男:女)
1958 级	58	51:7
1959 级	66	58:8
1960 级	35	26:9

续表

年　级	人　数	性别比(男:女)
1961 级	25	20:5
1962 级	25	21:4
1963 级	35	27:8
1964 级	42	33:9
1965 级	41	31:10
总　计	327	267:60

资料来源:本表系笔者根据吉林大学法学院《本科(毕业)生名录(1948-2003)》整理而成。

1959 年的高等学校招生统一考试从 7 月 20 日开始。政法专业的考试科目为:本国语文、政治、历史、地理、外国语(分英语和俄语两种,由考生任选一种,没学过外国语的可以申请免试)。[29]9 月 6 日下午,吉林大学举行了开学典礼。也是在这一年的 9 月,根据高教部的要求,吉林大学本科专业学科由四年改为五年,法律系按规定开始招收五年制本科生。[30]

1962 年考入吉林大学法律系的马新福教授回忆说:"1962 年招生考题难度很大,招生的规模也很小,高教部直属的高校招收的法律专业学生全国只有 100 人,北大、人大、吉大、武大各招 25 人,四大政法学院也各招了一些。"[31]

同在 1962 年考入吉大法律系的刘瑞复教授回忆说:"我的大学生活基本上四点一线,寝室——教室——体育场——图书馆。平时游泳、滑冰什么的,参加多一点的是短跑和打篮球。"[32]"当时的法律系,哪一门课程都离不开学习经典理论。"[33]

1964 年,吉林大学法律系有 42 名学生入学,55 人毕业,在学人数为 157 人。1965 年法律系入学 41 人,毕业 35 人,在学 168 人。[34]

三、教学情况

1958 年到 1966 年 5 月,吉林大学法律系的专业教育可谓是见缝插针式地进行的。[35]

(一)1958 年秋季学期

1958 年 8 月下旬,中共中央政治局北戴河会议后,全国很快进入全民大炼钢铁和人民公社化运动的高潮。吉大法律系教师有的到双阳劝农山采矿,有的留在校内专修小高炉。学生则开始编写教材。同一时期,法律系师生还参加了修建铁路和新立城水库的劳动。[36]据李放教授回忆:

> 由新入学的同学自己编教材,学生刚入学,一堂课都没有上过……就稀里糊涂地编大学教材了,他们也不知道怎么搞,就来问老师,我们老师也不敢出主意啊……他们编写的后来还油印出来了,用红布包上,说是"给党委献礼",其实根本没用,真是白白浪费了那些同学的宝贵时间。
>
> 我们那时候干些什么呢?就是大炼钢铁,有一段时间都不上课了,开矿去,说什么地方有个大铁矿,可以开采几十年,到那边开了几个月就不行了,都是石头,没有铁。[37]

在中共吉林大学第五届代表大会上(1962 年 1 月 6 日),匡亚明校长坦承正常的教学时间受挤占的情况:

有一个时期(主要是1958年下半年和1960年上半年)过多地安排了劳动、科学研究和停课搞运动,加上社会活动也比较多,占用了不少教学时间。如在1958年至1960年三年间共有156周,教学应为102周,但实际只有88周,少了14周。考试应为12周,但实际只有6周,少了6周。政治运动占用了4周,教学改革占用了6周,学生科学报告会占用了1周。三年的教学和考试的时间总共被占用了20周,占整个教学时间的17.5%。但教学时间实际被占用的还要多于这个比例,因为在我们统计的教学时间里,实际上还包括部分系的高年级学生所谓"三结合"的教学方式和大搞科学研究的时间,少的是3周、4周,多的达14周、16周、17周。"三结合"的教学方式,虽可部分地完成教学任务,但不能完成全部的教学任务,所以实际上也影响了教学。这是从时间来看。从教学内容和教学方法来看,对打好基础、循序渐进的原则重视不够,有过分强调反映最新科学成就,而忽视基础理论的系统讲授和基本训练的倾向。有一个时期,有些课程采取"单科独进"的突击方法,这种教学方法,实践证明既增加学生负担,又增加教师负担,是违反教学与一般认识过程规律的,所以教学效果一般是不好的。[38]

报告中还提到了浮夸现象对正常教学秩序的影响:

1958年以来,我校开展的"四大"群众运动(大编教材、大办工厂、大炼钢铁、大搞科学研究),虽然在当时确实起了一定的积极作用(过去已讲很多,此处不赘),但从今天的眼光及其后果来看,都是违反学校基本规律的,今后肯定不会再重复此类做法。例如大编教材运动,当时为了解决缺乏教材问题的愿望是好的,编教材走群众路线也是对的,但是停课7周,从一年级到五年级很多学生都参加编教材,甚至编写自己还未学过的课程的教材(如法律系学生编体育教材)。这些做法肯定是不对的。结果当时编出的2400万字的教材,质量很差,能用的极少,不经修改现在保留下来能继续用的几乎没有……

在"双反"[即反浪费、反保守——笔者注]运动中为了追求数量,停课三天,所掀起的大字报运动(共出了22万张大字张[原文如此,应为"报"字之误]),当时号召每个人都要写50张大字报,结果用尽了学校库存的旧报纸,贴得到处都是,有的甚至订成本摆在地上,绝大部分大字报质量不高,有的根本无法处理……

在教学改革中,大砍大改课程,将32门课程分别合并为11门,打乱了原来的科学体系,削弱了基础理论……现在除两门继续试行外,其余9门已停止使用并恢复了原来体系。[39]

(二)1959年开始的调整

1959年后,国家的政策有所调整,教学时间有所保证。是年3月,国务院《关于全日制学校的教学、劳动和生活安排的规定》提出,高等学校每年的"教学时间一般规定为七个半月至八个月(三十三周至二十七周),学生生产劳动的时间一般规定为两个月至三个月(八周至十三周),假期一般规定为一个半月(六至七周)。""劳动时间可以分散或适当集中使用,必要时可占用部分假期时间(不超过二周)。学生参加校外社会公益劳动的时间每年一般不超过半个月。假期劳动和社会公益劳动都包括在规定的两个月至三个月的劳动时间以内。""高等学校学生的学习时间,包括自习在内,每天要有九小时左右。每周(按六天学习计算)要有五十四小时左右。"[40]

1960年1月,教育部、财政部《关于全日制学校生产劳动财务管理的几项规定》也提到,1958、1959

年,全日制的高等学校"为着贯彻执行'教育为无产阶级的政治服务、教育与生产劳动相结合'的教育方针,除了组织学生以一定的时间下厂下乡参加生产劳动和社会公益劳动以外,还按照自力更生、由小到大、尽可能注意同教学结合的原则,自己举办了工厂、农场,安排学生参加生产劳动"。[41]

1961 年,教育部《直属高等学校暂行工作条例》(草案)开始试行。教育部组织有关院系修订各类专业教学计划。吉林大学规定,全年生产劳动为 5 周,学生科学研究活动限定在学年论文和毕业论文时间内进行,严格控制学生的社会活动时间。[42]

1962 年,吉大法律系在学生培养方面,坚持贯彻"加强基础、提高质量、因材施教、劳逸结合"的精神,改进和加强基础课教学。比如,将《国家与法的理论》课程的教学内容区分为国家和法律两大部分,用两个学期分别讲授。[43]

1963 年 10 月,中共中央批转中央政法小组、教育部党组《关于加强高等政法教育和调整政法院系问题的请示报告》申明了法律院校的领导关系。其中北京大学、中国人民大学、吉林大学为教育部直属学校,其管理体制维持不变,但各法律系在业务上要接受最高人民法院的指导。[44]该报告还指出,北大、人大法律系学制为 5 年,包括吉林大学法律系在内的其他院系学制为 4 年。因此,至少 1964 年秋季入学的吉大法律系学生应该为 4 年学制。[45]后来由于"文化大革命"爆发,按上述学制培养的学生并未如期毕业。

(三)社会主义教育运动、"四清"运动中的教学活动

1963 年 10 月教育部的通知称:"全国各地农村社会主义教育运动正在进行,这是向学生进行阶级和阶级斗争教育的良好时机,设有文科的高等学校(包括综合大学、高师的文科各系,政法、财经、外语、艺术等院校),应积极地,有计划地组织文科学生参加这一运动,使他们在实际斗争中受到锻炼和教育。"[46]

按照 1964 年 1 月 24 日教育部和最高人民法院联合颁布的《法律专业四年制教学方案》,政法学院和四年制法律系的培养目标是"政法工作干部",具体要求为:

> 具有爱国主义和国际主义精神,具有共产主义道德品质,拥护共产党的领导,拥护社会主义,愿为社会主义事业服务,为人民服务;通过马克思列宁主义、毛泽东著作的学习和一定的生产劳动、实际工作的锻炼,逐步树立无产阶级的阶级观点,有坚定的政治立场、较好的思想修养、较强的组织性和纪律性。
>
> 正确理解马克思列宁主义、毛泽东著作中关于国家和法的基本理论,具有中外政治和法律的历史和现状的知识,熟悉中国共产党关于政法工作的方针政策。
>
> 有较好的语言和文字的表达能力,有写作判牍的基本训练;学习一门外国语,达到能阅读政法书刊的水平。
>
> 具有健全的体魄。[47]

实际上,该方案并未得到全面执行。

1964 年 8 月,毛泽东在接见尼泊尔教育代表团时提到:"如果学法律的,如果不到社会中去了解犯罪情况,法律是学不好的。不可能有什么法律工厂,要以社会为工厂。"[48]同年 9 月,中共中央、国务院发出通知,要求:"本年冬季开始,高等学校文科师生都应该分批下去参加社会主义教育运动……四、五

年制的中文等各专业师生(包括研究生),参加运动的时间为一年到一年半,必须参加一期'四清'的整个过程和一期'五反'的主要过程。"[49]

《吉林大学校史》载:"1964 年 10 月中旬,在准备参加社会主义教育运动的文科师生中'揭阶级斗争盖子'。接着于 11 月初文科(外语系除外)各系 700 多名师生到吉林省梨树县参加社教运动长达 8 个月之久。"[50] 1962 年入学的马新福教授提供了这方面的例证。他回忆说:"1964 年的'四清'运动,我们下乡被分在吉林省梨树县。'四清'中我们的主要任务是与农民同吃、同住、同劳动,接受革命锻炼,清理农村有问题的'四不清'干部,共搞了 38 个月[应为 8 个月——笔者注]的劳动。1965 年回校……"[51]

1962 年入读法律系本科的刘瑞复教授提到:

> "四清"运动的时候,我正在上大学二年级。同学们不知道发生了什么事情,对"四清"运动的目的、任务以及步骤、方法不清楚。当时系主任做了一个报告,他的报告只有十多分钟,集中解释了中央文件上核心的一句话——"这次运动的重点是整党内走资本主义道路的当权派"……系主任做过晋察冀根据地的法院院长,听了"老革命"的这个报告,一下子豁然开朗"。[52]

其中所说的中央文件指的是 1964 年 12 月 15 日至 1965 年 1 月 14 日中央政治局在京召开的全国工作会议制定的《农村社会主义教育运动中目前提出的一些问题》(简称《二十三条》)。其提出:"这次运动的重点是整党内走资本主义道路的当权派"。此外,《二十三条》还规定,城市和乡村的社会主义教育运动,今后一律简称"四清":清政治、清经济、清组织、清思想。[53]

(四)半工(农)半读试点

1964 年 5 月中旬至 6 月 17 日在北京召开的中共中央工作会议肯定了刘少奇提出的关于两种劳动制度、两种教育制度的意见,即:固定工制度和临时工、合同工制度并存,全日制学校和半工半读、半农半读学校两种教育制度同时推行,互相补充。[54]

1965 年 11 月 5 日,教育部和最高人民法院召开全国政法教育工作会议,提出要将政法学院办成"抗大式的党校性质的学校",而且要"逐步过渡到半工半读。"[55] 据此,吉林省选择了 7 所院校 14 个专业进行半工(农)半读试点,涉及 1221 名学生。吉林大学法律以及政治经济学、哲学专业均在试点范围内,分别有 41、43、32 名学生参加。[56]《1953 年至 1976 年全国政法院系法律本科生招生毕业在校学生统计表》显示,[57] 吉林大学法律系 1965 年的入学人数是 41 人。因此可以肯定这 41 人正是 1965 年入学的新生。

不过,吉林大学实施半工半读制度的时间似乎要早于前述全国政法教育工作会议。1964 年 12 月 18 日,吉林大学提出《关于文科(除外文)各专业实行半工半读教育制度的几点意见》。1965 年 1 月 20 日,长春市气象仪器厂和市郊的柏家屯农场被选定为半工半读基地。2 月 10 日,经济、法律、哲学三系的一、二年级被选定开始试行半工半读制度。[58]

1965 年入学的吴振兴教授回忆说:

> 我们(1965 年 9 月)入学之后,要在长春郊区的白[柏]家屯(农场)那里上课,实行半农半读,有时我们也要做些农活。
>
> 入学以后到"文化大革命"以前,大约九个月吧,我学过两门专业课,上学期的专业课叫"国家

与法的理论”,那时候国家与法是合在一起的,相当于现在的政治学与法理学……除了专业课以外,上学期还开设了外语和政治两门课。下学期的专业课叫“法律制度史”,同时继续学外语。在“法律制度史”和外语课还没结束的时候,“文化大革命”就开始了。“文化大革命”开始后,我们就基本上没开过课……[59]

同一级的宋宪德学长在回忆中也提到:

“我1965年考入吉林大学,是我的第一志愿,当时入学我们班级有40名同学,来自全国九个省。当时吉林大学法律系是半农半读,我们开学的时候搬到柏家屯(长春榆树),吉大的农场,在那住宿上课。那时候一边上课学习,还要花一定的时间参与农业劳动。

我们在柏家屯待了一年多,(19)66年以后‘文化大革命’开始了,全国各地的大学都停课搞运动,所以我们又从柏家屯搬到了吉大的八舍。”[60]

如果是1965年秋季入学的话,到1966年5月,不足一年。因此相对而言,吴振兴教授的回忆更准确些。

吉大法律系师生进行半农半读的地点在长春市郊柏家屯。法律系师生到农场后,由教研室包年级以便组织教学和劳动。师生混合编成支部,支部书记、班主任由教师担任,另外有班委会。课堂教学时数被缩短,劳动时数和学生政治活动时间则被增加,各班均建立了1-2个毛主席著作学习小组。[61]

高年级的课程方面,目前可知法律系三年级在1966年春季学期开设有《政法应用文》课程。辅助证据有现存的吉林大学1966年1月铅字油印的《政法应用文讲义》(1965至1966年第二学期),编写者为周元伯、刘采一。[62]讲义分五个专题:第一题《什么是政法应用文》(其下前两个子目分别为“什么是政法应用文”和“政法应用文的阶级性”)、第二题《认真学习毛泽东思想树立新文风》、第三题《怎样写庭讯笔录和勘查笔录》、第四题《怎样写调解书和判决书》、第五题《怎样写工作总结和工作报告》。考虑到“文革”开始的时间以及该讲义保存的完好程度,这门课程很可能没讲授完。

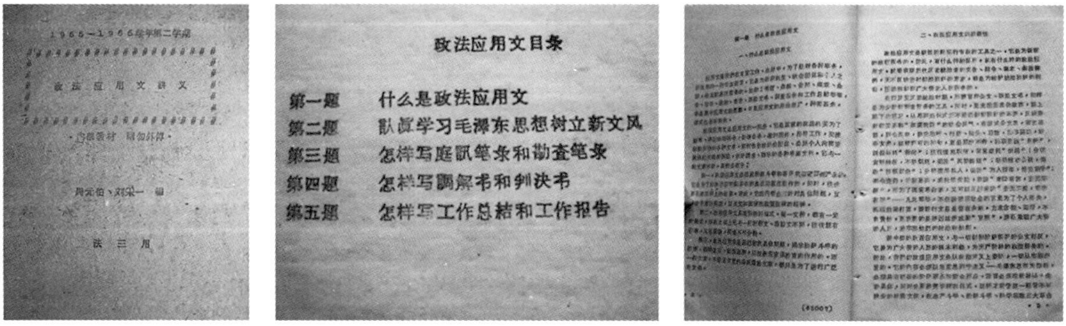

政法应用文目录

第一题　什么是政法应用文
第二题　认真学习毛泽东思想树立新文风
第三题　怎样写庭讯笔录和勘查笔录
第四题　怎样写调解书和判决书
第五题　怎样写工作总结和工作报告

图2-10　周元伯、刘采一编写吉林大学法律系《政法应用文讲义》书影。

图片来源:孔夫子旧书网:http://book.kongfz.com/7862/91625083/,2011年11月30日最后访问。

第三节

“文革”中的吉林大学法律系

(1966年5月-1976年10月)

一、在校学生的毕业分配

1966年6月13日,中共中央、国务院发出《关于改革高等学校招生考试办法的通知》,提出:“鉴于目前大专学校和高中的文化大革命正在兴起,要把这一运动搞深搞透,没有一定的时间是不行的。”因此“决定1966年高等学校招收新生的工作推迟半年进行”。7月24日,中共中央、国务院又发出《关于改革高等学校招生工作的通知》,决定“从今年起,高等学校招生,取消考试,采取推荐与选拔相结合的办法”,“高等学校选拔新生,必须坚持政治第一的原则”。这两个文件实际并未得到执行。包括政法院系在内的高等院校招生由此陷于停滞。

《1953年至1976年全国政法院系法律本科生招生毕业在校学生统计表》显示,从1966至1970年,吉林大学法律系连续5年未招生。1966年的在校(本科)生为168人,与1965年相同。截至1967年,1962年入学的25名本科生毕业,在校生人数减至143人。[63]1968年毕业59人,在校生人数进一步降至82人。这一数字持续到1969年,由此可知该年没有学生毕业。1970年8月,余下的1964、1965两级共82名学生毕业。至此,吉大法律系的在校生人数为零。[64]

1967年6月15日,中共中央、国务院、中央军委、中央文革发出《关于1967年大专院校毕业生分配工作问题的通知》和《关于分配一部分大专院校毕业生到解放军农场去锻炼的通知》(亦即中央军委第98、99号文),要求毕业分配坚持面向农村,面向边疆,面向工矿,面向基层,与工农兵相结合的方针。通知指出,1966年、1967年大专毕业生(包括研究生)一般都必须先当普通农民、普通工人,并安排一部分毕业生先到解放军农场去锻炼。到农场去的学生一律实行军事管理。[65]

法律系1962级本科生刘瑞复被分配到了军队农场:

> 我们是到部队的“军农连队”锻炼。就是“土八路”,穿黄军装,没有领章帽徽。当时,除了工科、医科等实用专业的毕业生外,文科理科的毕业生都到军农连队去了。连队里连、排领导是军队的。我们

连队的任务是挖煤。全连四个排,每个排四个班,工作是“三班倒”,一位工人师傅带班。我被选为经委会主任,是学生兵中的“大头儿”。

不上工的时间,是出操、组织学习、部队英雄模范作报告、开学习心得汇报会、军事科目演练。集中开展大的活动有“忆苦思甜”教育和“清查”运动,即清查“文革”中的问题。[66]

同级的马新福也被拉到北大荒去接受工农兵“再教育”,在那之前则是留在学校就地闹革命,写大字报,参加斗争。直到1968年:

在北大荒也有一些军事化训练,但主要还是劳动,伐木头、铲地、收割。

去的时候没有人知道会待多久,也不知道何年何月才能回来,有的人对象都“黄”了。最后实际待了两年,1970年春天回到长春参加分配。可惜的是许多人都不能专业对口……[67]

马新福比较幸运地被分配到长春电影制片厂,担任革委会秘书,后来又做了编辑。

1965级本科生则从1969年下半年开始实习。吴振兴被分配到长春市公安局政法大队。那里公安局、检察院和法院联合办案,研究案件全凭经验。之后又到长春市汽车厂派出所和桂林路派出所实习。前后持续了一年多。[68]

1970年7月18日,吉林省革命委员会下发《关于1969、1970届大专院校毕业生调配计划的通知》,要求:坚决贯彻面向农村、边疆、工矿、基层的方针,各级革委会机关不得留用;少数分配到大专院校的毕业生,必须组织他们到工厂、农村当工人、农民、接受工农再教育;少数分配到城市的医科毕业生,要组织他们到农村去,边医疗,边劳动;理工科毕业生可根据需要安排当普通工人或任中小学教师。

1965级本科生中,白景富毕业后先是在黑龙江省七台河市东方红公社劳动锻炼,继而担任七台河市公安局科员;[69]张建国成了吉林省敦化县敦化镇派出所的一名民警;吴振兴被分配到吉林人民广播电台理论组,做了10年的理论宣传节目;[70]宋宪德到抚顺六十中学当了一名教师,两年后转回到家乡庄河当中学教师,1979年调到庄河法院,1987年调到大连开发区法院工作,直到退休。[71]

图2-11 法律系1965级学生合影。拍摄时间应在1968年11月校革命委员会成立以后。

图片来源:《追随前辈的足迹,探访悠悠数十载的风雨求存和家国情怀(二)》,http://www.sinohydrore.com/user/gh_1ef50d9cbd1b/402355378_1_e93da162e35281ab918cd2ea0922044f.html,2016年3月27日最后访问。

二、吉林大学法律系的保留

(一)教师下放插队落户

1968 年 10 月 5 日《人民日报》在编者按中引述了毛泽东的号召:“广大干部下放劳动,这对干部是一种重新学习的极好机会,除老弱病残外都应该这样做。在职干部也应分批下放劳动。”各地普遍开办“五七干校”。中共八届十二中全会公报也强调:“必须执行毛主席提出的革命大联合和革命三结合的伟大原则,认真执行毛主席关于进行革命大批判、精简机构、干部下放劳动、改革不合理的规章制度等指示。”“认真做好清理阶级队伍的工作,把混在广大群众中的一小撮反革命分子挖出来”。“对知识分子,要由工农兵给他们再教育,使他们与工农结合起来。宣传队要在学校中长期留下去,参加学校中全部斗、批、改任务,并永远领导学校。”[72]

根据《吉林大学校史》的记载:1969 年 10 月 8 日,东北人民大学召开“掀起教育革命新高潮”的誓师大会。10 月 13 日起,文科师生被动员去舒兰县参加斗、批、改,搞“教育革命”,历时近两个月。[73]其还提到:

> 1969 年 11 月 30 日,根据林彪关于加强战备的紧急指示,[东北人大]召开全校教职工大会,动员全校人员在毫无准备的情况下到农村“插队落户”,不管老弱病残,一律“四带”(带户口、粮食关系、工作关系、家属)。12 月 1 日,召开全校大会,“欢送”首批 280 户教师、干部去舒兰、伊通两县“插队落户”。12 月 5 日至 1970 年 1 月末,又先后有 580 多户教师干部被下放到柳河、和龙、长岭、扶余、科右前旗、蛟河等县旗,使“插队落户”总数达 860 户。其中教师 626 人,占全校教师总数的 84.5%,多数是中老年知识分子,包括 6 位教授、17 位副教授。图书馆人员大部分被下放,校内只留 15 人。[74]

李放被下放到通化地区的柳河县驼腰岭公社,先分到黎明大队(也叫大庙大队),几个月后又分到杨家大队,还担任了大队支部书记。[75]

> 1969 年 12 月 31 日,我们坐着火车到了驼腰岭车站。公社(临时)租了一个大客车,把大家拉到公社所在地,招待吃了一顿大米饭、猪肉炖粉条,以示欢迎。挨到天亮,各队赶着大车来领人。我那时先被分到黎明大队,也叫大庙大队,最落后、最穷的一个大队。给我分了一个屋,墙上糊的报纸,一热都掉了。那里原来是个磨坊,养过驴,有股味。屋里没有电,烧的煤油灯。早上起来,脸上都是黑的。在黎明大队待了几个月,又调到杨家大队,离公路不远,条件好不少,有电灯。按说要参加劳动,接受贫下中农再教育,但无形中变成工作队了,公社大队一搞活动就让“五·七战士”帮着来弄。杨家大队有 11 个小队,49 名党员。原来的大队支书因腐败被罢免,公社陈书记让我做支部书记。[76]

1966 年 7 月毕业留校任助教的于治萍(法律系 1961 级本科生)也于 1969 年 12 月被下放到伊通县营城子公社插队。[77]

1970 年 2 月 8 日,吉林省革命委员会发出通知,决定将“东北人民大学”搬迁疏散到舒兰县小城子公社。至此,法律系多数中、老年教师被送到吉林省伊通、舒兰、柳河等县农村插队。[78]只有聂世基、[79]

王忠、王坤范、[80]李忠芳、[81]李永泰、[82]李完稷、[83]孙占茂、[84]邹广志、[85]刘兴华、[86]吕北安、[87]韩国章、[88]孟宪伟、[89]张惠兰[90]等13名年纪较轻的教职员工留在了长春。[91]

（二）法律系的去留

根据1971年全国教育工作会议确定的《关于高等学校调整方案》，包括北京政法学院、华东政法学院、西南政法学院、西北政法学院在内的106所高校被撤销。原有的4所综合性大学法律系也仅保留了北京大学法律学系和吉林大学法律系。[92]北大法律学系得以保留，得益于该系教师的据理力争，以及毛泽东关于取消专业要慎重的指示。[93]吉大法律系的命运与此相似。

在当时的背景下，继续保留法律系的正当性颇成问题。留守的法律系教师内部亦有分歧。聂世基、孙占茂等坚持要保住法律系，但也有人认为法律系应当及早解散为好。最终，聂世基做通了主张解散法律系的留守教师的工作，在内部达成共识，同时又说服了工人和解放军毛泽东思想宣传队[94]的负责人，使吉大法律系的建制得以保全。[95]如是，中国法学教育的连续传承，真不知该感谢那些据理力争的前辈，还是那些手中偶然掌握权力的人。或许可以认为，历史不乏偶然性，一念之间的取舍，也可能产生深远的影响。

图2-12 聂世基（1936.10.1-2017.6.8）

图2-13 聂世基主编：《税法概论》，农村读物出版社1992年9月版

王忠教授留下的一份记录于1971年4月2日的手稿，提示了更多吉林大学法律系得以保留的细节。当时，为了论证开办法律系的必要性，曾面向基层开展了多轮调查研究。手稿记录的这次，应是1971年春同吉林省内四平地区、四平市、怀德县、梨树县和九台县保卫部负责人进行座谈的内容。

关于办不办法律系问题调查记录整理

关于法律系办不办的问题，过去曾经进行过八次调查，广大工农兵和革命干部发表了许多宝贵意见，材料已经正[整]理上报了。根据我省教育会议精神，法律系与省保卫部合办政法干部短期训练班，现在，已经落实。结合办审判干部短训班的要求，最近我们又到地区、市、县的保卫部门进行调查，他们对办法律系问题，又提出许多意见。现将四平地区保卫部、四平市保卫部、怀德县保卫部和梨树县保卫部、九台县保卫部调查记录整理如下：

这次调查曾和地、县保卫部门的五位领导同志交谈过,召开四次调查会,计 24 人。事先发了调查提纲,同志们很有准备,谈得很认真,我们很受教育。大家一致表示:办短训班和办普通班都非常必要。非常高兴,政法教育不能没有。相反,要加强政法教育工作。

四平地区公检法军管会姜付[副]主任(军代表)说:

听说要办审批干部短训班,我们非常高兴,现在下边要求很强烈。在政法工作实践中有许多问题,不好解决,政法干部的政治思想水平和业务能力同当前工作要求还不相适应,不学习提高不行啊!我们地区也正在想这件事。我们讲马列和毛主席著作和讲党的方针政策,有一定的困难……[96]

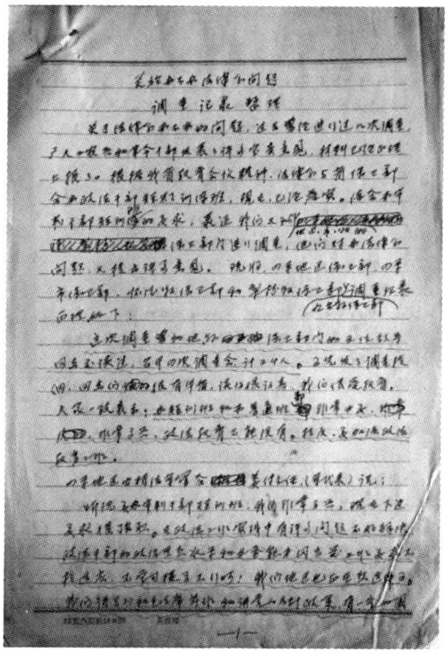

图 2-14　王忠《关于办不办法律系问题调查记录整理》手稿。

图片来源:王忠教授之女王建玲老师惠示并允准使用。

(三)坚持办学

吉林大学法学院发展简史提到,留在长春的法律系教师“以教改小分队形式继续坚持探索如何办政法教育的问题。”[97] 1970 年 9 月到长春市公安局担任秘书的赵新华的回忆或可作为这方面的佐证:

吉林大学法律系恢复招生以后的系主任[应为党总支书记——笔者注]聂世基……当时他就是组长,他就坚持留在学校。他领着人上公安局去了,在公安局做社会调查,帮助公安局做了很多研究资料,他们有研究能力……他们搞档案啊,找人座谈啊,这十几个老师在公安局待了有六个多月。[98]

1970 年 10 月,东北人民大学开始在伊通县举办“五·七”文科短训班,为基层政权培养政治宣传人员。

1971 年 12 月 25 日,学校决定抽调 301 名“五·七”战士(插队落户干部、教师)回校工作。法律系下放的教师从 1972 年 1 月起陆续返回。[99] 李放就属于首批被抽调回校的教师。[100] 于治萍也是这一批返校的教师之一。回到长春后,参与了法律系的教学工作,还担任了学生实习的带队教师。[101]

1972 年 5 月 18 日,学校又抽调第二批 226 人回校。[102] 但有一些教师没有等到这一天。1971 年,马志振博士在落户地辞世。[103] 1972 年 4 月 4 日,抱病到辽宁省新宾县插队落户的法律系主任马起教授去世。[104]

1973 年春季开始,吉林大学又在舒兰县开办短期干部训练班。

和县委党校同志一起,开办了工农兵干部学习马列和毛主席著作的学习班。先后举办了《唯物主义和经验批判主义》《帝国主义是资本主义的最高阶段》和毛主席《实践论》《矛盾论》著作读书班。学员包括县直机关的科局级干部,企、事业单位的领导和政工干部,以及新提拔到领导岗位的青年干部,五期共五百四十多人。[105]

1973 年 10 月,舒兰县委举办工农青年干部学习班(青干班),吉林大学方面配合县委党校参加了理论学习辅导。结合中共十大文件,学习列宁的《帝国主义论》和毛主席的五篇哲学著作,还两次参加县委常委会会议并参加起草县委文件、帮助公社党委整风。同期,吉林大学师生还参加了全县的插秧大会战。[106]夏季农闲时,则主要培训社队干部。此外,吉林大学师生还为县直机关、吉舒煤矿、水曲柳黏土矿、舒兰县第一百货商店和县土产公司等单位的干部和工人做学习辅导报告,参与听讲人数达4000余人。[107]1974年春,吉林大学又和舒兰县委党校合办了两期"批林批孔"学习班,每期半个月,培训对象共225人。[108]《理论学习》1975年第1、2期合刊刊发的《经济危机同战争和革命的关系》署名为"长春铁路分局工人理论组"和"吉林大学五七文科短训班";[109]同年第4期和第6期刊发的《工人学一点政治经济学》署名为"吉林电石厂工人理论组""吉大五·七文科短训班"。[110]由此看来,文科短训班至迟到1975年仍然在开办。

法律系的教师也参与了文科短训班的工作,而且时间还要更早一些。1972年10月,吉林大学法律系与吉林省革委会人民保卫部[110]合作,在伊通县开办了两期政法干部培训班。每期学员约70名,来自省内64个县市。[112]省保卫部成立了训练班领导小组,负责主持训练班的日常工作。第一期领导小组成员包括省保卫部江得水、[113]法律系负责人聂世基、法律系工宣队代表杨宝印。何鹏、李放、许肇荣等教师亦参与其事。第二期省保卫部的代表换为原省法院刑庭审判员周树澄,并"跟班作业"。[114]据李放教授回忆,每期培训班为期两个月,培训对象涵盖了来自包括哲里木盟(今内蒙古通辽市,当时属吉林省辖区)在内的81个县市的90余名学员。[115]李放老师担任了第一期的教学助理、负责教学的组织安排、搜集学员反映要求等工作。第二期的教学助理为王坤范老师。据许肇荣教授回忆,他当时给培训班讲授了第一课——《毛主席的政法路线》,李放老师监讲。此外,法律系教师何鹏讲授《刑事政策》,李放讲授《法学原理》,周之源讲授《民事政策》,邹广志、李忠芳、刘富起讲授《马列毛经典著作—无产阶级专政理论》。[116]

当时法律系内部尚未恢复教研室建制,但设立了理论、民事政策、刑事政策、公安业务等教研组。由专业教师以"单科独进"方式向学员讲授一些基本理论、基本政策和基本知识。[117]"单科独进"这种突击授课方式,虽然早在1962年初就被匡亚明校长批评为"既增加学生负担,又增加教师负担,是违反教学与一般认识过程规律的,所以教学效果一般是不好的",[118]但相隔十年,其再度被拾起,确有不得已的缘由。

图2-15 吉林省高级人民法院与吉林大学合办司法干部第二期训练班。

图片来源:王忠教授之女王建玲老师惠示并允准使用。摄于吉林大学理化楼前,第三排左九为王忠老师。

三、政法专业工农兵学员的招收与培养

(一)招收工农兵学员

1968 年 7 月 21 日,毛泽东在《人民日报》为《从上海机床厂看培养工程技术人员的道路》一文配发的"编者按"中加了一段话:

> 大学还是要办的。我这里主要说的是理工科大学还要办,但学制要缩短,教育要革命,要无产阶级政治挂帅,走上海机床厂从工人中培养技术人员的道路。要从有实践经验的工人、农民中间选拔学生,到学校学几年以后,又回到生产实践中去。[119]

此即"七・二一"指示。

1969 年开始,复旦大学、西北工业大学等学校开始恢复招收学生的试点工作。1970 年 6 月 27 日,中共中央批转《北京大学、清华大学关于招生(试点)的请示报告》。该《报告》称,经过三年来的"文化大革命",北京大学、清华大学已经具备了招生条件,计划于本年下半年开始招生。具体规定:学制为 2 至 3 年。学习内容包括"以毛主席著作为基本教材的政治课;实行教学、科研、生产三结合的业务课;以备战为内容的军事体育课"。学生条件为选拔政治思想好、身体健康、具有 3 年以上实践经验,年龄在 20 岁左右、相当于初中以上文化程度的工人、贫下中农、解放军战士和青年干部。还要注意招收上山下乡和回乡的知识青年。文件规定,"废除修正主义的招生考试制度,实行群众推荐、领导批准和学校复审相结合的办法"。[120]8 月,清华大学开始招生,教学工作得以恢复。[121]

从《北京大学、清华大学招生(试点)具体意见(修改稿)》所附《北大、清华招生各系名额分类表》来看,北大法律系当年并未招收工农兵学员。[122]北大招收的第一批工农兵学员一部分在校本部,一部分在江西的北大鲤鱼洲分校。校本部多属于一年左右的短训班,分校属于重点培养,学制为二年。[123]

表 2-2 《北京大学、清华大学招生(试点)具体意见(修改稿)》

附一《北大、清华招生各系名额分类表》

北大招生各系名额分类表		清华招生各系名额分类表	
系别	人数	系别	人数
中文	250	冶金	360
哲学	240	工程物理	200
历史	220	工程化学	130
政治经济	160	数学力学	110
国际政治	130	水力	110
物理	150	土建	220
化学	190	无线电	240
地球物理	100	自动控制	130
生物	320	电机	220
无线电	70	机械	150
数学力学	170	动力机械	230

1970 年 10 月 15 日，国务院向各地发出电报，要求当年高等学校招生工作按中央批转的北京大学、清华大学报告提出的意见进行。这一年，全国招收首批工农兵学员 41870 人。[124] 被“推荐”的工农兵学员须向所在单位保证，毕业后一定回来，即所谓“社来社去”。[125] 由于是推荐入学，且学制一般只有 2 年，学习内容不得不大大简化，有的理工科大学（如上海交通大学机械制造专业）不教基础课程和专业基础课程，而采用所谓“典型产品教学法”。[126] 北大鲤鱼洲分校中文系的工农兵学员一半时间是劳动，课业上，除了政治课外，主要都是一些实用写作方面的。[127] 而从吉林省革委会下发的《关于吉林工大、师大、医大试办班招生通知的几点意见》[（70）33 号]来看，吉林大学（其时还叫东北人民大学）并不在试办招生院校之列。[128]

1971 年 7 月 27 日，中共中央批准下发的《全国教育工作会议纪要》提出，“大专院校招生的主要对象是具有二至三年以上实践经验的优秀的工农兵，年龄在二十岁左右，身体健康，一般是未婚的，一般应有相应于初中以上文化程度。有丰富实践经验的老工人、贫下中农和革命干部入学，可以根据情况放宽年龄和文化程度的限制。”国务院批转的《国务院科教组关于高等学校一九七三年招生工作的意见》[国发（1973）39 号，1973 年 4 月 3 日]沿用了该标准，并进一步要求“各地应遵照毛主席关于‘又红又专’的指示，在群众推荐、政审合格的基础上，重视文化程度，进行文化考查，了解推荐对象掌握基础知识的状况和分析、解决问题的能力，保证入学学生具有相当于初中毕业以上的实际文化程度。同时也要防止‘分数挂帅’”。据此，各地于 6 月中旬开始陆续举行文化课考试。新生于 9 月初开学。

但从张文显教授的经历来看，其当时成为工农兵学员时，凭借的主要还是群众推荐，其过程还颇具戏剧性。张文显 1951 年 8 月 28 日生于河南省南阳镇平县草王庄。中学只读了一年就赶上了“文革”。“文革”初期，他自学语数理化等功课，把一本从学校图书馆翻出的四角号码字典，从头背到尾，还坚持写日记，练习写作。后来他返乡务农，当民办教师，又被抽调到云阳钢铁厂当工人、当会计，给《战地通讯》写稿。1970 年 2 月在石油部二机厂工作。1972 年 7 月，张文显被抽调到南阳地委办公室当干部。1974 年 8 月，南阳地委乔书记拍板，推荐在民主评定中获得无记名投票第一名的张文显为工农兵学员，到吉林大学法律系政法专业学习。“那时上大学不用全国统一考试，是全国统一分配名额，南阳地委在分给他们地区的名额里边发现有一个吉林大学‘政治’专业的，（乔书记）就说：这个名额留给地直机关吧，别的专业都分下去给基层。张文显荣幸地得到的，就是这个名额。”9 月，张文显到长春报到时，被告知，吉大当时“没有政治专业……只有政法专业，属于法律系……不知道是在什么地方由什么人把‘法’改成了‘治’。”[129] 张文显就这样阴差阳错地进了吉大法律系。

从 1973 年起至 1976 年，吉大法律系相继招收了四届政法专业工农兵大学生，学生由全国各地选送，学制三年。[130] 与此不同，前引《1953 年至 1976 年全国政法院系法律本科生招生毕业在校学生统计表》显示，吉大法律系分别于 1972、1974、1975 和 1976 年招收了 36、71、40、50 名工农兵学员，其中 1976 年有 36 人（可以推知为 1972 年入学）毕业，是年在校生为 161 人。该表的错误很明显，其不仅没有解释为何 1973 年未招生，而且按照三年的学制，1972 年入学的学生应在 1975 年而非 1976 年毕业。

《中国教育成就统计资料（1949 - 1983）》则显示，1971、1973 至 1976 年，全国政法专业分别招生 80、36、293、100、179 人。[131] 其中，1974 年招收普通班（学制 2 至 3 年）133 人，进修班（1 至 2 年学制，学生多为在职）160 人，其余各年都是普通班。[132] 数据中缺少 1972 年的。

事实是，吉大法律系招收的首批工农兵学员于 1973 年入学。而最后一级，即 1976 级因受毛泽东去世等事件影响,直到 1977 年 3 月才入学,[133]至 1980 年春毕业(即按三年制培养)。[134]吉林大学合校 6 周年暨建校 60 周年庆典网站显示,1973 - 1976 各年入学的法律系政法专业学生数分别为 36、67、40、49 名,合计 192 名。[135]吉林大学法学院发展简史则称,1973 级一个班 35 名学生,1974 级两个班 70 名学生,1975 级和 1976 级两个年级各一个班共 100 名,合计培养工农兵学员 205 名。[136]

表 2 - 3　吉林大学法律系培养工农兵学员情况(1973 - 1976 年)

年　级	专　业	人　数	性别比(男:女)
1973 级	政法	36	28:8
1974 级	政法	71	48:23
1975 级	政法	40	19:21
1976 级	政法	51	33:18
总计		198	128:70

资料来源:本表系笔者根据吉林大学法学院《本科(毕业)生名录(1948 - 2003)》整理而成。1974 级分成了两个班级。

(二)工农兵学员的培养

1. 入学劳动

法律系工农兵学员的培养方案时代特征明显。开学后不久,学员即进行了近一个月的劳动。崔卓兰教授是 1974 年由长春市公安局推荐到吉大法律系的。[137]据她回忆:

> 第一次见聂[世基]师,是[一九]七四年九月的某天。还在学生宿舍行装散乱待整,南腔北调初次交集的时刻,时任[法律]系党总支书记的聂世基老师,还有副书记许肇荣老师、[138]办公室主任刘兴华老师等,就赶来看望新生。聂师三十岁开外年纪,架一副淡黄色塑胶眼镜,着褪色灰便服,戴最普通同色单帽,身材细高面容清秀。另几位同行者也都旧衣布履……几位老师神情关切言辞和蔼,刘老师甚至随口说出每生的名字和来历。嘘长问短地交谈半晌,也没现例行公事的味道……待月余劳动结束,终于开课了。走进教室,又见墨绿黑板橙红课桌,整面墙的黄色方格窗,不由得心绪翻卷感叹不已……[一九]七六级的毕业生去向决定后,聂师[世基]按惯例来到到学生宿舍,找一间面积较大的房间逐一宣布名单。谁也没想到,一向乐观爱笑的聂师,刚念了几个名字,就哽咽失声,在场同学也都泪盈于睫。

崔卓兰教授的回忆中还记述了 20 世纪 70 年代中后期吉林大学法律系的办公条件。当时,吉林大学法律系与哲学、经济、历史、中文、外语系合用文科楼。

> 文科楼坐西向东,灰白水泥挂面,长方形分四层,与一般办公楼模样酷似。上了二楼向右拐的整个"半壁江山",全属法律系的"领地"。沿走廊直行至最里面,东朝向的那间,为系"首脑机关"。党政班子正副职相加,应不少于五六位,共用十几平的办公室。每人占用的地方,显然只能按空间计算配置。譬如,享有抽屉几个、卷柜哪层的使用权等。与之正对门的西向,则属系"要害部位"办公室。双眼既大又亮,且善光流溢的李舜英老师,似乎分分钟守候在那里……系里的桌椅板凳等办公用具,各教研室加行政党团机构,统统包括在内,想要找出孪生模样或相互配套的,即便是打着灯笼也不容易。悬挂于教室中,省去上方木托的长管日光灯,逢使用时总轮番"罢工",从未全体发亮过。[139]

图 2-16　吉林大学法律系 1974 级工农兵学员毕业留念。

图片来源:王忠教授之女王建玲老师惠示并允准使用。照片 1977 年 8 月 20 日摄于吉林大学理化楼前。前数第二排左一为王忠、左二李忠芳、左三刘兴权、左四李永泰、左八任振铎、居中许肇荣,右九聂世基、右七何鹏、右六李放、右四高树异、右二邓崇范、右一吕北安。前数第三排左一为于治萍。感谢崔卓兰教授帮助确认了图中大部分老教师。

法律系资料室起初位于文科楼三层:

只见封顶 50 平的套内,高且长的杂志架,又将之从中分成两个隔断。"外间"放着一大一小两个桌,分别供阅览和当值老师使用,充其量能容纳十几个人……一批陈旧泛黄、蒙尘浓厚的图书资料。伊们如同具安全隐患的易燃易爆品,被捆绑的严实扎密,整齐地靠墙码放。前面,还有意无意地挡着数个凳子及杂物,明确表示着谢绝问津。[140]

改革开放后,教育经费开始增多,这在法律系的最早体现,是资料室先"富"起来。它迁至二楼,启用了一间较大的教室,也很快改变了从前《红旗杂志》《人民日报》等党政军报与刊一统天下的局面。成批量的国内外政治和法律、哲学和历史等书籍期刊,系内教师的研究成果等,源源进入并占据醒目位置 。相对体面点的"家私",也先行摆放进来。每到课程不多的下午,资料室通常成为暂无家无业的,或者蜗居斗室的年轻教师们,喜爱逗留和聚集的地方。临近夕照时分,斜阳便挥洒进来,满屋笼罩在金色的余晖里,室内只听见翻书翻纸的沙沙声响。止水一般的环境里,人们悄无声息地阅览或写作,宛如一幅年久的油画。罹患严重目疾的林礼昭先生,着一身整洁的蓝色中山装,久久端坐于窗边桌旁……临退休几年,他到资料室上班,名副其实是法律系家园的守望者。[141]

图 2-17 20 世纪 80 年代风景明信片上的吉林大学文科楼(位于今吉林大学前卫北校区)

图 2-18 20 世纪 80 年代中后期位于文科楼内的吉林大学法律系资料室。

图片来源:吉林大学法学院资料图片,感谢吕欣老师惠示。

2. 课程设置

吉林大学法律系 1976 级的阎立教授回忆说:

> 我们还是[恢复]高考以前的轨迹,工农兵学员就要学工学军学农,所以我们第一学期基本上也是学工学军学农,这么几个月就过去了,理论课基本上很少。我记得我开学的第一课是讲《共产党宣言》。我们那个时候叫法律系的政法专业,实际上就是政治和法律放在一起,所以那个时候学政治比较多,学《共产党宣言》《国家与革命》《哥达纲领批判》等。所以当时入学后上半年基本上就学工学农学政治,到九月份就比较系统地学法律了。我记得我学法理的时候不叫法理,叫国家与法的基本理论。这个时候学法律还是苏联的教科书,学的基本上还是以苏联的法律体系为主,因为那个时候我们还没有法律……而且那个时候政治风气还比较浓,主要是强调政治比较多。[142]

比重本已偏小的业务课要假以"政策"之名,如民事政策、刑事政策、婚姻政策、国际时事政策等,以突出政治,避免业务挂帅的嫌疑。法律系还成立了政治理论教研室,开设了 4 门政治理论课。该教研室直到 1977 年学校马列教研部统一负责政治理论课才撤销。[143] 据李放教授回忆,法律系之所以设立政治理论教研室是因为当时学校马列教研部的教师流失严重,无论满足全校各系的需要,于是学校决定其只给理科院系开课,文科各系自行解决。李放担任了政治理论教研室主任,并主讲政治经济学。成员还包括马新福、吕北安、孟宪伟三人。[144]

1974 年进入吉林大学法律系学习的张文显教授回忆了当时的情况:

> 那个时候,吉大法律系的教师队伍基本上没有解散,这些老师被成建制地保留了下来,法学的各大领域也几乎都开设了课程。包括宪法(一开始讲的是"五四宪法",后来补充讲"七五宪法")、民法(除了婚姻法之外,主要讲民事政策)、刑法(没有刑法条文,主要讲刑事政策),国际法(国际法讲了很多,因为当时国际法比较稳定)、诉讼程序规定(尽管没有诉讼法文本,但是有一些适用于法院立案和审理的程序性规定)、侦查学(用现在的术语应叫做"证据科学",有法医、技术鉴定、步法跟踪等)。那时检察院还没有恢复。中国政治法律思想史讲得比较多(当时正值"评法批儒",法律思想史是热门课程)。作为政法专业,政治标准是第一位的,所以我们学的最多的是马克思主义经典著作,主要是马列主义关于国家与法的经典著作,比如《共产党宣言》《哥达纲领

批判》《路德维希·费尔巴哈与德国古典哲学的终结》《反杜林论》《国家与革命》《论国家》《论人民民主专政》《正确处理人民内部矛盾》等,此外,也学习《资本论》《矛盾论》《实践论》等。那时候的学习非常重视师生之间的互动,要求工农兵学员上课堂,所以我还登上讲台讲过商鞅、荀子、韩非的法律思想。[145]

记得1975年西方国家发生大范围经济危机,同学们立即在老师的指导下学习《资本论》,用《资本论》中有关资本主义生产方式的理论研究经济危机的原因与形式,组织讨论会。我们学习经典著作的积极性很高,每周固定一两个中午,吃完饭不是回到寝室午休,而是马上回到教室开始讨论理论问题,包括认识论、实践论、矛盾论,包括国家与法的关系等等。[146]

三年当中老师和同学们打成一片,非常融洽,师生之间甚至可以开玩笑。应该说,大学里让我佩服的老师不止一个,这些老师都各有各的风格、气质。在课堂上,有的口若悬河,富有才子气质;有的字字斟酌,充满学者气质;有的用一张张经典作家的语录卡片作为讲义,讲得深邃而严谨;有的则是用一串串案例来讲解政策和法律的原则和规则,生动活泼、妙趣横生,有些案例成为我自己教学当中经常重复的典型案例。[147]

1975年到公安局实习……

学生有很多机会参与学校和系里的公共事务,领导虚心听取学生们关于教学改革和行政管理的意见和建议。再如,学校实行"研究性"教学,学生有机会参与老师组织的教材编写和研究工作。我就参加过国家与法的理论、国际法、中国法律思想史等教材和教学资料的编写,参加过《〈论人民民主专政〉读本》的撰稿。"[148]

也是1974年入学的崔卓兰教授提到,当时学习的课程包括《刑事政策》《民事政策》《公安业务》等。[149]其中《刑事政策》使用的油印讲义尤其令她印象深刻。此外能接触到的书籍主要就是马列经典。[150]她还提到了法律系教师努力为学员补习文化课的情形:

法律系的领导和老师们……在[一九]七三级即首批工农兵入校之际,就煞费苦心的为他们编制了若干文化课的补习菜单。这一决定虽吃力但不讨好……系领导与学生代表之间,就此进行过几番言辞激烈的对话和交涉,结果以学生们的意见被采纳而偃旗息鼓……

为体现"教育革命的深入",将学生置于校外的"开门办学"时间呈现不封顶之势,这造成了数门课程同时开设的困难。于是,一种"单科独进"开课方式,试图被推行。这种营养单一的听讲与学习,加重了学生们本已不轻的精神饥渴,故遭普遍反对。系领导班子认真听取各方反映后,明确倾向于学生们的意见,顺带将改变"开门办学"和体力劳动比重过大的建议也据实上奏。面对"聂司机(世基),究竟要把法律系教育革命的车开到哪里去"的外界诘问,聂师与其他系领导则淡然漠视。[一九]七三级威信极高的梳小辫班长,听闻是否有后台指使的追问,不卑不亢的回答校方:"有关课程设置的书面意见,是由我们师生共同起草的"……好在后来校方收回成命。[151]

当时没有开英语课。张文显教授回忆说:"虽然在那个年代不存在国际化、全球化的意识,也没有那样的经济和政治环境,学外语似乎没有什么直接用处,但是一些同学一大早起来就学外语……"[152]"一些同学"自然也包括当时担任班级学习委员的张文显自己。

张文显入学不久,反教育"回潮"逆流泛滥,好多课程被迫停了下来,连开设外语课也被影影绰绰批判为“洋奴哲学”,不讲了。张文显明明记得,马克思说过,外语是人生斗争的武器和工具,怎么能和什么“奴”的哲学连在一起?他串联上几个同学自己坚持学,天天清早 5 点半钟就爬起来,凉水抹把脸,跑到鸣放宫前边大树林子里嘟嘟哝哝背单词……他们还从一位老师手里借来一本《实用英语语法》,张道真先生编写的。书只有一本,你传给我,我传给他。张文显下决心抄书,全书 400 多页,一页一页抄,词汇、语法,全抄,书抄完了,大部分也记下来了。本科毕业考研究生,(同学)都愁外语,他不愁,顺利过关。[153]

法律系 1976 级工农兵学员、后曾任上海政法学院院长的阎立(闫立、严励)教授也提到:

我们没有英语的系统教育,在学校不学英语,没有英语课也没有英语老师。我们当时有一批学生要考研,考研没有英语不行,就一起请了个老师,那个老师以前是法律系的,他是“右派”,在体育馆当体育器材的保管员。他工作空闲的时间比较多,跟我们很要好,并且他是从国外留学回来的,英语很好,他说:“我来教你们英语。”他很有才的,叫张哲。他就教了我们一个学期,我们就去考研究生了。当时我们考法学研究生的,原来学法学的基本上全军覆没了,谁考上了,外语学院的考上了。当时外语系有一大批人考我们法学的研究生,他们的外语分一下子就把我们拉开了。[154]

1977 年之后,工农兵学员的教学转向正规。一些老教师,如李放(政治经济学)、王惠岩、王子琳、张光博、高树异(国际法)、何鹏(刑法)、李忠芳(婚姻法)等都给 1976 级学员上过课。

图 2-19　张哲旧藏《苏联宪法名词解释》(东北人民大学国家法教研室编)。

图片来源:载孔夫子旧书网:http://book.kongfz.com/14481/233737775/,2016 年 11 月 23 日最后访问。

图 2-20　张光博。

图片来源:中国宪法学研究会编:《当代中国宪法学家》,法律出版社 2015 年版,第 269 页。

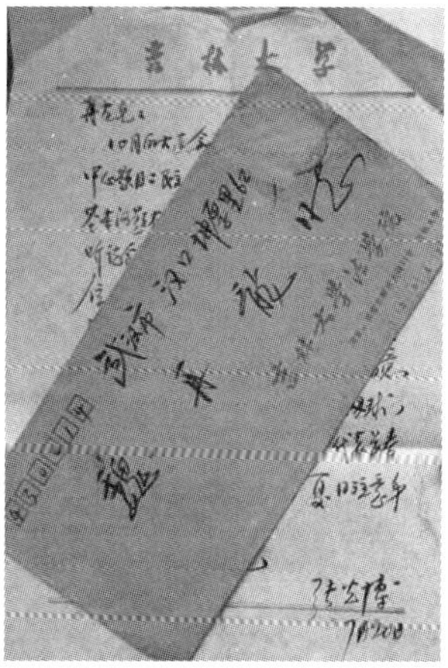

图 2-21　张光博致魏再龙函(信封及信笺)。

图片来源:载孔夫子旧书网:http://book.kongfz.com/item_pic_16594_624539501/,2017 年 6 月 10 日最后访问。

图 2 -22　何鹏(1924.7 -2016.4)。

图片来源:晓萌:《吉大法学名人:何鹏教授》,载《法制与社会发展》2000 年第 1 期,封底。

图 2 -23　20 世纪 80 年代吉林大学图书馆

(今吉林大学前卫校区北区)

据崔卓兰教授回忆,她 1977 年毕业留校时,王惠岩老师仍在校图书馆工作。

> 吉大[图书馆]文科有两个书库,社会科学书库和文艺书库。[图书馆]设在一幢淡黄色的四层小楼内,与校部机关合署办公且后者占用大部分地盘,但仍以图书馆楼冠名。
>
> 社科书库面积不足三百平,藏书估计几万册。当值的两位老师,先生气度雍容,女士举止文雅。库房和借阅台纤尘不染,我眼见是他和她每日打扫擦拭的结果。
>
> 许多旧书被牛皮纸仔细包好外皮,封面上用毛笔写着书名,端庄遒劲的字体令人赞叹折服。后来知道这出自男老师的手笔,而他就是我国著名的政治学家和法学家王惠岩教授。[155]

3. 开门办学

此外,法律系师生还以学工、学农、学军的名义到吉林省怀德县(今公主岭市)刘房子公社所属生产队与农民"同吃同住同劳动",到吉林铁路局配件厂、哲里木盟印刷厂学工,到图们驻军下连队。

> 念大学期间,他(她)们[指法律系教师——笔者注]曾陪我们今天去工厂,明天下农村,后天烧砖挖土方,努力完成"开门办学"加劳动锻炼时间须突破学生在校时间三分之二的上级指令……那时的学生们均来自工农兵群体,多数善良厚道……依然经常和老师们在课外时间说说笑笑有商有量,存心不辜负肩头的使命。[156]
>
> [1975]年三月刚开学,我们就被派往怀德县农村……一路是背行囊走去的,四十岁上下的教师几乎倾巢同往。近百里乡路,对二十出头的年轻人,说说唱唱权当游玩,尽兴之际也未想到老师们可能体力不支。张惠兰老师与我们几个女生共居一铺农家土炕。她圆脸杏眼,蓝布斜襟衣,俨然"五四"时期的大学生模样。基础知识薄弱的我,对政治经济学的一些概念不懂,就缠住她请

> 教。这种把老师当《百科辞典》翻检的做法,其实有点强人所难。善良的张师,不但随时指点我,且干脆办起了吸纳数人的炕头课堂。须与学生同吃同住同劳动,她只能抽空备课。遇到自己也不熟的难题,还得"急用先学"。[157]

张文显则于 1975 年 1 月前往哲里木盟(今内蒙古通辽市)印刷厂学工,跟老师学习,为当时的吉林大学学报《理论学习》做校对,从而练就了一套扎实的编辑本领。[158]

1955 年到 1958 年,东北人民大学人文科学委员会编辑出版《东北人民大学人文科学学报》。东北人民大学更名为吉林大学后,学报也改称《吉林大学人文科学学报》。1960 至 1964 年更名为《吉林大学社会科学学报》(季刊),1965 年更名为《吉林大学学报》(社会科学)。1967 年至 1972 年停刊。1973 年 10 月,《吉林大学学报》(哲学社会科学版)(季刊)复刊。[159] 1974 年,该刊改由通辽教育印刷厂印刷、吉林省哲里木盟邮局总发行;1974 年 6 月 25 日出版的第 2 期加标"出版:吉林人民出版社"字样。[160] 该刊 1974 年第 4 期刊发的《启事》称:

> 根据中共吉林省委关于《吉林大学学报》哲学社会科学版要办成全省性理论刊物的决定,本刊从一九七五年起改名为《理论学习》(编辑部设在吉林大学)。
>
> 《理论学习》同《吉林大学学报》哲学社会科学版一样,仍是哲学社会科学方面的综合性理论刊物。主要包括:认真看书学习,弄通马克思主义;加强马克思主义的理论队伍;批林批孔,反修防修;思想评论;热情支持社会主义新生事物;社会主义经济建设问题;儒法斗争研究;读一点历史和小说;文艺评论;批判苏修社会帝国主义;外国问题研究;认真总结经验;调查报告等专栏……
>
> 《理论学习》在一九七五年出双月刊,积极创造条件改为月刊。由吉林人民出版社出版,全国各地邮局发行。[161]

1975 年至 1976 年,该刊为双月刊,[162] 且自 1976 年起有总期标识;1977 年起改为月刊。1978 年 10 月更名为《理论学习:吉林大学学报》(社会科学版)。1979 年又改为《吉林大学学报》(社会科学版),双月刊。[163]

1973 年 10 月,《吉林大学学报》(哲学社会科学版)(季刊)1973 年第 1 期刊发了署名"法理"的批判文章。[164] 根据当时的署名习惯,笔者猜测这或许与法律系政治理论教研室有某种关联。同期刊发的另一篇文章署名"郑京",应为"政治经济学(教研室)"的谐音。该刊 1974 年第 1 期刊登了张守刚、孔庆明的批判文章。[165] 1974 年第 4 期收录了 1973 年入学的法律系工农兵学员崔永东的发言,[166] 这也是在该年的学报中仅见的明确提及法律系的一处。

1975 年,吉林大学法律系编印了《〈家庭、私有制和国家的起源〉提要和注释》(初稿)。[167]《理论学习》1975 年第 1 – 2 期上刊登了署名为吉林铁路局工人理论组和吉林大学法律系宪法学习小组的文章《学习〈中华人民共和国宪法〉问答》(第 33 – 47 页)。[168] 1976 年 1 月,同名小册子由吉林人民出版社农村版图书选编小组选编、出版。[169] 同期,吉林省永吉县阿拉底大队农民理论组和吉林大学法律系理论组还编写了一本题为《学习〈论人民民主专政〉为巩固无产阶级专政而斗争(初稿)》的小册子,出版于 1976 年 12 月。张文显教授也提到,读书时他本人曾参与过《国家与法的理论》《国际法》《中国法律思想史》等教材和教学资料的编写,并为《〈论人民民主专政〉读本》撰稿。[170] 由这些出版物可以瞥见一些当时的教学与研究的情况。

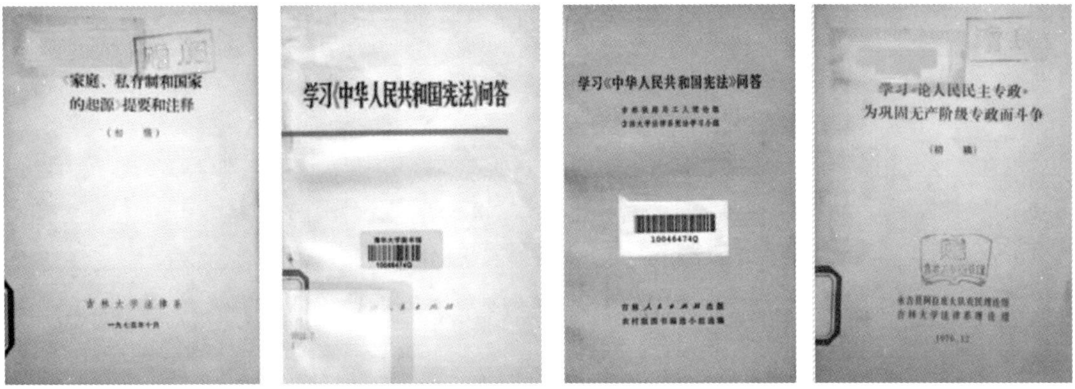

图 2-24 “文革”后期吉林大学法律系师生著述三种。

图片来源：《〈家庭、私有制和国家的起源〉提要和注释（初稿）》，吉林大学法律系 1975 年 10 月铅印本。吉林铁路局工人理论组、吉林大学法律系宪法学习小组：《学习〈中华人民共和国宪法〉问答》，吉林人民出版社 1976 年 1 月版。吉林省永吉县阿拉底大队农民理论组、吉林大学法律系理论组：《学习〈论人民民主专政〉为巩固无产阶级专政而斗争（初稿）》，1976 年 12 月铅印本。三书均为清华大学图书馆藏书。

4. 毕业分配

对工农兵学员而言，当时的分配政策是“哪来回哪去”。但也有例外。例外之一是申请去艰苦地方。崔卓兰教授回忆：

> [下乡同吃同住同劳动结束]回校后，又恰逢“革命的形势越来越好”。哲学系有个品学蛮好的部队学员，主动提出毕业后要到农村去当农民，以实际行动与“资产阶级法权思想彻底决裂”。校方只能表示支持，只能大会小会的宣传鼓励。年轻的心易被鼓荡，法律系包括别的系也有效仿者。热情单纯的学生，其时尚不谙知“上山容易下山难”的世事逻辑。大学毕业下乡种地，在那教育资源极为匮乏的年代，显然是为国家和民族所伤不起的人才浪费。自身正逆水行舟中的聂师等法律系党政领导，似乎更注重阻止“灾情扩大”，而不在乎借机展示育人有方，藉此护牢“顶戴花翎”。故而，一直以消极应付此事。最终，以学生家长反对为由上报“结案”。[171]

例外之二是留校。1977 年 7 月，张文显毕业留校担任助教。其间的经历充满了戏剧性。本来，他已经被分配到河南省高级人民法院。但去报到途中在北京同学家中多逗留了两天，结果吉大人事科栾国军科长和法律系王坤范老师直接赶到郑州，要回了他的人事档案。[172]因此“当我到河南省委组织部报到时，组织部的领导告诉我：‘学校说你同意留校任教，你的档案已经被学校拿走了，回到学校当老师吧，挺好的！’于是，我不得不回到学校当了教师。”[173]

同年毕业留校的还有崔卓兰教授。

> 刚留校的我，被分配跟吕北安老师讲授行政法学课。吕老师面白身修，为人随和，但偏偏对“文革”期间盛行的形式主义做法，常公开表示不屑，时不时还发点搞笑的牢骚。行政法学彼时被称为“被遗忘的部门法”，自新中国成立到 80 年代无人问津。吕老师拿出把教研室板凳“坐穿”的精神，昼夜兼程的备课。最后，还把讲稿无私的借给我。至今我从事行政法学研究已三十余载，读过该领域的著述大批，但印象最不可磨灭的，仍是最初那本吕老师手写的教案。它十六开本向左翻页，白色封面，字迹洒脱，绝少修改涂抹，工整清洁如印刷品。[174]

(三)学员待遇

按照《北京大学、清华大学关于招生(试点)的请示报告》,地方来的学员每月发给伙食费和津贴费19.5 元(10 年以上工龄的老工人由原单位照工资发放)。解放军学员的伙食费和津贴由原部队供给,标准有所降低。后经学员要求,粮食标准增至 36 斤,但仍比部队少 9 斤。[175]国务院批转的《国务院科教组关于高等学校一九七三年招生工作的意见》(国发[1973]39 号,1973 年 4 月 2 日)规定:

国家职工在校学习期间计算工龄。入学时满 5 年工龄的国家职工和入[学]一年左右进修班的国家职工,工资由原单位照发,学校不再发生活费和津贴费。其他学生每月平均为 19.5 元。其中,伙食费(北京地区每人每月 15.5 元)普遍发给;津贴费用于学生本人在校期间学习和生活上的困难补助,分定期补助和临时补助两种,由学校根据学生家庭经济情况评定,对家庭经济条件较好的学生,可不发给津贴费。学生家庭生活有困难的,仍由原单位给以适当补助。

根据 1957 年国务院《关于高等学校和中等专业学校毕业生在见习期间的临时工资待遇的规定》(议字 57 号)和 1958 年国务院人事局《关于高等学校和中等专业学校毕业生分配工作以后工资待遇等问题的综合答复》([58]国人事字第 429 号文),见习期临时工资,以六类工资区为例,本科毕业生为 46 元,专科毕业生为 39 元,研究生为 57.5 元。一年见习期满经考核评级,本科毕业生定为行政二十二级或技术十三级,专科毕业生定为行政二十三级或技术十四级,研究部毕业生定为行政二十一级或技术十二级。由于"文化大革命"中,大学招生制度和学制的改变,1977 年 10 月全国职工按 40% 比例涨工资时,普通高等学校工农兵大学毕业生的定级工资被统一规定为 43 元(六类工资区)。[176]据统计,全国"文化大革命"期间入学的大学生共有 82 万人。他们对上述工资待遇有意见,普遍说他们是"有钱无级","工资不如同工龄工人","论学习,和老五届(指 1966 年至 1970 年毕业的大学生)差不多,但工资比他们低得多"。[177]后经国务院确定,"文化大革命"期间入学的大学生毕业后的工资待遇,比照 1957 年和 1958 年两个文件的规定,一般可定为行政二十三级或技术十四级。1979 届毕业的"文化大革命"期间入学的大学生(包括延期到 1980 年毕业的),一年内仍按 1977 年规定的工资标准(即[77]劳薪字100 号文件)执行,满一年后,再按上述办法考核定级。[178]1980 年,教育部长蒋南翔宣布以后不再使用工农兵学员的称呼,其学历被定为大专。而短训班学员的学历则未获承认。[179]

图 2-25　吉林大学法律系 1976 级工农兵学员合影。

图片来源:吉林大学法学院院史馆。

第四节

小 结

受大的政治气候影响,至迟从20世纪60年代中期(至早则可追溯到20世纪50年代后期)开始,吉林大学(和同时代的许多大学一道)又开始了重返“抗大”式学校的历程,当然其间也有一些改善教学和科研环境的努力。而20世纪50年代初,其前身东北人民大学法律系还在努力向正规的、综合性大学法律系转型。

“文革”开始后,学校招生和教学的正常秩序都被打乱。吉林大学法律系也经历了最为艰难的岁月。到1970年,随着最后一批学生毕业,吉大法律系没有了学生。大部分教师被下放农村,插队落户。留下来的聂世基等教师说服了工宣队、军宣队的负责人,保全了法律系的建制,使之和北大法律系一道成为“文革”期间成建制地保留的两个法律系。之后,法律系的教师通过帮助公安部门开展研究、深入基层举办短期干部训练班、开设马列理论课等形式,努力维系着教学研究使命,论证着自身存在的合理性。1973年,吉大法律系开始招收第一批政法专业工农兵学员。这是“文革”期间重新招收的第一批法科大学生,甚至比北大法律系还早一年(尽管与其他学校从1970年开始招收工农兵学员相比,算不上早)。

然而,吉大法律系毕竟是从“抗大式”的干校起家的,历史积淀不够深厚。其早期的师资队伍由来自解放区的老司法干部、中国人民大学或该校自己培养的后起之秀,以及民国时期留下来的“旧法人员”等几路人马汇聚起来。后来又不断凋零,直到“文革”之后才重整旗鼓。因而即便以其师资阵容最强大时期(如前章所述的1954-1956年以及下章所述的1978-1979年)的情况,比之近代以来即致力于法律教育的老牌院校(如北大法律系),比之承受了大量旧有法律院系师资的新兴院校(如北京政法学院、华东政法学院),以及直接师法苏联的“新中国法学摇篮”的人大法律系,仍显单薄。

同时,也正因为法律系建制的保留,在历史上累积的创伤也越发难以愈合。虽然当事人后来对此类话题往往三缄其口,不愿多提,但透过一些只言片语,仍能感知伤痕的存在。[180]旧伤甚至会在特定时点复发,比如后来“清查运动”中的种种纠葛;[181]又如,后来在涉及晋升、人事任命、离退休后的返聘等问题上的缠斗[182]……皆或是斗争思维的延续,抑或是在“相对剥夺感”驱使下组织体内部成员间的惯性周期反应。其结果是,有人选择了离开,“孔雀东南飞”,也有人因此告别了讲台、甚至过早地淡出了学界。从长远看,这对吉大法律系的发展伤害至深。

必须承认,吉大法律系建制的保留,为日后法学教育的复苏保留了火种,更为恢复高考后重新招生奠定了基础。只是在当时的条件下,法律系师生的阅读空间、学术视野受到极大的限制。马列经典著述和中国古代史料因具有政治正确性,且容易获得,而成为普遍的阅读材料。这是“文革”以后吉大法律系在法学理论以及法律史(制度史和思想史)方面实力较强的原因。刑事侦查(兼及刑事政策)、国际(公)法学科亦因其技术性较强而得以保留和发展。[183]

注　释

〔1〕 其第 2 条规定:“新建高等学校和中等工科技术学校,凡能自力更生解决问题的,地方可自行决定;需要协作区内各省、市、自治区合作筹建的,由协作区协商决定。以上新建的高等学校无论公办或民办,由省、市、自治区政府报中央教育部备案即可。需要中央教育部或其他部门支援的新建高等学校,须事先报中央教育部和主管部门批准。”中国共产党中央委员会、国务院《关于教育事业管理权力下放问题的规定》(1958 年 8 月 4 日发布)。国务院法制局、国务院法规编纂委员会编:《中华人民共和国法规汇编(1958 年 7 月 – 12 月)》,法律出版社 1959 年版,第 250、251 页。

根据吉林省委的指示,中国科学院吉林分院法学研究所于 1958 年 11 月开始筹备建立。该所下设四个研究组,“分别研究人民公社,中国国家与法的理论,中国民事、中国刑事各方面的问题。”中国科学院吉林分院法学研究所通讯组:《动态:中国科学院吉林分院法学研究所开展研究工作》,载《政法研究》1959 年第 2 期。

〔2〕 历史上还有两所吉林大学。其一是 1929 年主政吉林的张作相在吉林市八百垅创办的吉林大学。张作相(1881—1949.3),字辅忱,祖籍直隶深县太古庄花盆村(现属河北省深州市前磨头镇),生于奉天锦州义县(今锦州凌海市班吉塔乡杂木林子村)人,曾与张作霖结拜,任东北边防副司令兼吉林省主席。日伪时期,寓居天津英租界剑桥道(今重庆道),拒绝出任伪职。其再向前追溯则为吉林法专。1929 年 5 月吉林大学开始招生,设文法、理工两个学院及一个专门部。文法学院设教育系、法律系;理工学院设物理系。两院皆设预科。专门部专辖法律专科。全校当时有教师 38 名,学生 393 人,其中本科 91 人,专科 86 人,预科 216 人。1931 年“九·一八事变”后停办。1934 年伪满政权在其校址设立吉林高等师范学校,1938 年改称吉林师道高等学校,1942 年又更名为吉林师道大学,设本科和预科,学制分别为三年和一年。其二是 1946 年 3 月中共吉林省委派何锡麟到吉林市八百垅重建的吉林大学,招生近 400 人,分本科和预科,设文法、理学、艺术、医学等学院。4 月 24 日举行开学典礼,爱国人士王可耕校长致辞。5 月 24 日深夜,何接到省委于次日带少数同学撤退的命令。大部分教职学生则被留下。随即,国民政府派方永蒸接收了学校,成立了国立长白师范学院。后吉林省委决定在延吉成立吉林民主学院,周保中任校长,何锡麟任教育长。1948 年 3 月吉林市解放后,撤销吉林民主学院,恢复吉林大学。因王可耕先生去世,由周保中将军兼任吉林大学校长。6 月东北局决定将吉林大学与从佳木斯迁来的东北大学合并,称为“东北大学”。何锡麟(1915.1—2013.8.7),原籍河南濮阳,生于天津市军粮城。1935 年 6 月,参与组织北平左翼青年大同盟,曾任北平社联执委。1936 年 1 月加入中国共产党,任北平社联书记、文总执委兼党团组织部部长、中共北平市委文委会委员、北平学委会干事会主席。1938 年 3 月,到抗大第三期学员班学习。同年 5 月,调入延安马列学院编译部翻译马列经典著作,曾兼任延安女大教员。1941 年秋后,任中央政治研究室世界经济研究小组组长,陕甘宁边区师范学校教导主任,曾在中宣部、中央外事组工作。1946 年 1 月起,任东北局社会部调查研究室主任,“吉林大学”教育长兼文法学院院长、教授,汪清吉林省政府工作团团长,军调第 33 执行小组支部书记兼翻译,吉林省民主学院教育长,东北大学教育长。1952

年11月后，任北京师范大学党委书记、第一副校长，南开大学党委副书记、副校长，中国科学院哲学社会科学部世界经济研究所副所长。1978年任中央编译局顾问。1987年12月离休。王希亮《东北沦陷区殖民教育史》（黑龙江人民出版社2008年版）称："1929年8月，吉林大学利用原法政专门学校旧址开校招生，由吉林省省长张作相兼任校长，同时拨出专款在吉林市西郊欢喜岺建筑新校址，聘期著名建筑学家梁思成设计，当年破土动工，可惜由于'九·一八'事变爆发，新校舍半途而废。吉林大学采取男女共校制，分设文法、理工两院和教育、法律、采冶三个系"。《东北师范大学校史（1946－1986）》称，1946年春组建吉林大学时，周保中将军兼任校长，何锡麟任教务长。有误。另有资料称，佳木斯中共组织的创始人之一唐瑶圃（1907.8.15－1939.2，原名吉昆，又名九英，化名姚新一）自吉林省立第一中学毕业后，于1925年考入吉林省立第一师范学校附设的初中教员专修班文科，1927年毕业，1928年8月考入吉林大学，1929年暑假只身前往北平，入私立弘达学院读书。魏燕茹：《唐瑶圃》，载中共黑龙江省委党史研究室编：《中国黑龙江党史人物传》第四卷，黑龙江人民出版社2006年版，第396－397页。郭长久、孙华起、杨族耀主编：《五大道的故事》，百花文艺出版社1999年版，第143页。载东北师范大学网站：http://www.nenu.edu.cn/nenu/images/history.pdf，2013年7月16日最后访问。《东北师范大学校史》编辑委员会：《东北师范大学校史（1946－1986）》，东北师范大学出版社1986年版，第54页。袁征：《孔子·蔡元培·西南联大：中国教育的发展和转折》，人民日报出版社2007年版，第316、317页。载http://news.12371.cn/2013/11/13/ARTI1384293745853898.shtml，2017年10月11日最后访问。

〔3〕　载http://book.kongfz.com/item_pic_14152_557795699/。2016年11月22日访问。

〔4〕　http://book.kongfz.com/item_pic_14152_596653029/。2016年11月22日访问。

〔5〕　吉林大学法学院简史编写组编：《风雨无阻桃李路，拓志未来续风流——吉林大学法学院发展简史（1948－2008）》，吉林大学法学院2008年，第15页。1958年9月19日，中国共产党中央委员会、国务院在《关于教育工作的指示》中即提出："在一切高等学校中，应该实行学校党委领导下的校务委员会负责制"。《中华人民共和国法规汇编（1958年7月－12月）》，法律出版社1959年版，第256页。"教育部《直属高等学校暂行工作条例（草案）》（1961年9月）经中共中央决定，"发给各省、市、自治区和中央各部委及其所属的一切全日制高等学校，在全体师生员工中进行讨论……但暂不向高等学校以外公布，不在报刊上发表，也不在外籍师生中进行传达和讨论。"中共中央《关于讨论和试行教育部直属高等学校暂行工作条例（草案）的指示》（1961年9月15日）。

〔6〕　张文显：《恢弘的气度，光辉的典范（序）》，载《王惠岩文集》（第一卷政治学理论），中国大百科全书出版社、党建读物出版社2007年版，第1、2页。张文显：《为社会主义民主法治呐喊和沉思》，载吉林大学行政学院编：《王惠岩纪念文集》，人民出版社2013年版，第19页。

〔7〕　匡亚明（1906－1996.12.16），1924年前后在苏州第一师范学习。1926年暑期插班进入上海大学中文系二年级。上海大学由中国共产党创办于1922年，1927年被查封。校址原在市内法租界，后迁至闸北青云路。校本部及教室和部分宿舍位于青云里、师寿坊和恒裕里。上大设中国文学、英文文学、社会科学学三个系和一个附中。共有学生900余人。师生员工中，共产党员、团员合起来约占40%左右，国民党员约占20%左右。陈望道任教务长兼中文系主任，郑振铎教中国文学史，刘大白教古文选读，沈雁冰教文学概论，冯三味教散文，蒋光赤教苏联文学，社学学系的李季教《资本论浅说》，邓中夏、瞿秋白、恽代英、萧楚女等也都曾在该校任职和任教。匡亚明：《青云路上的上海大学》，载南京大学高等教育研究所编：《匡亚明教育文选》，南京大学出版社2000年版，第321页。据薛尚实回忆，后来中国文学系和英文文学系合为了文学系。社会科学系的课程有：社会科学、社会进化史、马克思主义、哲学（主要讲辩证法唯物论）、政治经济学等，此外还要选修一到两门外语。英文课本是《进化论与革命》。薛尚实：《回忆上海大学》，载中国人民政治协商会议上海市委员会文史资料工作委员会编：《文史资料选辑》（1978年第二辑），上海人民出版社1979年版，第65页。

〔8〕　匡亚明：《学校要以教学为主》，载南京大学高等教育研究所编：《匡亚明教育文选》，南京大学出版社2000年版，第

58～59 页。

〔9〕 吉林大学法学院简史编写组编:《风雨无阻桃李路,拓志未来续风流——吉林大学法学院发展简史(1948－2008)》,吉林大学法学院 2008 年,第 15 页。

〔10〕 中共吉林大学委员会:《功昭吉大校史的匡亚明校长》,载南京大学高等教育研究所编:《匡亚明教育文选》,南京大学出版社 2000 年版,第 334、335 页。

〔11〕 张文显:《恢弘的气度,光辉的典范(序)》,载《王惠岩文集》(第一卷政治学理论),中国大百科全书出版社、党建读物出版社 2007 年版,第 1、2 页。张文显:《为社会主义民主法治呐喊和沉思》,载吉林大学行政学院编:《王惠岩纪念文集》,人民出版社 2013 年版,第 19 页。

〔12〕《中华人民共和国第一届全国人民代表大会第三次会议文件》,人民出版社 1956 年版,第 212 页。

〔13〕 中共吉林大学委员会:《功昭吉大校史的匡亚明校长》,载南京大学高等教育研究所编:《匡亚明教育文选》,南京大学出版社 2000 年版,第 332 页。

〔14〕 吉林大学法学院简史编写组编:《风雨无阻桃李路,拓志未来续风流——吉林大学法学院发展简史(1948－2008)》,吉林大学法学院 2008 年,第 84 页。何勤华主编:《中国法学家访谈录》(第一卷),北京大学出版社 2010 年版,第 152 页。

〔15〕 何勤华主编:《中国法学家访谈录》(第一卷),北京大学出版社 2010 年版,第 156 页。

〔16〕 吉林大学法学院简史编写组编:《风雨无阻桃李路,拓志未来续风流——吉林大学法学院发展简史(1948－2008)》,吉林大学法学院 2008 年,第 17 页。1961 年 7 月 13 日,毛泽东在给江西共产主义劳动大学的信中指出:"半工半读,勤工俭学,不要国家一分钱,小学、中学、大学都有,分散在全省各个山头,少数在平原。这样的学校确是很好的。"《毛主席论教育改革》,人民出版社 1968 年版,第 43 页。

〔17〕 马起:《中国革命与婚姻家庭》,辽宁人民出版社 1959 年版。初版印数 27000 册。该书 32 开,正文 189 页,11.8 万字。全书分为《研究婚姻与家庭的目的和方法问题》《婚姻与家庭的起源和演变》《中国革命与婚姻家庭制度的改革》《中华人民共和国婚姻法对婚姻与家庭制度的革命作用》《中国婚姻与家庭的发展方向》《当前对婚姻家庭的革命任务》等 6 章。

〔18〕 该讲义系 1962－1963 学年第一学期法律系内部教材(1962 年 6 月印,蓝色油墨,唐风怡打字)。载孔夫子旧书网:http://book.kongfz.com/7862/91964432/,2011 年 11 月 23 日最后访问。

〔19〕 王嵩山,东北人民大学法律系 1954 级学生,和李鹤、李永泰、苏惠祥、王忠同级。1958 年 8 月至 1983 年在吉林大学法律系工作,后任吉林省行政学院教授、副院长。《曾在吉林大学法学院(法律系)任教的教师》,载吉林大学法学院网站:http://law.jlu.edu.cn/?mod=info&act=view&id=9785,2014 年 12 月 5 日最后访问。

〔20〕 甘重斗(1915.1－1992.12.4),辽宁省建昌县人。1936 年 1 月,参加中华民族解放先锋队,1936 年 5 月,加入中国共产党。同月,任北平中学党支部书记。1937 年 8 月后任山西忻口前线宣传队长,静乐县区委书记、县委统战部长,朔县县委宣传部长。1939 年 8 月,在八路军一二〇师三五八旅除奸科任执行股股长。1940 年 1 月后,历任晋北行政公署民政科长、山西岢岚县县长。1946 年,任北平军事调处执行部山东地区枣庄执行小组中共首席代表。1949 年 10 月后,先后任中央人民政府内务部办公厅副主任、主任,部党组成员兼机关党委书记。1978 年任中国法学会筹委会副主任、全国人大常委会法制委员会委员。1979 年第五届全国人大决定起草民事诉讼法,甘重斗任起草小组的副组长。1980 年任中国法学会副会长、党组成员等。1990－1992 年任《中国法律年鉴》主编。1950 年 2 月 16 日,政务院第 20 次政务会议通过决议:任命甘重斗为内务部办公厅副主任。1956 年 8 月 23 日,内务部部党组第 193 次会议决议:中共"八大"开会期间,内务部内行政工作由陈其瑗副部长负责;指定党内由甘重斗、杨成森、李芳远、欧阳景荣、马志远组成五人小组,甘重斗负责,处理必要的工作问题。1965 年 1 月 19 日,中共中央发出《关于调整政法小组成员的通知》。中央政法小组由谢富治、张鼎丞、杨秀峰、曾山、徐子荣、张苏、吴德峰、刘春、

武新宇、王维纲、肖贤法等11人组成，谢富治仍任组长；8月2日，中央批复：同意严佑民、甘重斗为中央政法小组成员。8月23日，国务院第158次全体会议通过：任命徐子荣、严佑民、甘重斗为国务院内务办公室副主任。载商伟凡：《自觉补正的"内务部大事记"》，载新浪博客：http://blog. sina. com. cn/s/blog_c34ce7ff0102v901. html，2018年2月12日最后访问。百度百科：https://baike. baidu. com/item/甘重斗，2018年2月12日最后访问。

〔21〕 吉林大学法学院简史编写组编：《风雨无阻桃李路，拓志未来续风流——吉林大学法学院发展简史（1948-2008）》，吉林大学法学院2008年，第17页。

〔22〕 中共中央办公厅《关于设立国务院内务办公室的通知》（1963年4月17日）。《历史的丰碑：中华人民共和国国史全鉴》（二 政治卷）。商伟凡：《自觉补正的"内务部大事记"》，载新浪博客：http://blog. sina. com. cn/s/blog_c34ce7ff0102v901. html，2018年2月12日最后访问。另见，周淑文编著：《百年中国大事要览・政治法律卷》，党建读物出版社2002年版，第282页。

〔23〕 此据2018年2月9日李放老师的访谈录音。

〔24〕 刘凯湘主编：《民法学》（第三版），中国法制出版社2008年版，第16页。

〔25〕 崔建远：《先生之风，山高水长》，载崔建远主编：《民法九人行》第3辑，法律出版社2006年版，第3页。

〔26〕 1968年，王惠岩被定为反革命（脱弱：《相濡以沫的良师益友》，载吉林大学行政学院编：《王惠岩纪念文集》，人民出版社2013年版，第5页），还被监禁了10个月。1974年，王惠岩在图书馆任管理员。张文显：《为社会主义民主法治呐喊和沉思》，载吉林大学行政学院编：《王惠岩纪念文集》，人民出版社2013年版，第19、17页。

〔27〕 霍宪丹：《中国法学教育的发展与转型》，法律出版社2004年版，第311-314页。另见，霍宪丹：《不解之缘：二十年法学教育之见证》，法律出版社2003年版。

〔28〕 1956年高等学校招生任务比第一个五年计划规定的任务扩大了四万人，招生人数达到十七万余人（包括留苏预备部和中国人民解放军所属学校应招学生）。但当年高中毕业生仅有15.6万余人。为此，国务院于1956年4月3日下发《关于保证完成今年高等学校招生计划的指示》，要求"除了应动员今年的高中毕业生全部报考高等学校以外，还应该广泛地动员机关在职干部、小学教师、中等师范学校今年的毕业生、复员建设军人、转业军人、公私合营企业职工、工商界知识青年、停学待业知识青年和有计划地抽调在职的中级专业干部、中等专业学校今年的毕业生报考高等学校。"国务院法制局、国务院法规编纂委员会编：《中华人民共和国法规汇编（1956年1月-6月）》，法律出版社1956年版，第523页。

1956年5月，高等教育部下发中华人民共和国高等学校国家考试条例草案给各高校，提出有按照教学计划完成了全部教学过程（包括毕业设计和毕业论文）的专业的本届毕业生的学校，如有条件组成条例草案规定的国家考试委员会，可考虑在当年试行国家考试。该部同时草拟并下发了在高等工业学校进行国家考试的暂行细则（草稿）和在综合大学、医药、农林、兽医、师范、语文、政法和财经等高等学校进行国家考试的暂行细则（草稿）。高教部还特别指定了应考的政治课程：农、林、医、师范等各专业的学生应考中国革命史，文理各专业的考辩证唯物主义和历史唯物主义，政法、财经等各专业考政治经济学；因故未学辩证唯物主义和历史唯物主义或未学政治经济学的学生都考中国革命史。其他应该考试的科目遵照教学计划的规定。高等教育部《关于在高等学校试行国家考试的通知》（1956年5月14日）。国务院法制局、国务院法规编纂委员会编：《中华人民共和国法规汇编（1956年1月-6月）》，法律出版社1956年版，第535、536页。但时隔不到一年，该部又下发通知，宣布暂停试行国家考试。高等教育部《关于高等学校暂停试行国家考试的通知》（1957年3月4日）。

1956年6月，高等教育部提出，计划在全国招收四年制正规研究生600人，二年制研究生2200余人（不含师范）。杨秀峰："当前高等教育工作的几个主要问题——1956年6月20日在第一届全国人民代表大会第三次会议上的发言"，载《中华人民共和国第一届全国人民代表大会第三次会议文件》，人民出版社1956年版，第205页。

〔29〕 教育部《关于1959年高等学校招考新生的规定》（1959年6月5日发布）。国务院法制局、国务院法规编纂委员会

编：《中华人民共和国法规汇编（1959 年 1 月 - 6 月）》，法律出版社 1959 年版，第 274 页。而前一年，即 1958 年，根据教育部的规定，高等学校在招考新生时改变了以往全国统一招生的制度，实行学校单独招生或联合招生。教育部《关于高等学校 1958 年招考新生的规定》（1958 年 7 月 1 日发布）指出："改变高等学校全国统一招生制度，实行学校单独招生或联合招生。招生的具体安排，由省、市、自治区及高等学校根据地方和学校的情况，分别办理。""报考文、史、政法（包括高等师范院校的文、史、教育、政治教育等方面的系科）、财经、艺术各科各类专业，综合大学的哲学、政治经济学、经济地理专业等，考试下列科目：本国语文、政治常识、历史、地理、外国语。""外国语考试，分俄语和英语两种，由考生根据所学，任选一种。没有学过外国语的，可以申请免试。""高等学校招生考试，应根据 1958 年的高等学校招生考试大纲进行命题。""高等学校录取学生，应结合考生平时的政治思想品质来考虑，而不应单凭政治常识的考试来考虑。""协作区性的综合大学、工科、语文、政法、财经、艺术、体育等院校，原则上在学校所在地的协作区或者原大行政区范围内招生。""各高等学校招生分省、市、自治区录取新生调剂方案，由教育部与有关省、市、自治区及有关学校协商制订。""实行联合招生的高等学校的招生考试，原则规定在 7 月 20 日 - 31 日这一段时间内进行；单独招生的学校的考试日期，由学校和有关省、市、自治区招生机构商定。"国务院法制局、国务院法规编纂委员会编：《中华人民共和国法规汇编（1958 年 7 月 - 12 月）》，法律出版社 1959 年版，第 245 页、247 页、249 页。

1958 年 8 月 4 日，中国共产党中央委员会、国务院发布的《关于教育事业管理权力下放问题的规定》提出："各地的招生计划，由省、市、自治区和协作区初步汇总和平衡；然后由中央进行全国范围的汇总和必要的平衡。关于各类学校招生地区和学生来源，主要为省、市、自治区和主要为协作区培养人才的学校，由省、市、自治区和协作区调剂平衡。中央各部学校的招生和协作区间招生的平衡，由中央教育部会同有关部门统筹安排。高等学校招生时，各省、市、自治区首先应该保证中央各部学校的招生任务；其次保证经过协议确定的外地学校的招生任务；然后，完成本省、市、自治区学校的招生任务。""过去国务院或教育部颁布的全国通用的教育规章、制度，地方可以结合当前工作发展情况，因地制宜、因时制宜地决定存、废、修订，或者另行制定适合于地方那个情况的制度（包括各项定额标准和执行办法）。""关于高等和中等专业学校毕业生的分配，国家经济委员会和中央各部只统筹分配中央各部学校的毕业生和归中央抽成分配的毕业生。其余由各省、市、自治区自行分配；必要时，协作区和在本协作区内进行适当调剂。"国务院法制局、国务院法规编纂委员会编：《中华人民共和国法规汇编（1958 年 7 月 - 12 月）》，法律出版社 1959 年版，第 251 页、252 页。1961 年 9 月 15 日，《教育部直属高等学校暂行工作条例（草案）》（即高教六十条）发布试行。

〔30〕 李贵连、孙家红、李启成、俞江编：《百年法学——北京大学法学院院史（1904 - 2004）》，北京大学出版社 2004 年版，第 247 页。

〔31〕 何勤华主编：《中国法学家访谈录》（第二卷），北京大学出版社 2010 年版，第 30 页。

〔32〕 何勤华主编：《中国法学家访谈录》（第三卷），北京大学出版社 2013 年版，第 208 页。

〔33〕 何勤华主编：《中国法学家访谈录》（第三卷），北京大学出版社 2013 年版，第 209 页。

〔34〕 源自《1953 年至 1976 年全国政法院系法律本科生招生毕业在校学生统计表》。引自霍宪丹：《中国法学教育的发展与转型》，法律出版社 2004 年版，第 311 - 314 页。

〔35〕 1955 年 8 月进入经济学系学习的赵凤彬回忆说："在东北人民大学的生活是从 1955 年 8 月底开始，到 1959 年 8 月毕业，也是我从 23 岁到 27 岁的时候。这四年间中国正处在大变革时期，农业集体化、民族工商业社会主义改造、反右派斗争、"大跃进"和人民公社化运动等，发动一个接着一个的革命运动和建设事业。我的大学后三年是在这样的一系列运动中完成学业的。"赵凤彬：《我的人生自述——一个朝鲜家族变迁史录》，民族出版社 2010 年版，第 146 页。

〔36〕 吉林大学法学院简史编写组编：《风雨无阻桃李路，拓志未来续风流——吉林大学法学院发展简史（1948 -

2008)》,吉林大学法学院2008年,第14页。据1955年8月进入东北人民大学经济系学习的赵凤彬回忆,1958年春天,经济学系三年级甲班(当时该年级分甲、乙两个班)30多名学生分成两组到长春附近的范家屯体验人民公社化运动,为期2个月。还有三名教师编入班级一起参加运动。他们还到四平市体验城市人民公社,为期一个多月,并在此基础上编出了《人民公社经济学》教材。赵凤彬:《我的人生自述——一个朝鲜家族变迁史录》,民族出版社2010年版,第165-167页。

〔37〕 何勤华主编:《中国法学名家访谈录》(第一卷),北京大学出版社2010年版,第155-156页。

〔38〕 匡亚明:《全面贯彻〈教育部直属高等学校暂行工作条例(草案)〉》,载南京大学高等教育研究所编:《匡亚明教育文选》,南京大学出版社2000年版,第77~78页。1963年5月,吉林大学党委第一书记、校长匡亚明调任南京大学校长,吉林大学校长由刘靖代理,直到"文化大革命"爆发。

〔39〕 匡亚明:《全面贯彻〈教育部直属高等学校暂行工作条例(草案)〉》,载南京大学高等教育研究所编:《匡亚明教育文选》,南京大学出版社2000年版,第78-79页。

1959年5月14日,教育部部长杨秀峰带领工作组赴沈阳、旅大、抚顺、安东、本溪等地,了解教育工作会议精神的贯彻情况和考察各级全日制学校。考察工作历时20天。其间看了12所大学、16所中学和师范、5所小学,召开座谈会18次,就1958年教育工作中的偏差、混乱问题进行了调查了解。高等学校的领导、教师和学生普遍反映学习负担重,生活过于紧张。主要表现在:课程门数多,讲授进度太快,学生自习时间少,更没有时间看参考书,讲授与自学甚至不能保证1:1。辽宁某大学历史系采取"单科跃进"以后,4周学完中国近代史,一周讲完鸦片战争到日俄战争几十年的历史,4节课讲了100页讲义。杨秀峰感慨地说:"太紧张了,长期像去年那样紧张不行,教育不能这样紧张。"5月20日,在和辽宁省委文教部负责同志的谈话中,他指出,教育工作需要相对的稳定,不能长期像去年那样紧张下去。我们必须在去年大跃进的基础上稳定下来,否则就无法提高质量。我们的改革能够快就快一些,不能快就慢一些,实行最高限度与最低限度教学计划的工作,秋后只能进行试点,添设外国语也要量力而行。教育工作已经有了明确的方向,当前的问题是采取什么步子、怎样走的问题。中心环节是在贯彻方针方 面,对于教学、生产劳动、科学研究,以及政治课与业务课、学习与生活等各方面进行全面合理的安排。安排不好就会造成过度的紧张,以致教不好也学不好。5月15日在辽宁某大学,当谈到新编写的教材时,杨秀峰说,由于纸张供应紧张,由于大量的新编教材篇幅很大,内容也不够成熟,只能作参考材料使用,因此,不能期望每编出一本就出版一本。当他听说历史系二年级学生仍在继续编书后,严肃地说:"学生编书要停下来。"5月18日,他在谈到此问题时说:"对去年的某些创造要加以总结和修改。去年以来师生结合编写大量的教材,肯定是很大的收获,对于推动师生读书,训练学生收集、使用材料有很大的好处,但是这种作法也有许多问题。首先,现在编写一本教材动辄几十万字,甚至上百万字,一般只有停课进行,结果必然打乱教学秩序,造成坚张。其次,学生毕竟是学生,有些课程他们根本没有学过。有些虽然学过也懂得很少。结果无非是抄材料,虽然也有好处,但耽误了上课,只能使学生对自己编写的一部分有较深入的了解,而不能掌握本门学科系统的基本知识。"当谈到在1958年的"教育革命"当中,许多高等学校改革毕业设计,与生产结合"真刀真枪"搞设计,参加国家重要工程的研究和设计工作。对此,杨秀峰强调指出,不能把"真刀真枪"绝对化。"真刀真枪"比起假想的毕业设计,肯定能给学生以更严格、更有效的锻炼,如有可能应当尽量采用。但是不能够绝对化,真刀真枪的方法也有一定的局限性,学生只能担任设计工作的一小部分,因而不易得到全面的训练。还要看条件,学校毕竟不是设计公司,承担那样大的设计工作需要许多条件。载百度百科:https://baike.baidu.com/item/杨秀峰/471906,2018年3月15日最后访问。

〔40〕 国务院《关于全日制学校的教学、劳动和生活安排的规定》(1959年3月22日国务院全体会议第86次会议通过,1959年5月24日发布),国务院法制局、国务院法规编纂委员会编:《中华人民共和国法规汇编(1959年1月-6月)》,法律出版社1959年版,第264页。

〔41〕 教育部、财政部《关于全日制学校生产劳动财务管理的几项规定》(1960年1月25日)。国务院法规编纂委员会

编:《中华人民共和国法规汇编(1960 年 1 月 - 6 月)》,法律出版社 1960 年版,第 196 页。早在 1958 年 9 月,中国共产党中央委员会、国务院《关于教育工作的指示》(1958 年 9 月 19 日)即提出:“今后的方向,是学校办工厂和农场,工厂和农场合作社办学校。学校办工厂和农场,可以自己办,也可以协助工厂和农业合作社办。学生可以在学校自办的工厂和农场中劳动,也可以到校外的工厂和农业合作社去参加劳动。”国务院法制局、国务院法规编纂委员会编:《中华人民共和国法规汇编(1958 年 7 月 - 12 月)》,法律出版社 1959 年版,第 255 页。

〔42〕 吉林省地方志编纂委员会编:《吉林省志・教育志》,吉林人民出版社 1992 年版,第 311 页。此前,1954 年秋,当时的东北人民大学 8 个系 12 个专业的教学计划修订后,27 门课程减少了教学时数,7 门课程改为选修课,2 门课程合并,增加 6 门课程。

〔43〕 吉林大学法学院简史编写组编:《风雨无阻桃李路,拓志未来续风流——吉林大学法学院发展简史(1948 - 2008)》,吉林大学法学院 2008 年,第 16 页。据王忠教授之女王建玲老师提供的资料,王忠老师于 1962 年秋季学期为 1959 级本科生讲授中国民法,68 学时;1965 年秋季学期又为 1962 级本科生讲授民法理论与政策,72 学时。

〔44〕 1959 年司法部撤销后,最高人民法院即承担了原来由其主管的工作。各政法学院由教育部和最高人民法院双重领导。其中,北京政法学院以教育部领导为主,其余学院以最高人民法院领导为主。李贵连、孙家红、李启成、俞江编:《百年法学——北京大学法学院院史(1904 - 2004)》,北京大学出版社 2004 年版,第 247 页、248 页。据吴振兴教授回忆,1964 年,中央政法委的甘重斗(甘雨沛教授之兄)到吉大考察时指出,“法律系主要向检察院和法院输送干部,而检察院和法院是国家的‘刀把子’”。应他的建议,法律系按照机密专业进行招生。何勤华主编:《中国法学家访谈录》(第三卷),北京大学出版社 2013 年版,第 346 - 347 页。李海有采访。其中关于甘重斗供职的机构说法有误。

〔45〕 1951 年暑期后至 1958 年前,东北人民大学法律系的学制为 4 年,1959 年秋改为 5 年学制。如:李忠芳于 1959 年至 1964 年 7 月在法律系学习,毕业后留校任教。一个辅助证据是,1957 年秋以调干生身份考入北大法律系本科的李步云回忆其当年考“不考外语和数学”,“我在北大时,除极个别学科,本科都是五年制。当时全国的政法院系本科都是四年,唯独北大例外。”本科毕业后,他又攻读了研究生,1965 年研究生毕业后曾留校参加社会主义教育运动和农村“四清”运动,1967 年 2 月分配到社会科学院法学所。李步云:《我的治学为人》,社会科学文献出版社 2010 年版,第 9 页、10 页、14 页。

〔46〕 1961 年 11 月 13 日,中共中央作出《关于在农村进行社会主义教育的指示》。1963 年 2 月 11 日,中共中央在北京召开工作会议,着重讨论城乡社会主义教育问题。5 月,在杭州召开的中央政治局和大区书记参加的小型会议制定了《关于目前农村工作中若干问题的决定(草案)》(即《前十条》)。9 月,中共中央工作会议通过了《关于社会主义教育运动中一些具体政策的规定(草案)》(即《后十条》)。周淑文编著:《百年中国大事要览・政治法律卷》,党建读物出版社 2002 年版,第 276 页、281 - 282 页。

〔47〕 引自杨振山:《中国法学教育沿革之研究》,载《政法论坛》2000 年第 4 期。

〔48〕 《毛主席论教育革命》,人民出版 1968 年版,第 72 页。

〔49〕 李贵连、孙家红、李启成、俞江编:《百年法学——北京大学法学院院史(1904 - 2004)》,北京大学出版社 2004 年版,第 252 页。1963 年 5 月 2 至 12 日,毛泽东在杭州召集有部分中央政治局委员和大区书记参加的小型会议,制定了《关于目前农村工作中若干问题的决定(草案)》(即《前十条》)。5 月 20 日中共中央将其作为指导社会主义教育运动的纲领性文件予以下发。之后,各地进行了试点。当年 9 月,根据各地在试点中提出的问题,中共中央又制定了《关于农村社会主义教育运动中一些具体政策的规定(草案)》(即《后十条》)。各地在试点基础上在部分县、公社开始进行社教运动。1964 年 9 月中共中央制定了《后十条》修正草案。1965 年 1 月 14 日,中共中央制定了《农村社会主义教育运动中目前提出的一些问题》(系 1964 年 12 月中共中央政治局召开的全国工作会议讨论的纪要,简称二十三条)。

此前,1957 年 12 月,全国高校开始开设社会主义教育课程。先是由中共中央宣传部向中央递交关于设立社会主义教育课程报告,而后中共中央对该报告做出批示,再后来,高等教育部、教育部做出决定,要求在全国高等学校各年级中普遍开设“社会主义教育”课程,全体学生和研究生必须无例外地参加学习。按照中宣部的规定,学习的内容以毛泽东“关于正确处理人民内部矛盾的问题”为中心教材,同时阅读一些必要的马克思列宁主义经典著作、党的文件和其他文件(中宣部编写了“社会主义教育课程的阅读文件”)。课程的考核不采取以往的考记忆的办法,“可于学期或学年年终进行学习总结,并结合学生平时的思想、行动表现实事求是地进行。”学习的时间暂定为一年,每周时间为 8 小时(课内时间不少于四小时),必要时得利用时事政策学习和党团活动的时间,社会科学系科可适当增加时间。毕业班、实习班及其他有特殊情况的班级,可集中在一个时期内学完。各校可根据自己的具体情况在请示省(市)委、自治区党委后缩减最低限度的阅读文件,或延长到两年学完。各班级在学习社会主义教育课程期间,原应开的四门政治课一律停开,但作为专业课的政治理论课,例如经济系、政治教育系和部门经济专业的政治经济学仍照开。高等教育部、教育部《关于在全国高等学校各年级中普遍开设社会主义教育课程的指示》(1957 年 12 月 10 日)。国务院法制局、国务院法规编纂委员会编:《中华人民共和国法规汇编(1957 年 7 月 - 12 月)》,法律出版社 1958 年版,第 514 - 516 页。

〔50〕《吉林大学校史》编委会编:《吉林大学校史(1946 - 2006)》,吉林大学出版社 2006 年版,第 30 页。

〔51〕何勤华主编:《中国法学家访谈录》(第二卷),北京大学出版社 2010 年版,第 11 页。“共搞了 38 个月的劳动”系“8 个月”之误,已经马新福教授核实确认。可资旁证的是,经济系赵凤彬教授回忆,根据中共长春市委的安排,吉林大学的部分政治理论课党员教师被选拔加入“四清”工作队,去农村人民公社指导那里的“四清”运动。他被分到了“长春郊县九台镇人民公社朝鲜族大队”,工作队包括一名教师三名经济系朝鲜族学生,为期一年。1964 年暑假,吉林省委宣传部召集全省各大学的干部和政治理论课骨干教师在长春市东北师范大学举办为期两个月的集中学习会,称“六四年全省政治理论课教师会”。他因在会上公开反对吉林大学党委书记陈静波的观点,不久被下放到范家屯农场劳动,在那里待了不到半年。1965 年春天又带着(经济系)三年级学生到前郭尔罗斯搞教育革命。参加开发稻田劳动之余,一周还上两天课,多是在农闲期间和晚上进行。赵凤彬:《我的人生自述——一个朝鲜家族变迁史录》,民族出版社 2010 年版,第 190 - 192 页。

1946 年 7 月,东北大学由鞍山经长春、哈尔滨迁到佳木斯后,陈静波任社会科学院教导主任。《东北师范大学校史》编辑委员会编:《东北师范大学校史(1946 - 1986)》,东北师范大学出版社 1986 年版,第 12 页、17 页。1946 年 8 月,陈静波和黄枟受东北大学指派,率领二百余名第一届学生组成工作团,由佳木斯赴哈尔滨,会同哈尔滨工业大学、松江省一中等学校学生,参加日侨遣送工作。1946 年 11 月,陈静波带领东北行政学院二届一班部分学生赴鹤立参加土改。1947 年春,东北大学执行中共东北局的决议,派干部去合江、牡丹江、黑龙江、松江四省领导管理八所中学。陈静波任依兰联中副校长,校长由合江省教育厅厅长薛绶宸兼任。不久薛不再兼任,陈静波继任校长。1949 年 3 月,东北大学接收原沈阳东北大学 684 人,编为三部四班,陈静波任班主任。陈静波著有《怀念车向忱老师——一个东北流亡孩子的回忆》(吉林人民出版社 1983 年版)。

〔52〕何勤华主编:《中国法学家访谈录》(第三卷),北京大学出版社 2013 年版,第 211 页。肖崇俊、马维佳采访。

〔53〕中共中央党史研究室:《中共党史大事年表》,人民出版社 1981 年版,第 142 - 143 页。周淑文编著:《百年中国大事要览·政治法律卷》,党建读物出版社 2002 年版,第 286 - 287 页。

〔54〕中共中央党史研究室:《中共党史大事年表》,人民出版社 1981 年版,第 141 页。此前,刘少奇曾于 1958 年 5 月 30 日中共中央政治局扩大会议的讲话中提出,“我们国家应该有两种主要的教育制度和劳动制度同时并行:一种是现在全日制的学校制度,一种是半工半读的学校制度;一种是八小时的劳动制度,一种是四小时工作的劳动制度。”中共中央党史研究室:《中共党史大事年表》,人民出版社 1981 年版,第 124 页。1961 年 7 月 30 日,毛泽东在给江西共产主义大学成立三周年的贺信中提出,希望全国各省都应该建立“半工半读、勤工俭学”的大学。周淑文

编著:《百年中国大事要览·政治法律卷》,党建读物出版社 2002 年版,第 276 页。

〔55〕 李贵连、孙家红、李启成、俞江编:《百年法学——北京大学法学院院史(1904 - 2004)》,北京大学出版社 2004 年版,第 253 页。

〔56〕 吉林省地方志编纂委员会编:《吉林省志·教育志》,吉林人民出版社 1992 年版,第 296 页。

〔57〕 霍宪丹:《中国法学教育的发展与转型》,法律出版社 2004 年版,第 311 - 314 页。霍宪丹:《不解之缘:二十年法学教育之见证》,法律出版社 2003 年版。

〔58〕 《吉林大学校史》编委会编:《吉林大学校史(1946 - 2006)》,吉林大学出版社 2006 年版,第 31 页。

〔59〕 何勤华主编:《中国法学家访谈录》(第三卷),北京大学出版社 2013 年版,第 346 页。李海有采访。吴振兴,1946 年生,辽宁省沈阳市人。1965 年考入吉林大学法律系,1970 年毕业。1980 年考取吉大法律系刑法学专业研究生。1983 年毕业,获法学硕士学位,并留校任教,历任助教、讲师、副教授、教授。1987 年起继续师从何鹏教授攻读刑法学博士学位。后曾任法学系副主任、法学院副院长。兼任中国法学会刑法学研究会副会长。著有《论教唆犯》(吉林人民出版社 1986 年版)、《罪数形态论》(中国检察出版社 1996 年版)。

〔60〕 《追随前辈的足迹,探访悠悠数十载的风雨求存和家国情怀》(二),http://www.sinohydrore.com/user/gh_1ef50d9cbd1b/402355378_1_e93da162e35281ab918cd2ca0922044f.html。2016 年 3 月 27 日访问。

〔61〕 吉林大学法学院简史编写组编:《风雨无阻桃李路,拓志未来续风流——吉林大学法学院发展简史(1948 - 2008)》,吉林大学法学院 2008 年,第 17 页。吉大哲学系高清海教授在自传中谈及他 1972 年从下放“插队落户”的农村回到吉林大学后的情形,“那时教师的编制在学生的‘连队’里,一年要有大半年时间下乡下厂搞所谓‘开门办学’。”高清海:《自传》,载《高清海哲学文存》(第六卷哲学在走向未来),吉林人民出版社 1997 年版,第 365 页。

〔62〕 孔夫子旧书网:http://book.kongfz.com/7862/91625083/,2011 年 11 月 30 日最后访问。

〔63〕 据马新福教授回忆,吉大法律系 1962 级本科入学时的 25 人到毕业时只有 21 或 22 人了。何勤华主编:《中国法学家访谈录》(第二卷),北京大学出版社 2010 年版,第 11 页。

〔64〕 霍宪丹:《中国法学教育的发展与转型》,法律出版社 2004 年版,第 311 - 314 页。霍宪丹:《不解之缘:二十年法学教育之见证》,法律出版社 2003 年版。

〔65〕 周振想、邵景春主编:《新中国法制建设 40 年要览(1949 - 1988)》,群众出版社 1990 年版,第 355 页。

〔66〕 何勤华主编:《中国法学家访谈录》(第三卷),北京大学出版社 2013 年版,第 213 页。

〔67〕 何勤华主编:《中国法学家访谈录》(第二卷),北京大学出版社 2010 年版,第 11 页。马新福,河北省河间县人,1943 年 1 月生于辽宁安东(今丹东),教授。1962 年考入吉林大学法律系。1978 年 2 月回到吉林大学法律系任教。曾任长春市第十一届人大代表,长春市人大法制委员会副主任,长春市法理学会会长,吉林省比较法学会秘书长等职。

〔68〕 何勤华主编:《中国法学法访谈录》(第三卷),北京大学出版社 2013 年版,第 347 页。

〔69〕 百度百科:https://baike.baidu.com/item/白景富/6772282? fr = aladdin,2018 年 5 月 19 日最后访问。

〔70〕 何勤华主编:《中国法学家访谈录》(第三卷),北京大学出版社 2013 年版,第 348 页。

〔71〕 胡英娣采写:《追随前辈的足迹,探访悠悠数十载的风雨求存和家国情怀(二)》,吉林大学法学院“法苑芳华”微信公众号,2016 年 3 月发布。

〔72〕 《中国共产党第八届扩大的第十二次中央委员会全会公报》,人民出版社 1968 年 11 月版,第 18 - 20 页。

〔73〕 《吉林大学校史》编委会编:《吉林大学校史(1946 - 2006)》,吉林大学出版社 2006 年版,第 33 页。

〔74〕 《吉林大学校史》编委会编:《吉林大学校史(1946 - 2006)》,吉林大学出版社 2006 年版,第 33 - 34 页。

〔75〕 李放:《缅怀老友惠岩同志》,载吉林大学行政学院编:《王惠岩纪念文集》,人民出版社 2013 年版,第 99 页。该文还提到,当时东北人大共有 980 户教师被下放插队落户,与《吉林大学校史》的记述不尽一致。

〔76〕 2018 年 4 月 10 日李放教授的访谈录音。

〔77〕 于治萍,男,汉族,1940 年 7 月生,吉林长春人。1961 年考入吉林大学法律系。1982 年被评为讲师,1990 年被评为副教授。1982 年起兼职从事法律顾问工作,1984 年起担任兼职律师。1991 年加入中国民主建国会,任民建长春市第八届、九届委员会委员,民建原吉林大学支部书记。任政协长春市第八届委员会常委,政协长春市第九届委员会委员。2001 年 4 月退休。载吉林大学法学院网站:http://law. jlu. edu. cn/? mod = info&act = view&id = 9031, 2018 年 2 月 3 日最后访问。

〔78〕 参见吉林大学法学院简史编写组编:《风雨无阻桃李路,拓志未来续风流——吉林大学法学院发展简史(1948 - 2008)》,吉林大学法学院 2008 年,第 19 页。据 2018 年 4 月 10 日李放教授的访谈录音。

〔79〕 聂世基(1936. 10. 1 - 2017. 6. 8),山东莒南县人,1942 年 8 月 - 1953 年 6 月在山东省莒南县读小学、中学。1953 年 6 月 - 1956 年 8 月任山东省昌潍专署公安处干部。1956 年 8 月 - 1960 年 8 月在中国人民大学法律系读书。1960 年 8 月 - 1986 年 2 月在吉林大学法律系任教。其间曾任吉林大学法律系党总支书记兼副主任,在"文革"期间为保全法律系做出了极其重要的贡献。1986 年 2 月任教于中国人民公安大学,任科研处处长、教授、一级警监。享受国务院政府津贴。1997 年应日本一桥大学法学部邀请为客座研究员。2000 年 3 月退休。曾任北京威宇律师事务所、北京信格律师事务所专职律师。在威宇所时,担任了一起最高人民法院审理的民事案件的原告律师。《最高人民法院民事判决书》(1999 经终字第 56 号)。著有《刑事诉讼疑难问题思辨》(与李建明合著,中国人民公安大学出版社 1991 年 12 月版)、《体制改革与完善诉讼制度》、《刑事证据的理论与实践》等 20 余部著作,《信息社会与法学的发展》、《论侦查公正》、《论坚持与完善免于起诉制度》(《当代法学》1991 年第 4 期)等数十篇论文。聂世基夫人靳宝兰,1960 年 9 月至 1963 年在吉林大学法律系政治理论教研室工作,后到经济系工作。后又随聂世基教授调到公安大学法律系任教。载中法网校网:http://www. edu1488. com/flxr/show. asp? pkno = 65,2018 年 5 月 19 日最后访问。载法意科技网:http://www. lawyee. org/Case/Case_Display. asp? RID = 45474,2012 年 7 月 7 日最后访问。载中国法网:http://www. cnlaw. net/lawfirm/2. htm,2012 年 7 月 7 日最后访问。

〔80〕 王坤范,女,1956 年 9 月至 1983 年 8 月在法律系任教,主要教学研究领域为刑法学,后调入吉林大学行政学院,任副院长、教授。吉林大学法学院简史编写组编:《风雨无阻桃李路,拓志未来续风流——吉林大学法学院发展简史(1948 - 2008)》,吉林大学法学院 2008 年,第 78 页。另据《全国法制史法制思想史学术讨论会名单》(1979 年 9 月,铅字油印本,第 1 页),王坤范时年 40 岁,职称为讲师。

〔81〕 李忠芳(1939. 7. 23 - 2011. 4. 3),生于吉林省农安县。1959 年考入吉林大学法律系。1964 年 7 月毕业并留校任教。1965 年 7 月加入中国共产党。1984 年 4 月,任法律系副主任。1988 年 9 月法学院成立之后,任经济法学系主任。1991 年 3 月晋升教授。1991 年 12 月,任法学院副院长,主管科研。1992 年 5 月兼任吉林大学律师事务所主任。1992 年 12 月,任吉林大学研究生院副院长。1993 年 8 月,调往中央检察官管理学院(现国家检察官学院),任学院党委委员、法律教研室主任、教授。载百度百科:https://baike. baidu. com/item/李忠芳/71392,2018 年 5 月 19 日最后访问。吉林大学法学院简史编写组编:《风雨无阻桃李路,拓志未来续风流——吉林大学法学院发展简史(1948 - 2008)》,吉林大学法学院 2008 年,第 34、37、40、76 页。

〔82〕 李永泰,1954 年进入东北人民大学法律系学习。毕业后留校任教,以法学理论副教授退休。

〔83〕 李完稷,主要教学研究领域为法学基本理论。曾调入吉林大学日本问题研究所,后又调回法学院工作。教授。

〔84〕 孙占茂,1955 年进入东北人民大学法律系学习,毕业后留校任教,1974 年曾在中央警校进修法医学。任教授,1994 年 10 月退休。著作有《法医学》(吉林大学出版社 1985 年 5 月版)、《人民检察机关的自行侦查》(与赵登举合作编著,吉林大学出版社 1985 年 10 月版)。

〔85〕 邹广志,主要教学研究领域为法学理论。1965 年 9 月至 1987 年 12 月在吉林大学法律系任教。后调往吉林省交通工业干部管理学院,任系主任、教授。吉林大学法学院简史编写组:《风雨无阻桃李路,拓志未来续风流——吉林

大学法学院发展简史(1948 - 2008)》,吉林大学法学院 2008 年,第 73、81 页。退休后,邹广志任大华律师事务所律师(该所后更名为大华铭仁),至 2003 年 7 月仍在该所律师名录中。

〔86〕 刘兴华,毕业于吉林大学法律系,后留校工作。1988 年吉林大学法学院成立后,一直担任院长办公室副主任,直至退休。

〔87〕 吕北安,1966 年 8 月至 1984 年 2 月在吉林大学法律系任教,后到大连海军政治学院任教授,大校级教官。吉林大学法学院简史编写组编:《风雨无阻桃李路,拓志未来续风流——吉林大学法学院发展简史(1948 - 2008)》,吉林大学法学院 2008 年,第 73 页。另有资料显示,2000 年,吕北安教授时任教于海军大连舰艇学院,指导法学硕士研究生。参见李卫海:《紧急状态下的人权克减研究》,中国法制出版社 2007 年版,"作者简介"。

〔88〕 韩国章,1966 年 8 月至 1988 年 6 月在吉林大学法律系任教,主要教学研究领域为宪法学,后调入吉林大学行政学院,教授。吉林大学法学院简史编写组编:《风雨无阻桃李路,拓志未来续风流——吉林大学法学院发展简史(1948 - 2008)》,吉林大学法学院 2008 年,第 78 页。在《吉林大学学报》1979 年第 5 期上发表《谈谈我国选举制度》(第 65 - 70 页)一文。

〔89〕 孟宪伟,1936 年 8 月生,哈尔滨人,1962 年毕业于北京大学法律学系本科,1965 年研究生毕业。1965 年 9 月至 1988 年 1 月在吉林大学法律系任教。后供职于中国人民银行管理干部学院、北京联合大学应用文理学院法律系(任系主任、教授)。主要致力于国际私法和国际经济法的研究教学。1980 年作为访问学者,赴克罗地亚共和国萨格勒布大学国际关系研究所研修国际私法。载吉林大学法学院网站:http://law. jlu. edu. cn/? mod = info&act = view&id = 9785,2018 年 5 月 19 日最后访问。载互动百科:http://www. hudong. com/wiki/% E5% AD% 9F% E5% AE% AA% E4% BC% 9F,2018 年 5 月 19 日最后访问。

〔90〕 张惠兰,"文革"期间留校工作。1978 年后调任南京大学法律系资料室。吉林大学法学院简史编写组编:《风雨无阻桃李路,拓志未来续风流——吉林大学法学院发展简史(1948 - 2008)》,吉林大学法学院 2008 年,第 72 页。

〔91〕 参见吉林大学法学院简史编写组编:《风雨无阻桃李路,拓志未来续风流——吉林大学法学院发展简史(1948 - 2008)》,吉林大学法学院 2008 年,第 19 页。据赵新华教授介绍,"吉大法律系在'文革'前有 54 个老师,('文革'时)下乡了二十五六个,剩下十五六个不下乡也没走"。何勤华主编:《中国法学家访谈录》(第三卷),北京大学出版社 2013 年版,第 407 页。据李放教授在本书初稿上的批注,下乡的教师有 42 名,留在长春的教师只有 12 位:聂世基、王忠、王坤范、李忠芳、李永泰、李完稷、孙占茂、邹广志、刘兴华、吕北安、韩国章、杨廷利。杨廷利,1965 年 8 月至 1972 年 2 月在吉大法律系任教。后调入吉林省广播电视大学社科部任主任、副教授。载吉林大学法学院网站:http://law. jlu. edu. cn/? mod = info&act = view&id = 9785,2018 年 4 月 12 日最后访问。

〔92〕 另有资料说,"文革"中得以保留的法律系有三所,除北大、吉大外,还有武汉大学法律系。本书编写组编写:《高等政法院系大学生学习指导书》,中国政法大学出版社 1992 年版,第 8 页。但其未给出资料来源。

〔93〕 李贵连、孙家红、李启成、俞江编:《百年法学——北京大学法学院院史(1904 - 2004)》,北京大学出版社 2004 年版,第 253 页。

〔94〕 1968 年 8 月 25 日,中共中央、国务院、中央军委、中央文革小组发出《关于派工人宣传队进学校的通知》。8 月末,解放军毛泽东思想宣传队入驻东北人大(吉林大学)。9 月 3 日,长春第一汽车制造厂的几百名普通工人组成的工人毛泽东思想宣传度进驻。据赵凤彬回忆,解放军支左时,东北人大(吉大)经济系来了两名军人。1967 年秋季开始由一名现役解放军连长和 3 名工人组成的"工人、解放军宣传队"进驻经济系并开始指导运动。当时经济系由 7 人组成的"革命领导小组"负责,成员包括工人、解放军、革命干部、革命教师、红卫兵。法律系的情形应与之类似。1968 年 9 月 4 日,东北人民大学工人、解放军毛泽东思想宣传队总指挥部成立。1973 年 5 月 9 日,军宣队奉命撤离吉林大学。1977 年 11 月 6 日,中共中央转发教育部党组《关于工宣队问题的请示报告》,决定工宣队撤出学校。周淑文编著:《百年中国大事要览 · 政治法律卷》,党建读物出版社 2002 年版,第 302 页。赵凤彬著:《我的人生自

述——一个朝鲜家族变迁史录》,民族出版社2010年版,第204页。《吉林大学校史》编委会编:《吉林大学校史(1946－2006)》,吉林大学出版社2006年版,第33、35页。周淑文编著:《百年中国大事要览·政治法律卷》,党建读物出版社2002年版,第335页。

〔95〕 吉林大学法学院简史编写组编:《风雨无阻桃李路,拓志未来续风流——吉林大学法学院发展简史(1948－2008)》,吉林大学法学院2008年,第19页。2018年4月10日李放教授的访谈录音。

〔96〕 王忠:《关于办不办法律系问题调查记录整理》(1971年4月2日),第1页。感谢王忠教授之女王建玲老师惠示手稿。

〔97〕 吉林大学法学院简史编写组编:《风雨无阻桃李路,拓志未来续风流——吉林大学法学院发展简史(1948－2008)》,吉林大学法学院2008年,第19页。

〔98〕 何勤华主编:《中国法学家访谈录》(第三卷),北京大学出版社2013年版,第407页。

〔99〕 参见吉林大学法学院简史编写组编:《风雨无阻桃李路,拓志未来续风流——吉林大学法学院发展简史(1948－2008)》,吉林大学法学院2008年,第20页。

〔100〕 2018年4月10日李放教授的访谈录音。

〔101〕 载吉林大学法学院网站:http://law.jlu.edu.cn/?mod=info&act=view&id=9031,2018年2月3日最后访问。

〔102〕 参见《吉林大学校史》编委会编:《吉林大学校史(1946－2006)》,吉林大学出版社2006年版,第34页。

〔103〕 王伟:《中国近代留洋法学博士考(1905－1950)》,上海人民出版社2011年版,第270页。

〔104〕 吉林大学法学院简史编写组编:《风雨无阻桃李路,拓志未来续风流——吉林大学法学院发展简史(1948－2008)》,吉林大学法学院2008年,第84页。

〔105〕 "五·七"文科短训班教改实践队:《文科短训班要长期办下去》,载《吉林大学学报》(哲学社会科学版)1974年第2期。

〔106〕 "五·七"文科短训班教改实践队:《文科短训班要长期办下去》,载《吉林大学学报》(哲学社会科学版)1974年第2期。

〔107〕 "五·七"文科短训班教改实践队:《文科短训班要长期办下去》,载《吉林大学学报》(哲学社会科学版)1974年第2期。

〔108〕 "五·七"文科短训班教改实践队:《文科短训班要长期办下去》,载《吉林大学学报》(哲学社会科学版)1974年第2期。吉林大学在舒兰县开办的七期短训班,共培训学员765人。

〔109〕 长春铁路分局工人理论组、吉林大学五·七文科短训班:《经济危机同战争和革命的关系》,载《理论学习》1975年第1、2期。

〔110〕 吉林电石厂工人理论组、吉大五·七文科短训班:《工人学一点政治经济学》,载《理论学习》1975年第4期;第6期。

〔111〕 1968年1月,根据中共中央、国务院、中央军委、中央文革小组《关于公安机关实行军事管制的决定》,吉林省高级人民法院实行军事管制。同年3月,吉林省革委会下设人民保卫组。同年11月改称人民保卫部,下设审判组,行使审判权。1972年7月,根据中共中央指示,中共吉林省委做出《关于恢复各级人民法院机构的通知》([1972]52号)决定恢复各级人民法院。1973年1月1日,吉林省高级人民法院恢复建制。同年12月,撤销人民保卫部及其隶属的审判组,正式恢复吉林省高级人民法院。吉林省地方志编纂委员会编纂:《吉林省志·司法公安志·审判》(总卷十二),吉林人民出版社2004年版,第24页。

〔112〕 吉林大学法学院简史编写组编:《风雨无阻桃李路,拓志未来续风流——吉林大学法学院发展简史(1948－2008)》,吉林大学法学院2008年,第20页。

〔113〕 "跟班作业"系许肇荣教授语。江得水,山东省文登县人,汉族,1944年12月参加革命,1945年3月加入中国共产

党。历任胶东军区东北自卫军支队副队长、三十八军 112 师 33 团指导员、吉林省高级人民法院司法处副处长、吉林省司法厅教育处副处长等职。2015 年 10 月 25 日在长春逝世,享年 90 岁。《江得水同志逝世》,载《吉林日报》2015 年 11 月 7 日。另参见人民网:http://jl. people. com. cn/n/2015/1107/c351793 - 27039047. html,2018 年 3 月 1 日最后访问。

〔114〕 1957 年 10 月 22 日,周树澄被全国人民代表大会常务委员会任命为吉林省人民检察院检察员。1958 年 6 月 3 日,被免去该职务。周树澄后任长春市中级人民法院院长,至退休。

〔115〕 据 2018 年 2 月 10 日李放教授的访谈录音。另查,1969 年 7 月 5 日,中共中央、国务院决定改变内蒙古自治区行政区划。其中,哲里木盟和呼伦贝尔盟突泉县、科尔沁右翼前旗被划归吉林省。根据 1979 年 5 月 30 日中共中央、国务院的决定,从 1979 年 7 月 1 日起,吉林省的哲里木盟和白城地区的突泉县、科尔沁右翼前旗,被划归内蒙古自治区。

〔116〕 此据 2018 年 7 月 8 日与许肇荣教授的微信访谈。

〔117〕 吉林大学法学院简史编写组编:《风雨无阻桃李路,拓志未来续风流——吉林大学法学院发展简史(1948 - 2008)》,吉林大学法学院 2008 年,第 20 页。

〔118〕 匡亚明:《全面贯彻〈教育部直属高等学校暂行工作条例(草案)〉》,载南京大学高等教育研究所编:《匡亚明教育文选》,南京大学出版社 2000 年版,第 77 - 78 页。

〔119〕 《人民日报》1968 年 7 月 22 日《从上海机床厂看培养工程技术人员的道路》一文的编者按。转引自军工学院印刷厂革委会编印:《最新最高指示》,1969 年 3 月,第 50 - 51 页。

〔120〕 中共中央党史研究室:《中共党史大事年表》,人民出版社 1981 年版,第 159 页。

〔121〕 从 1970 年到 1976 年,清华大学共招收 6 届工农兵学员,到 1981 年最后一届毕业,共培养毕业生 16353 人。其中普通班 13671 人,进修班 2469 人,专科班 213 人。金富军:《"文化大革命"期间的清华大学》,载清华新闻网:http://news. tsinghua. edu. cn/new/news. php? id = 20951,2009 年 10 月 20 日最后访问。

〔122〕 海天、肖炜:《我的大学(1970 - 1976)——工农兵大学生》,中国友谊出版公司 2009 年版,第 25 页。

〔123〕 海天、肖炜:《我的大学(1970 - 1976)——工农兵大学生》,中国友谊出版公司 2009 年版,第 29 页。

〔124〕 海天、肖炜:《我的大学(1970 - 1976)——工农兵大学生》,中国友谊出版公司 2009 年版,第 26 页。

〔125〕 但到后期,如 1974 级毕业的 1977 年,这一政策的执行已不那么严格。比如,张文显是 1974 年在南阳地委工作时被推荐上大学的,毕业时,先是被分配到了河南省人民法院,但中途又被学校要回了档案从而留校任教。何勤华主编:《中国法学家访谈录》(第四卷),北京大学出版社 2013 年版,第 71、73 页。类似地,同年由长春市公安局推荐上大学的崔卓兰,毕业时也被留校了。何勤华主编:《中国法学家访谈录》(第四卷),北京大学出版社 2013 年版,第 367、368 页。

〔126〕 冯兰瑞:《恢复高考内幕的内幕——记 1975 - 1976 年的一场斗争》,载《南方周末》2007 年 8 月 2 日,D23 版。

〔127〕 陆俭明:《中文系在鲤鱼洲》,载《新京报》2010 年 10 月 20 日,C14 版。

〔128〕 1970 年 4 月 24 日,吉林省下发通知给吉林师范大学,允许其以"试办班"形式招收 1000 名学生。实际招生 1214 名。1972 年秋这批学员毕业,有 27 人留校。1972 年 10 月该校又招收第二批学员 1020 人。学制 2 年(俄语、英语专业 3 年。1973 年的招生开始时恢复采取传统的考试方式,后受张铁生事件影响,又转回到基层推荐的老路上。这一年学生的管理体制由连队制改为班级制。1974 至 1976 年该校又按推荐方式招收了 3 级工农兵学员。载东北师范大学网站:http://www. nenu. edu. cn/nenu/images/history. pdf。

〔129〕 乔迈:《天行健·法行健——张文显教授素描》,载《社会科学战线》1995 年第 1 期。何勤华主编:《中国法学家访谈录》(第四卷),北京大学出版社 2013 年版,第 71、73 页。张文显于 1977 年 7 月毕业留校,任法律系助教,1979 年 9 月起在吉林大学法律系攻读法学理论专业研究生,1982 年毕业,获法学硕士学位。1982 年 9 月至 1983 年 1

月在北京大学法律系进修,1983 年 8 月至 1985 年 1 月在美国哥伦比亚大学法学院访学。1985 年 10 月任吉林大学法律系副系主任、副教授。1988 年 10 月破格晋升为教授,并担任吉林大学法学院副院长。1989 年 10 月至 1990 年 1 月在美国华盛顿大学法学院访学。1991 年 10 月起任吉林大学法学院院长。1993 年 10 月被评为中国人民大学法学理论专业博士生导师。1994 年 2 月起担任吉林大学党委常委、副校长。1996 年 9 月在吉林大学马克思主义哲学专业在职学习,2000 年 7 月获哲学博士学位。2002 年 12 月至 2007 年 12 月任吉林大学党委书记。2007 年 12 月至 2008 年 1 月任吉林省高级人民法院党组书记、副院长、审判委员会委员。2008 年 1 月至 2013 年 3 月任吉林省高级人民法院党组书记、院长、二级大法官,审判委员会委员。其间,于 2000 年 5 月起兼任教育部人文社会科学重点研究基地吉林大学理论法学研究中心主任。2003 年 11 月 5 日在中国法学会第五次全国会员代表大会上当选为中国法学会副会长。2009 年 6 月受聘吉林大学第二批哲学社会科学资深教授(一级教授)。2011 年起担任中国法学教育研究会会长(第三届、第四届)。2013 年 11 月起任中国法学会党组成员、副会长、学术委员会主任。《当代中国法学名家》编辑委员会编:《当代中国法学名家》(第四卷),人民法院出版社 2005 年版,第 2480 页。载百度百科:https://baike.baidu.com/item/张文显/6313009? fr = aladdin,2018 年 5 月 22 日最后访问。载吉林大学法学院网站:http://law.jlu.edu.cn/? mod = info&act = view&id = 1088,2018 年 5 月 22 日最后访问。

〔130〕 有资料显示,吉林大学 1972 年就已经招收了工农兵学员。见 3032 部队战士理论组、吉林大学历史系 72 级工农兵学员:《儒法两家在战争问题上的根本对立》,载《吉林大学学报(哲学社会科学版)》1974 年第 4 期。可以比照的资料是,清华大学 1974 届工农兵学员于 1970 年 6 月、8 月和 10 月分三批入学,1974 年 4 月毕业,共 2842 人。《清华人》2004 年第 1 期(总第 6 期),第 18 页。而北大法律系则在 1974 - 1976 年连续招收了三届共 150 余名工农兵学员。到 1976 年时,其教学情况才开始好转。李贵连、孙家红、李启成、俞江编:《百年法学——北京大学法学院院史(1904 - 2004)》,北京大学出版社 2004 年版,第 255 - 256 页。

〔131〕 中华人民共和国教育部计划财务司:《中国教育成就统计资料(1949 - 1983)》,人民日报出版社 1984 年版,第 69 页。

〔132〕 中华人民共和国教育部计划财务司:《中国教育成就统计资料(1949 - 1983)》,人民日报出版社 1984 年版,第 75 页。

〔133〕 此据阎立教授回忆。何勤华主编:《中国法学家访谈录》(第四卷),北京大学出版社 2013 年版,第 479 页。

〔134〕 海天、肖炜:《我的大学(1970 - 1976)——工农兵大学生》,中国友谊出版公司 2009 年版,第 211、263 页。

〔135〕 载吉林大学校庆 60 周年网站:http://jlu60.jlu.edu.cn/xytd/tcml_xx.jsp? id = 6227;http://jlu60.jlu.edu.cn/xytd/tcml_xx.jsp? id = 6228;http://jlu60.jlu.edu.cn/xytd/tcml_xx.jsp? id = 6230;http://jlu60.jlu.edu.cn/xytd/tcml_xx.jsp? id = 6231,2006 年 9 月 30 日最后访问。

〔136〕 吉林大学法学院简史编写组编:《风雨无阻桃李路,拓志未来续风流——吉林大学法学院发展简史(1948 - 2008)》,吉林大学法学院 2008 年,第 21 页。另有资料显示,至 1976 年,北京大学和吉林大学法律系累计招收法律本科生(工农兵学员)448 人,毕业 49 人,当年在校生 330 人。“1949 - 1987 年全国高等政法院校与全国高等学校师生情况对照表”,载《中国法律年鉴(1989)》,法律出版社 1990 年版,第 1105 页。转引自梁慧星:《中国的法学教育与人才培养》,载梁慧星主编:《民商法论丛》第 41 卷,法律出版社 2008 年版,第 585 页。

〔137〕 何勤华主编:《中国法学家访谈录》(第四卷),北京大学出版社 2013 年版,第 367、368 页。崔卓兰,女,1953 年 9 月生,吉林省吉林市人,吉林大学法律系 1974 级工农兵学员,1977 年毕业留校,1983 年吉大法律系研究生毕业,获得法学硕士学位(宪法学专业),并晋升为讲师,1987 年至 1988 年在美国美利坚大学访学,1991 年被评为副教授,1992 年至 1993 年在美国路易斯克拉克学院研修,1994 年被破格评为教授。是中国行政法学研究会副秘书长,中国太平洋学会法律专业委员会委员,吉林省行政法学研究会会长,吉林省行政管理学会理事,吉林省政府、

长春市人大、长春市政府立法顾问,吉林省女检察官协会顾问等。代表性著作有:《行政程序法要论》《行政复议法》《行政处罚法》《行政规章研究》。发表论文 100 余篇,代表性论文有:《论行政指导及其法制化》《论确立行政法中公民与政府的平等关系》《论行政权、行政相对方权利及相互关系》等。2007 年 7 月至 2013 年 6 月任华南师范大学法学院院长。后任该院教授、吉林大学匡亚明特聘教授。载中国理论法学研究信息网:https://www.legal-theory.org/? mod = info&act = view&id = 12215,2017 年 6 月 5 日最后访问。载吉林大学法学院网站:http://law.jlu.edu.cn/? mod = info&act = view&id = 1159,2018 年 2 月 3 日最后访问。载华南师范大学法学院网站:http://fxy.scnu.edu.cn/a/20150916/32.html;http://fxy.scnu.edu.cn/a/20150928/241.html,2018 年 2 月 3 日最后访问。

〔138〕 崔卓兰:《法律系的"老五届"》,吉林大学法学院"法苑芳华"微信公众号,老故事第四季(一),2018 年 3 月 11 日发布。

许肇荣,1939 年 3 月 1 日生,原籍吉林省榆树县。1960 年由吉林省工农中学保送到吉林大学法律系学习。1965 年毕业前夕加入中国共产党。毕业后留系任教。1969 年冬下放到吉林省舒兰县走"五七道路"。1972 年春奉调回校。当年法律系与省法院共同举办"司法干部培训班",为该班领导成员之一。法律招收工农兵学员后,曾与孙占茂、马治和、刘兴权、王坤范等老师一起开设《公安业务》课程。1976 年春,出任吉大法律系党总支副书记,分管教师、学生思想工作和行政事务。1986 年 2 月,调往中国人民公安大学行政系任教,教授《刑事侦查学》《犯罪预防学》。1988 年被评为副教授,1993 年晋升为教授。著有《犯罪预防学》(吉林大学出版社 1985 年版)、《刑事侦查学问题集解》(主编,中国人民公安大学 1988 年 1 月版)。

〔139〕 崔卓兰:《花落花开文科楼》,吉林大学法学院"法苑芳华"微信公众号,老故事第四季(三),2018 年 5 月 31 日发布。

〔140〕 崔卓兰:《花落花开文科楼》,吉林大学法学院"法苑芳华"微信公众号,老故事第四季(三),2018 年 5 月 31 日发布。

〔141〕 崔卓兰:《花落花开文科楼》,吉林大学法学院"法苑芳华"微信公众号,老故事第四季(三),2018 年 5 月 31 日发布。

〔142〕 何勤华主编:《中国法学家访谈录》(第四卷),北京大学出版社 2013 年版,第 480 页。

〔143〕 参见吉林大学法学院简史编写组编:《风雨无阻桃李路,拓志未来续风流——吉林大学法学院发展简史(1948 - 2008)》,吉林大学法学院 2008 年,第 21 页。

〔144〕 李放教授在本书初稿上的批注。

〔145〕 1975 年,1975 级工农兵学员还到公安局实习。"民事政策"课程之名早在"文革"之前就已使用。梁慧星教授提到,1962 年其进入西南政法学院法律系学习时,民法学课程叫"民事政策学",并采用本校自编的《民事政策学教材》。据西南政法大学谭启平教授查阅该校教务处历年课程表,西南政法学院从 1959 年起将"民法学"课程改为"民事政策学"。何勤华主编:《中国法学家访谈录》(第四卷),北京大学出版社 2013 年版,第 72 页。梁慧星:《中国民法学的历史回顾与展望》,载梁慧星主编:《民商法论丛》(第 41 卷),法律出版社 2008 年版,第 565、567 页。

〔146〕 何勤华主编:《中国法学家访谈录》(第四卷),北京大学出版社 2013 年版,第 72 - 73 页。

〔147〕 何勤华主编:《中国法学家访谈录》(第四卷),北京大学出版社 2013 年版,第 73 页。

〔148〕 何勤华主编:《中国法学家访谈录》(第四卷),北京大学出版社 2013 年版,第 74 页。

〔149〕 此据 2018 年 4 月 7 日与崔卓兰教授的电话通话记录整理。

〔150〕 何勤华主编:《中国法学家访谈录》(第四卷),北京大学出版社 2013 年版,第 368 页。

〔151〕 崔卓兰:《法律系的"老五届"》,吉林大学法学院"法苑芳华"微信公众号,老故事第四季(一),2018 年 3 月 11 日发布。

〔152〕 何勤华主编:《中国法学家访谈录》(第四卷),北京大学出版社2013年版,第72-73页。

〔153〕 乔迈:《天行健·法行健——张文显教授素描》,载《社会科学战线》1995年第1期。所谓"本科毕业考研究生"的说法容易引起误解。事实上,张文显教授是后先留校任教,恢复高考后才报考的研究生。

〔154〕 若阎立教授所记无误,则可知张哲早年留学国外(此说未得到李放教授确认),1956年7月至1957年11月在东北人民大学法律系国家与法权理论教研室任教,后被打成"右派"。1979年左右在吉大体育馆任体育器材管理员。后到汕头大学法律系任教授。张哲曾与李放合作论文《论法制》。另在吉林大学60年校庆网站公布的"东北行政学院司法系1948年入学人员名录"中(共339人)有一位名叫张哲。载吉林大学60年校庆网站:http://jlu60.jlu.edu.cn/xytd/tcml_xx.jsp? id=6141,2006年9月30日最后访问。李放、张哲:《论法制》,载《吉林大学社会科学学报》1981年第3期,第9~16页。载吉林大学法学院网站:http://law.jlu.edu.cn/? mod=info&act=view&id=9785,2014年12月5日最后访问。何勤华主编:《中国法学家访谈录》(第四卷),北京大学出版社2013年版,第480页。

〔155〕 崔卓兰:《往事非梦亦非烟》,吉林大学法学院"法苑芳华"微信公众号,老故事第三季(三),2017年10月26日发布。

〔156〕 崔卓兰:《往事非梦亦非烟》,吉林大学法学院"法苑芳华"微信公众号,老故事第三季(三),2017年10月26日发布。

〔157〕 崔卓兰:《法律系的"老五届"》,吉林大学法学院"法苑芳华"微信公众号,老故事第四季(一),2018年3月11日发布。

〔158〕 此据2018年2月28日与张文显教授的访谈记录整理。

〔159〕 1973年的《吉林大学学报》(哲学社会科学版),笔者仅见到1973年10月出版的第1期,以及11月出版的《增刊》。两期都由《吉林大学学报》编辑委员会(位于长春市解放大路三号)编辑,吉林大学印刷厂印刷。

〔160〕 第3期出版于1974年8月15日。

〔161〕 吉林大学学报编辑委员会:《启事》,载《吉林大学学报》(哲学社会科学版)1974年第4期。

〔162〕 《理论学习》1975年第1、2期合刊于2月1日出版。第3至6期分别于5月15日、7月25日、9月25日、11月25日出版。1976年第1、2期合刊于3月16日付印,4月20日出版;第3期于5月20日付印;第4期于7月25日付印;第6期于12月22日付印。

〔163〕 《吉林大学学报》(社会科学版)1979年第1期由通辽新华印刷厂印刷。当年此后各期分别于单月5日出版。

〔164〕 法理:《要有敢于反潮流的革命精神》,载《吉林大学学报》(哲学社会科学版)(季刊)1973年第1期,第42-46页。

〔165〕 张守刚、孔庆明:《"天才论"是林彪"复礼"的理论纲领——揭露和批判林彪的反动世界观及其根源》,载《吉林大学学报》(哲学社会科学版)(季刊)1974年第1期。

〔166〕 《法家的历史作用和奴隶们创造历史的关系》,载《吉林大学学报》(哲学社会科学版)(季刊)1974年第4期,第43页。

〔167〕 该书由李放编写,但未署个人名字。据李放教授在本书初稿上的批注。

〔168〕 1975年1月5日至11日,第四届全国人民代表大会第一次会议举行预备会议,讨论会议的主要文件和其他准备工作,通过四届全国人大一次会议的议程:(1)修改《宪法》;(2)审议政府工作报告;(3)选举和任命国家领导工作人员。出席这次代表大会的代表,不是由选举产生的,而是采取"民主协商"的方式,由各省、市、自治区革命委员会、军队等方面推选的,有些代表是指定的或特邀的。四届全国人大代表共2885名,其中:中共党员占76.3%,民主党派、无党派人士占8.3%;工人占28.2%,农民占22.9%,干部占11.2%,解放军占16.85%,知识分子占11.99%,归国华侨占1.03%;少数民族占9.4%,妇女占22.63%。中共党员和工农代表所占比例都大大高于

前三届。1974 年 1 月 8 日至 10 日,中共十届二中全会召开,会议讨论和四届全国人大的准备工作,决定将宪法修改草案、关于修改宪法的报告、政府工作报告和全国人大常委会、国务院成员的候选名单提请全国人民代表大会讨论。1 月 12 日王洪文主持召开四届全国人大代表团团长会议。代表团团长由中共中央指定。吴德介绍了会议议程,他指出,全国人民代表大会是在中共产党的领导下的最高国家权力机关。我们党是执政的党。任何重大的政治问题和组织问题,都要由党中央来决定,通过国家机关去贯彻执行。这次大会的议程,三个文件和人事安排,是经毛主席同意,党的十届二中全会批准的,四届人大代表中的共产党员都必须坚决执行,保证大会顺利通过。张春桥指出,党员代表按个人意志投票,在这次人民代表大会会议上是不允许的。1975 年 1 月 13 - 17 日,四届全国人大一次会议举行,为期 5 天,其中三天分组讨论。会议是在极端严格保密措施下举行的,直到闭会后才发布新闻公报。全国人大常委会办公厅研究室,尹中卿主编:《中华人民共和国全国人民代表大会及其常务委员会大事记(1949 - 1993)》,法律出版社 1994 年版,第 199 - 200 页。

〔169〕 吉林铁路局工人理论组、吉林大学法律系宪法学习小组:《学习〈中华人民共和国宪法〉问答》,吉林人民出版社 1976 年版。

〔170〕 何勤华主编:《中国法学家访谈录》(第四卷),北京大学出版社 2013 年版,第 74 页。

〔171〕 崔卓兰:《法律系的“老五届”》,吉林大学法学院“法苑芳华”微信公众号,老故事第四季(一),2018 年 3 月 11 日发布。

〔172〕 此据 2018 年 2 月 28 日与张文显教授的访谈记录整理。

〔173〕 何勤华主编:《中国法学家访谈录》(第四卷),北京大学出版社 2013 年版,第 73 页。

〔174〕 崔卓兰:《法律系的“老五届”》,吉林大学法学院“法苑芳华”微信公众号,老故事第四季(一),2018 年 3 月 11 日发布。

〔175〕 海天、肖炜:《我的大学(1970 - 1976)——工农兵大学生》,中国友谊出版公司 2009 年版,第 51 页。

〔176〕 国务院《关于调整部分职工工资的通知》(国发[1977]89 号,1977 年 8 月 10 日)。当时我国实行十一类工资区类别制度。六类工资区 1971 年底以前参加工作的职工在 1977 年 10 月增加工资后的控制数为 38 元,1966 年底以前参加工作的职工 1977 年 10 月增加工资后的控制数为 43 元。

〔177〕 民政部、国家劳动总局、财政部、教育部《关于普通高等学校毕业生工资待遇问题的请示报告》(1980)。

〔178〕 国务院《批转民政部、国家劳动总局、财政部、教育部〈关于普通高等学校毕业生工资待遇问题的请示报告〉》(国发[1980]121 号,1980 年 5 月 14 日)。

〔179〕 海天、肖炜:《我的大学(1970 - 1976)——工农兵大学生》,中国友谊出版公司 2009 年版,第 61 页。

〔180〕 崔卓兰教授隐约提到:“眼下,这老一辈师长有些已相聚在天堂,想必早就尽弃前嫌言归于好了吧”。崔卓兰:《往事非梦亦非烟》,吉林大学法学院“法苑芳华”微信公众号,老故事第三季(二),2017 年 10 月 26 日发布。

〔181〕 何勤华主编:《中国法学家访谈录》(第三卷),北京大学出版社 2013 年版,第 212 页。

〔182〕 何勤华主编:《中国法学家访谈录》(第四卷),北京大学出版社 2013 年版,第 214 页。

〔183〕 赵新华教授回忆说:“吉林大学有个刑侦教研室。刑法、民法都废止了,刑事侦查没人管,这个你不能说是反动的,所以刑事侦查特别发达……原来吉林大学法律系还有法医专业,现在都没有了。”张文显教授也说:“当时国际法比较稳定”。何勤华主编:《中国法学家访谈录》(第三卷),北京大学出版社 2013 年版,第 407 页。何勤华主编:《中国法学家访谈录》(第四卷),北京大学出版社 2013 年版,第 72 页。

第三章
恢复高考后的吉林大学法律系
（1977年—1988年9月）

第一节
恢复高考招生

1977年8月12日，党的十一届一中全会宣布历时10年的“文化大革命”结束。此前的7月27日晚，电视中出现了邓小平观看足球比赛的镜头。复出后的邓小平主动要求分管教育和科技工作。8月8日，邓小平在北京饭店召开了教育和技学工作者座谈会。会上，武汉大学化学系副教授查全性、教育部长刘西尧等人建言，当年（停止推荐上大学）恢复高考。[1]接下来从8月13日到9月25日，高校招生会重新召开（此前在6月召开过一次）。10月5日，中共中央政治局常委会讨论并原则通过了教育部《关于1977年招生工作座谈会的请示报告》。[2]10月12日，国务院批转教育部《关于1977年高等学校招生考试工作的意见》及《关于高等学校招收研究生的意见》。中断10年之久的高考制度得以恢复。[3]

1977年高考，由于时间仓促，没有全国统一的大纲和教材，由各省分别命题。因此，各省考试时间也不一致，大部分在12月。霍存福[4]教授就是当年12月在河北省参加的高考，平均成绩为72分。[5]据丁凌华教授回忆，吉林省的高考持续了两天，共四个科目：语文、政治、历史地理、数学，满分400分。当年吉林大学在该省的录取分数线约为290分。[6]1978年3月20日，吉大举行了1977级新生开学典礼。[7]

那一年全国“有570多万名青年报名参加高考,29.3万人(包括1978年第一季度增招的新生6.2万人)被各高等院校录取。”[8]1977年,全国招收的法律专业本科学生不过192人。[9]吉林大学法律系招收了59人,[10]1978年增至102人。[11]

1977年从河北省考入吉大法律系的崔建远[12]教授提到:“吉林大学法律系法律专业从河北省招五名,但只有一名学生报考。这样就从第二批录取的学生中挑了四名,我就属于其中之一。”[13]同级的霍存福教授也是被调剂到法律系的,而且因此很长时间里还对学习法律并不甘心。他后来回忆说:

我是吉大法学[恢复高考后招收的]第一届,即77届[级],当年全系招收了六十多人,到78届[级]就上升到了一百多人,分成两个班,后来人数逐年增加,并且在本科期间分专业了。[14]

进吉大、学法律,专业是他人替我选择的,专业思想不稳固,也属正常。有一天,我与同学说起想要转到中文系去。一位同学抢白说:“别犯傻了,别人都想转到法律系来,你还转出去干什么呀?”我说:“是么? 那我不转了。”后来专业学进去了,文学创作的想法也就淡了。也是幸亏没当文学家。现在想,要是真的去搞创作,还不得大半夜不睡、半疯着写作呢吧。对法律史感兴趣,是从赵国斌老师给我们班讲授“中国法律思想史”课开始的。这里展示的是鲜活的法律思考的历史。对历史有兴趣,也因为我国当时没几个法典,只有宪法、刑法而已,其余部门法,课堂上讲的全是有关的政治与法律原理。还有就是,我的文学素养,看来是顺利地转化成史学素养了。大家都说,文史不分家嘛。这样,寻找法典,一是在学校图书馆找到了《唐律疏议》(后来还有仁井田陞的《唐令拾遗》),二是在大连实习时买到了《睡虎地秦墓竹简》。后来我就一边读唐律,一边读秦律。寻找思想,找到了对我影响比较大的几种课外书。大部头的比如侯外庐、赵纪彬、杜国庠等编写的《中国思想通史》,很厚的五本书,古代的四本,近代的一本。其实当时看这些书也没有特别深入的理解,看着书里的这些资料、讲的观点,就会跟着去想,顺着这个去学。它里面讲的主要是政治思想,对于法律思想涉及的不多,但是对我震撼很大、启发很大。除了这些大部头的书,另外一些小册子也对我有很大影响。[15]

从其他专业向法律系调剂生源的现象延续到了1978级。就读于吉林大学法律系1978级本科的车丕照[16]教授回忆说:

其实我当时并没有报吉大的法律专业,而是报了中文和历史,后来是被调剂到法律系。进入大学后问了很多同学,他们基本上都是报了文史哲,因为没有达到要求的分数,所以调剂到了法律系。当时很多人根本不知道法律这门学科。[17]

吉林大学法律系1978级的马新彦[18]教授也回忆了自己“退而求其次”弃中文改读法律的经历:

1978年是恢复高考的第二年,也是全国统一命题高考的第一年……那年高考作文是缩写,将一篇长长的议论文,缩写成小文,这是我从未训练过的,不是我的长项。高考成绩出来时,意外发现政治成绩高于语文成绩很多,报自己梦想中的中文系,觉得没有把握,于是,就选择了吉林大学法律系。[19]

据1978级的刘士国[20]教授回忆,那年吉林大学法律系的招生规模为105人,编成了两个行政班,后来有两人因病休学。[21]车丕照教授提到,当时法律系只有一个本科专业,即政法专业。

吉林大学革命委员会招生毕业生分配办公室 1978 年 8 月 22 日签发的《新生入学须知》显示,吉林大学 1978 级本科新生于这一年的 10 月 12 日至 15 日报到。

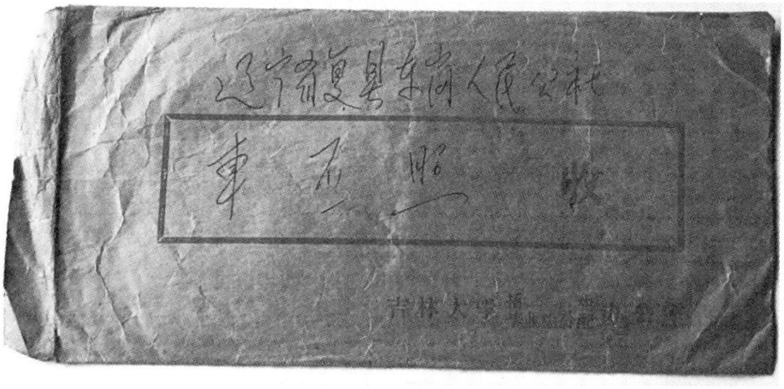

图 3－1　吉林大学 1978 级本科生录取通知书信封。

图片来源:蒙车丕照教授惠示并允准使用。

新生入学须知

……

吉林大学是我们党亲手创办的一所综合性大学,实行全国统一招生、统一分配。凡录取到我校的学生,毕业后都要服从党的需要,到祖国最需要、最艰苦的地方工作。

为了保证学生质量,新生入学时要进行德、智、体全面复查,不合格者不予注册。入学三个月内发现不符合条件和手续的,按规定退回原单位。

入学通知书上所录取的专业,是根据国家计划和新生志愿与实际情况决定的,入学后不得要求转学其他专业。

为使新同学能顺利来校,提出以下注意事项,希望做好准备。

(一)我校定于一九七八年 10 月 12 日至 15 日报到。新生持学校签发的录取通知书,按时前来报到。所带行李,请用"快件"托运。在规定时间内,学校在长春车站设有新生接待站。

(校址:长春市解放大路 75 号。即从长春站乘 6 路汽车到人民公园车站(吉林省财贸学院门前)下车;或乘坐 2 路无轨电车到解放大路车站(原四分局车站)下车。)

(二)新生报到时,必须带户口迁移证和粮油关系转移证及商品供应关系,必须每人一张,要注明原地区停止供应时间,从十月份开始供应。户口在本市的学生将户口迁东朝阳路派出所,并带至年底的肉票、豆制品票;本市的在职职工要在原单位办理粮食转移介绍信。户口、粮油关系证明若有涂改之处,须由迁出单位加盖公章。

(三)报到时,必须带党团组织关系,党员必须持县级以上地方党委(部队一定要师级以上党委)介绍信,直接转至中共长春市委组织部。团员必须持县级以上团委(部队一定要团级以上团委)的介绍信,直接转至共青团长春市委组织部。否则,不予接转组织关系。

(四)国家职工在校学习期间仍计算工令[龄]。入学时满五年工令[龄]的国家职工和入学一年左右进修班学员,工资由原单位照发。不满五年的在职职工来校时,必须带来所发工资截止时间的证明。由部队来的学生必须带军人供给证,直接转到长春警备区后勤部,才予供应。其他学生一律实行人民助学金制度,每人每月交纳伙食费 15.50 元(开学时,每个学生要带足一个月的伙食弗[费]);经济困难的学生根据其家庭经济情况评定发给。现随信寄去新生家庭经济情况调查表,由学生家长所在单位填写加盖公章后,于开学前寄来学校,以便做好评定工作。满五年工令[龄]以上的学员自带教材弗[费]10.00 元。[22]

(五)赴校路费,国家职工(包括国家机关及事业单位人员、国营农场职工、集体所有制企业单位职工和生产建设兵团战士)由原单位按火车硬座或轮船最低一级仓[舱]位发给并结算;其他学生(包括农村知识青年)因路途较远、家庭经济确有困难的,可持证明向所在县(区)招生委员会申请补助。所有新生赴校期间的食宿弗[费]、行李托运弗[费]等,均由本人自理。

(六)长春市冬季最低气温在零下 30 度左右,学生来校时务必备齐棉衣、棉裤、棉鞋、棉帽、棉被、棉褥等生活用品;不要带大的箱柜。

(七)报到时交正面、脱帽半身二寸照片四张。

(八)学生来校途中,应自觉遵守和执行国家的法令、政策,自觉维护公共秩序,同时提高革命警惕,注意安全,保管好所携带物品。

吉林大学招生办公室

一九七八年八月二十二日

【“吉林大学革命委员会招生毕业生分配办公室”公章】

第二节

师资情况

1978 年的吉林大学法律系,设有法学理论、法律史、宪法、刑法、民法、公安业务等教研室。1980 年 9 月又增设国际法专业和国际法教研室(原来附设于宪法教研室),次年开始招收本科生。[23]

很多原来的教师以及法律系毕业生也陆续“归队”:1978 年 2 月,马新福从长春电影制片厂调回吉大法律系,给王子琳等老教师做助教,还给 1976 级工农兵学员讲授马列选读课“列宁主义的几个问题”,次年开始讲授恩格斯的《家庭、私有制和国家的起源》;[24]1978 年 8 月,乔伟获准重返法律系任教;法律系 1958 届毕业生苏惠祥归队,任教员;[25]栗劲由校党委宣传部调任法律系副主任;[26]“文革”前从中国人民大学法律系研究生毕业的孙卫东调入吉大法律系,担任讲师;[27]1978 年 12 月,王庆海回到法律系,任讲师;[28]王惠岩也被彻底平反,回归法律系;[29]1979 年,龙斯荣来到法律系,从讲师做起[30]……

图 3－2　1962 年中国人民大学法律系欢送民法毕业研究生合影。前排左起:常风、唐世儒、关怀、刘素萍、陈述;二排左起:杨大文、苏庆、郭寿康、佟柔;三排左起:龙斯荣、范吉雨、赵中孚。有资料称该图片为“上世纪五十年代的人大民法教研室教师合影”,时间有误。载中国人民大学法学院网站:http://www.law.ruc.edu.cn/yyhn/?46480.html,2018 年 2 月 1 日最后访问。

崔卓兰教授深情地回忆了那些经历蹉跎又重返讲坛的前辈:

其时,三十几岁的俗称“老五届”的年轻教师,是在“弥补四人帮造成损失”过程中较为拼搏的人们。有几位简直与在校生无异,终日里风雨无阻地长在图书馆教研室,披星戴月地上晚自习,顾不上自家正居筒子楼烧煤油炉,衣食也堪忧。

……

L 老师瘸了腿,M 老师五十多岁仍孑然一身。其中,学非所用明珠暗投的算幸运,还有人身陷囹圄被劳改多年。我其实有点疑惑他们缘何非要重返伤心地,尤其再踏入为之获罪遭难的学科领域。

他们之中的一员 Z 老师用实际行动矫正了我。绝非属于衣锦还乡的他,回校后又因往昔恩怨一时难返学科对口的教研室。情绪受挫期间,偶然发现我们几个留校的工农兵学员的外语成为拦路虎,于是忘却自己门前雪,来帮忙打扫我们的瓦上霜。他每周衣装笔挺的来到只有五六个学员的课堂讲课,不仅无偿劳动还负责出钱打印教材试卷,对外语几乎零起点的我们,倾注了极大的耐心,时不时还得用提前宣布请客吃饭的办法来确保课堂出席率。这位老师后来去了南方一所大学,刚退休便不幸罹难于车祸。记得这中途大约九十年代初他返回一趟,手里托着录像机,趁全院大会之时给每位教师录像,因不便说话我们相互点头微笑,谁知就此竟成永别。[31]

表3-1 “文革”后期至结束后吉林大学法律系负责人名录

时间	系主任	副系主任	党总支书记
1973-1978	赵光鉴		赵光鉴
1978.3-1984.4	聂世基	何鹏 栗劲（主管科研）	聂世基
1984.4-1986	高树异		徐大兴
1986-1988	刘富起		苏惠祥

注：1950年，中央人民政府政务院任命赵光鉴为吉林省人民法院副院长，列肖丹峰之后。1954年鲍延干任院长时，赵光鉴为副院长，任该职至1967年5月。其间，1965年2月至1966年5月，任吉林省高级人民法院党组书记。1977年12月至1983年4月，任吉林省高级人民法院副院长。吉林省地方志编纂委员会编纂：《吉林省志·司法公安志·审判》（总卷十二），吉林人民出版社2004年版，第25、26、29页。

图3-3 乔伟（1932.1-1997.9）。

图片来源：《乔伟文集》（第一卷），山东大学出版社2000年版，图版第2页。

乔伟（1932.1-1997.9），又名乔木青，出生于黑龙江省林甸县。1948年参加土地改革运动，后被分配到黑龙江省人民政府工作，任省主席秘书兼政报编辑。1951年考入东北人民大学法律系。1955年6月11日东北人大全校教师、职工、学生召开声讨“胡风反革命集团”大会。法律系学生乔伟“因向某人发出了难以回答的质问，他与同情他的同学一起被打成了‘反革命小集团’”，被开除团籍，取消已考取的中国人民大学研究生资格，不准毕业。何勤华主编：《中国法学家访谈录》（第三卷），北京大学出版社2013年版，第76页。所幸，其据理抗争得到了时任东北人民大学校长匡亚明的理解。东北人民大学党委根据乔伟的申诉，做出书面结论，为其平反。乔伟毕业后被匡亚明校长调到身边当秘书，后于1956年回到法律系任教，先后讲授了宪法学、劳动法学和民法学等课程，其撰写的论文也在《政法研究》上发表。1957年，乔伟再次受到打击，被认定为肃反翻案、替老教师喊冤叫屈、攻击党的领导，而被打成“右派”，受到开除团籍、撤销助教职务、取消工资（只给40元生活补助）的处分，并被送往农场进行劳动改造。1961年10月，作为最后一名“摘帽右派”被安置在吉大图书馆线装古籍书库工作。1969年12月，举家被下放到伊通县爱民公社爱林大队新立屯生产队插队落户。1974年返城，并调回吉大，但一直未被安排工作，直到1978年8月才重回法律系，1979年5月被定为讲师，12月被破格晋升为副教授。1983年应聘到山东大学组建法律系，后任系主任，1985年晋升为教授。徐显明、乔国：《博古通今的法学家——乔伟》，载《百年纪人》：http://www.law-culture.com/shownews.asp?id=6905。徐显明：《乔木青青》，载《乔伟文集》（第一卷），山东大学出版社2000年版，第2-3页，第5-7页。何勤华：《中国法学家访谈录》（第三卷），北京大学出版社2013年版，第74-80页。东北人民大学全校人员声讨胡风反革命集团大会：《声讨胡风反革命集团宣言》（1955年6月11日），载东北人民大学人文科学委员会编辑：《东北人民大学人文科学学报》（季刊）1955年第1期。

据张文显教授回忆：

> 当时学校里的情况是老师多学生少（就师生正常比例而言），所以我1977年毕业留校以后，一直到1979年都没有独立教学的任务。我利用这个机会，把中文系、哲学系、经济系的课几乎旁听了一遍……我把《资本论》通读两篇［遍］……[32]

由于“文革”的耽搁，法律系教师职衔普遍偏低，最高不过讲师，没有副教授，更没有教授。[33]一度有所谓“八大讲师”之说。[34]这一局面到1979年开始得到改观。《全国法制史法制思想史学术讨论会名单》显示，1979年9月中旬，张光博、高树异已经是副教授。

表3-2　参加1979年全国法制史法律思想史学术讨论会的吉林大学人员名单

姓　名	专　业	职　务	年　龄
乔伟	法制史	教员	46
王侃	法制史	讲师	51
赵国斌	思想史	教员	45
张光博	宪法	副教授	50
刘富起	思想史	讲师	45
孔庆明	思想史	教员	48
徐尚清	思想史	讲师	49
栗劲	思想史	系主任	54
高树异	国际法	副教授	50
陈航	制度史	教员	40
王坤范(女)	秘书	讲师	40
王丽琴(女)		打字员	31
白东明		副教授	51
李惠文(女)	法学	编辑	46
赵世昌		摄影	40

资料来源:《全国法制史法制思想史学术讨论会名单》(1979年9月,铅字油印本),第1页。另见邱远猷:《中国法律史学史的里程碑——纪念中国法律史学会成立30周年》,载霍存福、吕丽主编,中国法律史学编:《中国法律传统与法律精神:中国法律史学会成立30周年纪念大会暨2009年会论文集》,山东人民出版社2010年版,第751页。后者将李惠文编辑的性别标错了。

表3-3　吉林大学教师情况

年份	教师数	教授	副教授	讲师	教员	助教	见习助教
1979年末	1323(含专职科研人员)	24	91	538	114	400	156
	平均年龄	55		48			
1987年10月		94	387	771			
1995年初	1585(专任教师1035)	274	523	524	264		

本表系笔者整理。**资料来源:**《吉林大学校史》编委会编:《吉林大学校史(1946-2006)》,吉林大学出版社2006年版,第65、67、68、69页。

目前已知,法律系教师在1979年底晋升副教授的有:徐尚清[35]、王惠岩、乔伟等。晋升教授的时间要更迟一些。1985年,高树异晋升教授。1986年,何鹏、李放、栗劲等晋升教授。[36]1986年左右,张光博晋升为教授。[37]

由于晋升名额有限,而教师退休的年龄条件却是刚性的,导致很多教师不得不以副教授甚至讲师身份退休,从而造成了很大的人才浪费,也影响了吉林大学法律系师资梯队的建设和未来的持续发展。1994年的《吉林大学法学院机构及教职员名单》显示,当时的离退休教师中,具有"教授"职衔的8人:陈国柱、高树异、张光博、李完稷、栗劲、李放、王忠、任振铎;"院聘副教授"2人:林礼昭(离休)、张宗华;

“副教授”15 人:张中庸、王侃、石宝山、马治和、徐尚清、李芳志、郭学贡、韩玉林、赵苏、于长润、刘兴权、周之源、邓崇范、李春福、李永泰。[38]

再后来,吉林大学法律系开始从毕业的本科生、研究生中物色人选,留校任教。比如,本科 1977 级的吕岩峰、[39]1978 级的李洁、[40]石少侠、[41]赵新华[42]都被选中,先后于 1982 年留校。石少侠教授当时还被附加了一个做 2 年辅导员的先决条件,之后才正式成为经济法教研室的一名教师。

> 由于我的父母和爱人都在长春,我择业的地点自然是首选长春。至于具体的工作,我希望子承父业能够留校任教。最后尽管如愿以偿,组织上决定我留校,但附加了在到教研室任教前至少要做两年学生辅导员的先决条件。于是我在 1982 年毕业留校后先是认认真真地做了两年学生辅导员工作,直至 1984 年我才被确定到新组建不久的经济法教研室任教,从此开始了我在经济法教研室长达十六年之久的执教生涯。[43]

也是在 1982 年,刚从法律系硕士研究生毕业的刘世元留校,担任助教。[44]

崔建远教授回忆了他 1985 年初硕士研究生毕业时“被留校”的经历:

> 校友帮忙联系了河北省社会科学院,有三间房子。真是丰厚的条件。当年条件最差的就是学校,任何一个地方都比学校条件好。我研究生毕业时……用人单位的函直接发到系里,条件要多好有多好。那时我已经结婚,既然社科院能有三间房子,我就想去。没想到学校下了行政命令,要留五个法律专业的研究生留校,其中就有我。说如果不服从这个决定,就取消我的毕业资格,发回原籍。现在的话,我是绝对不会相信的,但那时候信以为真,如果真的发回原籍,就又要做农民了,只好就留下当老师,这也是偶然的,非自愿的。[45]

图 3-4 吉林大学法律系硕士研究生与导师在学生宿舍小聚。摄于 1985 年初,崔建远等三人研究生毕业时。坐者左二为陈国柱,左一为崔建远,立者右五为马新彦。

图片来源:徐直颖、刘楠:《马新彦:是命运让我来到这里》,吉林大学法学院“法苑芳华”微信公众号,老故事第二季(一),2017 年 5 月 9 日发布。

吉林大学法学院网站开列的《曾在吉林大学法学院(法律系)任教的教师》名单(以下简称“名

单"),收录了自东北行政学院司法系设立起至 2012 年大部分曾在该系(院)任教过、后来又离职的 91 位教师(不全)的信息。通行著录格式为:姓名、在该院(系)供职起止时间,去向。部分教师的任职时间缺失,部分则还提供了任职时的职衔、行政职务,以及是否健在等信息。[46]从中可以提取出 20 世纪 80 年代吉大法律系本科、硕士毕业生留校任教的基础信息,以及这段时间法律系教师的离职情况。同时再通过对该院网站发布的在职专任教师及离退休教师信息的逐一筛选,补充同一时段留校或来校教师的信息,大致可以还原 20 世纪 80 年代吉林大学法律系师资队伍建设情况(详见下表)。稍有遗憾的是,《曾在吉林大学法学院(法律系)任教的教师》名单未提示任教者是本科毕业留校、硕士毕业留校还是从校外调来等细节。笔者尽力通过其他途径搜集信息,并在表下做了标注。

表 3-4 吉林大学法律系新进教师情况(1982-1988 年)

	1982	1983	1984	1985	1986	1987	1988
已离职的教师	5[a]	1[d]	-	9[f]	10[h]	1[i]	3[j]
一直在职教师	1[b]	-	1[e]	2[g]	-	-	2[k]
已退休教师	1[c]	-	-	-	-	-	-
合计	7	1	1	11	10	1	5

资料来源:《曾在吉林大学法学院(法律系)任教的教师》,载吉林大学法学院网站:http://law.jlu.edu.cn/? mod = info&act = view&id = 9785。《专任教师》,吉林大学法学院网站:http://law.jlu.edu.cn/? mod = info&act = view&id = 6726。《离退休教师》,吉林大学法学院网站:http://law.jlu.edu.cn/? mod = info&act = view&id = 9018。均为 2018 年 2 月 3 日最后访问。

注:所谓"已离职"、"一直在职"、"已退休"是以上述网页内容制成时间为参照的。

a. 其中 2 人系本科毕业留校,2 人非吉大法律系本科系法学硕士留校,另外 1 人未在工农兵学员及 1977 级和 1978 级本科名单中出现,可推知是硕士研究生毕业留校。b. 本科毕业留校,后在职攻读硕士、博士学位。c. 本科毕业留校,后在职攻读硕士、博士学位。d. 本科毕业留校。e. 从外校本科毕业考入吉大法律系,硕士毕业留校。f. 1 人因系本科毕业还是硕士毕业留校不详;2 人系春季硕士毕业留校;6 人系夏季硕士毕业留校。g. 该二人分别从校内其他院系和外校调入。1 人此前已在吉大法律系获得硕士学位,1 人到法律系后在职攻读了法学硕士、法学博士学位。h. 3 人确定是硕士毕业留校(但其中 1 人是 1986 年还是 1987 年留校存疑)。其余 7 人不详。i. 任教细节不详。离职后从事专职律师工作。j. 1 人系吉大法律系本科、在吉大行政学院取得硕士学位并任教,后调入。k. 均为硕士毕业留校。

教师离职方面,该名单开列了 1981 年 7 月至 1988 年 1 月间离职的 17 位教师,从在法律系任职时间来看,超过 30 年的 2 位,超过 20 年的 7 位(其中 4 位超过 25 年),超过 10 年的 1 位,超过 5 年的 6 位(其中两位因"反右"、"文革"而被迫长期离开法律系,但仍在吉林大学工作),任职 1 年的 1 位。因此这批离任教师都可以说是法律系的元老。从去向上看,地域涉及:北京、长春、大连、济南、烟台、郑州等地。具体机构包括:北京联合大学应用文理学院法律系、长春大学、大连海军政治学院、大连海运学院(现大连海事大学)、国务院法制办、吉林大学行政学院(2 人)、吉林省经济管理干部学院劳动经济系、南京大学法律系、山东大学法律系、烟台大学法律系(3 人)、中国人民公安大学(2 人,法律系、刑侦系各 1 人)、中国人民武装警察学院、郑州大学法律系。除标注者外,各机构均为 1 人。任职方面,以担任教师为主,也有的担任了行政领导职务。

第三节

“文革”结束以后的人才培养

一、恢复高考后本科生的培养方案

恢复高考后,吉林大学法律系大致沿袭了“文革”前的培养方案,政治课包括政治经济学、哲学、党史;专业课方面,有逻辑学、国家与法的理论、刑事侦查、民法等。民法分两个学期上,合计120学时。很多公共课(包括专业基础课)都是采取大课的形式。霍存福教授回忆说:

> 学校对我们[19]77届[级]很重视,几乎所有老一辈的优秀学者都给我们上过课,马起老师给我们讲了家庭、私有制与国家的起源,张光博讲授宪法,李放主讲政治经济学,王惠岩开设“法理学专题”,栗劲主讲“秦律专题”,何鹏主讲“外国刑法专题”……太多的老师都给我们开课了,完整、系统的课程一时开不出来就考虑先讲专题。[47]
>
> 对法律史感兴趣,是从赵国斌老师给我们班讲授“中国法律思想史”课开始的。这里展示的是鲜活的法律思考的历史。对历史有兴趣,也因为我国当时没几个法典,只有宪法、刑法而已,其余部门法,课堂上讲的全是有关的政治与法律原理。还有就是,我的文学素养,看来是顺利地转化成史学素养了。[48]

其中需要订正的是,马起教授已于1972年4月去世,显然不会给1977级本科生上课;讲授《家庭、私有制与国家的起源》的是马新福老师;[49]当时王惠岩老师讲授的课程也不会取“法理学”的题目。据张文显教授回忆:“1978年党的十一届三中全会召开不久,先生得以解放,回到了法律系任教”。[50]算起来,应当是1978年底或1979年初的事。1979年,王惠岩给1979级新生讲《国家与法的理论》(助教由张文显担任),给高年级学生开设《国家与法的理论专题》。也是在这一年,王惠岩晋升为副教授,并担任法学理论专业硕士研究生导师。[51]

据崔建远教授回忆,王惠岩老师曾给法律系1977级准备报考研究生的本科生较为系统地辅导过法学理论。自己对于法制的清晰了解,正是从王老师的辅导中获得的。此外,班主任刘兴权老师还邀请周之源老师就如何学习给1977级学生做了半天的讲座。[52]

据崔建远教授回忆,吉林大学法律系为1977级本科生开设的课程主要有:《马克思主义国家与法的理论》(邹广志助教)、《中共党史》(吕北安助教)、《国际共产主义运动史》(郭明)、《哲学》(王百川)、《逻辑学》(李放讲师)、《中国法律制度史》(王侃助教、陈航)、《中国法律思想史》(赵国斌助教)、《外国法制史》(徐尚清)、《宪法》(张光博)、《刑法》(张中庸、高格分别讲授总论部分和分论部分,赖宇担任助教)、《刑事诉讼法》(邓崇范)、《公安业务》(刘兴权)、《刑事侦查学》(殷红峰、胡乃涛)、《民法》(苏惠祥)、《民事诉讼法》(郭学贡)、《婚姻法》(李忠芳)、《国际法》(宓超群)、《经济法》(王忠)、《劳动法》(李芳志)等。[53]

与之稍有出入的是,在接受《中国法学家访谈录》的访谈时,崔建远教授还提到了一些令他印象深刻的老教师,但那并不都是当年给1977级上课的教师。[54]

> 就师资力量而言,全[法律]系老师没有一个副教授及副教授以上的级别,最高的是讲师。就硬件设施而言,学校从寝室到教学楼,都是土路,一下雨就很难走。也没有任何的教材、参考书,发的讲义都是油印的,都是些当时的政策。
>
> 吉大法律系的教师班子,整体素质还是很高的。在若干年里,全国法律院校都在用吉林大学编的教材。因为在"文化大革命"时期,吉大的法律系没有中断,在恢复高考招生前,已经接受了四届工农兵大学生,老师靠着过去的底子,迅速编写出相对简要的教材,有几位老师印象深刻。比如教法[学]理[论]的李放老师,还有王子琳老师、教刑法的何鹏老师、教宪法的张光博老师、教中国法制史的赵国斌老师。讲课最受欢迎的是栗劲老师。这个老先生是学历史的,学问很厚实,风度也非常好,不是站着讲,而是围绕着教室来回走,或者弯下腰来手托着脸颊讲课,"教态"丰富多彩。他上课引经据典,非常精彩。[55]
>
> 在20世纪70年代末,法律系的学生所能阅读到的民法学著作,有中央政法干校编写的民法概论、一些前苏联学者编撰的苏联民法,至于其他国家和地区的民法学文献则根本看不到。这一状况一直持续到我们于1982年3月入学成为民法专业的研究生之时……至1983年,开始见到王泽鉴教授所著的《民法学说与判例研究》前两册,史尚宽先生撰写的《民法总论》、《物权法论》、《债法总论》、《债法各论》、《亲属法论》和《继承法论》,以及沈大明、冯大同、赵宏勋三位先生编著的《国际商法》上下册。[56]

图3-5　吉林大学图书馆1995年剔除的旧藏影印版英文法律图书

法律系图书之所以匮乏,有其历史原因。虽然法律系建制在"文革"中得以保留,但图书却未能免于散逸。"从图书资料来说,因长期无人管理,又因'革命小将'的清理所谓封、资、修图书资料,大部分都已散失。”[57]就藏书而言,吉大法律系实在不如“文革”期间被撤销的北京政法学院和西南政法学院幸运。“(北京政法)学院撤销后,图书馆将大部分图书上交到首都图书馆。至1978年学院复办时,这部分图书封存未动,学院将这部分图书收回,共计21万册。”[58]而在西南政法,1971年4月召开的全国教育工作会议决定撤销政法学院的消息传来,几位资深教师多次给四川省、最高人民法院、公安部写信,史称“护校运动”,最终,1973年最高人民法院通知西政:人员不动、校产物资不动、图书不动。[59]

据吉大法律系本科1978级的郑成良教授回忆:

> [张]文显是王子琳老师的第一届学生[研究生]。[60]
>
> 起初我们都管文显叫张老师,后来他当师兄之后我就逐渐改叫文显了。当时的助教和现在的助教不一样,非常负责。他跟堂听课,随时答疑,还给我们做了两次专门辅导,每次辅导都讲了两个小时左右。[61]

与郑成良教授同级、同宿舍的徐显明教授在回忆本科阶段的学习经历时提到也提到:

> 我们上学的时候,文显留校做助教。当时是我们法理课的老师,那时课名不叫法理,叫“国家与法权理论”。最初的时候,王子琳老师来讲课,文显来当助教,坐在我们当中一块听课。当时老师的课讲完了,需要答疑和辅导的时候,文显作为助教出现在大家面前,所以大家也管他叫张老师……[郑]成良比我入门早一年,但我们是同届,原因就是我当时读研究生的专业是法律史,导师是乔伟老师,后来乔伟老师调往山东大学,我曾认为学生也跟着老师一块转,但遇到学籍管理上的障碍,没转成。尽管法史的课程当时已经读完,开始撰写法史的论文了。但我决定转向法理,就这样投到王[子琳]老师的门下……[62]
>
> 我们这个寝室把饭打回来之后……都是一边吃饭一边争论问题,晚上包括熄灯之后我们也会继续争论问题……我们晚上的争论太激烈,甚至影响到了隔壁同学。所以我们就做了一个自我约束,只能在晚上熄灯之后争论一个小时。到了十一点之后,无论有什么样的思想和观点,都不准再发表了。天天如此,可以说是无时不读书,无时不思考,无时不争论了。[63]

郑成良教授还提到法律系1978级1班的“民主读书小组”:

> 当时我们78级1班和78级2班的教室离图书馆很近。我们教室外边就是黑板报,我们经常把我们的一些观点,组织成文章贴在黑板报上。当时黑板报是重要传播媒介,经常围着很多人在那看。[64]

板报的思想主要是提倡解放思想、民主法治,与稍后召开的党的十一届三中全会的主旋律是一致的。由于教室旁边就是校办,黑板报贴出以后,校部机关、宣传部、校办、人事处以及外系的老师都来看,甚至有人要和他们展开辩论。但在当时,却引起了省委宣传部的注意,要求学校过问并制止。法律系的书记为此还找郑成良谈话,询问写文章的背景。[65]

同级的赵新华教授回忆说:

> 我入校以后,在本科学了24门课,至少有6到8门是理论的,包括逻辑学。当时是5分制。24门课,我22门5分,有2门是4分,这两个4分是因为我缺席……当时我们学士有两个班,两个班的学生都在一个大教室里一起学习。两个班里全都是5分的,每个班里有三四个,20门课5分的,有一半都是。[66]

由此可知,当时吉大法律系1978级本科生有专用的固定教室;课上,除了有主讲教师外还有助教,负责答疑和辅导。学生的课业评价采取5分制(但教师给分显然没有被要求正态分布),平时出勤考核也颇为严格。

外语学习自然也在培养计划之列。1978 年入学的车丕照教授回忆说:“其实我是上(大)学后才学 ABC 的,而有的同学已经开始自学许国璋编的英语第二册了。记得我们的英文教材是油印的,第一个句子是‘long live Chinese Communist Party’。”[67]霍存福教授在回忆中也提到了油印的大纲:“当时没有多少法律文本,授课普遍依靠油印的大纲”。[68]

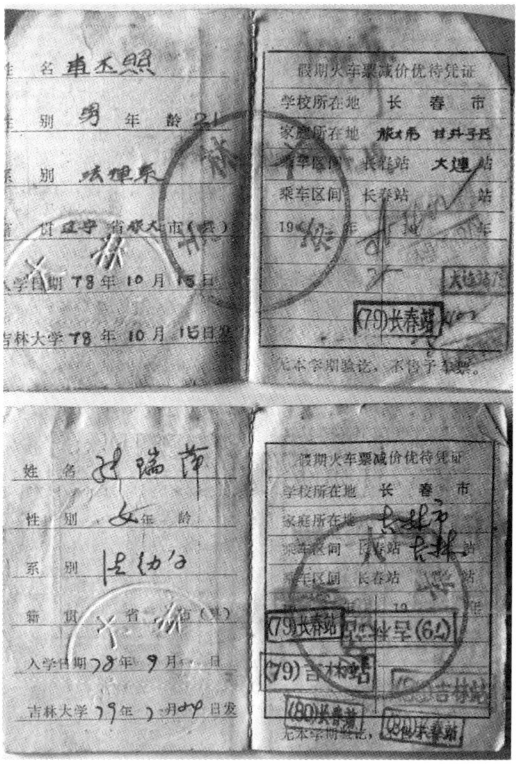

图3-6　吉大法律系1978级本科生学生证封皮及内页。

图片来源:感谢车丕照教授和张瑞萍教授惠示并允准使用。

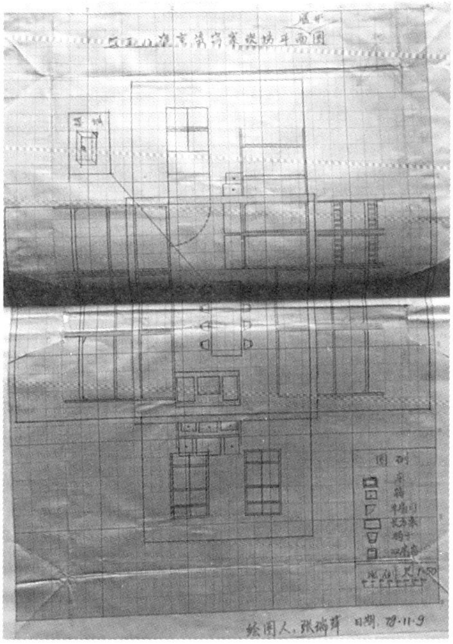

图 3-7　吉林大学法律系 1978 级本科《公安业务》课程作业“三三八宿舍盗窃案现场平面展开图”。

图片来源:实物翻拍。感谢张瑞萍教授和车丕照教授惠示并允准使用。《公安业务》课先后由许肇荣和于治萍两位老师讲授。据张瑞萍老师回忆,该图所绘是吉大七舍三三八宿舍,系一间本科男生宿舍。据许肇荣教授介绍,当时的《公安业务》课程涉及的内容包括:犯罪侦查学、刑事技术检验、刑事照相、法医、犯罪预防学等。

据吉林大学法律系1982级本科钱弘道教授回忆：

张文显老师在我读高年级的时候从美国哥伦比亚大学访学回来，给我们开设当代西方法哲学。张老师文质彬彬，举止不紧不慢。这门课没有教材，于是他编了一本油印的讲义给我们。后来我在北大读西方法律思想史的博士，就和那时开始积累的兴趣有关。讲中国法律思想史的孔庆明老师，课讲得非常好，很有条理。我对中国法律思想史有浓厚兴趣，也是从本科时代开始培养起来的。讲刑法的于长润老师个子小，驼背。每次看他有点趔趄地走上文科楼501教室讲台，让我感动不已。讲宪法的孙卫东老师是我的班主任，经常到我们寝室来，与我们一起开班会，跟我们接触交流最多……王牧老师的黑板板书极好。民法老师龙斯荣、经济法老师石少侠、刑侦学老师王坤范、刑诉老师任振铎、宪法老师张光博、刑法老师高格、中国法制史老师栗劲、国际法老师高树异、民诉老师石宝山、婚姻法老师王卫东、中国法制史老师韩玉林等等都是出类拔萃的学者。讲党史、逻辑的老师口才特别好，讲课绘声绘色，后来我创办吉林大学演讲协会时便请他们做顾问。〔69〕

二、1977级和1978级本科生的毕业去向

吉大法律系1977级本科生毕业时，〔70〕有十几人继续读研，其他相当一部分进入了国家部委、法院、检察院系统。霍存福教授提到：

像我这样连续读研的，在我们班共十三四人；再留校任教的，只占一半。当时已经改革开放了，[77级]班级五十七八个人，走官道的多，去北京的22个人，基本上都是高法、高检与各部委。再加上后来陆陆续续进京的，现在有超过一半的人在北京……当时的政法部门尤其是司法部门，更是需要作较大的“断层”补充……当时公检法缺人，77级一出来是非常重要的填充，可是像西南政法是78级才招生，所以77级只有北大、吉大。〔71〕

1978级的情况与之相似，而且由于学生总数更多，因此去国家机关的人数也更多。据石少侠教授回忆：“我们在1982年毕业时，正是国家百废待兴、急需用人之际，特别是法律人才更是供不应求，同期一百多毕业生有三分之一以上被分配到最高司法机关和中央各部委办。”〔72〕

图3-8 吉林大学法律系1977级本科生合影。

图片来源：http://www.legaldaily.com.cn/index_article/content/2007-05/27/content_625038.htm，2014年5月9日最后访问。

图 3－9　吉林大学法律系 1978 级本科生毕业合影。
图片来源:《石少侠:与法结缘,薪火相传》,吉林大学法学院"法苑芳华"微信公众号,老故事第二季(三),2017 年 5 月 24 日发布。

吉大法律系 1977 级本科毕业生从事法学教学研究的代表人物有:崔建远、高鸿钧、[73]霍存福、吕岩峰、徐卫东、[74]张骐[75]等。[76]

法律系 1978 级本科生毕业时,由于当时法学教育勃兴,急需教师,因此任教的较多。据不完全统计,毕业后直接留校的 3 人;毕业后去其他法律教育机构任教的 18 人;在本系继续攻读硕士研究生的 11 人中有 5 人硕士毕业留校任教,4 人硕士毕业后去其他法律教育机构任教;本科毕业后即考取其他院系攻读硕士研究生并在毕业后从事法律教育的 1 人。合计 31 人。若以该级入学时的 108 人为基数,则毕业后从教者占 28.7%。此外,该级尚有 1 人于本科毕业 2 年后出国深造,取得博士学位后归国从事法律教育工作。[77]

上述 31 人初次任教的机构分布于黑、吉、辽、内蒙、京、津、沪、鲁、湘、闽等省区市。具体供职机构包括(按首字汉语拼音首字母排序):北京政法学院(今中国政法大学)、大连海事学院、东北林业大学法律系、对外经贸大学法律系、复旦大学法律系、湖南公安高等专科学校、吉林大学法律系(8 人)、辽宁大学法律系(2 人)、南开大学法律系(2 人)、内蒙古大学法律系、山东大学法律系(3 人)、上海海关专科学校(今上海海事大学)、沈阳师范学院(今沈阳师范大学)、厦门大学法律系、中国人民大学法律系、中国人民公安大学、中国刑警学院(2 人)、中央党校法律教研室、中央民族学院法律系(今中央民族大学法学院)。除注明者,皆为 1 人。

该级的李洁、石少侠、赵新华、车丕照、马新彦、申政武、[78]张瑞萍、[79]郑成良[80]等 8 人先后留在吉林大学法律系任教。

三、"文革"结束后研究生的招考

1978 年 1 月,教育部印发《关于高等学校 1978 年研究生招生工作安排意见》通知,将 1977、1978 年的研究生招收工作合并进行,一次报名、同时考试、一起入学,统称为 1978 级研究生。1978 年 4 月 3 日,教育部、国家计委联合发出《关于下达 1978 年全国研究生招生计划的通知》,计划 1978 年全国招收研究生 8986 人。招生工作于 7 月底结束,报考人数达 63500 人,经考试录取 10708 人。[81]1979 年 9 月,吉林大学法律系恢复了研究生招生,共有国家与法的理论、国际法两个专业方向。[82]

已经于 1977 年 7 月毕业留校担任助教的张文显成为了第一批法学理论专业的研究生。1982 年 8 月,张文显硕士研究生毕业。[83]当年 9 月至次年 1 月,在北京大学法律系进修,1983 年 8 月至 1985 年 1 月为美国哥伦比亚大学法学院访问学者。其间晋升讲师。1985 年 10 月晋升副教授,1988 年 10 月破格

晋升为教授。[84]据张文显教授回忆:

1979年吉林大学法律系恢复招收研究生,我报考了本校的"国家与法的理论"专业。当时吉大法律系只有两个专业能招研究生,一个是国家与法的理论,再一个是国家法……到我毕业的时候,这个专业正式改名为"法学理论"。研究生毕业的当年,吉林大学的姊妹学校美国拉特格斯大学法学院的科恩教授来吉大讲现代西方法哲学,由我翻译他的讲稿,他讲了三个月,我跟了他三个月,没空过一堂课,这使我对西方当代法哲学前沿理论有了最初的系统了解。[85]

1982年9月,我到了北京大学法律系进修现代西方法哲学课程。这门课是由著名法学家沈宗灵先生开设的……在北京大学进修期间,我参加了美国福特基金会组织的外语考试,当时有28位考生参加笔试和面试,录取了七位,我很有幸被录取……我的外语几乎是自学的,应该说听说能力都比较一般,但是我掌握的词汇量很大,阅读的速度很快,理解比较准,也有一定的写作能力。被录取之后,很快于当年八月份到了美国哥伦比亚大学法学院,在Greenawalt和其他教授的指导下,研究当代西方法哲学,特别是英美法哲学。我的录取通知上写的是攻读硕士学位,但是到美国后,科恩教授建议我做专门研究。他跟我讲,既然你已经硕士毕业了,而且还当了讲师,你是要这个学位,还是想在美国真正搞点研究,我说当然想搞研究,这样我又从硕士转为访问学者,专门研究西方法哲学。当时听了很多法哲学的课程,并且到社会学系和国际政治系去听课。一年以后,美中法学教育交流委员会认为吉林大学的张文显是来真正搞学问的,天天在图书馆和教室,而且有什么学术讨论会都可以看到我,所以又额外资助我半年。这样我在美国待了一年半。回国前,美中法学教育交流委员会特别给了我一张支票,指定了纽约的一家书店,让我选购许多专业书籍,后来才知道这是委员会的破例。1985年春回到学校当年,我就开设了当代西方法哲学的课程,把在美国时差不多完成的一本学术著作出版出来,这是我的第一本著作——《当代西方法哲学》,由吉林大学出版社出版。[86]

1979年7月22日至26日,受吉林大学校长唐敖庆教授的邀请,美国拉特格斯大学校长爱德华·J. 布劳斯坦教授一行五人对吉林大学进行了访问。其间,双方就两校建立校际联系举行了会谈,并达成了八项原则性协议:

一、互相交换教学和科学研究的有关资料、包括教学计划、教材、教学大纲,学术专著、大学学报及出版物等。

二、由排除方提出派遣本科生和研究生的申请,经接受方根据入学标准审核同意后接受。每一个派出人员的所有费用,除非可以得到接受一方的全部或部分经费帮助,由派出一方负担。双方同意在学术交流方面尽量给对方优先考虑。

三、由派出方提名,经接受方同意后,高级学者可到对方访问和进行短期讲学。其他学者将按照同样方式提名和同意后到对方进行研究和学习。原则上逐步做到人数对等。每一个派出人员的所有费用,除非可以得到接受一方的全部或部分经费帮助外,由派出方负担。双方同意在学术交流方面尽量给对方优先考虑。

四、经双方商定,可聘请少数教授到对方学校短期任教。双方同意在科学技术的发展方面提供方便,帮助对方购买设备并在其他方面提出建议和给予帮助。

五、在共同感兴趣的领域内合作进行科学研究,在仪器设备、图书资料、试验材料方面,双方提供方便。

六、双方面图书馆交换图书目录。双方图书馆将互相协助购买图书资料。

七、随着中美两国学术交流的发展,双方通知参加访问代表团和国际会议的名单。这些人员

图 3-10　吉林大学 1988 届法学研究生毕业留念。

图片来源：吉林大学法学院资料图片。感谢吕欣老师惠示。

图 3-11　20 世纪 80 年代中后期吉林大学法律本科生培养瞬间。

图片来源：吉林大学法学院资料图片。感谢吕欣老师惠示。上左，法律系 1987 届本科生毕业典礼，讲话者为蒲荣高（又名蒲星光，时任系党总支副书记，后调任校部，任党校校长、马克思主义学院教授。）老师。下左、1987 届本科生毕业合影。下右，1988 届本科生毕业合影。

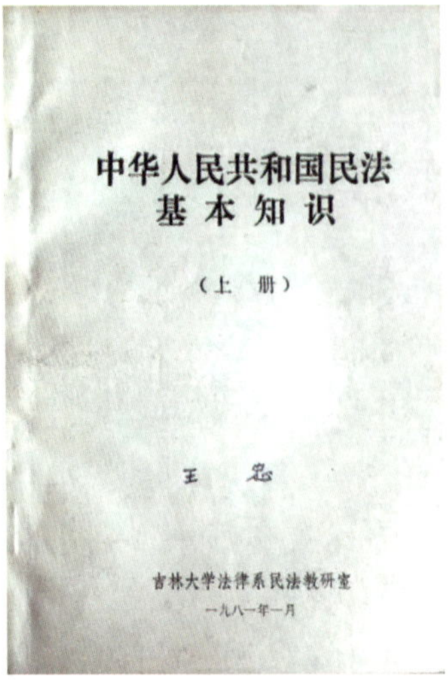

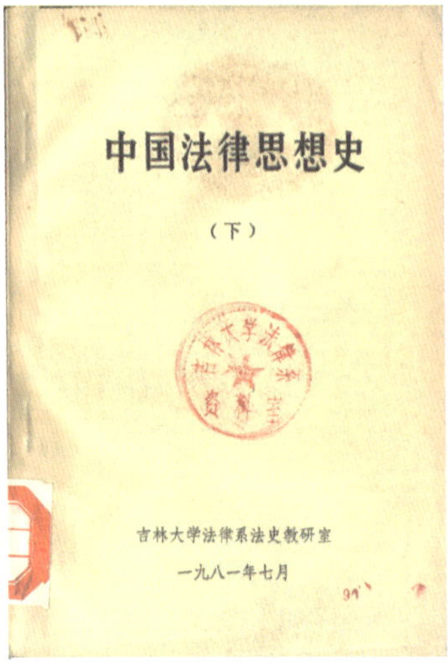

图 3-12　吉林大学法律系教师编写的教材及编辑的参考资料。

图片来源：载孔夫子旧书网：http://book.kongfz.com/item_pic_19317_367545005/，2016 年 9 月 3 日最后访问。《中国法律思想史》（上、下，吉林大学法律系法律史教研室，1981 年 5 月）翻拍自吉林大学图书馆。感谢刘晓林教授惠示。《中华人民共和国民法基本知识》原系王忠教授藏书，其书影经其女王建玲老师惠示并允准使用。其余据清华大学图书馆藏书实物扫描。

图 3-13　吉林大学法律系教师参编的部分全国性教材书影“高等学校法学试用教材”系列。

图片来源：《经济法资料选编》（上下册）、《经济法学》及《民法学》原系王忠教授藏书，其书影经王忠教授之女王建玲老师拍摄并允准使用。其余各书由笔者据实物扫描，其中大部分系清华大学图书馆藏书。

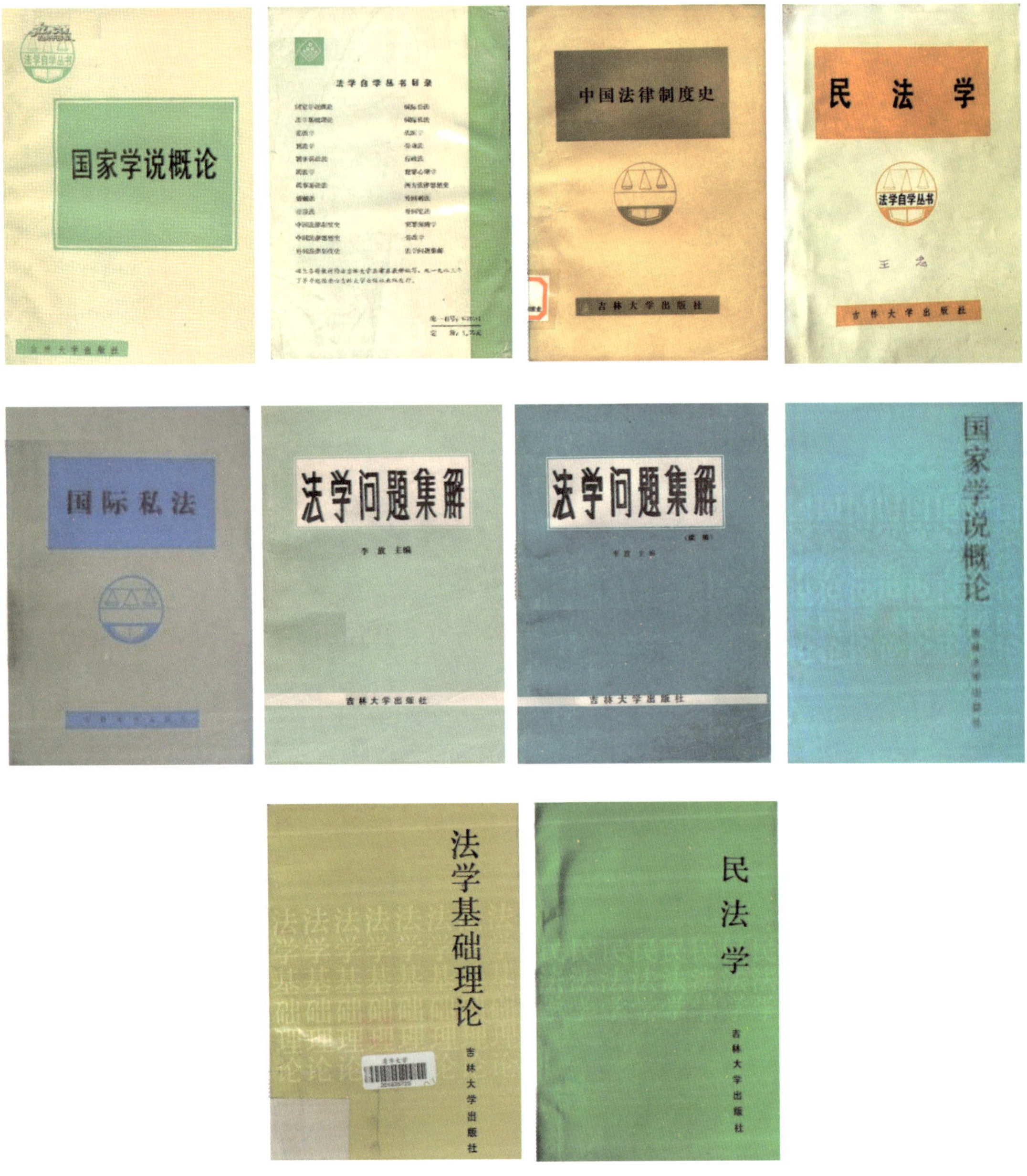

图 3-14　吉林大学法律系教师编著的《法学自学丛书》部分书影

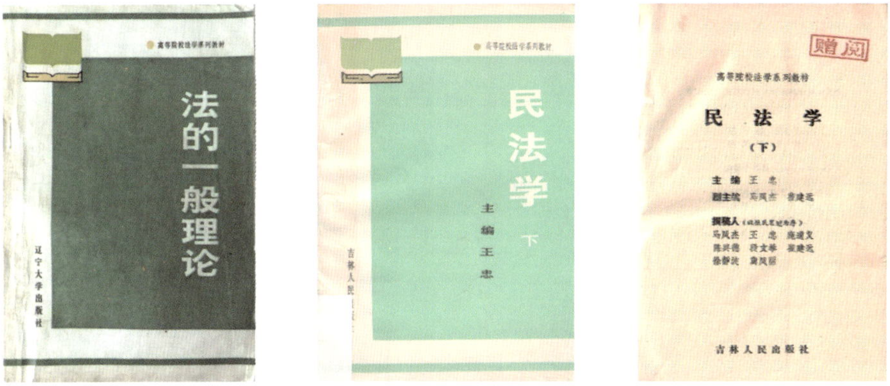

图 3-15　东北地区高等院校法学系列教材两种书影。左：张文显主编《法的一般理论》（辽宁大学出版社 1988 年 8 月版）。中、右：王忠主编《民法学》（下，吉林人民出版社 1989 年 2 月版）。
图片来源：系据清华大学法律图书馆藏书扫描。

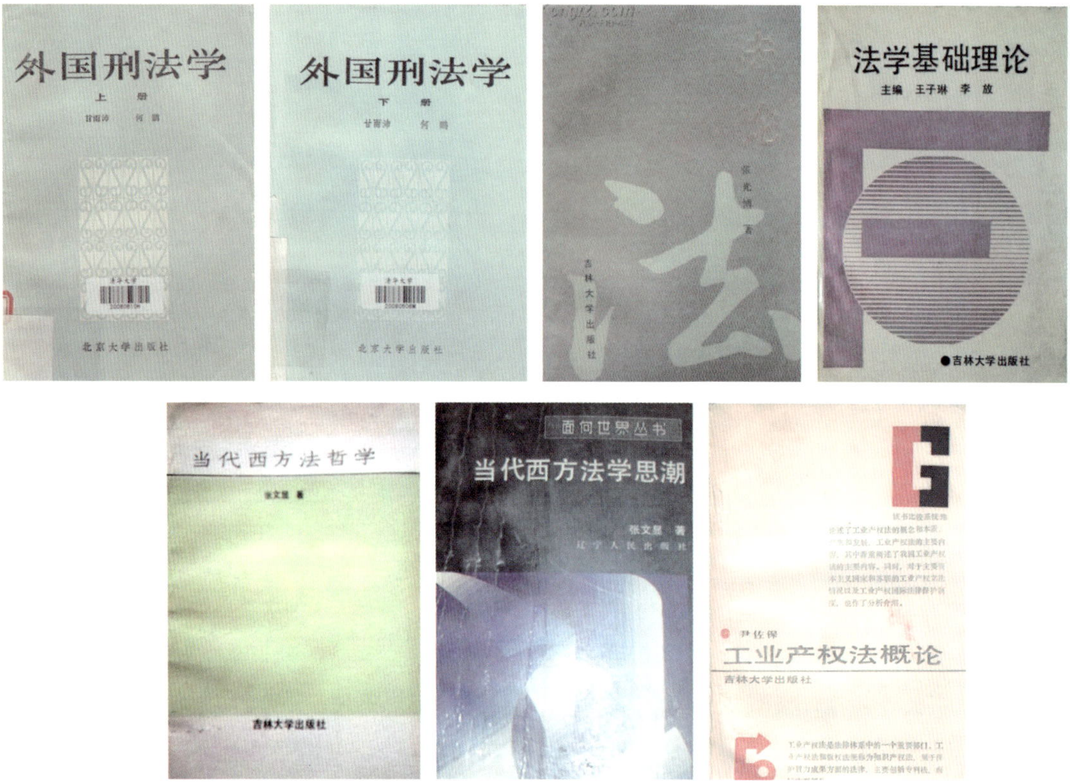

图 3–16　吉林大学法律系教师的部分著作书影。

图片来源：王忠教授著作（《民法概论》《经济法学》《财产继承问答与案例评议》《经济合同法手册》）由王建玲老师惠示并允准使用。

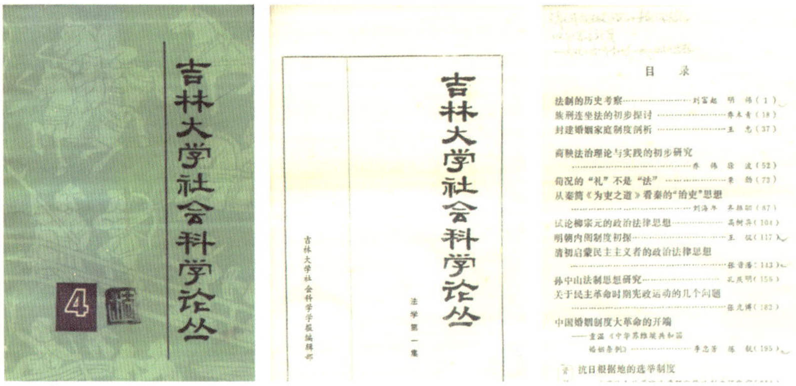

图 3–17　《吉林大学社会科学论丛》第 4 集（法学第一集）封面及内页、目录。

图片来源：感谢吉林大学法学院刘晓林教授惠示。

图 3–18　《法律史论丛》第一辑书影（中国法律史学会《法律史论丛》编委会编，中国社会科学出版社 1981 年 6 月版）。

图片来源：载 http://book.kongfz.com/item_pic_181498_754982240/。2018 年 2 月 22 日访问。

将有助于实现本交流协议的目的。

八、以上协议,自一九七九——一九八〇学年开始实行。每年由双方共同拟定事实计划,或由双方各自将实施计划 送交对方,征得同意后,即按计划执行。[87]

图3-19　张文显教授(右)在Julius Cohen教授(中)家中做客(1984年暑期)。

图片来源:《青年法学家——张文显》,载《社会科学战线》1995年第1期。

1980年,吴振兴回到吉大法律系,师从何鹏老师读刑法专业研究生。当时吉大法律系除刑法专业外,也招宪法、国际法研究生。[88]

1981年,吉大法律系的法律史、民法专业也开始招收研究生。[89]就读于法律系1977级本科的崔建远教授回忆了他报考民法专业研究生的经历:

同学认为我不适合在机关工作,能坐住板凳读书,建议我报考研究生。我回家与我父亲商讨,征得我父亲的同意,报考了吉林大学法律系民法专业研究生。

报考民法专业研究生时,法律系民法专业的王忠、苏慧祥、李忠芳、王卫东和经济法专业的周之源、尹佐保等老师已经晋升为讲师,但尚未晋升为副教授,故民法专业研究生无指导教师。我们三人被录取,到法律系报到时才被告知陈国柱老师作为第一届民法硕士研究生的导师,[系里老师]并建议我们三位第一届民法专业研究生到陈国柱老师家中拜访。

陈国柱老师……重回法律系之前担任吉林大学经济系日本问题研究所副教授。[90]

同为1977级本科生的霍存福教授也在毕业时考取了法律系法制史专业的研究生,然后毕业留校任教。

学习过程中,我的努力方向改变了,转到法律史,一半是法律,一半是历史。从个人发展角度来说,我们毕业时,法制史和法律思想史两个专业都招研究生,就决定考研;研究生又读了三年,职业选择就是当老师。不想回河北省,导师栗劲老师说“你留校吧”,教研室主任刘富起老师也说“当然你得留下了”,也就留校了。[91]

《吉林大学研究生院八五届毕业生通讯录》显示,是年法律系共有12名硕士研究生毕业(此外另有1人出国,未出现在该通讯录上)。按专业划分,刑法学3人,民法学3人,法理学2人,外国法制史1人,中国法律思想史1人,国际法1人。性别方面,女生4人,男生8人。按出生地统计,河北2人,吉林2人,辽宁2人,内蒙古1人,山东4人,山西1人。本科就读学校方面,来自河北师范学院和东北师范大学各1人,其余10人均毕业于吉林大学。毕业去向方面,留在吉大法律系任教4人,到山东大学法律系任教2人,到中国人民公安大学任教1人,中央党校法律教研室1人,最高人民法院研究室1人,国务院法制局1人,公安部政策法律研究室1人。[92]

据法律系1981级本科张旭教授回忆:

> 我们本科毕业时正好赶上国家开始实行研究生免试推荐制度……由于大学四年学习成绩全优,我被选作当年唯一的免除全部考试进入研究生阶段学习的幸运儿……但当年招生计划下达后,只有法制史专业、法律思想史专业和刑法专业招生。[93]

据此可知,吉林大学法律系实行免试推荐(保送)攻读硕士研究生当始于1985年,且在招生专业方向上受计划指令影响严重。

1982年3月11日,经教育部批准,吉林大学成立学位评定委员会,并召开第一次会议。会议决定设立的5个学位评定分委员会之一是"经济、法律、哲学"分委员会。[94]

吉林大学法律系招收博士研究生始于1986年,专业是刑法学。1986和1987年均只招收一名博士生。

表3-5 吉林大学法律系硕士、博士研究生培养情况(1979-1987年)

类 别	年 级	入学时间	人 数	性别比(男:女)	备 注
硕士研究生	1979级	1979年9月	9	7:2	
	1980级	1980年9月	2	1:1	
	1981级	1981年9月	13	12:1	
	1982级	1982年9月	13	9:4	
	1983级	1983年9月	17	17:0	
	1984级	1984年9月	13	9:4	
硕士研究生班	1984级	1984年	31	21:10	
硕士研究生	1985级	1985年9月	14	6:8	
	1986级	1986年9月	54	35:19	
	1987级	1987年9月	31	22:9	
博士研究生	1986级	1986年9月	1	1:0	吴振兴
	1987级	1987年9月	1	1:0	李贵方

注:本表系笔者根据吉林大学法学院《硕士研究生名录(1979-2006)》《博士研究生名录(1986-2005)》整理而成。感谢车丕照教授惠示上述名录。

图3-20 20世纪80年代中后期吉林大学法律系论文答辩。

左图左起:栗劲、王惠岩、何鹏、孙占茂老师,右图左起:张中庸、高格、吴庆华老师。

图片来源:吉林大学法学院资料图片。感谢吕欣老师惠示。

四、法律函授教育

据李放教授回忆,司法部恢复后,[95]他受法律系委派,专程进京拜访教育部、司法部教育司,就在吉林省开展司法培训工作进行沟通请示。随后教育部和司法部同意委托吉林大学法律系面向东三省开展司法干部函授教育。因辽宁方面主动要求依托本省教育资源开展相关培训,而吉大法律系也担心师资有限,故只承担了吉林、黑龙江两省的函授工作。[96]

为此,吉林大学法律系于1983年设立函授部(后改为成人教育办公室),[97]由李放担任主任。法律系还选派优秀教师前往授课,并组织力量编写了"法学自学丛书",由吉林大学出版社出版。[98]

吉林、黑龙江两省的司法厅先后成立了函授总站,在各地区设立分站,安排了常驻工作人员。后来内蒙古司法厅也希望请吉大法律系提供相关培训,考虑到地理距离和费用成本等因素,最终吉大法律系又承担了内蒙古东部的呼伦贝尔、兴安、哲里木(今通辽市)三盟的司法干部函授教育工作。[99]

第四节

人才培养:20世纪80年代中后期的本科教育

本科是吉林大学法律系的主要教育项目。除了最先恢复招生的政法专业外,吉林大学法律系于1980年9月获得学校批准增设国际法本科专业(此前国际法课程附设于宪法教研室),成立国际法教研室,由李放任主任、高树异任副主任,并开始招收本科生。[100]为此,1980年3月,聂世基、李放、宓超群等"到外交部、中国贸促会、北京大学、中国人民大学、北京外贸学院、武汉大学、中山大学等单位进行了系统的调研"。[101]1984年9月,吉大法律系又增设了经济法本科专业。[102]新设的经济法教研室主任为周之源。

在20世纪80、90年代经济热的背景下,"经济法"、"国际经济法"这样的称谓容易让外行人望文生义地产生既学了经济又学了法律的错觉。1985年考入吉大法律系经济法专业的李建华[103]教授即提到:"当时吉大这个专业叫经济法,而经济管理又是最热门的,我感觉这个专业既跟经济有关又跟法律有关,就这样报考了这个专业,也顺利录取了。"[104]类似的,1989年考入吉大法学院经济法学专业本科的黄文艺教授也曾有类似的认知:

20世纪80年代的法学分三个专业:法学、经济法和国际法。我选择了经济法。作出这种选择,完全是出于一个现在看来很幼稚的想法。我当时觉得,学经济也挺好,学法律也挺好。经济法专业,既有经济,又有法律。基于这种认识,我选报了经济法专业,而且很幸运被录取了。[105]

真实的情况是,经济法学科确立不久,理论准备并不充分。1985年入读经济法专业本科的冯彦君教授提到:"吉大是1984年开设经济法专业[的],我们1985年来的时候,并没有什么教材,当时就觉得经济法这门学科的理论研究不行,直到现在仍然存在这个问题。我就很佩服那些老师们,他们都是自己摸索着写讲义上课,很不容易。"[106]同级的李建华教授提供了更多的细节:

当时吉林大学法律系有三个本科专业:法学、经济法学、国际法学。这三个专业在课程配置上并不一样,法学专业强调的是刑法学和诉讼法学的学习,课程也较多;而经济法学偏重的是民法和经济法。那时崔建远老师刚刚硕士毕业,所以我们很荣幸地在他的指导下学习了一年的民法课程,以至于之后我的民法基础非常扎实,这与崔老师的教学息息相关。经济法的课程是依法授课,包含经济法原理、计划法、金融法、商标法、专利法、商业法等课程,理论体系不强,而且那会[儿]对诉讼法的学习也不够。这也是当时的课程设计的不足之处。[107]

直到1999年,吉大法学院才按照1997年暑期在该校召开的国家法学教学指导委员会主任会议的精神,开始按法学一级学科招收本科生,改变了相沿15年的按法学、经济法学、国际法学三个专业招生、培养的模式。[108]

法学专业1985级本科的徐岱教授则提供了当时更多生活上的细节:

1985年我院招录的学生比较多,共208名,6个班分三个专业:法律[应为法学——笔者注]、国际法、经济法。当时法律专业有3个班,国际法有1个班,经济法有2个班。由于法律专业的课都是一起上的,大家接触比较多。我是法律专业2班的……我们班上同学当时大部分时间是在图书馆及教室度过的,自律性比较高。当时条件也不太好,我们寝室住13个人,如果想要学习,必须去教室或者图书馆。[109]

表3-6 吉林大学法律系培养的本科生情况(1977-1987)

年级	专业	人数	性别比(男:女)	专业	人数	性别比(男:女)	专业	人数	性别比(男:女)	合计
1977级	政法	60	46:14	-	-	-	-	-	-	60
1978级	政法	106	93:13	-	-	-	-	-	-	106
1979级	政法	86	75:11	-	-	-	-	-	-	86
1980级	法学	83	63:20	国际法	30	21:9	-	-	-	113
1981级	法学	86	55:31	国际法	32	19:13	-	-	-	118
1982级	法学	100	70:30	国际法	30	20:10	-	-	-	130
1983级	法学	100	62:38	国际法	35	25:10	-	-	-	135
1984级	法学	80	46:34	国际法	31	25:6	经济法	51	33:18	162
1985级	法学	100	58:42	国际法	38	24:14	经济法	72	45:27	210
1986级	法学	116	56:50	国际法	-	-	经济法	70	39:31	186
1987级	法学	70	45:25	国际法	30	22:8	经济法	71	43:28	171

资料来源:笔者根据吉林大学法学院《本科(毕业)生名录(1948-2003)》整理。而据车丕照教授回忆,1978级为105人。另有资料称,吉大法律系1985级本科生有208名。

第五节

教师的研究情况

一、讲义与论文

1979年7月,全国人大五届二次会议通过了《刑法》、《刑事诉讼法》等法律。全国政法院系纷纷开始编写释义读本等法律书籍。如中央政法干校编写《中华人民共和国刑法》、《中华人民共和国刑事诉讼法》学习参考资料;中国人民大学法律系编著《国家与法的理论》;北京政法学院编写《中华人民共和国刑法》、《中华人民共和国刑事诉讼法讲义》;湖北财经学院法律系编写《论民主与法制》;上海社会科学院法学研究所编写《七个法律通俗讲话》等。吉林大学法律系也编写了《中华人民共和国刑法讲义》。[110]在此前后,吉林大学法律系编印的教学参考资料和教材还有很多。如,法律系法史教研室刘富起等编辑的《中国国家法与法律制度史参考资料》(1978年8月,油印本),[111]法律系公安业务教研室编辑的《公安业务资料汇编》(1979年10月),[112]国际法教研室编辑的《海商法资料汇编》(第一分册,1980年4月),[113]民法教研室编写的《中华人民共和国民法基本知识》(上、下册,1981年1月、6月),法律史教研室刊印的乔伟著《秦汉律研究》(1981年4月),系资料室编辑的《法学文章目录索引(1981年)》(1982年),宪法教研室张光博、刘采一、韩国章编译的《宪法分类比较编译》(上、下册,1983年1月),[114]吉林大学法律系、吉林省政法干校联合刊印的李忠芳等编写的《婚姻法手册》(1984年),法律系刑事技术编辑组和吉林省135研究所刑事技术编辑组合编的《国外刑事侦查技术》(上、下册,1984年)[115]等。此外,吉大研究生院刊印了《实用法律手册》(1985年)。[116]乔伟著《秦汉律研究》、《唐律概说》分别于1981年4月和1982年10月作为吉林大学内部教材出版。同时在1982年内部出版的教材还有高树异著《中国民法简史》。

笔者将在1979年《复印报刊专题资料·D4.1法律》中检索到的吉大法律系教师发表的文章编制了一个列表,从中可以看出,吉大法律系教师的发表数量逐年增加,撰写文章的教师也在增多。讨论的话题从学习新宪法、批判"四人帮",逐渐拓展到依法审判,律师与辩护制度,反思刑讯逼供,人治与法治,法律的继承性,讨论法律面前人人平等,政策与法律、道德与法律的关系，以及国际法、国际私法学科的基本论域和范畴等多重话题，契合了当时拨乱反正重建社会主义法制的时代主题。也因应了后来冯象教授的概括：

> 法制改革最初的动力，来自对“十年浩劫”纲纪废弛的反拨，故谓“拨乱反正”。具体做法，是粗线条“原则性”的立法，重建司法机关，恢复律师制度和政法院系。在话语层面，则以“人治”象征必须根除的极左路线，代之以一种灵活的工具主义“法治”。为夺取“政治正确”的高地，这新法治的学理化的第一步，便是小心翼翼地重新解释马列经典中的片言只语。通过一系列微言大义的“论战”，从区分“人治/法治”、争辩国家法的“阶级性/社会性”，直至“权利本位”替换“义务本位”写进教科书，“公民”成为法定人格、私有产权和缔约自由的主体，渐渐地，“公民在法律面前一律平等”（《宪法》第三十三条）才失去了实质意义，蜕变作形式平等的“程序正义”。[117]

表 3－7　吉林大学法律系教师文章发表情况（1977－1979 年）

1977 年部分发表文献		
张光博	社会主义法西斯专政的总章程——评苏联新宪法草案	《理论学习》1977 年第 7 期
1978 年部分发表文献		
张光博	马克思列宁主义关于无产阶级专政学说的伟大胜利——学习新宪法	《理论学习》1978 年第 2 期
张光博	社会主义民主的伟大旗帜——学习宪法的体会	《社会科学战线》1978 年第 4 期
何　鹏、高　格	林彪、“四人帮”实用主义法律观批判	《吉林大学学报（社会科学版）》1978 年 5－6 期
1979 年发表部分文献		
乔　伟	独立审判，只服从法律	《人民日报》1979 年 1 月 5 日第 3 版
乔木春（乔伟）	“族刑连坐法”考	《吉林日报》1979 年 3 月 7 日第 3 版
王　忠	经济规律与法律制度	《吉林日报》1979 年 3 月 16 日第 3 版
栗　劲	必须肯定法的继承性	《法学研究》1979 年第 2 期
李　放	谈加强法制的几个问题	《吉林大学学报（社会科学版）》1979 年 2 期
张光博	论民主	《吉林大学学报（社会科学版）》1979 年第 3 期
栗　劲	刑讯考	《吉林大学学报（社会科学版）》1979 年第 4 期
任振铎	关于我国的辩护制度	
高　格	谈谈人治与法治	
李　放	用刑罚同反革命和其他刑事犯罪作斗争	《吉林大学学报（社会科学版）》1979 年第 5 期
韩国章	谈谈我国选举制度	
孔庆明	略论《老子》的治国之道	《吉林大学学报（社会科学版）》1979 年第 6 期

续表

栗劲、张光博	关于犯罪的几个问题——同李光灿、罗平同志商榷[a]	《社会科学战线》1979 年第 4 期
张光博	也谈法律面前人人平等	《学术月刊》1979 年第 9 期
李　放	国际法与国际法学	《吉林日报》1979 年 9 月 17 日第 4 版
刘富起、明伟	法制的历史考察	《吉林大学社会科学论丛》第 4 集(法学专辑),1979 年 7 月
乔木青(乔伟)	族刑连坐法的初步探讨	
王　忠	封建婚姻家庭制度剖析	
乔　伟、徐　波	商鞅法治理论与实践的初步研究	
栗劲	荀况的“礼”不是“法”	
高树异	试论柳宗元的政治法律思想	
王　侃	明朝内阁制度初探	
孔庆明	孙中山法制思想研究	
张光博	关于民主革命时期宪政运动的几个问题	
李忠芳、陈　航	中国婚姻制度大革命的开端——重温《中华苏维埃共和国婚姻条例》	
徐尚清	略论汉谟拉比法典	

a. 李光灿、罗平合作的论文《论犯罪和刑事责任》连载于《吉林大学学报(社会科学版)》1979 年第 5 期和第 6 期上。
b. 此据《当代中国宪法学家》,第 324 页。

不过,从发表的报刊来看,《吉林大学学报》无疑是最重要的学术平台,此外还有《吉林日报》《社会科学战线》等属地性较强的报刊。这固然与当时法律期刊数量少有关,但其也预示了学校所处地域对于法律系学术研究可能产生的潜在制约作用。

二、教材与专著

进入改革开放时期,吉林大学法律系教师之前的持续积累终于有了集中爆发的机缘,一批教材、专著得以正式出版。

(一)参与编写全国性法学教材

1981 年 7 月,北京大学王铁崖教授主编的《国际法》出版。该书初稿完成于 1980 年 7 月。吉大法律系教师高树异、李放担任了该书的撰稿人,与罗祥文合作撰写了第七章《国际法上的居民》。[118]

1982 年 12 月 3 日,司法部、教育部所属法学教材编辑部召开法学教材座谈会。这是 1949 年以后首次就法学教育和教材编写工作举行此类规模的会议。[119]吉大法律系教师积极参与了统编教材工作。

> 《婚姻立法资料选编》是为了配合高等法学教材《婚姻法教程》教学的需要而编写的,主要供法律专业教学参考之用……本选编承北京大学法律系、吉林大学法律系、中国社会科学院法学研究所、北京大学南亚研究所、安徽大学法律系、北京政法学院、西南政法学院、华东政法学院、西北政法学院等单位的热忱协助,提供资料或指定专人协助编注、翻译和校阅,谨致谢意。[120]

赵国斌参加了《中国法律思想史资料选编》(高等学校教学参考书)的编写工作,负责隋唐、辽宋元、明清部分的编选,同时和张国华、杨鹤皋教授一道负责全书的修改和定稿工作。[121]

刘富起、孔庆明是《中国法律思想史》(高等学校法学试用教材)的撰稿人。刘富起还担任了副主编。[122]

乔伟参加了《中国法制史》(高等学校法学试用教材)的撰稿工作,执笔第六章《汉朝的法律制度》、第八章《隋唐五代的法律制度》、第十章《明朝的法律制度》,并担任副主编,参与最后修改定稿。[123]

李芳志参与了《劳动法学》(高等学校法学试用教材)初稿的写作,完成了第五章《劳动法律关系》和第六章《劳动合同》。[124]

王忠担任了《经济法学》(高等学校法学试用教材)的副主编。[125]时任副教授的王忠还参加了国家教育委员会《民法学》(高等学校文科教材)的编写。该书由李由义教授担任主编,于1987年1月完成初稿,7月在烟台大学召开统稿会,经作者修改,9月由李由义教授定稿,1988年1月由北京大学出版社出版。[126]与该书配套的还有王忠主编的《民事法规选编》和沈绍芳主编的《民事案例选编》。[127]

苏惠祥参加了《民法原理》(高等学校法学试用教材)的撰稿工作。[128]

张光博担任了《宪法学》(高等学校法学试用教材)初稿的撰稿人,完成了第十一章《社会主义国家公民基本权利和义务》和第十二章《中华人民共和国公民的基本权利和义务》。[129]

表3-8 吉林大学法律系教师参与编写的部分全国性法学教材

系列教材名称	书名	出版信息	主编	参与的吉大教师	工作内容	备注
高等学校教学参考书	《婚姻立法资料选编》	法律出版社1983年版	法学教材编辑部《婚姻法教程》编写组	不详	"热忱协助,提供资料或指定专人协助编注、翻译和校阅"	
	《中国法律思想史资料选编》	法律出版社1983年1月版	法学教材编辑部《中国法律思想史》编写组	赵国斌	编选,隋唐、辽宋元明、明清部分,参与全书的修改和定稿工作	1982年5月定稿
高等学校法学教材	《国际法》	法律出版社1981年7月版	王铁崖主编,魏敏副主编,法学教材编辑部审订,	高树异、李放	撰稿人,第七章	1980年5月初稿
	《经济法资料选编》(上下册)	群众出版社1986年版	《经济法资料选编》编选组,陶和谦主编,王忠、杨紫烜副主编	王忠	副主编	
高等学校法学试用教材	《中国法律思想史》	法律出版社1982年版	法学教材编辑部《中国法律思想史》编写组,张国华主编,杨鹤皋、刘富起副主编	刘富起、孔庆明	撰稿;刘富起担任副主编	
	《中国法制史》	群众出版社1983年版	法学教材编辑部《中国法制史》编写组,张晋藩主编,乔伟、游绍尹副主编	乔伟	撰稿,第6、8、10章;副主编,参与最后修改定稿	

续表

系列教材名称	书名	出版信息	主编	参与的吉大教师	工作内容	备　注
高等学校法学试用教材	《劳动法学》	群众出版社 1983 年 5 月版	法学教材编辑部《劳动法学》编写组,关怀主编,任扶善、陈文渊副主编	李芳志	撰稿,第 5、6 章	
	《经济法学》	群众出版社 1983 年 5 月版	法学教材编辑部《经济法学》编写组,陶和谦主编,王忠、杨紫烜副主编	王忠	初稿撰稿;作为副主编配合主编对终稿进行修改	1982 年 12 月定稿
	《民法原理》	法律出版社 1983 年 6 月版	法学教材编辑部《民法原理》编写组,佟柔主编,金平、赵中孚副主编	苏惠祥	初稿执笔	
	《西方法律思想史》	北京大学出版社 1983 年 6 月版	法学教材编辑部《西方法律思想史》编写组,张宏生主编,章若龙副主编	刘富起	撰稿,第 9 章 2 节黑格尔、10 章 3 节萨维尼,12 章 4 节庞德	
	《宪法学》	群众出版社 1983 年 11 月版	法学教材编辑部《宪法学》编写组,吴家麟林主编,许崇德、肖蔚云副主编	张光博	初稿撰稿人。第 11、12 章	
高等学校文科教材	《民法学》	北京大学出版社出版 1988 年	李由义主编,郑立、王作堂副主编	王忠	撰稿	国家教委会组织,1987 年初版定稿,后改作全国高等教育自学考试教材

(二)法学自学丛书

1983 至 1986 年间,吉林大学出版社先后出版了吉大法律系教师编写的教材“法学自学丛书”,共 24 种。以下是其中部分书目信息。

表3-9 吉林大学法律系教师编著的法学自学丛书部分书目

作 者	书 名	出版单位	出版时间
王子琳主编	《国家学说概论》	吉林大学出版社	1983年8月
张光博主编	《宪法学》	吉林大学出版社	1983年10月
王子琳、李放主编	《法学基础理论》	吉林大学出版社	1984年4月
陈国柱主编,王忠、龙斯荣副主编	《民法学》	吉林大学出版社	1984年7月
李忠芳、王卫东	《婚姻法学》	吉林大学出版社	1984年9月(内部发行)
任振铎主编、邓崇范副主编	《刑事诉讼法》	吉林大学出版社	1984年
高 格	《刑法教程》	吉林大学出版社	1984年
石宝山、郭学贡编	《民事诉讼法》	吉林大学出版社	1985年1月
吴庆华	《犯罪心理学》	吉林大学出版社	1985年5月
孙占茂编	《法医学》	吉林大学出版社	1985年5月
李芳志编著	《劳动法概论》	吉林大学出版社	1985年5月
周之源主编	《经济法学》	吉林大学出版社	1985年6月
高树异主编、孟宪伟副主编	《国际私法》	吉林大学出版社	1985年7月
李放主编	《法学问题集解》	吉林大学出版社	1985年7月
高树异	《国际法》	吉林大学出版社	1985年8月
王侃主编	《中国法律制度史》	吉林大学出版社	1985年10月
徐尚清主编	《外国法律制度史》	吉林大学出版社	1985年11月
赵国斌主编	《中国法律思想史》	吉林大学出版社	1985年11月
刘富起、吴湘文	《西方法律思想史》	吉林大学出版社	1985年11月
韩国章等编	《行政法概论》	吉林大学出版社	1985年12月
何鹏主编	《外国刑法简论》	吉林大学出版社	1985年
许肇荣	《犯罪预防学》	吉林大学出版社	1985年
刘兴权	《劳改法学》	吉林大学出版社	1985年
孙卫东、刘采一	《外国宪法》	吉林大学出版社	1986年7月
李 放主编	《法学问题集解(续编)》	吉林大学出版社	1986年9月

同期由法律系教师编写的法律书籍还有:王忠主编的《民法学复习题解析》(吉林大学出版社1985年7月版)、李放主编的《法学问题集解续编》(吉林大学出版社1986年9月版)等。

图 3－21　李放老师在法学自学丛书系列教材编写动员会上讲话。
图片来源:《法梦流光・回忆法院七十载峥嵘岁月(1979－1988)》,吉林大学法学院微信公众号,2018 年 6 月 7 日发布。感谢吕欣、王立国老师惠示原片。

图 3－22　伏案写作。左,李放教授;右,何鹏教授。
图片来源:吉林大学法学院资料图片,感谢吕欣老师惠示。

关于参与编写吉大版《民法学》一书,崔建远教授回忆道:

> 法律系领导决定、教师们同意陈国柱副教授担任《民法学》教材的主编。此前所用民法教材,是由王忠讲师、苏慧祥教师、王建明助教等教师们编写的非正式出版物《民法基础知识》。
>
> 《民法学》教材的编写实行由民法教研室的教师们全部参加的模式。编写《民法学》教材时我已任教于吉林大学法律系民法教研室,故也作为编写者之一参与其中,撰写民事责任一章。[130]

(三)东北地区高等院校法学系列教材

1987 年开始,吉林大学法律系联合吉林省政法管理干部学院、吉林省公安专科学校、黑龙江大学法律系、黑龙江政法管理干部学院、黑龙江省法学研究所、辽宁大学法律系、辽宁省政法管理干部学院、中央刑警学院等东北地区政法类高校,联合组成"东北地区高等院校法学系列教材编委会",组织编写高等院校法学教材。[131]

> 吉林大学法律系、吉林省政法管理干部学院、吉林公安专科学校、黑龙江大学法律系、黑龙江政法管理干部学院、黑龙江省法学研究生[所]、辽宁大学法律系、辽宁省政法管理干部学院、中央刑警学院,联合组成东北地区高等院校法学系列教材编委会,组织编写高等院校法学系列教材,包括各学科的教学大纲、教本、参考资料、工具书和部分研究生用书。参加编写的不限于以上单

位的教学人员。现在第一批出版的是法学专业必修课教本。[132]

该编委会总编为张光博,副总编为栗劲,成员还包括:丁启明、马凤杰、王汝嘉、王嵩山、齐孟阳、李文芳、李忠芳、李源植、宋占生。该丛书“第一批出版的是法学专业必修课教本”,[133]包括:《政治学》《法的一般理论》《中国法制度史》《中国法思想史》《外国法制度史》《西方法思想史》《宪法学》《婚姻法学》《民事诉讼法学》《刑事诉讼法学》《国际法学》《冲突法学》《法学概论》《法制文书》《逻辑学》,以及《行政法学》(上)、《行政法学》(下)、《经济法学》(上)、《经济法学》(下)、《民法学》(上)、《民法学》(下)、《刑法学》(上)、《刑法学》(下)。[134]

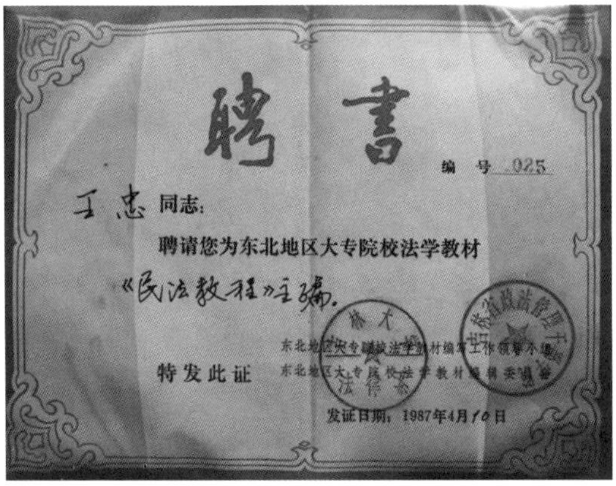

图3－23　东北地区大专院校法学教材《民法教程》主编聘书。

图片来源:王忠教授之女王建玲老师惠示并允准使用。

由1987年4月10日东北地区大专院校法学教材编写工作领导小组、东北地区大专院校法学教材编辑委员会颁发给王忠老师的“东北地区大专院校法学教材《民法教程》主编聘书”可以看出,至迟在1987年4月初,教材编辑委员会即已成立,并很快确定了各教材的主编。与后来出版的教材相比,有两点变化值得注意,一是该系列教材最初定名为“东北地区大专院校法学教材”,后来更名为“东北地区高等院校法学系列教材”。二是原定的《民法教程》最终定名为《民法学》,分上下两册,王忠老师只担任下册主编。

从书中由吉林大学法律系教师主编的至少有:

《法的一般理论》,张文显主编,辽宁大学出版社1988年版。
《中国法思想史》,王占通主编,吉林人民出版社1989年版。
《民事诉讼法学》,赵新华主编,吉林人民出版社1989年2月版。
《民法学》(下),王忠主编,吉林人民出版社1989年2月版。

此外,《婚姻法学》亦是由吉大法律系李忠芳教授主编的。

《法的一般理论》由张文显主编,吉大法律系的马新福、郑成良等参与了撰稿。该书的撰稿人分工为:

张文显第1、2、3、9、14、15、17、33章,第6章第1节(法的“本质”的语义和哲学意义),第26章第2节(法的解释的原则和方法),各编序;郑成良第4、8、12章;吴方正第5、7章,第6章第2、3节;马新福第10、11章;金殿富第13、26章;孙育玮第16、18章,第25章第3节;孙莉第19章,第29章第1节;宋相官第20、22、23、24、27章;江松令第25章第1、2节,第29章第2、3、4节;于宪第28、30、31、32章。全书经集体讨论,由主编修改定稿,由编委会审定。[135]

该书目录为:

第一编　法学	第4章　法学的研究方法
第1章　法学的对象	第5章　法的定义
第2章　法学的历史	第6章　法的本质
第3章　法学的分科	第7章　法的基本特征

第 8 章　法的作用	第 20 章　立法
第 9 章　法的价值	第 21 章　执法
第三编　法的历史	第 22 章　司法
第 10 章　法的起源	第 23 章　守法
第 11 章　法的历史类型	第 24 章　法制监督
第 12 章　法的更替与继承	第 25 章　违法和制裁
第 13 章　法的未来	第 26 章　法的解释
第四编　法的基本范畴	第 27 章　法制
第 14 章　权利和义务	第六编　法与其他社会现象
第 15 章　法规范	第 28 章　法与经济
第 16 章　法体系	第 29 章　法与政治
第 17 章　法关系	第 30 章　法与道德
第 18 章　法责任	第 31 章　法与宗教
第 19 章　法意识	第 32 章　法与科学技术
第五编　法的运行和操作	第 33 章　法与语言和逻辑

关于此书,郑成良教授回忆说:

记得文显想重编一本法理学教材,就是《法的一般理论》。这一教材虽然是在文显 1988 年发起并主持的法学基本范畴研讨会之后几个月出版的,但是整个思考和编撰工作一两年前就开始做了。[136]

当时最主流、占统治地位的观点是,马克思主义的法学理论不是独立的,它是和国家学说联系一起的。文显主编的《法的一般理论》把法理学独立出来,但是当时不敢叫法理学,所以起名叫《法的一般理论》。[137]

东北地区高等院校法学系列教材中的相当一部分是在吉大法律系改为法学院后才出版的。比如,李放主编的《法学概论》于 1989 年 1 月由吉林人民出版社出版;苏惠祥主编的《经济合同法学》则于 1990 年方由辽宁大学出版社出版。

(四)其他著作

除了成建制地参与成套法学教科书的编写工作以外,吉林大学法律系教师撰写的著作、编辑的工具书也陆续出版。

表 3-10　吉林大学法律系教师部分著述

作　者	书　名	出版单位	出版时间
知益(李放)	《学习新宪法简答》	吉林人民出版社	1978 年 9 月
李方明(李放)	《逻辑浅说》	吉林大学社会科学学报编辑部	1979 年

续表

作　者	书　名	出版单位	出版时间
吉林大学法律系国际法教研室编	《海商法资料汇编》第一分册	吉林大学出版社	1980 年
栗劲、(张)光博	《法学概论》	吉林人民出版社	1980 年
李放、张哲	《法学原理》	辽宁人民出版社	1981 年[138]
聂世基、孙占茂	《刑事诉讼指南》	黑龙江人民出版社	1981 年
乔伟、李全义、马丽编	《律师手册》	吉林人民出版社	1981 年
王忠、宋浩波、刘瑞复、赵登举编著	《经济法学》	吉林人民出版社	1981 年
邓崇范、任振铎等	《刑事诉讼法概论》	吉林人民出版社	1981 年
乔伟	《中国法律制度史》(上、下册)	吉林人民出版社	1982 年
王子琳、李放主编	《法学基础理论》	吉林大学出版社	1984 年,1987 年修订版
李忠芳、王桂枝、姜保登	《婚姻法概论》	吉林人民出版社	1984 年
王忠、孟庆魁、龙斯荣	《财产继承问答与案例评议》	黑龙江人民出版社	1984 年
张光博	《宪法论》	吉林人民出版社	1984 年
王忠、李全义、周之源编	《经济合同法手册》	吉林大学出版社	1984 年
李放	《经济法基础知识》	辽宁人民出版社	1984 年
王忠、苏惠祥、龙斯荣、王建明	《民法概论》	黑龙江人民出版社	1984 年
乔伟主编,游绍尹、孔庆明副主编	《新编法学词典》	山东人民出版社	1985 年[139]
李放主编	《法学概论》	吉林大学出版社	1985 年
栗劲	《秦律通论》	山东人民出版社	1985 年
王忠主编	《民法学复习题解析》	吉林大学出版社	1985 年
李放、聂世基	《法律知识讲座》	吉林大学出版社	1985 年
孙占茂、赵登举	《人民检察机关的自行侦查》	吉林大学出版社	1985 年
甘雨沛、何鹏	《外国刑法》上册	北京大学出版社	1984 年
甘雨沛、何鹏	《外国刑法》下册	北京大学出版社	1985 年
孙占茂、孔庆明编著	《两户一体实用法律手册》	吉林人民出版社	1986 年
吴振兴	《论教唆犯》吉林人民出版社	1986 年	
张光博	《法论》	吉林大学出版社	1986 年
李放主编	《经济法学词典》	辽宁人民出版社	1986 年
李放主编	《经济法手册(实用解答　名词注释　文件汇编)》	辽宁人民出版社	1986 年
李忠芳	《中华人民共和国婚姻法概论》	山东人民出版社	1986 年
高格、孙占茂主编	《刑事法学词典》	吉林大学出版社	1987 年
李放编著	《法学基础理论纲要》	吉林大学出版社	1987 年
张文显	《当代西方法哲学》	吉林大学出版社	1987 年
周之源	《经济法概论》	吉林大学出版社	1988 年
栗劲、孔庆明主编	《中国法律思想史》	黑龙江人民出版社	1988 年
张文显	《当代西方法学思潮》	辽宁人民出版社	1988 年
栗劲、李放主编	《中华实用法学大辞典》	吉林大学出版社	1988 年
尹佐保	《工业产权法概论》	吉林大学出版社	1988 年

这一时期吉大法律系教师的著作中仍以概论为主,还包括了较多的教科书和工具书。学术专著大批出版要等到下一个时期,即吉大法学院建立之后,才得以实现。

第六节

吉林大学法律系承办的重要学术会议

一、全国法制史、法律思想史学术讨论会[140]

1979年9月12日至18日,全国法制史、法制思想史学术讨论会在长春召开。本次讨论会也是为落实同年3月在北京举行的全国法学规划会议确定的法制史、法律思想史学科的任务而举办的。讨论会由中国社会科学院法学研究所、吉林大学等九家单位筹办。

吉大法律系法律史教研室作为东道主,承担了大量的准备工作。学术方面,1979年7月,吉林大学社会科学委员会出版了由吉林大学社会科学学报编辑部编辑的《吉林大学社会科学论丛》第4集(法学第一集),内容全部是法律史方面的。论文作者包括栗劲、乔伟、王侃、徐尚清、刘富起、孔庆明、陈航、张光博、高树异、王忠、李忠芳等吉大法律系教师,以及张晋藩、刘海年老师和社科院法学所法制史研究室等外约请作者。该论丛收录的论文大多是提交给讨论会的论文;其中,刘富起、孔庆明、乔伟合作的《法制的历史考察》,乔伟的《族刑连坐法的初步探讨》,王忠的《封建婚姻家庭制度剖析》,王侃的《明朝内阁制度初探》,李忠芳、陈航的《中国婚姻制度大革命的开端——重温〈中华苏维埃共和国婚姻条例〉》,张晋藩的《清初启蒙民主主义者的政治法律思想》,徐尚清的《略论汉谟拉比法典》等7篇论文后被收入《法律史论丛》第一辑。[141]

同年9月11日晚举行的学术研讨会筹备会第二次会议上,筹备小组联络处负责人汇报了会议筹备情况,提出了大会主席团名单(提名),全国法制史、法律思想史研究会会章起草小组名单(提名),大会工作机构负责人名单(提名)和大会日程草案等,拟提交次日举行的大会审议。[142]9月12日大会上通过的会议工作机构人员名单如下:

大会主席团组成人员:解铁光 李光灿 栗劲 肖永清 张希坡 曾炳钧 叶芳炎 陈朝壁 韩延龙

大会秘书长:栗劲(兼)

副秘书长:韩延龙(兼)

中国法制史、法律思想史研究会章程起草小组成员:张国华 林榕年 许显侯 徐轶民 游绍尹 林向荣 方克勤 吴建璠

大会秘书组组长:刘富起 副组长:刘海年

大会会务组组长:孔庆明 副组长:崔治平[143]

9月12日上午举行开幕式。来自中国社会科学院法学研究所、北京大学、中国人民大学、吉林大学、北京政法学院、西南政法学院、西北政法学院、华东政法学院、湖北财经学院、辽宁省社会科学院、上海社会科学院法学研究所,以及辽宁省高级人民法院、天津市高级人民法院,《中国社会科学》杂志编辑部、《社会科学战线》杂志编辑部、《民主与法制》杂志编辑部,群众出版社、吉林人民出版社、黑龙江人民出版社等29家单位的80余名代表参加。中共吉林省委宣传部、吉林省高级人民法院、吉林省人民检察院、吉林省公安厅,吉林省社会科学院和社科联、吉林大学的负责人也出席了开幕式。[144]

邱远猷教授根据会议当时下发的《全国法制史法律思想史学术讨论会名单》统计了与会的84名代表的年龄、职称构成。[145]

表3-11 全国法制史、法制思想史学术讨论会与会人员情况分析

年龄	70-79	60-69	50-59	40-49	30-39
人数	6	2	29	31	6
职称	教授、研究员	副教授、副研究员	讲师、助研	教员(师)	其他
人数	3	5	24	18	57
单位参会人数	14人	吉林大学	社科院法学所		
	6-7人	中国人民大学	北京大学	北京政法学院	华东政法学院

开幕式由中国社会科学院法学研究所副所长解铁光主持。吉大法律系副主任栗劲代表大会主席团致开幕词。他指出:作为中华人民共和国建国以来首届全国性法律史学术讨论会,此次会议主要有四项议题,一是要讨论法制史、法律思想史的研究对象和方法问题,二是讨论多卷本《中国法制史》、《中国法律思想史》的编写问题,三是讨论和宣读大会收到的3部专著和53篇学术论文中的部分论文,四是讨论成立中国法制史、法律思想史研究会。

吉林省委宣传部副部长尹元玄、吉林大学党委书记胡绍祖、中国社会科学院法学研究所所长孙亚明亦先后致辞。

从《全国法制史法律思想史学术讨论会日程》来看,9月12日上午,来宾致辞后即开始宣读论文,下午进行第一项议程的主题即"关于法制史的研究对象和方法问题"和"关于法律思想史研究对象和方法问题"进行发言。9月13日(星期四)全天围绕"对象和方法问题"的主题进行小组发言。9月14日,日程表空白,9月15日安排代表参观游览,9月16日上午进行第二项议程的主题发言,先由李光灿

谈"关于编写《中国法律思想史》(多卷本)的初步设想",[146]而后是张晋藩谈"关于编写《中国法制史》(多卷本)的初步设想"。[147]9 月 17 日上午,分组讨论两个"设想"。下午安排的是中国法制史研究会成立大会。首先由研究会章程起草小组做《关于章程草案的几点说明》的报告,而后由会议主席团做《关于干事会人选的初步意见》的报告。接着分组讨论《说明》和《意见》,然后大会通过研究会章程和干事会人选名单。9 月 18 日上午宣读论文,下午继续宣读论文,闭会词。[148]

不过,全国法制史、法律思想史学术研讨会第六期简报则称:"九月十八日,中国法律史学会在长春正式成立。""在今天下午举行的中国法律史学会成立大会上,推选产生了中国法律史学会理事会会长、付[副]会长、理事、秘书长、和付[副]秘书长。"[149]在完成上述议程后,由中国法律史学副会长李光灿研究员致闭幕词。[150]由此可知,会议日程中途进行过修改,中国法律史学会成立大会由原定的 17 日下午推迟到了 18 日下午;原拟"研究会"和"干事会"等称谓最终确定为"学会"和"理事会"。

中国法律史学会首届理事会成员名单:

会　长:解铁光

副会长:李光灿　肖永清　叶芳炎　张希坡　栗劲

理　事:陈朝壁(厦门大学)　韩延龙(社科院法学所)　张国华(北京大学)
林榕年(人民大学)　曾炳钧(北京政法)　游绍尹(湖北财经)
王召棠(华东政法)　张警(西南政法)　刘富起(吉林大学)
马朱炎(西北政法)

秘书长:韩延龙(兼)

副秘书长:马朱炎(兼)[151]

图 3-24　中国法律史学会成立大会与会代表合影(1979 年 9 月 18 日,长春)。

图片来源:中国法律史学会编:《中国法律史学会成立 30 周年纪念册(1979 - 2009)》。

图 3-25 中国法律史学会首届理事会成员合影(1979 年 9 月 18 日,长春)。

图片来源:中国法律史学会编:《中国法律史学会成立 30 周年纪念册(1979-2009)》。

二、法学基本范畴研讨会

1988 年 6 月 6 日至 10 日,吉林大学法律系、吉林省社会科学院法学研究所、吉林省法学会等联合举办了全国法学基本范畴研讨会。[152]此前,5 月 28 日至 31 日,中国法学会法学基础理论研究会 1988 年年会在广东珠海召开。这是该研究会召开的第三次全国性的讨论会。来自全国的 80 多名专家、学者就我国社会主义初级阶段法制建设的若干理论问题展开了热烈讨论。[153]见大家意犹未尽,前一年起担任学会副会长的张文显老师遂提议:移师长春,继续讨论。

《商品经济、民主政治的发展与法学的重构——法学基本范畴研讨会纪实》一文显示,至少有来自国内 15 家法律教学研究机构的 22 位学者做了发言(含书面发言)。具体而言,包括(以机构首字汉语拼音首字母排序,同一机构的人员按文中刊发顺序排列):

安徽大学法律系:讲师张恒山
北京大学法律系:讲师齐海滨
《法制日报》:评论部主任张宗厚
复旦大学法律系:讲师张乃根
黑龙江大学法律系:讲师孙育玮、研究生钱福臣
吉林大学法律系:副教授张文显、教授张光博、讲师郑成良、副教授李永泰、教授王子琳
吉林省社会科学院法学研究所:副研究员杨春堂
南京师范大学政教系:副教授公丕祥
上海社会科学院法学研究所:副研究员沈国明
武汉大学法律系:副教授魏再龙
西北政法学院:教师葛洪义、副教授严存生
烟台大学法律系:教师王子正
云南大学法律系:讲师林喆
中国人民大学法律系:教授孙国华、副教授郭宇昭
中国政法大学法律系:教授王勇飞[154]

图 3-26　刊发《商品经济、民主政治的发展与法学的重构——法学基本范畴研讨会纪实》一文的《当代法学》1988 年第 3 期封面。

图片来源:中国知网,2018 年 2 月 2 日最后访问。

会议在长春市吉林省社会科学院会议室举行。会上提出的主要观点有:以权利义务为基本范畴重构法学理论体系;法学应是权利之学;权利观的变革是实现法学重构的关键;实现权利观的变革必须大力研究"应有"权利;权利与义务的社会价值在于其是法学的核心范畴,是社会化生产稳步发展的保障,是商品经济的外壳,是民主制的内涵,是法制的基本构成。[155]

徐显明教授后来评价说:"这场讨论是 1978 年改革开放以来法学理论思想解放的一次高峰,这场讨论本身并不在于哪一派是对的、哪一派是错误的,而在于抛弃了以阶级斗争为纲的政治法学,法学真正开始有了自己的研究对象,有了自己的规律。"[156]据郑成良教授回忆:

> 我记得当时开会之前并没有权利本位的说法。当时我们觉得既然权利和义务是核心范畴,那两者之间就有一个主次问题,现代法律应该以权利为起点,应该为了保护权利而设定义务,义务不能随便施加。按照现代文明的公理,权利是法律的逻辑起点,所有的义务都是为了保护权利而设立的,不得杀人的义务来自于生命权,不得盗窃的义务来自于财产权,不得侮辱他人的义务来自于人格权,等等。现代法律应该是权利之法,以权利保护为目的。在会议上没人提出异议,都认为法学基本范畴需要重新思考,权利义务是核心范畴,讨论很深入。会后,《政治与法律》上发了一篇论文,批判会上的主流观点,并且把它命名为权利本位理论。文章反对权利本位,提出了法律的义务重心理论,认为义务才是最重要的法学范畴。于是,我就写了一个回应的文章,题目是《权利本位说》,后来大概十几个作者写了几十篇相关文章。[157]

张文显教授则表示:"这个理论的产生是法学在那个时期的必然现象,即使张文显、郑成良、徐显明不发表,也一定会有别人发表。解放思想的最重要的成果一定会出现,这是必然。"[158]

三、其他会议和讲习班

这一时期,吉大法律系的学术气氛非常活跃,开展了不少对外学术交流活动,承办了多项学术会议和讲习班。

图 3 – 27　拍摄时间约为 20 世纪 80 年代中后期的吉林大学法律系内部学术活动。

图片来源:吉林大学法学院资料照片。感谢吕欣老师惠示。上,吉林大学校庆科学报告会(法学分场)。发言人物:左,高树异;右,王子琳。下,吉林大学法律系法学征文授奖大会。发言人物:左,刘富起;右,栗劲。感谢崔卓兰教授、石少侠教授的指点。

1982 年 9 月,教育部在吉林大学举办了经济法师资进修班。

1985 年 7 月 14 日至 8 月 10 日,吉林学大法律系承办了首届美国法讲习班(Workshop on American Law)。该讲习班由中国国家教育委员会、司法部和美国美中法学教育交流委员员会共同发起和资助。五位来自美国的教授参与授课。美方负责人是总统行政顾问、哥伦比亚大学名誉教授盖尔霍教授和杜克大学法学院院长卡灵顿教授。讲习班为期 4 周,讲授的课程包括:法律方法、宪法、民事诉讼法、海商法等。57 名学员分别来自国内 19 所高校和中央部委。

图 3 – 28　1988 年 7、8 月间,在吉林大学举办的首届美国法讲习班上部分外国专家。

图片来源:吉林大学法学院存资料图片。感谢王立国老师惠示。

图3-29　2000年8月吉林大学法学院承办的美国法讲习班结业证书。参训人姓名已隐去。

1985年底至1986年初,吉大法律系和吉大科研处共同举办了首届中国社会主义法制建设理论学术研讨会。[159]

1988年6月11日至14日,吉大法律系又和吉林市法学会、吉林省社会科学院法学研究所、吉林省人大常委会法律委员会、《政法丛刊》编辑部共同发起并组织了"宪法的实施和保障理论研讨会"。[160]

第七节

小　结

随着第一个"法律的春天"的来临,吉林大学法律系获得了难得的发展机遇。一大批积累多年的教师著述终于得以出版。同时,优秀毕业生也不断涌现,投身于国家的法治建设。

当然,也需要看到,经济社会的发展对法学教育提出了日渐丰富的要求。仅凭既有的经验累积和知识储备并不足以应对新时代的挑战。[161]尤其是过往谙熟了的主流话语及其背后的思维模式并不容易及时转换。[162]在学术职衔因人为掌控而变得稀缺的情况下,年齿日增的教师队伍也容易被当成历史包袱而舍弃。这固然为后进学人的发展提供了平台,但一些学科资深学者的缺席对研究团队的合理构成、师资群体内部的凝聚力都产生了相当的负面作用。

吉大法律系历史地位的取得,得益于计划时代主管部门对法律教育资源的分配。正是这种行政计划,赋予其地缘和资格上的双重优势。

前者使吉大成为东北地区屈指可数的全国重点院校,可以全国招生和分配;后者则使吉大法律系跻身法学界“五院四系”——那几乎是“文革”前全国法律院校的全部〔163〕——之列。进入新时代,法律教育开放程度不断提高,由几家垄断包办的旧有格局逐渐瓦解。不过,虽然原来那种通过运动以确保政治忠诚的范式不再强调,但通过行政渠道分配教育资源的路径依然存在。吉林大学法律系在地缘上的优势遂逐渐变成地域上的劣势。此后一些功利而短视的选择,又强化了这一颓势。法律思想史、〔164〕外国法制史、刑事侦查学〔165〕等所谓冷门专业被轻易地弃置,从而使其因缺乏足够的特色专业支撑,更在感召力与影响力方面力所不逮,而需要靠后来者付出更多的努力加以弥补和赶追。

注　释

〔1〕 1997年7月18日中央电视台《新闻调查》播出的《恢复高考:二十年后的回顾》。编导刘春,记者王利芬,策划杨继红。中央电视台新闻评论部编:《新闻背后的新闻:〈新闻调查〉1997实录》,中央编译出版社1998年版,第468-469页。

〔2〕 王扬宗:《记忆与实录:恢复高考的拍板过程》,载《南方周末》2009年12月10日E23版。戴敦峰:《九十二岁前部长掀开恢复高考内幕》,载《南方周末》2007年6月7日A2版。

〔3〕 恢复高考后,内地高等教育大事有:(1)高校收回被占用的校舍,详见国务院《批转教育部〈关于退还被占用校舍的请示报告〉的通知》(1978年8月31日);国务院、中央军委《批转教育部〈关于退还被占用校舍进展情况的报告〉的通知》(1980年9月13日);国务院、中央军委《关于贯彻执行国务院、中央军委〈批转教育部关于退还被占用校舍进展情况的报告〉的补充通知》(1980年11月19日)。1972年,中共中央曾下发《关于退还被占用校舍的指示》。到1978年5月底,全国被占用的校舍共有1761万余平方米,其中高等学校462万余平方米。到1980年9月,已退还280余万平方米,为全部被占校舍的16%;其中高等学校退还约110余万平方米,为被占校舍的24%。(2)恢复重点大学,见国务院《转发教育部〈关于恢复和办好全国重点高等学校的报告〉的通知》(1978年2月17日)。“文革”前全国有重点高等学校64所(不含军委所属3所院校),1970年前后撤销4所,1978年第一批定为88所。(3)“代培生”问题,即一些地方和部队的干部,违反招生规定以工作需要为名。将子女、亲友送到大学(或中专)“代培”。据调查,这些“代培生”,多数是在1976年以前入学的,1977年改革招生制度以后,各学校一般都不再接受“代培生”。但也有少数学校在1977年以后仍不按招生规定,接受“代培生”。国务院《关于高等学校“代培生”问题的通知》(1978年7月21日)。(4)“自费”大学问题,一些省、自治区、直辖市的高等学校和学校工会组织,为本校没有考上大学的教职工子女举办了“自费大学”,少数中等专业学校也办了这一类教职工子女大专班。详见国务院《批转吉林省人民政府〈关于我省部分高等院校举办所谓“自费”大学的情况和处理意见的报告〉的通知》(1981年1月12日)。吉林省的报告提到,1980年9、10月包括吉林大学在的六所高等院校,先后举办了“自费”大学(班),招收本单位和关系单位职工子女370多名。

〔4〕 霍存福,1958年5月12日生于河北省康保县。吉林大学法律系1977级本科(1978年3月入学),1981年考取本系研究生(法律思想史专业),1995年考取吉林大学法学院刑法学专业博士研究生,1999年获法学博士学位。1985年1月留校任教。1986年8月聘讲师,1991年1月破格晋升副教授,1996年6月任法学所副所长,1996年9月聘教授、博士生导师,1997年4月任法学所所长,1998年6月任法学院副院长,1999年获中国法学会杰出中青年法学家提名奖。2000年入选教育部跨世纪优秀人才培养计划。2000年7月至2001年6月任法学院代理院长,2001年6月至2004年12月任院长。现为沈阳师范大学法律文化研究中心主任,兼任吉林大学博士生导师。著有:《权力场——中国传统政治智慧研究》(辽宁人民出版社1992年版)、《复仇·报复刑·报应说:中国人法律观念的文化解说》(吉林人民出版社2005年版)。载百度百科:https://baike.baidu.com/item/霍存福,2018年2月3日最后访问。载沈阳师范大学法学院网站:http://law.synu.edu.cn/jiaoshi_show.aspx? id=3&newstypeid=10,2018年5月19日最后访问。《当代中国法学名家》编辑委员会编:《当代中国法学名家》(第一卷),人民法院出版社2005年版,第659页。

〔5〕 何勤华主编:《中国法学家访谈录》(第六卷),北京大学出版社 2013 年版,第 353 页。

〔6〕 当时,北京、上海、杭州的文科重点大学,以及中山大学、武汉大学等都不在吉林省招收本科生。北大图书馆专业只招专科生。北京高考的时间是 1977 年 12 月 10、11、12 日。何勤华主编:《中国法学家访谈录》(第四卷),北京大学出版社 2013 年版,第 192、193 页。

〔7〕《吉林大学校史》编委会编:《吉林大学校史(1946 - 2006)》,吉林大学出版社 2006 年版,第 39 页。

〔8〕 中共中央党史研究室:《中国共产党新时期简史》,中共党史出版社 2009 年版,第 3 页。

〔9〕 到 1980 年 7 月,除四所政法学院外,"北京大学、中国人民大学、吉林大学、湖北财经学院、安徽大学、厦门大学、南京大学、中山大学、武汉大学、云南大学、杭州大学、山东大学、新疆大学、贵州大学、郑州大学、河北大学、山西大学、西北大学等 19 所大学恢复或批准新建了法律系或法律专业。"1980 年,14 所法学院系计划招生 2500 人左右。"此前的报道称,当年四所政法学院和八所高等院校的法律系招收(本科)新生,招生人数在 2000 人以上。何勤华主编:《中国法学家访谈录》(第六卷),北京大学出版社 2013 年版,第 442 页。史啸:《我国法学教育基本恢复,正在大力发展》,载《中国法制报》1980 年 8 月 1 日,第 1 版。楼沪光、庄建:《我国高等法学教育迅速恢复稳步发展》,载《光明日报》1980 年 4 月 22 日,第 1 版。

〔10〕 崔建远教授回忆说,吉大法律系 1977 级共 58 人。1977 级北大法律系招收 82 人,次年招收 64 人。根据最高人民法院、公安部、教育部《关于恢复西南政法学院的通知》([77]教计字 147 号),最高人民法院、公安部、教育部《关于恢复西南政法学院的请示报告》经中共中央批准,西南政法学院获准恢复办学。该校从 1978 年开始招生。梁治平在《我的大学》一文中写道:"在西南政法学院的校史上,'78 级'这个称谓有一种特殊的意味。试想,新生入校即无学长,而且从第一年到第四年总是老大,这种情形岂不是'前无古人'?"梁慧星教授更明确指出,"1978 年西南政法学院和中国人民大学等法律系开始招生,当年全国法律专业招生人数共 696 人。紧接着,北京政法学院、华东政法学院、西北政法学院、中南政法学院相继重建、开始招生,各综合大学也陆续重建法律系,开始招生。"1978 年 7 月 11 日中国人民大学在北京原址复建,并于当年招收学生、研究生 1700 名。1978 年 10 月 10 日,中国社会科学院研究生院成立,设 12 个系,106 分专业,学制一般 3 年,周扬兼任院长。1979 年 7 月 21 日《人民日报》报道,华东政法学院恢复,将有 300 名新生入学。该校设有法律专业,学制四年,开设马列主义国家与法的理论、法制史、宪法、刑法、民法、诉讼法、经济法、国际法、司法鉴定等业务课和各种选修课。1983 年 3 月 25 日《中国法制报》报道,经国务院批准,中南政法学院在武汉筹建。1952 年由广东、广西、湖北等大学政治、法律系合并组建的中南政法学院后扩建为湖北大学。曾敬琬:《缅怀父亲曾志时》,载薛君度、熊先觉、徐葵主编:《法学摇篮朝阳大学》(增订版),东方出版社 2001 年版,第 216 页。何勤华主编:《中国法学家访谈录》(第五卷),北京大学出版社 2013 年版,第 226 页。李贵连、孙家红、李启成、俞江编:《百年法学——北京大学法学院院史(1904 - 2004)》,北京大学出版社 2004 年版,第 294 页。另见赵蕾:《"黄埔一期"那班人》,载《南方周末》2007 年 6 月 7 日,A1 版。梁治平等:《我的大学》,法律出版社 2004 年版,第 272 页。梁慧星:《中国的法学教育与人才培养》,载梁慧星主编:《民商法论丛》(第 41 卷),法律出版社 2008 年版,第 586 页。周振想、邵景春主编:《新中国法制建设 40 年要览(1949 - 1988)》,群众出版社 1990 年版,第 408、411、440、561 页。

〔11〕 霍宪丹:《中国法学教育的发展与转型》,法律出版社 2004 年版,第 8 页。

〔12〕 崔建远,1956 年 5 月 24 日出生,河北省滦南县人,高中毕业后回乡务农,后任小学民办教师,又被调往河北省滦南县高各庄公社中学教高中语文。吉林大学法律系 1977 级本科。1981 年 12 月毕业后,师从陈国柱先生在本系继续攻读民法硕士研究生。1984 年 12 月毕业,1985 年 1 月获法学硕士学位并留校任教,历任助教、讲师、副教授、教授。法学院成立后,曾担任经济法学系副主任、法学研究所所长。崔建远教授于 1997 年 2 月调入清华大学人文社会科学学院法律学系,曾任副系主任(1996. 12 - 1999. 4)。清华大学法学院复建后,曾任副院长(1999. 4 - 2000. 1)、民法研究中心主任、法学教学委员会主任、法学学位分委员会主席。荣获霍英东教育基金会青年教师奖、宝钢教育基金会优秀教师奖、第二届杰出中青年法学家(1999 年)。他还是教育部"长江学者"特聘教授、"凯原学者",中国法学会民法学研究会副会长、北京市物权法研究会会长。2017 年 3 月,受聘为暨南大学周枏讲席教授、法学院/知识产权学院名誉院长。李勇标:《著名法学家崔建远教授受聘我校"周枏讲席教授"和法学院/知识产权学院名誉院长》,载暨南大学新闻网:http://news. jnu. edu. cn/xysx/yxsd/2017/03/24/08500139851. html,2018 年 2 月 3

日最后访问。2018 年 1 月 21 日,被授予首批清华大学文科最高学术荣誉称号——清华大学文科资深教授。自 2018 年 4 月起,全职工作于清华大学法学院。崔建远:《准物权研究》,法律出版社 2003 年版,作者简介。《当代中国法学名家》编辑委员会编:《当代中国法学名家》(第一卷),人民法院出版社 2005 年版,第 231 页。何勤华主编:《中国法学家访谈录》(第六卷),法律出版社 2013 年版,第 354 页。《著名青年民法学专家——崔建远教授》,载《吉林大学社会科学学报》1996 年第 6 期。《法学人物:崔建远教授》,载《法学杂志》2013 年第 2 期。清华大学法学院网站: http://www. tsinghua. edu. cn/publish/law/3563/2010/20101220100310799346544/20101220100310799346544_. html。《历任院长、副院长、院长助理名单》,载清华大学法学院网站:http://www. tsinghua. edu. cn/publish/law/10502/index. html,2018 年 2 月 3 日最后访问。曲田:《清华建立文科资深教授制度 首批 18 位学者获此殊荣》,载中共清华大学委员会主办《新清华》2018 年 3 月 2 日(第 2096 期),第 1 版。

〔13〕 何勤华主编:《中国法学家访谈录》(第五卷),北京大学出版社 2013 年版,第 226 页。

〔14〕 何勤华主编:《中国法学家访谈录》(第六卷),北京大学出版社 2013 年版,第 354 页。

〔15〕 夏焱采访,马一鸣、刘楠、徐直影、张枭悦文字整理:《霍存福:官道非吾愿,潜心便数年》,吉林大学法学院"法苑芳华"微信公众号,老故事第二季(一)2017 年 5 月 9 日发布。

〔16〕 车丕照,山东省福山县人,1957 年 3 月生于辽宁省大连市,1975 年 7 月毕业于大连市第二十七中学,并下乡插队至辽宁省复县东岗公社。1978 年 10 月起在吉大法律系学习,先后获得法学学士、法学硕士学位,1985 年 7 月硕士毕业后留校任教。同年 8 月赴美,于威斯康星大学(麦迪逊校区)法学院攻读硕士学位,1986 年 6 月毕业回校执教。曾任吉大法学院讲师、副教授、教授、国际法系主任。1999 年秋季学期起在清华大学法学院任教,曾任法学院党委副书记(2000. 11 - 2002. 6)、副院长(2002. 6 - 2008. 7)、党委书记(2007. 12 - 2012. 1)。现为清华大学法学院学位分委员会主席,《清华法学》主编,兼任中国国际经济法学会副会长。

〔17〕 何勤华主编:《中国法学家访谈录》(第六卷),北京大学出版社 2013 年版,第 44 页。

〔18〕 马新彦,女,1958 年 10 月生,吉林省延吉市人。吉林大学法律系 1978 级本科,1982 年毕业后师从陈国柱先生攻读硕士研究生。1985 获得法学硕士学位并留校任教,后在职攻读法学博士学位。1992 年被聘为副教授。1995 年 10 月起赴美国杜克大学访学一年。1999 年被聘为教授。兼任中国法学会民法学研究会副会长。著有:《美国财产法与判例研究》(法律出版社 2001 年版)、《现代私法上的信赖法则》(社会科学文献出版社 2010 年版)。载百度百科,https://baike. baidu. com/item/马新彦/8737709? fr = aladdin,2018 年 2 月 3 日最后访问。

〔19〕 徐直颖、刘楠:《马新彦:是命运让我来到这里》,吉林大学法学院"法苑芳华"微信公众号,老故事第二季(二),2017 年 5 月 9 日发布。

〔20〕 刘士国,1954 年 11 月生于山东。吉林大学法律系 1978 级本科。后在中国社会科学院研究生院民法经济法研究生班毕业,民法博士课程结业;于山东大学博士研究生毕业,获法学博士学位。还曾在中国人民大学从事民商法学博士后研究。先后在辽宁大学法律系、山东大学法学院任教,曾任山东大学法学院副院长。2004 年 2 月任复旦大学法学院教授。何勤华主编:《中国法学家访谈录》(第四卷),北京大学出版社 2013 年版,第 595 页。载复旦大学法学院网站:http://www. law. fudan. edu. cn/cn/index/show/? m = 114&d = 61,2018 年 2 月 3 日最后访问。

〔21〕 何勤华主编:《中国法学家访谈录》(第四卷),北京大学出版社 2013 年版,第 596、597 页。

〔22〕 就读于吉大法律系 1978 级本科的石少侠教授由于入学前有 5 年以上工龄,因此是带工资上学的。由于当时 1977 级(1978 年 3 月入学)和 1978 级入学时间相近,学校宿舍紧张,学校动员本市同学尽可能走读(不住校),因此石老师就成了走读生。宿舍紧张的问题到 1980 级入学时仍然存在。据该级柴学伟学长回忆:"1980 年 9 月,我们入学到吉林大学法律系,刚报到时,宿舍还没完全腾出来,多数同学暂住在吉大'福利楼'的教室里,一个多星期后分配到了寝室,我入住了七舍 106 房间……" 柴学伟:《别了,睡在我上铺的兄弟! ——点滴往事忆恒山》。

〔23〕 吉林大学法学院简史编写组编:《风雨无阻桃李路,拓志未来续风流——吉林大学法学院发展简史(1948 - 2008)》,吉林大学法学院 2008 年,第 24、26 页。

〔24〕 此据马新福教授回忆。原文是"我 1978 年初就归校了。我第一次走上讲坛是给 76 届[级]工农兵学员讲授'列宁主义的几个问题',属于马列选读;第二年我就给 77 届[级]上课,讲授恩格斯的《家庭、私有制和国家的起源》。"何勤华主编:《中国法学家访谈录》(第二卷),北京大学出版社 2010 年版,第 12 页。

〔25〕 据苏惠祥教授之子苏戈先生介绍,1959 年。本科毕业后,苏惠祥被分配至吉林省政法干部学校,后调入吉林省民政厅,后来还在煤田地质勘探公司工作过,“文革”期间被下放到双辽农村劳动。苏惠祥教授退休后,又被法学院返聘给研究生上课。1997 年秋季学期,苏惠祥教授给吉林大学法学院 1997 级经济法学专业的法学硕士研究生开设了必修课《合同法》。该课可供其他专业的硕士研究生选修。苏惠祥教授因病于2014 年 1 月 23 日去世。苏戈:《还忧梦里重相见——缅怀吉大苏惠祥关雅坤老师》,http://mp. weixin. qq. com/s? __biz = MzA5Njc5NjcyNA = = &mid = 204976478&idx = 1&sn = 0c942854db3a6b34d7866b600f23871d,2015 年 4 月 12 日最后访问。

〔26〕 栗劲(1924.5.5 - 1996.4.11),原名栗书元,辽宁省凤城人。1944 年 12 月,考入设在长春的工业大学,后转入长春大学工学院,攻读土木建筑学。1947 年 5 月,投奔解放区,曾在北安东北军政大学、佳木斯东北大学学习。1948 年 8 月,被分配到吉林省实验中学任教;同年 11 月加入新民主主义青年团,1949 年 4 月加入中国共产党。1952 年 9 月在吉林师范专科学校工作,1955 年 9 月考入中国人民大学中国革命史研究班,1957 年 9 月被分配到哈尔滨师范学院政治系任教,1973 年 1 月调往吉林大学法律系任教,后到吉林大学党委宣传部工作,1978 年调任法律副主任,主管科研工作。代表作为《秦律通论》(山东人民出版社 1985 年版)。载 http://www. chinalawlib. com/163261365. html。吉林大学法学院简史编写组编:《风雨无阻桃李路,拓志未来续风流——吉林大学法学院发展简史(1948 - 2008)》,吉林大学法学院 2008 年,第 24 页。

〔27〕 孙卫东,又名孙秉钧,1936 年 5 月 16 日生于辽宁省凤城,1960 年毕业于中国人民大学法律系本科,1963 年毕业于中国人大法律系研究生班。先后在最高人民检察院、沈阳市人民检察院、辽宁省凤城县委等机关工作。1978 年调入吉林大学法律系任教,先后被聘为讲师、副教授、教授,其间曾兼任法律系宪法教研室主任、法律系成人教育办公室主任等职。1994 年春季学期,孙卫东老师曾临时受命给吉大法学院 1993 级经济法学、国际法学专业的本科生串讲过几节《宪法学》课。1996 年退休。载吉林大学法学院网站:http://law. jlu. edu. cn/? mod = info&act = view&id = 9028,2014 年 12 月 5 日最后访问。

〔28〕 王庆海,1941 年 7 月生,天津宁河县人,1961 年考入吉林大学法律系,毕业后至 1970 年 6 月在北京中国科学院国际文献问题研究所工作。1970 年 7 月至 1971 年 11 月在吉林范家屯糖厂政治处宣传科工作。1971 年 12 月至 1975 年 6 月任《长春日报》记者。1975 年 7 月至 1978 年 11 月供职于长春煤气公司工业学大庆办公室。1978 年 12 月起在吉林大学法律系任教,历任讲师、副教授、教授,2002 年 7 月退休。载吉林大学法学院网站:http://law. jlu. edu. cn/? mod = info&act = view&id = 9024,2014 年 12 月 5 日最后访问。

〔29〕 其中关于王惠岩老师重返法律系的时间表述有误。同于 1977 年毕业留校的张文显教授和崔卓兰教授的回忆可资证明。张文显:《为社会主义民主法治呐喊和沉思》,载吉林大学行政学院编:《王惠岩纪念文集》,人民出版社 2013 年版,第 17 页。崔卓兰:《往事非梦亦非烟》,吉林大学法学院“法苑芳华”微信公众号,老故事第三季(三),2017 年 10 月 26 日发布。

〔30〕 龙斯荣(1934.6.25 - 2011.2.28),生于湖南省祁东县,1950 年 6 月参加中国人民解放军,任文化教员。1954 年转业到吉林省临江县人民法院工作。1956 - 1963 年在中国人民大学法律系学习。1963 年研究生毕业后,被分配到最高人民法院工作。1973 年调入辽宁省昌图县人民法院工作,任副院长。1979 年调入吉林大学法律系任教,历任讲师、副教授、教授。其间 1979 年至 1980 年,被抽调到全国人大常委会法制工作委员会组织的《中华人民共和国民法典》起草小组工作。1994 年秋季学期,龙斯荣给吉林大学法学院 1992 级和 1993 级经济法学专业本科生讲授《知识产权法》,课程结束,龙斯荣老师旋即退休。何勤华主编:《中国法学家访谈录》(第四卷),北京大学出版社 2013 年版,第 490 页。

〔31〕 崔卓兰:《往事非梦亦非烟》,吉林大学法学院“法苑芳华”微信公众号,老故事第三季(三),2017 年 10 月 26 日发布。

〔32〕 何勤华主编:《中国法学家访谈录》(第四卷),北京大学出版社 2013 年版,第 74 页。

〔33〕 何勤华主编:《中国法学家访谈录》(第五卷),北京大学出版社 2013 年版,第 226 页。

〔34〕 据车丕照教授回忆,这些讲师有高树异、李放、何鹏、王子琳、张光博等。而马新福教授开列的名单与之有些出入:周之源、刘兴权、李放、王子琳、高格、王忠、王侃等。感谢蔡宏伟兄帮忙代为询问。何勤华主编:《中国法学家访谈录》(第六卷),北京大学出版社 2013 年版,第 44 页。

〔35〕 载吉林大学法学院网站 http://law. jlu. edu. cn/? mod = info&act = view&id = 9029,2014 年 12 月 5 日最后访问。

〔36〕 2018 年 4 月 10 日李放教授访谈录音。另有资料称何鹏老师晋升教授是在 1985 年。载吉林大学法学院网站,http://law. jlu. edu. cn/? mod = info&act = view&id = 9019,2014 年 12 月 5 日最后访问。

〔37〕 张光博 1985 年当选中国法学会宪法学研究会第一届干事时,其职衔为"吉林大学法律系宪法室主任、副教授";1987 年当选第二届中国法学会宪法学研究会副总干事时,其职衔显示为"吉林大学法律系教授"。张光博:《资产阶级人权的理论和实践》,载《争鸣》1981 年第 3 期,第 87 - 93 页。中国人民大学书报资料社《复印报刊资料 · 法律》1981 年第 4 期转载,第 72 - 78 页。

〔38〕 之所以确定该《名单》是 1994 年的,缘于其提示当时的法学院院长为王牧教授,王牧教授 1994 年初接替张文显教授担任第二届、第三任院长,1995 年 5 月,第二届领导班子任期届满,郑成良教授接替担任第三届、第四任院长。而由该《名单》中未提及《法制与社会发展》杂志社可知,其印制于该杂志社成立之前,即在 1994 年年底之前。

〔39〕 吕岩峰,1960 年 6 月生,吉林德惠人,1978 年 3 月入读吉林大学法律系,1982 年 1 月毕业并留校任教,1988 年任讲师,1994 年获法学硕士学位,同年始任副教授。1999 年被特殊评聘为教授,同年获法学博士学位。2001 年 6 月至 2004 年 12 月任吉林大学法学院副院长。现任吉林省高级人民法院副院长,一级高级法官。载百度百科:https://baike. baidu. com/item/吕岩峰,2018 年 2 月 3 日最后访问。载中国法院网:http://jlfy. chinacourt. org/article/detail/2015/12/id/1767887. shtml,2018 年 2 月 3 日最后访问。

〔40〕 李洁,女,1955 年 7 月生,内蒙古通辽人。1982 年毕业于吉大法律系并留校任教,1987 年于该系硕士研究生毕业;1989 年被聘为讲师;1992 年博士研究生毕业,获法学博士学位;1994 年获聘副教授,2000 年被聘为教授。曾任吉林大学法学院副院长。载吉林大学法学院网站:http://law. jlu. edu. cn/? mod = info&act = view&id = 1053,2018 年 2 月 3 日最后访问。

〔41〕 石少侠,1952 年 8 月生,辽宁省庄河市人,初中毕业后于 1969 年 12 月应征入伍,在中国人民解放军海军东海舰队司令部通讯营担任无线电报务员。1976 年退伍,先在吉林省军事体育运动学校担任政工干事,一年多后被借调到吉林省体委政工处从事"文革"冤假错案的复查和平反工作。1978 年 9 月进入吉林大学法律系学习,1982 年 7 月毕业留校任教,历任助教、讲师,1990 年破格晋升副教授,1996 年晋升为教授,曾任吉大经济法学系副主任,吉大律师事务所主任,吉林大学法学院党委副书记、副院长、院长。2000 年 8 月调任国家检察官学院副院长、教授,历任常务副院长、院长、党委书记兼院长、党委书记。兼任中国法学会商法学研究会副会长。《当代中国法学名家》编辑委员会编:《当代中国法学名家》(第三卷),人民法院出版社 2005 年版,第 1477 页。

〔42〕 赵新华,1947 年生,黑龙江望奎人,1976 年任长春市站前公安分局副局长,1978 至 1982 年在吉大法律系级学习,获法学学士学位;后留校任教,历任副教授、教授。1989 年自法律系民法学专业毕业,获法学硕士学位;2000 年自吉大法学院刑法学专业毕业,获法学博士学位。硕士研究生毕业后留校任教,曾任法学院法学研究所副所长、经济法学系系主任,法学院副院长。载吉林大学法学院网站:http://law. jlu. edu. cn/? mod = info&act = view&id = 1057,2018 年 2 月 3 日最后访问。载中国理论法学研究信息网:https://www. legal - theory. org/? mod = info&act = view&id = 8163,2017 年 6 月 5 日最后访问。

〔43〕 《石少侠:与法结缘,薪火相传》,吉林大学法学院"法苑芳华"微信公众号,老故事第二季(三),2017 年 5 月 24 日发布。

〔44〕 刘世元,1979 年 9 月至 1982 年 7 月在吉林大学法律系学习获法学硕士学位,1982 年 8 月留校任助教,1984 年 8 月,晋升讲师,1988 年 8 月任副教授,1994 年 8 月被评为教授。其间,于 1983 年 8 月至 1985 年 7 月在比利时自由大学法学院学习,1992 年 8 月至 1993 年 7 月作为富布莱特高级访问学者在美国密歇根大学法学院访学。1998 年 9 月至 1998 年 11 月为日本西南学院大学法学部交流学者。2001 年 4 月至 2001 年 7 月为德国伍珀塔尔大学法学系客座教授。2003 年 10 月起,任广东外语外贸大学法学院教授。兼任中国国际法学会理事,中国国际经济贸易仲裁委员会委员、仲裁员。

〔45〕 何勤华主编:《中国法学家访谈录》(第五卷),北京大学出版社 2013 年版,第 228 页。

〔46〕 《曾在吉林大学法学院(法律系)任教的教师》,载吉林大学法学院网站:http://law. jlu. edu. cn/? mod = info&act = view&id = 9785,2018 年 2 月 3 日最后访问。

〔47〕　何勤华主编:《中国法学家访谈》(第六卷),北京大学出版社2013年版,第354页。

〔48〕　夏焱采访,马一鸣、刘楠、徐直影、张枭悦文字整理:《霍存福:官道非吾愿,潜心便数年》,吉林大学法学院“法苑芳华”微信公众号,老故事第二季(一),2017年5月7日发布。

〔49〕　此据马新福教授在本书初稿上的批注。另见何勤华主编:《中国法学家访谈录》(第二卷),北京大学出版社2010年版,第12页。

〔50〕　张文显:《为社会主义民主法治呐喊和沉思》,载吉林大学行政学院编:《王惠岩纪念文集》,人民出版社2013年版,第17页。

〔51〕　张文显:《为社会主义民主法治呐喊和沉思》,载吉林大学行政学院编:《王惠岩纪念文集》,人民出版社2013年版,第17、19页。

〔52〕　此据2018年5月21日崔建远教授给笔者的电子邮件。

〔53〕　此据2018年5月13日崔建远教授给笔者的电子邮件一、三;2018年5月20日崔建远教授给笔者的电子邮件一、二。据崔建远教授回忆,《中国法律制度史》(现代部分)由陈航老师讲授;《刑事侦查学》大部由殷红峰老师讲授,后半程课程由胡乃涛老师讲授。

陈航,1978年2月至1986年5月在吉林大学法律系法制史教研室任教,后调往中国人民武装警察学院,任教授、大校教官。吉林大学法学院简史编写组编:《风雨无阻桃李路,拓志未来续风流——吉林大学法学院发展简史(1948－2008)》,吉林大学法学院2008年,第75页。《曾在吉林大学法学院(法律系)任教的教师》,载吉林大学法学院网站:http://law.jlu.edu.cn/?mod=info&act=view&i9785d=,2018年5月20日最后访问。

邓崇范,女,东北人民大学法律系1951级本科生,毕业后留校任教。供职于法律系刑法教研室,后以副教授退休。著有《刑事诉讼法概论》(与任振铎等合著,吉林人民出版社出版1981年版,共180页)。吉林大学法学院简史编写组编:《风雨无阻桃李路,拓志未来续风流——吉林大学法学院发展简史(1948－2008)》,吉林大学法学院2008年,第81页。

殷红峰,1929年12月出生,山东黄县人。1954年毕业于中国人民大学法律系。中央司法鉴定科学研究所研究生毕业。曾任南开大学法学系刑法教研室主任、刑事侦查实验室主任。载百度百科:https://baike.baidu.com/item/殷红峰/1549189,2018年5月20日最后访问。

胡乃涛,1953年生,1970年5月参加工作,供职于吉林省公安系统,吉林大学法律系1975级工农兵学员,毕业后留校工作,为法律系公安业务教研室教师,后来重回公安系统,又到深圳公安、海关等机关工作。吉林大学法学院简史编写组编:《风雨无阻桃李路,拓志未来续风流——吉林大学法学院发展简史(1948－2008)》,吉林大学法学院2008年,第80页。

〔54〕　此据2018年5月13日崔建远教授给笔者的电子邮件三。

〔55〕　何勤华主编:《中国法学家访谈录》(第五卷),北京大学出版社2013年版,第226页。

〔56〕　崔建远:《先生之风山高水长》,载崔建远主编:《民法九人行》第3辑,法律出版社2006年版,第3－4页。

〔57〕　吉林大学法学院简史编写组编:《风雨无阻桃李路,拓志未来续风流——吉林大学法学院发展简史(1948－2008)》,吉林大学法学院2008年,第24页。

〔58〕　刘长敏主编、张培坚主笔:《甲子华章:中国政法大学校史(1952－2012)》,中国政法大学出版社2012年版,第94页。

〔59〕　赵凌:《西南政法:风雨五十年》,载《南方周末》2003年11月27日。

〔60〕　徐雨衡访谈、记录:《中国法理学:从何处来?到何处去?》,载《清华法学》2017年第3期。

〔61〕　徐雨衡访谈、记录:《中国法理学:从何处来?到何处去?》,载《清华法学》2017年第3期。

〔62〕　徐雨衡访谈、记录:《中国法理学:从何处来?到何处去?》,载《清华法学》2017年第3期。

〔63〕　徐雨衡访谈、记录:《中国法理学:从何处来?到何处去?》,载《清华法学》2017年第3期。

〔64〕　徐雨衡访谈、记录:《中国法理学:从何处来?到何处去?》,载《清华法学》2017年第3期。

〔65〕　徐雨衡访谈、记录:《中国法理学:从何处来?到何处去?》,载《清华法学》2017年第3期。

〔66〕　何勤华主编:《中国法学家访谈录》(第三卷),北京大学出版社2013年版,第410页。

〔67〕 何勤华主编:《中国法学家访谈录》(第六卷),北京大学出版社 2013 年版,第 46 页。

〔68〕 何勤华主编:《中国法学家访谈录》(第六卷),北京大学出版社 2013 年版,第 355 页。

〔69〕 何勤华主编:《中国法学家访谈录》(第九卷),北京大学出版社 2014 年版,第 128 页。

〔70〕 结合比法律系 1977 级晚半年入学的吉大法律系 1978 级毕业于夏季(1982 年 7 月)的事实,可以推知,吉大法律系 1977 级毕业时间当在 1981 年底。

〔71〕 夏焱采访,马一鸣、刘楠、徐直影、张枭悦文字整理:《霍存福:官道非吾愿,潜心便数年》,吉林大学法学院"法苑芳华"微信公众号,老故事第二季(一),2017 年 5 月 7 日发布。

〔72〕 《石少侠:与法结缘,薪火相传》,吉林大学法学院"法苑芳华"微信公众号,老故事第二季(三),2017 年 5 月 24 日发布。

〔73〕 高鸿钧,1955 年生,黑龙江人,1978 年 3 月至 1981 年 12 月在吉大法律系读本科;1982 年 3 月至 1984 年 12 月在中国政法大学攻读硕士研究生。1984 年 12 月至 1991 年 3 月任中国政法大学比较法研究所助教、讲师;1991 年 4 月至 1996 年 8 月,任中国社会科学院法学研究所副研究员;1996 年 9 月至 1998 年 5 月,任法学所研究员;1998 年 6 月起,任清华大学人文学院法律学系(1999 年 4 月起为法学院)教授。曾任法学院副院长。先后在日本上智大学法学部、美国加州大学伯克利法学院、荷兰亚洲问题国际研究所访学。兼任中国法学会比较法研究会会长、全国外国法制史学会副会长。载百度百科:https://baike. baidu. com/item/高鸿钧/68807,2017 年 8 月 25 日最后访问。载清华大学法学院网站:http://www. tsinghua. edu. cn/publish/law/3563/2010/20101220110940771776127/20101220110940771776127_. html,2017 年 8 月 25 日最后访问。

〔74〕 徐卫东,1959 年 5 月生,吉林长春人,吉大法律系 1977 级政法专业本科,毕业后留校任教。1989 年在该系获得法学硕士学位,1996 年考取吉林大学经济管理学院政治经济学专业博士研究生,2001 年获经济学博士学位。1989 年被聘为讲师,1992 年任副教授,1998 年任教授。2004 年 12 月至 2008 年 12 月任吉林大学法学院院长。兼任中国法学会商法学研究会副会长。载吉林大学法学院网站:http://law. jlu. edu. cn/? mod = info&act = view&id = 1056,2018 年 2 月 3 日最后访问。

〔75〕 张骐,1960 年出生于河北省,北京大学法学院教授。吉大法律系 1977 级本科。1982 年 1 月毕业后,在河南省济源县中央第二政法干校任教。1984 年 9 月考入北京大学法律系,1987 年 7 月毕业获得法学硕士学位留校任教。1993 年 9 月至 1997 年 12 月跟随沈宗灵教授在职攻读法学理论专业法理学方向博士学位,长期致力于法理学的教学研究。曾先后在哈佛大学法学院、海德堡大学法学院、北海道大学法学院、耶鲁大学法学院、哈佛大学哈佛燕京学社、斯坦福大学人文与科学学院访学。何勤华主编:《中国法学家访谈录》(第七卷),北京大学出版社 2014 年版,第 15 页。

〔76〕 此外,该级毕业留校的还有王占通,其硕士毕业后于 1985 年 2 月在吉大法律系任教,至 1989 年 8 月,调入长春出版社,曾任副社长、社长。《曾在吉林大学法学院(法律系)任教的教师》,载吉林大学法学院网站:http://law. jlu. edu. cn/? mod = info&act = view&id = 9785,2018 年 2 月 3 日最后访问。

〔77〕 莫世健,1956 年 4 月生,祖籍重庆市,土家族。吉林大学法律系 1978 级本科。1984 年至 1986 年在加拿大 Dalhousie 大学法学院学习,获法学硕士学位。1986 年至 1991 年在澳大利亚悉尼大学法学院学习,获法学博士学位。1995 年自澳大利 Monash 大学法学院学士毕业(兼读);取得澳大利亚律师资格。1991 年至 1995 年在 Deakin 大学教授国际商法等多门课程,1996 至 2003 年在香港城市大学法学院任教;2003 年起在中国政法大学国际法学院任教,曾任该院院长。载中国政法大学网站:http://gjfxy. cupl. edu. cn/info/1054/3315. htm,2018 年 2 月 3 日最后访问。

〔78〕 申政武,1957 年 5 月生,吉林省吉林市人。1978 年至 1985 年在吉林大学法律系学习,先后获得法学学士、法学硕士学位,后留校任教。1985 年至 1987 年,在日本关西学院大学进修。1994 年至 1996 年,在日本京都大学学习,获法学硕士学位;1999 年,获京都大学博士学位。2004 年起任中国海洋大学法学院教授,现为山东大学法学院教授。载山东大学法学院网站:http://www. law. sdu. edu. cn/zh/ ~ shenzhengwu,2018 年 2 月 3 日最后访问。《曾在吉林大学法学院(法律系)任教的教师》,载吉林大学法学院网站:http://law. jlu. edu. cn/? mod = info&act = view&id = 9785,2018 年 2 月 3 日最后访问。

〔79〕 张瑞萍,吉林省吉林市人,1960 年 4 月生,1978 年夏毕业于吉林市第一中学。1978 年 10 月至 1985 年 7 月,在吉大法律系学习,先后获得法学学士、法学硕士学位,并留校任教,历任讲师、副教授。1999 年 9 月起任教于北方交通大学人文学院法律系。2003 年获清华大学法学博士学位。现为北京交通大学法学院教授。

〔80〕 郑成良,祖籍天津宁河。1955 年出生于内蒙古突泉县。1974 年中学毕业后下乡插队,1976 年在吉林油田当石油工人。1978 - 1985 年在吉林大学法律系读本科、硕士研究生,毕业后留校任教。2001 年于美国伊力诺大学进修公共管理硕士研究生课程,2002 年获吉林大学刑法学博士学位。1991 年破格晋升副教授,1994 年破格晋升教授,1999 年任博士研究生导师,1995 - 1998 年任吉大法学院院长。1998 - 2001 年任吉林省高级人民法院副院长,分管经济审判、行政审判和法官教育培训。2001 年调任国家法官学院常务副院长,二级高级法官,兼任中国应用法学研究所所长、最高人民法院政治部宣传教育部部长;2003 年任国家法官学院院长;2004 年 9 月任上海交通大学法学院院长;2005 年 1 月任上海交通大学党委副书记兼法学院院长;2008 年 12 月任上海交通大学副校长兼人文学院院长。2012 年 12 月起不再担任上海交通大学副校长职务。载百度百科:https://baike. baidu. com/item/郑成良,2018 年 2 月 3 日最后访问。

〔81〕 1957 年 7 月底,高等教育部决定综合大学、工科、农林科和语文院校 1957 年继续招收四年制研究生。招收对象一般是高等学校本科毕业并有二年以上实际工作经验的在职人员,但少数专业亦可招收部分优秀的高等学校本科毕业生和工作不满二年的本科毕业生。凡年龄在 40 岁以下,在政治上拥护社会主义制度、拥护共产党的领导、愿意全心全意为人民服务,并在当前反右派斗争中表现好的,以及在学业、工作方面符合相关条件的,经原在单位同意或推荐,可向招生院校申请报考。但首要的是其政治要合格:“今年招收的研究生,必须从政治、学业、健康三方面慎重选择,以保证必要的质量。关于他们的政治审查问题,必须由原在单位负责做出结论。招生学校再根据政治审查标准进行审查。考试科目包括(1)专业课目,一般一至三门,最多四门,由招生学校根据专业性质决定;(2)政治科目:在四门政治课中任选一门,考试题目除选考课程中的基本理论知识外,还必须着重考试当前反右派斗争的政治上思想上的各种实际问题;(三)外国语文,由报考人在招生学校规定的外国语文中自选一种。招生学校应参照高等学校现行教学大纲所规定的范围选定考试科目,其有权决定考试方式,并在确定各专业考试课程后提出主要参考书和参考资料目录,以备报考人员索取。当年招生分两次进行。第一次在 8 月 10 日至 31 日报名,9 月 26 至 30 举行入学考试;第二次初步确定在 9 月 16 日至 30 日报名,10 月 21 日至 25 日举行入学考试。考生直接向招生学校报名,每人只能报考一个专业。第一次录取的新生应于 11 月 10 日前入学,第二次招生录取的,初步确定于 11 月底以前入学。研究生在学期间享受人民助学金,其标准为高等学校本届本科毕业和参加工作不满二年的,一律每人每月发给 45 元,另加地区差价补助;凡工作二年以上的,一律按离职前原工资的 80% 发给助学金(折算不满 45 元的,可按 45 元计算)。在职人员考取高等学校作研究生的毕业后在国家统一分配的前提下,优先照顾原在单位的需要,分配回原在单位工作;本届毕业生毕业考取研究生的毕业后国家统一分配工作,但可优先考虑培养学校的工作需要。国务院法制局、中华人民共和国法规汇编编辑委员会编:《中华人民共和国法规汇编(1957 年 7 月 - 12 月)》,法律出版社 1958 年版,第 511 - 514 页。周振想、邵景春主编:《新中国法制建设 40 年要览(1949 - 1988)》,群众出版社 1990 年版,第 408 页。

〔82〕 何勤华主编:《中国法学家访谈录》(第四卷),北京大学出版社 2013 年版,第 74 页。

〔83〕 《著名青年法学家——张文显教授》,载《吉林大学社会科学学报》1995 年第 3 期。

〔84〕 载百度百科:http://baike. baidu. com/view/347978. htm,2014 年 12 月 8 日最后访问。

〔85〕 何勤华主编:《中国法学家访谈录》(第四卷),北京大学出版社 2013 年版,第 74 页。

〔86〕 何勤华主编:《中国法学家访谈录》(第四卷),北京大学出版社 2013 年版,第 74 - 75 页。

〔87〕 吉林大学科学研究处:《吉林大学与美国拉特格斯大学建立校际关系》,载《吉林大学学报》(社会科学版)1979 年第 6 期。

〔88〕 何勤华主编:《中国法学家访谈录》(第三卷),北京大学出版社 2013 年版,第 348 页。

〔89〕 何勤华主编:《中国法学家访谈录》(第六卷),北京大学出版社 2013 年版,第 356 页。

〔90〕 此据 2018 年 5 月 13 日崔建远教授给笔者的电子邮件整理。

〔91〕 夏焱采访,马一鸣、刘楠、徐直影、张枭悦文字整理:《霍存福:官道非吾愿,潜心便数年》,吉林大学法学院“法苑芳

华”微信公众号,老故事第二季(一),2017 年 5 月 7 日发布。

〔92〕《吉林大学研究生院八五届毕业生通讯录》,第 5、6 页。感谢车丕照、张瑞萍教授惠示。当时吉林大学法律系办公室电话号码为 27385 转 511。另外,申政武教授也是吉大法律系 1982 级硕士研究生,毕业后留系任教,随即赴日留学。

〔93〕张旭:《恰同学少年风华正茂》,吉林大学法学院“法苑芳华”微信公众号,老故事第三季(一),2017 年 9 月 21 日发布。

〔94〕《吉林大学校史》编委会编:《吉林大学校史(1946 - 2006)》,吉林大学出版社 2006 年版,第 51 页。

〔95〕1979 年 9 月,第五届全国人民代表大会常务委员会第 10 次会议决定,加强全国司法行政工作,重建司法部。1980 年 9 月,国务院批转教育部《关于大力发展高等学校函授教育和夜大学的意见》强调,高等函授教育应当采取积极恢复、大力发展的方针,以扩大高等教育事业的规模,改变中国教育发展与经济发展不相适应的状况,加速培养四个现代化建设需要的各种人才。

〔96〕此据 2018 年 2 月 9 日李放教授的访谈录音整理。

〔97〕据曾在司法部工作的郭阳回忆:“1984 年,我部(司法部)在最高人民法院和最高人民检察院支持下,在吉林省司法厅协助下,与中央电大共同在长春市召开了全国司法干部电化教育工作会议。这次会议以中央电大法律系正式开办为起点,安排部署了全国司法干部电化教育工作,正式启动了更大规模地培训司法干部的电化教育活动。”吉林大学法学院简史编写组编:《风雨无阻桃李路,拓志未来续风流——吉林大学法学院发展简史(1948 - 2008)》,吉林大学法学院 2008 年,第 27 页。郭阳:《国家司法行政工作重新开局岁月点滴——忆在司法部恢复重建三十周年之际》,载《中国司法》2010 年第 3 期,第 30 页。

〔98〕李放:《(吉林大学法律系)法学函授教育纪实》(2018 年 5 月,未刊稿)。文中,李放教授提到,前往函授点授课的教师每课时可得课酬 4.5 元,比在校内授课优惠得多,且上课期间食宿免费,差旅费报销。

〔99〕此据 2018 年 2 月 9 日李放教授的访谈录音整理。

〔100〕吉大法律系 1977 级本科的吕淑琴校友回忆说:“在上海听聂(世基)老师讲,当年为了开设国际经济法专业,拿着拟好的专业教学方案找全国的专家征求意见。在上海到海运学院找魏文达。海运学院负责接待的人说不能见,因为魏正在管制期间。聂老师他们费劲说服,耐心等待了快一天,总算知道了魏文达家的地址。赶到徐家汇魏家时,天已经黑了。魏家昏暗的小房子里,魏文达的太太卧病在床咳嗽不止;魏文达的儿子正点蜂窝煤炉子,满屋的浓烟。”

〔101〕吉林大学法学院简史编写组编:《风雨无阻桃李路,拓志未来续风流——吉林大学法学院发展简史(1948 - 2008)》,吉林大学法学院 2008 年,第 26 页。

〔102〕吉林大学法学院简史编写组编:《风雨无阻桃李路,拓志未来续风流——吉林大学法学院发展简史(1948 - 2008)》,吉林大学法学院 2008 年,第 29 页。

〔103〕李建华,1867 年 7 月生于新疆阿克苏,回族。1985 年考入吉林大学法律系,1989 年获得法学学士学位,后于 1994 年、2000 年分别获得法学硕士学位、法学博士学位。1989 年留校任教。历任助教、讲师、副教授(1998)、教授(2001)。1999 年成为吉林大学重点资助培养的 20 名文科青年骨干教师之一。曾任吉林大学法学院副院长。兼任中国法学会民法学研究会常务理事。载吉林大学法学院网站:http://law. jlu. edu. cn/? mod = info&act = view&id = 4363,2017 年 8 月 25 日最后访问。何勤华主编:《中国法学家访谈录》(第十卷),法律出版社 2014 年版,第 174 页。

〔104〕何勤华主编:《中国法学家访谈录》(第十卷),北京大学出版社 2014 年版,第 175 页。

〔105〕何勤华主编:《中国法学家访谈录》(第十卷),北京大学出版社 2014 年版,第 448 页。黄文艺,1971 年 8 月出生,湖南南县人,1989 年考入吉林大学法学院,先后获得法学学士(1993)、法学硕士(1996)学位。1996 年起在吉林大学法学院任教。1999 年于中国人民大学获法学博士学位。1996 年起在吉林大学法学院任教,历任助教、讲师(1998)、副教授(2001)、教授(2004)。2006 年 6 月至 2007 年 6 月在美国哥伦比亚大学法学院访学。曾任吉林大学法学院副院长,教育部重点研究基地吉林大学理论法学研究中心常务副主任、吉林省社会科学院副院长。著有:《当代中国法律发展研究——模式、传统与过程》(吉林大学出版社 2000 年版)、《全球结构与法律发展》(法律出版社 2006 年版)、《比较法:原理与应用》(高等教育出版社 2006 年版)、《全球化的法律分析》(科学出版社

2008 年版)、《中国法律发展的法哲学反思》(法律出版社 2010 年版)。

〔106〕 何勤华主编:《中国法学家访谈录》(第九卷),北京大学出版社 2014 年版,第 516 页。冯彦君,1966 年出生于吉林省公主岭市,本科、硕士研究生均就读于吉林大学法学院,先后获法学学士(1989 年)、法学硕士(1992 年,经济法学专业),1992 年留校任教,历任助教、讲师(1994 年)、副教授(1998 年,破格)、教授(2001 年,破格)。1996 年开始在职攻读刑法学专业博士学位,2001 年毕业,获法学博士学位。2004 年 4 月至 2005 年 3 月在日本关西学院大学访学。曾任吉林大学法学院副院长。兼任中国法学会社会法学研究会副会长、学术委员会委员、中国法学会经济法学研究会常务理事、中国劳动法学研究会常务理事。代表作有《劳动法学》(吉林大学出版社 1999 年版)。

〔107〕 何勤华主编:《中国法学家访谈录》(第十卷),北京大学出版社 2014 年版,第 175 页。

〔108〕 李建华教授即指出:"为了增强学生的适应性,现在吉大本科不再分三个专业,而是合为一个法学专业,整个课程都统一了。"不过,对于这种改变,也并非没有不同的声音:"法学曾经分科太细。吉大有法学、经济法学、国际法学三个专业。但是,后来法学三个专业合并了。现在,我们比起其他学科来,可能就有些不合适了。人家经济学有理论经济学、应用经济学两个学科。人家为什么是两个学科?为什么法学不能有理论法学、应用法学?把它分成两个多好啊!"夏淼采访,马一鸣、刘楠、徐直影、张枭悦文字整理:《霍存福:官道非吾愿,潜心便数年》,吉林大学法学院"法苑芳华"微信公众号,老故事第二季(一),2017 年 5 月 7 日发布。何勤华主编:《中国法学家访谈录》(第十卷),北京大学出版社 2014 年版,第 175 页。

〔109〕 何勤华主编:《中国法学家访谈录》(第十卷),北京大学出版社 2014 年版,第 215 - 216 页。徐岱,女,1967 年 10 月生,吉林扶余人。1989 年毕业于吉林大学法学院获法学学士学位,1992 毕业于吉林大学法学院,获法学硕士学位,2000 年毕业于吉林大学法学院刑法学专业,获法学博士学位。1992 年 7 月至 2000 年 8 月在《吉林大学社会科学学报》编辑部工作,2000 年 9 月起任吉林大学法学院副教授,2004 年 12 月任教授。2005 年 9 月在香港大学法律学院访学,2013 年 3 月至 2014 年 3 月在美国杜克大学做访问学者。2007 年 7 月至 2009 年 9 月任吉林省辽源市人民检察院副检察长。2015 年 11 月任吉林大学法学院副院长。兼任中国法学会刑法学研究会常务理事、中国犯罪学学会副会长、国际刑法学协会暨中国分会理事。代表作有:《中国刑法近代化论纲》(人民法院出版社 2003 年 3 月版)、《刑法解释学基础理论建构》(法律出版社 2010 年 4 月版)。

〔110〕 周振想、邵景春主编:《新中国法制建设 40 年要览(1949 - 1988)》,群众出版社 1990 年版,第 454 页。

〔111〕 刘富起,1934 年生,1960 年 9 月至 1988 年 10 月在吉林大学法律系任教。主攻法律史。曾任讲师(至迟至 1979 年仍是)、副教授、法律系系主任(1986 年至 1988 年),后调任吉林省行政干部管理学院任教授。著有《西方法律思想史》(与吴湘文合作,吉林大学出版社 1985 年 11 月版)、《分权与制衡评论》(吉林大学出版社 1990 年 8 月版)。载孔夫子旧书网:http://book. kongfz. com/item_pic_19317_367545005/,2016 年 9 月 3 日最后访问。

〔112〕 吉林大学法律系公安业务教研室编:《公安业务资料汇编》(内部资料。供教学、科研参考),吉林大学法律系 1979 年 10 月。吉业印字 79 年第 82 号文批准。

〔113〕 吉林大学法律系国际法教研室编:《海商法资料汇编》(第一分册),1980 年 4 月。该分册包括三部分:现行有关海商法的国际公约及一些过去比较重要的国际公约、仲裁规则、我国海商业务方面的各种现行规则。

〔114〕 张光博、刘采一、韩国章编译:《宪法分类比较编译》(上、下册),吉林大学法律系宪法教研室,1983 年 1 月。经吉林省文化厅[83]280 号批准。该书由三部分组成,中华人民共和国宪法,外国宪法分解比较,外国宪法选。第二、三部分主要译自日文。

〔115〕 吉林大学法律系 - 吉林省 135 研究所刑事技术编辑组编:《国外刑事侦查技术》(下册),1984 年。业经吉林省文化厅[八三]〇二六批准。

〔116〕 王俊峰、孙育玮、孙晓青、张建斌、殷勇:《实用法律手册》(上、下册),吉林大学研究生院,1985 年。吉林省内部资料准印证第五一四五号。

〔117〕 冯象:《法学三十年:重新出发》,载《读书》2008 年第 9 期。

〔118〕 王铁崖主编、魏敏副主编:《国际法》(高等学校法学教材),法学教材编辑部审订,法律出版社 1981 年版。

〔119〕 刘瑞复教授回忆说,"1991 年上半年,调我做教育部领导、组织法学和经济学全国统编教材工作,给了正处级职务,评了正教授职称。后中央因故停止统编,至 1992 年下半年调北大,中间不到两年时间。"由此可知,教育部负

责统编教材的部门终止于1992年下半年。何勤华:《中国法学家访谈录》(第三卷),法律出版社2013年版,第212页。周振想、邵景春主编:《新中国法制建设40年要览(1949-1988)》,群众出版社1990年版,第550页。

〔120〕 法学教材编辑部《婚姻法教程》编写组:《婚姻立法资料选编》(高等学校教学参考书),法律出版社1983年版,说明,第1、2页。王铁崖、田如萱编:《国际法资料选编》(高等学校教学参考书),法学教材编辑部编审,法律出版社1986年第2版。

〔121〕 法学教材编辑部《中国法律思想史》编写组:《中国法律思想史资料选编》(高等学校教学参考书),法律出版社1983年版,说明。

〔122〕 法学教材编辑部《中国法律思想史》编写组编:《中国法律思想史》(高等学校法学试用教材),张国华主编,杨鹤皋、刘富起副主编,法律出版社1982年版。撰稿人包括(按姓氏笔画):孔庆明、刘新、刘富起、陈抗生、郑兆兰、杨鹤皋、张国华。

〔123〕 法学教材编辑部《中国法制史》编写组:《中国法制史》(高等学校法学试用教材),张晋藩主编,乔伟、游绍尹副主编,群众出版社1983年版。撰稿人包括(按撰写章节顺序):张晋藩、张警、游绍尹、乔伟、沈国峰、方克勤、杨永华、张希坡、王绍棠。

〔124〕 法学教材编辑部《劳动法学》编写组编:《劳动法学》(高等学校法学试用教材),关怀主编,任扶善、陈文渊副主编,群众出版社1983年5月版,说明,第1页。撰稿人包括关怀、任扶善、陈文渊、龚建礼、李景森、李芳志、贾俊玲、吴思、王昌硕、苏万觉。

〔125〕 法学教材编辑部《经济法学》编写组:《经济法学》(高等学校法学试用教材),陶和谦主编,王忠、杨紫烜副主编,群众出版社1983年版。该书系后来更名为"高等学校法学教材",该书于1992年推出了第四版,由陶和谦、杨紫烜主编,王忠、施竟成、李昌麒、肖乾刚副主编。

〔126〕 郑立、王作堂主编:《民法学》(高等学校文科教材),北京大学出版社1988年版。

〔127〕 郑立、王作堂主编:《民法学》(高等学校文科教材),北京大学出版社1988年版,说明。王忠主编:《民法资料汇编》(高等学校文科配套教材),吉林大学出版社1988年12月版。撰稿人包括:王忠、刘玉芹、李全义、崔建远。

〔128〕 法学教材编辑部《民法原理》编写组:《民法原理》(高等学校法学试用教材),佟柔主编,金平、赵中孚、刘岐山副主编,法律出版社1983年版。撰稿人包括王家桢、刘岐山、佟柔、苏惠祥、陈克聪、陈家梁、郑立、金平、赵中孚、郭寿康、彭万林、魏振瀛。该书1987年出版了修订本。佟柔主编,金平、赵中孚、刘岐山副主编,《民法原理》(高等学校法学试用教材)(修订本),法律出版社1987年第二版。

〔129〕 法学教材编辑部《宪法学》编写组:《宪法法学》(高等学校法学试用教材),吴家麟林主编,许崇德、肖蔚云副主编,群众出版社1983年版,说明,第1页。撰稿人包括:王向明、皮纯协、刘庆华、许崇德、何华勤、吴杰、吴家麟、肖蔚云、金水健、张光博、康希圣、薛国安。

〔130〕 此据2018年5月13日崔建远教授给笔者的电子邮件整理。

〔131〕 1986年,在国家教育委员会、司法部支持下,法学教材编辑部组织中国政法大学、北京大学法律系、中国人民大学法律系、西南政法学院、华东政法学院、西北政法学院、中南政法学院、武汉大学环境法研究所、郑州大学法律系、北京经济学院、北京财贸学院、深圳大学法律系、北京林业大学、中山大学、暨南大学、对外经济贸易部、农牧渔业部、国家专利局、北京高级人民法院、群众出版社、中国市场出版公司、中国人民保险公司上海分公司、上海银行学校等院校和部门,编写了一套高等学校经济法专业系列教材共18种,计有:《经济法基础理论》、《经济合同法基本原理》、《工业企业法教程》、《财政法教程》、《金融法教程》、《自然资源法教程》、《环境保护法教程》、《保险法教程》、《商标法教程》、《司法会计鉴定学教程》、《专利法教程》、《公司法教程》、《商业法教程》、《农业经济法教程》、《能源法教程》、《特区经济法教程》、《外商投资企业法教程》、《计划法教程》,陆续于1987、1988年出版。"1986年法学教材编辑部适应当时教学需要曾组织编写了一批高等学校经济法专业系列教材,共十八种。"吉林大学法律系未能参与其中。法学教材编辑部编审:《(高等学校法学试用教材)税法教程》,罗玉珍主编,郭锐副主编:《税法教程》,法律出版社1993年版,《说明》(1993),第1、2页。法学教材编辑部:《说明》(1994年6月),江平主编:《(高等学校法学教材)新编公司法教程》,司法部法学教材编辑部编审,法律出版社1994年版,第1页。

〔132〕 东北地区高等院校法学系列教材编委会:《后记》(1988年4月),王忠主编,马凤杰、崔建远副主编:《民法学》(高

等院校法学系列教材)(下册),吉林人民出版社 1989 年版,第 283 页。另见张文显主编,吴方正、宋相官副主编:《法的一般理论》(高等院校法学系列教材),辽宁大学出版社 1988 年版,第 412 页,后记。

〔133〕 东北地区高等院校法学系列教材编委会:《后记》(1988 年 4 月),王忠主编,马凤杰、崔建远副主编:《民法学》(高等院校法学系列教材)(下),吉林人民出版社 1989 年版,第 283 页。

〔134〕 王忠主编,马凤杰、崔建远副主编:《民法学》(高等院校法学系列教材)(下),吉林人民出版社 1989 年版。《中国法思想史》由吉林大学法律系王占通主编,吉林人民出版社 1989 年出版。据崔建远教授介绍,该套书中的《民法学》(上)由李源植教授主编(朝鲜族,1988 年 3 月至 1989 年 10 月任黑龙江大学党委副书记,1989 年 10 月至 1996 年 4 月任黑龙江大学党委书记),王建明副主编(吉大民法教研室教师,现居美国)。

〔135〕 张文显主编,吴方正、宋相官副主编:《(高等院校法学系列教材)法的一般理论》,辽宁大学出版社 1988 年版,第 412 - 413 页,后记。

〔136〕 徐雨衡访谈、记录:《中国法理学:从何处来? 到何处去?》,载《清华法学》2017 年第 3 期。

〔137〕 较早在书名中使用"法理学"一词的是 1990 年万斌、徐显明、孔庆明联合八校编写的高等学校法学试用教材中的《马克思主义法理学》。孔庆明主编、徐显明副主编:《(高等学校法学试用教材)马克思主义法理学》,山东大学出版社 1990 年 5 月版。1990 年 9 月,华中师范大学出版社出版了章若龙、李积桓主编,乔克裕、王亚瑾副主编的《新编法理学》。该书是中南政法学院法律专业系列教材编委会编辑的"法律专业系列教材"的一种。1994 年,原国家教委高等教育司委托北大沈宗灵教授主持编写的《法理学》由高等教育出版社出版,这是 20 世纪后半叶首次使用"法理学"命名的教材。此前,1993 年,吉林大学出版社也出版了张文显主编的《马克思主义法理学——理论与方法论》。徐雨衡访谈、记录:《中国法理学:从何处来? 到何处去?》,载《清华法学》2017 年第 3 期。

〔138〕 "《法学原理》是法学基础理论读本之一,是由吉林大学法律系副教授李放和张哲同志合写的。本书一九八〇年曾作为校内教材印发,经过试用作者又对全书作了若干的修改和补充,于一九八一年十月由辽宁人民出版社公开出版。这本书除绪论外共十七章五十九节,约计十五万字……此书作者突破了长期以来将国家与法作为法学理论研究对象的框子,全面系统地阐述了法律的一系列基本问题。"马丽:《〈法学原理〉简介》,载《吉林大学社会科学学报》1981 年第 6 期,第 102 页。

〔139〕 该词典由吉林大学法律系、湖北财经学院法律系、山东大学法律系的部分教师共同编写。1982 年初,乔伟等开始着手编辑,1983 年底截稿。其时,乔伟已从吉大法律系转任山东大学,创建法律系并担任系主任。乔伟主编,游绍尹、孔庆明副主编:《新编法学词典》,山东人民出版社 1985 年版,序言,第 1 页。乔伟主编,游绍尹、孔庆明副主编:《新编法学词典》,山东人民出版社 1985 年版,凡例,第 2 页。

〔140〕 这部分的写作得益于刘晓林教授惠示的诸多会议照片、议程、简报和相关书影,在此表示特别感谢!

〔141〕 中国法律史学会编:《中国法律史学会成立 30 周年纪念册(1979 - 2009)·建立与发展》,2009 年。中国法律史学会《法律史论丛》编委会编:《法律史论丛》(一),中国社会科学出版社 1981 年版。

〔142〕 大会秘书组:《全国法制史、法律思想史学术研讨会简报》(第一期),1979 年 9 月 13 日,铅字油印本,第 1 页。

〔143〕 大会秘书组:《全国法制史、法律思想史学术研讨会简报》(第一期),1979 年 9 月 13 日,铅字油印本,第 1 页。

〔144〕 大会秘书组:《全国法制史、法律思想史学术研讨会简报》(第二期),1979 年 9 月 13 日,铅字油印本,第 1 页。

〔145〕 邱远猷:《中国法律史学史的里程碑——纪念中国法律史学会成立 30 周年》,载霍存福、吕丽主编,中国法律史学编:《中国法律传统与法律精神:中国法律史学会成立 30 周年纪念大会暨 2009 年会论文集》,山东人民出版社 2010 年版,第 746 页。

〔146〕 李光灿、张国华先生任总主编的多卷本《中国法律思想通史》由山西人民出版社于 1994 年开始出版。其中的清代卷由栗劲主编,霍存福副主编。此据霍存福教授回忆。何勤华主编:《中国法学家访谈录》(第六卷),北京大学出版社 2013 年版,第 356 页。

〔147〕 张晋藩教授主编的《中国法制通史》全 10 卷,于 1999 年由法律出版社出版。其中的元代卷由韩玉林主编,霍存福副主编。何勤华主编:《中国法学家访谈录》(第六卷),北京大学出版社 2013 年版,第 356 页。

〔148〕《全国法制史法律思想史学术讨论会日程》(1979 年 9 月,铅字油印件)。

〔149〕 大会秘书组:《全国法制史、法律思想史学术研讨会简报》(第六期),1979 年 9 月 18 日,铅字油印本,第 1 页。

〔150〕 大会秘书组:《全国法制史、法律思想史学术研讨会简报》(第六期),1979 年 9 月 18 日,铅字油印本,第 1 页。

〔151〕 大会秘书组:《全国法制史、法律思想史学术研讨会简报》(第六期),1979 年 9 月 18 日,铅字油印本,第 3 页。

〔152〕 春亮:《全国法学基本范畴研讨会》,载中国法律年鉴编辑部编:《中国法律年鉴(1989 年)》,法律出版社 1990 年版,第 1004 - 1005 页。

〔153〕 刘兆兴、李林:《社会主义初级阶段法制建设若干理论问题研究——1988 年全国法学基础理论研究会年会综述》,载《法学研究》1988 年第 5 期。尤俊意:《关于社会主义初级阶段法制建设中的若干理论问题——1988 年全国法学理论研讨会观点综述》,载《政治与法律》1988 年第 5 期。

〔154〕 卞文:《商品经济、民主政治的发展与法学的重构——法学基本范畴研讨会纪实》,载《当代法学》1988 年第 3 期。

〔155〕 郑成良:《商品经济、民主政治的发展与法学的重构——法学基本范畴研讨会综述》,载《政治与法律》1989 年第 1 期。

〔156〕 徐祥民,1958 年生,山东汶上人,吉林大学法律系 1978 级本科,1985 年自吉大法律系中国法律思想史专业硕士研究生毕业,到山东大学法律系任教。历史学、法学博士。曾任山东大学法学院副院长,中国海洋大学校长助理、法政学院院长。现为该院名誉院长、教授。1999 年获得全国十大杰出中青年法学家提名奖。载中国海洋大学法政学院网站:http://www3.ouc.edu.cn/fzxy/peopledetail.aspx? id = 6,2018 年 2 月 3 日最后访问。徐雨衡访谈、记录:《中国法理学:从何处来? 到何处去?》,载《清华法学》2017 年第 3 期。

〔157〕 徐雨衡访谈、记录:《中国法理学:从何处来? 到何处去?》,载《清华法学》2017 年第 3 期。

〔158〕 徐雨衡访谈、记录:《中国法理学:从何处来? 到何处去?》,载《清华法学》2017 年第 3 期。

〔159〕 吉林大学法学院简史编写组编:《风雨无阻桃李路,拓志未来续风流——吉林大学法学院发展简史(1948 - 2008)》,吉林大学法学院 2008 年,第 29 页。

〔160〕 吉林大学法学院简史编写组编:《风雨无阻桃李路,拓志未来续风流——吉林大学法学院发展简史(1948 - 2008)》,吉林大学法学院 2008 年,第 32 页。

〔161〕 多年以后,高鸿钧教授在谈及他本科毕业后的去向时提到:“大学毕业之后,觉得东北在信息上有些闭塞,理论上也有些滞后,对北京有所向往,便考到了法大读研……”何勤华主编:《中国法学家访谈录》(第五卷),北京大学出版社 2013 年版,第 36 页。

〔162〕 这方面,童之伟教授对张光博教授的评价或可作为代表:“张光博先生的悲情在于其在法学上欲救败继绝而不能,欲续往圣却无法使其适应人群需要,且过深地陷入‘主义’之争而较少探讨具体法律问题。张先生是当今一个重要法学流派学理上的奠基人,他以特殊形式促进了中国法学的发展,但其学术活动和学术思想的局限性也影响到当今中国的法学。”当然,文中对张光博先生的品格也予以了充分的肯定:“张先生留给后世的最宝贵精神遗产,是他在学术上的独立精神,以及有所不为、有所坚持、不跟风、不盲从的品格。今天祭奠张先生,为的是发掘和激发潜藏在中国学者灵魂深处的独立精神,包括提倡独立的个性,坚守独立的人格,保持独立的学术品格。”童之伟:《变革时代中国法学圈中的悲情英雄——张光博先生逝世两周年祭》,载《法律评论》2010 年第 2 期。

〔163〕 另有消息称,1950 年代初期,全国 63 个法学院系被调整为四个政法学院和六个大学法律系。另有资料显示,1949 至 1951 年全国设有政法专业的院校共 53 所。1992 年全国有 63 所大学设有法学院(系)。另有资料说 1949 年前,全国有 47 所大学设有法律系。而 1954 年 1 月 14 日,董必武在政务院第 202 次政务会议上的报告说:“政法干校(轮训县级干部)现有五个,政法学院只有三个(占全国高等学校六十分之一还不到),设有政法系的只有人民大学、东北人民大学和武汉大学三校。现在我们要求北京大学和复旦大学恢复法律系,高教部也答应了。”董必武:《关于〈一九五四年政法工作的主要任务〉的说明》,载《董必武法学文集》,法律出版社 2001 年版,第 168 页。楼沪光、庄建:《我国高等法学教育迅速恢复稳步发展》,载《光明日报》1980 年 4 月 22 日第 1 版。法治斌:《台湾的法律教育》,载贺卫方编:《中国法律教育之路》,中国政法大学出版社 1997 年版,第 129 页。见方流芳:《中国法学教育观察》,载贺卫方编:《中国法律教育之路》,中国政法大学出版社 1997 年版,第 24、28 页。

〔164〕 吉林大学法律系于 1984 年取得了法律思想史专业的硕士学位授予权。就全国范围来看,1981 年北京大学法律系张国华、饶鑫贤老师主持的法律思想史学科点取得了该专业的硕士学位授予权,1986 年又取得了博士学位授予权。中国政法大学杨鹤皋、高潮、林中等老师主持的法律思想史学科点自 1983 年开始招生,1984 年获得硕士

学位授予权。西南政法大学杨景凡教授主持的法律思想史学科点于 1979 年开始招生,1986 年获得硕士学位授予权。载新浪博客:http://blog. sina. com. cn/s/blog_6297ed870102wd0w. html,2018 年 2 月 22 日最后访问。

〔165〕 法学院不是不能开办刑侦专业。人民大学就是一例。该校虽然有“文革”期间停办的经历,但在“文革”后,随着学校的恢复,其刑侦专业也得以恢复。1985 年,经原国家教委批准,人大法律系开始招收物证技术硕士研究生。同年,国家教委决定在高校法律院校中设立物证技术学课程。1986 年,经校长批准,侦查学实验室更名为物证技术实验室。1989 年,经司法部批准,人大法学院建立了中国人民大学物证技术服务中心(现为中国人民大学物证鉴定中心),依托物证技术实验室的设备、技术力量,面向全国开展司法鉴定和咨询服务。1990 年,在原国家教委支持下,物证技术实验室获得世界银行贷款,补充和更新了部分仪器设备。载中国法学创新网:http://www. lawinnovation. com/index. php/Home/Dajia/artIndex/id/13995/tid/7. html,2016 年 9 月 8 日最后访问。

第四章
吉林大学法学院早期历史述略
（1988年9月—1998年11月）

第一节
吉林大学法学院的建制

一、吉林大学法学院的建立及其附属机构

1988年5月，经国家教育委员会批准，吉林大学在法律系基础上设立法学院。9月24日，吉林大学法学院成立大会举行。张光博教授出任首任院长。

法学院下辖法学系、经济法学系、国际法学系、法学研究所、律师事务所。三系二所均为处级建制单位，另有副处级建制的院长办公室。[1]据石少侠教授回忆，当时各系名称前面都直接冠学校名，而不冠法学院之名。为处级设置，并刻有公章，系、所主任都由学校直接任命。系、所的处级建制约在1990年代初取消。[2]可资佐证的是，笔者本科成绩单上加盖的就是"吉林大学经济法学系"公章。

（一）系的设置

国际法学系的前身是始建于1980年的原法律系国际法专业。[3]经济法学专业设于1984年。1993年时，经济法学系内设经济法学和民商法学2个专业方向，[4]到1996年时，已调整为经济法学、民法学、商法学3个方向。[5]

表4－1　吉林大学法学院历任院长名录

<table>
<tr><th>届别</th><th>任别</th><th>院长</th><th>专业</th><th>任期</th><th>备注</th><th>党委书记</th></tr>
<tr><td>1</td><td>1</td><td>张光博教授</td><td>宪法学</td><td>1988.9－1991.12</td><td>1992年离休</td><td rowspan="3">李鹤</td></tr>
<tr><td rowspan="2">2</td><td>2</td><td>张文显教授</td><td>法理学</td><td>1991.12－1994.1</td><td>因出任吉林大学党委常委、副校长而卸任</td></tr>
<tr><td>3</td><td>王牧教授</td><td>犯罪学</td><td>1994.2－1995.5</td><td>届满卸任，后任教于中国政法大学</td></tr>
<tr><td>3</td><td>4</td><td>郑成良教授</td><td>法理学</td><td>1995.5－1998.5</td><td>届满，调任吉林省高级人民法院副院长</td><td>王牧（1995.5－1995.12）骆孟炎（1995.12－1998.5）</td></tr>
<tr><td rowspan="2">4</td><td>5</td><td>石少侠教授</td><td>民商法学</td><td>1998.5－2000.7</td><td>因调任国家检察官学院副院长离任</td><td rowspan="8">孟宪铎（1998.5－2005.4）李洪明（2005.4－2017.1）周国春（2017.1－）</td></tr>
<tr><td>代理</td><td>霍存福教授</td><td>中国法制史</td><td>2000.7－2001.6</td><td></td></tr>
<tr><td>5</td><td>6</td><td>霍存福教授</td><td>中国法制史</td><td>2001.6－2004.12</td><td></td></tr>
<tr><td>6</td><td>7</td><td>徐卫东教授</td><td>民商法学</td><td>2004.12－2008.12</td><td></td></tr>
<tr><td>7</td><td rowspan="2">8</td><td>姚建宗教授</td><td>法理学</td><td>2008.12－2012.3</td><td></td></tr>
<tr><td rowspan="2">8</td><td>姚建宗教授</td><td>法理学</td><td>2012.3－2015.4</td><td></td></tr>
<tr><td rowspan="2">9</td><td>蔡立东教授</td><td>民商法学</td><td>2015.4－2016.12</td><td></td></tr>
<tr><td>9</td><td>蔡立东教授</td><td>民商法学</td><td>2016.12－</td><td></td></tr>
</table>

本表系笔者整理。**资料来源**：《学院概况·历任领导》，载吉林大学法学院网站：https://law.jlu.edu.cn/?mod=info&act=view&id=11861，2017年6月11日最后访问。《法学院举行院长任命仪式》，载吉林大学法学院网站：http://law.jlu.edu.cn/?mod=info&act=view&id=10960，2018年1月31日最后访问。

1994年《吉林大学法学院机构及教职员名单》显示，当时吉林大学法学院下设法学、经济法学、国际法系3个系，系之下又设有8个教研室。具体而言，法学系下设法学理论、法律史、刑法3个教研室。经济法学系下设经济法和民法2个教研室。国际法学系下设国际法和宪法2个教研室。宪法教研室之所以设于国际法学系之下，或有平衡各系人数的考虑。[6]据车丕照教授回忆，将宪法教研室划归国际法学系是张光博院长的主意，主要原因是国际法人数较少，另外一个原因，张光博老师说"一个是国际法，一个是国家法，划在一起也对"。[7]

2001年6月，鉴于已经按照一级学科招生培养的实际情况，法学院撤销了1988年设立的法学系、经济法学系、国际法学系3个系，建立了法理学与法律史学、宪法学与行政法学、刑事法学、民商法学、经济法学、国际法学6个教研部。后来2006年又改为法学理论、法律史、宪法学与行政法学、刑事法学、民法、商法、经济法学、诉讼法学、环境法、国际法学、军事法学11个教研部。[8]在某种意义上，"法学院－教研部"对"院－系－室"建制的取代，颇有向1953年10月开始的"法律系－教研室（之前是教研组）"建制回归和致敬的意味。

表 4-2　吉林大学法学院各系负责人名录

届别	任期	法学系		经济法学系		国际法学系	
		系主任	副系主任	系主任	副系主任	系主任	副系主任
1	1988.5-1991.12	高格	马新福	李忠芳	石少侠	刘世元	崔卓兰
2	1991.12-1995.5	马新福	吴振兴	苏惠祥	崔建远	刘世元	崔卓兰
3	1995.5-2001.6	马新福	赖宇	赵新华	冯彦君	车丕照[a]	崔卓兰

本表系笔者整理。**资料来源**:《学院概况·历任领导》,载吉林大学法学院网站:https://law.jlu.edu.cn/?mod=info&act=view&id=11861,2017 年 6 月 11 日最后访问。又据吉林大学招生办公室编印的《吉林大学:教育部直属的国家重点综合性大学》(2000)可知,该年法学院已不按三个本科专业来招生。

注:a. 车丕照教授自 1999 年秋季学期起在清华大学法学院任教,2000 年 5 月完成正式调离手续。

表 4-3　吉林大学法学院设立之初的教师情况

法学系	法学理论教研室		法律史教研室	
	李放	教授	栗劲	教授
	李永泰	副教授、室主任	徐尚清	副教授
	张文显	副教授、副院长	赵国斌	副教授、室主任
	马新福	副教授、副系主任	王占通	副教授、副室主任
	郑成良	讲师、室副主任	霍存福	讲师
	杨亚飞	讲师	徐卫东	讲师
	张建斌	助教	杜景义	助教
			吕丽	助教
	刑法教研室		刑侦教研室	
	何鹏	教授、博士生导师	刘兴权	副教授、室主任
	高格	教授、系主任	孙占茂	副教授
	任振铎	副教授、室主任	马治和	副教授
	于长润	副教授	赵华	助教
	吴庆华	副教授、室副主任	戴鸿	实验师
	王牧	副教授、副院长、副书记		
	赖宇	讲师		
	吴振兴	讲师、博士生		
	李韧夫	讲师、博士生		
	李贵芳	讲师、博士生		
	李洁	助教、博士生		
	张旭	助教		
	肖景新	法学系办科员	宋云桥	经济法学系办科员

续表

经济法学系	经济法教研室		民法教研室	
	周之源	副教授、室主任	王忠	教授、室主任
	苏惠祥	副教授	李忠芳	副教授、系主任
	尹佐保	副教授、室副主任	龙斯荣	副教授、律师所主任
	石少侠	讲师、副系主任	王卫东	副教授
	张瑞萍	讲师	崔建远	副教授、室副主任
	李中圣	讲师	马新彦	讲师
	陈福祥	讲师	王建明	讲师
	王超	讲师	崔士威	讲师
	李方	助教	申政武	助教
	胡悦	助教	袁久孤	助教
	于颖[莹]	助教		
国际法学系	国际法教研室		宪法教研室	
	高树异	教授	张光博	教授、院长
	刘世元	副教授、副系主任	孙卫东	副教授、成教办主任
	李春福	副教授资格	崔卓兰	讲师、副系主任、室主任
	高桂芹	讲师	吴湘文	讲师
	王庆海	讲师	陆德山	讲师、室副主任
	车丕照	讲师、室副主任	(下缺)	
	吕岩峰	讲师		
	连春城	讲师		
	李晓阳	讲师		
	那力	讲师		
	刘歌凡	助教		
	王维城	助教		
	马翠竹	助教		

本表系笔者据《吉林大学法学院教职员名单》(1988年)另行制作。表中女性11名。

(二)法学研究所

法学研究所设立于1988年,所长由时任法学院院长的张光博教授兼任,赵新华副教授任副所长。[9]事实上,早在1981年吉林大学法律系就设立过法学研究所。所长由李放担任,成员包括张哲、宓超群、刘本森、[10]李春福(兼职,曾留学苏联)等。当时编译了一些外国法律资料。后来张哲调往汕头大学任教,宓超群调往吉林大学政治学系,加之李放要负责法律函授教育工作,法学研究所的工作陷于停滞。[11]

1994年《吉林大学法学院机构及教职员名单》显示,张光博教授当时已经离休,法学研究所副所长除了赵新华副教授留任外,还有郑成良副教授。1995年5月,赵新华副教授任经济法学系系主任,郑成良教授任法学院院长,法学所所长由崔建远教授接任。[12]1996 年,法学研究所有专职、兼职研究人员 15 人,其中教授 4 名,副教授 6 名。“法学研究所下设东北亚研究室、港澳台研究室和中国传统法律文化研究室。”[13]而在 1999 年的吉林大学法学院宣传册中,虽然仍将法学研究所与 3 个系并列,但同时也开列了同级的“美国问题研究中心”、“欧盟法律研究中心”、“东亚法律研究中心”和“法律文献检索中心”。[14]

(三)吉大律师事务所

吉大律师事务所的前身为 1985 年 12 月 3 日设立的吉林省律师事务所吉林大学法律系分所。[15]1988 年法学院成立时,龙斯荣教授兼任律师事务所主任。后来该律师事务所一度停办。1992 年 5 月,吉林大学法学院同吉林省司法厅协商,继续开办吉大法律事务所,所长由吉林大学法学院副院长李忠芳教授兼任,另由司法厅派一名工作人员任副所长。[16]1993 年 10 月,李忠芳教授调任吉林大学研究生院副院长,律师事务所所长由继任吉林大学法学院副院长的石少侠副教授兼任。1994 年《吉林大学法学院机构及教职员名单》显示,除主任外,律师事务所副主任为陈福祥(讲师),党支部书记为周景隆(副处级),另有秘书 2 人(分别为正、副科级)、会计 1 人。1995 年 5 月陈福祥任吉大律师事务所主任。[17]到 1996 年,该所有专职、兼职、特邀律师 78 人。其中具有教授、副教授职称的 48 人。[18]

1999 年 10 月 31 日,国务院办公厅下发《关于清理整顿经济鉴证类社会中介机构的通知》(国办发[1999]92 号)。2000 年 7 月 17 日,国务院办公厅又转发了国务院批准的国务院清整领导小组《关于经济鉴证类社会中介机构与政府部门实行脱钩改制的意见》(国办发[2000]51 号)。根据上述文件要求,2000 年 9 月,吉林大学律师事务所与吉大法学院脱钩,转制成为合伙制律师事务所。[19]

(四)《法制与社会发展》杂志社

1994 年,国家出版署批准设立《法制与社会发展》杂志社。1995 年 1 月,杂志正式创刊。[20]创刊时,杂志社社长为王牧[21]教授,主编为张文显教授,副主编为崔建远、郑成良、霍存福(常务)、李贵方。[22]编委会成员包括:马新福、王牧、王丽、车丕照、石少侠、龙斯荣、刘玉琴、刘世元、苏惠祥、李鹤、李贵方、张文显、何鹏、陈福祥、郑成良、赵新华、高格、郭瀛洲、崔建远、崔卓兰、霍存福。[23]

创刊时,《法制与社会发展》(双月刊)由国家教育委员会(后其更名为教育部)主管,吉林大学主办,吉林大学法学院承办。协办机构则多有变化。1995 年第 1 期和第 2 期的协办机构为中国律师事务中心和吉大律师事务所。[24]第 3 期增加了铁成法学基金会。[25]1996 年第 1 期(总第 7 期)起,三所协办机构中的“中国律师事务中心”被其新更换的名称“德恒律师事务所”替换。1997 年第 1 期,协办机构变为吉大律师事务所(长春)、华邦律师事务所(深圳)、德恒律师事务所(北京)三家。[26]1997 年第 2 期起,协办机构又增加了圣合律师事务所(海口)。[27]2000 年第 3 期起,佳林律师事务所(长春)取代圣合律师事务所(海口)成为协办机构。[28]2001 年第 1 期开始不再开列协办机构,同期承办机构增加了吉林大学理论法学研究中心。[29]2004 年第 1 期起,改由吉林大学理论法学研究中心独家承办。[30]

表4-4　《法制与社会发展》历任社长、主编、编委会主任(1995-2017)

时间	社长	主编	编委会主任
1995年第1期-1996年第2期	王牧	张文显	王　牧
1996年第3期-1998年第4期	郑成良		郑成良
1998年第5期-2000年第6期	石少侠		石少侠
2001年第1期-2004年第6期	霍存福		-
2005年第1期-2008年第6期	徐卫东		-
2009年第1期-2012年第6期	姚建宗		-
2013年第1期-2013年第3期	姚建宗		张文显
2013年第4期-2014年第6期*	杜宴林		张文显
2015年第1期-2017年第6期	杜宴林		姚建宗

* 2014年第5期封二显示，社长为姚建宗，而此前及此后一期的社长均为杜宴林，因此估计是排版错误所致。杜宴林，1974年8月生，四川广安人。1992年考入吉林大学法学院，1996年毕业获法学学士学位，同年开始在本院攻读法学理论专业硕士研究生，师从马新福教授，1999年7月毕业，获法学硕士学位，并留校任教，历任助教、讲师(2001年9月)、副教授(2004年12月)、教授(2009年1月)。1999年9月起师从张文显教授攻读博士学位，2003年7月毕业，获法学博士学位。2004年1月进入吉林大学经济学院博士后流动站从事博士后研究，合作导师为宋冬林教授。任吉林大学法学院副院长、教育部人文社会科学国家重点研究基地吉林大学理论法学研究中心副主任。代表作有《法律的人文主义解释》(人民法院出版社2005年版)。

创办《法制与社会发展》(双月刊)杂志之前，吉林大学法学院曾一度和吉林省法学会、吉林省社会科学院联合主办《当代法学》(季刊)。《当代法学》(季刊)创刊于1987年3月，由吉林省法学会和吉林省社会科学院法学研究所联合主办。[31]1991年时，《当代法学》的总主编为张光博教授，副总主编为吕大可、张文显、黄振鹤(常务)。[32]责任编辑有吕大可、黄振鹤、刘玉芹、李中圣、[33]马金芝。1993年时，吉林省社会科学院已不再担任主办单位。1993年第2期至1994年第1期，总主编为赵连速、张文显，副总主编为吕大可、李贵方、黄振鹤(常务)。[34]1994年第2期，副总主编改为吕大可、黄振鹤(常务)、霍存福。[35]这一时期的责任编辑有：赵连速、张文显、黄振鹤、刘玉琴、李中圣、徐卫东、何海源、李建华、纪宏伟等。

二、合办德恒律师学院

1992年10月，建设社会主义市场经济目标确立后，栗劲、李放等吉林大学法学院一些离退休教师建议学校建立一所律师学院(松辽律师学院)，并获得原则性同意。1993年8月，吉林大学法学院张文显院长和王牧副院长在北京参加“海峡两岸第二届法学学术研讨会”期间，与中国律师事务中心副主任王丽女士和主任助理李贵方先生达成共识，并签署了关于联合创办律师学院的备忘录。之后该备忘录的基本内容获得了吉林大学和中国律师事务中心管委会的批准。10月初，中国律师事务中心代表赴长春进行考察，双方正式成立了筹建领导小组，并将律师学院定名为吉林大学德恒律师学院。[36]1993年10月30日，吉林大学和中国律师事务中心作出了《关于建立德恒律师学院的决定》。[37]

1993年12月22日下午2时30分，吉林大学德恒律师学院成立仪式在吉大南区逸夫图书馆报告厅举行。[38]作为“新世纪中国律师人才工程”的主体项目，[39]德恒律师学院具有独立法人资格，“实行自主办学，是不占国家编制、不要国家经费的自律性律师培养基地”。[40]该院实行董事会领导下的院长负责制。[41]董事会由郭德治、李树家、张文显、王丽、王牧、郭瀛洲6人组成，董事长由全国政协法制委员副主任、原司法部副部长、中国律师事务中心代主任郭德治兼任,副董事长由时任吉林大学常务副校长李树家兼任,郭德治任院长,张文显、王丽、邴玉贵、王牧任副院长。[42]

创办之初,德恒律师学院提出了"适应社会主义市场经济发展的需要,培养和造就大批懂法律、懂经济、懂外语、会微机操作的'三懂一会'律师"[43]的办学宗旨。培养"复合型"人才大概是那一时期有关法学教育目标的一种常见表述。比如,国务院学位委员会办公室《关于设置法律专业硕士学位的报告》(1995年4月,国务院学位委员会第13次会议通过)提出:

> 法律专业硕士学位……获得者应掌握基本的法学基础理论和较宽广的法律实务知识,具有宽口径、复合型、外向型的知识与能力结构,能够综合运用法律、经济、科技、外语和计算机等方面的知识,独立地从事法律实务工作。

类似的表述还可见于国务院学位委员会办公室《关于开展法律专业硕士学位试点工作的通知》(1995年5月):

> 法律专业硕士……学位获得者应……德才兼备,具有良好的法律实务知识,具有宽口径、复合型、外向型的知识与能力结构,要求能够综合运用法律、经济、管理、科技、外语和计算机等方面的专业知识,独立地从事法律实务工作和有关管理工作。[44]

同期的一些文件也表达了对扩大法律职业从业者(包括律师)人数的渴望:

> 据有关部门的规划,我国律师队伍在20世纪末要由目前(1995年)的6.6万人发展到15万人,公证队伍由现在的1.6万人发展到3万人,也就是说从现在起到2000年要新增律师8万多人,公证专业人员1.4万人。[45]
>
> 法院、检察院两系统2000年需要法律人才总数分别为12.56万和15.975万人,其中研究生、本科生、专科生分别为500、450,2.51万人、2.23万,10万和3.7万人。[46]

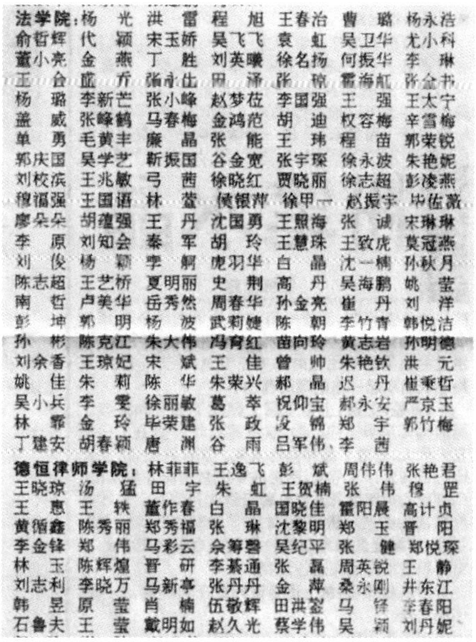
法学院:杨 光 洪 雷 程 旭 王春治 曹 璐 杨永浩
俞哲辉 代 颖 宋玉娇 吴飞飞 袁 虹 吴卫华 尤小科
董小亮 金 燕 丁 胜 刘英曦 徐名扬 何振华 李 琳
杨 璐 李新芒 张小峰 赵梦莅 李国强 王 强 王太宁
盖 威 张峰鹤 马春梅 金鸿范 胡 迪 权容梅 辛雪梅
单 勇 毛黄丰 康 晶 张 能 王 玮 程 苗 郭荣锐
郭庆国 吴学艺 靳振国 谷金宽 张宇琛 徐永波 朱艳妮
刘校滨 王兆敏 弓 茜 徐晓红 贾晓丽 徐志超 彭凌燕
廖朵朵 胡蕴强 王 丹 沈国勇 王熙海 张 诚 宋琳琳
李 原 刘知会 秦 军 胡 玲 王慧珠 王致虎 莫冠燕
陈志超 王艺桥 夏明丽 史 荆 高 丹 吴海鹏 姚 莹
南 哲 卢美华 岳秀然 周春华 孙金亮 崔 丹 刘 洋
彭 坤 郭 明 杨 波 武莉婕 陈 朝 李竹青 韩悦洁
孙 彬 陈克江 朱大伟 冯育红 苗向玲 黄志岩 孙明德
刘余香 王琼妃 宋 斌 王 佳 曾 帅 朱艳钦 洪 元
姚 佳 朱 莉 陈 华 朱荣兴 郝 晶 迟 丹 崔秉哲
吴小兵 李 雯 徐丽敏 葛 萃 祝仰宝 郝永安 严京玉
林 霏 金 玲 毕荣建 张 政 没 锦 郑 宇 郭竹梅
丁建安 胡春颖 唐 渊 谷 雨 吕军伟、李 茜
德恒律师学院:林菲菲 王逸飞 彭 斌 周伟伟 张艳君
王晓琼 汤 猛 田 宇 朱 虹 王贺楠 张 伟 穆 罡
王 惠 王 轶 董作春 白 晶 国晓佳 霍阳晨 高计贞
黄循鑫 陈秀丽 郑秀福 张 琳 沈黎明 郑 玉 晋 阳
李金铎 郑 伟 马彩云 佘筹磐 吴纪平 张 健 郑悦琛
林 玉 陈辉煌 晋 研 李蓁通 张 磊 周英锐 王 静
刘志利 李晓万 马新亭 张丹丹 金 萍 桑永刚 井东江
韩 昱 原 莹 肖 楠 伍敬辉 田洪銮 马 铎 李春阳
石鲁夫 王 萤 戴明如 赵久光 蔡学伟 吴 颖 刘丹妮

图4-1 1997年吉林大学法学院、德恒律师学院本科生入学名单。《欢迎您九七级新同学·本科生》,载《吉林大学》1997年9月11日(第466期),第3版。德恒律师学院的名单中,可以见到"全国模范法官"、北京市昌平区人民法院回龙观法庭原法官马彩云的名字。

据1994年的公开报道，“吉林大学在1993年的招生计划中，解决了律师学院的招生指标，使德恒律师学院在筹建过程中就开始招生。1993年，德恒律师学院已有25名新生入学”。“律师学院规定，从第一届学生开始，凡是外语达不到四级者不能升入本科，达不到六级者不能获得法学学士学位；会计、税务、外贸等经济类课程达不到规定的标准，也不能获得学士学位或准予毕业。”[47]由此看来，德恒律师学院第一批学生实际属于专科层次。其中小部分学生后来转入同级经济法学专业本科继续学习。

德恒律师学院首批39名本科生(均为英语考生[48])于1994年9月入学，所用招生指标含在国家教委下达给吉林大学的招生计划内。到1999年，该院已招生6届，共计360人。[49]

德恒律师学院的主体师资来自于吉林大学法学院。[50]对此，多份有关德恒律师学院的简介都有述及。1994年的一份资料称：

> 学院现设国际经济法学专业、经济法学专业和法学专业。课程设置根据培养“三懂一会”律师人才的需要，突出外语及应用学科。学院具有雄厚的师资力量，教学以吉林大学法学院为主要依托，现有教授17名，其中博士生导师3名，副教授23名，讲师26名，上述老师可担任律师学院教师，并聘请国内外知名的法学教授、法官、律师为兼职教师。[51]

1995年的资料称：

> 学院现设国际经济法学专业、经济法学专业和法学专业。课程设置根据培养“三懂一会”律师人才的需要，突出外语及应用学科。学院具有雄厚的师资力量，教学以吉林大学法学院为主要依托，现有教授25名，其中博士生导师4名，副教授19名，讲师26名担任学院教师，并聘请国内外知名的法学教授、法官及律师为兼职教师。
>
> 学院本着面向现代化、面向世界、面向未来的办学指导思想，实行多层次、多规格、多种形式的办学，主要面向全国招收本科生，并有计划地招收硕士研究生和博士研究生。学院还将向国外选派留学生攻读硕士及博士学位，同时接受外国留学生及访问学者。[52]

这种说法颇为有趣。后一段文字其实只是表达了一种愿景，并未变为现实。前一段中提到的可用于德恒律师学院的法学院师资数量与同期吉林大学法学院有教授24名(其中博士生导师4名)、副教授34名的情况[53]并不一致，不过，这种行文模式却一直得到了遵循。

1996年的资料称，德恒律师学院的“教学以吉林大学法学院为主要依托，它现有教授17名，其中博士生导师3名、副教授23名、讲师26名，可担任[德恒律师]学院教师，并聘请国内外知名的法学教授、法官及律师为兼职教师”。[54]4年后的资料继续沿用了上述格式，但在师资人数上有所变化：“教学以吉林大学法学院为主要依托。有教授16名(其中博士生导师10名)、副教授22名、讲师21名担任[德恒律师]学院教师，并请国内外知名的法学教授、法官及律师为兼职教师”。[55]

姑且不论具体师资数量上的差异，单由于整体培养方案与法学院本科生近似、师资同源而论，德恒律师学院要实现培养“三懂一会”律师的办学目标并非易事(详见本章第五节)。

德恒律师学院开办之初，提出若干设想：

1. 改革政治理论课的教学内容和教学方法。“政治理论课在讲授马克思主义最基本原理的基础上，以邓小平同志建设有中国特色社会主义理论为核心内容，以《邓小平文选》第三卷为基本教材。”

2. 在向学生讲授基本法律理论和知识的基础上,增加经济和外语的课时。取得学士学位的前提之一是通过全国大学英语六级考试。同时,"会计、税务、外贸等经济类课程达不到规定的标准,也不能获得学士学位或准予毕业"。

3. 对当时实行的法学教育专业划分进行必要的改革。在形式上保留专业,实际上并不严格划分专业;由学生通过自由选修来形成某一专业方向,而不由计划来固定学生的专业,即"把学生的专业建立在本人自由选择的基点上"。

4. 全面实行绩点学分制。为此,"律师学院相应调整了现行的法学课程体系、教学内容和教学方法,改革现行的考试办法"。[56]

设立之初,德恒律师学院提出,"学生一律实行自费",同时建立奖学金和贷学金制度;学生毕业时,学院"只负责向社会和用人单位择优推荐,不包分配"。[57]因此,德恒律师学院 1994 级本科生入学时,每人收取当年学费 2500 元,该年设置的奖学金分别为一等 2500 元,二等 1200 元,三等 800 元。而同级法学院本科生的年学费为 800 元,各等奖学金数额也比德恒律师学院的少。高学费引发了德恒学生的不满,因而从第二学年起,德恒律师学院 1994 级本科生学费降至每年 2100 元。德恒律师学院 1995 级本科生和同级法学院国际经济法本科生的学费标准相同,远高于法学院法学专业和经济法学专业本科生的学费标准。两院 1995 级本科生的奖学金则统一为一等奖 2000 元,二等奖 1000 元,三等奖 500 元,且该标准至少适用至 2000 年未变。

与法学院本科生相比,德恒律师学院的学生还有两点显著不同,一是 1994 级德恒律师学院的本科生不需要参加入学军训,[58]二是 1998 年 2 月 9 日,司法部批准该院学生可以在本科第四年直接报名参加全国律师资格考试。[59]

第二节

师资情况

一、概说

1993 年,法学院有在职教师 83 名,包括教授 14 名,副教授 24 名,讲师 29 名,助教 16 名。[60]按系别划分,法学系有教师 30 名:教授 9 名,副教授 9 名,讲师 10 名,助教 2 名。[61]国际法学系有教师 22 名:教授 1 名，副教授 7 名，讲师 9 名，助教 5 名。[62] 经济法学系有教师 26 名：教授 4 名，副教授 7 名，讲师 9 名，助教 6 名。[63] 值得注意的是，以学院口径统计的教师总数及按职称统计的合计数（教授数除外）均比分系统计数多，其中，副教授、讲师各多出 1 名，助教多出 3 名。一个可能的解释是，尚有隶属于法学研究所以及在学院（甚至学校）担任职务的教师未被纳入按系别的统计数字中。

表 4－5　吉林大学法学院 1993 年在职教师情况

系别	总数	教授	副教授	讲师	助教
法学系	30	9	9	10	2
国际法学系	22	1	7	9	5
经济法学系	26	4	7	9	6
合　计	83 *	14	24 *	29 *	16 *

据吉林大学招生办公室编印《吉林大学：国家教委直属的重点综合性大学》（1993 年，第 54、56－58 页）整理。
　* 比上面各项加总之和多。

《吉林大学法学院机构及教职员名单》（1994 年）显示，法学系有 7 名教授、8 名副教授、9 名讲师、4 名助教，共计 28 名教师。其中，法学理论教研室有 2 名教授（其中 1 名为博导）、1 名副教授、3 名讲师；法律史教研室有 1 名教授、2 名副教授、2 名讲师、2 名助教；刑法教研室有 3 名教授（含 1 名博导）、3 名副教授、3 名讲师；刑诉、刑侦教研室有 1 名教授、2 名副教授、1 名讲师、2 名助教。经济法学系有 3 名教授、5 名副教授、4 名讲师、5 名助教，共计 17 名。其中，经济法教研室有 1 名教授、3 名副教授、1 名讲师、3 名助教；民法教研室有 2 名教授、2 名副教授、3 名讲师、2 名助教。国际法学系有 6 名副教授、7 名讲师、5 名助教，共计 18 名。其中，国际法教研室有 4 名副教授、4 名讲师、4 名助教；宪法教研室有 2 名副教授、3 名讲师、1 名助教。法学研究所有 2 名副教授（其中 1 名在法学理论教研室名单中出现）、2 名助教。此外，学院党委书记和一位副书记分别具有副教授和讲师职称，一位副书记具有助理研究员职称；律师事务所一位副主任具有讲师职称。由此算来，1994 年吉林大学法学院共有教授 10 名（其中博导 2 名）、副教授 21 名、讲师 22 名、助教 16 名，总计 73 名在职教师。

表 4－6　吉林大学法学院 1994 年在职教师情况

<table>
<tr><th>学系</th><th colspan="4">法学系</th><th colspan="2">经济法学系</th><th colspan="2">国际法学系</th><th rowspan="2">法学
研究所</th><th rowspan="2">合计</th></tr>
<tr><th>教研室</th><th>法学理论
教研室</th><th>法律史
教研室</th><th>刑法
教研室</th><th>刑诉、刑侦
教研室</th><th>经济法
教研室</th><th>民法
教研室</th><th>国际法
教研室</th><th>宪法
教研室</th></tr>
<tr><td>教授</td><td>2</td><td>1</td><td>3</td><td>1</td><td>1</td><td>2</td><td>－</td><td>－</td><td>－</td><td>10</td></tr>
<tr><td>副教授</td><td>1</td><td>2</td><td>3</td><td>2</td><td>3</td><td>2</td><td>4</td><td>2</td><td>1[a]</td><td>20</td></tr>
<tr><td>讲师</td><td>3</td><td>2</td><td>3</td><td>1</td><td>1</td><td>3</td><td>4</td><td>3</td><td>－</td><td>20</td></tr>
<tr><td>助教</td><td>－</td><td>2</td><td>－</td><td>2</td><td>3</td><td>2</td><td>4</td><td>1</td><td>2</td><td>16</td></tr>
<tr><td rowspan="2">合　计</td><td>6</td><td>7</td><td>9</td><td>6</td><td>8</td><td>9</td><td>12</td><td>6</td><td>3</td><td rowspan="2">66[b]</td></tr>
<tr><td colspan="4">28</td><td colspan="2">17</td><td colspan="2">18</td><td>3</td></tr>
</table>

资料来源：《吉林大学法学院机构及教职员名单》（1994 年）。
a. 开列 2 名副所长均为副教授，但其中 1 名在前面法学系法学理论教研室名单中出现，故此处不计。
b. 学院党委书记、一名副书记分别具有副教授和讲师职称，一位副书记具有助理研究员职称。律师事务所一名副主任具有讲师职称。

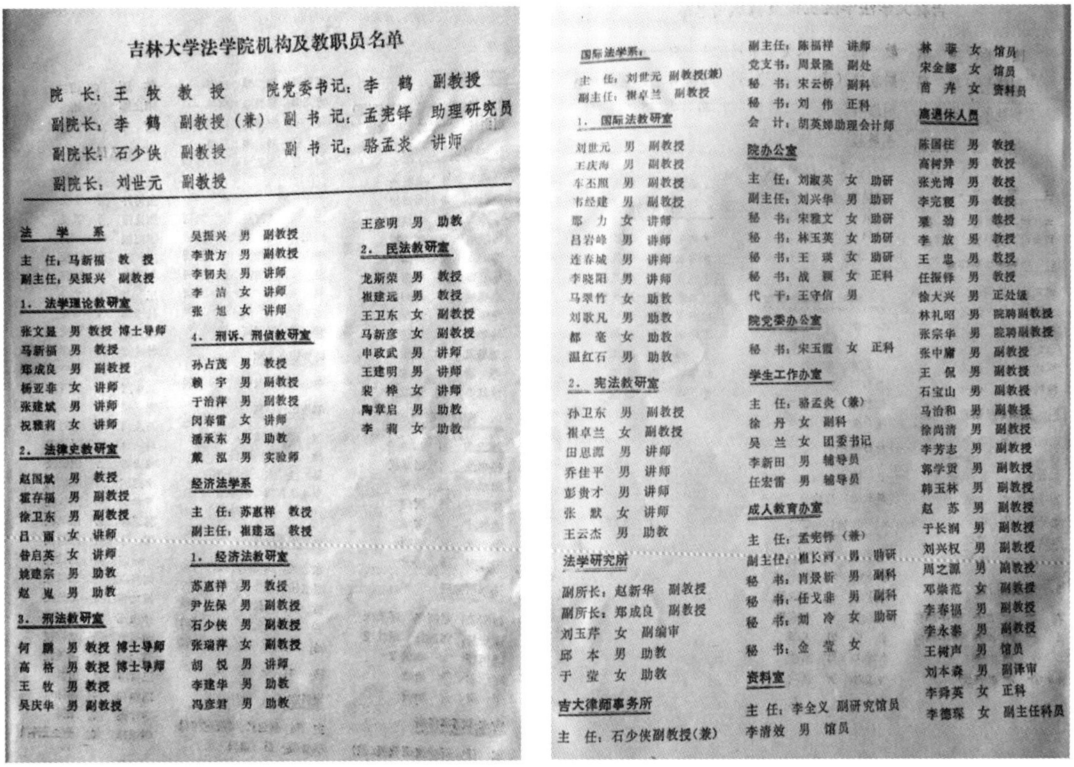

吉林大学法学院机构及教职员名单

院　长：王　牧　教　授　　院党委书记：李　鹤　副教授
副院长：李　鹤　副教授（兼）　副书记：孟宪铎　助理研究员
副院长：石少侠　副教授　　副书记：骆孟炎　讲师
副院长：刘世元　副教授

法学系
主　任：马新福　教　授
副主任：吴振兴　副教授
1. 法学理论教研室
张文显　男　教授　博士导师
马新福　男　教授
郑成良　男　副教授
杨亚非　女　讲师
张建斌　男　讲师
祝雅莉　女　讲师
2. 法律史教研室
赵国斌　男　教授
霍存福　男　副教授
徐卫东　男　副教授
吕　丽　女　讲师
昝启英　女　讲师
姚建宗　男　助教
赵　岚　男　助教
3. 刑法教研室
何　鹏　男　教授　博士导师
高　格　男　教授　博士导师
王　牧　男　教授
吴庆华　男　副教授
吴振兴　男　副教授
李贵方　男　副教授
李韧夫　男　讲师
李　洁　女　讲师
张　旭　女　讲师
4. 刑诉、刑侦教研室
孙占茂　男　教授
赖　宇　男　副教授
于治萍　男　副教授
闵春雷　女　讲师
潘承东　男　助教
戴　泓　男　实验师
经济法学系
主　任：苏惠祥　教授
副主任：崔建远　教授
1. 经济法教研室
苏惠祥　男　教授
尹佐保　男　副教授
石少侠　男　副教授
张瑞萍　女　副教授
胡　悦　男　讲师
李建华　男　助教
冯彦君　男　助教
王彦明　男　助教
2. 民法教研室
龙斯荣　男　教授
崔建远　男　教授
王卫东　女　副教授
马新彦　女　副教授
申政武　男　讲师
王建明　男　讲师
裴　桦　女　讲师
陶章启　男　助教
李　莉　女　助教

国际法学系
主　任：刘世元　副教授(兼)
副主任：崔卓兰　副教授
1. 国际法教研室
刘世元　男　副教授
王庆海　男　副教授
车丕照　男　副教授
韦经建　男　副教授
那　力　女　讲师
吕岩峰　男　讲师
连春城　男　讲师
李晓阳　男　讲师
马翠竹　女　助教
刘歌凡　男　助教
郝　亮　女　助教
温红石　男　助教
2. 宪法教研室
孙卫东　男　副教授
崔卓兰　女　副教授
田思源　男　讲师
乔佳平　男　讲师
彭贵才　男　讲师
张　默　女　讲师
王云杰　男　助教
法学研究所
副所长：赵新华　副教授
副所长：郑成良　副教授
刘玉萍　女　副编审
邱　本　男　助教
于　莹　女　助教
吉大律师事务所
主　任：石少侠副教授(兼)
副主任：陈福祥　讲师
党支书：周景隆　副处
秘　书：宋云桥　副科
秘　书：刘　伟　正科
会　计：胡英娣助理会计师
院办公室
主　任：刘淑英　女　助研
副主任：刘兴华　男　助研
秘　书：宋雅文　女　助研
秘　书：林玉英　女　助研
秘　书：王　瑛　女　助研
秘　书：战　颖　女　正科
代　干：王守信　男
院党委办公室
秘　书：宋玉霞　女　正科
学生工作办室
主　任：骆孟炎（兼）
徐　丹　女　副科
吴　兰　女　团委书记
李新田　男　辅导员
任宏雷　男　辅导员
成人教育办室
主　任：孟宪铎（兼）
副主任：崔长河　男　助研
秘　书：肖景新　男　副科
秘　书：任戈非　男　副科
秘　书：刘　冷　女　助研
秘　书：金　莹　女
资料室
主　任：李全义　副研究馆员
李清效　男　馆员
林　华　女　馆员
宋金娜　女　馆员
苗　卉　女　资料员
离退休人员
陈国柱　男　教授
高树异　男　教授
张光博　男　教授
李完稷　男　教授
栗　劲　男　教授
李　放　男　教授
王　忠　男　教授
任振铎　男　教授
徐大兴　男　正处级
林礼昭　男　院聘副教授
张宗华　男　院聘副教授
张中庸　男　副教授
王　保　男　副教授
石宝山　男　副教授
马治和　男　副教授
徐尚清　男　副教授
李芳志　男　副教授
郭学贤　男　副教授
韩玉林　男　副教授
赵　苏　男　副教授
于长润　男　副教授
刘兴权　男　副教授
周之源　男　副教授
邓崇范　女　副教授
李春福　男　副教授
李永泰　男　副教授
王树声　男　馆员
刘本森　男　副译审
李舜英　女　正科
李德琛　女　副主任科员

图 4-2　吉林大学法学院机构及教职员名单(1994 年)

1996 年，法学院有教职员工 120 余名，其中教授 24 名(博士生导师 4 名)，副教授 23 名。法学系有教师 39 名，教授 15 名，副教授 9 名。经济法学系有教师 26 名，教授 6 名，副教授 7 名。国际法学系有教师 26 名，教授 3 名，副教授 7 名。[64]

1999 年的资料显示，法学院有教职工 98 名，其中教授 18 名，副教授 28 名。[65] 1999 年 6 月 30 日，吉林大学第六届学位评定委员会第七次会议增选马新福、郑成良、霍存福、石少侠、崔卓兰 5 位教授为博士生指导教师。至此吉林大学法学院有博士生指导教师 10 人。[66] 2000 年，法学院有在职教师 68 名，其中教授 16 名(含博士生导师 10 名)，副教授 22 名，讲师 21 名，助教 8 名。[67]

教师流动方面，依据吉林大学法学院网站《曾在吉林大学法学院(法律系)任教的教师》披露情况所作的不完全统计，1988 年 10 月至 1998 年底，共有 36 位教师离开吉林大学法学院。[68] 其中，供职超过 30 年的 2 人；超过 20 年的 3 人；超过 10 年的 9 人，其中 1 人超过 15 年；5 年及以上的 10 人；不足 5 年的 12 人。去向方面，涉及的城市非常集中，包括北京(12 人)、深圳(9 人)、长春(8 人)、上海(1 人)、广州(1 人)、青岛(1 人)、海口(1 人)等地。另有 3 人赴美国定居。该表披露的上述教师离任后供职的机构包括：长春出版社、东北师范大学政法学院、国家检察官学院、国土资源部珠宝玉石首饰管理中心、海南大学法学院、吉林大学行政学院、吉林省高级人民法院、吉林省行政学院(2 人)、暨南大学法学院、青岛科技大学、清华大学法学院、深圳大学法学院、深圳市人大常委会办公厅、深圳市中级人民法院、深圳中兴股份有限公司、中国人民大学法学院、中国政法大学、中国证券监督管理委员会。另有 13 人从事执业律师工作，1 人工作情况不详。

表4-7　吉林大学法学院在职教师变动情况一览(1993-2000)

年份	教职工总数	在职教师	教授	博士生导师	副教授	讲师	助教
?	**104**	**73**	**7**	–	**22**	**30**	**14**
1993	–	83	14	2[a]	24	29	16
1994	–	73	10	2	20	20	16
1995	120余	–	24	4[b]	34	26	7
1996	120余	–	24	4	23	–	–
1998	–	–	12	5	18	–	–
1999	98	–	18	10	28	–	–
2000	–	68	16	10	22	21	8

资料来源：1993年数据见于吉林大学招生办公室编印：《吉林大学：国家教委直属的重点综合性大学》，1993年，第54页。1994年数据见《吉林大学法学院机构及教职员名单》(1994年)。1995年数据见《吉林大学法学院简介》，载《法制与社会发展》1995年第2期。1996年数据来自《开拓中的吉林大学法学院》，载《法学院特刊·热烈庆祝吉林大学建校五十周年(1946-1996)》，1996年9月。1998年数据来自肖卫兵：《法学院举办院庆活动》，载《吉大研究生》1998年11月30日(总第4期)，第1版。1999年数据来自《吉林大学法学院·简介》，吉林大学法学院，1999年。其中博导数据来自《院内信息》，载《法制与社会发展》1999年第4期。2000年数据来自吉林大学招生办公室编印：《吉林大学：教育部直属的国家重点综合性大学》，2000年，第39页。

a. 其中1人系当年新遴选；b. 其中1人系在外校兼职。

二、师资培养

很长时间里，吉林大学法学院的师资主要是内生的，即以内部选拔、自我培养为主。比如，1989年，李建华教授当年本科毕业前夕即被选拔确定留校：

> 经济法这个专业在我那届是第二年招生，因此学校领导想在本科生中选择比较优秀的学生留校来扩大师资，留校后再通过读研来提高学位。毕业前半年(1989年)，我有幸被选为留校的候选人之一，经过学院的考察，最后留校了。[69]

彭诚信教授也是1994年本科毕业即留校任教的。据他分析：

> 师资缺少应该是一个原因，因为那时候有不少老师离开吉林大学下海了。另外，可能是因为我当时在一些核心期刊上发表了几篇专业论文。崔建远老师、石少侠老师等因此也比较看重我，就把我留了下来。我教的第一门课是继承法，受众是跟我本科同级来读双学士的学生。若跟听我课的16位同学一起依年龄排序，那么我则排在第17位。21岁当大学老师确实有些年轻，本科留校是特殊历史时期的产物，现在已不太可能了。[70]

的确，后来本科毕业留校渐渐变得稀少，硕士研究生毕业留校成为主流。姚建宗[71]教授就是1992年从法学院硕士研究生毕业并留校任教的。

> 当时我留校后，先在法理学教研室当助教，那可是实实在在地助课的助教啊，那时徐卫东老师讲授“西方法律思想史”课程，我给徐老师助课。1994年9月，我就去中国人民大学读博士研究

生去了……那时的吉林大学法学院只有刑法学一个博士点,要读法学理论专业的博士研究生,只能去别的院校。当时我选择了报考中国人民大学,学校确定由吕世伦老师做我的博士研究生指导教师。而吉林大学这边,既没让我拿走档案也没有与我、中国人民大学签订委托培养合同(这在当时是必须的),所以我只是事实上被算作了吉大委托培养。因为没有这样的委培合同,博士研究生毕业之后,我还曾考虑过去西南财经大学做博士后研究,想跟刘诗白教授做制度经济学研究,但后来因为我们法学院的原因没有成功。[72]

类似的还有黄文艺教授。

1996 年硕士毕业时,在吉林大学法学院领导的动员下,我决定留校任教。但在此之前,我已决定继续考博士。既然要走学术道路,光读一个硕士还是不够的。我当时决定报考中国人民大学法学理论专业博士研究生。到另外一个学校读博士比在本校读更好,可以感受到不同的学术传统、不同的学术氛围、不同的治学风格。另外,吉林大学当时并没有法学理论专业博士点,张文显老师在中国人民大学招博士生。经过努力,我如愿以偿地考上了中国人民大学的博士,导师仍是张文显教授。[73]

1995 年 12 月 18 日,吉林大学法学院院务会议通过《吉林大学法学院选留研究生补充师资队伍的暂行规定》《吉林大学法学院关于补充党政管理干部、教学辅助人员的暂行规定》。1999 年 11 月 22 日,院务会议又对这两个文件进行了修订。因此,本科生留校仍然是可行的。1995 年,1991 级本科生中至少 2 人留校担任辅导员,3 年多以后获准免试攻读硕士研究生。1997 年,1993 级中亦有 1 人援引此例。次年,1994 级本科生中更有 3 人毕业后直接留校担任助教,同时免试攻读硕士研究生,另有 1 人留校担任政治辅导员。

表 4-8　吉林大学法学院新进教师情况(1989-1999 年)

	1989	1990	1991	1992	1993	1994	1995	1996	1997	1998	1999
已离职的教师	5[a]	1	2[d]	3	-	2[g]	2[i]	1[k]	-	-	-
一直在职教师	2[b]	1[c]	-	4[e]	2[f]	1[h]	2[j]	2[m]	-	6[n]	6[p]
合　计	7	2	2	7	2	3	4	3	-	6	6

资料来源:《曾在吉林大学法学院(法律系)任教的教师》,载吉林大学法学院网站:http://law.jlu.edu.cn/?mod=info&act=view&id=9785。《专任教师》,载吉林大学法学院网站:http://law.jlu.edu.cn/?mod=info&act=view&id=6726,2018 年 2 月 3 日最后访问。

注:a. 1 人系本科留校任教。b. 2 人均系硕士毕业留校任教。c. 系本科毕业留校任教。d. 2 人均是硕士研究生毕业留校任教。c. 其中 3 人系硕士毕业留校任教,1 人系硕士毕业后从外校调入。f. 均系硕士毕业留校。g. 1 人硕士毕业留校任教,1 人本科毕业留校任教。h. 硕士毕业留校任教。i. 2 人均为硕士毕业留校任教。j. 2 人均为硕士毕业留校任教。同年还有应届本科毕业生留校担任政治辅导员,3 年后免试攻读硕士研究生。k. 硕士毕业留校任教。m. 1 人为硕士毕业后直接留校任教,1 人系硕士毕业后从外校调入。n. 其中 2 人系硕士毕业留校任教;1 人系硕士毕业后从外校调入;3 人为本科生毕业留校任教,3 年后免试攻读硕士研究生,后一人离职;p. 均为硕士研究生毕业留校任教。

在选择留校师资时,除了候选人的学历、所学专业以外,性别也是考虑因素之一。1992 年硕士毕业的徐岱就遇到了这样的情况。

我毕业后留在了吉林大学社科学报。当时院里法史专业已经有了两三位女老师,不打算再留女老师了,而我也不想脱离吉林大学,后经张文显老师介绍进入吉林大学社科学报做法学编辑,一直到2000年博士毕业回到法学院……我在社科学报做编辑那几年对提高自身素质的帮助是很大的,每天接触很多论文,而且对论文从选题到价值要作出判断,也提高了自己的文字功底及逻辑思维能力,这对我后来写博士论文有很大的帮助。但是,学报做长了也有遗憾,那就是对自己的专业缺少方向性,而且考虑到以后学习的发展趋势还是需要博士学位,因此我就决定报考博士研究生。当时我的硕士专业是法律思想史,但是很遗憾这个专业在吉林大学没有博士点,唯一的博士点就是刑法,所以最后就选择了刑法,投到了高格老师门下。[74]

郑成良教授担任法学院院长期间(1995.5 - 1998.5),提出并推动了"教师博士化工程",鼓励青年教师在本院或外院校攻读博士学位,以改善教师队伍学历层次。[75]1995年11月20日,吉林大学法学院院务会议通过了《关于法学院教师在职攻读计划内博士学位若干问题的决定》。

第三节

教师的研究出版情况

一、概说

关于吉林大学法学院(含之前的法律系)教师的研究情况,笔者看到几组数据:

(1)1993年的资料称:"1980年以来,全院教师共出版专著50余部,在省级以上刊物发表论文近800篇,编写教材60多部。"[76]

(2)1995年的资料称:"近十年来,全院教师共出版专著64部,在省级以上刊物发表学术论文千余篇,编写系列教材80多种。"[77]

(3)1996年的资料称:"1980年以来,全院共出版学术专著57部,在省级以上刊物发表学术论文1000余篇,编写系列教材3套80多种。"[78]

(4)1998年的资料称:"1980年以来,全院教师共出版学术专著、译著87部,发表学术论文、译文2000余篇,编写教材4套计140余种。"法学院教师承担国家社会科学基金项目21项,教育部社科基金项目29

项,留学回国人员基金项目 4 项,吉林省社科基金项目 12 项,其他基金项目 43 项。[79]

(5)2000 年的资料亦称:“1980 年以来,全院共出版学术专著 57 部,在省级以上刊物发表学术论文 1000 余篇,编写系列教材 3 套 80 多种。”[80]显然,其沿用了 1996 年的资料,而后者亦不免陈旧,恐未及时更新,难以为凭。

尽管如此,上述材料仍然勾勒了吉林大学法学院(含之前的法律系)教师 20 年来发表的专著、译著、论文和教材的大致情况。

二、专著

下表是笔者目力所及搜集到的早期吉林大学法学院的一些教师著作,只是由于有时区分专著与教材的标准并不清晰,因而开列在了一起。

表 4-9 吉林大学法学院教师部分著述

作　者	书　名	出版单位	出版时间
李忠芳	《性与法》	北方妇女儿童出版社	1989 年
何鹏编著	《外国刑事法选论》	吉林大学出版社	1989 年
张光博	《权利义务要论》	吉林大学出版社	1989 年 封面设计张沭沉
高树异主编	《国际经济法总论》	吉林大学出版社	1989 年(高树异、车丕照、孟宪伟、刘世元撰稿。封面设计张沭沉)
赖宇、陆德山主编	《中国刑法之争——刑法分则各罪若干争论问题综述》	吉林大学出版社	1989 年
张光博	《民主与法制论集》	辽宁人民出版社	1990 年 封面设计刘冰宇
张光博	《比较宪法纲要》	辽宁人民出版社	1990 年 封面设计刘桂湘
刘富起	《分权与制衡评论》	吉林大学出版社	1990 年
王子琳主编	《法律社会学》	吉林大学出版社	1991 年
石少侠、陆德山主编	《中国民法经济法若干问题讨论综述》(1979 - 1989),吉林大学出版社	1991 年	
高格编著	《比较刑法学》	长春出版社	1991 年 封面设计项天奇
龙斯荣	《罗马法要论》	吉林大学出版社	1991 年
马新福	《法社会学导论》	吉林人民出版社	1992 年
王牧	《犯罪学》	吉林大学出版社	1992 年
霍存福	《权力场——中国传统政治智慧研究》	辽宁人民出版社	1992 年,1995 年第 2 版;台湾扬智文化事业股份有限公司 1992 年初版
崔建远	《合同责任研究》	吉林大学出版社	1992 年 封面设计张沭沉
苏惠祥主编	《中国当代合同法论》	吉林大学出版社	1992 年
张文显主编	《马克思主义法理学——理论与方法论》	吉林大学出版社	1993 年 封面设计张沭沉

续表

作　者	书　名	出版单位	出版时间
张文显	《法学基本范畴研究》	中国政法大学出版社	1993 年　系“当代中国法学文库”的一种
何鹏、杨世光主编	《中外罪犯改造制度比较研究》	社会科学文献出版社	1993 年
李放主编，崔卓兰、徐卫东副主编	《比较法教程》	吉林大学出版社	1993 年　1990 年初稿完成，修订后出版。封面设计李冰彬
苏惠祥、车丕照主编	《外贸·外资·法律——中国涉外经济法律与实践》	吉林大学出版社	1993 年
张旭	《减免刑事责任理论比较研究》	长春出版社	1994 年
高格	《定罪量刑的理论与实践》	吉林人民出版社	1994 年
王卫东	《婚姻家庭关系要论》	长春出版社	1994 年
张文显主编	《政治与法治：中国政治体制改革与法制建设的理论思考》	吉林大学出版社	1994 年
刘世元	《欧洲联盟法律制度》	吉林大学出版社	1995 年
马新福主编	《法理学》	吉林大学出版社	1995 年　封面设计李冰彬
吴振兴	《罪数形态论》	中国检察出版社	1996 年
车丕照	《国际经济交往的政府控制：狭义国际经济法研究》	长春出版社	1996 年
石少侠主编、张瑞萍副主编	《经济法新论》	吉林大学出版社	1996 年　封面设计漱尘
张文显	《二十世纪西方哲学思潮研究》	法律出版社	1996 年
姚建宗	《法律与发展研究导论：以经济与政治发展为中心的考察》	吉林大学出版社	1998 年
张瑞萍	《反垄断法理论与实践探索》	吉林大学出版社	1998 年
石少侠主编	《国有股权问题研究》	吉林大学出版社	1998 年
马新福	《法社会学原理》	吉林大学出版社	1999 年（该书系马新福教授承担的中华社科基金法社会研究课题的最终成果，此前曾有阶段成果《法社会学导论》一书。见该书《前言》。封面设计尹怀远）

有资料提到了高格教授所著的《比较刑法学》:

> 高格教授自1956年就开始搜集写作素材,前后经历30多年的刻苦钻研,博览古今中外刑法学专著、论著近百本、中外刑法学论文上千篇、古今中外刑法典百余部。其写作材料的来源大体可分为三部分:一是新中国成立后的刑法资料;二是中国古代刑法典章、释义和新中国成立前近、现代刑法资料;三是翻译过来的外国古代刑法典章和近、现代刑法资料,总计约有300万字。高教授治学严谨,写了大量读书笔记,制作了大量写作卡片,在此基础上,根据拟定的写作提纲分门别类地进行筛选。[81]

三、系列教材

(一)中国商法系列

除了出版单本的著作,吉林大学法学院编写法学教材的工作也没有停滞。吉林人民出版社出版了《中国商法系列》丛书。其编委会成员均为吉林大学法学院教师,包括:龙斯荣、苏惠祥、陈国柱、高树异、崔建远。[82]该丛书包括《中国商法概论》《中国商法总论》《票据法》《公司法》《海商法》《保险法》6本。其中,《中国商法概论》的撰稿人为:王光、王剑钊、石少侠、邹艳斌、苏惠祥、韦经建、徐卫东、郭卫华、赵新华、蔡立东。[83]《中国商法总论》由董安生、王文钦、王艳萍编著。[84]《票据法》《公司法》的作者分别是赵新华、石少侠。《海商法》由韦经建主编。《保险法》由徐卫东、杨勤活、王剑钊编著。此外,蔡立东[85]受编委会委托在尊重原作内容的基础上改写了《中国商法总论》第8章"商事仲裁",[86]并共同撰写了《公司法》一书的第8章"公司的财务会计制度"。[87]

1996年《中国商法概论》修订版出版。修订后,该书编委会构成为:主编苏惠祥,编委石少侠、苏惠祥、韦经建、徐卫东、赵新华。撰稿人包括:丁南、于莹、于阜民、王有志、石少侠、苏惠祥、韦经建、杨一星、杨行桢、徐卫东、赵新华。[88]

(二)世界银行法律援助项目法学系列文库

1997年9月12日,吉林大学法学院与吉林大学出版社签订图书出版合同,法学院师生编著的"(世界银行法律援助项目)法学系列文库"由吉大陆续出版。该丛书是《世界银行中国法律支援项目东北地区律师强化培训分项目法学系列文库》的具体成果,项目金额50万元。[89]文库编委会总主编为张文显教授,副总主编:郑成良、王丽、刘世元、石少侠、吴振兴(常务)。编委包括:马新彦、马新福、王丽、韦经建、车丕照、石少侠、丛立新、刘世元、邱本、李洁、李贵方、吴振兴、陈福祥、张文显、郑成良、赵新华、徐卫东、崔卓兰、赖宇、霍存福。[90]编委会后来经过调整,吴振兴教授所担任的常务副主编一职由霍存福教授接替。[91]

该系列文库计划推出基础理论系列6本,[92]民法系列8本,[93]商法系列6本,[94]经济法系列7本,[95]刑法系列5本,[96]行政法系列4本,[97]诉讼与仲裁法系列5本,[98]国际法系列9本,[90]律师与公证系列10本。[100]实际执行过程中有一些变化。以马新彦教授主编的民法系列为例,最初计划出版8本:《民法总论》《物权法》《债权法(一)》《债权法(二)》《知识产权法》《婚姻家庭法》《继承法》《人身权法》。[101]该系列中,1998年6月出版的《民法总论》[102]和1998年8月初版的《知识产权法》[103]的封底勒口均提示民法系列教材由8本组成。但2000年9月出版的同系列的《继承法》[104]的封面勒口则提示，民法系列为 9 本，分别是：《民法总论》《物权法》[105]《债权法总论》《合同法》《知识产权法》《侵权行为法》《人身权法》《继承法》《婚姻家庭法》。

（三）法学院教师参与编写的全国性教材

这一时期，吉林大学法学院教师还主编或参编了一些全国性的法学专业教材。

张文显教授担任了沈宗灵教授主编的《法理学》（高等学校法学教材）的副主编，[106]还主编了《法理学》（九·五规划高等学校法学教材·基础系列）。[107]石少侠教授主编了《公司法教程》（高等政法院校规划教材）。[108]王忠教授任了《经济法学》（高等学校法学教材）（第四版）的副主编。[109]

在参与编写全国性教材方面，李忠芳教授为"高等学校文科教材"中的《婚姻法学》撰写了第 5 章"结婚制度概述"、第 6 章"结婚条件"、第 7 章"结婚程序"。该书由杨大文教授主编，撰稿人还包括杨怀英、刘素萍、巫昌祯。该书初稿经 1987 年 12 月于北京召开的审稿会集体讨论，最后由主编修改定稿，1989 年 3 月由中国人民大学出版社出版。[110]

王忠教授继续参加同属该系列的《民法学》（第二版）的撰稿工作，负责第二编"物权"。[111]

徐尚清副教授担任了全国高等教育自学考试法律专业教材《外国法制史》的撰稿人，负责撰写第一编"古代法律制度"。[112]

时任副教授的崔建远参与了佟柔教授主编的《中国民法》（高等学校法学试用教材）教材的编写工作，负责撰写第五编第 1 章"债的概述"、第 2 章"合同总论"，第六编第 9 章"不当得利之债"和第 10 章"无因管理之债"。[113]"高等学校法学试用教材"后来更名为"高等学校法学教材"。负责编审的"法学教材编辑部"也冠以了"司法部"字样。该书后来印次的封面即采用了这样的表述。[114]崔建远老师还为国家社会科学"七五"规划项目《中国民法学·民法债权》撰写了第 4 章"债的担保"、第 11 章"影响合同效力的原因"、第 12 章"合同的解除"、第 19 章"不当得利"、第 20 章"无因管理"。[115]

表 4－10　吉林大学法学院教师参与编著的部分全国性法学教材

系列教材名称	书名	出版信息	主编	参与的吉大教师	工作内容	备注
高等学校文科教材	《婚姻法学》	中国人民大学出版社 1989 年版	杨大文主编	李忠芳	撰稿，第 5、6、7 章	
	《民法学》（第二版）	北京大学出版社出版 1994 年	郑立、王作堂主编	王忠	撰稿，第二编"物权"	该书后改作全国高等教育自学考试教材
	《经济法学》（第四版）	群众出版社 1992 年版	陶和谦、杨紫烜主编，王忠、施竟成、李昌麒、肖乾刚副主编	王忠	副主编	

续表

系列教材名称	书名	出版信息	主编	参与的吉大教师	工作内容	备注
高等学校文科配套教材	《民法资料汇编》	吉林大学出版社 1988 年版	王忠主编	王忠、刘玉芹、李全义、崔建远	王忠:主编、撰稿;刘玉芹、李全义、崔建远撰稿	受国家教委委托编写
全国高等教育自学考试教材・法律专业	《外国法制史》	北京大学出版社 1989 年版	由嵘、胡大展主编	徐尚清	撰稿,第一编"古代法律制度"(概述及第 1 至 4 章)	封面设计常燕生
高等学校法学试用教材	《中国民法》	法律出版社 1990 年版	佟柔主编,王利明、马俊驹副主编	崔建远	撰稿,第五编第 1、2 章,第六编第 9、10 章	该书系后更名为"高等学校法学教材"
国家社会科学"七五"规划项目	《中国民法学・民法债权》	法律出版社 1991 年版	王家福主编,梁慧星副主编	崔建远	撰稿,第 11、12、19、20 章	
高等学校法学教材	《法理学》	高等教育出版社 1994 年版	沈宗灵主编,张文显副主编	张文显	撰稿,第 3、6、15、16、19、20、23 章	国家教育委员会组织编写
高等政法院校规划教材	《公司法教程》	中国政法大学出版社 1997 年版	石少侠主编	石少侠	主编、撰稿	司法部法学教材编辑部编审

四、译著

法学院教师还翻译并出版了一些外国同行的作品。如栗劲、霍存福、王占通、郭延德编译了日本学者仁井田陞原著的《唐令拾遗》;[116]崔卓兰、赵光明、陈万鑫译,陆德山、李全义校的美国奥内斯特・吉尔霍恩(Ernest Gellhorn)、巴瑞・B. 鲍叶著的《美国行政法和行政程序》;[117]张光博主编,李完稷、李放、赵新华等编译的《外国经济法・日本国卷》;[118]陈国柱译《日本民法典》;[119]石少侠等编译《美国公司法概论》;[120]张文显、郑成良、杜景义、宋金娜合译的哈特的《法律的概念》;[121]张文显、宋金娜、朱卫国、黄文艺合译的贝勒斯的《法律的原则——一个规范的分析》等。[122]吉大法学院硕士研究生曹士兵、姚建宗、吴巍合译了格兰特・吉尔莫的《契约的死亡》一书。[123]其译文后来发表在梁慧星先生主编的《民商法论丛》第 3 卷上。[124]

五、反响

吉林大学法学院(含之前法律系)教师的持续笔耕得到了业内的认可,获得了许多奖项。1995 年 2 月颁发的国家教委全国高等学校人文社会科学研究优秀成果奖中,栗劲教授所著《秦律通论》获著作类二等奖,郑成良教授的论文《无罪推定论》(《吉林大学社会科学学报》1988 年第 4 期)获论文类二等奖。在 1996 年 2 月颁发的吉林省第三次社会科学优秀成果奖中,霍存福教授所著《权力场——中国传统政治智慧研究》获得著作类一等奖，高格教授所著《定罪量刑的理论与实践》和王卫东教授所著《婚姻家庭关系要论》均获得著作类三等奖。张文显教授的论文《建立社会主义民主政治的法律体系——论政治法是和应当是独立的法律部门》(《法学研究》1994 年第 5 期)和王牧教授的《犯罪原因论概述——兼论犯罪学的基本范畴》(《吉林大学社会科学学报》1991 年第 4 期)获得论文类一等奖，崔建远教授的《免责条款论》(《中国法学》1991 年第 6 期)和车丕照教授的《国际法规范等级化的趋势及其影响》(《吉林大学社会科学学报》1991 年第 2 期)获得论文类二等奖。[125]

整体而言，之前的长期积累使得吉大法学院教师的研究热情在建院之后依然未减，从而与吉大法律系后期教师学术研究勃发的局面一脉相承。

表 4－11　吉林大学法学院教师著作获奖情况(1986－1998 年)

教育部人文社会科学研究优秀成果奖		
栗劲	《秦律通论》著作	首届(1995 年)，二等奖
郑成良	《无罪推定论》论文	首届(1995)，二等奖
姚建宗	《信仰：法治的精神意蕴》论文	第二届(1998)，二等奖
吉林省哲学社会科学优秀成果奖		
张光博	《法论》著作	首届(1986)，优秀奖
李忠芳	《婚姻法学》著作	首届(1986)，优秀奖
栗劲	《秦律通论》著作	首届(1986)，优秀奖
李完稷	《马克思的无产阶级贫困化理论与日本工人阶级现状况》论文	首届(1986)，优秀奖
王忠	《我国民法与商品经济》论文	首届(1986)，佳作奖
张光博	《比较宪法纲要》著作	第二届(1992)，一等奖
李忠芳	《性与法》著作	第二届(1992)，二等奖
张文显	《法的一般理论》著作	第二届(1992)，二等奖
申政武	《论人格权及人格受损害的赔偿》论文	第二届(1992)，二等奖
郑成良	《论法律文化的要素与结构》论文	第二届(1992)，三等奖
王牧	《犯罪原因论概述——兼论犯罪学的基本范畴》论文	第三届(1995)，一等奖
张文显	《建立社会主义民主政治的法律体系》论文	第三届(1995)，一等奖
霍存福	《权力场——中国传统政治智慧研究》著作	第三届(1995)，一等奖
崔建远	《免责条款论》论文	第三届(1995)，二等奖
车丕照	《国际法规等级化的趋势及其影响》论文	第三届(1995)，二等奖
高格	《定罪量刑的理论与实践》著作	第三届(1995)，三等奖
王卫东	《婚姻家庭关系要论》著作	第三届(1995)，三等奖
高校理论战线优秀论文奖		
张光博	《马克思主义人权理论的几个问题》论文	1993，优秀奖

第四节

人才培养概况

在本时期,吉林大学法学院同时提供本科、硕士、博士,以及专科、函授等多个层次的法律教育。[126]其中硕士项目又包括法律硕士专业学位(试办)、在职攻读法律硕士、研究生班等多种形式。截至 1999 年,吉林大学法学院(含东北行政学院司法系、东北人民大学法律系、吉林大学法律系)共培养研究生 747 人,本科生 4054 人,专科生 222 人,函授生 7134 人。[127]

一、本科教育

1989 年考入吉林大学法学院经济法学专业的黄文艺教授回忆他本科初期的情况时说:

当时的招生规模较小,我们那届本科生一共招了五个班,总共一百四十多人。研究生招生人数更少,当时一届研究生才二三十人。现在我们每年本科生招生规模一般为三百人,研究生的规模约为四百人。[128]

从我们这一级开始,入学后要进行正式的军训。当年北大、清华等学校的学生在石家庄的军校进行了为期 1 年的军训。吉林大学没有那么严格,我们只进行了两个月的军训。[129]

同年入读吉林大学法学院的林维教授则提到:

当时吉林大学给我们本科的每组学生配备了一名副教授以上级别的新生导师,入学时他们会和学生谈心交流并做一些法律专业上的辅导工作。那时我入学的导师是我们系的主任,他在开学后第一个星期特意将我们五个学生请到他的办公室为我们讲授法律的特点及学习法律的基础方法,让我印象颇深,感触颇大。[130]

我记得开学第一节课是郑成良老师上的政治学的课程。那时吉林大学特别大,从我的宿舍到"红楼"得根据地图的指示才能到达。"红楼"是因为由红砖砌成而得名,但日久天长外墙面红漆剥落,已成了一幢"黄楼"。可我们坚持认为眼前的这幢楼一定不是我们上课所在的"红楼"。几经周折,我们才搞明白是怎么回事,进入教室时自然是迟到了。结果郑成良老师让我们在教室外站了一节课。这件事让我印象非常深刻。后来我转向学习刑法,我的刑法教研组的那些老师也给我留下了很深的印象，对我的影响也很大。[131]

……我在大学期间一直阅读台湾的盗版刑法书籍，吸收了一些当时看来还非常异样的学术观点……[132]

考虑到副教授以上师资的数量以及师生配比，这种“奢侈”的新生导师安排或许是特定时期的做法，未必能够持续为之。比如，石少侠老师担任吉林大学法律系1983级本科生2班的班主任时，仅是助教。[133]而1993级本科生入学时，新生班主任已改由高年级本科生担任了。

黄文艺教授也提到了本科的课程学习：

当时给我们上课的老师都是知名度很高的老师。给我留下较深印象的老师有好几位。比如说给我们讲民法原理课的龙斯荣老师。龙斯荣老师是我非常敬重的湘籍法学家。他讲课时带着湘音的抑扬顿挫的普通话，让我感到非常亲切。他那富有条理而不失生动的讲课，把我们带入到民法学的知识殿堂。又比如给我们讲外国法制史的徐尚清教授。徐尚清老师对古埃及法、古巴比伦法、古罗马法等知识信手拈来，并且以通俗易懂的方式给我们讲授。我当时就对外国法制史很感兴趣，这在某种程度上激发了后来我对比较法的兴趣。还有讲物权法的申振武（应为申政武——笔者注）老师。在90年代初，很少有学校给本科生开物权法的课。申振武老师就给我们开了这门课。虽然当时还不能完全理解物权法的那些原理和知识，但觉得耳目一新……在本科学习阶段，张文显老师虽然没有给我们开过课，但我听过他的学术演讲。记得在大一的时候，我曾听过张文显老师关于法学中的语义分析方法的学术演讲，当时就觉得这位老师很有学问。我与张文显老师的师生之缘是从他指导我的大三学年论文开始的……

我更没有想到我以后的本科毕业论文、硕士学位论文、博士学位论文都是由张文显老师指导。[134]

1993年5月，法学院在校本科生477名，[135]其中，法学系（法学专业）本科生202名，[136]经济法学系（经济法学专业）217名，[137]国际法学系（国际法、国际经济法专业）65名。[138]1990年入读吉林大学法学院的彭诚信教授回忆说：

给我影响最深的是崔建远老师。他讲课特别富有逻辑，也比较严厉，我们学生都很敬畏他。[139]

大三上学期（1992年秋季学期——笔者注），由于父亲去世返校晚了两周，我才知道崔建远老师接替一位刚调走的老师给我们讲民法课。第一次聆听崔建远老师的课，其讲授内容是建筑物区分所有权。他不仅讲到了建筑物区分所有权中每一种具体权利（专有权、共有权、管理权）的构成要件，而且也解释了每一个具体权利中其实都包含了对权利主体甚至对相邻主体之间的关爱与尊重。这中间体现了深奥的人文精神，当时给我的震撼很大。[140]

还有马新福老师，在大一的时候他给我们讲授法理学。他讲述的诸多法理的内在精神等内容都令我印象深刻。还有姚建宗老师，其讲授的当代西方法哲学也给我很多启发，尤其是当时他给我诸多读书、学习上的指导，后来成为同事后，更是在学术上经常交流。吴振兴老师讲课案例多且内容丰富，讲话带有东北方言，也很有吸引力。苏惠祥老师的课也很精彩。其中我跟苏惠祥老师之间还发生过一个小故事。1993年，我申请了当时吉林大学最高奖——吕振羽奖学金，苏老师是这个奖评委中唯一的法学教授，所以现场答辩时基本上是他一个人对我发问，直到把我问倒为止。他对我印象可能也较为深刻。大四下学期(1994年春季学期——笔者注)给我们讲课时,他每次进教室基本上都先问彭诚信来没来,有什么问题就说彭诚信来回答一下。[141]

1991年,吉林大学法学院招收本科生121人;1992年招收108人;1993年招收106人(中途又转入10人[142]);1995年招收147人(含德恒律师学院学生);1997级法学院和德恒律师学院招收的本科新生分别为152人和61人。[143]到1999年,吉林大学法学院在校全日制本科生达1010人。[144]以1997级本科生人数推算,法学院1999年的在读本科生人数应在600名左右,故1010的数字中应当包含了德恒律师学院的学生数。

表4-12　吉林大学法学院在校本科生情况Ⅰ

年份	法学院在校本科生数	法学系辖本科生数	经济法学系辖本科生数	国际法学系辖本科生数
1993年5月前	477	202	217	65
1996年9月	627	261	246	120
1999年	1010			

资料来源:1993年数据见吉林大学招生办公室编印:《吉林大学:国家教委直属的重点综合性大学》,1993年,第54、56-58页。1996年数据见《开拓中的吉林大学法学院》,载《法学院特刊·热烈庆祝吉林大学建校五十周年(1946-1996)》,1996年9月。1999年数据见《吉林大学法学院·简介》,吉林大学法学院,1999年。结合表4-13可知,1996年9月在校本科生数字为法学院1993、1994、1995和1996级及德恒律师学院1994、1995、1996级本科生的总和。本表中的627人比表4-13中上述4级学生总数多出部分,可推断为法学院接纳的1994、1995级转系生。

表4-13　吉林大学法学院在校本科生情况Ⅱ

年级	入学人数	调整数	在校全日制本科生总数
1989[a]	140余		
1991[b]	121		
1992[c]	108		1993年5月前477
1993[d]	106	1994年116人	
1994[e]	108(另有德恒律师学院39人)		
1995[f]	105(另有德恒律师学院42人)		
1996[g]	203(含德恒律师学院60余人)		
1997[h]	152(另有德恒律师学院61人)		
1998[i]	230余(含德恒律师学院)		
1999[j]	约300(含德恒律师学院约70人)	与吉林工大合并后,增至500人	1010

资料来源:a. 何勤华主编:《中国法学家访谈录》(第十卷),北京大学出版社2014年版,第448页。方堃采访。b. 入学人数由法学院1991级胡晓静、孙春华提供。c. 入学人数由法学院1992级胡春雨提供。在校生总数见吉林大学招生办公室编印:《吉林大学:国家教委直属的重点综合性大学》,1993年,第54页。d. 笔者根据名单统计。e. 法学入学人数由该院1994级初丛艳提供;德恒律师学院的入学人数由该院1994级颜毅艺提供。1994级法学院法学专业只招了1个班。f. 总入学人数由法学院1995级姜灏提供,开学后另有1人外院系转入法学院;德恒律师学院入学人数由该院1995级李盛提供,其中1人后来因病去世。g. 入学人数由法学院国际法专业1996级王雪莹提供,其中国际法5班20人、6班23人。另据同级刘雪飞回忆,法学2班21人。h.《欢迎您九七级新同学·本科生》,载吉林大学校报编辑部编辑《吉林大学》1997年9月11日(第466期),第3版。i. 据笔者记录。j. 入学人数由法学院1999级曹科斗提供。

表 4 - 14　吉林大学法学院本科生培养情况(1988 - 1998 年)

年级	法学专业	性别比	经济法学专业	性别比	国际法学专业	性别比	德恒律师学院	性别比	合计
1988	77	47:30	64	37:27	31	21:10	–	–	172
1989	82(含新疆班 30 人)	59:23	61	39:22	–	:	–	–	145
1990	43	29:14	59	42:17	20	13:7	–	–	122
1991	41	26:15	53	26:27	20	13:7	–	–	114
1992	38	24:14	46	26:20	25	20:5	–	–	109
1993	40	28:12	53	33:20	23	11:12	–	–	116
1994	36	13:23	43	23:20	25	12:13	40	27:13	144
1995	75	47:28	42	28:14	33	18:15	–	–	150
1996	103	57:46	62	41:21	43	17:26	–	–	208
1997	77	44:33	186	75:101	44	16:28	–		307
1998	66	27:39	111 * 93	57:55 57:36	67	31:36	–	–	338

注:本表系笔者根据吉林大学法学院《本科(毕业)生名录(1948 - 2003)》整理而成。感谢车丕照教授惠示上述名录。该名录收录的学生截止到 2003 级,其对 1993 级未作专业区分,本表中该年级的相关数据系据笔者记录且经照片实物核对。1995 级至 1998 级的数字中未单独提示德恒律师学院的学生数,而名录给出了两组 1998 级经济法学生名单,111 人这组原数为 112 人,其中有一人系法学院 1993 级经济法学专业本科生,显系误入,故予以剔除。

比照以上两表,可以发现,其在多个年份的年级学生总数上均存在差异。对此,合理的解释是,一方面,不排除表 4 - 13 系个体回忆,存在遗漏或记忆不准的可能,而表 4 - 14 也并非是毕业生原始记录,而有统计错误的情形。此外,前者重在统计入学人数,后者重在统计毕业人数,其间有转系、退学、未能按期毕业等情形需要考虑。对于两者相差较大的 1997 和 1998 两年,表 4 - 14 中的增量部分主要应系 2000 年合并吉林工业大学时接收其经济法学专业本科生所致。

1986 至 1990 年,法学院"毕业 822 名本科生,其中直接考取研究生的占毕业生总数的 11%,直接分配到国家、党政(含司法)机关的占 60% 左右,分配到厂矿企业、公司的占 14%,分配到院校和科研部门的占 7%,分配到其他部门的占 8%。这些毕业生分配到直辖市、省会城市的约占毕业生总数的 70%"。[145]

1996 至 1999 年,"法学院毕业 550 名本科生,其中直接保送、考取研究生的占 12%,直接分配到国家、党政(含司法)机关的占 58% 左右,分配到企业、公司的占 16%,分配到院校和科研部门的占 7%,分配到其他部门的占 7%;其中分配到直辖市、省会城市的毕业生约占总数的 70%"。[146]

表 4－15　吉林大学法学院本科生毕业去向统计表

年份	本科毕生数	读研	机关	企业	院校、科研部门	其他	去直辖市、省会城市
1986－1990 年	822	11%	60%	14%	7%	8%	70%
1996－1999 年	550	12%	58%	16%	7%	7%	70%

资料来源：吉林大学招生办公室编印:《吉林大学:国家教委直属的重点综合性大学》,1993 年,第 55 页;吉林大学招生办公室编印:《吉林大学:教育部直属的国家重点综合性大学》,2000 年,第 40 页。1996－1999 年数据中应该未含德恒律师学院毕业生。

二、研究生教育

1979 年 9 月,吉林大学法律系开始招收硕士研究生。1986 年,法律系取得了刑法学博士授权点,最初的博士生指导教师为何鹏教授,1993 年和 1994 年又先后增补了高格教授和王牧教授。此后直到 1999 年取得法理学博士授权点以前,吉林大学法学院只有刑法学博士点。1991 年,吉林大学授予 4 人法学博士学位,但考虑到当时"法学"门类下包括了"法学""政治学""社会学"三个"一级学科",[147]而同期吉林大学还有政治学理论博士点,因此不能确定这 4 人都是毕业自法学院的法学(刑法学)博士。[148]类似的问题也体现在吉林大学研究生院提供的授予硕士学位分科情况表中。详见表 4－16。

表 4－16　吉林大学授予法学门类博士、硕士学位情况(截至 1996 年 7 月)

学位	1984 年以前	1984 年	1985 年	1986 年	1987 年	1988 年	1989 年	1990 年
硕士	11	16	24	36	34	73	83	47
	1991 年	**1992 年**	**1993 年**	**1994 年**	**1995 年**	**1996 年**		
硕士	64	48	44	66	67	132		
博士	4	1	2	3	4	–		

资料来源：于庚蒲主编:《吉林大学研究生院:庆祝吉林大学建校 50 周年》,1996 年 7 月,第 14、15 页。据笔者记录,1993 年 9 月 12 日举行的开学典礼暨博士学位授予仪式上,共有 29 人获博士学位,但其中并无法学院的。故可知本表中 1993 年的 2 位法学博士学位获得者并非来自法学院。

通过对吉林大学法学院毕业生情况统计表的梳理,可以看出其培养的硕士、博士研究生的整体情况。

表 4－17　吉林大学法学院培养的各类硕士、博士研究生情况(1988－1998 年)

类别	年级	入学时间	人数	性别比(男:女)	备注
硕士研究生	1988 级	1988 年 9 月	38	34:4	
硕士研究生	1989 级	1989 年 9 月	28	20:8	
硕士研究生	1990 级	1990 年 9 月	33	25:8	
硕士研究生	1991 级	1991 年 9 月	31	22:9	
硕士研究生	1992 级	1992 年 9 月	40	30:10	
硕士研究生	1993 级	1993 年 9 月	34	25:9	
在职法律硕士研究生	1993 级	1993 年 9 月	92	65:27	
硕士研究生	1994 级	1994 年 9 月	33	26:7	
在职法律硕士研究生	1994 级	1994 年 9 月	61	44:17	
硕士研究生	1995 级	1995 年 9 月	41	21:20	
在职法律硕士研究生	1995 级	1995 年 9 月	11	6:5	
硕士研究生	1996 级	1996 年 9 月	36	20:16	
在职法律硕士研究生	1996 级	1996 年 9 月	59	35:19	5 人性别不详
法学硕士研究生	1997 级	1997 年 9 月	43	23:20	另有 9 名法律硕士
在职法律硕士研究生	1997 级	1997 年 9 月	66		女生至少 14 人
法学硕士研究生	1998 级	1998 年 9 月	38	15:23	
法律硕士研究生	1998 级	1998 年 9 月	41	21:20	
在职攻读法律硕士学位研究生	1998 级	1998 年 9 月	99	71:28	
在职攻读法律硕士学位研究生(深圳班)	1998 级	1998 年 9 月	19	16:3	
博士研究生(刑法学专业)	1988 级	1988 年 9 月	2	1:1	李洁、李韧夫
博士研究生(刑法学专业)	1989 级	1989 年 9 月	1	0:1	张旭
博士研究生(刑法学专业)	1990 级	1990 年 9 月	1	1:0	张凌
博士研究生(刑法学专业)	1991 级	1991 年 9 月	2	2:0	姜富权、陈志远
博士研究生(刑法学专业)	1992 级	1992 年 9 月	1	1:0	张文志
博士研究生(刑法学专业)	1993 级	1993 年 9 月	2	2:0	邢志人、郑军
博士研究生(刑法学专业)	1994 级	1994 年 9 月	2	1:1	张健、昝启英
博士研究生(刑法学专业)	1995 级	1995 年 9 月	7	7:0	其中法学院教师 3 人
博士研究生(刑法学专业)	1996 级	1996 年 9 月	10	6:4	其中法学院教师 7 人
博士研究生(刑法学专业)	1997 级	1997 年 9 月	9	6:3	其中法学院教师 2 人
博士研究生(刑法学专业)	1998 级	1998 年 9 月	18	16:2	其中法学院教师 2 人

注：本表系笔者根据吉林大学法学院《硕士研究生名录》《博士研究生名录》整理而成。感谢车丕照教授惠示上述名录。从毕业生去向判断，该名录应系事后负责校友工作的部门收集整理的。由其收录的硕士毕业生信息截止到 2006 级来判断，上述名录编成时间应在 2006 年秋至 2007 年上半年之间。

1989 年开始跟从张文显教授攻读法学理论专业硕士学位的姚建宗教授提供了当时吉林大学法学院研究生招考的若干细节：

> 当时吉林大学研究生招生是在职的单独考试的考生和应届考生的录取各占招生指标的一半名额，而我的成绩没有进入民法专业应届考生的前四名，所以就只能接受调剂。我当时给吉林大学法学院的民法学导师写信，希望推荐我到西北政法学院民法专业，那里当时没有民法学的硕士学位授予权，但可以招收硕士研究生，论文答辩到有授予权的学校或者科研机构去进行，最后授予该学校或者机构的学位，这在当时是我国普遍存在的一种现象。那时张文显老师刚从美国回来不久，是首次招收硕士研究生，由于当时吉林大学法学院法学理论专业只有一位考生过了复试分数线，即使加上两位免试推荐的研究生，其六个招生名额还是无法完成，所以，张文显老师决定从报考民法专业而无法被录取的考生中进行选择，而我就是被民法专业的老师推荐到了张文显老师那里。[149]
>
> 我收到了复试通知，但从重庆到东北，这么远的距离，我哪有钱去？加上不太喜欢这种色彩强的专业，所以我就给吉林大学研究生招生办公室发了电报，说明了我的家庭情况及无钱购买火车票的事实。过了几天，吉林大学研招办回电报说，只要我能找一个委培单位就可以不参加复试了。但对于我这样一个农村的孩子来说，经济窘迫，也根本不认识什么人，哪有办法找委培单位？我只好又给吉林大学发了封回电，说明我自己实在无力做到这个要求，因此决定放弃这次读研究生的机会，两年后再考。后来可能还是张文显老师跟吉林大学协调，吉林大学研招办再给我回电说：经导师同意，免复试录取。后来，我就收到了张文显老师的信，同时他还给我寄了几本书，一本是辽宁人民出版社出版的《当代西方法学思潮》，一本是辽宁大学出版社出版的他主编的《法的一般理论》科教书，张文显老师勉励我说他审阅过我的答卷，感觉我具有一定的法学功底，没有必要再浪费两年时间，他嘱咐我还要花一定的时间再系统地补一补法学专业基础知识的课。就这样一个很偶然的机会使我选择了吉林大学、也是这个很偶然的机会让我选择了法学理论学科，并有幸遇到了张文显老师作为自己的导师。[150]

这两段话信息量很大，从中可知：

(1)当时的研究生招生有严格的名额限制，限制不仅表现为各个专业有预设的招生名额，法学院每年录取总数有名额限制，也表现在每年可录取的研究生中还区分在职和应届考生，对其分别设定考试要求，前者可以进行单独命题单独考试，后者则需要参加全国统考。

(2)研究生入学考试分初试和复试两部分。初试以笔试为主，考生可在异地参加统考。复试资格的取得，除了需要通过初试以外，还与考试所报专业招收名额是否用尽有关(免试推荐读研者仍然占用招生名额，而此类人数在招生简章发布时往往并不公布)。复试的人数往往是按实际招生人数的一定倍数确定的。

在确定研究生复试资格问题上，排名规则大致有两种，一种是所谓“小排队”，即按照招生的专业，将所有报考该专业且达到当年录取分数线(通过初试)的考生按降次排序，并按照当年该专业的招生名额确定录取名单。这一做法可能带来的问题是，会造成各专业之间录取分数的不平衡，比如报考 A 专业的考生人数多或其整体分数偏高而录取名额有限，甲考生以 335 分的成绩通过笔试却最终落榜；而报考 B 专业的考试人数偏少或其整体分数走低，而名额却很宽裕，以致乙考生仅以 330 分的压线分数即可获得入学资格。另一种排序规则是所谓“大排队”,即按照当年所有通过初试的考生成绩由高到低排序(有些像银行窗口取号后随机分配柜台窗口),但这种做法的问题是忽视了考生的专业意愿以及各个专业初试试题难易程度的差异,因而会带来更大的问题。所以实践中通行的做法是,在确定复试资格时以专业为单位,对考生初试成绩进行“小排队”,未能取得复试资格但通过初试的考试可以申请被调剂到所报考院系的其他专业,或者被调剂到在其他院校的相同或近似专业(前提是被调入的学校或专业有招生资质和名额)。姚建宗教授的口试经历表明,当时在跨专业调剂问题上,甚至是否需要参加复试面试等问题上,研究生导师的意见至关重要,至于按照何种标准优先从其他何种专业考生中调剂,似乎没有一定之规(当然能被豁免面试也许与当时特殊的时间点有关,因而恐纯属个案,不足为据)。

(3)有资格招收硕士研究生的院校或机构未必有学位授予权,可以借助有授予权的学校或机构招收和培养学生,但在答辩时需要到有资质的学校或机构进行,最后授予的学位也是后者的。

和同年的本科新生需要参加军训类似,包括法学院 1989 级硕士研究生在内的吉林大学同级文科研究生入学后的第一年都被要求到基层去锻炼。时为经济法学专业硕士研究生新生的冯彦君教授回忆说:

> 我读研的时候,刚好赶上国家教委决定文科研究生第一年不上课,统一上工厂,下农村,到基层。因此我们那届一入学就集体去了长春那个很有名的客车厂,下半年就跟着市公安局到农村开展工作,接受实践的考验。这一年对我们最大的坏处,就是耽误了外语的学习,而我们真正学习的时间除去写论文的时间,只有两年都不到。这一年也给我们一些收获,等从农村回来,大家都是摩拳擦掌地报了律(师资格)考(试),那时候 1990 年正好是第三届律考,结果也很令人满意,大家基本都过了。苏惠祥老师那时候是我的导师,从他身上我也学到了很多,学的并不是现在的所谓观念或理念,毕竟环境不同,我学到的是他文字表达的功力……我的毕业论文写的是《经济法的权利义务研究》,当时写经济法理论的文章还很少,1994 年这篇文章有幸在《法律科学》发表了……[151]

同级法律思想史专业的徐岱教授也提到了这次下厂锻炼:

> 研究生期间,第一学期是到长春客车厂进行锻炼,第二学期到农村支教,因此第一年的课程都停下了,对我们的课程学习冲击也挺大的……当时我读研的专业是法律思想史,导师是栗劲老师……吉林大学法律思想史的师资力量非常强。[152]

同级就读于法学理论专业的姚建宗教授亦提到:

> 当时……吉林大学所有的文科研究生被要求下到长春客车工厂锻炼,那时张文显老师就告诉我们:锻炼归锻炼,但在锻炼之余一是要多看看书,二是外语也要认真学。他到了美国之后还专门给我写过两封信,谈了很多他在美国的见闻和感想,同时也告诉了我们很多读书方法。他回国之后,每个月都要找我们去他家里汇报自己的读书心得,他和师母还经常请我们去他家里吃饭。尽管那时他已经担任了法学院副院长的职务,但对我们的要求从来没放松过……在吉林大学法学院,张文显老师应该是第一个要求学生写读书报告的研究生导师。我们那个时候根本不知道怎么写读书报告,张文显老师就一再给我们讲解应该怎么去写。我还记得我写的第一篇读

书报告就是关于博登海默的那本书,为了写好这个报告,我实实在在地把那本书读了将近二十遍。[153]

后来这种下基层学工学农的做法似乎停止了。1987级本科、1991年起跟随崔建远教授攻读硕士研究生的蔡立东教授回忆说:

当时,上晚自习是我们最主要的晚间生活……大家最主要的生活方式就是看书。当时一般我们是六点多钟就到自习室,一直到十点再回寝室。我们多在文科楼自习,崔建远老师就和我们一起自习、看书;中间休息时还会和崔建远老师玩一玩象棋;等到我们下自习回寝,老师也收拾好东西回家。[154]

图4-3　大学时代的蔡立东(左)和韩世远(右)。

图片来源:王维真:《蔡立东院长:未来的舞台属于你们!》,吉林大学法学院"法苑芳华"微信公众号,老故事第一季(九),2016年6月12日发布。韩世远,1969年11月生于江苏省丰县,1987年9月考入吉林大学法律系本科,1991年7月毕业,获法学学士学位。1991年9月起在本校师从崔建远教授攻读民法学硕士研究生,1994年7月毕业,获法学硕士学位。1994年9月至1997年7月,师从梁慧星先生,在中国社会科学院研究生院攻读法学博士学位。1997年7月起,在中国社会科学院法学研究所民法室工作,历任助理研究员、副研究员(1999年9月起)。2001年1月起任教于清华大学法学院,历任副教授、教授(2005年12月起)。获第四届全国十大杰出青年法学家提名奖(2004年)。曾任日本法政大学HIF招聘研究员(2000年10月-2001年9月);德国(汉堡)马克斯·普朗克外国私法与国际私法研究所访问学者(2006年10月-2007年9月,2009年6月-2009年9月);美国哈佛大学法学院富布赖特研究学者(Fulbright Visiting Research Scholar,2014年8月-2015年8月)。兼任国际比较法学会会员(Associate Member of International Academy of Comparative Law, since 2007)、《国际货物销售合同公约》咨询委员会委员(Member of CISG Advisory Council, since 2010)。著有《违约损害赔偿研究》(法律出版社1999年版)、《履行障碍法的体系》(法律出版社2006年版)、《合同法学》(高等教育出版社2010年版)、《合同法总论》(法律出版社,2004、2008、2011、2018年版)。

1993 年开始在张文显教授门下攻读硕士的黄文艺教授回忆的已然都只是学业方面的情况了：

> 本科阶段是自发的学术摸索时期，硕士阶段是接受系统的学术训练时期。吉林大学法学理论专业非常注重对研究生进行规范而系统的学术训练，培养研究生的各种学术能力。当时给我们留下深刻印象的是张文显老师的“西方法哲学”课。这门课有两个特色：第一，要求每个研究生写两万字的读书报告，阅读文本是博登海默的《法理学：法哲学及其法律方法》。通过这种学术训练，我们不仅懂得了如何写读书报告，也懂得了如何进行有效的阅读。第二，考试的方式是口试。一共二十道题，覆盖的范围很广。每人抽两道题，当场回答。这不仅检测了我们对当代西方法哲学知识的把握程度，也训练了我们快速反应和口头表达的能力。[155]

1993 年，除了刑法学博士点，法学院还有法学理理论、宪法学、法律思想史、法律制度史、民法学、刑法学、国际法学和经济法学 8 个硕士点，在校博士研究生 6 名，硕士研究生 103 名。[156]按系别统计，法学系有博士生 6 名，硕士生 38 名。[157]国际法学系有硕士生 16 名。[158]经济法学系有硕士研究生 49 名。[159]

表 4－18　吉林大学法学院 1993 年（5 月前）在校学生情况

系　别	博士生	法学硕士生	本科生	专科生	助教班及进修生	函授生、夜大生
法学系	6	38	202	55	20	－
国际法学系	－	16	65	－	－	－
经济法学系	－	49	217	－	－	－
合计	6	103	477 ＊	55	20	约 1500

资料来源：吉林大学招生办公室编印：《吉林大学：国家教委直属的重点综合性大学》，1993 年，第 54、56－58 页。
＊ 原文如此。比上面各项合计多。

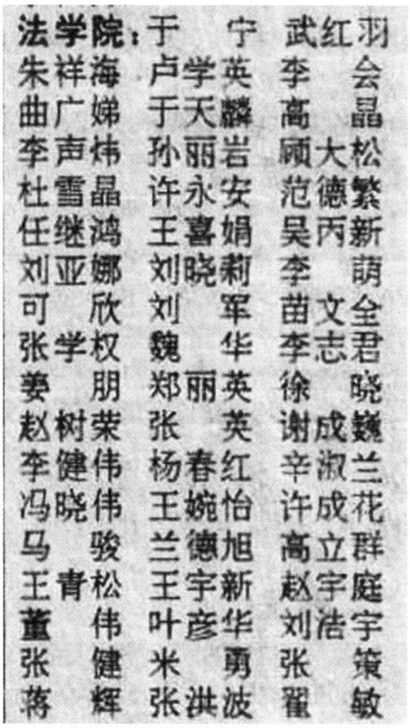
法学院：于　宁　武红羽
朱祥海　卢学英　李　会
曲广娣　于天麟　高　晶
李声炜　孙丽岩　顾大松
杜雪晶　许永安　范德繁
任继鸿　王喜娟　吴丙新
刘亚娜　刘晓莉　李　萌
可　欣　刘　军　苗文全
张学权　魏　华　李志君
姜　朋　郑丽英　徐　晓
赵树荣　张　英　谢成巍
李健伟　杨春红　辛淑兰
冯晓伟　王婉怡　许成花
马　骏　兰德旭　高立群
王青松　王宇新　赵宇庭
董　伟　叶彦华　刘浩宇
张　健　米　勇　张　策
蒋　辉　张洪波　翟　敏

图 4－4　吉林大学法学院 1997 级硕士研究生（法学硕士、法律硕士）名录。

资料来源：《欢迎您九七级新同学 · 硕士生》，载吉林大学校报编辑部编辑《吉林大学》1997 年 9 月 11 日（第 466 期），第 1、4 版中缝。有一人未入学。

1995 年，法学院有博士和硕士研究生 114 名，应用型硕士研究生 140 名，本专科生 560 名，函授生 1700 余名。

1995 年 4 月，国务院学位委员会决定从 1996 年开始试办法律专业硕士学位研究生教育。[160]1996 年 6 月，该学位改称法律硕士专业学位。[161]首批遴选的试点院校包括中国人民大学、北京大学、中国政法大学、对外经贸大学、吉林大学、武汉大学、西南政法大学和华东政法学院 8 所。[162]1997 年 9 月，吉林大学法学院首批 9 名全日制法律硕士研究生（7 男 2 女）入学，与 43 名 1997 级法学硕士研究生（23 男 20 女）编为一个行政班。两类硕士研究生的部分专业课也是一起学习的。1997 年共有 10 名博士研究生入读吉林大学法学院。[163]

以 1997 级法学院民商法专业的法学硕士研究生为例，其学位必修课只有 5 门，其中四

图 4-5　吉林大学法学院成立大会。

摄于 1988 年 9 月 24 日。图片来源：吉林大学法学院资料图片。感谢吕欣老师惠示。

图 4-6　吉林大学法学院挂牌。

图片来源：吉林大学法学院资料图片。感谢吕欣老师惠示。

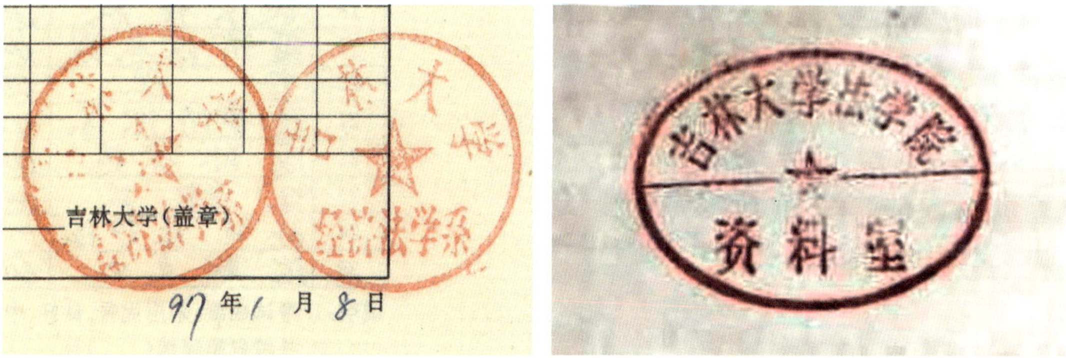

图 4-7　吉林大学经济法学系公章（1997 年 1 月 8 日加盖）及吉林大学法学院资料室藏书章

图 4–8　法律系及法学院老照片一组。

上左图，吉大法律系律师事务分所成立大会；上右图，律所外景。摄于 1985 年 12 月 3 日。图片来源：吉林大学法学院资料图片。感谢吕欣、王立国老师惠示。. 左图中人物：左一孙占茂，左二任振铎，左三人杨树柏（时任吉林大学校党委副书记）。感谢石少侠教授指点。

下，吉林大学法学院教改对话会。摄于 1988 年左右。图片来源：吉林大学法学院资料图片。感谢吕欣老师惠示。图中人物，下左图，坐者左起：石少侠、李鹤、张光博、刘世元、肖景新。下右图，左起：时任法学院委副书记的石少侠老师和时任法学院党委书记的李鹤老师。感谢石少侠教授的提点。

图 4-9　信封上的物理变迁：吉林大学法学院的地址。

上左，20 世纪 80 年代末的吉林大学法学院信封。上右，20 世纪末的吉林大学法学院信封。下左，德恒律师学院信封。长春市春风印刷厂印制，94·9—2000，吉林省邮电管理局监制，证书号：13—1012—普通 6。正面标注地址为：长春市朝阳区前卫路 10 号，邮编 130012。下右，21 世纪初吉林大学信封。

图 4-10　《吉林大学法学院内部规章制度选编》书影
（吉林大学法学院，1999 年 11 月印）

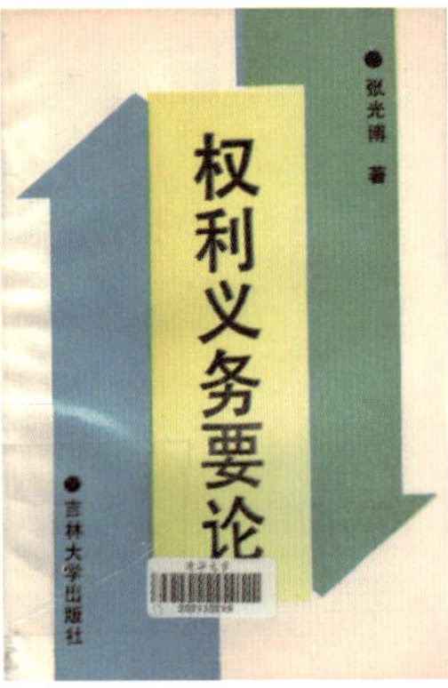
权利义务要论
张光博 著
吉林大学出版社
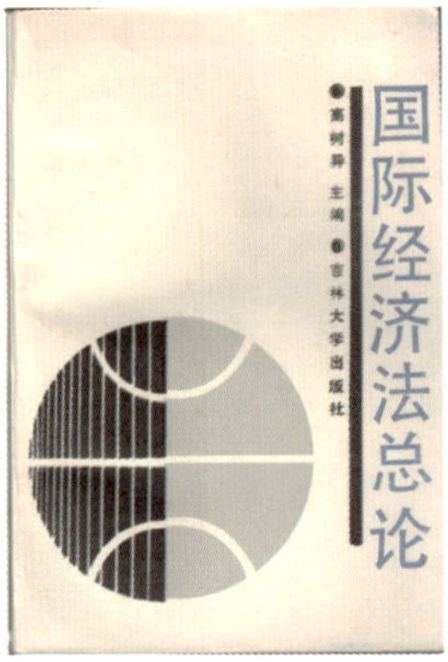
国际经济法总论
高树异 主编
吉林大学出版社

中国刑法之争
吉林大学出版社

民主与法制论集
张光博 著
辽宁人民出版社

比较宪法纲要
张光博
辽宁大学出版社

高格 编著
比较刑法学
长春出版社
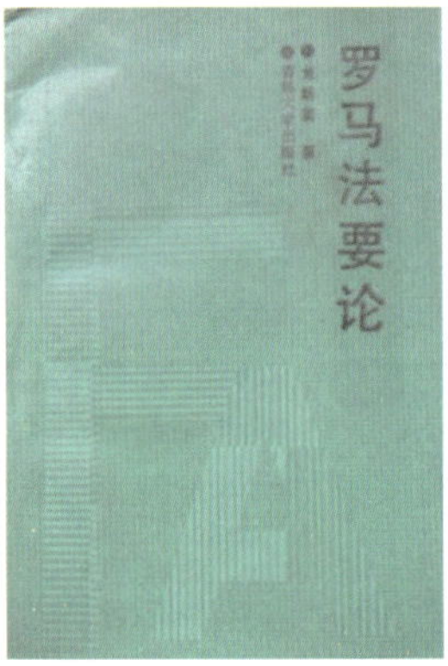
罗马法要论

权力场
中国传统政治智慧研究
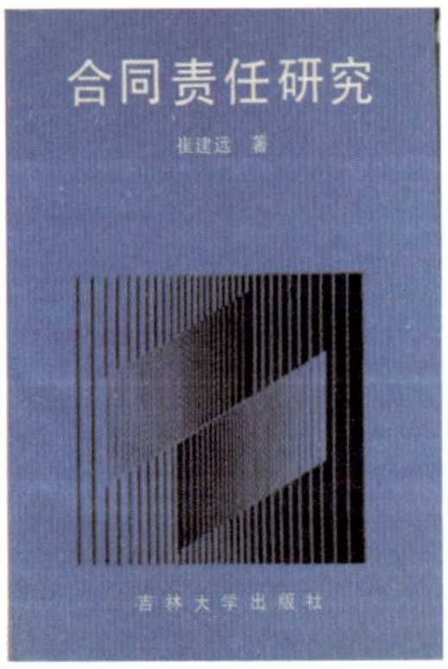
合同责任研究
崔建远 著
吉林大学出版社
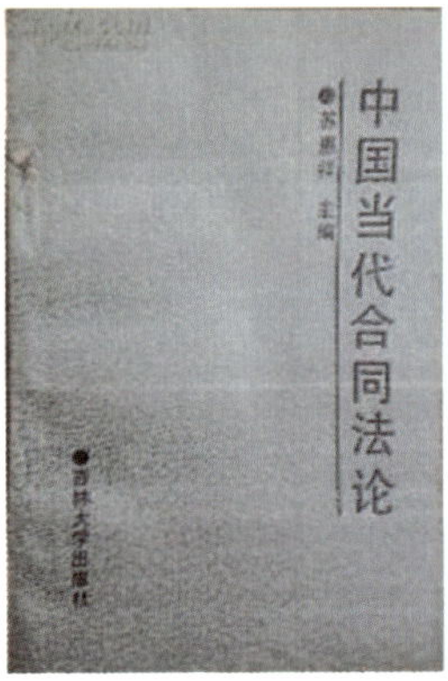
中国当代合同法论
苏惠祥 主编
吉林大学出版社
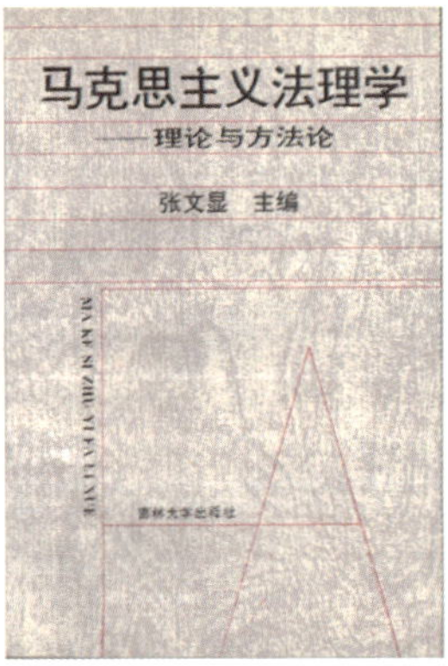
马克思主义法理学
——理论与方法论
张文显 主编
吉林大学出版社
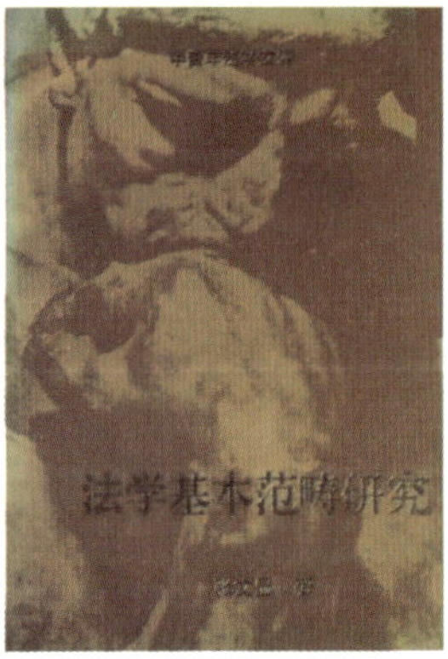
法学基本范畴研究

比较法教程
吉林大学出版社

减免刑事责任理论比较研究
张旭 著
长春出版社

法理学
主编/马新福
吉林大学出版社

车丕照 著
GUOJIJINGJIJIAOWANG
DEZHENGFUKONGZHI
国际经济交往的政府控制
长春出版社

图 4–11　吉林大学法学院教师的部分著作书影。
部分书影由车丕照教授、李志君教授提供，特表感谢。

图 4–12 《中国商法系列》书影

图 4–13 《（世界银行法律援助项目）法学系列文库》书影六种。

前三种封面设计张沐沅。后三种封面设计尹怀远。

图 4–14 吉林大学法学院教师参与编著的部分全国性教科书。

全国高等教育自学考试法律专业教材《民法学》和《民法资料汇编》的书影系王忠教授之女王建玲老师提供。

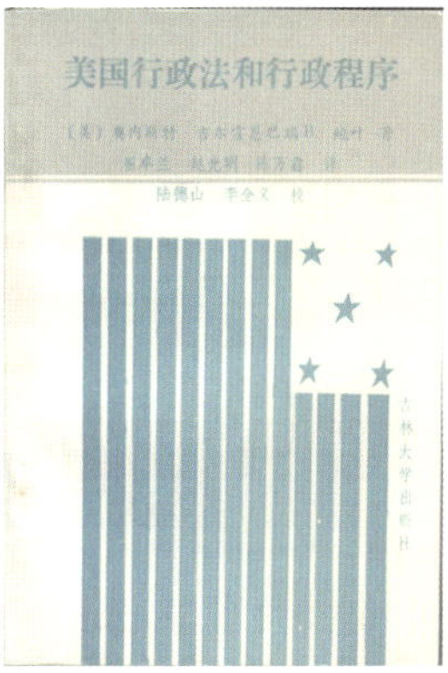

图 4–15　吉林大学法学院部分师生的译著书影。

图片来源：《唐令拾遗》书影取自网络。《美国公司法概论》书影由李志君教授提供。其余据实物扫描。

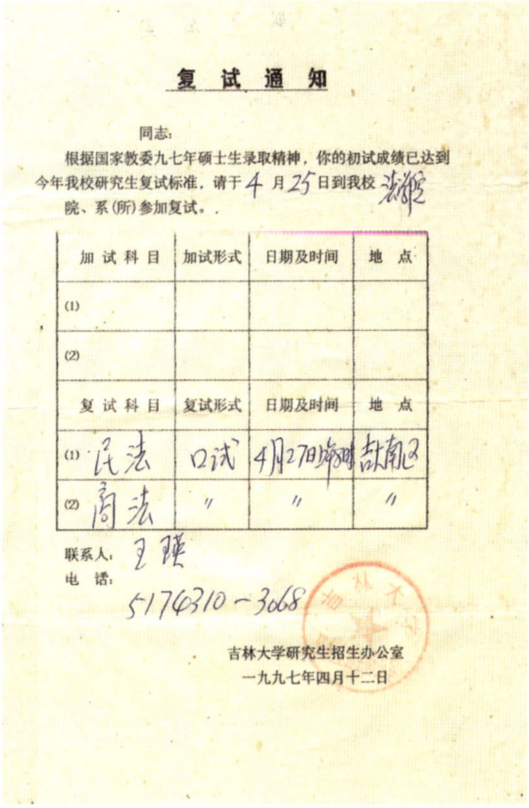

复 试 通 知

同志：

根据国家教委九七年硕士生录取精神，你的初试成绩已达到今年我校研究生复试标准，请于 4 月 25 日到我校 法学 院、系(所)参加复试。

加 试 科 目	加试形式	日期及时间	地　点
(1)			
(2)			
复 试 科 目	复试形式	日期及时间	地　点
(1) 民法	口试	4月27日[illegible]	鼎新[illegible]
(2) 商法	〃	〃	〃

联系人：王[illegible]

电　话：5176310－3068

吉林大学研究生招生办公室

一九九七年四月十二日

图 4–16　吉林大学法学院 1997 年硕士研究生复试通知（1997 年 4 月 12 日，民商法学专业）。被通知人姓名已隐去

门(马克思主义理论、英语、中国民法专论、商法概论)在第一学年第一学期完成，第二学期只有外国民法一门。此外，学生还可以根据自己兴趣完成一定数量的选修课，以满足申请学位所需学分。全部课程在第二学年第一学期结束。之后即可准备论文开题和论文撰写。

表4－19　吉林大学法学院1997级法学硕士(民商法学专业)课程表

课程类别	序号	学期	课程名称	学时	学分	授课教师
学位课(必修)	1	第一学年第一学期	马克思主义理论	72	3	杨魁森(马列部)
	2		英语(第一外语)	108	4	张秀丽(公共外语部)
	3		中国民法专论	72	4	李建华
	4		商法概论	72	4	石少侠
	5	第一学年第二学期	外国民法	72	4	赵新华
选修课	6	第一学年第一学期	经济法原理[a]	54	2	苏惠祥
	7		国际经济法	72	3	车丕照
	8		刑法总论[b]	72	3	吴振兴
	9	第一学年第二学期	日语(第二外语)	108	2	赵福堂
	10		知识产权法	54	3	申卫星
	11		民事诉讼学	72	3	马新彦
	12		英美契约法	54	3	马新彦
	13		刑法各论[c]	72	3	李洁
	14	第二学年第一学期	罗马法	54	3	徐卫东
	15		外国商法	36	2	赵新华

a. 系经济法专业必修课；b. 系刑法学专业课；c. 系刑法学专业课。

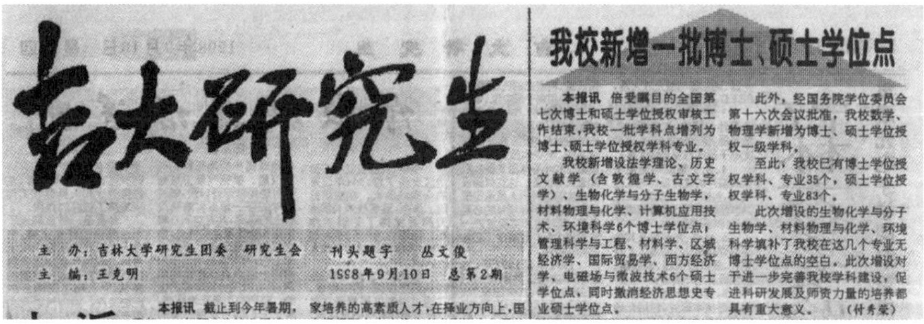
吉大研究生

主　办：吉林大学研究生团委　研究生会　　刊头题字　丛文俊

主　编：王克明　　1998年9月10日　总第2期

本报讯　截止到今年暑期，　家培养的高素质人才，在择业方向上，国

我校新增一批博士、硕士学位点

本报讯　倍受瞩目的全国第七次博士和硕士学位授权审核工作结束，我校一批学科点增列为博士、硕士学位授权学科专业。

我校新增设法学理论、历史文献学（含敦煌学、古文字学）、生物化学与分子生物学，材料物理与化学、计算机应用技术、环境科学6个博士学位点；管理科学与工程、材料学、区域经济学、国际贸易学、西方经济学、电磁场与微波技术6个硕士学位点，同时撤消经济思想史专业硕士学位点。

此外，经国务院学位委员会第十六次会议批准，我校数学、物理学新增为博士、硕士学位授权一级学科。

至此，我校已有博士学位授权学科、专业35个，硕士学位授权学科、专业83个。

此次增设的生物化学与分子生物学、材料物理与化学、环境科学填补了我校在这几个专业无博士学位点的空白。此次增设对于进一步完善我校学科建设，促进科研发展及师资力量的培养都具有重大意义。　（付秀荣）

图4－17　吉林大学新增“法学理论”博士点。

资料来源：《吉大研究生》1998年9月10日(总第6期)，第1版。

经过1998年全国第七次博士和硕士学位授权审核，吉林大学获准新增法学理论等6个博士学位点。[164]到1999年，法学院共有在校硕士研究生598人(含在职攻读法律硕士专业学位)、博士研究生65人。[165]2000年，法学院设有刑法学、法学理论两个博士点，及法学理论、法律史、宪法学与行政法学、刑法学、诉讼法学、民商法学(含劳动法学、社会保障法学方向)、经济法学、国际法学(含国际公法、国际私法、国际经济法方向)、法律硕士专业学位(试点)9个硕士点，在校博士研究生、硕士研究生220名，法律硕士专业学位研究生203名，另有在职攻读法律硕士学位、研究生课程进修班等。[166]

三、其他教育项目

到 1993 年 5 月,吉林大学法学院还有专科生 55 名,助教班学员及进修生 20 名,函授本、专科和夜大生 1500 余名。[167]其中,专科生、助教班及进修生均在法学系名下。[168]1996 年,吉林大学法学院招收的最后一届全日制 3 年制专科生(经济法学专业)中的大部分毕业,少数已转入同级同专业本科班级学习。

1994 年秋,法学院还面向社会招收了一批 2 年制经济法学第二学位学生。[169]到 1999 年,法学院在读函授本科和专科生尚有 1164 人。[170]

第五节

人才培养个案研究:以 1993 级本科生为例

一、1993 级本科生情况统计

1993 年,本是一个平凡的年份。然而这一年以及其前后,恰是中国经济社会体制经历重大转变的时期。1992 年 10 月 12 日,中共十四大报告正式提出:"我国经济体制改革的目标是建立社会主义市场经济体制"。1993 年 3 月,八届全国人大一次会议上,国务院《政府工作报告》指出,要加快建立社会主义市场经济体制的改革步伐。在 90 年代初步建立起我国新的经济体制,今后五年是关键时期。从今年开始力争在加快转换国有企业经营机制、积极发展各类市场、抓紧进行价格改革、进一步改革劳动工资制度、大力推进社会保障和城镇住房制度改革、改善和加强宏观经济管理诸方面取得突破性进展。会议通过了《宪法修正案》,实行社会主义市场经济体制作为国家经济体制改革的目标、模式被写入宪法。1993 年 11 月 14 日,中共十四届三中全会通过了《关于建立社会主义市场经济体制若干问题的决定》。此后,财税制度、金融体制、外贸体制、投资融资体制、价格管理体制、国有企业股份制等改革先后展开。[171]

面对这种时代背景的转换,本节选取吉林大学法学院 1993 级本科生作为样本,希望通过对其学习生活若干细节的考索,一方面留存若干史实,另一方面也希望对宏大历史转型背景下法律教育和法律人才培养模式的变迁及其存在的问题进行初步的探讨。

吉林大学法学院 1993 级本科生于 1993 年 9 月 5 日开始报到,1997 年 7 月 4 日大部离校。入学时共 106 人,分为 3 个专业共 5 个班级:1、2 班为法学专业,3、4 班为经济法学专业,5 班为国际经济法专业。在读期间,转入 10 人(均就读于经济法学专业)。毕业时共 116 人,其中男生 66 人,女生 50 人。按毕业时班级分布,法学专业 1 班 20 人,男生 14 人,女生 6 人;法学专业 2 班 20 人,男生 14 人,女生 6 人。经济法学专业 3 班 26 人,男生 14 人,女生 12 人;4 班 27 人,男生 13 人,女生 14 人。国际经济法学专业 5 班 23 人,男生 11 人,女生 12 人。[172]

表 4－20　吉林大学法学院 1993 级本科生基本情况(单位:人)

序号	指标	法学		经济法		国际经济法	汇总
		1 班	2 班	3 班	4 班	5 班	
1	入学人数	20	20	21	22	23	106
2	入学时男女生比	146	14:6	12:9	11:11	11:12	62:44
3	毕业人数	20	20	26	27	23	116
4	毕业时男女生比	14:6	14:6	14:12	13:14	11:12	66:50

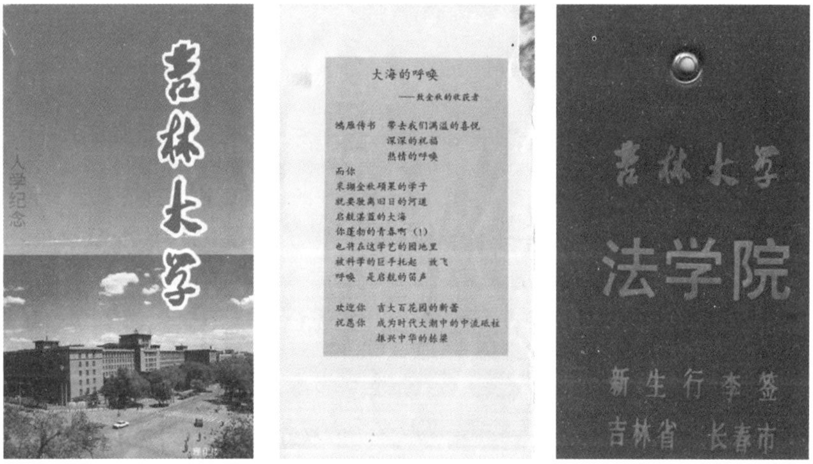

图 4－18　20 世纪 90 年代前期吉林大学录取通知书(封面、封二)及法学院本科新生行李签(塑料质地)

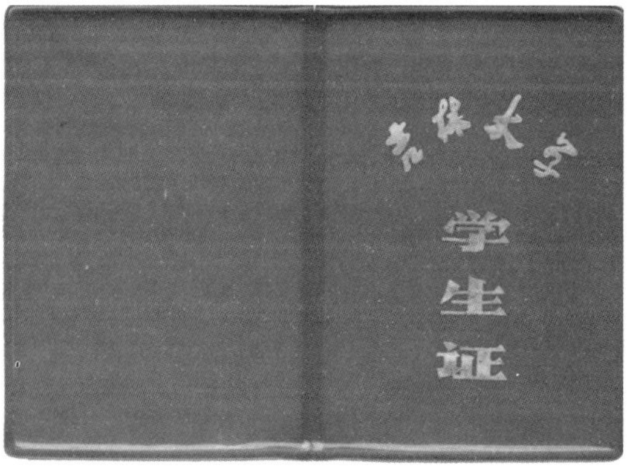

图 4－19　20 世纪 90 年代初吉林大学本科生学生证封面(塑料质地,红底金字)

图 4－20　20 世纪 90 年代吉林大学本科生、硕士研究生校徽。

本科生校徽为白底红字，校名为勾边填色。硕士研究生校徽为蓝底白字（阳文）。均为郭沫若题字。

二、学习生活环境

1985 年 10 月 24 日，吉林大学校务会决定在长春市西南部朝阳区双德乡建设新校区（俗称南区）。1991 年新校区建设一期竣工。8 月 19 日至 24 日，法学院与哲学系首批迁入，25 日正式开始上课。在那之前，吉林大学法学院的学生还都住在吉林大学北区。据 1990 年入读吉林大学法学院的彭诚信教授回忆："那个时候的吉林大学，物质条件比较差。尤其住宿条件很差，12 个人一起住，还住在北区，宿舍的房间光线很暗，住了很长一段时间才习惯下来。"[173]曾就读于吉林大学法学院 1990 级经济法学专业 5 班的赵大春律师也提到，他们 1990 年秋入学时住在吉林大学北区八舍，"吉林大学八舍一个寝室住十二个人，长走廊，隔壁和对面就是女同学寝室"。"双层木头床，每张床头上顺着放一块铁板，就是书架。八舍在我们入学时就已经很老很旧了。厕所经常从棚顶会往下哗哗地漏不明性质的液体。"[174]北区住宿条件不好由来已久。对此，1985 年入学的于莹教授印象深刻：

> 我们当时住在 7 舍，一个大寝室一起住了 13 个人。我和徐岱老师是一个宿舍。我们班总共有 15 个女生，其中两个走读。我们的桌子是那种只带抽屉的大长条，而且还是两个同学共用一个抽屉，我们只能在里面放牙刷、口杯和饭盒。另外，在我们本来就很窄的床上面搁一块书板，用来放书，在书板边上有一个架子，用来放行李，人就睡在书板的下面。床底下就再放一个木箱子。[175]

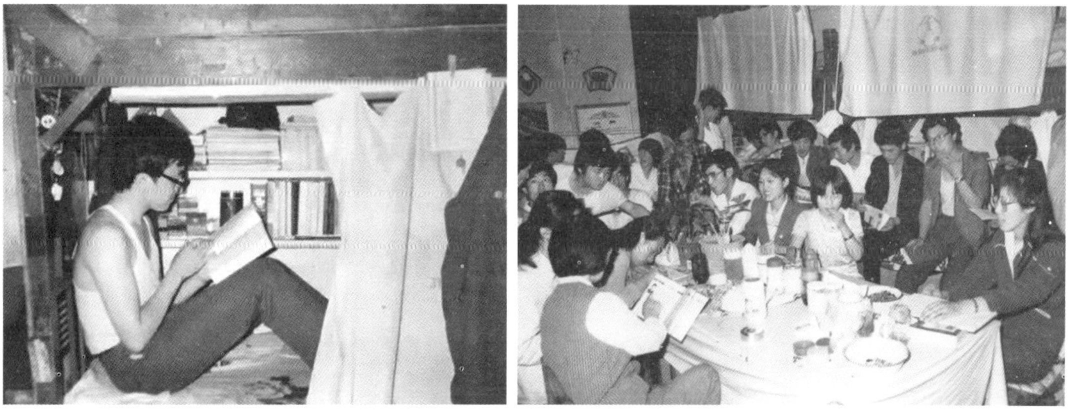

图 4－21　20 世纪 80 年代后期吉林大学法律系学生宿舍内景。

图片来源：左，王维真：《蔡立东院长：未来的舞台属于你们！》，吉林大学法学院"法苑芳华"微信公众号，老故事第一季（九），2016 年 6 月 12 日发布。右，吉林大学法学院资料图片。感谢吕欣老师惠示。

1994 年 11 月的资料显示，吉林大学南区房舍建筑面积 7 万余平方米，"相当于一个中等规模的大学"。[176]当然那是指在加盖了五六座学生宿舍、两座食堂、半个教学楼及阶梯教室后的建筑面积。而在法学院1993级入学时，吉林大学南校区的地面建筑只完成了一小部分，计有：半座教学楼（萃文楼西部，五层）、逸夫图书馆（四层，含另设的报告厅）、西源A食堂和B食堂（均为二层）、学生宿舍楼文苑一舍[177]和二舍（均为六层），另在临近A食堂处有热水房、淋浴室等设施。校园以北有校医院（二层，似由旧有建筑改造）、车库、苗圃，以及数座家属楼，其中一座底层开设有小型商店、邮政代办点、储蓄所、餐厅等商服设施。

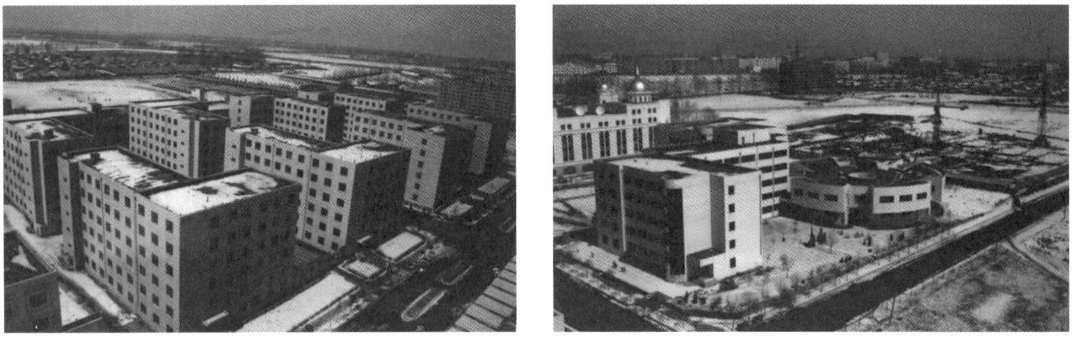

图4-22　吉林大学前卫校区（南区）俯视图。

图片来自网络。拍摄年代应在1998年以后。左，文苑宿舍楼群俯视图。拍摄角度为从综合行政楼上向西北方向俯拍。图中左下角建筑为文苑九舍。与之临近的建筑，由左至右分别为文苑四、三、二、一舍。西侧对应的建筑分别为文苑八、七、六、五舍。图中右上方建筑为家属区住宅楼。右，教学楼萃文楼俯视图。拍摄角度为从综合行政楼上向东北方向俯拍。图中建筑近处呈L部分即为1993级入学时已建成的部分。图中圆形二层建筑为萃文楼的阶梯教室，1994年秋季学期投入使用。两个L部分衔接处还有一层。1999年2月，吉林大学出版社南区书店在荟文楼六楼正式开业。朱虹：《书店走进校园方便南区学子》，载吉林大学校报编辑部编辑《吉林大学》1999年3月11日（第1期，复第507期），第1版。

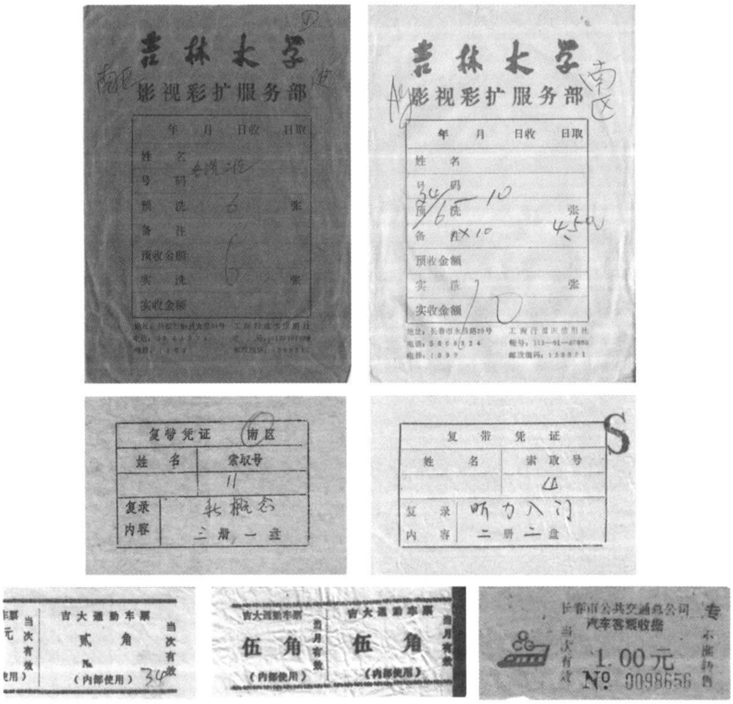

图4-23　吉林大学前卫校区（南区）印记一组。

第一排，吉林大学影视彩扩服务部存放照片的纸袋（20世纪90年代，标注有手写"南区"字样）。第二排，复录磁带凭证两种。第三排，左、中：吉林大学通勤车票（20世纪90年代中后期）；右：连接吉林大学今天前卫校区南区和北区的长春市315路专线汽车客票收据（20世纪90年代后期）。

1992 年就读于吉林大学法学院国际法学专业的何志鹏[178]教授在接受访谈时曾非常精炼地概括了其入学时的校园情况:"当时吉大这个校区(前卫南区)只有两个宿舍、一个图书馆、两个食堂、一个浴池兼开水房,以及一个很小的教学楼,上大课还要在食堂上。"[179]这一景象在 1993 级入学时并没有改变。

直到 1994 年文科院系大规模迁入,[180]南区的条件仍然艰苦。时任南区管委会副主任的张福良副校长即表示:"虽然我们拥有了宽敞的教学楼,明亮的学生宿舍和现代化的图书馆,大大改善了学生生活条件,但是也应看到,由于配套设施跟不上,合理建筑在不合理地使用,还存在诸多的不便和一些困难。"[181]一个至为明显的困难是,很长时间里,南区不通公共汽车。师生出行或者乘坐学校定点班车,从南区到北区,再转换公共交通工具,或者步行半小时至前进农场(前进广场)换乘公共汽车进市区。当时早晨头班班车 7 时从南区家属楼前开往北区理化楼,相当部分乘客是居住在南区、要到北区的中小学上学的教职工子弟。北区头班班车 7:30 开出,基本可以保证授课教师在 8 时前到达南区。上午第一节大课结束后,教师可搭乘 10:15 的班车回北区。中午 12 时还有一班班车由南区开往北区。午后 13 时或 13:30 会有一班班车开往南区。北区下午 16 时有一班开往南区的班车。半小时后还有一班家属专车,但不让学生乘坐。傍晚 17 时和晚 21 时,分别有两班班车开往北区。

> 现在有二十多位工作人员在新馆为读者服务。新馆的工作看起来体面气派,可实际上由于交通不便,配套设施没有完工等原因,南区的工作生活条件远比北区艰苦得多……为了满足读者的需要,综合参考室晚间需要照常开放,也许同学们不知道,晚上参考室关闭后,老师们往往要骑车回家,不会骑车而且年过半百的许光老师上夜班要搭 13 路公共汽车到前进农场,再步行半个小时到新馆。下班则要坐男老师的自行车回来……[182]

师生异地居住、交通不便,明显限制了师生之间的课外交流。比如,1994 年其他文科院系迁入南区之前,晚上在南区绝少有教师举办的讲座。[183]又如 1994 年 2 月底公布的吉林大学第七次选修课程中,包括了人才学、人工神经网络、证券、外语听力、国画、儒道思想等课程,除了"儒道思想"在南区开设外,其余课程都在北区,地理分隔和交通不便极大地妨碍了南区学生选修相关课程。以英语听力为例,其每星期一、三、五晚 18 至 20 时上课,南区学生若选修势必遇到下课后无车可乘的问题,因此索性就不招收南区的学生,除非其能够自行解决住宿(比如家在长春的学生当晚回家)。

直到 1996 年暑期前后,才在某位学生家长的帮助下开通了连接吉林大学南区北门外广场(北源商场)至工农广场的 115 路公交车(后更名为 315 路)。1999 年后,该线路又延长至北校区。

1994 年 8 月,大部分文科院系从北区搬迁至南区。同年 11 月的资料显示,在南区有教职工 940 余人(工作),学生 2800 余人,房舍建筑面积 7 万余平方米。负责南区事务的机构是南区管理委员会,由张文显教授任主任,副主任张福良,秘书长宫志忠,委员包括:刘成林、邢福贵、张文显、张福良、金硕、宫志忠、程树海,下设行政、党务、总务三个办公室。[184]

(一)宿舍

1993 级入学时,吉林大学南区仅有文苑一舍、二舍两幢宿舍楼,均为六层,反 L 型,东西向长,南北向短,正门在东侧连接处。其中一舍由法学院本科生居住。二舍有哲学系本科生宿舍,以及法学院和哲学系研究生宿舍。[185]当时南区的管理机构、校园广播站等也设在二舍一层。

南区的本科生宿舍 4 人一间,室内有两个双层铁架床,另配有木制书桌椅,书桌上方有可移动的书架,室内还有砌在墙内的壁橱。[186]硕士研究生宿舍3人一间,且不必像本科生宿舍那样每晚10:30按时断电熄灯。宿舍楼每层设公共盥洗室和卫生间,虽也设有公共淋浴间,但无热水供应,实际上被保洁人员用作了杂物间。文苑一舍五、六层是女生寝室,以下是男生寝室,但在四层西段会安排若干女生寝室。1996年秋季,甚至在三层最西端也安排了一间女生寝室。政治辅导员的寝室也在宿舍楼内。新生入学时,法学院以系为单位配备政治辅导员,每系一名,统管4个年级,通常由本科毕业留校者担任。同时,还从高年级本科生中遴选新生"班主任"。法学、经济法学系从四年级本科生中选取,国际经济法学系则从三年级本科生中选取。[187]

1996年8月,法学院1994级本科男生宿舍迁至文苑四舍。1998年8月底,吉林大学南北区同时进行本科生宿舍调整。南区本科生男女生分楼居住,文苑一、二、五、六舍为男生宿舍,三、四、七、八舍为女生宿舍。文苑九舍为研究生宿舍。

吉林大学法学院1993级本科生从入学起即入驻南区,住宿条件相对好于北区的同级学生。但正因如此,从新生军训开始,宿舍条件良好就一直被当作对外展示、宣介的看点。频繁地检查宿舍卫生亦被当作一种羁縻的手段。其间,不乏诸如毛巾不允许在室内晾晒、而必须将其叠好并与牙具一起放置在脸盆中,床下不允许存放箱笼物品,标配的敞开式书桌抽屉中所放物品不能被来访者看到,书架上的书籍的外观(主要是书脊)必须完好、美观否则就会被检查者随意丢弃等形式主义的做法。

(二)食堂

1993级入学时南区的食堂建筑共有A、B两座,实际用作餐厅的只是A食堂(亦称西源一餐厅)。A食堂一层有售饭窗口,以及部分圆形连凳餐桌,每张桌子可同时容纳12人就座,二层主要用于就餐。B食堂一层临近A食堂的部分另设有可以零点的"小炒"灶。

图4-24 吉林大学法学院学生在南区校园生活旧照一组。

上左,吉林大学南区A食堂一层内景。摄于1996年6月。其时就餐需自带餐具,图中临近柱子处可见租给学生存放餐具的铁皮碗柜。上右,在吉大南区B食堂二层举行的法学院纪念一二·九文艺表演赛现场。约摄于1993年。图中人物为法学院1992级国际经济法学专业的何志鹏。图中可见水池、连椅桌。后者正是当时上课所用设备。下左,吉林大学法学院1993级本科经济法3班部分同学在南区文苑一舍门前的合影。摄于1997年6月。感谢代云龙兄惠示。图中人物,第一排,杨家乾;第二排左起,吴丹、杨杉、魏华、何远春、石志宇、代云龙;第三排左起,杨长红、于宁、付天虹、才玉莹;第四排左起,陶峰、张海东、董凯、李红建。下右,萃文楼外法学院院牌前的合影。摄于1996年6月。人物背后墙上可见"吉林大学法学院""德恒律师学院 Deheng College of Lawyer""美国研究中心"等牌匾。

当时的南区食堂在校内率先使用了信誉卡微机售饭。预付费的光电卡饭卡取代了饭票。据说饭卡最初使用时每次都需要输入密码。[188] 但 1993 级入学时正常刷卡已无需输入密码。饭卡遗失可补办,1995 年 4 月时的工本费为 15 元。

北区食堂至迟在 1994 年春季学期还在使用饭票。就读于 1990 级经济法 5 班的赵大春律师曾提到:

> 我们入学的时候在食堂是要用粮票的,对,就是粮票,计划经济的最后阶段,还分粗粮票和细粮票,粮票在大学周围的地摊和小店是可以作为低面值货币流通的,是可以换豆腐串的哈。我们男同学都是十八、九的小伙子,国家发给我们的细粮票,就是一个字:不够吃。国家实行计划经济,班长也在班里实行计划经济。女同学吃得少,节省下来的粮票按月集中上缴,班长再分配给男同学……女同学本来人数就少,自己也要吃饭,节省的粮票解决不了当时男同学的全部需要,但男同学能省点儿是点儿,攒下的钱还要买本全班一起看的书,买点全班一起喝的酒哪。[189]

而 1985 级法学专业的徐岱教授则回忆说,“同学之间的感情很好,每个月女生多下来的饭票都会给男生,我们没有人会把多余的饭票拿去兑现的”。[190] 笔者以为,赵大春律师文中提到的可以在学校食堂和周边地摊、小店流通的“粮票”应为学校制发的“饭票”。现在存留的吉林大学 1986、1988 年版塑料制粗、细粮饭票可以作为实物证据。其间交易过程或许是:国家粮食部门按教育部门提供的在学人数向学校拨付用量指标(可以表现为粮票)并平价供应粮食,再由学校后勤部门按学生粮食定量每月向其发放等额饭票,学生凭饭票在食堂消费。周边小贩换取饭票后,可以通过特殊渠道从食堂换取细粮,再出售牟利。当然,到 1993 级入学时,由于粮食供应已经放开,因此学生在北区食堂使用的饭票需要自行购买,一如南区学生要给饭卡预先充值才能在食堂就餐一样。不过,据笔者 1994 年的有限观察,学生仍可以凭借食堂饭票在周边小摊购买(换取)食物。这究竟是计划经济下养成的思维定式和行为习惯使然,抑或是仍然有某种粮食供应双轨制造成的价差诱致的结果,不得而知。无论怎样,北区食堂伙食样式品种丰富则是确定的,比如早餐可以吃到油条和豆腐脑。

图 4-25　吉林大学学生食堂饭票五种(塑料质地)

南北两区食堂支付方式上的“一校两制”带来的最直接后果是,南区的学生到北区办事(如跨院系选修课程、到图书馆查找资料、参加学生活动、就医)却无法在学生食堂就餐,客观上阻碍了两个校区之间的正常交流。

1996 年秋季学期,学校在南区开始征收开水费,学生需提前购买五枚一联、数联一本的“开水票”,

每枚开水票面值 5 分，初期上面加盖有红色戳记。打开水时，每瓶须交开水票一枚。这也让 1993 级学生补上了凭票购物（水）的经历。但同期的水质实在太差。

1994 年夏，大部分文科院系从北区迁入南区后，B 食堂二层的教室功能不复存在，改为了规模更大的小炒专区。不过，食堂充当教室的传统却仍然得以保留。直到 20 世纪末，由于院系和学生人数都增加了，自习教室明显不足，因此每到晚间，便将食堂二层开放给学生自习。那时饭桌已改为一桌四座固定连体式。自习时，少则斜对角坐两人，多则一桌挤下四人。冬季由于通风不好，室内充满食堂特有的捂浊味道。

到 1997 年 8 月秋季学期开学，已有 A、B、C 三座食堂投入使用。其中，A 食堂经过了重新装修，C 食堂也推行统一的餐具，不再需要学生自带餐盆。[191]

吉林大学招生办公室印发的《吉林大学新生入学通知》（1993 年 6 月 30 日）提示新生报到时“须带户口迁移证、身份证和粮油关系转移证。如果没有身份证，须在户口迁移证上注明‘未办’的字样。粮油关系转移证需注明原地区停止供应粮油时间，从九月一日开始由学校供应。”[192]由此可知，当时的身份证并非证明身份的唯一法定证件，而计划时代的粮油定量供应制度及其衍生物“粮油关系转移证”也还被强调和要求提供，尽管粮油销售已然市场化了。

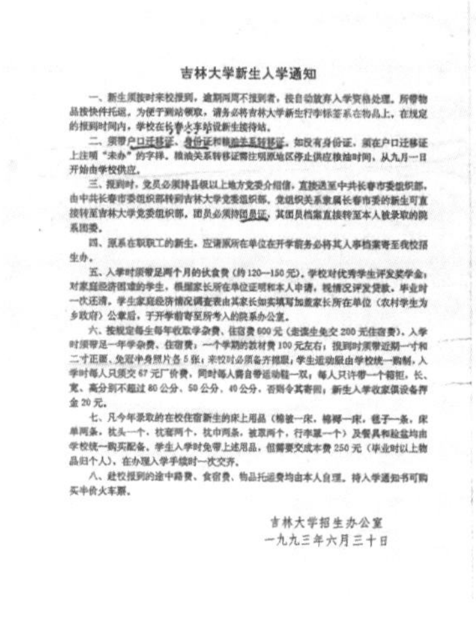

吉林大学新生入学通知

一、新生须按时来校报到，逾期两周不报到者，按自动放弃入学资格处理。所带物品按快件托运，为便于到站领取，请务必将吉林大学新生行李标签系在物品上。在规定的报到时间内，学校在长春火车站设新生接待站。

二、须带户口迁移证、身份证和粮油关系转移证。如没有身份证，须在户口迁移证上注明“未办”的字样。粮油关系转移证需注明原地区停止供应粮油时间，从九月一日开始由学校供应。

三、报到时，党员必须持县级以上地方党委介绍信，直接选至中共长春市委组织部，由中共长春市委组织部转到吉林大学党委组织部。党组织关系隶属长春市委的新生可直接转至吉林大学党委组织部。团员必须持团员证，其团员档案直接转至本人被录取的院系团委。

四、原系在职职工的新生，应请原所在单位在开学前务必将其人事档案寄至我校招生办。

五、入学时须带足两个月的伙食费（约 120—150 元）。学校对优秀学生评发奖学金，对家庭经济困难的学生，根据家长所在单位证明和本人申请，视情况评发贷款，毕业时一次还清。学生家庭经济情况调查表由其家长如实填写加盖家长所在单位（农村学生为乡政府）公章后，于开学前寄至所考入的院系办公室。

六、按规定每生每年收取学杂费、住宿费 600 元（走读生免交 200 元住宿费）。入学时须带足一年学杂费、住宿费，一个学期的教材费 100 元左右；报到时须带近期一寸和二寸正面、免冠半身照片各 5 张；来校时必须备齐棉服，学生运动服由学校统一购制，入学时每人只须交 67 元厂价费，同时每人需自带运动鞋一双，每人只许带一个箱扭，长、宽、高分别不超过 80 公分、50 公分、40 公分，否则令其寄回；新生入学收家俱设备押金 20 元。

七、凡今年录取的在校住宿新生的床上用品（棉被一床，棉褥一床，毯子一条，床单两条，枕头一个，枕套两个，枕巾两条，被罩两个，行李罩一个）及餐具和脸盆均由学校统一购买配备。学生入学时免带上述用品，但需要交成本费 250 元（毕业时以上物品归个人），在办理入学手续时一次交齐。

八、赴校报到的途中路费、食宿费、物品托运费均由本人自理。持入学通知书可购买半价火车票。

吉林大学招生办公室
一九九三年六月三十日

图 4－26　随录取通知书寄发的《吉林大学新生入学通知》（1993 年）

图 4－27　使用吉林大学逸夫图书馆图案的 201 校园电话储金卡（长春电信局 1998 年 5 月发行，面值 20 元）及外套封。 储金卡正面图案为吉林大学区前卫校区（南区）逸夫图书馆，并有“庆祝校园电话网开通！”“980517”字样。另据《吉大研究生》报报道，“南区 10 幢学生宿舍的 1446 部电话已于 5 月 15 日 14 时正式开通，同学们拨打电话使用校园电话卡（201 卡），设有个人账号和私人密码，可直拨国内国际长途。市话 0.19 元/分，长途电话费与国家标准相同。”《直拨电话走入南区学生宿舍》，载《吉大研究生》1998 年 5 月 27 日（第 1 期，创刊号），第 1 版。

（三）教学楼

教学楼呈“L”形，五层，是未来“W”形建筑的一部分（“W”中部突出部分还连接着二层圆形阶梯教室群）。L 形建筑南北走向一侧四层以上及三层的一部为当时法学院的办公室。其余为教室。萃文楼 102 教室（一间转角处的小屋）可以代为翻录英文磁带。最大的 218 教室，仅能同时容纳几十人，因此另辟西源食堂 B 座二层作为上大课的教室。大型集体活动，如文艺比赛、舞会等，也在那里举行。那里的桌子，除了第一排的是能够挪动的单人小课桌以外，从第二排起，都是连体式的，即前排的椅子连着后排的桌子，且是大长条桌凳，一排可以坐下七八人。黑板位于二层水槽前方。进出二楼的道路有两条，一条是从户外侧面楼梯直达二层，进出通道在教授身后；第二条进路须经由 B 食堂一层大厅。

教学楼的另一半 L 型建筑和阶梯教室要到入学一年后的 1994 年 8 月文科院系大部迁入南区后才

投入使用，部分教室临时辟为各院系办公室。1998 年，12 层的综合行政楼建成后，在 W 形教学楼中的各院系办公室陆续搬出。

（四）图书馆

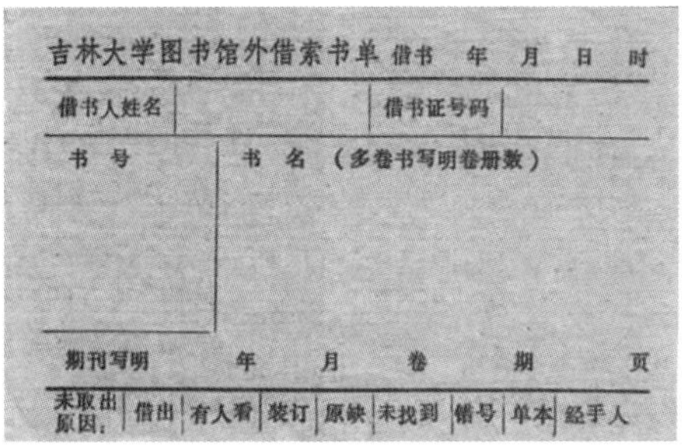

吉林大学图书馆外借索书单　借书　年　月　日　时

借书人姓名　借书证号码

书号　书名（多卷书写明卷册数）

期刊写明　年　月　卷　期　页

未取出原因：　借出　有人看　装订　原缺　未找到　错号　单本　经手人

图 4－28　吉林大学图书馆外借索书单（20 世纪 90 年代前期使用）

逸夫图书馆一度是吉林大学南区的标志性建筑，图书馆圆形外墙上大字书写的馆名正对着东北面的校门。该馆利用了香港知名人士邵逸夫先生捐赠的 1000 万港元，以及国家教委 480 万元人民币配套资金建成。由东北建筑设计院设计，于 1988 年 7 月开工，1990 年 11 月初竣工。图书馆所用铁制书架由江苏盐城师专设备厂生产，木制家具订购自哈尔滨木器厂和吉林市木器厂。1991 年 4 月 7 日，逸夫图书馆举行了落成典礼，同年 8 月 26 日正式投入使用。[193]

该馆包括 5 个书库、8 个阅览室，以及听音室、计算机房，“按照设计能力，不仅现有文科藏书 140 万册全部将在新馆中找到自己的安身之所，而且在按预算未来 10 年馆内增加的 30 万册藏书也都可以上架收藏”。[194]但在启用初期，法学院资料室使用了一层的部分空间，图书馆实际迁入图书不过 25 万册左右。

图书馆附设有报告厅，大致有 200 多个座位。除了可以用于新生入学教育、举办讲座外，一些学生活动也会在那里举行。图书馆外临近教学楼萃文楼的下沉广场亦是夏季举行学生露天演唱会、舞会的场所。此种设计未免失当，户外活动的音响会严重干扰到在图书馆和教学楼中学习的同学。

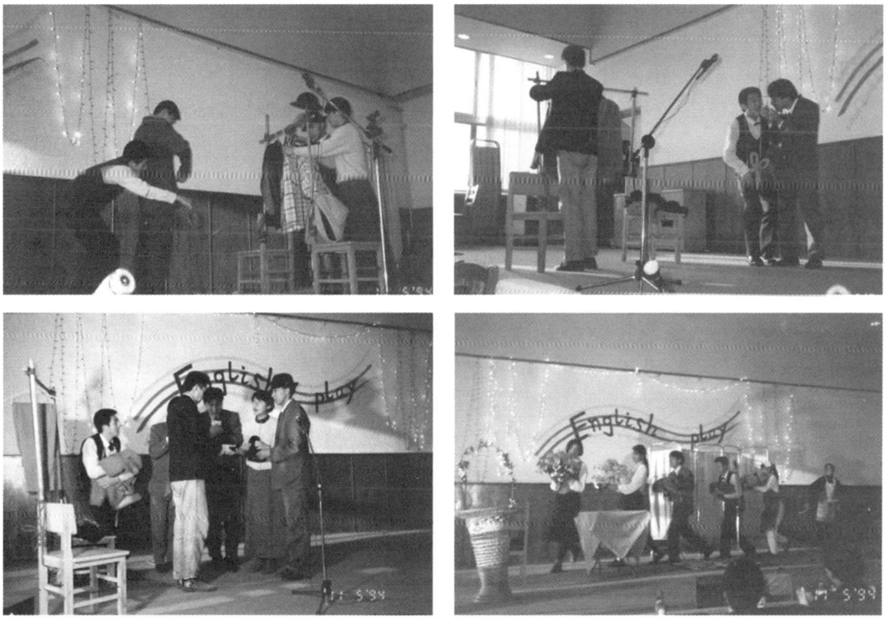

图 4－29　吉林大学学生会主办、法学院外语协会和经管学院外语协会联合承办的外语话剧赛上法学院外语协会选送英语戏剧《百万英镑》剧照（1995 年 11 月 5 日，吉林大学南区逸夫图书馆报告厅）。该剧剧本由冯瑶（1993 级国际经济法学专业 5 班）改编；导演侯颖丽（1992 级经济法学专业）；主演苏长明（饰亨利，1993 级经济法学专业 3 班）。法学院外语协会成立于 1991 年。前七任会长分别为：孟若湘（1988 级经济法学专业）、苟海波（1989 级法学专业），朱江煜（1990 级国际法学专业）、孙春华（1991 级经济法学专业）、侯颖丽、苏长明、潘红艳（1994 级经济法学专业）。

图4-30　吉林大学法学院 BLUE乐队旧照一组。1995级国际经济法学专业本科生赖润华摄于1998年6月。左,BLUE乐队在萃文楼与逸夫图书馆之间的下沉广场演出。中,演出现场照。图片正中人物为1995级国际经济法学专业本科生姜灏。据他回忆,该次演出应系1994级经济法专业刘浩参同学毕业纪念演出。姜灏是BLUE乐队第10任队长,第6至第9任队长分别是:陈长斌(1991级法学专业)、陈英志(1992级经济法学专业)、李学礼(1993级法学专业1班)、刘浩参。右,BLUE乐队在萃文楼内排练照片。另从左图中图书馆大门上方"把吉林大学建成一流的社会主义大学"题词亦可推知,该组照片拍摄于1997年夏之后。从右图乐队在萃文楼内排练情况看,应在1998年夏其他文科迁往南区之前。

(五)收费与奖助学金

1. 学费与住宿费

20世纪80年代末到90年代初,中国社会正处在一个急速的变革期。据1989年开始在吉林大学法学院读本科的黄文艺教授回忆:

> 1989级大学生经历了从计划经济到市场经济的重大变革。一项变革是粮票的取消。我们上大学的前三年还要用粮票到食堂打饭,到了第四年就取消了粮票。另一项变革是收学费。从1989级大学生开始,全国高校开始向学生收取学费。当时一年学费是400块钱。那时的400块钱大约相当于现在4000块钱吧。[195]

其中学费的具体数字可能有误。《法学院91级本科生收费清单》(1991年9月7日)显示,收取的费用包括:学杂费(即学费)200元,行李费200元,家具押金(毕业时结算退还)20元,寝室门钥匙押金(毕业时交回退款)5元,校医院体检费(4年一次收齐)10元,医疗手册2元,办理身份证、户口等3元,床帘2元,合计442元。[196]吉林大学财务处1991年9月6日出具的《吉林省高中等专业学校接受委托办学进修统一收据》也显示,收取"91学年学杂费""贰佰元正"。[197]法学院1992级本科生除了缴纳每人每年300元的学费外,还需缴纳住宿费每人每年150元。[198]法学院1993级本科生每年缴纳的学费和住宿费分别是400元和200元。[199]吉林大学招生办公室《吉林大学新生入学通知》(1993年6月30日)提示:

> 五、入学时须带足两个月的伙食费(约120-150元)。学校对优秀学生评发奖学金,对家庭经济困难的学生,根据家长所在单位证明和本人申请,视情况评发贷款,毕业时一次还清。学生家庭经济情况调查表由其家长如实填写加盖家长所在单位(农村学生为乡政府)公章后,于开学前寄至所考入的院系办公室。[200]
>
> 六、按规定每生每年收取学杂费、住宿费600元(走读生免交200元住宿费),入学时须带足一年学杂费、住宿费;一个学期的教材费100元左右……来校时必须备齐棉服;学生运动服由学校统一购制(置),入学时每人只须交67元厂价费,同时每人需自带运动鞋一双……[201]
>
> 七、凡今年录取的在校住宿新生的床上用品(棉被一床、棉褥一床,毯子一条,床单两条,枕头一个,枕套两个,枕巾两条,被罩两个,行李罩一个)及餐具和脸盆均由学校统一购买配备。学生入学时免带

上述用品,但需要交成本费 250 元(毕业时以上物品归个人),在办理入学手续时一次交齐。[202]

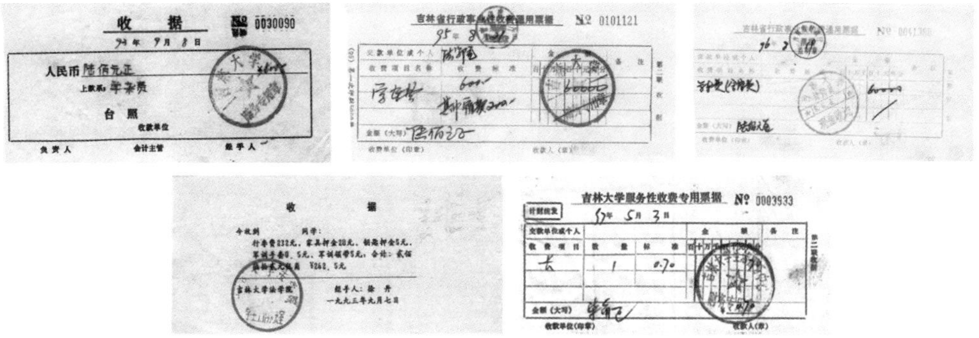

图 4－31　吉林大学收据一组。付款人姓名已隐去。上排,1993 级本科生学杂费收据(1993 年、1995 年、1996 年)。下排,左,1993 级入学报到时缴纳杂费收据。右,长途电话收据。

1994 级法学院本科生每人每年学费涨至 800 元,住宿费 400 元。同级的德恒律师学院本科生每人每年学费为 2500 元,从第二学年起降至 2100 元;住宿费与法学院同级学生相同。而 1995 级本科生因专业的不同,所缴纳的学费也不相同:法学、经济法专业每人每年学费 1000 元,国际法专业和德恒律师学院学生每人每年 2100 元;住宿费不分专业每人每年 400 元。[203] 法学院和德恒律师学院 1996 级本科生的学费都是每人每年 2500 元,年住宿费 500 元。

这一时期,针对学生的收费其实不止学费与住宿费。以 1993 级第一学期的收费为例,1993 年 9 月 6 日,新生报到后即须到文苑一舍 325 室缴费。吉林大学法学院学生工作办公室出具的《收据》显示,具体项目包括:行李费 232 元、家具押金 20 元、钥匙押金 5 元、军训手套 0.50 元、军训领带 5 元,合计 262.5 元。[204] 实收 265 元。统一配发的行李包括:棉被 1 床、棉褥 1 床,毯子 1 条,床单 2 条,枕头 1 个,枕套 2 个,枕巾 2 条,被罩 2 个,行李罩(白色的确良质地布单)1 条,搪瓷饭盆 2 个,不锈钢勺 1 只,搪瓷脸盆 1 个。8 日,向法学院学生生活管理委员会支付金龙卡(饭卡)押金 20 元、预存餐费 20 元,塑料晾衣架(5 个,或还包含塑料壳暖水瓶 1 只)13 元,合计 53 元。10 日,学生注册时缴纳学费 400 元、住宿费 200 元,另交付运动服款 68 元、教材费 6.80 元、团费 2.00 元、学生处收费 24 元(用途不详)。实收 701 元。且除学费住宿费提供了收据(名目为“学杂费”)外,其余款项均未提供收款凭据。12 日,交付预订书款 103.7 元。15 日,补交课本费 0.5 元(之后还补收过预订书款 2.5 元)。18 日,交纳户籍关系迁移手续费 6 元、校医院医疗证(及体检费用)20 元、背包带款 3.5 元,另有租用食堂的餐柜(用以存放饭盆)押金 2 元(配锁钥一套,毕业时实际以锁钥冲抵押金)、租金 0.5 元。10 月 25 日、28 日又分别补交预定书款 21 元和 5 元,27 日收取身份证照片费 13 元。显然,当时采取的是非一次性收足的“敲牛皮糖”式的零星收费方式,实际收费项目并未全部在随录取通知书寄发的《吉林大学新生入学通知》中提示。撇开账目不清(找零不实、不提供收据)等问题,单就多次、多头收费而言,也足以暴露出财务管理手段落后和服务意识差的问题。在大学一年级甫一入学即付全款预订的教科书,后来未必为授课教师采用,或者由于培养方案调整或者因为法律修改内容过时,变得无用。而真正为教师推荐的教科书,学生却往往无从买到,甚至无法从图书馆中借得。此举更说明了教材服务等后勤保障部门与一线教学部门之间在工作衔接上存在不足,尚无法实现无缝对接的现实。

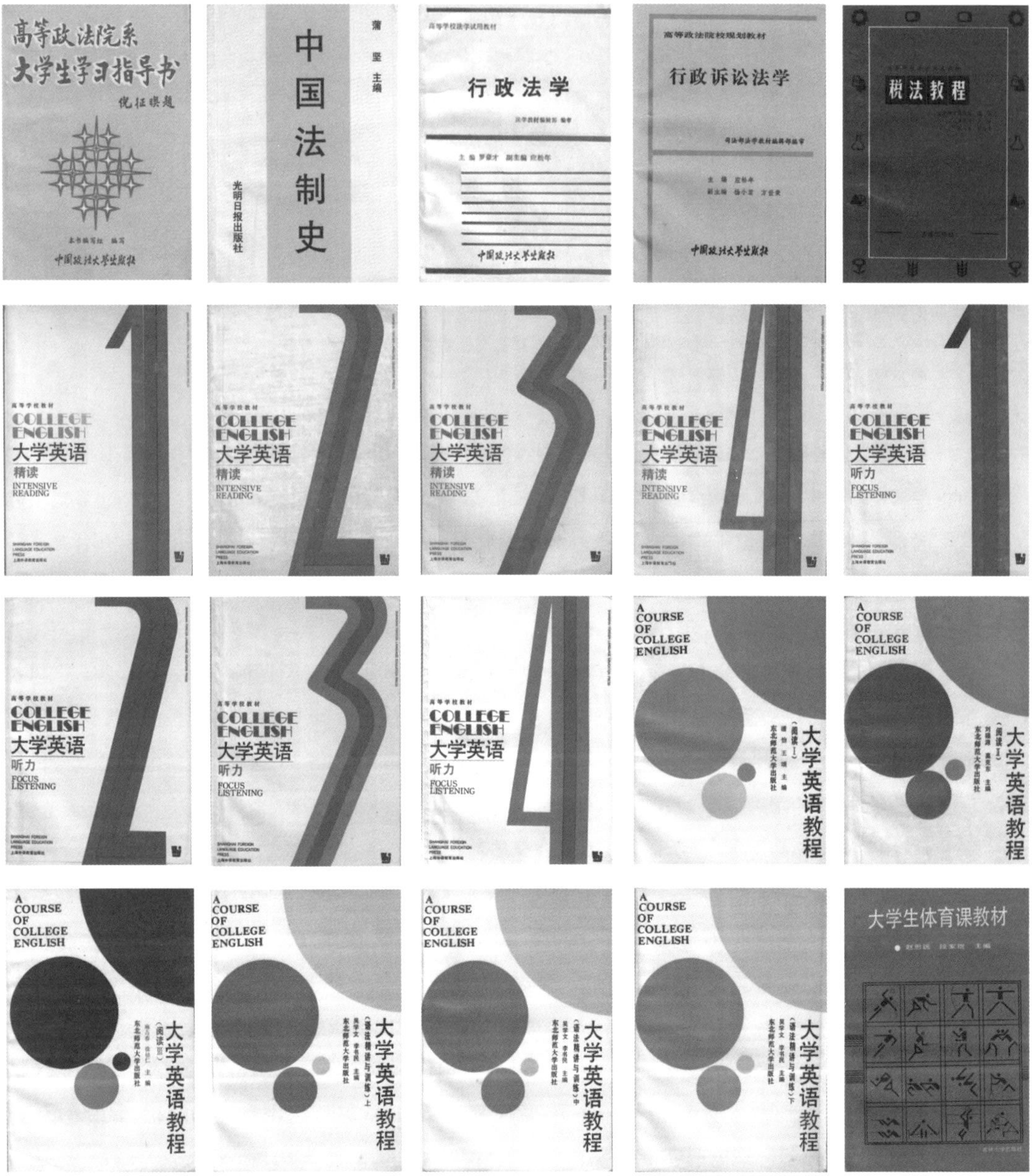

图 4－32　吉林大学法学院 1993 级本科生统一订购教材 20 种。

《税法教程》为经济法专业教材,订购,但未用。上海外语教育出版社版《大学英语·听力》《大学英语·精读》为 16 开本。《(高等政法院校规划教材)行政诉讼法学》封面设计者为沈飚。《高等政法院系大学生学习指导书》(本书编写组编写,中国政法大学出版社 1992 年 7 月版)封面设计者为岱元。《大学英语教程》封面设计者为王帆。《大学生体育课教材》(赵思远、段家琨主编,吉林大学出版社 1992 年 5 月版)封面设计者为赵长玖。

2. 奖学金

虽然建设社会主义市场经济的目标在 1992 年确立，但落实到具体制度和实践操作层面还要更迟一些。到 1993 级本科生入学时，从计划经济到市场经济的转变仍然方兴未艾。前述入学需转粮油关系即是一例。此外，教育收费虽已开始，但计划招生、计划分配仍然保留，奖、助学金标准也还是旧的。

对于 1993 级而言，“优秀学生奖学金”（俗称学年奖学金）作为最主要的奖学金项目，[205]其奖金标准沿袭上一年级标准，一等奖 350 元，二等奖 200 元，三等奖 120 元。1994 年底，吉林大学学生会生活管理委员会办的《校园生活》上刊发的一篇文字假借家书形式讽喻学生中得到奖学金后大吃大喝以至得奖人入不敷出的现象，其中提到：“我所定奖学金级别为三等，数目为 120 元”。[206]而到了 2000 年，吉林大学的本科生奖学金体系已然蔚为壮观。其中，学年奖学金一等奖 2000 元（获奖者占学生数的 6%），二等奖 1000 元（占学生数的 12%），三等奖 500 元（占学生数的 20%）。[207]这一金额标准实际自 1995 级以来一直是适用的。[208]

除了按学年评定的优秀学生奖学金外，还有针对各省高考成绩前 30 名的一次性的新生奖学金，一等奖 1000 元，二等奖 500 元。法学院 1993 级本科新生奖学金得主主要都集中在国际经济法专业 5 班。

表 4－21　吉林大学法学院 1991 级至 1996 级本科生学费、住宿费、奖助学金比照表

<table>
<tr><th rowspan="2">年级</th><th rowspan="2" colspan="2">学费</th><th rowspan="2">住宿费</th><th rowspan="2">助学金[a]</th><th colspan="3">优秀学生奖学金(学年奖学金)</th></tr>
<tr><th>一等奖</th><th>二等奖</th><th>三等奖</th></tr>
<tr><td>1991</td><td colspan="2">200</td><td>0</td><td>15/18</td><td>350</td><td>200</td><td>120</td></tr>
<tr><td>1992</td><td colspan="2">300</td><td>150</td><td>18/21</td><td>350</td><td>200</td><td>120</td></tr>
<tr><td>1993</td><td colspan="2">400</td><td>200</td><td>18/21</td><td>350</td><td>200</td><td>120</td></tr>
<tr><td rowspan="2">1994[b]</td><td>法学院</td><td>800</td><td rowspan="2">400</td><td>–</td><td>1200</td><td>800</td><td>500</td></tr>
<tr><td>德恒</td><td>2500\2100</td><td>–</td><td>2500</td><td>1200</td><td>800</td></tr>
<tr><td rowspan="2">1995[c]</td><td>法学、经济法</td><td>1000</td><td rowspan="2">400</td><td rowspan="2">21</td><td rowspan="2">2000</td><td rowspan="2">1000</td><td rowspan="2">500</td></tr>
<tr><td>国际法、德恒</td><td>2100</td></tr>
<tr><td>1996[d]</td><td colspan="2">2500</td><td>500</td><td>21/25</td><td>2000</td><td>1000</td><td>500</td></tr>
</table>

a. 助学金有两组数字的，前者是入学时的，后者是后来调整的。

b. 据法学院 1994 级学生初丛艳回忆，该院该级本科生每年学费为 800 元。据德恒律师学院 1994 级于向花回忆，德恒律师学院首批本科生第 1 年学费每人 2500 元，第 2 年至第 4 年降至每年 2100 元。

c. 据法学院 1995 级国际经济法专业郭海峰、姜灏回忆，法学、经济法学专业每人每年 1000 元(一说 1500 元)，国际法学专业、德恒律师学院学生每人每生年 2100 元。

d. 据法学院 1996 级法学专业刘雪飞回忆。另据法学院 1996 级国际经济法专业王雪莹回忆，法学、经济法学专业每人每年学费 1500 元，国际法经济专业和德恒律师学院学费每年每人 2500 元。

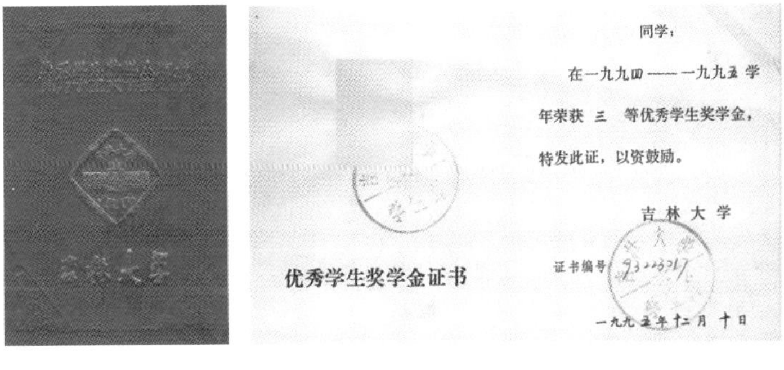

图 4－33　吉林大学优秀学生奖学金证书封面及内页(本科，1995 年 12 月)。获奖人照片及姓名已隐去

3. 助学金

奖学金之外，还有助学金(俗称补助)。助学金的历史可以追溯到20世纪40年代末高等院校实行的配给制。

1949年8月6日，《东北日报》刊文称："东北政委会又决定取消现有高等学校学生一律公费的制度，但为了使家庭贫苦、学习成绩优良、而无力升学的学生得到受高等教育的机会，另实行高等学校学生的助学金制度"。[209]

1952年7月8日，中央人民政府政务院发出《关于调整全国高等学校及中等学校学生人民助学金的通知》，要求自1952年9月份起，全国高等院校、中等学校及工农初等学校学生的人民助学金一律按新标准执行。[210]

> 二、各级各类学校的人民助学金应以适当地解决学生的伙食和其他实际的物质困难为目的。除普通中学外，伙食费须同等地和普遍地发给每一个学生；生活津贴应按照需要者的各人具体经济情况，分为若干等级发给……
>
> 三、各级各类学校人民助学金的等级的评定，应依据现所颁布的标准和具体情况，由全体学生自报公议，民主评定，最后由学校行政批准。在评定时，应尽量照顾革命烈属、革命军人、工农干部、产业工人、少数民族及归国华侨子女的实际困难。
>
> 四、在同一地区内(以各大行政区或各省市为范围)同级同类学校同样学生的人民助学金标准必须一致，生活待遇，也应划一，不许有所特殊。各地教育行政机关或学校，非经上级批准，不得自行改变人民助学金的标准。[211]

具体做法是国家将伙食费用按每人每月的规定标准拨付给学校，学校发饭票给学生，学生凭饭票去食堂就餐。实际效果是由国家负担学生伙食费，即上大学吃饭不要钱。[212]1955年8月22日，高等教育部发布的《关于执行全国高等学校(不包括高等师范学校)一般学生人民助学金实施办法的指示》提到："全国高等学校学生待遇，自1952年由部分公费制改为全体发给人民助学金制(全国平均每人每月十二元，其中伙食费约占十元)"。[213]

1955年8月22日，高等教育部发布《全国高等学校(不包括高等师范学校)一般学生人民助学金实施办法》。该实施办法区分了定期补助费和临时补助费。前者又包括伙食补助费和日常学习用品、生活用品补助费两类。伙食补助费标准分为甲乙丙三档。甲种补助全部伙食费；乙种补助三分之二伙食费(角以下的小数一律递进，下同)；丙种补助二分之一伙食费。少数民族学生伙食"补助费最多不得超过一般学生伙食标准的40%"。日常学习用品、生活用品补助费"标准由学校根据实际情况评定，最高以每人每月不超过四元为限"。[214]"人民助学金的伙食部分，由学校集中掌握，统一办理伙食，除走读学生外原则上不发给学生本人。"[215]

1955年8月底进入东北人民大学经济学系的朝鲜族学生赵凤彬回忆说：

> 入学前我在师范学校每月拿56元工资，现在什么也没有了。因此，我首先遇到的问题是生活费问题。学校那时不收学费和住宿费，但其他生活费用无论如何也需要十几元钱。我实际上是由在职教师中考取的调干生，但是，因为仅仅差两个月工龄，领不了调干助学金。后来，学校考虑到我的实际情况，每月发了15元普通助学金。那时的伙食费大约为13元左右。[216]

显然，其助学金标准略高于同级应届考上的学生，是因为少数民族（而非调干生）的缘故。

“文革”期间，对于招收的工龄不满5年的工农兵学员，国家给予生活费（即伙食费）和津贴费。国务院批转的《国务院科教组关于高等学校一九七三年招生工作的意见》（国发[1973]39号，1973年4月2日）规定：

> 国家职工在校学习期间计算工龄。入学时满5年工龄的国家职工和入[学]一年左右进修班的国家职工，工资由原单位照发，学校不再发生活费和津贴费。其他学生每月平均为19.5元。其中，伙食费（北京地区每人每月15.5元）普遍发给；津贴费用于学生本人在校期间学习和生活上的困难补助，分定期补助和临时补助两种，由学校根据学生家庭经济情况评定，对家庭经济条件较好的学生，可不发给津贴费。学生家庭生活有困难的，仍由原单位给以适当补助。

伙食费标准较之五六十年代有了提高，且此标准直到20世纪70年代后期仍在沿用。

吉林大学革命委员会招生毕业生分配办公室1978年8月22日签发的《新生入学须知》提到，除由部队来的学生以外，“其他学生一律实行人民助学金制度，每人每月交纳伙食费15.50元，（开学时，每个学生要带足一个月的伙食弗[费]）”。由此可知当时本科生每月伙食费定额为15.50元，因第一个月的助学金发放迟延，故需新生入学时自带一个月的伙食费。而据车丕照教授回忆，1978级本科生入学后的第一学期，每人所领的餐票是同样的，每天早、午、晚各一张，超过伙食费标准的助学金以现金方式发给学生。第二学期之后，由学生（在助学金额度内）提前申报所需餐票和现金数额，再由班干部领取并向学生发放。当时本科生助学金最高为21元，最低7、8元，系根据家庭收入评定。[217]可知当时的助学金并不（至少是不完全）直接以现金形式发放给个人，餐票已不需学生凭现金从食堂或后勤部门直接购买，而是经由班干同学从学校（具体是财务或后勤部门，待查）领取后转发。

1984年4月，教育部、财政部下发《普通高等学校本、专科学生人民助学金暂行办法》，调整了各类本专科学生的人民助学金标准（详见表4-22）。1985年4月，为防止大学在校生伙食水平受猪肉价格放开影响而下降，财政部、教育部下发《关于增加高等学校学生临时困难补助费的通知》（[85]财文字第82号），要求各地从4月1日起向高等学校和中等专业学校学生增加临时困难补助，按学生人数的70%计发。北京市的临时困难补助以补助伙食为主，在人民助学金四等伙食费中各加2元，即：一等由18元增至20元；二等由14元增至16元；三等由10元增至12元；四等由6元增至8元。[218]

表4-22　普通高等学校本、专科学生人民助学金全额标准 单位（元）

工资地区类别	4	5	6	7	8	9	10	11
一般学生人民助学金	21	21.5	22	22.5	23.5	24.5	25.5	27.5
工龄满5年不满7年的职工学生人民助学金	32.5	34.5	35	36	37.5	39	40	41
工龄满7年以上的职工学生人民助学金	37.5	39	40	41	42.5	44	45	46

＊ 本标准已含副食品价格补贴

1985年考入西南师范大学政治系的姚建宗教授提到：“我那时读师范每个月有19.5元的生活补助，家里实际上已不可能给我什么大的经济支持……”[219]执行的似乎仍是旧的标准。

1993级本科生入读吉林大学法学院时，学校按月发放的助学金（俗称补助）其实已经很难覆盖到学生的伙食或生活开支了。该级入学时，每人助学金金额为18元，人人有份。少数民族学生每月还另有3元补贴。此外，偶尔会有临时补助，比如1994年元旦曾以班级为单位每人下发补助1元，同年9月13日发放过一次性补助15元。后来助学金金额上调至每月21元。[220]该级毕业时，吉林大学计财处出具的说明称：

> 我校本科生在校学习期间，每人每月副食价格补贴8元，粮油价格补贴5元，肉补1元，定向补贴3元，特困补贴4元，合计21元。该补贴发至1997年6月。[221]

与之相比，同期硕士研究生的助学金要优渥不少。1997级硕士研究生（本科应届生考取者）入学时每月补助175元，后来提高到200元/月，寒暑假不发。2000年3月，吉林大学计划财务处为1997级硕士研究生出具的《证明》称：

> 我校研究生在学习期间，每人每月粮油价格补贴为13元，主要副食品价格补贴为7元，肉食补贴为1元，特困补贴为4元。以上补贴学校发至2000年3月份。[222]

这大概就是每月增加的25元的出处。而且，该届硕士研究生还不需要缴纳学费和住宿费。是为后话。

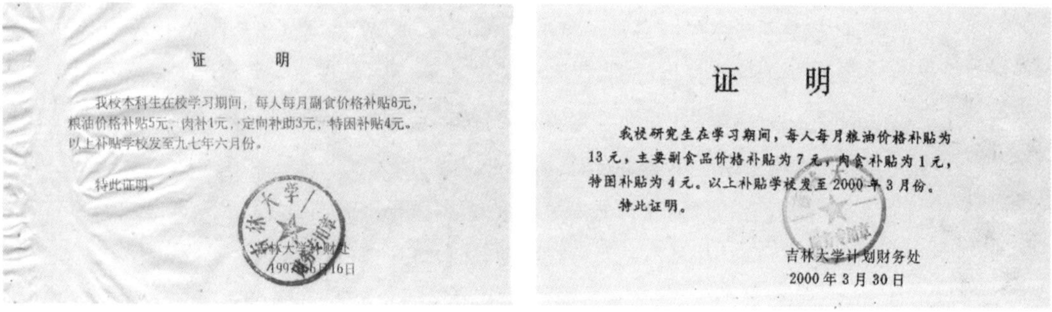
证　明

我校本科生在校学习期间，每人每月副食价格补贴8元，粮油价格补贴5元，肉补1元，定向补助3元，特困补贴4元。以上补贴学校发至九七年六月份。

特此证明。

吉林大学计财处

199?年6月16日

证　明

我校研究生在学习期间，每人每月粮油价格补贴为13元，主要副食品价格补贴为7元，肉食补贴为1元，特困补贴为4元。以上补贴学校发至2000年3月份。

特此证明。

吉林大学计划财务处

2000年3月30日

图4－34　吉林大学计划财务处出具的两份补助金证明

三、学习情况

（一）课程设置

1. 吉林大学法学院1993级本科生的课程设置：以经济法学专业为中心

吉林大学法学院1993级本科生的课程设置大致包括了公共课、基础课、专业课几大类。9门公共课主要是：《大学英语》（含：精读、听力、泛读，仅前3学期即有384学时），体育（共4个学期，122学时），中国革命史（50学时）、思想品德（16学时）、马克思主义哲学（68学时）、政治经济学（64学时）、世界经济政治与国际关系（51学时），以及自然科学概论（32学时）、计算机应用原理（60学时）。任课教师分别来自本校公共外语部、体育部、马列教研部、哲学系、计算机系等院系。

1992年7月出版的《高等政法院系大学生学习指导书》开列了法学类专业共同主干课程以及若干专业主干课。其中，法学类专业共同主干课程包括：法理学（法学基础理论）、宪法学、刑法、民法、刑事诉讼法、民事诉讼法、行政法、行政诉讼法。[223]法学专业主干课程包括：中国法制史、中国法律思想史、立法学、外国法制史、西方法律思想史。[224]经济法学专业主干课程包括：国民经济管理学、企业经济管理学、财税法、金融法、经济合同法、经济法基础理论、保险法、企业法、投资法、计划法。[225]国际经济法学专业主干课程包括:国际经济组织法、国际货币金融法、国际技术转让法、国际私法、国际投资法、国际贸易法、海商法、国际税法、涉外经济合同法。[226]国际法专业主干课程包括:国际法基本理论、国际组织、国际航空法、海洋法、现代国际关系史、中国对外关系史。[227]此外,该书还介绍了"犯罪学""知识产权法""环境保护法"等专业的主干课情况。

1993年的吉林大学招生宣传册提示了法学院三个本科专业的主要基础课和专业课。其中,法学系法学专业本科生的主要基础课有:法理学、宪法学、中外法律史等;专业课包括:立法学、行政法学、刑法学、经济法学、商法学、诉讼法学、律师与公证、司法实务、法制文书、婚姻法、劳动法及刑事侦查技术等。[228]国际法学系国际经济法专业的主要基础课有:法的一般理论、宪法学、刑法学、民法学、行政法学、经济法学和国际法学;专业课包括国际私法、国际贸易法、国际投资法、国际技术转让法、国际金融法、国际税法、海商法及专业英语等。[229]经济法学系经济法专业的主要基础课有法的一般理论、宪法学、民法原理,也包括一定课时的刑法、诉讼法及法的历史;专业课含有经济法原理、市场管理法、产业政策法、企业法、税法、商法、自然资源和环境保护法、涉外经济法、物权法、债权法、知识产权法、公司法、票据法、证券管理法及经济律师实务等。[230]其中的表述相对随意,比如法学专业的"法理学"和另两个专业的"法的一般理论"其实是同一门课。又如法学专业的"商法学"与经济法专业的"商法"应是同样的课程,而公司法、票据法应是商法的重要组成部分。从实际执行情况来看,上述课程设置后来经过了若干调整。有的课程始终没有开设,如经济法专业的"产业政策法""经济律师实务"。由此也可以看出,各专业的界限其实也未必那么分明,一些专业的专业课,其他专业的学生其实也要学习。

不过,与吉林大学法学院1993级本科生的实际开设的课程相比,这两个课程名录无疑都陈旧了。以1993级经济法学专业为例,其学习的11门基础课包括:法理学、逻辑学、中国法制史、外国法制史、宪法、行政法、行政诉讼法、刑法、刑事诉讼法、国际(公)法、法律文书写作。其14门专业必修课包括:民法学原理、物权法、债权法、知识产权法、婚姻法、民事诉讼法、经济法原理、税法、金融法、环境保护法、涉外经济法、市场管理法、会计学原理、海商法。选修课包括:继承法、票据法、公司法、保险法、破产法、劳动法、经济合同法、专业外语、外国(日本)民商法、美国契约法、经济法专题、西方法哲学等,分布在第6至8学期。除《会计学原理》是外请商学院教师讲授的以外,全部的基础课和专业课都是由法学院教师讲授的。

作为专业训练的一部分,法学院1993级本科生在第5学期和第8学期,需要分别进行为期2周的学年论文写作(合96学时)和为期4周的毕业论文写作。第6学期,还有为期2个月的专业实习,原则上由学生自行寻找实习单位,也可接受学院安排在吉大律师事务所实习。

此外,吉林大学1993级本科生在入学后接受了为期4周(1993年9月13日至10月9日)的军训,其间对军事理论、队列、单兵动作等科目进行了考核。[231]

表4-23 吉林大学法学院1993级经济法学专业本科生课程表(1993.10-1997.6)

1993-1994学年秋季学期[a]	
星期一	第一大节(8:00-9:50)法理学(68学时,李永泰,萃文楼218) 第二大节(10:00-11:50)中国革命史(50学时,高仁站,B食堂二层)
星期二	第一大节逻辑学(32学时,昝启英,B食堂二层);第三大节(14:00-16:00)自然科学概论(32学时,刘永昌,B食堂二层)
星期三	第一大节英语听力(II级,逸夫图书馆语音室;I级,萃文楼410;俄语,萃文楼301) 第二大节英语精读(II级,萃文楼410;I级,萃文楼411,预备级,逸夫图书馆语音室;俄语,萃文楼311)
星期四	第一大节中国革命史;第二大节法理学(萃文楼218)第三大节法理学(萃文楼414,单周),(晚18:00起,英语预备级,萃文楼311)
星期五	第一大节逻辑学(B食堂二层);体育
星期六	第一大节英语听力(II级,萃文楼410;I级在图书馆语音室;预备级在萃文楼214;俄语在301) 第二大节思想品德(陈秉公,B食堂二层,单周,与哲学93级同上);第三大节英语预备级(萃文楼415)
注a:1993年9月13日至10月9日军训(10月1至3日国庆放假),其间考核军事理论、队列、单兵动作	
1993-1994学年春季学期	
星期一	第一大节宪法(68学时,王云杰,B食堂二层),第二大节行政法(68学时,彭贵才,B食堂二层)
星期二	第一大节刑法[b](68学时,李韧夫,B食堂二层),第三大节外国法制史(68学时,徐卫东,B食堂二层)
星期三	第一大节英语听力(II级起点班,逸夫图书馆语音室),第二大节英语精读(II级起点班,萃文楼410)
星期四	第一大节行政法,第二大节宪法
星期五	第二大节体育,第三大节中国法制史(68学时,吕丽,B食堂二层)
星期六	第一大节英语泛读(II级班,萃文楼410),第二大节刑法
注b:1994年3月7日刑法课改在萃文楼211教室。3月15日刑法、行政法均未上课。4月9日、5月7日刑法未上	
1994-1995学年秋季学期[c]	
星期一	第一大节政治经济学(64学时,徐充,萃文楼2-5阶梯教室,即第10阶梯教室,64学时),第二大节婚姻法(32学时,裴桦,2-5阶,即第10阶梯教室,32学时),第三大节计算机应用原理[d](60学时,2-2阶,即第7阶梯教室)
星期二	第二大节刑事诉讼法(32学时,于治萍,萃文楼1-1阶,32学时),第三大节知识产权法(32学时,龙斯荣,2-5阶)
星期三	第一大节英语听力(II级班,萃文楼一层A语音室),第二大节英语精读(II级班,王丽莉,萃文楼239教室);第三大节计算机应用原理(2-2阶梯教室)

续表

星期四	第二大节行政诉讼法(彭贵才,2－4 阶,即第 9 阶梯教室,32 学时),第三大节政治经济学(2－5 阶)
星期五	第二大节民法学原理[d](51 学时,李建华,萃文楼 323 教室),第三大节体育
星期六	第二大节英语泛读(Ⅱ级班,刘学斌,萃文楼 331/430 教室)

注 c:本学期共 18 教学周,其中授课 16 周,劳动 2 周。1994 年 10 月 5 日起实行秋季作息,下午 1:30 开始上课。民法学原理与 1994 级第二学位的 16 名学生同上。知识产权法与 1992 级经济法专业本科生同上。
注 d:所用教材为宋长龙、赵林军、王庆凯、庄德秀编著:《汉字 FoxBASE＋2.10 关系数据库实用教程》,吉林科学技术出版社 1994 年版。定价 16.50 元。

1994－1995 学年春季学期	
星期一	第一大节经济法原理(64 学时,邱本,萃文楼 318),第二大节马克思主义哲学(68 学时,萃文楼第 10 阶梯教室)
星期二	第三大节债权法(64 学时,马新彦,萃文楼第 1 阶梯教室)
星期三	第一大节物权法[f](51 学时,崔建远,萃文楼第 1 阶梯教室),第三大节全校选修课[e]西方文化(历史系,第 8 阶梯教室)
星期四	第二大节经济法原理[g],第三大节马克思主义哲学
星期五	第三大节体育
星期六	第一大节债权法,第二大节债权法(单周)[h]

注 e:本学期全校性公共选修课共 5 门:经济法专题(法学院,2 学分)、管理系统案例分析(商学院,2 学分)、领导科学(行政学院,2 学分)、西方文化(历史系,3 学分)、东方古代哲学(哲学系,2 学分)。
注 f:1995 年 3 月 29 日物权法停上一次。
注 g:经济法原理约自 3 月中旬至 4 月上旬因教师外出停上。
注 h:从 1995 年 5 月开始,原定星期六上午的课被移到了星期三下午,隔周一次。

1995－1996 学年秋季学期[i]	
星期一	第一大节民事诉讼法(51 学时,傅穹,单周);第二大节国际[公]法(64 学时,孙世彦,双周)
星期二	第三大节世界经济政治与国际关系(51 学时,赵海月,1－11 周)
星期三	第一大节民事诉讼法;第二大节国际法;第三大节法制文书(64 学时,吕丽,9 月 11 日开课)
星期四	第二大节法制文书;第三大节金融法(40 学时,张建斌)
星期五	第一大节环境保护法(40 学时,董进宇,9 月 11 日开课);第三大节世界经济政治与国际关系

注 i:本学期课程始自 1995 年 8 月 24 日。18 教学周。11 月中旬,有为期 2 周的学年论文写作训练(合 96 学时)。经济法专业的《国际法》课与法学专业同上;法学专业和国际法学专业同上《经济法概论》。同级国际经济法专业星期一下午有《冲突法》课,星期二第二大节有《国际经济法》课(车丕照)。

1995－1996 学年春季学期[j]	
星期一	第一大节劳动法(32 学时,冯彦君)
星期二	第一大节保险法(32 学时,徐卫东);第二大节经济合同法(32 学时,董进宇);第三大节经济合同法

续表

星期三	第一大节税法(40学时,张建斌);第三大节税法
星期四	第二大节保险法;第三大节劳动法
星期五	第二大节海商法(40学时,韦经建);第三大节海商法

注j:《合同法》《保险法》《劳动法》均为选修课,要求三选二,且不鼓励多选,多选不算学分。本学期课程上至1996年5月前即结束,均为开卷考试(保险法为开卷案例分析),余下为实习时间。经济合同法因教师腿摔伤而停开。

1996－1997学年秋季学期[k]	
星期一	第二大节市场管理法(董进宇,必修,至9月底);第三大节票据法(于莹,8月22日至10月25日);第三大节公司法(王彦明,10月后)
星期二	第一大节继承法(傅穹),第二大节合同法,第三大节涉外经济法(张瑞萍,必修)
星期三	第一大节票据法,第二大节继承法,第三大节专业外语(那力,选修)
星期四	第一大节合同法;第二大节专业外语;第三大节市场管理法(10月后)
星期五	第三大节会计学原理(必修)

注k:本学期,除三门必修课(全周)外,其余课程都是选修,五门选四门。票据法从8月22日上至10月25日,公司法等课从10月28日起开始上。

1996－1997学年春季学期[l]	
星期一	第二大节日本民商法(赵新华,10阶),第三大节西方法哲学(姚建宗,10阶)
星期二	第二大节西方法哲学
星期三	第一大节英美契约法(马新彦,萃文楼323),第三大节破产法(徐卫东,10阶);晚6－8时,西方法哲学
星期四	第一大节经济法专题,第二大节外国(日本)民商法,晚6－8时,西方法哲学
星期五	第二大节破产法,第三大节经济法专题

注l:本科学期课程均为选修。另有必修的毕业论文写作(5月20日至6月12日)。星期三第二大节国际法专业有外教讲知识产权法。

与法学、国际经济法学专业同学相比,吉林大学法学院1993级经济法学专业本科生所学课程明显更偏重于国内法中的私法,以及与经济活动相关的内容,而公法方面较为薄弱。比如,刑法课只有一学期,内容涉及总则和分则的一部分,不及法学专业的刑法课程全面,深度也颇为浅近。这导致了该级经济法学专业本科生后来在考研、就业时,均无人涉足刑法方向。在程序法方面,经济法学专业的学生虽然学习了三大诉讼法,但却没有仲裁、律师与公证等课程。类似地,法学专业和国际经济法学专业学生的民法课也相对简易和浓缩,不像经济法专业那样区分为《民法学原理》《物权法》《债权法》等多门课程分别讲授。因此为了应对研究生入学考试,想要报考民法专业的非经济法学专业学生不得不通过自学或旁听经济法学专业课程等方式进行补课。而同一时段内不同专业的课程往往平行开设,势必导致旁听的学生要"逃"掉自己专业的课程,从而在客观上阻碍了跨专业学习。此外,课程设置中,国内法和国际法的分野非常明显。法学专业和经济法学专业学生学习的"国"字头课程只有一门"国际(公)法"。由于没有专门系统地学习国际经济法和国际私法课程,经济法学专业学生对于国际贸易术语、法律冲突问题的法律适用等内容，颇觉陌生，甚至存在认知盲点。可以说，基于专业划分进行的课程设置在强化了学生的专业意识的同时，也人为地、过早地让学生"偏科"，造成了知识体系上的空洞，对学生未来的就业选择和职业发展具有负面作用。

2. 比照：吉林大学德恒律师学院 1994 级教学计划

1994 年的一份教学计划提示，德恒律师学院本科生公共课共 4 门（即外语、逻辑学、计算机应用、体育，政治课不在其列）、专业必修课 28 门、专业选修课 10 门（限选 7 门），总学分 217，必修课 2813 学时（其中外语为 764 学时），选修课 210 学时。

表 4－24　吉林大学德恒律师学院教学计划(1994 年)

第一学期	外语(8)、法理学(4)、宪法学(3)、逻辑学(3)、行政法(3)、计算机应用(3)、体育(2)
第二学期	外语(8)、刑法学(4)、民法学(6)、经济法概论(4)、行政诉讼法(2)、计算机应用(2)、体育(2)
第三学期	外语(8)、国际法(4)、刑事诉讼法(2)、民事诉讼法(3)、冲突法(4)、律师与公证(3)、世界政治经济与国际关系(或者经济学)(3)、体育(2)
第四学期	外语(8)、税法概论(3)、经济合同法(3)、企业法(3)、公司法(3)、票据法(3)、法制文书(2)、体育(2)
第五学期	外语(6)、涉外经济法(4)、外国民商法(3)、海商法(3)、经济律师实务(3)、国际贸易法(3)、会计通则(3)
第六学期	外语(6)、国际经济法导论(3)、国际投资法(3)、国际金融法(3)、国际技术转让法(3)、国际税法(3)、会计审计法(3)
第七学期	业务实习
第八学期	专业外语(3)、证据学(2)、专利法(2)、保险法(2)、国际刑法(2)、英美合同法(2)、国际环境法(2)、区域经济组织法(2)、欧洲共同体法律制度(2)、海洋法(2)、国际经贸争端解决(2)，以上 10 门课为选修课，须选 7 门

资料来源：丁地树：《东风第一枝——德恒律师学院简记》，载《律师世界》1994 年 5 期。本表系笔者整理。课程名称后面括号内为该课对应的学分。

上述课程安排确有其新颖之处。比如，率先在政治理论课中增设学习邓小平理论的环节。[232]又如提出弱化专业划分，让学生通过选修自主选择（事实上的）专业方向等。但其整体设计和具体的课程安排也并非完美。

首先，德恒律师学院本科生的课程大纲实际是对吉林大学法学院经济法学专业和国际法学专业课程的杂糅，课程总数和总学时数偏多，同时舍弃了法学专业若干偏重理论的课程。若与中国政法大学 1995 级国际经济法学专业的课程设置相比，德恒律师学院早期的课程安排不仅选修课数量偏少、开设时间偏迟，课程科目亦嫌单一。尤其是将刑法学、民法学这样需要投入大量精力学习和思考的基础课开设在同一学期，学生负担未免过重，从而可能影响学习效果。

表 4-25 中国政法大学国际经济法学系 1995 级本科生课程表

第一学期	政治经济学(60 学时,4 学分),汉语(45 学时,3 学分),外语(120 学时,3 学分),体育 1(30 学时,1 学分),法理学(60 学时,3 学分),中国宪法学(30 学分,2 学分),现代科技概论(选修,45 学时,3 学分),法学文献检索(选修,20 学时,1 学分),世界经济概论(选修,30 学分,2 学分)
第二学期	中国革命史(54 学时,3 学分),外语 2(144 学时,4 学分),体育(36 学时,1 学分),形式逻辑(54 学时,3 学分),民法学 1(72 学时,4 学分),中国刑法(54 学时,3 学分),人生哲理(36 学时,2 学分),中国法制史(选修,54 学时,3 学分),外国法制史(选修,54 学时,3 学分),西方法律思想史(选修,54 学时,3 学分)
第三学期	哲学(72 学时,3 学时),外语 3(126 学时,3 学分),体育 3(36 学时,1 学分),民法学 2(72 学时,4 学分),刑事诉讼法(54 学时,3 学分),罗马法(选修,36 学时,2 学分),公司法(选修,36 学时,2 学分),行政管理学(选修,36 学时,2 学分),中外文学名著赏析(选修,36 学时,2 学分)
第四学期	国际政治(51 学时,3 学分),外语 4(119 学时,4 学分),体育 4(34 学时,1 学分),经济法概论(68 学时,4 学分),司法职业道德(34 学时,2 学分),涉外经济合同法(34 学时,2 学分),会计学与会计法(选修,34 学时,2 学分),自然资源与环境保护法(选修,34 学时,2 学分),政治学原理(选修,51 学时,3 学分),产品质量法(选修,34 学时,2 学分)
第五学期	外语 5(68 学时,3 学分),计算机基础(68 学时,4 学时),国际法(68 学时,4 学分),国际投资法(51 学时,3 学时),国际贸易法(51 学时,3 学分),民事诉讼法学(68 学时,4 学分),国际关系史(选修,34 学时,2 学分),劳动法(选修,34 学时,2 学分),专业英语 1(选修,34 学时,2 学分)
第六学期	外语 6(68 学时,3 学时),国际私法(51 学时,3 学分),国际金融法(51 学时,3 学分),海商法(51 学时,3 学分),司法文书(34 学时,2 学分),国际税法(51 学时,3 学分),外国合同法(选修,34 学时,2 学分),国际经济学(选修,51 学时 3 学分),证券交易法(选修,34 学时,2 学分),国际工程承包(选修,34 学时,2 学分),专业英语 2(选修,34 学时,2 学分)
第七学期	外贸管理法(30 学时,2 学分),婚姻法继承法(选修,40 学时,2 学分),中国合同法(选修,30 学时,2 学时)
第八学期	律师学(选修,50 学时,3 学分),港澳台经济法(选修,30 学时,2 学分)

资料来源:《中国政法大学学生成绩单》(国际经济法学系 1995 级本科生,1998 年 11 月 9 日制表,序号 95315)。
注:课程凡未标注选修者均为必修。外语在前 6 个学期连续开设,共计 645 学时,20 学分。

其次,德恒律师学院实际开设的计算机和经济学方面的课程均只有 1 门。其中,《计算机应用》分两学期学习,共计 5 学分。《经济学》只作为《世界政治经济与国际关系》的替代课,而后者与法学院 1993 级本科生所学的一门政治课同名。此外,“会计、税务、外贸等经济类课程”也相对单薄。教学计划中有关会计和税务的课程各有 2 门:《会计通则》和《会计法和审计法》,《税法概论》和《国际税法》(选修),而有关外贸的课程大抵是指《国际贸易法》《国际技术转让法》《国际金融》《国际经贸争端解决》(选修)等国际经济法学专业课程。显然,这种课程设计距离让学生“懂经济”“会微机操作”的目标尚有不小距离。

最后,德恒律师学院的教学大纲将所有选修课都集中在第 8 学期(即最后一学期)讲授,在客观上使得“绩点学分制”——蕴含了修满学分即可提前毕业的用意——失去了意义。而且 10 门中必须选修 7 门的实际要求,与“由学生通过自由选修来形成某一专业方向”的理念之间,也存在着落差。

德恒律师学院的悖论在于,一方面,其由于不认同当时国内法律院系普遍采用的法学、经济法学、国际法学的专业划分,而试图在既有专业划分框架下做些打通专业藩篱的改良工作。如前所述,其课程设计实际是在经济法专业课程基础上叠加了若干国际经济法专业课程。但这种设计是否有助于全面实现“三懂一会”的办学目标,值得怀疑。另一方面,其又试图在招生环节以“法学(律师)”专业作为主打的宣传卖点以吸引学生。于是,在中国法律教育已经整体转向淡化专业划分、实行宽口径人才培养的背景下,依附于吉林大学法学院的德恒律师学院渐趋不合时宜——根据新的教学计划,法学院 1999 级本科生已然开始按法学一级学科招生并进行培养(高年级可选择专业方向)[233]——因而虽然其在旧有框架下进行了有益的尝试和不懈的努力,但终究无法解决其固有悖论,亦无从避免进入新世纪后即遭停办的宿命。

3. 比照:吉林大学法学院 1999 年版本科生教学方案

1999 年秋季学期开始按法学大类进行本科生培养以后,法学院的课程设置也进行了相应的调整。调整后的《教学方案》含括了 20 门本科生专业必修课:法理学、宪法学、刑法学 I,刑法学 II、民法学 I、经济法学 I、刑事诉讼法学,民法学 II、经济法学 II、商法学 I、行政法与行政诉讼法学,民法学 III、商法学 II、民事诉讼法学、国际法学、国际经济法学 I,知识产权法学、国际经济法学 II、国际私法学、中国法制史。

表 4-26　吉林大学法学院本科生教学方案(1999 年 7 月)

学年学期	课程类别	课程名称
第一学年 第一学期(11.5 周)	公共必修课	马克思主义哲学原理(2),思想品德课(1.5)
	专业必修课	法理学(4.5),宪法学(3),刑法学 I(2)
第一学年 第二学期(16.5 周)	公共必修课	马克思主义政治经济学(2),计算机原理与应用(5.5)
	专业必修课	刑法学 II(4),民法学 I(3),经济法学 I(3),刑事诉讼法学(3)
	科研训练	读书报告(1)
第二学年 第一学期(19 周)	公共必修课	毛泽东思想概论(3.5),数据库原理与应用(4)
	专业必修课	民法学 II(3.5),经济法学 II(2.5),商法学 I(3.5),行政法与行政诉讼法学(4.5)
第二学年 第二学期(17.5 周)	公共必修课	邓小平理论概论(3)
	专业必修课	民法学 III(4.5),商法学 II(2.5),民事诉讼法学(3),国际法学(4.5),国际经济法学 I(3)
	科研训练	学年论文 I(2)
第三学年 第一学期(18 周)	专业必修课	知识产权法学(3.5),国际经济法学 II(2.5),国际私法学(4.5),中国法制史(4.5)
	专业任选课	政治学,国际刑法,律师实务讲座,公务员法,人身权法,环境法,保险法,英美契约法
第三学年 第二学期(17.5 周)	科研训练	学年论文 II(2)
	专业任选课	比较法总论,香港法,中国法律思想史,证据学,外国刑法学,行政救济法,婚姻家庭法,侵权行为法,海商法,破产法,税法,外国民法,国际环境法,国际金融法,国际税法

续表

学年学期	课程类别	课程名称
第四学年 第一学期(19周)	专业任选课	国际技术贸易法,人权法,世界贸易组织法,立法学,当代西方法哲学,刑事侦查学,犯罪学,外国宪法,外国行政法,外国刑事诉讼法,继承法,罗马法,劳动法,证券法,社会保障法,外国商法,专业外语,国际海事法,国际商事仲裁法,国际关系史
第四学年第二学期	科研训练	毕业论文(8周)
	实验教学	业务实习(10周)

备注:1. 公共必修课还包括:外语(14.5,21.5),均布在前6个学期;体育(4),均布在前4个学期;
2. 课程名称后面括号中为该门课程的学分数;
3. 原表中还有两门"世界贸易组织法",均为专业任选课,且均位于第三学年第二学期,课号分别为271327和271342。

资料来源:《法学院教学方案》(1999年7月1日),载吉林大学法学院办公室编《吉林大学法学院内部规章制度选编》(1999年11月),第57-59页。本表系笔者重作。

可以看出,这一版教学方案较之德恒律师学院1994级教学计划又有不少变化:英语课的总学分减少至14.5或21.5学分;虽然仍有一学期需要同时学习刑法学和民法学课程,但由于两课都被拆分成了几个部分(刑法学分在两个学期学习,民法学则分在3个学期学习),因而学生学习负担有所减轻;增加了中国法律思想史、比较法总论、政治学、立法学、罗马法等基础性的、偏重理论的选修课,以及证据学、犯罪侦查学等贴近实务的选修课,还根据新近的立法情况,增设了公务员法、行政救济法、证券法、社会保障法、香港法等选修课,以及读书报告撰写环节(第二学期)。但是一个不容忽视的细节是,逻辑学课程消失了。总地看来,1993级本科生在读时界限鲜明的法学、经济法学、国际经济法学专业课程壁垒已然不复存在。

吉林大学法学院1993级经济法学专业本科生课程设置、德恒律师学院1994级教学计划和法学院1999年本科生教学方案,勾勒了由"坚持专业划分"到"拓展专业学科领域"再到"弱化专业区隔""打破专业藩篱"的法学本科教育的变迁轨迹。三版课程设置虽然在对待"二级专业"问题上做法不一,但都有"专业必修课"的设计。其间暗含的一个逻辑似乎是:这些课程将会构筑起法律学生共通的知识与话语体系,从而对于其他未选修的课程内容,以及课程全然未曾涉及的法律,学生都将能够据以举一反三、触类旁通地加以掌握。有教育专家警告说,对于教育提供者来说,特别值得警惕的是,其所提供的学位在帮助学生找寻工作方面发挥了作用,却无法给予他们获得职场成功所必需的各种技能。[234]因此,上述学习能力从何而来,是否可以通过现有的课程学习获得?更进一步,法学本科生该如何教,哪些知识、技能和品格是法律学生乃至未来法律从业者所必须具备的等问题,即便在今天看来,仍然有待认真思考、反复辩驳和及时回答。[235]

(二)师资配备与教学安排

就基础课和专业课而言,吉林大学法学院为1993级本科所配备的授课教师职衔以讲师居多,副教授次之,助教再次之,教授则较少。据不完全统计,给1993级经济法专业本科生讲授专业课程的教师中,有教授2人,副教授6人(含一位系退休返聘,另有一名副教授临时受命进行了期末串讲),讲师14人,助教4人。7名教师讲授过2门以上课程,其中2名教师讲授了3门以上的课程。这种安排与当时法学院的师资结构和数量不无关系。

1993级本科生的课堂规模因课程不同而大小不一，专业课课堂人数相对少些，公共课和基础课的课堂人数多一些，甚至还有和其他院系合并一起上大课的情形。但无论课堂规模如何，均未见有学习小组的划分。教师有时会布置课下作业，但没有期中考试。课上亦未见有“助教”(教学助手)的存在。平时由教师随堂点名进行考勤，缺勤记录足以影响期末成绩。[236]法学院1993级本科生的必修课都采取闭卷笔试的考核方式。而一些专业选修课则通常采取开卷笔试的方式进行。

李建华老师《民法学原理》课程笔记大纲

对象：吉林大学法学院1993级经济法专业本科生；1994级经济法专业本科二学位学生

时间：1994年秋季学期(1994年8月－1995年1月)

内容：

第1章　绪论

第2章　民法的基本原则

第3章　民事法律关系：§1概念与分类，§2民事法律关系的要素，§3民事法律事实，§4民事权利与民事义务，§5民事权利的保护

第4章　民事主体

第5章　公民：§1概念，§2公民的民事权利能力，§3民事行为能力，§4监护，§5公民的姓名、户籍和住所，§6个体工商户、农村承包经营户

第6章　法人：§1法人的概念和条件，§2法人的分类，§3法人的民事能力，§4联营(企业法人)，§5法人的变更、消灭和清算

第7章　合伙：§1概念特征，§2合伙的分类，§3合伙协议、财产、债务承担

第8章　国家

第9章　民事法律行为：§1概念和特征，§2民事法律行为分类，§3民事法律行为的形式，§4民事法律行为的有效要件，§5无效民事行为(民事法律行为的无效)，§6得撤销的民事行为，§7得撤销和无效行为的后果，§8附条件和附期限的民事法律行为

第10章　代理：§1概述，§2代理权的发生和代理的种类，§3复代理，§4无权代理，§5代理中的民事责任

第11章　物：§1概念和法律意义，§2物的分类，§3货币和有价证券

第12章　诉讼时效：§1时效，§2诉讼时效，§3诉讼时效的中止、中断和延长

第13章　民事责任：§1概念、特征，§2民事责任的分类，§3民事责任的规则原则，§4民事责任的构成要件，§5民事责任的承担方式

崔建远老师《物权法》课程笔记大纲

对象：吉林大学法学院1993级经济法专业本科生

时间：1995年春季学期（2月-6月）

内容：

第1章 绪论：§1物权法的概念分析，§2物权法的体现解释、运用，§3物权法基本原则，§4物权法的发展趋势

第2章 物权通则：§1物权概念分析，§2物权的种类，§3物权的客体，§4物权的效力，§5物权的变动，§6物权的民事保护

第3章 所有权：§1所有权的概念，§2所有权的请求权，§3所有权的限制，§4所有权的取得和消灭，§5善意取得，§6从主体上分类（略），§7所有权的形式

第4章 共有：§1概述，§2按份共有，§3共同共有，§4共有的分割

第5章 相邻关系：§1概述，§2相邻关系的基本类型，§3相邻关系的原则（略）

第6章 国有土地使用权：§1概述，§2国有土地使用权的出让，§3国有土地使用权的转让，§4国有土地使用权的出租

第7章宅基地使用权：§1概念，§2宅基地使用权的取得程序，§3宅基地使用权的内容（效力），§4宅基地使用权的终止

第8章 承包经营权：§1概念性质，§2承包经营权的设定与存续，§3承包经营权的法律效力，§4承包经营权的转让，§5承包经营权的终止，§6拍卖四荒土地使用权

第9章 采矿权：§1概念、性质，§2采矿权的取得，§3采矿权的效力，§4采矿权的终止

第10章 抵押权[237]：§1概念，§2抵押权的设定，§3抵押权的登记，§4抵押权对抵押人的效力

第11章 留置权：§1概念，§2留置权的要件，§3留置权的效力

第12章 典权：§1典权的性质，§2典权的取得，§3典权的内容，§4典权的期限，§5典权的效力

马新彦老师《债权法》课程笔记大纲

对象：吉林大学法学院1993级经济法专业本科生；1994级经济法本科二学位学生

时间：1995年春季学期（2月-6月）

内容：

第一编 总论

第1章 概述：§1债与债法，§2债权法律关系的要素，§3债的分类

第2章 债的转移：§1债的转移的概念，§2债权让与，§3债务承担

第3章 债的担保：§1概述，§2保证，[238] §3定金

第 4 章　债权保全:§1 代位权,§2 债权人撤销权

第 5 章　债的效力:§1 概述,§2 债权的效力,§3 债务的效力

第 6 章　债的消灭:§1 概述,§2 清偿,§3 抵销,§4 提存,§5 免除,§6 债的混同

第二编　约定之债

第 7 章　合同总论:§1 合同概述,§2 合同的订立,§3 合同的形式与内容,§4 合同的履行,§5 合同责任,§6 合同的变更和解除,§7 合同无效

第三编　法定之债

第 8 章　不当得利之债:§1 概念特点,§2 要件

第 9 章　无因管理之债:§1 无因管理的性质,§2 无因管理的构成要件

邱本老师[239]《经济法原理》课程笔记大纲

对象:吉林大学法学院 1993 级经济法专业本科生

时间:1995 年春季学期(2 月 –6 月)

内容:

绪论

第 1 章　市场与法制(治)

第 2 章　经济法学说:§1 外国经济法学说(德、日),§2 中国的经济法学说,§3 经济法观念更新

第 3 章　经济法的基础(调整对象)

第 4 章　经济法的本质:§1 从两级思维到辩证思维,§2 从政府主治到市场主治

第 5 章　经济法基本原则

第 6 章　经济法体系

作为变革时代的一部分,工时制度的改易也对课程学习造成了影响。1994 年 3 月 1 日,国务院《关于职工工作时间的规定》(1994 年 2 月制定)施行。其第 3 条规定:"国家实行职工每日工作 8 小时,平均每周工作 44 小时的工时制度。"据此,从 1994 年 10 月起,吉林大学改为分大小周上课,大周上课 6 天,小周上课 5 天。但当时吉林大学的外教均实行 5 天工作制,故星期六上午本应由外教上的英语(II 级)泛读课只好改由中国教师讲授。

1995 年 3 月 25 日,国务院修订后的《关于职工工作时间的规定》第 3 条规定:"职工每日工作 8 小时,每周工作 40 小时。"其第 9 条规定:"本规定自 1995 年 5 月 1 日起施行。1995 年 5 月 1 日施行有困难的企业、事业单位,可以适当延期;但是,事业单位最迟应当自 1996 年 1 月 1 日起施行,企业最迟应当自 1997 年 5 月 1 日起施行。"受其影响,从 1995 年 5 月开始,吉林大学法学院 1993 级本科生也启用了新的课表,原定于星期六上午的课程被移到星期三下午,隔周一次。

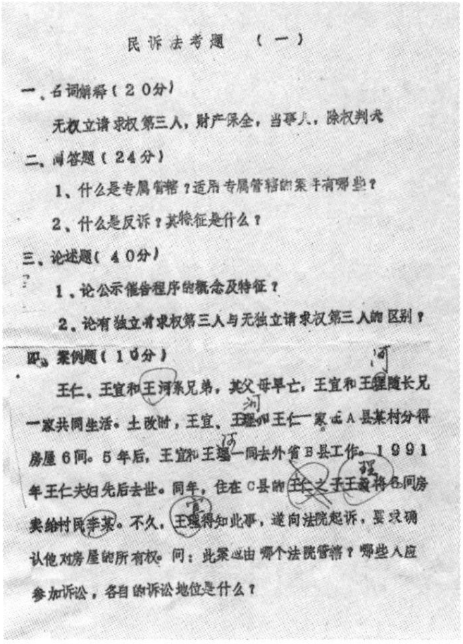
民诉法考题　（一）

一、名词解释（20分）

无权立请求权第三人，财产保全，当事人，除权判决

二、问答题（24分）

1、什么是专属管辖？适用专属管辖的案子有哪些？

2、什么是反诉？其特征是什么？

三、论述题（40分）

1、论公示催告程序的概念及特征？

2、论有独立请求权第三人与无独立请求权第三人的区别？

四、案例题（10分）

王仁、王宜和王河系兄弟，其父母早亡，王宜和王河随长兄一家共同生活。土改时，王宜、王河和王仁一家在A县某村分得房屋6间。5年后，王宜和王河一同去外省B县工作。1991年王仁夫妇先后去世。同年，住在C县的王仁之子王程将6间房卖给村民李某。不久，王宜得知此事，遂向法院起诉，要求确认他对房屋的所有权。问：此案应由哪个法院管辖？哪些人应参加诉讼，各自的诉讼地位是什么？

图4－35　吉林大学法学院1993级本科经济法学专业《民事诉讼法》期末考试试题签（铅字油印件，1996年1月）

（三）绩点学分

1982年9月，根据《吉林大学文科专业试行学分制教学方案（试行稿）》，吉林大学法律系1982级新生开始试行学分制。10年后的1992年，吉林大学又开始在本科生中实行主、辅修制和双学位制。辅修教学计划规定总学分为30～40学分，辅修学位的教学计划总学分为60学分，总学时为900学时；辅修专业总学分为40学分，总学时为600学时。必修课占60%以上，毕业论文占5～8分。选修实行缴费办法，每学分为10元，部分实验课程15元。选修者须主修专业前两年主干课成绩平均学分点在3（2.5）以上，并无补考课及通过全国英语四级统考（一般为在毕业前通过，但申请涉外专业的须先通过英语四级）。[240]此外，经济法和行政管理两个专业试行双学位制。修读第二学位的教学计划规定总学分为60，其中必修课约50学分（包括毕业论文8学分），选修课约10学分。[241]

1994年，学校规定，对1993年入学的本科生开始实行"绩点学分制"。总学分为160，理科各专业在现有条件下，必修课占总学分的70%，选修课占30%；文科各专业必修课占60%，选修课占40%。学校已开设30多门全校性公共选修课。[242]比如，1995年春季学期初，吉林大学共推出5门全校性公共选修课：经济法专题（法学院，2学分）、管理系统案例分析（商学院，2学分）、领导科学（行政学院，2学分）、西方文化（历史系，吴泽义教授，3学分）、东方古代哲学（哲学系，2学分）。[243]1995年6月，商学院推出秋季辅修课程，包括会计学、商务微机、市场营销、理财学（证券与期货）4个专业，各62学分，十四五门课。[244]计划9月2日开课，利用星期六、日及假期上课，学制2年。招生对象为大二以上学生，需"各科成绩良好以上"。同期，经管学院推出了双学位与辅修课，包括国际金融、货币银行等。[245]

从法学院1993级本科生的实际情况看，并没有人因为修满学分而提前毕业。

四、毕业去向

（一）就业与分配

1993级本科生入学时，大学生的就业仍然带有计划时代的深刻印记。"分配""派遣"仍然是占据主流的语汇，虽然"双向选择""自主择业"等新词汇也渐渐显露头角。

毕业生之友

1994年12月18日
第12期
吉林大学毕业生就业分配办公室

主　编：李洪明
副主编：王玉梁　张博文
编　委：秦冬琪　崔雁冰

毕业生之友

1996年12月10日
星期二
第16期

主办：吉林大学毕业生就业分配办公室
主编：刘金洲

副主编
张光宇　张淑英
宫皓宇　程东祥

九八春季派遣结束

本报讯　1998年，吉大毕业研究生共计488人，其中博士生126人，硕士生362人。目前春季共派遣毕业研究生67人，突破了历年派遣人数。从毕业研究生流向看，到高校科研单位的49人，占派遣总数的73.1%，到公司、企业的4人，占5.9%，到机关、事业单位的14人，占20.9%。到高等学校师资、高层次科研单位、高新技术企业（简称“三高用人单位”）的11人，占16.4%。暑期毕业研究生正在继续“双向选择”，逐步落实用人单位。

九八毕业研究生派遣工作圆满完成

九九届毕业研究生派遣工作圆满完成

图 4－36　吉林大学校内报纸上所见“分配”和“派遣”字样。

第一排，吉林大学毕业生就业分配办公室主办《毕业生之友》报头两种。从中可见，至迟到 1996 年底“就业分配字样仍在使用”。第二排，由左至右：《九八春季派遣结束》，载吉林大学研究生团委、研究生会《吉大研究生》1998 年 5 月 27 日(第 1 期，创刊号)，第 1 版；刘慧莹：《九八毕业研究生派遣工作圆满完成》，载《吉大研究生》1998 年 9 月 10 日(总第 2 期)，第 1 版；张智敏：《九九届毕业研究生派遣工作圆满完成》，载《吉大研究生》1999 年 10 月 1 日(总第 9 期)，第 1 版。

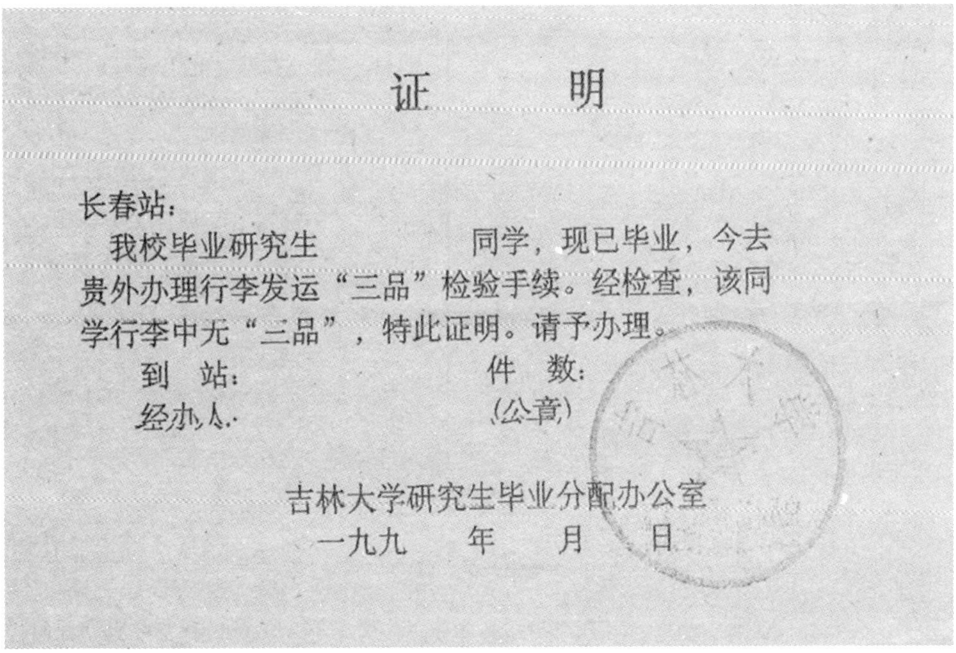

证　　明

长春站：

我校毕业研究生　　　　同学，现已毕业，今去贵外办理行李发运“三品”检验手续。经检查，该同学行李中无“三品”，特此证明。请予办理。

到　站：　　　　　　件　数：

经办人：　　　　　　(公章)

吉林大学研究生毕业分配办公室

一九九　　年　　月　　日

图 4－37　吉林大学研究生毕业分配办公室出具的“毕业生发运行李无三品检验证明”(1999 或 2000 年)

1993年11月26日，吉林大学校务会根据国家教委《关于做好1994年全国普通高等学校毕业生就业工作的通知》（教学[1993]10号）讨论决定成立吉林大学毕业生就业指导中心，从1994年2月28日起正式对外办公。该中心下设两个办公室：本、专科生就业分配办公室，在学生处指导下工作；研究生就业分配办公室，在研究生管理处指导下工作。同时，聘请专家和有关人员任兼职顾问。[246]

虽然毕业分配办公室（毕分办）改了名字，但观念与制度却很难以同样的速度更替。根据前述国家教委10号文件和《关于做好1994年国家教委直属高等学校毕业生就业计划工作的意见》，吉林大学制定了《吉林大学94届本、专科毕业生就业办法》（1993年12月7日）。其中仍然强调：

> 国家任务招生计划的毕业生，有服从国家需要、为经济建设和社会发展服务的责任和义务，应首先服从学校的推荐安排，不实行自主择业的办法。[247]
>
> 制定毕业生就业计划时，主要由学校根据国家的就业方针、政策原则和社会需要，结合毕业生的实际情况，通过“供需见面”及一定范围内的“双向选择”办法提出建议计划，并报国家教委审核。同时，国家教委也会根据有关部委和地方提出的急需毕业生的情况，下达一部分保证重点单位就业的计划。[248]
>
> 经学校推荐但无单位录用的毕业生（含结业生），原则上回家庭所在地区就业，半年内找到单位的，学校负责派遣；半年内找不到单位的，将其档案户口、粮油关系转至家庭所在地，自谋职业。[249]
>
> 国家计划内的自费生毕业时（含毕业半年之内），有单位接收的，学校负责派遣，由学校所在地方主管毕业生调配部门开具《报到证》；半年后仍无单位接收的，可到生源地毕业生就业指导机构帮助推荐就业。[250]

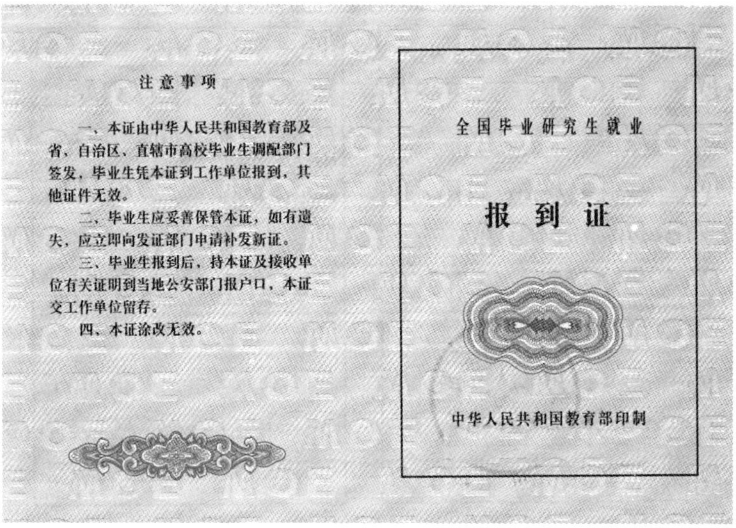
注意事项

一、本证由中华人民共和国教育部及省、自治区、直辖市高校毕业生调配部门签发，毕业生凭本证到工作单位报到，其他证件无效。

二、毕业生应妥善保管本证，如有遗失，应立即向发证部门申请补发新证。

三、毕业生报到后，持本证及接收单位有关证明到当地公安部门报户口，本证交工作单位留存。

四、本证涂改无效。

全国毕业研究生就业

报到证

中华人民共和国教育部印制

图4-38 全国毕业研究生就业报到证

可以看出，统招生、自费生（含计划内自费）等在学生入学时被贴上的身份标签在其毕业时仍然未能去除。相应地，在接受就业服务时也就有了差别待遇。作为渐进式改革的一部分，当时的教育主管部门和大学针对大学生就业，试图实行计划分配与自主择业双轨并行模式。这种模式其实内在矛盾重重,因此当遭遇国家计划需要与学生自主就业意愿出现冲突时,校方会出于思维惯性仍然选择与前者站在同一立场。

(二)“双向选择”

由于在短期内仍然难以猝然摆脱在长期的计划时代由“分配”大权在握而带来的“以我为主”的权力意识,因此由就业指导部门将“双向选择”管起来,使之处于可控状态就成了一时之选。《吉林大学94届本、专科毕业生就业办法》(1993年)规定:

> 所有需求信息由学校统一管理,毕业生只能在学校公布的信息内选报志愿,通过“双向选择”签订就业协议。学生可以协助学校扩大信息来源,提供需求信息,所提供的信息必须有用人单位人事部门盖章,并由学校统一掌握,但在同等条件下可优先考虑提供信息的毕业生到该单位就业。[251]
>
> 1994年1月,派供需见面小组分赴有关省份直接收集需求信息,参加各部、委、大集团公司及地方的毕业生供需见面会,广泛收集信息,于寒假后公布第二次信息。[252]
>
> 学生个人收集的信息也纳入学校统一管理公布的信息中。毕业生在参加供需见面活动时,应使用学校发给的推荐函或协议书,否则所签协议书无效。[253]

为了使整个流程可控,大学就业指导部门除了试图抓住“入口”(就业信息),也试图堵住“出口”,限制学生签约后再更改。

> 就业计划上报国家教委前,即5月1日之前,提出违约需调整的,交违约金及手续费1000元。[254]
>
> 就业计划上报国家教委后,即5月1日至6月1日之间,提出违约需调整的,需报国家教委审批后,方可调整,并交违约金及手续费2000元。[255]
>
> 6月1日以后要求调整的,原则上不予办理。[256]

学生就业是和用人单位之间缔结合同关系,大学夹在其中,不是合同当事人却要收取“违约金”,实在说不过去。

类似的立场延续了相当长一段时间。国家教委《关于做好1995年全国普通高校毕业生和毕业研究生就业工作的通知》(1994年11月9日)仍然强调:

> 根据国家现行规定,1995年的毕业生原则上仍由国家负责在一定范围内安排就业,通过“供需见面”和在一定范围内“双向选择”的办法落实就业方案。师范类毕业生原则上在教育系统内就业;委托和定向培养的毕业生按合同就业;自费毕业生自主择业;毕业研究生在服务范围内就业。[257]
>
> 全国高校毕业生就业计划工作应在国家教委统一管理下,继续实行分级负责、相互调剂的办法……全国高校毕业生及毕业研究生就业计划由国家教委编制并下达执行。[258]
>
> 各地方、有关部委以及高等学校要按照国家教委规定的就业程序、步骤和要求,有领导、有计划地举办种种“供需见面”和“双向选择”等活动……毕业生参加上述活动,应经学校同意并持有学校的推荐表或协议书(指学校提供的协议书文本——笔者注)。否则,所签协议无效。[259]

1996 年年底，法学院陆续公布的用人单位信息包括：黑龙江省邮电管理局、浙江宁波鄞县人民法院、江苏省委组织部、辽宁省政府机关、省法院、省检察院，也有中直机关面向全国应届毕业生招录公务员的信息，如文化部、司法部、国家旅游局、海关总署等（截至 1997 年 1 月 6 日）。此外，还有大连外贸五金矿产公司、吉林省国际经济信托公司、哈尔滨飞机制造公司、东北轻合金加工厂等企业，航天部属位于兰州、西安及北京等地的科研单位，以及哈尔滨工业大学、哈尔滨理工大学等教育科研机构。1997 年 1 月 9 日，在吉大南区还举办了一场"人才市场"（供需见面会），上午是理科专场，下午有招录文科的用人单位，但需要理科的单位仍然颇多。

（三）"出边"

毕业生跨省流动也是就业控制内容的一部分。《吉林大学 94 届本、专科毕业生就业办法》（1993 年）明确提出：

> 跨省调动的毕业生数，原则上不超过实际可分数的 40%；对同一用人单位安排毕业生一般不超过 10 人；紧缺专业毕业生回来源地区的毕业生数，原则上不低于实际可分数的 35%；紧缺专业毕业生到重点单位的人数，不低于实际可分数的 30%。在计划比例合理的情况下，外地生源进京数，可适当放宽，但一般不超过可分数的 5%。[260]
>
> 逆向流动调整或跨地区调整，收取费用加倍。[261]

此间，一个极端表现是"出边"制度。这里的"出边"和"昭君出塞"里的"出塞"意思全然不同，是指离开边远省区。据《吉林大学 94 届本、专科毕业生就业办法》（1993 年），来源于边远省区的毕业生，除到生源不限单位就业或经来源省区主管毕业生调配部门同意可以在内地分配工作，原则上只能回来源省区工作。十个边远省区分别是：黑龙江、内蒙古、新疆、甘肃、宁夏、青海、广西、云南、贵州、西藏。吉林大学当年有相关学生的四个省区的"主管毕业生调配部门"分别是：黑龙江省省人事厅专业技术干部处、内蒙古自治区教委毕分办、新疆人事厅大中专毕业生分配办、甘肃省人事局科干处。[262]

在回原籍省区就业问题上，有关部门明显表现出自相矛盾的立场。一方面，其试图控制来自边远省区毕业生的自由流动，欲让其"哪来回哪"，从而使得保障边远省区获得一定数量的大学毕业生看起来像是非常重要的目标。但另一方面，其对于未能如期就业的毕业生，则强调"将其档案户口、粮油关系转至家庭所在地，自谋职业"，又让人觉得，"打回原籍""自谋职业"是很一种很糟糕、很不体面的结果。

在 1993 级本科生毕业时（1997 年），取得"来源省区主管毕业生调配部门同意"，获得其出具的"出边证"其实并不难，交费即可。1997 年黑龙江省的行情是 4000 元。取得"出边证"还有时限要求。根据前述吉林大学的土办法，要"出边"的学生务必于是年 3 月 20 日之前将出边证交至学校毕分办。过期所交的出边证视为无效。4 月 20 日为跨省流动截止日，5 月 20 日为省内流动截止日。[263]当然，如果毕业生父母一方属于内地支边，可以依靠上一辈的荫及，被"豁免"，从而实现跨省区的自由就业。[264]不过，在程序上，此类毕业生也还要回原省区向主管毕业生调配部门申领"出边证"才行。最逍遥的办法是攻读硕士研究生，那样就可以"跳出三界外，不在五行中"，研究生毕业后将不再受"出边"政策的限制，自然也无需申领"出边证"了。直到 1999 年前后，"出边"这个极其不合理的限制人员流动的"原则"规定以及附着其上的滥收费才被废止。

(四)法学院 1993 级本科生实际去向

法学院 1993 级(1997 届)本科生中,继续在本校攻读硕士研究生的 16 人(其中 6 人系免试推荐)。按入读的专业划分,法理学 2 人,中国法制史 1 人,刑法学 4 人,民商法学 5 人,民事诉讼法学 1 人,经济法学 1 人,国际经济法学 2 人。另有 1 人(来自国际法 5 班)考入了中国人民大学法学院。1998、1999 和 2000 年,分别有 4 人、1 人、3 人考回吉林大学法学院攻读硕士研究生。此外,还有 1 人选择本科毕业留校担任政治辅导员,3 年后免试读研究生。

法学院 1993 级本科毕业即就业的学生中,进入法院、检察院系统的共 21 人(其中 1 人于毕业次年通过考研重返吉林大学法学院),4 人成为中央国家机关公务员。本科毕业直接读研的 17 名学生中,2 人研究生毕业后进入法院系统,2 人成为地方政府公务员;选择硕士毕业后在本校继续攻读博士学位的 3 人中,有 1 人毕业后进入了检察院系统,1 人成为国家机关公务员;另有 1 人硕士毕业后即到外校攻读博士学位,并在毕业后进入了立法机关。

表 4-27　吉林大学法学院 1993 级(1997 届)本科生毕业去向情况

序号	指标	法学		经济法		国际经济法	合计
		1 班	2 班	3 班	4 班	5 班	
1	毕业人数	20	20	26	27	23	116
2	1997 年在本校读研人数	4	1	3	6	2	16
3	1997 年在校读研男女比	2:2	0:1	0:3	4:2	1:1	7:9
4	1997 年免试在本校读研人数	1	1	1	2	1	6
5	1997 年免试在本校读研者男女比	0:1	0:1	0:1	1:1	0:1	1:5
6	1997 年在外校读研人数	0	0	0	0	1(女)	1
7	1998 年返校读研人数	1(女)	0	1(女)	1(女)	1(男)	4
8	1999 年返校读研人数	0	0	0	1(女)	0	1
9	2000 年返校读研人数	2*(男)	0	0	1(男)	1(男)	4
10	毕业即去法、检就业人数	–	8	7	2	5	–
11	毕业即成为中央国家机关公务员人数	1	1	1	0	1	4
12	毕业即回来源省区就业人数		–	17	18	–	–

*其中 1 人系本科毕业留校任辅导员,3 年后免试攻读硕士研究生。

至于毕业生返回原籍省区的情况,以经济法 3 班和 4 班为例,分别有 17 人和 18 人返回来源省市初次就业,占该班毕业人数的 65.38% 和 66.67%。两班合计,回到来源省市的学生中,在吉林省和辽宁省就业的分别有 13 位和 5 位,其余来自北京、天津、河北、山东、浙江、福建、海南、云南等地的学生也多数返回来源省市就业;1 名辽宁籍毕业生和 2 名黑龙江籍毕业生在吉林省就业;2 名吉林籍毕业生在北京就业;1 名河北籍毕业生在黑龙江就业。结合其他专业的就业情况,流入人数较高的地区包括北京、浙江等省市。

表 4-28 吉林大学法学院 1993 级(1997 届)经济法学专业本科生毕业去向情况

来源省	北京	福建	海南	河北	黑龙江	吉林	辽宁	山东	山西	天津	云南	浙江	广东
来自该省的毕业生数	3	2	2	2	7	19	7	3	2	2	2	2	0
毕业生回本省就业数	3	2	2	1	2	13	5	1	0	2	2	2	0
外省生源前往就业数	2[a]	0	0	0	1[b]	3[c]	0	0	0	0	0	0	2[d]
生源中直接读研者	0	0	0	0	3	2	1	2	1	0	0	0	0

a. 均来自吉林省;b. 来自河北省;c. 2 人来自黑龙江省,1 人来自辽宁省;d. 来自吉林省。

表中所说就业,指毕业后初次就业。读研指毕业后即攻读硕士研究生。本表所示只是对经济法专业的统计。若结合其他专业的就业情况看,当年北京、浙江、广东等省市是净流入地区。资料截止到 1997 年 7 月。

图 4-39 吉林大学法学院经济法学系 1993 级本科生(1997 届)毕业留念(1997 年 6 月 25 日摄于吉大南区逸夫图书馆门前)。图中缺少 1993 级 3 班男生 1 名。前排左起,第一排:闻立君、可欣、高雁、孙丽昕、张晓丹、鹿璐、杨杉、才玉莹、付天虹、石志宇、罗美秀、陈英慧、周其巍、代云龙。第二排:魏华、何远春、于宁、高晶、王晓燕、钱玉波、王晗、董淑微、高军、何彬彬、潘宇、李静红、杨春红、马丽。第三排:李华、何世卓、张玉铸、李萌、姜朋、李志君、陈磊、董凯、邓晓刚、杨家乾、陶峰。第四排:石雪峰、杨晓东、杨长红、吴丹、李红建、苏长明、张英、赵森、王雪光、蔡宏伟、陈刚、王刚、王海。

比较而言,返回属于"边疆省区"的黑龙江省的人数明显偏低。吉林大学法学院 1993 级本科生中共有 13 人来自该省,后又有 2 名来自该省的学生在入学后转入法学院,合计 15 人。1997 年毕业时,只有 4 人回到该省。其余皆通过不同方式"出边",其中,5 人留在本校读研究生,1 位因父辈支边而"出边"。回省就业的 4 人中,2 人于次年考研重回法学院读书,1 人于数年后出国。值得注意的是,1997 年黑龙江省还没有全省统一的公务员考试,各部门各自为政。在 1996 年底至 1997 年初的招聘季,来自该省的用人信息(尤其是司法系统的)远少于辽宁省的。后者的高级人民法院、省检察院、省政府法制局、省工商局先后向吉大法学院提供了用人需求信息。这也许是法学院 1993 级本科生中相当一部分辽宁籍毕业生(9 人)回到来源地就业的一个原因。

五、亦新亦旧的一代

吉林大学法学院 1993 级本科生读书的 4 年,正是中国社会由计划经济向市场经济急速迈进的时期。社会经济环境的巨大改变,也深刻地影响到了大学校园里的学习和生活。在很多方面,都可以看到这种时代变迁的印迹。

比如,虽然粮票已在吉林大学南区的食堂里消失了踪影,但 1993 级年开始在入学时仍然被要求从户籍所在地的粮油供应部门开具“粮油关系迁移证明”。

又比如,彼时虽然承袭了长久以来相沿不辍的助学金制度,但面对从无到有且渐趋高企的学费,以及不断上涨的伙食等费用支出,其预设的“助学”功效已然式微。当时吉林人学法学院各级本科生的学费均不相同,总的趋势是每级都会上涨,一旦确定,4 年标准不变。到 1995 年,更出现了带有“国际”字样的专业学费远高于其他专业的现象。但同时,奖学金不仅类型少,而且金额也没有随着学费的上涨而作及时的调整。加之获奖学生覆盖面偏小,评定标准过于强调“综合测评”成绩,而该成绩又因可以额外增加许多奖励分值(如学生干部奖励分、学术科研成果奖励分、各类学习竞赛奖励分、体育竞赛奖折算分、破体育竞赛记录奖励分、文娱类奖励分、综合类奖励分),[265]致使学业成绩所占比重偏低,在相当程度上扭曲了奖“学”的功能。

再比如,就业方面,之前还被当作招生宣传事由的毕业由国家统一分配工作,到 1993 级入学后即渐渐被“自主双向选择”所替代。当然,制度层面的设计和人们理念层面的认知改变还不能一蹴而就。如职业发展引导、简历撰写训练、面试技巧指导、就业招聘会组织等全无准备;还有人对计划时代的分配模式非常留恋,因而出现了仍然带有强烈计划色彩的“自主就业”:学生要自己找工作,但所获取的就业信息需先提供给学院学生工作部门或学校就业指导部门,由其统一发布,再由学生(不限于提供信息者)报名,用人单位遴选,确定意向后,用人单位、学校、学生签订三方协议,学生毕业时再由学校为其出具“报到证”(派遣证)。于是,为了确保“肥水不流外人田”,一些由个人联系的用人单位向学校提出的条件非常苛刻,几乎就是按照其个人特点量身定制的,以至于常常据此就可以推断出就业信息的提供者。同时,对于一些仍然希望按照计划分配方式获得毕业生的单位,学校也会尽量满足其需求。与此相应,限制人员自由流动,尤其是跨省区流动,依旧是就业指导部门的重要工作。对于来自于所谓“边疆省区”的学生,即使其在入学时并未享受任何分数上的优待,但在毕业时却被严格限制跨省流动,原则上要哪来回哪儿。而在同一时期的就业指导文件中,回原籍就业,相当于是对不服从分配或就业季届满未能找到工作的毕业生采取的一种不名誉的处置措施。当然,市场化的进程也对这种限制人员流动的政策产生了某种侵蚀作用。后者松动的表现是可以“拿钱走人”,即毕业生只要在规定时间内向原籍省区特定机构缴纳若干费用,换取“出边证”,学校就可以据以允许该生到其他地区就业。此间,权力的任性、金钱的力量,机构权威的不容置疑,个体的无奈与无助,汇集了计划和市场的双重弊端,提供了大学时代最生动而鲜活的教材!

1993 级本科生读书期间，吉林大学法学院教师新老交替的进程已接近尾声。大部分经历了“文革”的那一代教师已走下了讲台，把课堂更多地留给了“文革”后进入法律系的教师。市场经济的巨大引力，促成了教师队伍的进一步分流，以至于 20 世纪 90 年代前期，法学院的可用师资并不充裕。[266]因此不宜用“教授都不给本科生上课”这样的教条加以苛责。[267]事实上，由于法治环境的改变和法律理念的跃迁，教授未见得就一定比年轻教师更受欢迎。提升法学教育水准的关键，其实不在于职称的高低和头衔的有无，而在于知识储备的量与更新速度，思想认知的层次与深度，以及对教育事业的忠诚与热忱。

吉林大学法学院 1993 级本科生读书期间，建设社会主义法治国家的宏伟目标得以确立，相应的法律制定和修改随即展开，方兴未艾。这一大的法治环境对吉林大学法学院本科教育的影响显而易见。与更早的教学计划相比，吉林大学法学院取消了一些过时的课程（如《计划法》），而开设了一些紧紧追踪新近出台的法律和制度（如《行政诉讼法》《民事诉讼法》《公司法》，如新税制，如《商业银行法》《中国人民银行法》《担保法》）的课程，还有一些则课程处在等待立法有突破性进展的阶段（如经济合同法）。三个专业的划分使得吉林大学法学院 1993 级本科生之间存在着明显的课业区隔。除非学生通过个体的努力超越（如旁听其他专业的课程、拓展自己的阅读范围），否则将无法避免知识储备上的差异，从而在毕业择业时受到事实上的限制。

1997 年 3 月，就在法学院 1993 级本科生毕业前夕，全国人大通过了新修订的《刑法》；一年多以后，培养方案中未曾涉及的《证券法》颁布；1999 年，1993 级毕业近两年后，《宪法》再一次修订，《合同法》也终于出台……法律制度的迅速变化，客观上要求那些打算以法律为业的法学院毕业生们具有举一反三、触类旁通，乃至终身学习的能力。

第六节

小　结

1998 年 11 月 6 日，吉林大学法律系建系 50 周年暨法学院建院 10 周年大型文艺晚会在吉林大学北校区鸣放宫礼堂举行。[268]此时距离法学院建院 10 周年纪念日已经过去了一个多月。选择这个日期从而传递出向 50 年前成立的东北行政学院司法系致敬的意图，至为明显。

回顾吉林大学法学院及其前身的历史,可以发现"迁移"是一个恒久的话题。在战火纷飞的年代,其办学处所居移不定,师生或乘火车、汽车,或坐马车,或靠步行,在多个城市间转移;动乱年代,其师生在城市与农村之间迂回迁徙;法学院建立后的头十年里,师生们又以拓荒牛的精神开发新校区,乘坐着颠簸的班车在两个校区之间往返奔波,在农田环绕的校舍里,传递着、接续着思考的力量。

也正是在这种与大的历史环境变迁相伴生的物理空间的转换背景下,吉林大学法律人的精神世界亦得以历练和升华。在全面学习苏联的年代,马起等前辈很早就提出要关注中国自己的立法与司法实践,并有意识地尝试搜集整理中国法制材料,加以运用,来分析和解决中国的法律问题,体现出了一种坚持独立思考、敢于探索的精神。在法律虚无主义盛行的年代,面对各种压力,聂世基等前辈不肯轻言放弃,在极其艰难的环境里,利用一切可以利用的条件,扎根基层,贴近实务,不仅保持了吉林大学法律系建制的完整和连续,也为后来中国法律教育的复兴预留了火种。此间亦充溢着上述的坚韧精神。及至改革开放时代,吉林大学法律人在勤恳教书育人的同时,继续思考,不断总结,厚积薄发,推出系列教材、论著、译作。张文显、郑成良等一批当时的青年学者更是不拘泥于既有学说,结合中国经济社会法制发展现实,勇于提出权利本位的学说,引领中国法学研究迈上了一个新台阶。此间既有可贵的学术勇气,更与之前吉林大学法律人一直秉持的贴近中国实际的精神一脉相承。

诚然,十年的时间较之一所法学院的成长还是太过短促,但因为有了前面40年的苦撑不懈,吉林大学的法律教育得以有了些历史的厚重。如同蜿蜒河流的下游总是要承接上游的泾流,法学院也全面延续了之前法律系的传统。当然,说建立法学院只不过是又进行了一次更名还是有些欠妥,毕竟经由三个"系"的设置和三个本科专业的划分,其人才培养的"专业性"在这十年间得到了更多的强调。此间,合办的德恒律师学院虽然提出了"三懂一会"的办学目标,但其对"(应)用"的非常明显地强调,亦不足以消解这种对人才进行专业化培养的趋势,更遑论其有时甚至主动援用相关专业来装扮自己。[269]诚然,当时国门打开、直通世界,中国法治建设亦骤然发力、法律法规大量涌现,分门别类地对各种法律加以学习无疑是较为有效的方法。但随着计划经济的瓦解以及市场经济的勃兴,学生自主择业对学校统一分配就业的替代,以及就业市场上不同用人单位对于法学院毕业生的不同需求,都决定了大学入学时(甚至是高考报名时)预设的专业未必适用。因此培养更为"宽口径"的人才渐渐成为共识。只是淡化法学"专业"的设置、让学生在更广阔的平台上成长的举措,还要留给下一个十年来完成。

十年间,中国立法蓬勃发展,法学也渐成显学,不断有新设的法学院系出现。此间,吉林大学法学院尝试着提供了多种法律教育项目:法律本科、专科、函授、自学考试、法学硕士、应用型硕士、法律硕士、在职攻读法律硕士、法学博士……从而充分见证了中国法律教育多重双轨制的历程,并且经过此番实践,逐渐明晰了自己的办学定位与发展目标。

十年间,一批老一代的法律学人先后离开。他们在法律虚无主义盛行的年代苦苦支撑,不愿大好年华蹉跎流逝,纵使老迈依然志在千里。他们中的许多人终因退休年限与职衔名额的双重挤压而黯然退场。[270]他们的学说观点,或随时代的变迁而成另类,他们的著述文章,或因年深日久而被束之高阁,但他们曾经的坚守和执着,曾经的勇气和毅力,始终值得后来者尊重和景仰!

十年间,一批又一批的年轻学子从五湖四海汇聚到吉林大学法学院,接受法治启蒙,编织职业理想。所幸,法学院的教育没有成为碾压、磨灭学生求知欲的工具,其宽松的环境始终能够容忍、甚至激发学生的疑问之心、探索之欲,以及历时久远仍然坚持不懈之力。因而无论是选择留下还是离开,它的名字都是所有曾经跟从它学习者的精神寄托!

注 释

〔1〕 参见吉林大学法学院简史编写组:《风雨无阻桃李路,拓志未来续风流——吉林大学法学院发展简史(1948 - 2008)》,吉林大学法学院 2008 年,第 34 页。

〔2〕 2018 年 4 月 8 日微信访谈。可资参照的是,中国人民大学于 1988 年 3 月 16 日成立法学院,下设法律系和法学研究所。1994 年 11 月 9 日,法律系和法学研究所合并,法学院成为管理实体。参见中国人民大学法学院院史编写组:《中国人民大学法学院院史(1950 - 2000)》,中国人民大学出版社 2010 年版,第 154、155 页。

〔3〕 参见吉林大学招生办公室编印:《吉林大学:国家教委直属的重点综合性大学》,1993 年,第 57、58 页。

〔4〕 参见吉林大学招生办公室编印:《吉林大学:国家教委直属的重点综合性大学》,1993 年,第 59 页。

〔5〕 参见《开拓中的吉林大学法学院》,载《法学院特刊 · 热烈庆祝吉林大学建校五十周年(1946 - 1996)》,1996 年 9 月。

〔6〕 根据 1999 年 11 月 22 日吉林大学法学院院务会议讨论通过的《吉林大学法学院本科教学工作规则(试行)》第 8 条第 3 款的定义,"教研室是教学、科研的基础性机构,是开展教学、科研活动的重要组织,其主要职责是:1. 负责分配、落实每学期教学计划中规定的教学任务;2. 开展教学法研究,组织试讲,必要时组织集体备课;3. 开展科学研究、组织学术活动;4. 提出调整师资的建议,组织师资的培养和提高;5. 其他应由教研室负责的事宜"。

〔7〕 此据 2018 年 2 月 6 日车丕照教授给笔者的电子邮件。

〔8〕 据闵春雷教授介绍,诉讼法教研部成立于 2006 年。此前,刑事诉讼法学科隶属于刑事法教研部。早在 1995 年,诉讼法学作为二级学科独立招生。闵教授一直在刑法学科点招收博士生,直到 2012 年吉林大学法学院才设立了诉讼法学博士点。2017 年诉讼法教研部共有 8 名教师,刑事诉讼法学和民事诉讼法学各 4 名教师。参见马一鸣、张枭悦:《闵春雷:法律人永远是年轻》,吉林大学法学院"法苑芳华"微信公众号,老故事第三季(二),2017 年 10 月 22 日发布。

〔9〕 参见《学院概况 · 历任领导》,载吉林大学法学院网站:https://law. jlu. edu. cn/? mod = info&act = view&id = 11861,2017 年 6 月 12 日最后访问。

〔10〕 刘本森系吉林大学法律系国际法教研室教师,后任法律系法学研究所编译,2008 年前已故。参见吉林大学法学院简史编写组编:《风雨无阻桃李路,拓志未来续风流——吉林大学法学院发展简史(1948 - 2008)》,吉林大学法学院 2008 年,第 72 页。

〔11〕 2018 年 4 月 10 日李放教授的访谈录音。李放教授在本书初稿上的批注。

〔12〕 参见《学院概况 · 历任领导》,载吉林大学法学院网站:https://law. jlu. edu. cn/? mod = info&act = view&id = 11861,2017 年 6 月 12 日最后访问。

〔13〕 参见《法学研究所》,载《法学院特刊 · 热烈庆祝吉林大学建校五十周年(1946 - 1996)》,1996 年 9 月。

〔14〕 《吉林大学法学院 · 行政与业务机构设置表》,吉林大学法学院,1999 年。

〔15〕 参见《吉大律师事务所简介》,载《法制与社会发展》1995 年第 1 期。

〔16〕 参见《学院概况 · 历任领导》,载吉林大学法学院网站:https://law. jlu. edu. cn/? mod = info&act = view&id = 11861,2017 年 6 月 12 日最后访问。

〔17〕 参见《学院概况 · 历任领导》,载吉林大学法学院网站:https://law. jlu. edu. cn/? mod = info&act = view&id = 11861,2017 年 6 月 12 日最后访问。

〔18〕 参见《声望日隆的吉大律师事务所》,载《法学院特刊 · 热烈庆祝吉林大学建校五十周年(1946 - 1996)》,1996 年 9

月。《吉大律师事务所简介》,载《法制与社会发展》1996 年第 6 期。

〔19〕 参见吉林大学法学院简史编写组编:《风雨无阻桃李路,拓志未来续风流——吉林大学法学院发展简史(1948 - 2008)》,吉林大学法学院 2008 年,第 45 页。

〔20〕 参见《〈法制与社会发展〉杂志社》,载《法学院特刊·热烈庆祝吉林大学建校五十周年(1946 - 1996)》,1996 年 9 月。协办机构名单见《法制与社会发展》1999 年第 5 期。至迟在 2001 年,承办机构已改为"吉林大学法学院、吉林大学理论法学研究中心",且不见了协办机构。《法制与社会发展》2001 年第 3 期。至迟在 2007 年又改为"吉林大学理论法学研究中心"承办。《法制与社会发展》2007 年第 3 期。

〔21〕 王牧,1941 年生,吉林乾安人。1962 至 1967 年在吉林大学法律系学习。1978 年 10 月至 1996 年 2 月在吉林大学法律系(法学院)任教。1994 年被聘为博士生导师,1994 年 2 月至 1995 年 5 月任吉林大学法学院院长。1995 年 5 月至 12 月任法学院党委书记。离职后,调任中国政法大学教授,曾任中国政法大学刑事司法学院院长。兼任中国犯罪研究会、中国法学会犯罪学研究会会长。载百度百科:https://baike. baidu. com/item/王牧/12016033? fr = aladdin,2018 年 2 月 11 日最后访问。

〔22〕 李贵方,1957 年生于内蒙古,1974 年中学毕业后担任过中学教师和大队团总支书记。1978 年考入吉林大学历史系,1984 年起在吉林大学法律系攻读研究生,先后获得法学硕士和博士学位。曾在吉林大学法律系任教,1995 年离职,到北京德恒律师事务所从事律师工作。其间,1989 年赴英国利兹大学博士联合培养、1990 年赴美国扬伯翰大学博士联合培养。并于 1994 年在德国马普国际与比较刑法研究所从事博士后研究。现为北京德恒律师事务所副主任、全球合伙人。载百度百科:https://baike. baidu. com/item/李贵方/84509? fr = aladdin,2018 年 2 月 11 日最后访问。

〔23〕 参见《法制与社会发展》1995 年第 1 期。

〔24〕 参见《法制与社会发展》1995 年第 1 期。《法制与社会发展》1995 年第 2 期。中国律师事务中心于 1993 年 1 月经司法部批准创建于北京,1995 年更名为德恒律师事务所,2011 年定名"北京德恒律师事务所"。

〔25〕 资料显示,"吉大铁成法学基金会由美国太阳贸易有限公司总裁孙铁成先生捐资成立。基金为一百万人民币本金,另有逐年增加的流动基金。本基金致力于促进中国法学研究和法学教育的发展,以助长法学繁荣,推进法学建设为宗旨。吉大铁成法学基金会由主席、常务副主席和理事组成,全权负责对基金运营和使用的管理。吉大铁成研究所是基金会的直属研究机构,是一个以法学为基础、辐射相关学科的开放型和外向型研究所"。铁成基金会和研究所的地址是吉林省长春市前卫路 10 号,吉林大学新校区荟文楼 509 室、文苑二舍 213 室。但后来此笔捐资似因故未到位。"吉大铁成法学基金会与铁成法学研究所",载《法制与社会发展》1995 年第 4 期。参见《法制与社会发展》1995 年第 3 期。

〔26〕 参见《法制与社会发展》1997 年第 1 期。

〔27〕 参见《法制与社会发展》1997 年第 2 期。

〔28〕 参见《法制与社会发展》2000 年第 3 期。

〔29〕 参见《法政与社会发展》2001 年第 1 期。

〔30〕 参见《法政与社会发展》2004 年第 1 期。

〔31〕 参见中国法律年鉴编辑部编:《中国法律年鉴(1989 年)》,法律出版社 1990 年版,第 1055 页。

〔32〕 参见《当代法学》(季刊)1991 年第 4 期(总第 20 期)。当时主办单位为:吉林省法学会、吉林大学法学院、吉林省社会科学院。

〔33〕 李中圣,吉林大学法律系 1979 级本科。1983 年毕业后留校任教。1989 年在该系取得法学硕士学位。任职期间破格晋升副教授。1993 年 4 月离职,任深圳市中级人民法院经济审判庭审判员。1994 年 2 月负责组建深圳市中级法院知识产权庭,直至 2005 年 3 月一直任庭长职务。2005 年加入金杜律师事务所。载百度百科:https://baike.

baidu. com/item/李中圣/7232547？fr = aladdin，2018 年 2 月 11 日最后访问。

〔34〕 参见《当代法学》（季刊）1993 年第 4 期（总第 28 期）。当时主办单位为：吉林省法学会、吉林大学法学院。

〔35〕 参见《当代法学》（季刊）1994 年第 2 期（总第 30 期）。

〔36〕 参见吉林大学法学院简史编写组编：《风雨无阻桃李路，拓志未来续风流——吉林大学法学院发展简史（1948 - 2008）》，吉林大学法学院 2008 年，第 37 页。

〔37〕 参见丁地树：《东风第一枝——德恒律师学院简记》，载《律师世界》1994 年 5 期。

〔38〕 参见吉林大学校报编辑部编辑：《吉林大学》1994 年 1 月 1 日（第 369 期），第 1 版。

〔39〕 参见《德恒律师学院简介》，载《法制与社会发展》1995 年第 3 期。

〔40〕 参见丁地树：《东风第一枝——德恒律师学院简记》，载《律师世界》1994 年 5 期。

〔41〕 参见丁地树：《东风第一枝——德恒律师学院简记》，载《律师世界》1994 年 5 期。

〔42〕 吉林大学法学院简史编写组编：《风雨无阻桃李路，拓志未来续风流——吉林大学法学院发展简史（1948 - 2008）》，吉林大学法学院 2008 年，第 38 页；丁地树：《东风第一枝——德恒律师学院简记》，载《律师世界》1994 年 5 期。

〔43〕 参见《新世纪中国律师人才的摇篮——德恒律师学院》，载《法学院特刊・热烈庆祝吉林大学建校五十周年（1946 - 1996）》。后来还有提法增加了"懂技术"从而成为"四懂一会"。

〔44〕 参见国务院学位委员会办公室《关于开展法律专业硕士学位试点工作的通知》（1995 年 4 月）。

〔45〕 参见国务院学位委员会办公室《关于在我国设置和试办法律专业硕士学位的意见（征求意见稿）》（1995 年 4 月）。

〔46〕 参见《全国政法系统学历结构现状及到 2000 年对法律人才的需求情况表》。霍宪丹：《不解之缘：二十年法学教育之见证》，法律出版社 2003 年版，第 385 页。至于这些需求数字是如何推算出来的，表中则未予说明。

〔47〕 丁地树：《东风第一枝——德恒律师学院简记》，载《律师世界》1994 年 5 期。

〔48〕 参见《一些专业对考生的有关要求》，载吉林大学招生办公室编印：《吉林大学：教育部直属的国家重点综合性大学》，2000 年，第 52 页。

〔49〕 参见吉林大学招生办公室编印：《吉林大学：教育部直属的国家重点综合性大学》，2000 年，第 41 页。

〔50〕 1995 年，吉林大学法学院 1991 级法学专业本科生陈长斌毕业后留校。据他回忆："毕业后我以德恒律师学院的编制办理了入职手续，就这样成为德恒律师学院的第一位在编教师。由于德恒律师学院是依托法学院的教学和管理，所以虽然德恒律师学院的整体教学和管理体系相对独立，但是在具体师资和教学管理上都是由法学院负责的，简单说就是'两个学院，一套人马'，我的编制在德恒律师学院，但是是在法学院学生工作办公室工作，此后的五年时间，我一直负责法学院和德恒律师学院一个年级的学生管理工作，从他们入学一直到毕业，我完整地带了一届学生。"参见陈长斌：《廿五载德恒缘 我以芳华敬你》，德恒律师事务所微信公众号，2018 年 5 月 26 日发布。陈长斌现为德恒律师事务所北京办公室合伙人、德恒民商事业务中心负责人。

〔51〕 参见丁地树：《东风第一枝——德恒律师学院简记》，载《律师世界》1994 年 5 期。

〔52〕 参见《德恒律师学院简介》，载《法制与社会发展》1995 年第 3 期。

〔53〕 参见《吉林大学法学院简介》，载《法制与社会发展》1995 年第 2 期。

〔54〕 《新世纪中国律师人才的摇篮——德恒律师学院》，载《法学院特刊・热烈庆祝吉林大学建校五十周年（1946 - 1996）》，1996 年 9 月。

〔55〕 吉林大学招生办公室编印：《吉林大学：教育部直属的国家重点综合性大学》，2000 年，第 41 页。

〔56〕 丁地树：《东风第一枝——德恒律师学院简记》，载《律师世界》1994 年 5 期。详细内容将在本章第五节中介绍和讨论。

〔57〕 丁地树：《东风第一枝——德恒律师学院简记》，载《律师世界》1994 年 5 期。

〔58〕 德恒律师学院学生的宿舍和法学院学生的宿舍同在文苑一舍。1994 年 9 月的一天,给法学院 1994 级新生军训的教官检查内务,发现有女生宿舍非常杂乱,盛怒之下将床上的铺盖丢到了地上。该宿舍的学生回来见状立即向学校保卫部门报警,不依不饶,好不热闹。

〔59〕 参见吉林大学法学院简史编写组编:《风雨无阻桃李路,拓志未来续风流——吉林大学法学院发展简史(1948 - 2008)》,吉林大学法学院 2008 年,第 41 页。

〔60〕 参见吉林大学招生办公室编印:《吉林大学:国家教委直属的重点综合性大学》,1993 年,第 54 页。

〔61〕 参见吉林大学招生办公室编印:《吉林大学:国家教委直属的重点综合性大学》,1993 年,第 56 页。

〔62〕 参见吉林大学招生办公室编印:《吉林大学:国家教委直属的重点综合性大学》,1993 年,第 57 页。

〔63〕 参见吉林大学招生办公室编印:《吉林大学:国家教委直属的重点综合性大学》,1993 年,第 58 页。

〔64〕 参见《开拓中的吉林大学法学院》,载《法学院特刊・热烈庆祝吉林大学建校五十周年(1946 - 1996)》,1996 年 9 月。

〔65〕 参见《吉林大学法学院・简介》,吉林大学法学院,1999 年。

〔66〕 参见《院内信息》,载《法制与社会发展》1999 年第 4 期。校学位评定委员会的人员组成须经校务会议讨论通过并报国家教委批准。该委员会一届任期 3 年。其职责包括:批准授予硕士学位;作出授予博士学位的决定;通过授予名誉博士学位的提名;作出申报学位授予权点的决定;审批博士生指导教师;作出撤销学位的决定;研究和处理学位授予中有争议的问题和其他事项。学位办公室是其办事机构,负责处理日常事务。吉林大学第六届学位评定委员会成立于 1997 年 9 月。

〔67〕 参见吉林大学招生办公室编印:《吉林大学:教育部直属的国家重点综合性大学》,2000 年,第 39 页。

〔68〕 参见《曾在吉林大学法学院(法律系)任教的教师》,载吉林大学法学院网站:http://law. jlu. edu. cn/? mod = info&act = view&id = 9785,2018 年 2 月 3 日最后访问。

〔69〕 参见何勤华主编:《中国法学家访谈录》(第十卷),北京大学出版社 2014 年版,第 175 页。

〔70〕 参见何勤华主编:《中国法学家访谈录》(第十卷),北京大学出版社 2014 年版,第 506 页。彭诚信,1973 年 6 月生,山东省嘉祥县人。1990 年考入吉林大学法学院,先后于 1994 年、1998 年和 2002 年 12 月获得法学学士、法学硕士(民法学专业,师从崔建远教授)、法学博士(法学理论专业,师从张文显教授)学位。1994 年 7 月本科毕业后留校任教,历任助教、讲师(1998 年 12 月)、副教授(2001 年 9 月)、教授(2004 年 12 月)。2000 年 9 月至 2001 年 9 月在伦敦政治经济学院访学,师从 J. E. Penner 教授,还曾在日本北海道大学大学院法学研究科任教。2003 年 10 月至 2004 年 10 月在英国牛津大学法律系从事博士后研究,师从 J. W. Harris 教授。2007 年起,受聘为宁波大学"甬江学者计划"特聘教授。2010 年 9 月,任上海交通大学凯原法学院教授、凯原青年学者。2018 年 3 月,任上海交通大学凯原法学院副院长。著有《主体性与私权制度研究——以财产、契约的历史考察为基础》(中国人民大学出版社 2005 年版)。

〔71〕 姚建宗,1966 年 3 月生,四川省通江县人。1989 年毕业于西南师范大学政治系,获法学学士学位。1992 年 7 月毕业于吉林大学法学院,获法学硕士学位,并留校任教,历任助教、讲师(1994 年 9 月)、副教授(1998 年 9 月)、教授(2000 年 1 月)。1994 年 9 月至 1997 年在中国人民大学法学院学习,师从吕世伦教授,1997 年毕业,获法学博士学位。1999 年 11 月至 2001 年 5 月、2001 年 5 月至 2008 年 12 月,先后担任教育部人文社会科学重点研究基地?吉林大学理论法学研究中心副主任、常务副主任。2005 年 7 月起,任国家"985 工程"吉林大学法律与经济全球化哲学社会科学创新基地主任。其间,2003 年 11 月至 2004 年 5 月、2004 年 9 月至 2005 年 9 月两次赴英国伦敦政治经济学院(London School of Economics and Political Science, LSE)进行专题研究与进修。2008 年 12 月至 2015 年 4 月任吉林大学法学院院长。兼任中国法学会常务理事、中国法学会法理学研究会副会长等职。著有《法律与发展研究导论》(吉林大学出版社 1998 年版)、《法治的生态环境》(山东人民出版社 2003 年版)、《美国法律与发展研

究述评》(法律出版社 2006 年版)、《法理学:一般法律科学》(中国政法大学出版社 2006 年版)。

〔72〕 参见何勤华主编:《中国法学家访谈录》(第十卷),北京大学出版社 2014 年版,第 175 页。第 40 - 41 页。

〔73〕 参见何勤华主编:《中国法学家访谈录》(第十卷),北京大学出版社 2014 年版,第 452 页。张文显教授是 1992 年 12 月被吉林大学新增为博士生导师的。参见《吉林大学校史》编委会编:《吉林大学校史(1946 - 2006)》,吉林大学出版社 2006 年版,第 68 页。

〔74〕 参见何勤华主编:《中国法学家访谈录》(第十卷),北京大学出版社 2014 年版,第 217 页。

〔75〕 参见吉林大学法学院简史编写组编:《风雨无阻桃李路,拓志未来续风流——吉林大学法学院发展简史(1948 - 2008)》,吉林大学法学院 2008 年,第 41 页。

〔76〕 吉林大学招生办公室编印:《吉林大学:国家教委直属的重点综合性大学》,1993 年,第 54 页。

〔77〕 《吉林大学法学院简介》,载《法制与社会发展》1995 年第 2 期。

〔78〕 《开拓中的吉林大学法学院》,载《法学院特刊・热烈庆祝吉林大学建校五十周年(1946 - 1996)》,1996 年 9 月。

〔79〕 参见《吉林大学法学院》(宣传册),1999 年印,第 5 页。

〔80〕 吉林大学招生办公室编印:《吉林大学:教育部直属的国家重点综合性大学》,2000 年,第 39 页。

〔81〕 参见《〈比较刑法学〉出版发行》,载《当代法学》(季刊)1993 年第 4 期(总第 28 期)。

〔82〕 参见苏惠祥主编:《中国商法概论》(修订版),吉林人民出版社 1996 年版。

〔83〕 参见苏惠祥主编:《中国商法概论》(修订版),吉林人民出版社 1996 年版,第 486 页,后记。

〔84〕 参见董安生、王文钦、王艳萍编著:《中国商法总论》,吉林人民出版社 1994 年版。

〔85〕 蔡立东,1969 年 3 月出生,吉林长春人,1987 年 9 月至 1991 年 7 月,在吉林大学法学院学习,获法学学士学位。1991 年 9 月至 1994 年 7 月,在吉林大学研究生院学习,获民法学硕士学位。1994 年 7 月至 2000 年 9 月,在吉林省交通厅工作,任主任科员。1999 年 9 月至 2002 年 12 月,在吉林大学理论法学研究中心学习,获法学博士学位。2000 年 9 月起在吉林大学法学院工作,任讲师,2001 年 9 月被评聘为副教授,2004 年晋升教授。先后在香港城市大学(City University of Hong Kong,2004 年 2 月至 5 月)、美国天普大学(Temple University,2004 年 6 月至 8 月)、伦敦政治经济学院(LSE,2007 年至 2008 年)、香港中文大学(2011 年至 2013 年)访学研修。2015 年 4 月起任吉林大学法学院院长。2016 年 4 月入选 2015 年度"长江学者奖励计划"(青年项目)。兼任教育部社会科学委员会法学学部秘书长、中国法学教育研究会副会长、中国网络与信息法学研究会副会长、吉林省法学会副会长。著有《公司自治论》(北京大学出版社 2006 年版)。

〔86〕 参见董安生、王文钦、王艳萍编著:《中国商法总论》,吉林人民出版社 1994 年版,第 321 页,后记。

〔87〕 参见石少侠:《公司法》,吉林人民出版社 1994 年版,第 365 页,后记。

〔88〕 参见苏惠祥主编:《中国商法概论》(修订版),吉林人民出版社 1996 年版,第 486 页,后记。

〔89〕 参见吉林大学法学院简史编写组编:《风雨无阻桃李路,拓志未来续风流——吉林大学法学院发展简史(1948 - 2008)》,吉林大学法学院 2008 年,第 41 页。

〔90〕 参见李建华、彭诚信:《民法总论》,吉林大学出版社 1998 年版。其刊载的法学系列文库编委名单中遗漏了副主编王丽女士。赖宇老师是吉林大学法律系政法专业 1973 级工农兵学员。

〔91〕 参见彭诚信主编:《继承法》,吉林大学出版社 2000 年版。

〔92〕 现代法理学、宪法学、中国法制史、立法学、比较法总论、港澳台法概论。参见《吉林大学"世界银行法律援助项目法学系列文库"书目(一)》,载《法制与社会发展》1997 年第 6 期。其中,《现代法理学》吉林大学出版社 1999 年版,由郑成良主编,姚建宗副主编。撰稿人包括:郑成良、张文显、祝雅莉、黄文艺、马新福、杨亚非、姚建宗、孙笑侠。

〔93〕 民法总论、物权法、债权法总论、合同法、侵权行为法、人身权法、继承法、知识产权法。

〔94〕 商法总论、公司法、票据法、保险法、破产法、海商法。

〔95〕 经济法原理、宏观调控法、市场管理法、资产[自然]资源法、劳动法、环境法、涉外经济法。参见《吉林大学“世界银行法律援助项目法学系列文库”书目(二)》,载《法制与社会发展》1997 年第 6 期。

〔96〕 新编刑法总论、新编刑法各论(上)、新编刑法各论(下)、新编犯罪学、国际刑法。

〔97〕 行政法、行政处罚法、行政复议法、国家赔偿法。

〔98〕 民事诉讼法、刑事诉讼法、行政诉讼法、证据学、仲裁法。

〔99〕 国际法、国际私法、国际经济法原理、国际贸易法、国际投资法、国际技术转让法、国际金融法、国际税法、区域国际经济法。而据王庆海主编《国际法》封面勒口出的书单,该系列的 9 本分别为:国际法、国际私法、国际经济法概论、国际经济法原理、国际贸易法、国际投资法、国际技术转让法、国际金融法、国际税法学。

〔100〕 律师制度、律师实务总论、刑事辩护与代理、民事诉讼代理、商事诉讼代理、经济诉讼代理、行政诉讼代理、律师非讼业务、国际商事诉讼与仲裁实务、公证制度。

〔101〕 《吉林大学“世界银行法律援助项目法学系列文库”书目(一)》,载《法制与社会发展》1997 年第 6 期。

〔102〕 李建华、彭诚信:《民法总论》,吉林大学出版社 1998 年版。

〔103〕 李建华、申卫星主编:《知识产权法》,吉林大学出版社 1998 版。

〔104〕 彭诚信主编:《继承法》,吉林大学出版社 2000 年版。

〔105〕 申卫星、傅穹、李建华:《物权法》,吉林大学出版社 1999 年版。申卫星,1970 年 2 月生,1992 年本科毕业于吉林大学法学院,获法学学士学位,并留校任教,至 2001 年 10 月,历任助教、讲师、副教授。其间,师从崔建远教授攻读硕士学位,获法学硕士学位。1998 年 9 月至 2001 年在中国政法大学师从江平教授攻读博士学位。2001 年 10 月至 2003 年 6 月在北京大学法学院从事博士后研究。2003 年 6 月起任清华大学法学院副教授。2008 年 12 月晋升教授。先后在德国科隆大学法学院(1999 年 10 月至 2000 年 10 月)、弗莱堡大学法学院(2002 年 6 月至 2002 年 9 月)、美国天普大学法学院(2004 年 7 月至 2004 年 8 月)访学,还是美国哈佛大学富布莱特访问学者(2009 年 1 月至 11 月)、德国洪堡学者(2015 年)。2014 年荣获第七届“全国十大杰出青年法学家”称号。2016 年 7 月起任清华大学法学院院长。兼任中国法学会民法学研究会常务理事、北京市法学会物权法研究会副会长、中国卫生法学会副会长、中国法学教育研究会副会长。著有《期待权基本理论研究》(中国人民大学出版社 2006 年版)、《物权法原理》(中国人民大学出版社 2008 年版;2016 年第 2 版)。

傅穹,1970 年 12 月生于吉林市,西南政法学院法学学士(1992 年),吉林大学法学硕士(1995 年),中国政法大学法学博士(2003 年),1995 年起任教于吉林大学法学院,历任助教、讲师(1997 年)、副教授(2000 年)、教授。美国哥伦比亚大学访问学者。兼任中国法学会商法学研究会常务理事。著有《重思公司资本制原理》(法律出版社 2004 年版)。

〔106〕 参见沈宗灵主编:《法理学》(高等学校法学教材),高等教育出版社 1994 年版。1990 年起,国家教育委员会组织北京大学、中国人民大学、吉林大学、武汉大学等高校的知名学者开始编写新的《法理学》教材,以供高等学校法学类专业学生学习法理学(法学基础理论)课程使用。该教材是国家教委文科专业教材编写计划中的重点教材之一,被列为国家教委“八五”社会科学研究重点课题。国家教委高等教育司:“前言”(1994 年 1 月),沈宗灵主编:《法理学》(高等学校法学教材),高等教育出版社 1994 年版。该书撰稿人还包括刘升平、李龙、朱景文。时任吉林大学副校长、教授、中国法学会理事、中国法学会法理学会副总干事的张文显负责撰写第二(法与正义、利益)、六(资本主义法)、十五(法的渊源与分类)、十六(法律体系)、十九(法律责任与法律制裁)、二十(法律解释与法律推理)、二十三(现代西方法理学述评)章。

〔107〕 参见张文显主编:《法理学》(九·五规划高等学校法学教材·基础系列),法律出版社 1997 年版。

〔108〕 参见石少侠主编:《公司法教程》(高等政法院校规划教材),司法部法学教材编辑部编审,中国政法大学出版社 1997 年版。这套教材是司法部法学教材编辑部根据成人高考法学(本、专科)教育教学方案和教学大纲的要求,

组织有关政法院校和司法机关的教师、专家重新编写的，涉及主干课、基础课和经济法专业课。出版说明开列的书单包括：《法理学教程》《中国刑法教程》《中国民法教程》《中国刑事诉讼法教程》《中国民事诉讼法教程》《中国行政法和行政诉讼法教程》《婚姻法教程》《普通逻辑教程》《中国法制史教程》《法律文书教程》《应用写作》《中国司法制度》《经济法教程》《中国涉外经济法概论》《经济合同法教程》《科技法教程》《司法鉴定》《国际法教程》《国际私法教程》《财税法教程》《金融法教程》《公司法教程》《劳动法教程》《企业法教程》《司法会计教程》。参见刘心稳：《票据法》，中国政法大学出版社 1997 年版，“说明”。而该书封底刊印的司法部法学教材编辑部编审《高等政法院校规划教材》则显示了一些与上述书名不同的教材：《法学基础理论》(卢云)、《宪法学》(蒋碧昆)、《刑法学》(苏惠渔)、《民法学》(彭万林)、《行政法学》(王连昌)、《经济法学》(李昌麒)、《刑事诉讼法学》(樊崇义)、《民事诉讼法学》(常怡)、《行政诉讼法学》(应松年)、《国际法》(王献枢)、《国际私法》(张仲伯)、《司法文书学》(宁致远)、《海上保险法》(张湘兰)、《法律语言学》(孙懿华等)、《票据法》(刘心稳)、《公司法教程》(石少侠)、《司法鉴定学》(金光正)、《马克思主义哲学》(赵馥洁)、《马克思主义法学论著选读》(黎国智)、《马克思主义法学论著导读》(黎国智)、《政治经济学新编》(邬名扬)、《中国革命史》(陈志平)、《涉外经济合同法》(徐杰)、《税法》(严振生)、《律师与公证制度教程》(肖胜喜)、《国际金融法》(刘丰名)、《行政法学》(罗豪才)、《犯罪心理学》(罗大华)、《劳动法学》(郭捷等)、《房地产法》(黄河)、《仲裁法学》(黄进等)。

〔109〕 参见陶和谦、杨紫烜主编：《经济法学》(高等学校法学教材)(第四版)，法学教材编辑部编审，群众出版社 1992 年版。

〔110〕 参见杨大文主编：《婚姻法学》(高等学校文科教材)，中国人民大学出版社 1989 年版。

〔111〕 参见郑立、王作堂主编：《民法学》(高等学校文科教材)(第二版)，北京大学出版社 1994 年版，第 711、712 页，后记。

〔112〕 参见由嵘、胡大展主编：《外国法制史》，北京大学出版社 1989 年版，“后记”，第 424 页。

〔113〕 参见佟柔主编：《中国民法》(高等学校法学试用教材)，法学教材编辑部编审，法律出版社 1990 年版。撰稿人包括：佟柔、王利明、郭明瑞、闵锋、马俊驹、王卫国、崔建远。

〔114〕 又如，江平教授主编的《公司法教程》(法律出版社 1987 年版)封面冠以“高等学校法学试用教材”“法学教材编辑部编审”字样。1993 年《公司法》通过后，江平教授主编了《新编公司法教程》(方流芳副主编，法律出版社 1994 年版)，封面冠以“高等学校法学教材”“司法部法学教材编辑部编审”字样。该书第二版出版于 2003 年 1 月，封面上的“司法部法学教材编辑部编审”不见了。参见江平主编：《新编公司法教程》(高等学校法学教材)(第二版)，法律出版社 2003 年版。这套书还有与之配套的教学参考书。比如，《知识产权案例评析》就是为配合《知识产权法教程》的使用而编写的。参见郑成思主编：《知识产权法案例评析》(高等院校法学教材教学参考书)，司法部法学教材编辑部编审，法律出版社 1994 年版，法学教材编辑部“说明”(1994 年 2 月 24 日)。值得注意的是，该书封面上仅标为“高等院校法学教学参考书”。同样由司法部法学教材编辑部编审、但出版年份偏后的案例选编仅标注为“法学教学参考书”。参见林准主编：《国际私法案例选编》(法学教学参考书)，司法部法学教材编辑部编审，法律出版社 1996 年版。

〔115〕 参见王家福主编：《中国民法学 · 民法债权》(国家社会科学“七五”规划项目)，法律出版社 1991 年版。

〔116〕 参见[美]仁井田陞：《唐令拾遗》，栗劲、霍存福、王占通、郭延德编译，长春出版社 1989 年版。

〔117〕 参见[美]奥内斯特 · 吉尔霍恩、巴瑞 · B. 鲍叶：《美国行政法和行政程序》，崔卓兰、赵光明、陈万鑫译，陆德山、李全义校，吉林大学出版社 1990 年版。封面设计吴意。《吉林大学法学院机构及教职员名单》(1994)显示，李全义其时为法学院资料室主任、“副研究馆员”。

〔118〕 参见张光博主编：《外国经济法 · 日本国卷》，吉林人民出版社 1991 年版。另有吉林大学东北亚研究所人员参与翻译法条。

〔119〕 参见《日本民法典》,陈国柱译,吉林大学出版社 1993 年版。

〔120〕 参见石少侠等编译:《美国公司法概论》,延边大学出版社 1994 年版。

〔121〕 参见[英]H. L. A. 哈特:《法律的概念》,张文显、郑成良、杜景义、宋金娜译,中国大百科全书出版社 1996 年版。属于“外国法律文库”系列。

〔122〕 参见[美]迈克尔·D. 贝勒斯:《法律的原则——一个规范的分析》,张文显、宋金娜、朱卫国、黄文艺译,中国大百科全书出版社 1996 年版。属于“外国法律文库”系列。

〔123〕 参见 Grant Gilmore. The Death of Contract, Columbus, Ohio: Ohio State University Press, 1974.

〔124〕 参见[美]格兰特·吉尔莫:《契约的死亡》,曹士兵、姚建宗、吴巍译,载梁慧星主编:《民商法论丛》(第三卷),法律出版社 1995 年版,第 291 页。

〔125〕 申报研究项目方面,1996 年吉大法学院教师获得国家社会科学基金资助项目 4 项:张文显《法制与社会发展》(重点项目),刘世元《区域国家经济法研究》(中华社科基金规划项目)、王牧《当前我国刑事犯罪急剧增多的原因与对策研究》(中华社科基金规划项目)、吕岩峰《知识产权领域的国际私法问题研究》(中华社科基金青年项目);获得吉林省哲学社会科学“九五”规划项目 4 项:张建斌《社会主义市场经济与道德法律建设的研究》(青年项目)、冯彦君《合同法研究》(青年项目)、韦经建《图们江地区国际合作开发的法律问题研究》(规划项目)、于莹《票据法的理论与实践》(青年项目);吉林大学笹川良一优秀青年教育基金科研项目 2 项:吕岩峰《跨国刑事法律问题研究》、任喜荣《世纪之交政协制度的改革、发展与中国的宪政建设》。获得国家教委人文社会科学研究“九五”规划项目(第一批立项课题)6 项:郑成良《群求公共权力与个体权利的平衡》(社科规划基金重点项目);马新福《立法机制的社会学研究》(社科归家基金配套资助项目);崔卓兰《法行政规章研究及对策》(社科规划基金配套资助项目);韦经建《国家主权理论与区域间国际经济合作实践研究》(社科规划基金全额资助项目);吴振兴《日本刑法新课题研究》(博士点基金一般项目);皆启英《改革的刑法思想与实践》(青年项目)。参见《法制与社会发展》1996 年第 6 期。参见《法制与社会发展》1996 年第 6 期。参见《我院九六年获得科研项目情况通报(部分)》,载《法制与社会发展》1996 年第 5 期。

〔126〕 参见姜朋:《现实与理想:中国法律硕士专业学位教育》,载《中外法学》2005 年第 6 期。

〔127〕 参见《吉林大学法学院》,吉林大学法学院,1999 年。

〔128〕 参见何勤华主编:《中国法学家访谈录》(第十卷),北京大学出版社 2014 年版,第 449 页。

〔129〕 北大 1989 级本科生入学后即接受了为期 1 年的军训。文科生在石家庄陆军学院,理科生在信阳陆军学院。1989 年 10 月 12 日,在石家庄陆军学院举行了入学典礼。次年起,复旦大学的本科新生也开始接受为期 1 年的军训。1993 年 3 月 26 日,国务院办公厅秘书局印发《关于研究调整北京大学、复旦大学新生军政训练问题的会议纪要》。“1993 年招收的北大新生,直接进入燕园,不再进行为期一年的军训。”参见陈平原:《大学为何》(修订版),北京大学出版社 2016 年版,第 186、187 页。参见何勤华主编:《中国法学家访谈录》(第十卷),北京大学出版社 2014 年版,第 448 页。

〔130〕 林维,1971 年 9 月生,浙江省舟山市人,1989 年 9 月至 1993 年 7 月,在吉林大学法学院法学专业学习,1993 年 9 月至 1996 年 1 月,在吉林大学法学院攻读硕士研究生,先后获得法学学士、法学硕士学位。1999 年 9 月至 2005 年 12 月,在北京大学法学院刑法学专业在职攻读研究生,获法学博士学位。2002 年 12 月至 2003 年 7 月,在联合国前南斯拉夫国际刑事法庭(海牙)学习。1996 年 3 月起,任教于中国青年政治学院法律系。历任中国青年政治学院法律系副主任(2001 年 6 月)、主任(2004 年 5 月)、中国青年政治学院党委常委、副校长(2012 年 7 月至 2017 年 10 月,其间 2012 年 7 月至 2014 月 10 月,兼任法律系主任、法学院院长)。2017 年 10 月起任中国社会科学院大学副校长。同年 3 月,被评为第八届“全国十大杰出青年法学家”。著有《间接正犯研究》(中国政法大学出版社 1998 年版)、《妨害对公司企业管理秩序罪的认定与处理》(中国检察出版社 1998 年版)。参见何勤华主编:

《中国法学家访谈录》(第十卷),北京大学出版社 2014 年版,第 457 页。

〔131〕 参见何勤华主编:《中国法学家访谈录》(第十卷),北京大学出版社 2014 年版,第 457 页。

〔132〕 参见何勤华主编:《中国法学家访谈录》(第十卷),北京大学出版社 2014 年版,第 458 页。

〔133〕 此据石少侠教授 2017 年 9 月 23 日微信整理。

〔134〕 参见何勤华主编:《中国法学家访谈录》(第十卷),北京大学出版社 2014 年版,第 449、450 页。

〔135〕 参见吉林大学招生办公室编印:《吉林大学:国家教委直属的重点综合性大学》,1993 年,第 54 页。该宣传册至迟定稿于 1993 年 5 月。

〔136〕 参见吉林大学招生办公室编印:《吉林大学:国家教委直属的重点综合性大学》,1993 年,第 56 页。

〔137〕 参见吉林大学招生办公室编印:《吉林大学:国家教委直属的重点综合性大学》,1993 年,第 58 页。

〔138〕 参见吉林大学招生办公室编印:《吉林大学:国家教委直属的重点综合性大学》,1993 年,第 57 页。

〔139〕 参见何勤华主编:《中国法学家访谈录》(第十卷),北京大学出版社 2014 年版,第 504 页。

〔140〕 参见何勤华主编:《中国法学家访谈录》(第十卷),北京大学出版社 2014 年版,第 504 页。

〔141〕 参见何勤华主编:《中国法学家访谈录》(第十卷),北京大学出版社 2014 年版,第 505 页。李益辉:《"吕振羽奖学金"评选揭晓》,载吉林大学校报编辑部编辑:《吉林大学》1994 年 1 月 1 日(第 369 期),第 3 版。答辩是 1993 年 12 月 1 日在物理系讲学厅举行的。参加答辩的 8 名学生最终都通过了。

〔142〕 其中包括转系生 3 人及德恒律师学院首批学生(专科)中升本者。

〔143〕 参见《欢迎您九七级新同学 · 本科生》,载吉林大学校报编辑部编辑:《吉林大学》1997 年 9 月 11 日(第 466 期),第 3 版。

〔144〕 参见《吉林大学法学院 · 简介》,吉林大学法学院,1999 年。

〔145〕 吉林大学招生办公室编印:《吉林大学:国家教委直属的重点综合性大学》,1993 年,第 55 页。

〔146〕 吉林大学招生办公室编印:《吉林大学:教育部直属的国家重点综合性大学》,2000 年,第 40 页。

〔147〕《博士、硕士学位授权学科、专业》,载吉林大学招生办公室编印:《吉林大学:教育部直属的国家重点综合性大学》,2000 年,第 51 页。

〔148〕 1993 年 10 月,李韧夫从吉林大学刑法学专业毕业,获得法学博士学位。他是 1988 年 9 月开始读博士的,其间于 1991 年 8 月至 1993 年 2 月在美国密执安大学法学院做访问学者。此前,1970 年 12 月至 1975 年 7 月,他在解放军陆军 117 师政治部工作,1975 年 9 月至 1978 年 7 月在吉林大学外语系英语专业学习,1978 年 8 月至 1985 年 8 月任吉林大学公共外语部助教,1985 年 9 月至 1988 年 8 月为吉林大学法律系硕士研究生。

〔149〕 参见何勤华主编:《中国法学家访谈录》(第十卷),北京大学出版社 2014 年版,第 37 页。

〔150〕 参见何勤华主编:《中国法学家访谈录》(第十卷),北京大学出版社 2014 年版,第 38 页。

〔151〕 参见何勤华主编:《中国法学家访谈录》(第九卷),法律出版社 2014 年版,第 517 页。

〔152〕 参见何勤华主编:《中国法学家访谈录》(第十卷),北京大学出版社 2014 年版,第 216 页。

〔153〕 参见何勤华主编:《中国法学家访谈录》(第十卷),北京大学出版社 2014 年版,第 39 页。

〔154〕 参见《蔡立东与吉林大学法学院》,载新华网:http://news.xinhuanet.com/legal/2016-07/20/c_129160706.htm,2017 年 7 月 10 日最后访问。

〔155〕 参见何勤华主编:《中国法学家访谈录》(第十卷),北京大学出版社 2014 年版,第 451 页。

〔156〕 参见吉林大学招生办公室编印:《吉林大学:国家教委直属的重点综合性大学》,1993 年,第 54 页。

〔157〕 参见吉林大学招生办公室编印:《吉林大学:国家教委直属的重点综合性大学》,1993 年,第 56 页。

〔158〕 参见吉林大学招生办公室编印:《吉林大学:国家教委直属的重点综合性大学》,1993 年,第 57 页。

〔159〕 参见吉林大学招生办公室编印:《吉林大学:国家教委直属的重点综合性大学》,1993 年,第 58 页。

〔160〕 参见国务院学位委员会办公室《关于设置法律专业硕士学位的报告》(1995 年 4 月 11 日国务院学位委员会第 13 次会议全票通过)。

〔161〕 参见国务院学位委员会《专业学位设置审批暂行办法》第 3 条;国务院学位委员会办公室《关于法律专业硕士学位更名的通知》(学位办便字第 960602 号)(1996 年 6 月 5 日)。

〔162〕 参见国务院学位委员会办公室《关于开展法律专业硕士学位试点工作的通知》(1995 年 5 月 30 日)。

〔163〕 参见《欢迎您九七级新同学・博士生》,载吉林大学校报编辑部编辑:《吉林大学》1997 年 9 月 11 日(第 466 期),第 2、3 版中缝。

〔164〕 参见付秀荣:《我校新增一批博士、硕士学位点》,载《吉大研究生》1998 年 9 月 10 日(总第 6 期),第 1 版。

〔165〕 参见《吉林大学法学院・简介》,吉林大学法学院,1999 年。

〔166〕 参见吉林大学招生办公室编印:《吉林大学:教育部直属的国家重点综合性大学》,2000 年,第 39 页。

〔167〕 参见吉林大学招生办公室编印:《吉林大学:国家教委直属的重点综合性大学》,1993 年,第 54 页。哲里木盟于 1999 年 10 月被撤销,成立地级市通辽市。

〔168〕 参见吉林大学招生办公室编印:《吉林大学:国家教委直属的重点综合性大学》,1993 年,第 56 页。

〔169〕 1994 年秋季学期,吉林大学法学院 1993 级经济法学专业本科生的《民法学原理》课程就是与二学位学生同堂学习的。而吉林大学法学院《本科(毕业)生名录(1948 - 2003)》则显示,16 位第二学位学生于 1995 年入学,1997 年毕业。其中,男生 9 人,女生 7 人。

〔170〕 参见《吉林大学法学院・简介》,吉林大学法学院,1999 年。似乎包含了德恒律师学院的学生。

〔171〕 参见中共中央党史研究室:《中国共产党新时期简史》,章百家主编,中共党史出版社 2009 年版,第 101 - 104 页。

〔172〕 感谢老同学曲广娣、王喜娟提供的法学 1、2 班同学信息。据何志鹏教授回忆,吉林大学法学院 1992 级本科国际法专业 5 班共 25 人。参见何勤华主编:《中国法学家访谈录》(第十卷),北京大学出版社 2014 年版,第 534 页。秦贝贝采访。

〔173〕 何勤华主编:《中国法学家访谈录》(第十卷),北京大学出版社 2014 年版,第 504 页。

〔174〕 赵大春:《九十年代初的吉大法学院》,载 http://www.360doc.com/content/17/0108/19/38025224_621108774.shtml,2017 年 10 月 11 日最后访问。

〔175〕 于莹,女,1967 年 8 月生于黑龙江省哈尔滨市。1985 年考入吉林大学法律系,1989 年毕业,获法学学士学位,同年免试攻读硕士研究生,师从张文显教授。1992 年毕业,获法学硕士学位,并留校任教。历任助教、讲师、副教授、教授。1996 年开始攻读博士研究生,2001 年获法学博士学位。2001 - 2004 年在中国社会科学院法学研究所进行博士后研究,合作导师为梁慧星教授。先后在加拿大西蒙弗雷泽大学(1997 - 1998 年)、日本名古屋大学(2005 年)、美国哥伦比亚大学(2008 - 2009 年)访学。曾任吉林大学法学院党委副书记(2005 - 2013 年)。兼任中国法学会商法学研究会常务理事。著有《证券法中的民事责任》(中国法制出版社 2004 年版)、《票据法》(高等教育出版社 2004 年版,2008 年第 2 版,系"面向 21 世纪课程教材系列"之一)。参见何勤华主编:《中国法学家访谈录》(第十卷),北京大学出版社 2014 年版,第 193 页。

〔176〕 《南区简介》,载吉林大学学生会生活管理委员会《校园生活》编辑部:《校园生活》1994 年 11 月 3 日(第 8 期),第 1 版。

〔177〕 2017 年 9 月的照片显示,其门口铭牌已更名为"吉林大学前卫南校区文苑学生一公寓"。

〔178〕 何志鹏,1974 年 2 月生,黑龙江双城人,满族。1992 年考入吉林大学法学院,1996 年毕业,免试攻读本院硕士研究生,师从车丕照教授。1999 年毕业,获法学硕士学位,并留校任教,历任助教、讲师(2001 年)、副教授(2004 年)、教授(2008 年)。2000 年起师从郑成良教授攻读法学理论专业博士研究生,2004 年毕业,获法学博士学位。2007 - 2010 年在吉林大学经济学院理论经济学博士后流动站从事博士后研究(合作导师为谢地教授)。2012 年

后曾任吉林大学国际教育学院、公共外交学院副院长。现任吉林大学法学院副院长。兼任中国法学教育研究会副秘书长、中国国际法学会常务理事、中国人权研究会常务理事。荣获第八届(2017年)全国十大杰出青年法学家称号。著有《全球化经济的法律调控》(清华大学出版社2006年版)、《欧洲联盟法:发展进程与制度结构》(吉林大学出版社2007年版)、《发展权与欧盟的法律体制》(吉林大学出版社2007年版)、《人权全球化基本理论研究》(科学出版社2008年版)、《国际经济法的基本理论》(社会科学文献出版社2010年版)、《权利基本理论:反思与构建》(北京大学出版社2012年版)、《国际法哲学导论》(社会科学文献出版社2013年版)。参见何勤华主编:《中国法学家访谈录》(第十卷),北京大学出版社2014年版,第533页。

〔179〕 何勤华主编:《中国法学家访谈录》(第十卷),北京大学出版社2014年版,第534页。

〔180〕 1998年8月,北区文科研究生、外语学院迁往南区。同月月底,法学院研究生宿舍由南区文苑七舍迁往新落成的文苑九舍。

〔181〕 张福良:《热爱南校区建设新吉大》,载吉林大学学生会生活管理委员会《校园生活》编辑部:《校园生活》1994年11月3日(第8期),第1版。

〔182〕 参见董玉贵、关晓松:《众志成城洒汗水撑起大厦一方天——校图书馆部分文科图书南迁交响曲》,载吉林大学校报编辑部编辑:《吉林大学》1991年11月1日(第324期),第2版。

〔183〕 授课与讲座、讲演不同。“好的教学并不是发表一篇讲演——那一旦被作为文章发表将引起同事们的钦羡赞美,而是为学生创造一种学习的环境。”参见[美]弗兰克·纽曼、莱拉·科特瑞亚、杰米·斯葛瑞:《高等教育的未来:浮言、现实与市场风险》,李沁译,北京大学出版社2012年版,第59页。

〔184〕 《南区简介》,载吉林大学学生会生活管理委员会《校园生活》编辑部:《校园生活》1994年11月3日(第8期),第1版。

〔185〕 按照规定,硕士研究生宿舍3人一间,床铺为一铁制上下铺和一单层铁床;博士研究生2人一间。

〔186〕 文苑一舍一层设门卫收发室、各班级信箱。收发室设有电话机。来电话时,值班人员可打开该寝室有线对讲机开关,呼叫该人员前来接听。文苑二舍还一度设有田村卡电话机。教学楼萃文楼一层也设有电话机房,可拨打长途电话。同期,北区本科生宿舍多是6人一间(如解放大厦)或8人一间(如北区四舍)。床是木制上下铺,室内通常只有一张或两张长条木桌,“书架”是横亘在床内侧的一条木板,行李箱需塞在床下。

〔187〕 1993级入学时,经济法学4班的新生班主任为1990级本科生鲁振刚。1993级国际经济法学专业法的王婉怡和1995级国际经济法专业的姜灏分别担任过同专业1995级和1998级本科生的“新生班主任”。这一做法到2017年仍能看到:“为了加强对2017级本科生新生的教育和管理,进一步完善新生班主任制度,充分发挥高年级优秀学生对新生的示范和带动作用,经学生工作办公室研究,决定在2015级本科生中选拔10名同学担任新生班主任。”参见吉林大学法学院学生工作办公室《关于选拔2017级本科生新生班主任的通知》,显然,此时遴选对象主要是秋季开学升入大学三年级的本科生。载吉林大学法学院网站:http://law.jlu.edu.cn/? mod = info&act = view&id = 13552,2017年6月29日最后访问。

〔188〕 参见庭宝、玉贵:《告别算盘与餐券:西源餐厅使用信誉卡微机售饭》,载吉林大学校报编辑部编辑:《吉林大学》1991年11月1日(第314期),第1版。同一时期使用该系统的还有哈尔滨工业大学、西北大学、兰州大学。

〔189〕 参见赵大春:《九十年代初的吉大法学院》,载 http://www.360doc.com/content/17/0108/19/38025224_621108774.shtml,2017年10月11日最后访问。

〔190〕 何勤华主编:《中国法学家访谈录》(第十卷),北京大学出版社2014年版,第215-216页。

〔191〕 同期,南区的游泳池也开放了。1999年2月22日,南区西源三餐厅的中国农业银行长春市宽城办事处吉林大学储蓄所正式开业。参见刘艳萍、陈晨、郭玲玲:《中国农业银行长春市吉大储蓄所开业》,载吉林大学校报编辑部编辑:《吉林大学》1999年3月11日(第1期,复第507期),第1版。

〔192〕 吉林大学招生办公室《吉林大学新生入学通知》(1993 年 6 月 30 日)第 2 条。

〔193〕 参见董玉贵、关晓松:《众志成城洒汗水撑起大厦一方天——校图书馆部分文科图书南迁交响曲》,载吉林大学校报编辑部编辑:《吉林大学》1991 年 11 月 1 日(第 324 期),第 2 版。

〔194〕 参见董玉贵、关晓松:《众志成城洒汗水撑起大厦一方天——校图书馆部分文科图书南迁交响曲》,载吉林大学校报编辑部编辑:《吉林大学》1991 年 11 月 1 日(第 324 期),第 2 版。

〔195〕 参见何勤华主编:《中国法学家访谈录》(第十卷),北京大学出版社 2014 年版,第 448 页。

〔196〕 感谢吉林大学法学院 1991 级经济法专业的孙春华、胡晓静校友的帮助。也要感谢提供具体信息的丛培莲、陈岚、王艳梅校友。

〔197〕 吉林大学财务处《吉林省高中等专业学校接受委托办学进修统一收据》(1991 年 9 月 6 日,编号 0143234)。该收据系四联单第四联(交款单位收执)。加盖有"吉林大学财务专用章",经手人刘兴华。感谢胡晓静校友的帮助,也要感谢提供具体信息的王艳梅校友。

〔198〕 感谢吉林大学法学院 1992 级经济法专业的胡春雨校友的帮助。

〔199〕 吉林大学计划财务处《收据》(1993 年 9 月 8 日,编号 0030090)。

〔200〕 吉林大学招生办公室《吉林大学新生入学通知》(1993 年 6 月 30 日)第 5 条。1993 年秋季学期,吉林大学南区食堂早餐的价格为稀粥每份 0.07 元,馒头每个 0.08 元。菠菜汤每份 0.20 元,鸡蛋羹每份 0.60 元,胡萝卜炖牛肉每份约 2 元。同期,在浴室洗澡每人次 0.60 元。后来食堂菜价渐次高企。1995 年 2 月 27 日食堂贴出公告,称:吉林省城市供应粮(大米)每人每月由 4 公斤减少为 2.5 公斤,其余改为议价。故自 1995 年 3 月 1 日起(提高米饭价格 50%),每两米饭升至 0.15 元(如此算来,此前应为 0.10 元/两)。馒头每个 0.30 元;油条每两 0.30 元。有调查显示 1998 年秋季学期,吉林大学生活费用支出较高的学生有时每月花费达 2000 多元,而个别并非特困生的学生每月花费仅 200 元左右。参见牟邵义:《再谈节俭》,载《吉林大学报》1999 年 3 月 11 日(第 1 期,复第 507 期),第 3 版。南区食堂一般每日提供早午晚三餐,每逢法定节假日,如元旦、五一、十一,则改为两餐,早餐 8:30 开始,晚餐 15:30 开始,取消了原定 11:30 开始的午餐。

〔201〕 参见吉林大学招生办公室《吉林大学新生入学通知》(1993 年 6 月 30 日)第 6 条。

〔202〕 参见吉林大学招生办公室《吉林大学新生入学通知》(1993 年 6 月 30 日)第 7 条。

〔203〕 感谢吉林大学法学院 1995 级国际经济法专业郭海峰、姜灏校友的帮助。彼时,中国政法大学 1995 级本科生的学费却还没有"并轨"。

〔204〕 《收据》(油印)(1993 年 9 月 7 日)。1993 级本科生军训时配发的服装比较驳杂。男生军帽为解放帽,女生配 85 式无檐帽。帽徽均为红色金属五角星。军装为 87 式常服,上装为开领,但没有与之配套的肩章、领章。所发领章为布质红领章,制作粗糙,不似制式。男上装有 4 颗带八一军徽图案的铝制纽扣,4 个口袋;女上装只有 3 颗纽扣和 2 个下兜。领带系单独购买,为中国武警制式黑色易拉得领带。没有同时配发制式衬衫。下装均为长裤。此外,还配发了人造革质地的武装带和皮带各 1 条;帆布质地背包带宽窄各 1 条。鞋为 65 式(而非 87 式)解放鞋。此外还另行统一购置了白手套一副。教官则着 87 式尉官或士官常服或作训服。

〔205〕 同期也有新生奖学金和"吕振羽奖学金"(需以论文发表为前提),但覆盖面都不够大。

〔206〕 明亮:《一封家书》,载吉林大学学生会生活管理委员会《校园生活》编辑部:《校园生活》1994 年 12 月 29 日(第 10 期),第 2 版。

〔207〕 参见《吉林大学 2000 年招生专业介绍》。

〔208〕 感谢吉林大学法学院 1995 级国际经济法专业的郭海峰、姜灏校友以及 1999 级的曹科斗校友的帮助。

〔209〕 《适应大规模经济文化建设,东北整顿高等教育》,载武衡主编:《东北区科学技术发展史资料(解放战争和建国初期)》(第一卷综合卷),中国学术出版社 1984 年版,第 255 页。

〔210〕 参见周振想、邵景春主编:《新中国法制建设40年要览(1949-1988)》,群众出版社1990年版,第78页。

〔211〕 参见中央人民政府法制委员会编:《中央人民政府法令汇编(1952)》,人民出版社1954年版,第198-199页。

〔212〕 参见周志德:《我们上学那会儿的住宿饮食和交通》,载《校友文稿资料选编》(第十九辑),清华大学出版社2014年版,第91页。文中提到的每人每月助学金为旧版人民币12万5千元。

〔213〕 高等教育部《关于执行全国高等学校(不包括高等师范学校)一般学生人民助学金实施办法的指示》。国务院法制局、中华人民共和国法规汇编编辑委员会编:《中华人民共和国法规汇编(1955年7月-12月)》,法律出版社1956年版,第792页。

〔214〕 高等教育部《全国高等学校(不包括高等师范学校)一般学生人民助学金实施办法》(1955年)第3、4条。国务院法制局、中华人民共和国法规汇编编辑委员会编:《中华人民共和国法规汇编(1955年7月-12月)》,法律出版社1956年版,第788-789页。

〔215〕 高等教育部《全国高等学校(不包括高等师范学校)一般学生人民助学金实施办法》(1955年)第6条。国务院法制局、中华人民共和国法规汇编编辑委员会编:《中华人民共和国法规汇编(1955年7月-12月)》,法律出版社1956年版,第789页。

〔216〕 参见赵凤彬:《我的人生自述——一个朝鲜家族变迁史录》,民族出版社2010年版,第146页。

〔217〕 此据2018年2月9日车丕照教授给笔者的电子邮件整理。

〔218〕 参见北京市高等教育局、北京市财政局:《关于增加高等学校学生临时困难补助费的通知》(京高教计字[85]第122号,[85]财行字第416号)。北京市高等教育局中专处编印:《北京地区中等专业教育文件选编》,1989年5月,第367页。据张旭教授(吉林大学法律系1981级本科生)回忆,"从就餐情况说,我们当时每个月供应的粮食是有固定限制的。每个月每人的口粮大概是28.5斤,细粮很少,只有四斤白面,二斤大米……如何把二斤大米合理分配到一个月中,如何保证月末也能吃饱饭在当时是一个难题"。参见《张旭:恰同学少年风华正茂》,吉林大学法学院"法苑芳华"微信公众号,老故事第三季(一),2017年9月21日发布。据此猜测,当时是粮食部门将粮食配额下发给大学,后者向学生发放区分粗粮、细粮的饭票,学生再凭饭票到食堂购饭。

〔219〕 何勤华主编:《中国法学家访谈录》(第十卷),北京大学出版社2014年版,第35页。

〔220〕 从1994年11月开始按21元标准发放,同时补发之前月份差额3元。同期洗澡费用也涨至每人次1元。据吉林大学法学院本科1995级国际经济法专业的郭海峰、姜灏以及1996级王雪莹回忆,每月21元的标准延续到了1995级。而之所以是每月21元,是因为建设南区的缘故,助学金被扣掉了一半。吉林大学法学院1991级本科生入学时的助学金是每人每月15元。

〔221〕 吉林大学计划财务处《说明》(1997年6月16日)。

〔222〕 吉林大学计划财务处《证明》(2000年3月30日)。

〔223〕 参见本书编写组编写:《高等政法院系大学生学习指导书》,中国政法大学出版社1992年版,第10-21页。

〔224〕 参见本书编写组编写:《高等政法院系大学生学习指导书》,中国政法大学出版社1992年版,第23-35页。

〔225〕 参见本书编写组编写:《高等政法院系大学生学习指导书》,中国政法大学出版社1992年版,第36-49页。

〔226〕 参见本书编写组编写:《高等政法院系大学生学习指导书》,中国政法大学出版社1992年版,第51-63页。

〔227〕 参见本书编写组编写:《高等政法院系大学生学习指导书》,中国政法大学出版社1992年版,第65-71页。

〔228〕 参见吉林大学招生办公室编印:《吉林大学:国家教委直属的重点综合性大学》,1993年,第56-57页。

〔229〕 参见吉林大学招生办公室编印:《吉林大学:国家教委直属的重点综合性大学》,1993年,第58页。

〔230〕 参见吉林大学招生办公室编印:《吉林大学:国家教委直属的重点综合性大学》,1993年,第59页。

〔231〕 吉林大学1993级法学院本科生和哲学系本科生合编的学生军训二连最终获得"内务卫生标兵连""(军事)理论考试先进连"和"歌咏比赛"第一名。

〔232〕 1998 年 6 月 10 日,中宣部、教育部印发《关于普通高等学校“两课”课程设置的规定及其实施工作的意见》,提出,在高等院校进一步加强“两课”(马克思主义理论课、思想品德课)建设。本科设置的马克思主义理论课包括 5 门课:“马克思主义哲学原理”(54 学时)、“马克思主义政治经济学原理”(理工类 40 学时;文科类 36 学时)、“毛泽东思想概论”(理工类 36 学时;文科类 54 学时)、“邓小平理论概论”(70 学时)、“当代世界经济与政治”(文科类开设,36 学时);思想品德课:包括 2 门课:“思想道德修”(51 学时)、“法律基础”(34 学时)。参见中宣部、教育部《关于印发〈关于普通高等学校“两课”课程设置的规定及其实施工作的意见〉的通知》(1998 年 6 月 10 日,教社科[1998]6 号)。

〔233〕 参见吉林大学招生办公室编印:《吉林大学:教育部直属的国家重点综合性大学》,2000 年,第 39 页。

〔234〕 参见[美]弗兰克・纽曼、莱拉・科特瑞亚、杰米・斯葛瑞:《高等教育的未来:浮言、现实与市场风险》,李沁译,北京大学出版社 2012 年版,第 58 页。

〔235〕 有学者指出:“美国法学院所设置的课程,是职业领域所需技能培训的重要来源,提供了 17 种技能中的 7 种法律实践技能:法律图书利用、实体法知识、程序法知识、法律分析和法律推理、专业的敏感性的伦理问题、计算机法律研究利用、书面沟通、对法律问题的诊断和计划能力、法律实践管理能力、电脑和交流技巧培训。”参见郭志远、程强:《美国法学院案例教学法研究》,载王翰主编:《法学教育研究》(第三卷),法律出版社 2010 年版,第 258 页。

〔236〕 课上点名,并非授课教师的个体行为。《吉林大学法学院本科教学工作规则(试行)》(1999 年 11 月 22 日院务会讨论通过)第 19 条“课堂教学”规定:“教师在每学期的授课过程中,至少应有三次以上的点名(含抽查点名),并如实填写点名情况。对三次点名不到的,任课教师有权取消该生参加该门课程考试的资格。”“教师对迟到 5 分钟以内的学生,应如实记载于点名册,迟到 5 分钟以上者,如无特殊原因,不准进入教室听课。”参见《吉林大学法学院内部规章制度选编》,吉林大学法学院办公室,1999 年 11 月。这一规定的可用性值得怀疑。在课堂规模偏小的情况下,点名其实不甚必要,在课堂规模偏大的情况下,课堂点名则有浪费时间的嫌疑。

〔237〕 《担保法》于 1995 年 6 月 30 日由八届全国人大常委会第 14 次会议通过,并由第 50 号主席令公布,同年 10 月 1 日起施行。课上讲到这部分是在 1995 年 5 月 24 日,当时《担保法》还未制定,《民法通则》第 89 条第 2 项有关抵押权的规定实际是硬性将以登记为公示主要方式的“抵押权”和以移转占有为主要公示手段的“质权”合二为一,崔建远老师主张二者应该分开规定。基于此种认识,在具体讲授时,只着重讲了需要以登记为成立要件的抵押权。现在回过头来看,这无疑是一种灵活且不乏前瞻性的讲授进路。此举有效地避免了学生先入为主地因袭旧有规定,使其在头脑中预留了接纳新事物、新规定的空间,为后来继续学习,跟上不断变换的法律实践奠定了开放性的基础。

〔238〕 由于《担保法》还未出台,课上特意结合商业银行有关保函的内部规定,讲了银行作为保证人对外提供担保的情形,区别了银行出具的保函和一般的保证合同的关系。时在 1995 年 4 月 4 日。主要参考的资料是《中国人民建设银行担保业务暂行办法》《中国人民建设银行担保业务内部管理规程》(1991 年)等。

〔239〕 邱本,1966 年生,1989 年本科毕业于吉林大学法学院并留校任教,2000 年毕业于中国社会科学院研究生院,获法学博士学位。曾任中国社会科学院法学研究所经济法研究室副主任、研究员。现任教于温州大学法政学院。著有《自由竞争与秩序调控》(中国政法大学出版社 2001 年版,系中青年法学文库之一种)、《经济法原论》(高等教育出版社 2001 年版)、《宏观调控法论》(中国工商出版社 2002 年版)、《市场法治论》(中国检察出版社 2002 年版)、《经济法通论》(高等教育出版社 2004 年版)、《市场竞争法论》(中国人民大学出版社 2004 年版)、《经济法总论》(法律出版社 2007 年版)、《经济法研究》(上、中、下卷,中国人民大学出版社 2008 年版)、《经济法原理》(吉林大学出版社 2008 年版)、《人权论集》(吉林大学出版社 2009 年版)、《经济法的权利本位论》(中国社会科学出版社 2013 年版)、《法的澄明》(中国社会科学出版社 2013 年版)、《经济法专论》(法律出版社 2015 年版)。载 http://fzxy. wzu. edu. cn/Art/Art_25/Art_25_2982. aspx,2017 年 8 月 25 日最后访问。

〔240〕 参见《吉林大学试行主、辅修制》，载吉林大学毕业生就业分配办公室主办：《毕业生之友》1994 年 3 月 15 日，第 4 版。刘洪斌：《开设第二课堂，培养复合型人才——记我校辅修学位、辅修专业》，载吉林大学校报编辑部编辑：《吉林大学》1995 年 6 月 11 日（第 406 期），第 3 版。

〔241〕 参见《关于双学位制的规定》，载吉林大学毕业生就业分配办公室主办参见《毕业生之友》1994 年 3 月 15 日，第 4 版。

〔242〕 参见焦凯、王元良：《吉林大学实行绩点学分制》，载吉林大学毕业生就业分配办公室主办参见《毕业生之友》1994 年 3 月 15 日，第 1 版。

〔243〕 1995 年 3 月 3 日报名截止。

〔244〕 其中，会计学辅修专业课程包括：西方经济学、基础会计学、财务会计、成本会计、管理会计、审计、税务会计、电算会计软件及应用、银行会计、金融市场与投资、管理科学、财务管理、企业经营学、涉外会计、会计计算技术、数据库管理系统。市场营销专业课程包括：西方经济学、基础会计、商法、经济统计、企业经营学、商业经济、市场营销、国际贸易、期货期权交易、商贸洽谈与推销、商业企业管理、国际市场营销、公共关系与消费行为、广告学、财务会计、数据库管理系统。每个专业收学费 620 元以上（会计学第一年 360 元，第二年 270 元；市场营销第一年 350 元，第二年 280 元），另有 10 元报名费。1995 年 6 月 12 日至 17 日报名。

〔245〕 校内学生修双学位学费每年 600 余元，辅修 400 余元。

〔246〕 参见吉林大学《关于成立吉林大学毕业就业指导中心的通知》（校办字[94]006 号，1994 年 2 月 28 日），载吉林大学毕业生就业分配办公室主办参见《毕业生之友》1994 年 3 月 15 日，第 1 版。

〔247〕 参见《吉林大学 94 届本、专科毕业生就业办法》（1993 年 12 月 7 日）第一部分“就业方针、原则”第 2 条。

〔248〕 参见《吉林大学 94 届本、专科毕业生就业办法》（1993）第一部分“就业方针、原则”第 3 条。

〔249〕 参见《吉林大学 94 届本、专科毕业生就业办法》（1993）第一部分“就业方针、原则”第 4 条。

〔250〕 参见《吉林大学 94 届本、专科毕业生就业办法》（1993）第一部分“就业方针、原则”第 5 条。

〔251〕 参见《吉林大学 94 届本、专科毕业生就业办法》（1993）第二部分“就业政策”第 1 条。

〔252〕 参见《吉林大学 94 届本、专科毕业生就业办法》（1993）第三部分“就业程序”第 2 条。

〔253〕 参见《吉林大学 94 届本、专科毕业生就业办法》（1993）第三部分“就业程序”第 3 条。

〔254〕 参见《吉林大学 94 届本、专科毕业生就业办法》（1993）第四部分“毕业生就业计划调整程序”第 1 条。

〔255〕 参见《吉林大学 94 届本、专科毕业生就业办法》（1993）第四部分“毕业生就业计划调整程序”第 2 条。

〔256〕 参见《吉林大学 94 届本、专科毕业生就业办法》（1993）第四部分“毕业生就业计划调整程序”第 3 条。

〔257〕 参见国家教委《关于做好 1995 年全国普通高校毕业生和毕业研究生就业工作的通知》（1994 年 11 月 9 日）第 2 条，载吉林大学毕业生就业分配办公室主办：《毕业生之友》第 12 期（1995 年 12 月 18 日），第 1 版。

〔258〕 参见国家教委《关于做好 1995 年全国普通高校毕业生和毕业研究生就业工作的通知》（1994 年 11 月 9 日）第 3 条。

〔259〕 参见国家教委《关于做好 1995 年全国普通高校毕业生和毕业研究生就业工作的通知》（1994 年 11 月 9 日）第 5 条。

〔260〕 参见《吉林大学 94 届本、专科毕业生就业办法》（1993）第二部分“就业政策”第 3 条。

〔261〕 参见《吉林大学 94 届本、专科毕业生就业办法》（1993）第四部分“毕业生就业计划调整程序”第 4 条。

〔262〕 参见《吉林大学 94 届本、专科毕业生就业办法》（1993）第二部分“就业政策”第 5 条。

〔263〕 参见《吉林大学 94 届本、专科毕业生就业办法》（1993）第四部分“毕业生就业计划调整程序”第 4 条。

〔264〕 此外，据说如果获得优秀毕业生称号的，也可以得到豁免而“出边”。

〔265〕 参见《吉林大学学生综合测评奖惩分值》（1995 年）。

〔266〕 在生物界,有两种引人瞩目的现象。在丛林中,参天大树之下往往寸草不生。而在具有等级结构的动物种群中,年轻雄性的存活率通常比高等级地位的雄性高。捕杀那些最老、最具优势的雄性可能会影响到其余的年轻雄性的生存。后者将不可避免地要去参加消耗大量精力的种群内优势地位的竞争,其死亡率也会随之增大。参见[美]理查德·B. 哈里斯:《消逝中的荒野——中国西部野生动物保护》,张颖溢编译,中国环境科学出版社 2010 年版,第 201 页。

〔267〕 有资料显示,美国的"立法者坦陈……他们还听说,学生在新生年度及二年级课程中都不太见得到教授"。C. Mahtesian, "Higher Ed: The Bo - longer Sacred Cow", *Governing*, July 1995. pp. 20 - 26. 转引自[美]弗兰克·纽曼、莱拉·科特瑞亚、杰米·斯葛瑞:《高等教育的未来:浮言、现实与市场风险》,李沁译,北京大学出版社 2012 年版,第 76 页。如此说来,"环球同此凉热"。

〔268〕 参见肖卫兵:《法学院举办院庆活动》,载《吉大研究生》1998 年 11 月 30 日(总第 4 期),第 1 版。

〔269〕 德恒律师学院早期的宣传材料即称:"学院现设国际经济法学专业、经济法学专业和法学专业。"参见《德恒律师学院简介》,载《法制与社会发展》1995 年第 3 期。

〔270〕 崔卓兰教授提到:"以往的好一段日子里,我总是舍不得扔掉他(她)们编写的教材讲义。尽管,这些教学和科研成果因系油墨打印而字迹模糊,封面粗糙简陋,一副地下出版物模样。其中的许多遣词用句,也显得东躲西闪,想必是笔者尚存恐踩雷区余悸之故。这些'昨日黄花'与今天装潢精致华美的图书比较,外表上相形见绌。但是,几乎本本于一灯如豆的斗室里披肝沥胆的写就,与迄今的科研教学的所谓立项和经费之说并无关联,有的作者甚至没能等到用其为自己申报一个职称。"参见崔卓兰:《往事非梦亦非烟》,吉林大学法学院"法苑芳华"微信公众号,老故事第三季(三),2017 年 10 月 26 日发布。

参考文献

B

《拔白旗插红旗——北京各高等学校双反运动大字报选》,人民出版社 1958 年版。

白重恩主编:《清华经济系八十五周年》,清华大学出版社 2011 年版。

白歌整理:《治大国若建小组》,载《(彭博)商业周刊》(中文版)2014 年第 7 期(总第 307 期)。

白化文:《负笈北京大学》,江西出版社集团·江西教育出版社 2008 年版。

柏杨口述,周碧瑟执笔:《柏杨回忆录》,中国友谊出版公司 1997 年版。

[美]迈克尔·D. 贝勒斯:《法律的原则——一个规范的分析》,张文显、宋金娜、朱卫国、黄文艺译,中国大百科全书出版社 1996 年版。

[美]阿道夫·贝利:《二十世纪的资本主义革命》,钟远蕃译,商务印书馆 1961 年版。

《北大法律人》记者:《如何理解法学·如何理解苏力——近访朱苏力》,载学术批评网:http://www.acriticism.com/article.asp? Newsid=6296&type=1003。

北京师范大学外国教育研究所编译:《苏联高等和中等专业教育法令汇编》,北京师范大学出版社 1984 年版。

本书编写组编写:《高等政法院系大学生学习指导书》,中国政法大学出版社 1992 年版。

《〈比较刑法学〉出版发行》,载《当代法学》(季刊)1993 年第 4 期(总第 28 期)。

卞文:《商品经济、民主政治的发展与法学的重构——法学基本范畴研讨会纪实》,载《当代法学》1988 年第 3 期。

[英]约翰·勃雷:《对劳动的迫害及其救治方案》,袁贤能译,商务印书馆 1959 年版。

[美]布迪希:《人民资本主义批判》,马清槐译,商务印书馆 1960 年版。

[法]费尔南·布罗代尔:《地中海与菲利普二世时代的地中海世界》(第一卷),唐家龙、曾培耿等译,吴模信校,商务印书馆 2013 年版。

[法]费尔南·布罗代尔:《地中海与菲利普二世时代的地中海世界》(第二卷),吴模信译,商务印书馆 2013 年版。

C

《蔡立东与吉林大学法学院》,载新华网:http://news.xinhuanet.com/legal/2016-07/20/c_129160706.htm,2017 年 7 月 10 日最后访问。

蔡立东:《公司自治论》,北京大学出版社 2006 年版。

曹振昭:《银行会计》(第四版),中华书局 1947 年版。

曹险峰:《人格、人格权与中国民法典》,科学出版社 2009 年版。

曹险峰:《侵权责任法总则的解释论研究》,社会科学文献出版社 2012 年版。

《曾在吉林大学法学院(法律系)任教的教师》,载吉林大学法学院网站:http://law.jlu.edu.cn/? mod=info&act=view&i9785d=,2018 年 5 月 20 日最后访问。

《〈忏悔录〉中译本署名背后的故事》,载孔夫子旧书网:http://zixun.kongfz.com/article_15113.html,2012 年 12 月 25 日

最后访问。

车丕照:《国际经济交往的政府控制:狭义国际经济法研究》,长春出版社 1996 年版。

车丕照、张瑞萍:《国际技术转让法》,吉林大学出版社 1999 年版。

车丕照:《国际经济法概要》,清华大学出版社 2008 年版。

车丕照:《国际经济法》,中国法制出版社 2008 年版。

车丕照:《国际经济法研究》,法律出版社 2015 年版。

陈国柱主编:《民法学》,吉林大学出版社 1984 年版。

陈国柱译:《日本民法典》,吉林大学出版社 1993 年版。

陈国柱译:《意大利民法典》,中国人民大学出版社 2010 年版。

陈静波:《怀念车向忱老师——一个东北流亡孩子的回忆》,吉林人民出版社 1983 年版。

朝鲜《劳动新闻》:《金日成将军传略》,冰蔚、竝多、少戈译,世界知识出版社 1952 年版。

《朝鲜人民民主主义共和国最高人民会议第十次会议文件》,新朝鲜社 1956 年版。

《辞海(缩印本)》,上海辞书出版社 1979 年版。

《辞海(教育、心理分册)》,上海辞书出版社 1980 年版。

《辞海(历史分册・中国现代史)》,上海辞书出版社 1984 年版。

崔建远:《合同责任研究》,吉林大学出版社 1992 年版。

崔建远、孙佑海、王宛生:《房地产法研究》,中国法制出版社 1995 年版。

崔建远主编:《新合同法原理与案例评释》,吉林大学出版社 1999 年版。

崔建远:《准物权研究》,法律出版社 2003 年版。

崔建远:《物权行为与中国民法》(上),载中国法学网:http://www.iolaw.org.cn/showNews.aspx? id = 6074,2018 年 5 月 19 日最后访问。

崔建远:《先生之风,山高水长》,载崔建远主编:《民法九人行》(第三辑),法律出版社 2006 年版。

崔建远主编:《合同法》(第五版),法律出版社 2010 年版。

崔文苑:《研究生学费标准制定实行属地化管理》,载《经济日报》2013 年 5 月 22 日,第 7 版。

崔卓兰主编:《律师制度》,吉林大学出版社 2000 年版。

崔卓兰、李晓明、邵新怀:《新编行政诉讼法》,吉林人民出版社 2001 年版。

崔卓兰主编:《国内经典案例解析》,吉林人民出版社 2001 年版。

崔卓兰、于立深:《行政规章研究》,吉林人民出版社 2002 年版。

崔卓兰、战涛、卢护锋编著:《行政诉讼法学》,北京大学出版社 2005 年版。

崔卓兰、江乐忠主编:《高校公共安全法律研究》,人民出版社 2009 年版。

崔卓兰主编:《行政法与行政诉讼法》,人民出版社 2010 年版。

崔卓兰主编:《我国农村社会保障法律问题研究》,中国法制出版社 2010 年版。

崔卓兰主编:《高校公共安全的法律建设》,人民出版社 2011 年版。

崔卓兰主编:《保障基本民生法律制度研究》,人民出版社 2013 年版。

崔卓兰:《往事非梦亦非烟》,吉林大学法学院"法苑芳华"微信公众号,老故事第三季(三),2017 年 10 月 26 日发布。

崔卓兰:《法律系的"老五届"》,吉林大学法学院"法苑芳华"微信公众号,老故事第四季(一),2018 年 3 月 11 日发布。

崔卓兰、李凯伟、姜城、伍劲松:《基层行政执法风险防控研究》,法律出版社 2018 年版。

崔卓兰:《花落花开文科楼》,吉林大学法学院"法苑芳华"微信公众号,老故事第四季(三),2018 年 5 月 31 日发布。

D

戴敦峰:《九十二岁前部长掀开恢复高考内幕》,载《南方周末》2007 年 6 月 7 日,A2 版。

《当代中国法学名家》编辑委员会编:《当代中国法学名家》(第一至四卷),人民法院出版社 2005 年版。

《德恒律师学院简介》,载《法制与社会发展》1995 年第 3 期。

邓崇范、任振铎等:《刑事诉讼法概论》,吉林人民出版社 1981 年版。

底东娜:《传道释宪声,授业解法义》,载《新京报》2011 年 1 月 30 日,A09 版。

丁地树:《东风第一枝——德恒律师学院简记》,载《律师世界》1994 年第 5 期。

《东北大鼓》,东北书店印行,约 1948 年。

东北人民大学法律系民法教研组编写:《中华人民共和国民法政策法令汇编》(第二辑),1953 年。

东北人民大学法律系民法教研室编写:《中国民法参考资料》,1956 年编印。

东北人民大学校刊编辑委员会编:《东北人大生活》第 10 期(1951 年 5 月 1 日刊出)、第 11 期(1951 年 5 月 13 日)、第 12 期(1951 年 6 月 13 日)、第 13 期(1951 年 9 月 5 日)、第 14 期(1951 年 10 月 3 日)。

东北人民大学校刊编辑部编辑、赵祺摄影:《东北人民大学画集——庆祝校庆八周年》,1954 年 9 月 25 日出版,东北画报社印刷。

东北人民大学校刊编委会编:《东北人大》第 23 期(1952 年 11 月 15 日,"中苏友好月"专刊)。

东北人民大学学委会编:《东北人大》第 18 期(1952 年 6 月 6 日)、第 19 期(1952 年 6 月 25 日)、第 20 期(1952 年 7 月 22 日)、第 21 期(1952 年 8 月 6 日)。

东北人民大学研究部:《东北人大》第 35 期(1953 年 10 月 30 日)、第 36 期(1953 年 11 月 23 日)、第 37 期(1953 年 12 月 5 日)、第 38 期(1953 年 12 月 27 日)、第 39 期(1954 年 1 月 20 日)、第 40 期(1954 年 2 月 27 日)、第 46 期(1954 年 6 月 13 日)、第 47 期(1954 年 6 月 28 日)。

东北人民大学研究处:《东北人大》第 12 期(1952 年 7 月 20 日)、第 16 期(1951 年 12 月 29 日)、第 24 期(1952 年 12 月 24 日)、第 25 期(1953 年 1 月 15 日)、第 26 期(1953 年 3 月 5 日)、第 27 期(1953 年 3 月 25 日)、第 28 期(1953 年 4 月 25 日)、第 29 期(1953 年 5 月 29 日)、第 30 期(1953 年 6 月 29 日)、第 31 期(1953 年 7 月 15 日)、第 32 期(1953 年 7 月 30 日)。

《东北师范大学校史》编辑委员会编:《东北师范大学校史(1946 - 1986)》,东北师范大学出版社 1986 年版。

东省特别区教育厅十九年度教育年鉴编辑委员会:《东省特别区十九年度教育年鉴》,东省特别区教育厅第一科第四股发行,哈尔滨道外桃花巷辽东印刷局印刷,1931 年 12 月出版(封面作 11 月)。

董安生、王文钦、王艳萍编著:《中国商法总论》,吉林人民出版社 1994 年版。

董彪:《法学名家龙斯荣:"儒雅风范,斯文人生"》,载《法学家茶座》第十七辑。

董玉贵、关晓松:《众志成城洒汗水撑起大厦一方天——校图书馆部分文科图书南迁交响曲》,载吉林大学校报编辑部编辑:《吉林大学》1991 年 11 月 1 日(第 324 期),第 2 版。

董必武:《关于〈一九五四年政法工作的主要任务〉的说明》,载《董必武法学文集》,法律出版社 1986 年版。

杜若君:《现代国际政治》(原名《今日之世界政治》),中华书局 1935 年版,1936 年再版。

杜若君:《大战前夜之欧洲现实》,中华书局 1935 年版。

杜若君:《今日的英国》,上海黑白丛书社 1937 年版。

杜若君:《德国要作战吗?》,载邹韬奋主编:《抗战》第十八号(1938 年 9 月 2 日出版)。

杜若君:《欧局与远东》,生活书店 1939 年版。

杜若君:《正视积极的思想,坚决克服个人主义》,载《东北人大》第 12 期(1952 年 7 月 20 日)。

杜若君:《关于我国社会主义过渡的形式问题》,载《东北人民大学人文科学学报》1956 年第 2 期。
杜岫石:《从形式逻辑的研究对象上看它和辩证逻辑的关系》,载《东北人民大学人文科学学报》1957 年第 4 期(总第 10 期)。
杜宴林:《法律的人文主义解释》,人民法院出版社 2005 年版。
杜宴林主编:《法理学》,清华大学出版社 2014 年版。

E

[德]恩格斯:《家庭、私有制和国家的起源》,张仲实译,人民出版社 1954 年版。

F

法学教材编辑部《中国法律思想史》编写组:《中国法律思想史》(高等学校法学试用教材),张国华主编,杨鹤皋、刘富起副主编,法律出版社 1982 年版。
法学教材编辑部《中国法制史》编写组:《中国法制史》(高等学校法学试用教材),张晋藩主编,乔伟、游绍尹副主编,群众出版社 1983 年版。
法学教材编辑部《婚姻法教程》编写组:《婚姻立法资料选编》(高等学校教学参考书),法律出版社 1983 年版。
法学教材编辑部《中国法律思想史》编写组:《中国法律思想史资料选编》(高等学校教学参考书),法律出版社 1983 年版。
法学教材编辑部《劳动法学》编写组:《劳动法学》(高等学校法学试用教材),关怀主编,任扶善、陈文渊副主编,群众出版社 1983 年版。
法学教材编辑部《西方法律思想史》编写组,《西方法律思想史》,张宏生主编,章若龙副主编,北京大学出版社 1983 年版。
法学教材编辑部《民法原理》编写组:《(高等学校法学试用教材)民法原理》,佟柔主编,金平、赵中孚、刘岐山副主编,法律出版社 1983 年版。
法学教材编辑部《宪法学》编写组:《(高等学校法学试用教材)宪法法学》,吴家麟林主编,许崇德、肖蔚云副主编,群众出版社 1983 年版。
《法学院特刊·热烈庆祝吉林大学建校五十周年(1946 - 1996)》,1996 年 9 月。
《法苑芳华——记法学院五十五年成长历程》,载吉林大学法学院网站(旧):http://www.law - jlu.com.cn/class.asp?classid = 2。
法治斌:《台湾的法律教育》,载贺卫方编:《中国法律教育之路》,中国政法大学出版社 1997 年版。
范承刚:《在青春"流放"地:"五七战士"重游五七干校》,载《南方周末》2012 年 7 月 19 日,A4 版。
范震威:《一个城市的记忆与梦想:哈尔滨百年过影》,黑龙江美术出版社 2012 年版。
方流芳:《中国法律教育之观察》,中国高等法学教育改革研讨会论文,北京,北京大学,1996 年 1 月。
方流芳:《中国法学教育观察》,载《比较法研究》1996 年第 2 期。
方流芳:《〈哈佛法律评论〉:关于法学教育和法学论文规范的个案考察》,载《比较法研究》1997 年第 2 期。
方流芳:《法律硕士(J. M.)入学考试评析和改革思路》,载《中国法学教育研究》2006 年第 4 期。
方流芳:《学术剽窃和法律内外的对策》,载《中国法学》2006 年第 5 期。
方流芳:《法律硕士教育面临的三个问题》,载《中国政法大学学报》2007 年第 1 期。
方流芳:《从法律视角看中国事业单位改革——事业单位"法人化"批判》,载《比较法研究》2007 年第 3 期。
方流芳:《追问法学教育》,载《中国法学》2008 年第 6 期。
方流芳:《中国法学教育之追问》,载《朝阳法律评论》2009 年第 2 期。
方流芳、辛崇阳、郭锐、赵惠妙、杨国栋:《法学博士生培养——中国大陆、中国香港、美、日、德经验比较》,载《社会科学论坛》2017 年第 5 期。

房文翠:《21 世纪中国法学教育初探》,载张文显主编:《新视野新思维新概念——法学理论前沿论坛》,吉林大学出版社 2001 年版。

[美]费正清、费维恺编:《剑桥中华民国史》(下卷),刘敬坤、叶宗敬、曾景忠、李宝鸿、周祖羲、丁于廉译,谢亮生校,中国社会科学出版社 1994 年版。

《风雨无阻桃李路,拓志未来续风流——记法学院六十年成长历程》,载吉林大学法学院网站:http://law.jlu.edu.cn/?mod = info&act = view&id = 6477,2017 年 6 月 15 日最后访问。

冯兰瑞:《恢复高考内幕的内幕——记 1975 - 1976 年的一场斗争》,载《南方周末》2007 年 8 月 2 日,D23 版。

[美]费正清:《伟大的中国革命(1800 - 1985)》,世界知识出版社 2003 年版。

冯象:《弁言》,载冯象:《政法笔记》,江苏人民出版社 2004 年版。

冯象:《宽宽信箱与出埃及记》,生活·读书·新知三联书店 2007 年版。

冯象:《法学院往何处去》,载中国法学网:http://www.iolaw.org.cn/showNews.asp? id = 5745,2018 年 5 月 21 日最后访问。

冯象:《法学三十年:重新出发》,载《读书》2008 年第 9 期。

冯象:《法学的历史批判》,载《北大法律评论》(第十三卷)第二辑,北京大学出版社 2012 年版。

冯象:《法学如何重新出发》,载《文化纵横》2014 年 12 月号。

冯彦君:《劳动法学》,吉林大学出版社 1999 年版。

付秀荣:《我校新增一批博士、硕士学位点》,载《吉大研究生》1998 年 9 月 10 日(总第 6 期),第 1 版。

傅穹、彭诚信:《物权法专题初论》,吉林大学出版社 2001 年版。

傅穹:《重思公司资本制度原理》,法律出版社 2004 年版。

G

《港台流行歌曲精选》,四川文艺出版社 1985 年版。

《高崇民诗文选集》编委会编:《高崇民诗文选集》,沈阳出版社 1991 年版。

高格:《刑法教程》,吉林大学出版社 1984 年版。

高格、孙占茂主编:《刑事法学词典》,吉林大学出版社 1987 年版。

高格编著:《比较刑法学》,长春出版社 1991 年版。

高格:《定罪量刑的理论与实践》,吉林人民出版社 1994 年版。

高格:《我的刑法学术思想》,载《法制与社会发展》2001 年第 5 期。

高清海:《高清海哲学文存》(第六卷)(哲学在走向未来),吉林人民出版社 1997 年版。

高树异主编、孟宪伟副主编:《国际私法》,吉林大学出版社 1985 年版。

高树异:《略论国际私法的对象、体系及其对我国的现实意义》,载《吉林大学社会科学学报》1980 年第 4 期。

高树异:《国际法》,吉林大学出版社 1985 年版。

高树异主编:《国际经济法总论》,吉林大学出版社 1989 年版。

高宇:《中国高等法学教育 30 年:回顾与评鉴》,载《当代法学》2009 年第 1 期。

甘雨沛:《关于中华人民共和国刑法的假释问题》,载《东北人民大学人文科学学报》1957 年第 2、3 期合订(总第 8、9 期)。

甘雨沛、何鹏:《外国刑法》(上册),北京大学出版社 1984 年版。

甘雨沛、何鹏:《外国刑法》(下册),北京大学出版社 1985 年版。

《格罗特〈希腊史〉选》,郭圣铭译,商务印书馆 1964 年版。

Gilmore, Grant. The Death of Contract. Columbus, Ohio: Ohio State University Press, 1974.

《关于双学位制的规定》,载吉林大学毕业生分配办公室主办:《毕业生之友》1994 年 3 月 15 日,第 4 版。

郭超人:《红旗插上珠穆朗玛峰》,人民体育出版社 1960 年版。

郭捷、冯彦君、郑尚元、谢德成:《劳动法学》,高等教育出版社 2014 年版。

郭少峰:《中国教育部长周济:研究生收费肯定不会全面收费》,载中国新闻网:http://www.chinanews.com.cn/news/2005/2005 - 01 - 28/26/534136.shtml,2005 年 1 月 31 日最后访问。

郭少峰:《明年减少学术型硕士招生人数》,载《新京报》2009 年 11 月 11 日,A37 版。

郭少峰:《教育部:今年硕士研究生扩招 5%——博士研究生扩招 2.5%;坚决限制社会需求不足学科和专业招生规模》,载《新京报》2010 年 2 月 7 日,A03 版。

郭少峰、黄合:《法学第一翁参透名与实》,载《新京报》2011 年 4 月 5 日,A08 版。

郭卫编著:《民国大理院解释例全文》,吴宏耀、郭恒点校,中国政法大学出版社 2014 年版。

郭予庆:《近代日本银行在华金融活动——横滨正金银行(1894 - 1919)》,人民出版社 2007 年版。

郭志远、程强:《美国法学院案例教学法研究》,载王翰主编:《法学教育研究》(第三卷),法律出版社 2010 年版。

国家计委经济条法办公室计划法资料编辑组编:《中华人民共和国计划法资料选编》,法律出版社 1982 年版。

国务院法制局、中华人民共和国法规汇编编辑委员会编:《中华人民共和国法规汇编(1954 年 9 月 - 1955 年 6 月)》,法律出版社 1956 年版。

国务院法制局、中华人民共和国法规汇编编辑委员会编:《中华人民共和国法规汇编(1955 年 7 月 - 12 月)》,法律出版社 1956 年版。

国务院法制局、中华人民共和国法规汇编编辑委员会编:《中华人民共和国法规汇编(1956 年 1 月 - 6 月)》,法律出版社 1956 年版。

国务院法制局、中华人民共和国法规汇编编辑委员会编:《中华人民共和国法规汇编(1956 年 7 月 - 12 月)》,法律出版社 1957 年版。

国务院法制局、中华人民共和国法规汇编编辑委员会编:《中华人民共和国法规汇编(1957 年 1 月 - 6 月)》,法律出版社 1957 年版。

国务院法制局、中华人民共和国法规汇编编辑委员会编:《中华人民共和国法规汇编(1957 年 7 月 - 12 月)》,法律出版社 1958 年版。

国务院法制局、国务院法规编纂委员会编:《中华人民共和国法规汇编(1958 年 1 月 - 6 月)》,法律出版社 1958 年版。

国务院法制局、国务院法规编纂委员会编:《中华人民共和国法规汇编(1958 年 7 月 - 12 月)》,法律出版社 1959 年版。

国务院法制局、国务院法规编纂委员会编:《中华人民共和国法规汇编(1959 年 1 月 - 6 月)》,法律出版社 1959 年版。

国务院秘书厅、国务院法规编纂委员会编:《中华人民共和国法规汇编(1959 年 7 月 - 12 月)》,法律出版社 1960 年版。

国务院法规编纂委员会编:《中华人民共和国法规汇编(1960 年 1 月 - 6 月)》,法律出版社 1960 年版。

国务院法规编纂委员会编:《中华人民共和国法规汇编(1962 年 1 月 - 1963 年 12 月)》,法律出版社 1964 年版。

国务院学位委员会办公室编:《同等学力人员申请硕士学位法学学科综合水平全国统一考试大纲及指南》(第二版),高等教育出版社 2000 年版。

H

哈尔滨工业大学高等教育研究所编译:《苏联高等学校专业设置、培养规格、教学计划选编》,哈尔滨工业大学出版社 1987 年版。

哈尔滨特别市市政局纂编:《哈尔滨特别市市政报告》(第一册),1931 年版,东省特别区平民总工厂印刷。

哈尔滨铁路局史志编纂办公室编:《哈尔滨铁路历史编年(1895－1997)》,中国铁道出版社1998年版。
[美]理查德·B. 哈里斯:《消逝中的荒野——中国西部野生动物保护》,张颖溢编译,中国环境科学出版社2010年版。
[英]H. L. A. 哈特:《法律的概念》,张文显、郑成良、杜景义、宋金娜译,中国大百科全书出版社1996年版。
海天、肖炜:《我的大学(1970－1976)——工农兵大学生》,中国友谊出版公司2009年版。
韩大元:《全球化背景下中国法学教育面临的挑战》,载《法学杂志》2011年第3期。
韩国章等编:《行政法概论》,吉林大学出版社1985年版。
韩世远:《违约损害赔偿研究》,法律出版社1999年版。
韩世远:《合同法总论》,法律出版社2001年版。
韩世远:《履行障碍法的体系》,法律出版社2006年版。
韩世远、[日]下森定主编:《履行障碍法研究》,法律出版社2006年版。
韩世远:《合同法学》,高等教育出版社2010年版。
韩延龙、常兆儒编:《中国新民主主义革命时期根据地法制文献选编》(第二卷),中国社会科学出版社1981年版。
韩延龙、常兆儒编:《中国新民主主义革命时期根据地法制文献选编》(第三卷),中国社会科学出版社1981年版。
何礼:《我对"一二九"运动的回顾》,载《一二九运动回忆录》(第一集),人民出版社1982年版。
何礼:《知音·挚友·向导》,载张庆泰主编:《忆林枫》,辽宁人民出版社1987年版。
何美欢:《论当代中国的普通法教育》,中国政法大学出版社2005年版。
何鹏:《谈谈国外处理青少年犯罪问题》,载《吉林大学社会科学学报》1981年第3期。
何鹏主编:《外国刑法简论》,吉林大学出版社1985年版。
何鹏编著:《外国刑事法选论》,吉林大学出版社1989年版。
何勤华:《中国近代法律教育与中国近代法学》,载《法学》2003年第12期。
何勤华:《中国法学史》(第三卷),法律出版社2008年版。
何勤华主编:《中国法学家访谈录》(第一卷),北京大学出版社2010年版。
何勤华主编:《中国法学家访谈录》(第二卷),北京大学出版社2010年版。
何勤华主编:《法学的历史》(第1卷1956年－1957年),法律出版社2012年版。
何勤华主编:《中国法学家访谈录》(第三卷),北京大学出版社2013年版。
何勤华主编:《中国法学家访谈录》(第四卷),北京大学出版社2013年版。
何勤华主编:《中国法学家访谈录》(第五卷),北京大学出版社2013年版。
何勤华主编:《中国法学家访谈录》(第六卷),北京大学出版社2013年版。
何勤华主编:《中国法学家访谈录》(第七卷),北京大学出版社2014年版。
何勤华主编:《中国法学家访谈录》(第九卷),北京大学出版社2014年版。
何勤华主编:《中国法学家访谈录》(第十卷),北京大学出版社2014年版。
何志鹏:《全球化经济的法律调控》,清华大学出版社2006年版。
何志鹏:《欧洲联盟法:发展进程与制度结构》,吉林大学出版社2007年版。
何志鹏:《发展权与欧盟的法律体制》,吉林大学出版社2007年版。
何志鹏:《人权全球化基本理论研究》,科学出版社2008年版。
何志鹏:《国际经济法的基本理论》,社会科学文献出版社2010年版。
何志鹏:《我国法学实践教育之反思》,载《当代法学》2010年第4期。
何志鹏:《权利基本理论:反思与构建》,北京大学出版社2012年版。
何志鹏:《国际法哲学导论》,社会科学文献出版社2013年版。

黑龙江省地方志编纂委员会编:《黑龙江省志·教育志》,黑龙江人民出版社 1996 年版。
黑龙江省地方志编纂委员会编:《黑龙江省志·司法行政志》,黑龙江人民出版社 1998 年版。
黑龙江省地方志编纂委员会编:《黑龙江省志·地名录》,黑龙江人民出版社 1998 年版。
黑龙江省地方志编纂委员会编:《黑龙江省志·人物志》,黑龙江人民出版社 1999 年版。
黑龙江省地方志编纂委员会编:《黑龙江省志·公安志》,黑龙江人民出版社 2001 年版。
黑龙江省地方志编纂委员会编:《黑龙江省志·政权志》,黑龙江人民出版社 2003 年版。
侯外庐:《中国古代社会史论》,人民出版社 1955 年版。
胡晓静:《公司法专题研究:文本·判例·问题》,华中科技大学出版社 2013 年版。
[美]约翰·怀亚特、麦迪·怀亚特:《美国合同法》,汪世贤等译,北京大学出版社 1980 年版。
《欢迎您九七级新同学·本科生》,载吉林大学校报编辑部编辑:《吉林大学》1997 年 9 月 11 日(第 466 期),第 3 版。
《欢迎您九七级新同学·硕士生》,载吉林大学校报编辑部编辑:《吉林大学》1997 年 9 月 11 日(第 466 期),第 1、4 版中缝。
《欢迎您九七级新同学·博士生》,载吉林大学校报编辑部编辑:《吉林大学》1997 年 9 月 11 日(第 466 期),第 2、3 版中缝。
黄艾禾:《华君武》,载《财经》(双周刊)2010 年 6 月 21 日第 13 期(总第 266 期)。
黄达主编:《吴玉章与中国人民大学》,山西教育出版社 1996 年版。
黄文艺:《当代中国法律发展研究——模式、传统与过程》,吉林大学出版社 2000 年版。
黄文艺:《全球结构与法律发展》,法律出版社 2006 年版。
黄文艺:《比较法:原理与应用》,高等教育出版社 2006 年版。
黄文艺:《全球化的法律分析》,科学出版社 2008 年版。
黄文艺主编:《立法学》,高等教育出版社 2008 年版。
黄文艺:《中国法律发展的法哲学反思》,法律出版社 2010 年版。
霍存福:《权力场——中国传统政治智慧研究》,辽宁人民出版社 1992 年版,1995 年第 2 版。
霍存福:《权力场——中国人的政治智慧》(第 3 版),辽宁人民出版社 1998 年版。
霍存福:《权力场——中国政治的智慧》,沈阳出版社 2003 年版。
霍存福:《复仇·报复刑·报应说:中国人法律观念的文化解说》,吉林人民出版社 2005 年版。
霍存福:《权力场》,法律出版社 2008 年版。
霍存福、吕丽主编,中国法律史学编:《中国法律传统与法律精神:中国法律史学会成立 30 周年纪念大会暨 2009 年会论文集》,山东人民出版社 2010 年版。
霍宪丹主编:《中国法律硕士专业学位教育的实践与探索》,法律出版社 2001 年版。
霍宪丹:《谈谈国家统一司法考试的有关情况》,载葛洪义主编:《法律方法与法律思维》(第一辑),中国政法大学出版社 2002 年版。
霍宪丹:《不解之缘:二十年法学教育之见证》,法律出版社 2003 年版。
霍宪丹:《中国法学教育的发展与转型》,法律出版社 2004 年版。
霍宪丹:《中国法学教育反思》,中国人民大学出版社 2007 年版。

J

《吉大法学名家:高格教授》,载《法制与社会发展》2000 年第 3 期。
《吉大律师事务所简介》,载《法制与社会发展》1995 年第 1 期。

《吉大律师事务所简介》,载《法制与社会发展》1996 年第 6 期。

[美]奥内斯特·吉尔霍恩、巴瑞·B. 鲍叶:《美国行政法和行政程序》,崔卓兰、赵光明、陈万鑫译,陆德山、李全义校,吉林大学出版社 1990 年版。

[美]格兰特·吉尔莫:《契约的死亡》,曹士兵、姚建宗、吴巍译,载梁慧星主编:《民商法论丛》(第三卷),法律出版社 1995 年版。

吉林大学法律系公安业务教研室编:《公安业务资料汇编》(内部资料,供教学、科研参考),吉林大学法律系 1979 年 10 月。吉业印字 79 年第 82 号文批准。

吉林大学法律系国际法教研室编:《海商法资料汇编》(第一分册),吉林大学出版社 1980 年版。

吉林大学法律系 - 吉林省 135 研究所刑事技术编辑组编:《国外刑事侦查技术》(下册),1984 年。业经吉林省文化厅[八三]〇二六批准。

吉林大学法律系资料室编:《法学文章目录索引》(1981 年),1982 年。

《吉林大学法学院简介》,载《法制与社会发展》1995 年第 2 期。

吉林大学法学院简史编写组编:《风雨无阻桃李路,拓志未来续风流——吉林大学法学院发展简史(1948 - 2008)》,吉林大学法学院 2008 年 9 月。

《吉林大学法学院》(宣传册),吉林大学法学院,1999 年。

《吉林大学试行主、辅修制》,载吉林大学毕业生分配办公室主办:《毕业生之友》1994 年 3 月 15 日,第 4 版。

《吉林大学"世界银行法律援助项目法学系列文库"书目(一)》,载《法制与社会发展》1997 年第 6 期。

《吉林大学"世界银行法律援助项目法学系列文库"书目(二)》,载《法制与社会发展》1997 年第 6 期。

吉林大学行政学院编:《王惠岩纪念文集》,人民出版社 2013 年版。

《吉林大学校史》编委会编:《吉林大学校史(1946 - 2006)》,吉林大学出版社 2006 年版。

吉林大学研究生院研究生管理处:《研究生院举行九七级应用型研究生开学典礼》,载《吉林大学报》第 467 期(1997 年 9 月 25 日),第 1 版。

吉林大学招生办公室编印:《吉林大学:国家教委直属的重点综合性大学》,1993 年。

吉林大学招生办公室编印:《吉林大学:教育部直属的国家重点综合性大学》,2000 年。

吉林省地方志编纂委员会编:《吉林省志·教育志》,吉林人民出版社 1992 年版。

吉林省地方志编纂委员会编:《吉林省志·司法公安志·司法行政》,吉林人民出版社 2000 年版。

吉林省地方志编纂委员会编纂:《吉林省志·司法公安志·审判》,吉林人民出版社 2004 年版。

吉林省地方志编纂委员会编纂:《吉林省志·政府志》,吉林人民出版社 2003 年版。

吉林铁路局工人理论组、吉林大学法律系宪法学习小组:《学习〈中华人民共和国宪法〉问答》,吉林人民出版社 1976 年版。

季承:《我和父亲季羡林》,载《南方周末》2010 年 4 月 29 日,E25 版。

[保加利亚]季米特洛夫:《狱中书信集》,继枚译,人民出版社 1954 年版,东北人民出版社 1954 年 7 月重印。

[保加利亚]季米特洛夫(Георги Димит ров):《季米特洛夫选集》,高宗禹等译,人民出版社 1954 年版。

金富军:《"文化大革命"期间的清华大学》,载清华大学新闻网:http://news.tsinghua.edu.cn/new/news.php? id = 20951,2009 年 10 月 20 日最后访问。

金凯:《"幸福记忆"——百年"全家福"照片展启动仪式今天举行 五社区将展出全家福》,载《新文化报》2012 年 1 月 18 日,A07 版。

靳宝兰、聂世基、徐武生:《纪念赵中孚老师执教 55 周年有感》,载《情缘集——祝贺赵中孚教授从教五十周年》,中国法制出版社 2006 年版。

姜东平:《“文革”武斗时期的长春》,载《文史精华》2004 年第 8 期。

姜东平:《回忆文革中的清理阶级队伍运动》,载《文史精华》2004 年第 14 期。

姜东平:《长春武斗罹难者及墓地述略》,载新浪博客:http://blog. sina. com. cn/s/blog_4ab770420100qdfr. html,2012 年 12 月 11 日最后访问。

姜发根:《取消法学本科之谬》,载北大法律信息网:http://article. chinalawinfo. com/article/user/article_display. asp? ArticleID = 34072。

姜朋:《现实与理想:中国法律硕士专业学位教育》,载《中外法学》2005 年第 6 期。

姜朋:《东北人民大学法律系早期历史述略(1950 - 1953)》,载《法制与社会发展》2007 年第 3 期。

姜朋:《数字化生存与外部权威》,载《人文论坛》(第三辑),河南大学出版社 2007 年版。

姜朋:《中文在危急中》,载《社会科学论坛》(学术评论卷)2008 年 4 月上半月期。

姜朋:《中国博士后制度的源起与变迁》,载《中国社会科学辑刊》2010 年 9 月号。

姜朋:《大学为何不能培养大师》,载《社会科学论坛》(半月刊)2010 年第 13 期。

姜朋:《文科的竞慢特质》,载《社会科学论坛》(月刊)2012 年第 11 期。

姜朋:《中国近代法学教育的源起》,载《中国法律评论》2014 年第 4 期。

姜朋:《秋林公司百年回望》,载《清华管理评论》2016 年第 5 期。

姜朋:《商事制度考据集》,清华大学出版社 2017 年版。

姜朋:《东北人民大学法律系的民法教学与研究(1953 - 1957)》,载《中国法学教育研究》2018 年第 1 辑。

姜朋:《光阴的故事——重返 1993 年的吉林大学法学院》(原题“吉林大学法学院 1993 级经济法专业本科生学习生活琐记”),“法苑芳华”微信公众号,2018 年 5 月 9 日 16:32 发布。

姜朋:《法学教育中的“二唯”现象反思》,载《中国法律评论》2018 年第 3 期。

江平主编:《公司法教程》(高等学校法学试用教材),法学教材编辑部编审,法律出版社 1987 年版。

江平主编,方流芳副主编:《新编公司法教程》(高等学校法学教材),司法部法学教材编辑部编审,法律出版社 1994 年版。

江平主编、方流芳副主编:《新编公司法教程》(高等学校法学教材)(第二版),法律出版社 2003 年版。

焦凯、王元良:《吉林大学实行绩点学分制》,载吉林大学毕业生分配办公室主办:《毕业生之友》1994 年 3 月 15 日,第 1 版。

教育部高校学生司、教育部考试中心制定:《2005 年法律硕士专业学位研究生入学全国联考考试大纲》,中国人民法学出版社 2004 年版。

《教育部酝酿明后年取消部分本科专业,管理、法律专业可能被“砍”》,载《兰州晨报》2006 年 7 月 19 日,A16 版。

K

《考生冷静对待考研》,载《第一财经日报》2007 年 1 月 22 日,A3 版。

匡亚明:《反击右派,坚持整风》,载《东北人民大学人文科学学报》1957 年第 2、3 期合刊。

旷晨、潘良编著:《我们的五十年代》,中国友谊出版公司 2005 年版。

L

赖宇、陆德山主编:《中国刑法之争——刑法分则各罪若干争论问题综述》,吉林大学出版社 1989 年版。

[美]劳文:《计划时代》,黄公度译,潘源来校,商务印书馆 1959 年版。

李步云:《我的治学为人》,社会科学文献出版社 2010 年版。

李方明(李放):《逻辑浅说》,吉林大学社会科学学报编辑部 1979 年出版。

李芳志编著:《劳动法概论》,吉林大学出版社 1985 年版。

李放:《简论国际法的产生、发展和特点》,载《吉林大学社会科学学报》1980 年第 4 期。

李放、张哲:《论法制》,载《吉林大学社会科学学报》1981 年第 3 期。

李放、张哲:《法学原理》,辽宁人民出版社 1981 年版。

李放:《经济法基础知识》,辽宁人民出版社 1984 年版。

李放、聂世基:《法律知识讲座》,吉林大学出版社 1985 年版。

李放主编:《法学概论》,吉林大学出版社 1985 年版。

李放主编:《法学问题集解》,吉林大学出版社 1985 年版。

李放主编:《法学问题集解》(续编),吉林大学出版社 1986 年版。

李放主编:《经济法学词典》,辽宁人民出版社 1986 年版。

李放主编:《经济法手册》(实用解答 名词注释 文件汇编),辽宁人民出版社 1986 年版。

李放编著:《法学基础理论纲要》,吉林大学出版社 1987 年版。

李放主编,崔卓兰、徐卫东副主编:《比较法教程》,吉林大学出版社 1993 年版。

李贵连:《二十世纪初期的中国法学(续)》,载《中外法学》1997 年第 5 期。

李贵连:《近代中国法制与法学》,北京大学出版社 2002 年版。

李贵连、孙家红、李启成、俞江编:《百年法学——北京大学法学院院史(1904 - 2004)》,北京大学出版社 2004 年版。

李国新:《中文系求学杂忆》,载陈泳超、胡敕瑞、林嵩编:《我们的学友》,北京大学出版社 2010 年版。

李慧利、李中圣:《对经济行政权、国家所有权和国有企业经营权分离的系统思考》,载《当代法学》1988 年第 2 期。

李建华、彭诚信:《民法总论》,吉林大学出版社 1998 年版,2009 年第 2 版。

李建华、申卫星主编:《知识产权法》,吉林大学出版社 1998 年版。

李建华主编:《民法总论》,科学出版社 2007 年版。

李建华、申卫星、杨代雄:《物权法》,中国人民大学出版社 2008 年版。

李建华、王崇敏主编:《知识产权法》,吉林大学出版社 2008 年版。

李建华、王崇敏:《物权法》,吉林大学出版社 2008 年版。

李建华主编:《民法学》,科学出版社 2016 年版。

李柯勇、刘丹:《你们是我未能完成的艺术品——一位大学讲师的"最后一课"》,载西祠胡同:http://www.xici.net/d26648172.htm,2018 年 5 月 21 日最后访问。

李平龙、马作武:《中国近代法理学教育考》,载《朝阳百年——近代中国法学教育与法律文化学术研讨会论文集》(2012 年 11 月)。

李锐:《跟随陈云接管沈阳记事》,载《传记文学》1995 年第 8 期。

李卫海:《紧急状态下的人权克减研究》,中国法制出版社 2007 年版。

李文海:《序——我国社会主义高等教育事业的开拓者》,载黄达主编:《吴玉章与中国人民大学》,山西教育出版社 1996 年版。

李益辉:《"吕振羽奖学金"评选揭晓》,载吉林大学校报编辑部编辑:《吉林大学》1994 年 1 月 1 日(第 369 期),第 3 版。

李枝万:《有些教研室在教材复印联系工作中有缺点》,载东北人民大学研究处编:《东北人大》第 32 期(1953 年 7 月 30 日)。

李枝万:《东北科学院——革命启迪摇篮》,载吉林大学校友会网站:http://alumni.jlu.edu.cn/monograph/200503/2005_98.htm。

李忠芳:《关于我国新婚姻法的几个问题》,载《吉林大学社会科学学报》1981 年第 1 期。

李忠芳、王桂枝、姜保登:《婚姻法概论》,吉林人民出版社 1984 年版。

李忠芳、王卫东:《婚姻法学》,吉林大学出版社 1984 年版(内部发行)。

李忠芳:《中华人民共和国婚姻法概论》,山东人民出版社 1986 年版。

李忠芳:《性与法》,北方妇女儿童出版社 1989 年版。

李忠芳:《两性法律的源与流》,群众出版社 2002 年版。

李中圣:《商品经济新秩序的若干法律思考》,载《当代法学》1988 年第 4 期。

李中圣:《经济行政权、国家所有权和国有企业经营权的几个问题探究》,载《吉林大学社会科学学报》1988 年第 5 期。

李中圣:《应当客观评价我国现行法律制度》,载《当代法学》1989 年第 2 期。

李中圣:《实行股份制必须改革现行企业组织系统》,载《法律科学》(西北政法学院学报)1989 年第 3 期。

李中圣:《法人所有权论》,载《吉林大学社会科学学报》1989 年第 4 期。

李中圣:《关于权利与义务相互关系问题的论辩》,载《当代法学》1990 年第 2 期。

李中圣:《两级法人质疑》,载《中外法学》1990 年第 3 期。

李中圣:《经济法主体的分类新探》,载《法律科学》(西北政法学院学报)1990 年第 4 期。

李中圣:《论经济法的基本原则》,载《天津社会科学》1990 年第 3 期。

李中圣:《论经济行政权限》,载《吉林大学社会科学学报》1991 年第 1 期。

李中圣:《关于软法律约束的初步研究》,载《学习与探索》1991 年第 1 期。

李中圣:《论经济法调整方法》,载《法学评论》1991 年第 3 期。

李中圣:《关于经济法体系问题的研究》,载《中国法学》1991 年第 4 期。

李中圣:《经济法主体理论的反思》,载《法律科学》(西北政法学院学报)1991 年第 4 期。

李中圣:《关于建立和完善我国经济法体系的指导原则》,载《社会科学》1991 年第 4 期。

李中圣:《试论经济程序法》,载《法学研究》1992 年第 2 期。

李中圣:《制定基本经济法的探讨》,载《吉林财贸学院学报》1992 年第 3 期。

李中圣:《经济法实施的问题与对策分析》,载《吉林大学社会科学学报》1992 年第 3 期。

李中圣:《社会经济运行与法律机制》,载《天津社会科学》1992 年第 4 期。

李中圣:《经济立法中的几个关系问题》,载《法律科学》(西北政法学院学报)1992 年第 5 期。

李中圣:《关于政府经济自由裁量权的探讨》,载《社会科学》1992 年第 7 期。

李中圣:《经济法泛论》,载《当代法学》1993 年第 4 期。

李中圣:《经济法责任论略》,载《法律科学》(西北政法学院学报)1993 年第 4 期。

李中圣:《经济法:政府管理经济的法律》,载《吉林大学社会科学学报》1994 年第 1 期。

李中圣:《关于经济法调整的研究》,载《法学研究》1994 年第 2 期。

李卓宝主编:《工农教育篇章(清华大学建校 100 周年暨附设工农速成中学 60 周年校庆纪念文集)》,2011 年。

栗劲、(张)光博:《法学概论》,吉林人民出版社 1980 年版。

栗劲:《封建等级制度和法及其影响》,载《吉林大学社会科学学报》1980 年第 3 期。

栗劲:《试论法和道德》,载《吉林大学社会科学学报》1980 年第 6 期。

栗劲:《秦律通论》,山东人民出版社 1985 年版。

栗劲、孔庆明主编:《中国法律思想史》,黑龙江人民出版社 1988 年版。

栗劲、李放主编:《中华实用法学大辞典》,吉林大学出版社 1988 年版。

[苏]联共(布)中央特设委员会编、联共(布)中央审订(1938)《联共(布)党史简明教程》,苏联外国文书籍出版局印行,莫斯科 1950 年。中文版。

梁慧星:《中国民法学的历史回顾与展望》,载梁慧星主编:《民商法论丛》(第四十一卷),法律出版社 2008 年版。

梁慧星:《中国的法学教育与人才培养》,载梁慧星主编:《民商法论丛》(第四十一卷),法律出版社 2008 年版。

梁治平:《寻求自然秩序中的和谐:中国传统法律文化研究》,上海人民出版社 1991 年版。

梁治平:《法辩》,贵州人民出版社 1992 年版。

梁治平:《法意与人情》,中国法制出版社 2004 年版。

梁治平等:《我的大学》,法律出版社 2004 年版。

辽宁省地方志编纂委员会办公室主编:《辽宁省志・教育志》,辽宁大学出版社 2001 年版。

辽宁省地方志编纂委员会办公室主编:《辽宁省志・审判志》,辽宁民族出版社 2003 年版。

辽左散人(刘静严):《滨江尘嚣录》,张颐青、杨镰整理,中国青年出版社 2012 年版。

《列宁家书集(1893 - 1922)》,人民出版社 1960 年版。

林焕文、张凤主编:《世界著名文史学家辞典》,黑龙江朝鲜民族出版社 1985 年版。

林礼昭:《我怎样在教学工作中贯彻国家过渡时期的总路线》,载东北人民大学研究部编:《东北人大》第 40 期(1954 年 2 月 27 日)。

林准主编、杨洪洪逵撰稿:《国际私法案例选编》(法学教学参考书),司法部法学教材编辑部编审,法律出版社 1996 年版。

刘长敏主编、张培坚主笔:《甲子华章:中国政法大学校史(1952 - 2012)》,中国政法大学出版社 2012 年版。

刘富起:《略论孟德斯鸠的法律思想》,载《吉林大学社会科学学报》1980 年第 4 期。

刘富起、吴湘文:《西方法律思想史》,吉林大学出版社 1985 年版。

刘富起:《分权与制衡评论》,吉林大学出版社 1990 年版。

刘洪斌:《开设第二课堂,培养复合型人才——记我校辅修学位、辅修专业》,载吉林大学校报编辑部编辑:《吉林大学》1995 年 6 月 11 日(第 406 期),第 3 版。

刘茂林、叶桂生:《吕振羽评传》,社会科学文献出版社 1990 年版。

刘鲁风、何流、唐玉芳主编:《中华人民共和国要事录(1949 - 1989)》,山东人民出版社 1989 年版。

刘世元:《欧洲联盟法律制度》,吉林大学出版社 1995 年版。

刘小平、蔡宏伟主编:《分析与批判:学术传承的方式——评邓正来〈中国法学向何处去〉》,北京大学出版社 2006 年版。

刘心稳:《票据法》(高等政法院校规划教材),中国政法大学出版社 1997 年版。

刘兴权:《劳改法学》,吉林大学出版社 1985 年版。

刘艳萍、陈晨、郭玲玲:《中国农业银行长春市吉大储蓄所开业》,载吉林大学校报编辑部:《吉林大学》1999 年 3 月 11 日(第 1 期,复第 507 期),第 1 版。

刘颖:《原原本本李子奈》,载刘颖、牛晓玢等:《师者:清华经管学院教授访谈录》(第二版),机械工业出版社 2014 年版。

刘兆兴、李林:《社会主义初级阶段法制建设若干理论问题研究——1988 年全国法学基础理论研究会年会综述》,载《法学研究》1988 年第 5 期。

刘子平:《中国僧侣财产继承研究》,载梁慧星主编:《民商法论丛》(第三十七卷),法律出版社 2007 年版。

龙斯荣:《罗马法要论》,吉林大学出版社 1991 年版。

楼沪光、庄建:《我国高等法学教育迅速恢复稳步发展》,载《光明日报》1980 年 4 月 22 日,第 1 版。

《鲁迅杂文精选集》,北京联合出版公司 2015 年版。

陆德山、石亮天:《我国地方立法研究》,吉林大学社会科学论丛编辑部编辑出版,1988 年 5 月。

陆德山、孙铁城:《我国权力与政治研究——国家干部怎样行使权力》,吉林大学出版社 1988 年版。

陆德山、李锦斌主编:《行政诉讼法概要》,吉林大学出版社 1990 年版。

陆德山、徐卫东主编:《中国宪法学若干问题讨论综述——各级人大及常委会工作问题荟萃(1978 - 1990)》,吉林大学出版社 1992 年版。
陆德山:《国家权力比较研究》,吉林大学出版社 1994 年版。
陆德山:《认识权力》,中国经济出版社 2000 年版。
陆谷孙:《歌的流变》,载《南方周末》2009 年 12 月 3 日,E23 版。
陆俭明:《中文系在鲤鱼洲》,载《新京报》2010 年 10 月 20 日,C14 版。
罗豪才主编,应松年副主编:《行政法学》(高等学校法学试用教材),中国政法大学出版社 1989 年版。
罗箭:《走近林枫》,载《南方周末》2013 年 9 月 19 日,E23 版。
罗玉珍主编,郭锐副主编:《税法教程》(高等学校法学试用教材),法学教材编辑部编审,法律出版社 1993 年版。
吕振羽:《中国社会史诸问题》,生活 · 读书 · 新知三联书店 1961 年版。

M

[英]马尔萨斯:《论谷物法的影响 · 地租的性质与发展》,何宁译,商务印书馆 1960 年版。
[意]马基雅维利:《论李维罗马史》,吕健忠译,商务印书馆 2013 年版。
马丽:《〈法学原理〉简介》,载《吉林大学社会科学学报》1981 年第 6 期。
马起编著:《司法基本常识》,1943 年 5 月 15 日初版,松江省高等法院 1948 年 3 月重印。
马起:《关于民事继承权问题初步研究》,载《东北人民大学人文科学学报》1956 年第 1 期。
马起著述、银河(陈国柱)整理:《中华人民共和国婚姻法概论》,载《东北人民大学人文科学学报》1956 年第 2 期、第 3 期。
马起:《婚姻和家庭在历史上的演变》,载《东北人民大学人文科学学报》1956 年第 4 期。
马起:《试论离婚政策界限》,载《东北人民大学人文科学学报》1957 年第 1 期。
马起:《论损害赔偿责任构成的一般条件》,载《东北人民大学人文科学学报》1957 年第 2、3 期合订。
马起、银河(陈国柱):《中华人民共和国婚姻法概论》,湖北人民出版社 1957 年版。
马起:《试论离婚政策界限》,辽宁人民出版社 1957 年版。
马起:《中国革命与婚姻家庭》,辽宁人民出版社 1959 年版。
马新福:《法社会学导论》,吉林人民出版社 1992 年版。
马新福主编:《法理学》,吉林大学出版社 1995 年版。
马新福:《法社会学原理》,吉林大学出版社 1999 年版。
马新福、任喜荣、于立深主编:《宪法学》,吉林大学出版社 2000 年版。
马新福主编:《法理学》,科学出版社 2004 年版。
马新福、朱振等:《立法论》,吉林人民出版社 2005 年版。
马新彦:《从副研究员到著名律师的周卫平》,载《法制与社会发展》1997 年第 4 期。
马新彦:《美国财产法与判例研究》,法律出版社 2001 年版。
马新彦主编、李建华副主编:《民法现代性与制度现代化》,吉林人民出版社 2002 年版。
马新彦编:《中华人民共和国物权法法条精义与案例解析》,中国法制出版社 2007 年版。
马新彦主编:《合同法》,吉林大学出版社 2007 年版。
马新彦:《现代私法上的信赖法则》,社会科学文献出版社 2010 年版。
马新彦主编:《合同法学》,中国人民大学出版社 2014 年版。
马一鸣、张枭悦:《闵春雷:法律人永远是年轻》,吉林大学法学院"法苑芳华"微信公众号,老故事第三季(二),2017 年 10 月 22 日发布。
[英]亨利 · 梅因:《古代法》,沈景一译,商务印书馆 1959 年版。

[英]托马斯·孟:《英国得自对外贸易的财富》,商务印书馆 1959 年版。

孟文卓主编:《余瑞璜——纪念余瑞璜先生诞辰 110 周年》,吉林大学出版社 2016 年版。

[苏]米丁主编:《逻辑学研究提纲》,曹葆华、谢宁译,解放社 1949 年版。

明亮:《一封家书》,载吉林大学学生会生活管理委员会《校园生活》编辑部:《校园生活》1994 年 12 月 29 日(第 10 期),第 2 版。

《明年秋季起研究生将全部自费》,载《新京报》2013 年 2 月 7 日,A18 版。

牟邵义:《再谈节俭》,载《吉林大学学报》1999 年 3 月 11 日(第 1 期,复第 507 期),第 3 版。

N

南京大学高等教育研究所编:《匡亚明教育文选》,南京大学出版社 2000 年版。

《南区简介》,载吉林大学学生会生活管理委员会《校园生活》编辑部:《校园生活》1994 年 11 月 3 日(第 8 期),第 1 版。

聂世基、孙占茂:《刑事诉讼指南》,黑龙江人民出版社 1981 年版。

聂世基、李建明:《刑事疑难问题思辨》,中国人民公安大学出版社 1991 年版。

聂世基主编:《税法概论》,农村读物出版社 1992 年版。

[美]弗兰克·纽曼、莱拉·科特瑞亚、杰米·斯葛瑞:《高等教育的未来:浮言、现实与市场风险》,李沁译,北京大学出版社 2012 年版。

P

[英]威廉·配第:《政治算术》,陈冬野译,商务印书馆 1960 年版。

彭诚信主编:《继承法》,吉林大学出版社 2000 年版。

彭诚信:《主体性与私权制度研究——以财产、契约的历史考察为基础》,中国人民大学出版社 2005 年版。

彭诚信:《现代权利理论研究:基于"意志理论"与"利益理论"的评析》,法律出版社 2017 年版。

彭诚信、陈吉栋:《生活中的民法:〈民法总则〉的生活解读》,中华书局 2017 年版。

彭庆生:《从"白专"到"红专"》,载陈泳超、胡敕瑞、林嵩编:《我们的学友》,北京大学出版社 2010 年版。

蒲坚主编:《中国法制史》,光明日报出版社 1987 年版。

蒲坚主编:《中国法制史》(修订本)(第二版),光明日报出版社 1999 年版。

A. K. РУДАЕВ 编著:《画法几何习题》,李敏译,于文道校,龙门联合书局 1953 年版。

Q

戚贵元:《在战火中诞生》,载吉林大学校报编辑部:《吉林大学》1996 年 9 月 21 日(第 440 期,五十周年校庆特刊),第 3 版。

秦力超、唐小清:《翻身农民给毛主席写感谢信背后的故事》,载《黑龙江日报》2008 年 4 月 28 日。

乔迈:《天行健 法行健——张文显教授素描》,载《社会科学战线》1995 年第 1 期。

乔伟:《律师制度的初步研究》,载《吉林大学社会科学学报》1980 年第 3 期。

乔伟、徐波:《古代案例选论(一)》,载《吉林大学社会科学学报》1981 年第 3 期。

乔伟、徐波:《古代案例选论(二)》,载《吉林大学社会科学学报》1981 年第 4 期。

乔伟、李全义、马丽编:《律师手册》,吉林人民出版社 1981 年版。

乔伟:《中国法律制度史》(上下册),吉林人民出版社 1982 年版。

乔伟主编,游绍尹、孔庆明副主编:《新编法学词典》,山东人民出版社 1985 年版。

《乔伟文集》(第一卷),山东大学出版社 2000 年版。

《青年法学家——张文显》,载《社会科学战线》1995 年第 1 期。

邱本:《自由竞争与秩序调控》,中国政法大学出版社 2001 年版。

邱本:《经济法原论》,高等教育出版社 2001 年版。

邱本:《宏观调控法论》,中国工商出版社 2002 年版。

邱本:《市场法治论》,中国检察出版社 2002 年版。

邱本:《经济法通论》,高等教育出版社 2004 年版。

邱本:《市场竞争法论》,中国人民大学出版社 2004 年版。

邱本:《经济法总论》,法律出版社 2007 年版。

邱本:《经济法研究》(上、中、下卷),中国人民大学出版社 2008 年版。

邱本:《经济法原理》,吉林大学出版社 2008 年版。

邱本:《人权论集》,吉林大学出版社 2009 年版。

邱本:《经济法的权利本位论》,中国社会科学出版社 2013 年版。

邱本:《法的澄明》,中国社会科学出版社 2013 年版。

邱本:《经济法专论》,法律出版社 2015 年版。

邱春艳、肖玲燕、周映萍:《2006 中国"法学院"这一年"》,载西南政法大学网站:http://www.nwupl.cn/news/Class22/baokan/200701/884.html,2007 年 5 月 5 日最后访问。

瞿秋白:《瞿秋白选集》,人民文学出版社 1959 年版。

瞿同祖:《中国法律与中国社会》,中华书局 2003 年版。

曲田:《清华建立文科资深教授制度 首批 18 位学者获此殊荣》,载中共清华大学委员会主办:《新清华》2018 年 3 月 2 日(第 2096 期),第 1 版。

R

[美]仁井田阱:《唐令拾遗》,栗劲、霍存福、王占通、郭延德编译,长春出版社 1989 年版。

任振铎主编、邓崇范副主编:《刑事诉讼法》,吉林大学出版社 1984 年版。

《日本民法典》,陈国柱译,吉林大学出版社 1993 年版。

Riess, Steven, Diary of An American Lawyer: Principles and Exercises for Understanding the American Legal System Really Works, Nanjing: Jiangsu Education Publishing House, 2006.

阮仪三编著:《旧城新录》,同济大学出版社 1988 年版。

S

[美]马歇尔·萨林斯:《历史之岛》,蓝达居、张宏明、黄向春、刘永华译,刘永华、赵丙祥校,上海人民出版社 2003 年版。

[德]弗里德里希·卡尔·冯·萨维尼:《历史法学派的基本思想(1814-1840 年)》,[德]艾里克·沃尔夫编,郑永流译,法律出版社 2009 年版。

《社会主义教育课程的阅读文件汇编》(第一编),人民出版社 1958 年版。

申卫星、傅穹、李建华:《物权法》,吉林大学出版社 1999 年版。

申卫星:《期待权基本理论研究》,中国人民大学出版社 2006 年版。

申卫星主编:《民法学》,北京大学出版社 2007 年第 2 版。

申卫星:《物权法原理》,中国人民大学出版社 2008 年版,2016 年第 2 版。

沈宗灵主编、张文显副主编:《法理学》(高等学校法学教材),高等教育出版社 1994 年版。

石宝山、郭学贡编:《民事诉讼法》,吉林大学出版社 1985 年版。

石方、刘爽、高凌:《哈尔滨俄侨史》,黑龙江人民出版社 2003 年版。

石少侠、陆德山主编:《中国民法经济法若干问题讨论综述(1979 - 1989)》,吉林大学出版社 1991 年版。

石少侠:《公司法》,吉林人民出版社 1994 年版。

石少侠等编译:《美国公司法概论》,延边大学出版社 1994 年版。

石少侠主编、张瑞萍副主编:《经济法新论》,吉林大学出版社 1996 年版。

石少侠主编:《公司法教程》(高等政法院校规划教材),司法部法学教材编辑部编审,中国政法大学出版社 1997 年版。

石少侠主编:《国有股权问题研究》,吉林大学出版社 1998 年版。

石少侠:《二十一世纪中欧法学交流与合作的展望》,载《法学家》2000 年第 5 期。

石少侠:《司法考试应处理好三个关系》,载《检察实践》2002 年第 2 期。

石少侠:《对新时期检察教育培训工作的几点思考》,载《国家检察官学院学报》2005 年第 1 期。

石少侠:《检察权要论》,中国检察出版社 2006 年版。

石少侠:《检察教育培训必须树立三个意识》,载《国家检察官学院学报》2009 年第 2 期。

石少侠:《十年中国的法治关切》,载《中国社会科学报》2012 年 10 月 31 日,A07 版。

石少侠:《对健全司法官遴选制度的几点思考》,载《法制与社会发展》2014 年第 6 期。

《石少侠:与法结缘,薪火相传》,吉林大学法学院"法苑芳华"微信公众号,老故事第二季(三),2017 年 5 月 24 日发布。

石岩:《言传身教秉铎声,火尽薪传不了情——纪念刘达先生百年诞辰》,载《光明日报》2011 年 1 月 1 日,第 3 版。

史啸:《我国法学教育基本恢复,正在大力发展》,载《中国法制报》1980 年 8 月 1 日,第 1 版。

宋庆龄:《为新中国奋斗》,人民出版社 1952 年版。

宋显忠:《合理性与现代法的理性构造》,载《吉林大学社会科学学报》2002 年第 4 期。

宋显忠:《英美国家的宪政传统及其程序观念》,载《法制与社会发展》2003 年第 5 期。

宋显忠:《正当法律程序与开放社会的制度化——针对立宪政体的一种结构功能主义考察》,吉林大学 2003 年法学理论系博士学位论文。

宋显忠:《程序正义及其局限性》,载《法制与社会发展》2004 年第 3 期。

宋显忠:《通过法律的权利保障》,载《吉林大学社会科学学报》2006 年第 5 期。

宋显忠:《宪政与程序保障》,载《法制与社会发展》2006 年第 5 期。

宋显忠:《法律程序的词义辨析》,载《长白学刊》2006 年第 6 期。

宋显忠、刘怡:《法律程序及其功能》,载《吉林省教育学院学报》2006 年第 9 期。

宋显忠:《事实发现与程序保障》,载《当代法学》2006 年第 6 期。

宋显忠:《法律的形式、实体和程序》,载《社会科学战线》2007 年第 1 期。

宋显忠、肖凯提·阿布力米提:《法律事实的实证探究》,载《法学论坛》2008 年第 2 期。

宋显忠:《什么是部门法哲学?》,载《法制与社会发展》2009 年第 4 期。

宋显忠:《全球时代的宪政与法治》,载《吉林大学社会科学学报》2009 年第 4 期。

[苏]斯切潘诺夫主编:《联共[布]历史研究提纲》,曹葆华译,解放社 1949 年版。

《苏俄民事诉讼法法典》,郑华译,法律出版社 1955 年版。

苏戈:《还忧梦里重相见——缅怀吉大苏惠祥关雅坤老师》,载 http://mp. weixin. qq. com/s? __biz = MzA5Njc5NjcyNA = = &mid = 204976478&idx = 1&sn = 0c942854db3a6b34d7866b600f23871d,2015 年 4 月 12 日最后访问。

苏惠祥:《对我国经济合同法的几个问题的探讨》,载《吉林大学社会科学学报》1982 年第 2 期。

苏惠祥:《要重视流通形式的法律问题——对特殊买卖的初步研究》,载《吉林大学社会科学学报》1984 年第 2 期。

苏惠祥:《试论我国个体经营者的法律地位》,载《吉林大学社会科学学报》1985 年第 2 期。

苏惠祥:《试论经济合同法的归属》,载《吉林大学社会科学学报》1988 年第 1 期。

苏惠祥:《对保证担保的初步研究》,载《吉林大学社会科学学报》1989 年第 3 期。

苏惠祥:《合同效力探讨》,载《吉林大学社会科学学报》1990 年第 2 期。

苏惠祥:《略论合同成立与生效》,载《法律科学》(西北政法学院学报)1990 年第 3 期。

苏惠祥、姜建初:《论维护经济秩序的法制工程》,载《当代法学》1990 年第 2 期。

苏惠祥:《关于合同担保之我见》,载《兰州大学学报》1990 年第 4 期。

苏惠祥:《论特殊侵权民事责任》,载《社会科学战线》1991 年第 1 期。

苏惠祥:《合同形式初论——兼谈标准合同问题》,载《吉林大学社会科学学报》1991 年第 2 期。

苏惠祥:《建立经济合同法学浅论》,载《法学杂志》1991 年第 3 期。

苏惠祥、郑成良:《略论借鉴和引进外国经济民事法律问题》,载《社会科学》1991 年第 4 期。

苏惠祥:《试论经济合同法的调整对象》,载《当代法学》1992 年第 2 期。

苏惠祥主编:《中国当代合同法论》,吉林大学出版社 1992 年版。

苏惠祥、车丕照:《合同法体系若干问题的探讨——兼论制订基本合同法问题》,载《吉林大学社会科学学报》1993 年第 3 期。

苏惠祥、蔡立东:《略论日韩土地立法的公共利益取向——兼谈规制我国国有土地收益流失的对策》,载《东北亚论坛》1993 年第 4 期。

苏惠祥:《略论研究生培养工作中的严格管理问题》,载《学位与研究生教育》1993 年第 4 期。

苏惠祥:《试谈市场经济与法治》,载《中国工商管理研究》1993 年第 5 期。

苏惠祥:《略论吉林省经济立法的当务之急》,载《当代法学》1993 年第 4 期。

苏惠祥、车丕照主编:《外贸·外资·法律——中国涉外经济法律与实践》,吉林大学出版社 1993 年版。

苏惠祥、黄显峰:《房地产登记制度刍议》,载《中国法学》1994 年第 2 期。

苏惠祥主编:《中国商法概论》(修订版),吉林人民出版社 1996 年版。

苏惠祥、邱本主编:《经济法原理》,吉林大学出版社 1997 年版。

《国际法·国际私法》(苏联大百科全书选译),法律出版社 1955 年版。

苏联国家政治书籍出版局编:《列宁论社会主义所有制》,法律出版社 1959 年版。

孙国华:《我所了解的人大法学院 60 年》,载《亲历、见证、传承——口述人大法学院历史》,中国人民大学 2010 年版。

[美]基普·S. 索恩:《黑洞与时间弯曲》,李泳译,湖南科学技术出版社 2010 年版。

孙琦子:《600 家协会会费收入调查》,载《经济观察报》2013 年 7 月 29 日,第 6 版。

孙谦、郑成良主编:《司法改革报告:司法考试、司法官遴选、司法官培训制度》,法律出版社 2002 年版。

孙卫东、刘采一:《外国宪法》,吉林大学出版社 1986 年版。

孙占茂编:《法医学》,吉林大学出版社 1985 年版。

孙占茂、赵登举:《人民检察机关的自行侦查》,吉林大学出版社 1985 年版。

孙占茂、孔庆明编著:《两户一体实用法律手册》,吉林人民出版社 1986 年版。

T

[印度]泰戈尔:《飞鸟集》,郑振铎译,上海文艺出版社 1959 年新 1 版。

[美]谭竞嫦(Sharon K. Hom):《法律教学新方法概略——美国法律教学方法在中国的尝试》(中英文对照),中国展望出

版社 1990 年版。中文翻译:班文战、尹小微、张毅军、彭小惠、沈红。中文总校对:周忠海、谭竞嫦。
汤士安:《春华秋实、源远流长——参加吉林大学五十周年校庆日记》(1996 年 9 月 20 日:校友喜重逢),载吉林大学校友会网:http://alumni. jlu. edu. cn/monograph/200501/2005_44. htm。
汤士安:《春华秋实、源远流长——参加吉林大学五十周年校庆日记》(1996 年 9 月 22 日:参观新校区),载吉林大学校友会网:http://alumni. jlu. edu. cn/monograph/200503/2005_100. htm。
[英]阿诺德·汤因比:《历史研究》(上卷),[英]D. C. 萨默维尔编,郭小凌、杜庭广、吕厚量、梁洁译,世纪出版集团上海人民出版社 2010 年版。
[英]阿诺德·汤因比:《历史研究》(下卷),[英]D. C. 萨默维尔编,王皖强译,世纪出版集团上海人民出版社 2010 年版。
陶和谦主编,王忠、杨紫烜副主编:《经济法学》(高等学校法学试用教材),法学教材编辑部《经济法学》编写组编写,群众出版社 1983 年版。
陶和谦主编,王忠、杨紫烜、施竟成副主编:《经济法学》(第三版)(高等学校法学教材),群众出版社 1986 年版。
陶和谦主编,王忠、杨紫烜副主编:《经济法资料选编》(上、下册),《经济法资料选编》(高等学校法学教材)编选组选编,群众出版社 1986 年版。
陶和谦、杨紫烜主编,王忠、施竟成、肖乾刚副主编:《经济法学》(第四版)(高等学校法学教材),群众出版社 1989 年版。
田思源:《国防行政法与军事行政法》,清华大学出版社 2009 年版。
田思源:《行政法与行政诉讼法》,清华大学出版社 2011 年版。
田思源:《犯罪被害人的权利与救济》,法律出版社 2011 年版。
田思源:《多向度的法治思考》,法律出版社 2015 年版。
田思源主编:《体育法前沿》(第一卷),中国政法大学出版社 2016 年版。
田思源主编:《体育法前沿》(第二卷),中国政法大学出版社 2017 年版。
庭宝、玉贵:《告别算盘与餐券:西源餐厅使用信誉卡微机售饭》,载吉林大学校报编辑部编辑:《吉林大学》1991 年 11 月 1 日(第 314 期),第 1 版。
童之伟:《变革时代中国法学圈中的悲情英雄——张光博先生逝世两周年祭》,载《法律评论》2010 年第 2 期。
佟柔主编,金平、赵中孚、刘岐山副主编,《民法原理》(修订本)(第二版)(高等学校法学试用教材),法律出版社 1987 年版。
佟柔主编,王利明、马俊驹副主编:《中国民法》(高等学校法学试用教材),法学教材编辑部编审,法律出版社 1990 年版。

W

[苏]瓦里荷米托夫:《苏维埃国家与法权简史》,中央政法干部学校教研处,1954 年 1 月。
王安异:《法学教育模式及其选择——世界名校本科法学教育比较研究》,王瀚主编:《法学教育研究》(第三卷),法律出版社 2010 年版。
王宝滨:《昔日王兆屯》,载《新晚报》2007 年 7 月 22 日,第 30 版。
王成:《侵权损害赔偿的经济分析》,中国人民大学出版社 2002 年版。
王崇敏、李建华:《中国物权法》,高等教育出版社 2008 年版。
王崇敏、李建华主编:《知识产权法》,吉林大学出版社 2009 年版。
王崇敏、李建华:《物权法立法专题研究》,法律出版社 2012 年版。
王传涛:《研究生自费应该的》,载《新京报》2013 年 2 月 8 日,A03 版。
王闯:《让与担保法律制度研究》,法律出版社 2000 年版。
《王惠岩文集》(第一卷政治学理论),中国大百科全书出版社、党建读物出版社 2007 年版。

王家福主编,梁慧星副主编:《中国民法学·民法债权》(国家社会科学"七五"规划项目),法律出版社1991年版。
王健:《论中国的法律教育》,载《比较法研究》1994年第2期。
王健:《中国近代的法律教育》,中国政法大学出版社2001年版。
王健:《中国法律硕士教育的创办、发展与成就:1996-2006》,载《法制和社会发展》2007年第5期。
王杰、韩云芳主编:《百年教育思想与人物》,天津大学出版社2010年版。
王俊峰、孙育玮、孙晓青、张建斌、殷勇:《实用法律手册》(上、下册),吉大研究生院,1985年。吉林省内部资料准印证第五一四五号。
王侃主编:《中国法律制度史》,吉林大学出版社1985年版。
王立民主编:《法学的历史》(第二卷,1958年),法律出版社2012年版。
王牧:《犯罪学》,吉林大学出版社1992年版。
王牧主编:《新犯罪学》,高等教育出版社2005年版,2010年第2版。
王群瑛、安中业:《张光博教授学术思想简述》,载《高校理论战线》2006年第12期。
王沛霖等著:《农村信用合作与农业社会主义改造》,财政经济出版社1954年版。
王庆海主编:《国际法》,吉林大学出版社1999年版。
王士菁:《中国历史小丛书·鲁迅》(第二版),生活·读书·新知三联书店1952年版。
王铁崖主编、魏敏副主编:《国际法》(高等学校法学教材),法学教材编辑部审订,法律出版社1981年版。
王铁崖、田如萱编:《国际法资料选编》(第二版)(高等学校教学参考书),法学教材编辑部编审,法律出版社1986年版。
王维真:《蔡立东院长:未来的舞台属于你们!》,吉林大学法学院"法苑芳华"微信公众号,老故事第一季(九),2016年6月12日发布。
王伟:《中国近代留洋法学博士考(1905-1950)》,上海人民出版社2011年版。
王希坚:《翻身民歌》,东北书店发行,1947年12月佳木斯再版。系"通俗文艺丛书"之一。
王希亮:《东北沦陷区殖民教育史》,黑龙江人民出版社2008年版。
王新英编著:《长春近代史迹图志》,吉林文史出版社2012年版。
王亚玲:《唐敖庆与图书馆》,载《吉林大学报》2007年1月19日。
王亚南:《中国官僚政治研究》,中国社会科学出版社1980年版。
王艳阳:《高崇民》,载中共黑龙江省委党史研究室编:《中国黑龙江党史人物传》(第四卷),黑龙江人民出版社2006年版。
王扬宗:《记忆与实录:恢复高考的拍板过程》,载《南方周末》2009年12月10日,E23版。
王一涵、林艺卓:《情系夕阳,做老干部的贴心人——记我校离退休工作处老干部车队》,载《吉林大学学报》2010年12月31日(第386期,总第396期),第2版。
王一夫:《东北人民大学五年来的教育工作》,载《东北人大生活》第14期(1951年10月3日)。
王益英:《口述人大法学院历史:往事悠悠尽在心头》,载《法制日报》2010年7月7日。
王轶:《物权变动论》,中国人民大学出版社2001年版。
王轶:《民法原理与民法学方法》,法律出版社2009年版。
王有志、郑成良:《论举证责任的最佳定位及其司法保障措施》,载《法制与社会发展》1995年第1期。
王泽鉴:《民法学说与判例研究》,中国政法大学出版社1998年版。
王忠、苏惠祥:《略论合同制与法制》,载《吉林大学社会科学学报》1980年第2期。
王忠、宋浩波、刘瑞复、赵登举编著:《经济法学》,吉林人民出版社1981年版。
王忠、余能斌:《经济联合要纳入法制的轨道》,载《吉林大学社会科学学报》1982年第2期。
王忠、孟庆魁、龙斯荣:《财产继承问答与案例评议》,黑龙江人民出版社1984年版。

王忠、李全义、周之源编:《经济合同法手册》,吉林大学出版社 1984 年版。
王忠、苏惠祥、龙斯荣、王建明:《民法概论》,黑龙江人民出版社 1984 年版。
王忠:《论我国民法与商品经济》,载《吉林大学社会科学学报》1985 年第 2 期。
王忠主编:《民法学复习题解析》,吉林大学出版社 1985 年版。
王忠主编:《专利法与专利工作手册》,吉林大学出版社 1985 年 12 月版。
王忠、姜德源:《论国家所有权、行政权与企业经营权的分离》,载《法学研究》1988 年第 2 期。
王忠主编:《民法资料汇编》(高等学校文科配套教材),吉林大学出版社 1988 年版。
王忠、詹清荣:《建立社会主义商品经济新秩序的经济法律问题探讨》,载《吉林大学社会科学学报》1989 年第 3 期
王忠主编,马凤杰、崔建远副主编:《民法学》(下册),吉林人民出版社 1989 年版。
王忠:《论企业行为的合理性与规范化》,载《河北法学》1991 年第 1 期。
王忠:《市场经济体制的确立与法律体系的完善》,载《北京商学院学报》1993 年第 4 期。
王子琳:《林彪为什么多次攻击秦始皇》,载《吉林大学学报》(哲学社会科学版)1974 年第 1 期。
王子琳:《"公道"性不是法的规律》,载《吉林大学社会科学学报》1981 年第 6 期。
王子琳:《怎样认识人治和法治》,载《吉林大学社会科学学报》1980 年第 5 期。
王子琳主编:《国家学说概论》,吉林大学出版社 1983 年版。
王子琳、李放主编:《法学基础理论》,吉林大学出版社 1984 年版。
王子琳、李放主编,李永泰、邹广志副主编:《法学基础理论》(修订本),吉林大学出版社 1987 年版。
王子琳主编:《法律社会学》,吉林大学出版社 1991 年版。
[英]韦伯夫妇:《英国工会运动史》,陈建民译,商务印书馆 1959 年版。
韦经建编著:《海商法》,吉林人民出版社 1994 年版。
《我院九六年获得科研项目情况通报(部分)》,载《法制与社会发展》1996 年第 5 期。
吴大业编译:《英美亲属法要则》,盛振为校订,大众法学出版社 1951 年版。
吴庆宝、刘子平主编:《房地产纠纷裁判标准规范》,人民法院出版社 2009 年版。
吴尔奕、孙驭编著:《美国 50 所最佳大学》,首都师范大学出版社 2011 年版。
吴旅燕、张闯、王坤:《伪满洲国法制研究》,中国政法大学出版社 2013 年版。
吴庆华:《犯罪心理学》,吉林大学出版社 1985 年版。
吴雨桐:《纪念"东北书店"建立 70 周年展览在省图开展》,载《黑龙江晨报》2015 年 11 月 24 日。
吴振兴:《论教唆犯》,吉林人民出版社 1986 年版。
吴振兴:《罪数形态论》,中国检察出版社 1996 年版。
武衡主编:《东北区科学技术发展史资料(解放战争和建国初期)》(第一卷综合卷),中国学术出版社 1984 年版。
"五·七"文科短训班教改实践队:《文科短训班要长期办下去》,载《吉林大学学报》(哲学社会科学版)1974 年第 2 期。

X

夏焱采访,马一鸣、刘楠、徐直影、张枭悦文字整理:《霍存福:官道非吾愿,潜心便数年》,吉林大学法学院"法苑芳华"微信公众号,老故事第二季(一),2017 年 6 月 16 日访问。
萧喜东:《一九六六年的五十天:记忆与遗忘的政治》,载 http://www. taosl. net/wc246e. htm。
肖卫兵:《法学院举办院庆活动》,载《吉大研究生》1998 年 11 月 30 日(总第 4 期),第 1 版。
《校友寻踪:吉大学子龙翼飞教授》,载《法制与社会发展》1997 年第 6 期。
《校友寻踪:法律实践丰富多彩的校友——王晓川》,载《法制与社会发展》1998 年第 2 期。

《校友寻踪:立法专家孙佑海》,载《法制与社会发展》1999 年第 5 期。

谢振民:《中华民国立法史》,张知本校订,中国政法大学出版社 2000 年版。

《新华社社论集(一九四七——一九五〇)》,新华通讯社编印,1960 年 7 月。

熊复主编:《世界政党辞典》,红旗出版社 1986 年版。

徐岱:《中国刑法近代化论纲》,人民法院出版社 2003 年版。

徐岱:《刑法解释学基础理论建构》,法律出版社 2010 年版。

徐尚清主编:《外国法律制度史》,吉林大学出版社 1985 年版。

徐卫东、杨勤活、王剑钊编著:《保险法》,吉林人民出版社 1994 年版,1996 年修订版。

徐卫东:《保险法论》,吉林大学出版社 2000 年版。

徐卫东:《中国高等法学教育三十年发展回顾》,载《当代法学》2008 年第 1 期。

徐卫东:《忆 40 年前在校往事》,载《法治周末》2017 年 6 月 7 日。

徐雨衡访谈、记录:《中国法理学:从何处来? 到何处去?》,载《清华法学》2017 年第 3 期。

徐显明、乔国:《博古通今的法学家——乔伟》,载《百年纪人》:http://www. law - culture. com/shownews. asp? id =6905。

徐显明:《乔木青青》,载《乔伟文集》(第一卷),山东大学出版社 2000 年版。

徐显明:《法学教育的基础矛盾与根本性缺陷》,载《法学家》2003 年第 1 期。

徐显明主编:《中国法学教育状况》,中国政法大学出版社 2006 年版。

徐显明主编:《中国法学教育状况》(2006),中国政法大学出版社 2007 年版。

徐显明主编:《法理学》,中国政法大学出版社 2007 年版。

徐显明主编:《法理学原理》,中国政法大学出版社 2009 年版。

徐中玉主编:《大学语文》(修订本),华东师范大学出版社 1985 年版。

徐直颖、刘楠:《马新彦:是命运让我来到这里》,吉林大学法学院"法苑芳华"微信公众号,老故事第二季(二),2017 年 5 月 9 日发布。

《许崇德》,载百度百科:http://baike. baidu. com/view/2171988. htm,2011 年 12 月 27 日最后访问。

许寿裳:《亡友鲁迅印象记》,人民文学出版社 1953 年版。

许肇荣:《犯罪预防学》,吉林大学出版社 1983 年版。

许肇荣主编:《刑事侦查学问题集解》,中国人民公安大学 1988 年版。

薛波主编:《元照英美法词典》,法律出版社 2003 年版。

学习杂志编辑部:《社会主义教育课程的阅读文件汇编》(第一编),人民出版社 1958 年版。

训练部情报研究室编:《美国大学 150 所》,国防科技大学 1985 年版。

Y

[苏]亚历山大洛夫、加拉克梯昂诺夫、克鲁什可夫、米丁、莫察洛夫、颇斯彼洛夫:《斯大林传略》,唯真译,莫斯科外国文书籍出版局 1949 年印行。

彦升:《考研热降温探秘》,载《第一财经日报》2007 年 1 月 25 日,C7 版。

杨家余:《伪满社会教育研究(1932 - 1945)》,高等教育出版社 2010 年版。

杨大文主编:《婚姻法学》(高等学校文科教材),中国人民大学出版社 1989 年版。

杨刚:《美国札记》,世界知识出版社 1951 年版。

杨匡汉:《学术的故土》,载陈泳超、胡敕瑞、林嵩编:《我们的学友》,北京大学出版社 2010 年版。

杨明:《"自强不息,知行合一"——在"救国""强国"中一路走来的东北大学》,载《光明日报》2014 年 6 月 27 日,第 6 版。

杨瑞春:《大学加速转型苏式教育走向终结》,载《南方周末》2003 年 1 月 16 日,A4 版。
杨汝梅:《新式银行簿记及实务》,中华书局 1921 年 9 月发行,1939 年 9 月第 15 版。
杨汝梅编:《银行会计及实务》,中华书局 1947 年版。
杨秀峰:《当前高等教育工作的几个主要问题——1956 年 6 月 20 日在第一届全国人民代表大会第三次会议上的发言》,载《中华人民共和国第一届全国人民代表大会第三次会议文件》,人民出版社 1956 年版。
杨振山:《中国法学教育沿革之研究》,载《政法论坛》2000 年第 4 期。
《杨振山文集》,中国政法大学出版社 2005 年版。
杨正辉等:《指点江山》,湖南人民出版社 2004 年版。
姚建宗:《法律与发展研究导论:以经济与政治发展为中心的考察》,吉林大学出版社 1998 年版。
姚建宗主编:《法理问题之初步体认》,吉林人民出版社 2002 年版。
姚建宗:《法治的生态环境》,山东人民出版社 2003 年版。
姚建宗:《美国法律与发展研究述评》,法律出版社 2006 年版。
姚建宗:《法理学:一般法律科学》,中国政法大学出版社 2006 年版。
叶桐:《吉林机场六年大变身:迎接东北振兴的"空中机会"》,载《第一财经日报》2007 年 8 月 27 日,A6 版。
《一九四九年八月十二日日内瓦公约》,人民日报出版社 1957 年版。
《1956 年到 1967 年全国农业发展纲要(草案)》,人民出版社 1956 年版。
仪浩、张晋藩:《法史研究过去,面对现在和将来》,载陈夏红主编:《思想的交锋——法大学术访谈录》(第一辑),中国政法大学出版社 2007 年版。
殷广鸿:《清华忆》,载《科学时报》2011 年 5 月 28 日。
殷啸虎主编:《红楼书影——华东政法大学馆藏法律旧籍提要(民国部分)》,北京大学出版社 2007 年版。
尹佐保:《工业产权法概论》,吉林大学出版社 1988 年版。
应松年主编,杨小君、方世荣副主编:《行政诉讼法学》(高等政法院校规划教材),中国政法大学出版社 1994 年版。
由嵘、胡大展主编:《外国法制史》,北京大学出版社 1989 年版。
尤俊意:《关于社会主义初级阶段法制建设中的若干理论问题——1988 年全国法学理论研讨会观点综述》,载《政治与法律》1988 年第 5 期。
于庚蒲主编:《吉林大学研究生院》(庆祝吉林大学建校 50 周年宣传材料),卓一设计有限公司 1996 年 7 月印制。
于立深:《契约方法论——以公法哲学为背景的思考》,北京大学出版社 2007 年版。
于群:《全面推行素质教育全面推行素质教育,构建适应 21 世纪的法学教育模式世纪的法学教学模式——评〈21 世纪中国法学教育初探〉》,载张文显主编:《新视野新思维新概念——法学理论前沿论坛》,吉林大学出版社 2001 年版。
于莹:《证券法中的民事责任》,中国法制出版社 2004 年版。
于莹:《票据法》,高等教育出版社 2004 年版,2008 年第 2 版。
俞江:《近代中国的法律与学术》,北京大学出版社 2008 年版。
俞桑:《论美国主义》,生活·读书·新知联合发行所发行。约在 1949 年或 1950 年。
余书通、文嘉主编:《新汉英法学词典》,法律出版社 1998 年版。
袁津琥:《当前高校流弊剖析》,载学术批评网:http://www.acriticism.com/article.asp?Newsid=6339&type=1001。
袁驷、郑力主编:《创新教育模式、激发学术志趣、提高培养质量:清华大学第 24 次教育工作讨论会文集》,清华大学出版社 2015 年版。
《院内信息》,载《法制与社会发展》1999 年第 4 期。

Z

曾敬琬:《缅怀父亲曾志时》,载薛君度、熊先觉、徐葵主编:《法学摇篮朝阳大学》(增订版),东方出版社 2001 年版。
曾宪义、赵秉志主编:《法律硕士专业学位入学考试辅导(法学科目)第一版・说明》,中国人民大学出版社 1998 年版。
曾宪义、张文显:《法学本科教育属于素质教育——关于我国现阶段法学本科教育之属性和功能的认识》,载《法学家》2003 年第 6 期。
曾宪义:《〈21 世纪法学系列教材〉总序》,载张新宝:《侵权责任法》,中国人民大学出版社 2006 年版。
曾一智:《城与人:哈尔滨故事》,黑龙江人民出版社 2003 年版。
战树权、王成军、王景富等编著:《冰城哈尔滨》,上海教育出版社 1985 年版。
张福良:《热爱南校区建设新吉大》,载吉林大学学生会生活管理委员会《校园生活》编辑部:《校园生活》1994 年 11 月 3 日(第 8 期),第 1 版。
张福山:《哈医专学生的反日斗争》,载中共黑龙江省委党史研究室编:《黑龙江抗日烽火》,吉林大学出版社 1995 年版。
张光博、王子琳:《对资产阶级国家的"两院制"、"两党制"和所谓"平等""自由"的批判》,载《东北人民大学人文科学学报》1958 年第 1 期(总第 11 期)。
张光博:《法的概念和历史类型》,载《吉林大学社会科学学报》1980 年第 1 期。
张光博:《论犯罪与刑罚》,载《吉林大学社会科学学报》1980 年第 3 期。
张光博:《论犯罪与刑罚(续)》,载《吉林大学社会科学学报》1980 年第 5 期。
张光博:《论犯罪与刑罚(续完)》,载《吉林大学社会科学学报》1980 年第 6 期。
张光博:《资产阶级人权的理论和实践》,载《争鸣》1981 年第 3 期。
张光博、刘采一、韩国章编译:《宪法分类比较编译》(上、下册),吉林大学法律系宪法教研室,1983 年 1 月。经吉林省文化厅[83]280 号批准。
张光博主编:《宪法学》,吉林大学出版社 1983 年版。
张光博:《宪法论》,吉林人民出版社 1984 年版。
张光博:《法论》,吉林大学出版社 1986 年版。
张光博:《权利义务要论》,吉林大学出版社 1989 年版。
张光博、李中圣:《论法制模式的转换——建立民主商品经济的法制模式》,载《法学》1989 年第 4 期。
张光博、张文显:《以权利和义务为基本范畴重构我国法学理论体系》,载《求是》1989 年第 10 期。
张光博:《民主与法制论集》,辽宁人民出版社 1990 年版。
张光博:《比较宪法纲要》,辽宁大学出版社 1990 年版。
张光博主编:《外国经济法・日本国卷》,吉林人民出版社 1991 年版。
张光博:《怀念何华辉教授》(2006 年 11 月 12 日),载 http://wkjd.gdcc.edu.cn/ViewInfo.asp? id=1165,2011 年 12 月 27 日最后访问。
张晋藩主编:《中国法制通史》(全十卷),法律出版社 1999 年版。
张瑞萍:《反垄断法理论与实践探索》,吉林大学出版社 1998 年版。
张同乐:《华北沦陷区日伪政权研究》,生活・读书・生活三联书店 2012 年版。
张文显:《当代西方法哲学》,吉林大学出版社 1987 年版。
张文显:《当代西方法学思潮》,辽宁人民出版社 1988 年版。
张文显主编:《法的一般理论》,辽宁大学出版社 1988 年版。
张文显:《关于法学专业教学改革的几点思考》,载《高教研究与实践》1989 年第 3 期。

张文显主编:《马克思主义法理学——理论与方法论》,吉林大学出版社 1993 年版。

张文显:《法学基本范畴研究》,中国政法大学出版社 1993 年版。

张文显主编:《政治与法治:中国政治体制改革与法制建设的理论思考》,吉林大学出版社 1994 年版。

张文显:《二十世纪西方哲学思潮研究》,法律出版社 1996 年版。

张文显主编:《法理学》,法律出版社 1997 年版。

张文显:《入世与法学教育改革》,载《中国高等教育》2001 年第 6 期。

张文显:《高校法学理论教学存在的问题与改革思路》,载《中国大学教学》2004 年第 1 期。

张文显:《中国法学教育的未来发展》(Future Development of Legal Education in China),载《中国法律》2007 年 2 月号。

张文显:《恢弘的气度,光辉的典范》(序),载《王惠岩文集》(第一卷政治学理论),中国大百科全书出版社、党建读物出版社 2007 年版。

张文显:《张文显法学文选》(全十卷),法律出版社 2011 年版。

张育新:《刘延年:让老建筑开口说话》,载《新晚报》2008 年 7 月 20 日。

张小军:《社会主义的"政法干部教育模式"研究——以 50 年代初的政法干部教育为中心》,载《朝阳百年——近代中国法学教育与法律文化学术研讨会论文集》(2012 年 11 月)。

张旭:《减免刑事责任理论比较研究》,长春出版社 1994 年版。

张旭:《恰同学少年风华正茂》,吉林大学法学院"法苑芳华"微信公众号,老故事第三季(一),2017 年 9 月 21 日发布。

张英:《从文学讲习所到网络写手研修班:作家养成法的变迁》,载《南方周末》2014 年 4 月 3 日,E27 版。

张泽石:《1949 我不在清华园——一位清华学子在共和国诞生前后的经历》,当代中国出版社 2003 年版。

张志铭:《关于"取消法律本科专业"的建议缺少智识品质》,载《法制日报》2006 年 8 月 3 日。

章若龙、李积桓主编,乔克裕、王亚瑾副主编:《新编法理学》(法律专业系列教材),华中师范大学出版社 1990 年版。

赵大春:《九十年代初的吉大法学院》,载 http://www.360doc.com/content/17/0108/19/38025224_621108774.shtml,2017 年 10 月 11 日最后访问。

赵凤彬:《我的人生自述——一个朝鲜家族变迁史录》,民族出版社 2010 年版。

赵凤喈:《民法亲属编》,国立编译馆 1942 年版,正中书局印行。

赵国斌主编:《中国法律思想史》,吉林大学出版社 1985 年版。

赵蕾:《"黄埔一期"那班人》,载《南方周末》2007 年 6 月 7 日,A1 版。

赵凌:《西南政法:风雨五十年》,载《南方周末》2003 年 11 月 27 日。

赵思远、段家琨主编:《大学生体育课教材》,吉林大学出版社 1992 年版。

赵新华:《民事诉讼法学》(高等院校法学系列教材),吉林人民出版社 1989 年版。

赵新华:《论社会主义商品经济关系的法律调整体系——兼论我国商法的建立及其与民法经济法的关系》,载《当代法学》1991 年第 2 期。

赵新华:《票据法》,吉林人民出版社 1994 年版,1996 年修订版。

赵新华:《票据法论》,吉林人民出版社 1998 年版,2007 年第 2 版。

赵新华:《票据法:市场行为的基础理论与实务》,人民法院出版社 1999 年版。

赵新华主编:《票据法问题研究》,法律出版社 2002 年版。

赵新华主编:《票据法:论点·法规·案例》,法律出版社 2004 年版。

郑成良:《民主与效率必须用法制来保证——学习邓小平同志〈党和国家领导制度的改革〉》,载《当代法学》1987 年第 3 期。

郑成良:《论自由权利——简析自由概念在法理学中的含义》,载《当代法学》1988 年第 3 期。

郑成良:《“统治阶级意志论”析辨》,载《中国法学》1989 年第 1 期。

郑成良:《商品经济、民主政治的发展与法学的重构——法学基本范畴研讨会综述》,载《政治与法律》1989 年第 1 期。

郑成良:《权利本位说》,载《政治与法律》1989 年第 4 期。

郑成良:《法学方法论问题论略》,载《吉林大学社会科学学报 》1989 年第 5 期。

郑成良:《试析马克思的一句法律格言》,载《当代法学》1990 年第 2 期。

郑成良:《权利本位论——兼与封日贤同志商榷》,载《中国法学》1991 年第 1 期。

郑成良、徐卫东:《论法律的历史继承性》,载《吉林大学社会科学学报》1991 年第 5 期。

郑成良:《契约与近现代文明》,载《社会科学战线》1993 年第 5 期。

郑成良:《一个关于财产所有权的神话》,载《天津社会科学》1994 年第 2 期。

郑成良:《法律、契约与市场》,载《吉林大学社会科学学报》1994 年第 4 期。

郑成良:《法律的阶级性:理论的建构与词的暴政——对法学思维的语言学治疗》,载《天津社会科学》1995 年第 4 期。

郑成良主编,姚建宗副主编:《现代法理学》,吉林大学出版社 1999 年版。

郑成良:《法律之内的正义:一个关于司法公正的法律实证主义解读》,法律出版社 2002 年版。

郑成良主编:《法理学》(第二版),高等教育出版社 2004 年版。

郑成良:《司法推理与法官思维》,法律出版社 2010 年版。

郑成良主编:《法理学》(高等学校本科教材),高等教育出版社 2012 年版。

郑成良、高志刚、王波、马斌:《法治政府建设的理念与路径》,上海人民出版社 2017 年版。

郑成良、高志刚、王波、马斌:《法治政府的理念、制度与决策》,上海人民出版社 2018 年版。

郑成思主编:《知识产权法案例评析》(高等院校法学教材教学参考书),司法部法学教材编辑部编审,法律出版社 1994 年版。

郑立、王作堂主编:《民法学》(高等学校文科教材),北京大学出版社 1987 年版。

郑立、王作堂主编:《民法学》(第二版)(高等学校文科教材),北京大学出版社 1994 年版。

郑也夫:《质疑军训》,载《南方周末》2007 年 12 月 6 日,E30 版。

知益(学波):《学习新宪法简答》,吉林人民出版社 1978 年版。

政务院财经委员会编:《中央财经政策法令汇编》(第三辑),1952 年 3 月北京。

中共黑龙江省委党史研究室编:《中共黑龙江党史人物传》(第四卷),黑龙江人民出版社 2006 年版。

《中国大百科全书 · 法学卷》,中国大百科全书出版社 1984 年版。

《中国高等法学教育改革研讨会论文》,北京,1996 年 1 月。

中国农工民主党中央编:《纪念黄琪翔》,中国文史出版社 1988 年版。

中国人民大学法学院院史编写组:《中国人民大学法学院院史(1950 – 2000)》,中国人民大学出版社 2010 年版。

中共长春市委党史研究室编:《长春资本主义工商业的社会主义改造》,1992 年。

中共吉林省委宣传部编:《社会发展史讲授提纲 · 奴隶占有制社会》,1951 年 5 月 1 日。活页。

中共吉林省委宣传部编:《社会发展史讲授提纲 · 封建主义社会》,1951 年 5 月 1 日。活页。

中共中央马克思恩格斯列宁斯大林著作编译局编译:《马克思恩格斯全集》(第一卷),人民出版社 1956 年版。

中共中央马克思恩格斯列宁斯大林著作编译局编译:《马克思恩格斯全集》(第二版)(第一卷),人民出版社 1995 年版。

中共中央马克思恩格斯列宁斯大林著作编译局编译:《马克思恩格斯全集》(第四十卷),人民出版社 1982 年版。

中共中央马克思恩格斯列宁斯大林著作编译局编译:《马克思恩格斯全集》(第四十七卷),人民出版社 1982 年版。

中共中央马克思恩格斯列宁斯大林著作编译局编译:《马克思恩格斯全集》(第四十七卷),人民出版社 2004 年版。

中共中央党史研究室:《中共党史大事年表》,人民出版社 1981 年版。

中共中央党史研究室:《中国共产党新时期简史》,中共党史出版社 2009 年版。
中共中央党史研究室:《中国共产党历史》(第二卷(1949 - 1978)下册),中央党史出版社 2011 年版。
中共中央政策研究室(1949 年 3 月)编:《一九四八年以来政策汇编》,中共中央华北局 1949 年 6 月印。
中国法律年鉴编辑部编:《中国法律年鉴(1989 年)》,法律出版社 1990 年版。
《中国共产党第八次全国代表大会文件》,人民出版社 1956 年版。
《中国人民解放军第四野战军战史》编委会编:《中国人民解放军第四野战军战史》,解放军出版社 1998 年版。
中国宪法学研究会编:《当代中国宪法学家》,法律出版社 2015 年版。
《中华人民共和国第一届全国人民代表大会第一次会议文件》,人民出版社 1955 年版。
《中华人民共和国第一届全国人民代表大会第三次会议文件》,人民出版社 1956 年版。
《中华人民共和国发展国民经济的第一个五年计划(1953 - 1957)》,人民出版社 1955 年版,上海人民出版社重印。
中华人民共和国教育部计划财务司:《中国教育成就统计资料(1949 - 1983)》,人民日报出版社 1984 年版。
《中华人民共和国宪法》,人民出版社 1954 年版。
《中华人民共和国全国人民代表大会组织法·中华人民共和国国务院组织法·中华人民共和国人民法院组织法·中华人民共和国人民检察院组织法·中华人民共和国地方各级人民代表大会和地方各级人民委员会组织法》,人民出版社 1954 年版。
《中华人民共和国体育运动文件汇编》(第一辑),人民体育出版社 1955 年版。
中央档案馆编:《中共中央文件选集》(第十八册),中共中央党校出版社 1992 年版。
中央电视台新闻评论部编:《新闻背后的新闻:〈新闻调查〉1997 实录》,中央编译出版社 1998 年版。
中央人民广播电台军事组编:《中华人民共和国兵役法讲话》,中国青年出版社 1955 年版。
中央人民政府法制委员会编:《中央人民政府法令汇编(1949 - 1950 年)》(第二版),法律出版社 1982 年版。
中央人民政府法制委员会编:《中央人民政府法令汇编(1951)》,人民出版社 1953 年版。
中央人民政府法制委员会编:《中央人民政府法令汇编(1952)》,人民出版社 1954 年版。
中央人民政府法制委员会编:《中央人民政府法令汇编(1953)》,法律出版社 1955 年版。
中央人民政府劳动部劳动政策研究室编:《工会法及其有关文件》,人民出版社 1952 年 12 月版,东北人民出版社 1953 年 1 月重印。
中央人民政府劳动部劳动政策研究室编:《中央劳动法令汇编》,人民出版社 1953 年版。
中央人民政府政务院政治法律委员会干部培训组编辑出版:《苏联法律学校法律专业课程教学大纲》,1954 年 9 月。
钟叔河、朱纯编:《过去的大学》,长江文艺出版社 2005 年版。
周恩惠:《走进新中国法学大家》,中国人民公安大学出版社 2009 年版。
周洪宇主编:《学位与研究生教育史》,高等教育出版社 2004 年版。
《周惠博:新中国侦查学的奠基者》,载中国法学创新网:http://www.lawinnovation.com/index.php/Home/Dajia/artIndex/id/13995/tid/7.html,2016 年 9 月 8 日最后访问。
周淑文编著:《百年中国大事要览·政治法律卷》,党建读物出版社 2002 年版。
周逸梅:《硕士专业学位新增 19 种》,载《京华时报》2010 年 5 月 21 日。
周振想、邵景春主编:《新中国法制建设 40 年要览(1949 - 1988)》,群众出版社 1990 年版。
周之源主编:《经济法学》,吉林大学出版社 1985 年版。
周之源:《经济法概论》,吉林大学出版社 1988 年版。
周志德:《我们上学那会儿的住宿饮食和交通》,载《校友文稿资料选编》(第十九辑),清华大学出版社 2014 年版。
郑智航:《清代法律教育的近代转型》,载《当代法学》2011 年第 5 期。

朱:《政法院校介绍——东北人民大学法律系》,载《政法研究》1954 年第 3 期。

朱文轶:《进城:1949》,广西师范大学出版社 2010 年版。

朱正:《辫子、小脚及其他》,花城出版社 1999 年版。

《著名青年法学家——张文显教授》,载《吉林大学社会科学学报》1995 年第 3 期。

邹进文:《近代中国经济学的发展——来自留学生博士论文的考察》,载《中国社会科学》2010 年第 5 期。

后　记

很早就有了为母校写点什么的念头。1995 年春天，吉林大学面向师生征集校歌。受其感召，还在读大学二年级的我不揣浅陋也写了一段，权作当时心意的表达：

东倚白山观林海，北踞松江听晚潮。
举目千里雪皑皑，心系黑土情悠悠。
人民解放的烽火里走来，历经多少岁月的沧桑。
从容依旧，光荣豪迈。
聚集起学术名家，培育桃李如烟霞。
文史法、数理化。
群星璀璨，辉耀中华。
世界很小，吉大极大。[1]

现在想来，没有被选中的原因大抵不外心意不到，笔力也未足。如今动笔，倒也并非因为笔力已够，而是另有缘由。

2001 年初，曾就《中国法学教育观察》一文所引资料的细节问题与恩师方流芳教授展开讨论。那段经历让我深感自己在吉林大学法律系的史料占有和历史叙事方面还有很多需要努力的地方。2006 年年初，听柯恒君提及打算编写世界各国知名法学院系列图书的创意时，却动起了写写中国自己的法律教育机构的念头。那年 9 月，或许因为在网上看到了些七七八八的说法，有些感触，写了一段，贴在了正来学堂网站的论坛里：

---

〔1〕 姜朋：《为吉林大学校歌而作》（1995 年 5 月）。

吉林大学成立六十年了,该如何纪念?

大抵所有的纪念都是一样,不外乎回顾与展望。这并非老套或机械,实在是有其必要。回顾有助于总结经验教训,展望可以鼓舞士气、协同规划。今日之吉大,当与其他内地院校一样,面临诸多问题。解决问题的出路,除了眼睛向外,学习借鉴,还需要剖析自身。

我注意到一种说法,说吉大"地处塞北边陲,没有其他院校所具有的资源优势"。这是一种非常让人惶惑的说法,为什么在回述吉大辉煌的过去时,不去提它在区位上的劣势?为什么"地处边陲"就一定是劣势?昔日的西南联大不在边陲么?今日的厦大、复旦不也不在中国的地理圆心,而是东南一隅么?人家哈工大不是更靠北么?上述说法未免太过"妄自菲薄,引喻失义"了。其症结在于说这话的人缺乏自信。引用陶渊明的一句诗来说得好听些是"心远地自偏"。

而更令人担忧的,还在于吉大人对自身历史的普遍淡漠和无知。以法学为例,互联网上可以搜索到的一些有关吉大法律系早期历史的信息总是模棱两可、似是而非的。自我炫耀有余,实事求是不足。总能听说,吉大是中国共产党亲手缔造的新型社会主义大学,尤其是其法律系可与中国人民大学法律系相比肩,深受苏联法学影响,堪称正统。然而,时至今日,能有多少人说得清楚当年吉大法律系的情形:有哪些教师,开设了怎样的课程,学生情况如何?也有人常爱对人提起,吉大法律系和北大法律系是"文革"期间中国内地硕果仅存的两所法律院系。但北大法律人写出了一部百年历史,其中有相当篇幅描述其文革岁月。而吉大人对这段历史则少有系统的梳理和严肃的学术研究。以至于有些事情若再耽搁恐将成为千古之谜了:为什么吉大法律系能在"文革"中得以幸免?当时有哪些教师苦苦支撑?课程怎样设置?学员的学习和最终去向如何?再有,法律专业一度属于保密专业。这一神秘面纱背后究竟隐藏着怎样的教育内容?在法制时代来临之前,作为内地主流的法律院系究竟为法律实践贡献了怎样的知识储备和智力支持?

窃以为,吉大法学院的资源不是缺乏,而是丰富却缺少发掘和正确利用。且看那些尘封的历史资料,还有身边依然健在的老先生们。我敢说,他们每一个人都不啻于一座图书馆。如果能对他们的口述加以记录,同时辅以对历史文献的发掘、搜集和整理,做成可征之信史,于个人是莫大的荣耀,于吉大、吉大法学院,乃至中国法学教育,更是功德无量!这项工作有助于充分认识吉大这座"富矿",从而建立必要的学术自信心,也有助于培养独立思考而不是人云亦云的能力。回顾过去,曾有太多的精力被耗费在诸如法律的阶级性和社会性、民法与经济法的关系和边界划分等所谓"热点""问题"的跟风讨论上;部分是出于迁就当时潮流的考虑,民事诉讼法、法律思想史,乃至外国法制史等学科被舍弃了,原本强势的中国法制史也极大削弱。至今想来,仍深感惋惜。[1]

要之,对吉大法律系自身历史问题的深切关注及相关史实的搜集、发掘和整理的过程,其实也正是回答正来先生"中国法学向何处去"之问进行必要准备的过程。毕竟今日中国之法学源自昨天的法学,并得益同时也受制于昨日的法律教育。成也于斯,败也于斯。没有理由不去关注它。另一方面,上述工作的成果足可以回应苏力教授"什么是你的贡献"的盘诘。何乐不为?

纪念吉大六十年。

这段题为《我们该如何纪念》的文字未见得有人会细看,其中提出的问题倒是进一步激励自己去

---

〔1〕 详见张伟、武嘉对徐尚清老师的采访。何勤华主编:《中国法学家访谈录》(第一卷),北京大学出版社 2010 年版,第 290 页。

“动手动脚找东西”，而非坐等答案。于是，便有了《东北人民大学法律系早期历史述略》一文。此后，又渐次写了许多其他法律教育重镇的往事。当时走的是利用既有资料进行考据、考证的路子，拉拉杂杂，也有百多年的时长。其间，除对东北人民大学法律系后半程的历史尽力补写，还将时段继续下延，进入到吉林大学法律系的前期历史，停笔在了1979年的光景。2017年春，听取高山和曾健二位仁兄的意见，将这两部分，连同清华法学教育的复建（含清华大学经济管理学院经济法教研组简史）以及法律硕士专业学位的内容一并移出。望着已有的东北人民大学及吉林大学法律系的两章、十几万字，终究有些不舍，于是又鼓起勇气，一路写到1998年，凑足了50年的叙事。

2018年，是吉林大学法学学科创建70年的纪念年份，本书成稿或可谓恰逢其时，“赶上趟儿了”。全书的叙事是以时间为经，以机构沿革、师资建设、学生培养、教学研究等事项为纬而展开的。其实，在资料详备的条件下，如果要编写正式的院史，可以考虑反过来，以事件为经，区分诸如机构沿革志（院系演变、教学研究，及其他内设、附属机构等）、馆舍志（系馆、院馆、学生宿舍）、人物志（涵盖摄领导群体、教师、行政教辅人员、校友等）、教学志（涵摄各类学位项目和非学位教育项目）、研究志（著述、思想、会议、学界影响）、人才培养志（涵摄课堂外教育安排，以及学生组织、社团、活动等）等专题。目前书中仅写了50年的光景。除了受到资料的局限，主要还是因为学力有限，也与起初的“好奇心”连同夹带“私货”以资纪念2017年本科毕业20年（暨2018年本科入学25周年）的小心思至此已然意兴阑珊有关。至于之后20年，桃源中人若再故作勉强，唯恐道听途说，隔靴搔痒，信实难保，加之目下又有更为迫切且重要的工作要做，自觉还是得藏拙，搁笔为妙。

感谢在吉林大学法学院读书学习时的各位师长，教诲恩泽，受益终身，矢志难忘。

特别感谢恩师石少侠教授、师母杨亚非教授，在我写作《东北人民大学法律系早期历史述略》时，就若干史实给予解读和点拨。此次《须有清风属后来：吉林大学法学院史稿（1948—1998）》的写作，实在得益于之前老师平时提点的诸多院史细节。我也为此而更加频繁地求助、求证于老师。《东北人民大学法律系早期历史述略》一文得以发表，与姚建宗教授的关照密不可分。后来修改时，林礼昭前辈及林菲老师曾复信赐教，让我备受感动。我曾就若干细节求证过清华大学法学院的崔建远教授、车丕照教授、田思源教授以及北京交通大学法学院的张瑞萍教授。深蒙车老师和张老师不弃，惠赠许多珍贵的资料图片，得以依据一手资料完成相关史实的叙事。在此一并致谢。

感谢恩师方流芳教授长久以来的言传身教。老师对中国法学教育的思考和提出的各种问题无疑是我从事此类工作的重要诱因。

感谢恩师刘凯湘教授。老师在北美访学期间写就的若干随笔让我有了豁然开朗的感觉。

感谢资深法学家、吉林大学法学院的“活字典”李放教授的教诲和对文稿初稿的详尽批阅。

感谢吉林大学资深教授、中国法学会副会长张文显教授在百忙之中拨冗接受采访，解答疑惑，并提供了大量珍贵史料和重要线索。

感谢中国人民公安大学许肇荣教授给我的指教和鼓励。

感谢吉林大学法学院马新福教授、崔卓兰教授审阅书稿，并就多处细节提出宝贵的修改意见。崔老师还不辞烦扰，多次就老照片上的人物进行指认。

感谢吉林大学法学院前任院长姚建宗教授、现任院长蔡立东教授、周春国书记、副院长徐岱教授、曹险峰教授、吕欣老师对我的写作的持续鼓励与支持，尤其是在书稿成型后的修改过程中提供了种种便利。

感谢吉林大学法学院刘晓林教授提供了有关全国法制史法律思想史讨论会的资料。感谢王立国老师提供了若干珍贵的老照片。感谢王彦志副教授、杨猛老师代为访谈、整理录音。感谢王忠教授之女、吉林大学法学院王艳玲老师提供了王教授的资料信息(本书所引王老师提供的资料,如未经其本人书面授权,请勿再引)。

感谢吉林大学法学院的蔡宏伟兄。上铺的兄弟不仅惠赠珍稀书籍,帮忙翻拍、转寄了多幅老照片,让我得以直观感悟历史的细节,还校阅了初稿,与我做许多有趣的讨论,指出细节上的疏漏,"逼迫"我作体系性的思考和调整,可谓贡献多多。

感谢许永安、曲广娣博士伉俪,代云龙、冯涛、冯瑶、李志君、苏长明、王海、王婉怡、王喜娟、杨春红、张晓丹、张英等老同学的鼓励和支持。

感谢吉林大学法学院 1993 级本科,尤其是经济法学专业的诸位兄弟姐妹,四年同窗苦读,廿载提携守望,都在不言中。

事实表明,很多记忆经不起时间的磨损,哪怕当初其极为牢靠地铭刻在心中,除非有原始记录或实物证据佐证,或者事后经由大量当事人反复核对考证,否则难成信史。感谢吉林大学的多位校友:法学院 1991 级的胡晓静、孙春华、陈长斌、丛培莲、陈岚、王艳梅,1992 级的胡春雨,1994 级的初丛艳、吴继刚,1995 级的郭海峰、姜灏、赖润华、赵红梅,1996 级的刘雪飞、王雪莹,1997 级的姚佳,1999 级的曹科斗,以及德恒律师学院 1994 级的颜毅艺、于向花,1995 级的李盛,受我多方叨扰,不厌其烦,或帮忙提供、确认了若干史实,或授权我使用其拍摄的照片。颜毅艺博士早先寄赠吉林大学法学院发展简史更是雪中送炭之举。

感谢黑龙江省社会科学院历史研究所的李随安先生就东北科学院在沈阳的地望问题与我交流、分享。

更要感谢徐蕊编辑和丁小宣分社长,有赖他们极大的包容、无私的帮助和辛勤的付出,本书才得以如此顺利出版!

当然,一如既往,文责归我。我的联系邮箱是:gingerfriend@ 126. com。

最后,请以大学本科毕业纪念册的自序作为收尾。

> 文苑文苑,尔安泰然?南亩荒野,北厂浓烟。地立偏远,心意冷暖。大学四载,坂上走丸。历历神采,依依华年。思怀旧事,泪湿衫前。如触琴弦,音止韵连。如涉潭渊,平水微澜。群嬉春暖,风携纸鸢。弗畏素寒,掇雪为欢。独揣秋残,苦雨凭栏。怎奈赤炎,勉歌别难。壮怀思飞,何必缠绵。神游九州,开国几艰。咨我多士,当为民先。矢勤矢勇,必信必坚。勠力合心,志可弥天。[1]

2014 年 10 月 15 日记于清华园无牖室

2017 年 3 月 26 日改,7 月 2 日又改

2018 年 4 月 13 日再改于清华园梧邻馆

〔1〕 姜朋:《大学毕业纪念册·自序》(1997 年 6 月 16 日)。曾以《诗二首》为题发表于吉林大学《秋泓》杂志 1999 年第 6 期。有改动。

姜 朋

法学博士，清华大学经济管理学院副教授、中国法学会商法学研究会理事。1993 年起就读于吉林大学法学院，先后于 1997 年和 2000 年获得法学学士（经济法学专业）、法学硕士（民商法学专业）学位。2003 年 6 月于中国政法大学获得法学博士学位（民商法学专业）。2003 至 2005 年在北京大学法学院从事博士后研究。目前主要讲授商法、商业伦理、批判性思维等课程，主要研究兴趣包括商法、商业伦理与社会责任、商业制度史、法律及工商管理教育史等。著有《官商关系：中国商法前论》（法律出版社，2016）、《商事制度考据集》（清华大学出版社，2017）、《不复过往：中国法学院纪事》（即出）等。